D1926689

David Kadel

FUSSBALL BIBEL

Für meine Helena

David Kadel

arbeitet als Inspirations-Trainer mit Fußball-Profis und der Deutschen Leichtathletik-Nationalmannschaft. Darüber hinaus tritt er als Business-Speaker auf und berät Firmen mit seinem Programm H.E.R.Z.E.N.S.-Coaching. Der gebürtige Perser moderierte fünf Jahre lang die Talksendung „N 24 Ethik" und wird während der WM mit seiner Fußball-Comedy auf Tournee gehen („David trifft Goliath"). Mit seiner kabarettistischen Autorenlesung kommt er auch gerne zu Ihnen.

Kontakt: www.davidkadel.de

DAVID KADEL

FUSSBALL BIBEL

mit
David Alaba
Jürgen Klopp
Lewis Holtby
Didier Ya Konan
Sven Schipplock
Dennis Aogo
David Luiz
und anderen

GerthMedien

SENDES TOR MESSI ROTSUNDER LATTENKREUZ HEILIGER RASEN KUTTE CHORALE ABSEI
SÜNDENBOCK RETTER JETZT HILFT NUR NOCH EIN WUNDER BETEN GEGEN DEN ABST
WUNDER VON MAINZ RETTUNG IN LETZTER SEKUNDE WUNDERSTÜRMER FLANKENGC
GESTALT MESSIAS HEILIGER RASEN FUSSBALL BIBEL GOTT FUSSBALL BIBEL KREUZ AUFERS

MIX
Papier aus verantwortungsvollen Quellen
FSC
www.fsc.org
FSC® C014496

Für den redaktionellen Teil:
© 2014 Gerth Medien GmbH, Asslar,
in der Verlagsgruppe Random House GmbH,
München

Für den Bibelauszug:
© 2009 Gerth Medien GmbH, Asslar,
in der Verlagsgruppe Random House GmbH,
München

Übertragung aus dem Griechischen:
Fred Ritzhaupt

Überarbeitung: PD Dr. theol. habil.
Marco Frenschkowski, Klaus Schönberg,
Kai S. Scheunemann, Lektorat: Nicole Schol

2. Auflage 2014
Bestell-Nr. 817047
ISBN 978-3-95734-047-4

Umschlaggestaltung und Innenlayout:
spoon design, Olaf Johannson
Fotos: firo sportphoto, Bongarts (7),dpa/pa: (75, 105), Shutterstock (2,3,13,23,24,27,47,69,75,79, 93, 100, 104), Christian Roth (66), alle übrigen privat
Druck und Verarbeitung:
GGP Media GmbH, Pößneck

Printed in Germany

In HALT

Der unglaubliche Thomas Müller – Siegeswille pur!"

Göttliche Fußball-WM in Brasilien

Rio de Janeiro, der 13. Juli – die legendäre 113. Minute – ein Moment für die Ewigkeit: Schürrle wie entfesselt, macht links einen auf Speedy Gonzalez, Tempo-Dribbling gegen vier Argentinier, butterweiche Flanke auf Götze, dessen wunderschöner Geniestreich zum 1:0 lässt ganz Deutschland explodieren. Zwischen Buxtehude und Reit im Winkel springen Millionen Deutsche zeitgleich von ihren Sofas hoch, wildfremde Menschen liegen sich bei den Public Viewings in den Armen. Meine Helena und ich brüllen uns nur noch an: „Jaaaaaaaaaaaaa!“ Eine ganze Nation ist zwei Tage lang „einfach nur glücklich“! Doch am dritten Tage folgt nicht die Auferstehung, sondern eher die Ernüchterung: Die Fahnen sind eingerollt, die Trikots in der Wäsche und das Land widmet sich wieder seinen Problemen. Ein argentinischer Freund von mir meinte: „David, was ist nur los mit euch Deutschen? Wären wir Argentinier Weltmeister geworden, wir würden einen Monat lang durchfeiern und das ganze Land auf den Kopf stellen!“ Tja, wir Deutschen sind eben keine Feierbiester und nüchtern bis schüchtern, wenn es darum geht, unsere Freude zu zeigen. Wir sind nun mal das Land der Dichter und Denker – alles ein bisschen verkopft bei uns. Wir haben andere Vorzüge. Werden weltweit bewundert für unsere Technik, Präzision, für Ordnung und Struktur, sind echte Organisations-Weltmeister. Aber eins sind wir sicher nicht: Begeisterungs-Weltmeister.

Und genau das war es, was mich beim Schreiben dieses Buches fasziniert hat – das Zusammentreffen zweier Themen, die für Begeisterung stehen: Fußball und Gott. Beides weckt in mir positive Emotionen, seit ich denken kann! Wer mich einmal als glühenden Fußballfan im Stadion meines Lieblings-Clubs Mainz 05 erlebt hat, der weiß, wovon ich spreche. Da bleibt kein Auge trocken, da wird die Political Correctness mal 90 Minuten über Bord geworfen. Ja, und bei Gott? Ich werfe zwar weniger Konfetti, wenn ich in Gedanken vor dem lieben Gott stehe, aber ihm im Gebet zu begegnen, geht mir so nahe, dass es mein Denken und meine Einstellung oft von einer Minute auf die andere verwandelt. Aus Angst und Sorgen werden während meines Gesprächs mit dem Schöpfer Zuversicht und Begeisterung! Eigentlich unerklärlich! Wie soll das gehen, Sorgen weichen und werden urplötzlich verwandelt, „nur" weil man mit dem da oben spricht? Das kann man einem Atheisten kaum erklären, aber das ist der Grund, warum ich Christ bin und es immer bleiben möchte: weil mir jeder Dialog mit Jesus neue Begeisterung und neue Lebensfreude schenkt.

Ich habe 20 Fußballer befragt, wie es ihnen in ihrem Glauben an Gott ergeht und was sie antreibt, in einer Welt voller Krisen, Kriege und Katastrophen trotzdem an einen liebenden Gott zu glauben. Viele erzählten mir von einer Art „Geheimnis des Glaubens" – dass sie erst dann zu Gott „fanden", als sie es in ihrem Herzen ausprobierten und sich mutig auf den „Dialog mit einem Unsichtbaren" einließen. Und dass diese Begegnung mit Jesus ihr Leben und ihr Denken so veränderte, dass manche es sogar als „beste Entscheidung ihres Lebens" bezeichneten.

In den Gesprächen mit Kloppo, Alaba und Co fiel mir auf, dass dabei immer wieder der Begriff „Begeisterung" gebraucht wurde. Die Begeisterung darüber, den Schöpfer dieser Welt als Vater, als Freund bezeichnen zu dürfen und sich seiner Nähe täglich bewusst zu sein, ist für manche Fußballstars zu ihrem mentalen Erfolgsgeheimnis geworden. Ein starker Begleiter, ohne den sie in diesem hohen Konkurrenzdruck nicht mehr sein möchten.

Im Gegensatz zu uns Fußballfans, die sich Tage nach dem 13. Juli ernüchtert fragten „Wo ist nur die Begeisterung hin?", haben die Protagonisten meines Buches gelernt und erlebt, dass sie mit Gott an ihrer Seite täglich in dieser Begeisterung bleiben können – wenn sie sich immer wieder neu vor Augen führen, dass er sie liebt und stärken möchte.

Einer meiner Lieblingsverse des Alten Testaments heißt: „Der Herr, dein Gott, ist bei dir, ein starker Heiland. Er wird dir vergeben in seiner unendlichen Liebe und wird dir freundlich sein. Er wird sich über dich freuen und wird über dich mit Jauchzen fröhlich sein!"

(Zefanja 3,17) Gott jauchzt über mich vor Freude? Wie muss ich mir das vorstellen – vielleicht genauso enthusiastisch wie Thomas Müller, wenn er gerade auf bayrisch über seinen Treffer bei der WM jodelt? Ich bin mir sicher, wenn wir Deutschen entdecken, wie sehr uns Gott liebt – bedingungslos und leidenschaftlich – und was er uns mit seiner Gegenwart alles schenken möchte, dann werden wir in nächster Zeit auch Begeisterungs-Weltmeister!

Der Glaube dieser göttlichen Fußballer zeigt, dass Gott nicht nur in der Kirche anzutreffen ist, sondern dass er mitten in unserem Alltag sein möchte – bei der Arbeit und in der Freizeit, beim Kicken und beim Fernsehen, beim Essen und auch beim Schlafen – so wie die Christus-Statue wie ein Fels in der Brandung steht und jeder Bewohner von Rio de Janeiro, wenn er abends ins Bett geht, weiß, dass sie auch am nächsten Morgen noch auf dem Berg stehen wird. Genau so ist Gottes Liebe für uns – immer da, „wie ein Fixstern", wie es Jürgen Klopp einmal so schön ausgedrückt hat.

Viele Fußballfans haben mir in den letzten Jahren begeistertes Feedback über die offenen und mutigen Aussagen der Fußballprofis zu ihrem Glauben gegeben. Ein Bundesliga-Spieler meinte dazu, dass er das bemerkenswert fände und auch gern selbst an Gott glauben würde wie seine Kollegen, aber er wüsste nicht wie.

„Wie können die Menschen an Gott glauben, wenn sie noch nie von ihm gehört haben?", beschreibt Paulus die logische Voraussetzung für den Glauben in seinem Brief an die Römer (Römer 10,14).

Wer einen Heizungsinstallateur sucht, der schaut in die Gelben Seiten; wer wissen will, wieviele Punkte ihm Götze für sein Manager-Team gebracht hat, der blättert im Kicker. Und wer Antworten für sein Leben braucht, der sucht im Buch der Bücher, weil es uns magischerweise bis heute noch etwas zu sagen hat.

Die schönste Umschreibung der Bibel, die ich bisher gehört habe, lautet: „Sie ist Gottes Liebesbrief an uns Menschen!"

Wer von der bedingungslosen Liebe Jesu zu uns liest, der bleibt nicht unberührt, das ist Inspiration pur!

Da wird eine neue Begeisterung für Gottes Liebe in unserem Herzen entfacht. Gott, der Coach, feuert uns an, der beste und fröhlichste Mensch zu sein, der wir sein können!

Ich würde sogar so weit gehen zu sagen, dass die Bibel das älteste, aber gleichzeitig auch das modernste „Coaching-Buch" ist – geschrieben für Menschen, die einen Ratgeber zum Thema suchen: „Wie man glücklich lebt".

In meiner Arbeit als Persönlichkeits-Coach versuche ich, Fußball-Profis immer wieder zu Höchstleistungen zu motivieren und vor allem zu inspirieren – dabei werde ich oft gefragt, was mich denn in meinem eigenen Leben inspiriert.

Change! Das ist es, was mich inspiriert – wenn Menschen Dinge bei sich selbst erkannt und sich dadurch zum Positiven verändert haben. Das inspiriert mich auch am „Buch der Bücher", dass es bis heute, im sterilen Google-Zeitalter, möglich ist, darin diesen gefühlvollen Gott der Liebe zu finden und sich von ihm verändern zu lassen.

So wie es Paulus ergangen ist, als er Jesus begegnete und durch Gottes Liebe berührt vom Christenjäger und Mörder zum wichtigsten Autoren des neuen Testaments wurde. Er erzählt davon in Apostelgeschichte 9.

Mich inspiriert die Bibel schon seit vielen Jahren dazu, meine Ziele mit Gott als meinem stillen und treuen „Begleiter" anzugehen und auch zu erreichen. Oder um es mit Frank Sinatra zu singen: „I did it God's way!"

Jogi Löws Ziele mit unseren Weltmeister-Jungs sind für die kommende Europameisterschaft 2016 in Frankreich ganz klar formuliert: „Der Weltmeister ist auf den Geschmack gekommen und will jetzt auch den leckeren EM-Pokal aus Frankreich entführen: Erst Weltmeister und zum Nachtisch Europameister, das muss die Devise sein, selbst wenn uns die Franzosen im Teamhotel nur Froschschenkel servieren."

Also, her mit dem nächsten Titel, Jogi! Oder wie Coach Paulus heute Schweini, Schürrle und Götze anfeuern würde: „Laufe und kämpfe so, dass du es am Ende bist, der den Siegeskranz erhält!" (1.Korinther 9,25)

Und nun wünsche ich viel Inspiration beim Lesen und Entdecken dieser göttlichen Fußballer-Geschichten!

David Kadel

Paris 2016? Mach's noch einmal, Jogi

Jürgen Klopp – der Entert®ainer!

Nein, zu Anfang von Meister Kloppos Geschichte kein Wort über die bittere Niederlage im Champions League Finale versus Bayern – sonst kündigt mir der große Blonde die Freundschaft und auch über die Sensation gegen Real Madrid und gegen Malaga möchte ich hier nicht reden – wobei es mich schon in den Fingern juckt, darüber zu schreiben, denn Malaga war für mich bis zum 9. April 2012 lediglich eine bizarre Eis-Sorte – doch seit diesem unvergesslichen Abend voller Kloppscher Freudentänze steht es für die größte Champions League-Sensation aller Zeiten.

Na gut, dann eben doch ein klitzekleiner Appetizer für den BVB-Fan, um zu zeigen, wieviel wilde Entschlossenheit im Herzen dieses unverwechselbaren Borussen-Coachs lodert. Das verlorene Champions League-Finale gegen die Bayern hat Klopp nicht nur gut verdaut, sondern eine neue, für ihn typische Devise ausgesprochen: „Wir greifen wieder voll an mit allem, was wir haben!" Aber das wird die Zukunft zeigen …

… denn zu Beginn möchte ich erst einmal in die Vergangenheit zurücksurfen – dorthin, wo sie begann, die Karriere eines der schillerndsten Trainer in 51 Jahren Bundesliga. Kloppo erzählt jetzt erst mal selbst. So viel Zeit muss sein.

Als kloiner Schwoba-Bua

Es muss ein Dezemberabend in meiner Kindheit gewesen sein – ich sitze mit meinen fünf Jahren Lebenserfahrung bei uns im Esszimmer, gucke zum Fenster raus und frage meine Mutter „Warum brennt denn da drüben Licht?"

„Die spielen Fußball, das ist die Sporthalle."

„Und warum bin ich nicht da drüben?"

„Weil du nicht gesagt hast, dass du rüber willst", antwortet Mama Elisabeth.

„Ja, aber i will doch rüber."

FACT SHEET

Jürgen Klopp

Lebt mit Ehefrau Ulla und Sohn Marc (BVB Amateure) in Herdecke

Juli 1990 – Februar 2001 Spieler Mainz 05 (Legendäre Nr. 4)

2001 – 2008 Trainer Mainz 05 (Aufstieg 2004 in die Bundesliga)

Deutscher Meister 2011 + 2012

Champions League-Finale 2013

Vertrag von 2008 – 2018 beim BVB (also bitte noch ein bisschen Geduld, Herr Hoeness!)

„Dann gang doch oifach", kommt die schwäbische Mutter-Antwort blitzschnell.

Aber allein konnte ich noch nicht rüber, sie musste mit, denn irgendjemand musste mir ja die Schuhe binden.

Mein erstes Spiel für die E2 des SV Glatten war gleich legendär. Wir spielten gegen die E3 der Spielvereinigung Freudenstadt. Ich weiß das so genau, weil ich mir in diesem Spiel das Schlüsselbein brach.

Ich komme also mit schmerzverzerrtem Gesicht vom Platz und der Trainer fragt: „Und, wie sieht's aus, geht's wieder?"

Wimmernd, aber schon damals hart wie Karl-Heinz Förster, antworte ich: „I glaub scho …" Bin also rein und direkt noch mal draufgefallen und dann endgültig flennend runter vom Platz.

Und jetzt kommt's Beste: Mein Opa, ein Hunsrücker, sagt mir am Spielfeldrand knallhart: „Bub, wenn du schon so anfängst, dann kannste gleich aufhören mit Fußball. Einmal hinfallen und dann gleich abbrechen, des bringt ja nix!"

Und so saß ich dann eine Woche daheim mit unglaublichen Schmerzen in meinem gebrochenen Schlüsselbein – bis meine Mutter Tage später von irgendeiner Reise nach Hause kam und meinen Opa am liebsten umbringen wollte, weil's natürlich mittlerweile zusammengewachsen war – schief!

Ein Symbol für die spätere Laufbahn von Jürgen Klopp: Schief wie seine schräge Karriere und sein Ge-

biss, wenn er diese lustigen Gesichtsentgleisungen bekommt – aber auch knüppelhart als gefürchteter Zweitliga-Verteidiger, keinem Zweikampf und keinem Schmerz aus dem Weg gehend!

„Ich hatte ab und zu mal den Gesichtsausdruck von Gattuso!"

Nach 18 Jahren als Spieler von Mainz 05 („Limitiert", wie er über sich selbst urteilt. „Einer wie ich wäre bei mir nicht im Kader, weil ich nicht gut genug war!") und ab 2001 als gefeierter Trainer des Bundesliga-Aufstiegs wagt „Kloppo" den Sprung vom Karnevals-Verein zu einem anderen Kult-Club im Ruhrpott. Bei den leuchtend gelben Borussen hat er seinen Platz an der Sonne gefunden und wird spätestens durch seine erste Meisterschaft zum begehrtesten deutschen Trainer und mit Superlativen überschüttet.

Jürgen Klopp, der neue James Bond!?

Das ist wohl ungefähr das einzige Lob, das noch nicht über ihm ausgegossen wurde, seit sich der große Schwabe „Deutscher Meister 2011" nennen darf.

Eigentlich müsste es „Deutscher Meischder" heißen, denn so begrüßen wir zwei Schwaben uns schließlich seit Jahren, ohne damals – als die Gegner noch Unterhaching und Paderborn hießen – zu ahnen, dass es für den Zweitliga-Trainer Klopp bald wirklich wahr werden würde: „Deutscher Meischder".

Die deutsche Fußballwelt hat ihren neuen Helden gefunden, und zu Recht ist Kloppo momentan Everybody's Darling. Selbst auf Schalke – unvorstellbar, aber wahr – mag man den großen Schwaben vom verhassten Derby-Gegner aus „Lüdenscheid-Nord" ganz gut leiden.

Der Trainer Jürgen Klopp – ein Mann, der die Superlative der Medien-Schlagzeilen absolut verdient, so leidenschaftlich, wie er sich in seinen Trai-

Der Kicker Kloppo – eine „Waffe"!

Die Kloppo-Rakete in Stellung gebracht, kurz bevor sie ins Universum geschossen wird!“

nerjob beim BVB reingekniet hat, um schon in seiner dritten Saison aus einem ins Mittelmaß abgerutschten und hochverschuldeten Ex-Champion eine neue ernstzunehmende Größe im Fußball-Geschäft zu zaubern.

Alles hatte am 28. Februar 2001 nach der Trennung von 05-Trainer Eckhard Krautzun und einem Anruf von Manager Christian Heidel begonnen: „Kloppo, wir haben keinen Trainer mehr, kannst du dir's vorstellen?“

Klopp überlegte 30 Sekunden lang und sagte spontan zu, weil er damals wohl schon ahnte, welche Berufung in ihm schlummerte.

„Ich weiß noch genau, wie ich die Treppen runterging zum Team und zu meiner ersten Sitzung. Da hatte ich das Gefühl, in meinem Leben noch nie auf etwas besser vorbereitet gewesen zu sein – das ist Fügung oder sogar Führung.“

„Trainer Harry Potter“ haben sie ihn manchmal in Mainz genannt, wegen der Jungenhaftigkeit und der zauberhaften Erfolge des Greenhorns. Was er jedoch mit dem BVB in dieser legendären Rekordsaison 2011/2012 auf die Beine gestellt hat, das hat mit Zaubern nichts zu tun. Ein neues Wir-Gefühl, hundertprozentige Hingabe, Laufbereitschaft, Hilfsbereitschaft, den Egoismus dem Team-Gedanken unterordnen und vor allem die Bereitschaft, alle Anordnungen des Trainers tatsächlich umzusetzen – das sind die Geheimnisse des neuen, erfolgreichen BVB.

Im Gespräch mit Michael Steinbrecher lüftet Kloppo dazu ein Geheimnis aus dem allerheiligsten Kabinentrakt, in den sonst selbst die eifrigen Bild- und Sky-Reporter nicht vorstoßen dürfen: „Unser Versprechen“ – ein Plakat als Ursprung allen Erfolges, das Kloppo als Inspiration in den BVB-Katakomben angebracht hatte.

Darauf versprechen sich die Spieler in Zehn- Gebote-Manier, den Teamgedanken immer vor das Ego zu stellen: „Bedingungsloser Einsatz", „Leidenschaftliche Besessenheit", „Zielstrebigkeit unabhängig von jedem Spielverlauf", „Jeden zu unterstützen", „Sich helfen zu lassen", „Jeder stellt seine Qualität zu 100 Prozent in den Dienst der Mannschaft" und „Jeder übernimmt Verantwortung."

Trainer Jürgen Klopp und alle Spieler haben das unterschrieben. „Und genau so haben wir auch gespielt", erklärt Kloppo. „Mit Leidenschaft und Hingabe waren unsere Spiele immer Vollgas-Veranstaltungen!"

„Der Pöhler" Deutscher Meister 2012

Seine Überzeugung, „dass du deine Ziele nur erreichen kannst, wenn du auch zu 110 Prozent daran glaubst", lebt er in jedem Training so engagiert vor, dass man schon ein völliger Holzkopf ohne Blut in den Adern sein müsste, wenn man sich bei der Klopp'schen Leidenschaft nicht von diesem Begeisterungs-Virus anstecken ließe!

Er ist ein Trainer-Typ, der es versteht, seine Ziele und Visionen mit ungeheuer großem Glauben zu füllen – und damit seine 11 Jünger zur „unglaublichen" Meisterschaft zog, wie einst Moses das zweifelnde Volk Israel durchs Rote Meer.

Jürgen Klopp, ein Fußball-Lehrer mit Ausstrahlung und Überzeugungskraft. Geerbt hat er das von seinem Vater Norbert Klopp, der es verstand, den Junior mit seinem Ehrgeiz zu Höchstleistungen zu beflügeln. Ob auf dem Tennisplatz oder beim Skifahren, „wenn der Vater mal wieder einfach davonfuhr und ich ihm hinterher den Steilhang hinunterhagelte!" Vater Norbert verstand es, seinem Jürgen zu vermitteln, wie weit man es mit eisernem Willen im Leben bringen kann.

Kurz bevor Kloppo als Trainer bei Mainz 05 begann, starb sein Vater an Krebs. Doch auch die schwere Krankheit konnte Norbert Klopp nicht davon abhalten, noch einmal alle Kräfte zu bündeln, um ein letztes Mal für seine Tennismannschaft anzutreten – ein letzter Wunsch, den er sich mit seiner großen Selbstdisziplin erfüllte. Wenn Jürgen Klopp von seinem Vater spricht, ja, beinahe schwärmt, sieht man in seinen Augen, wie viel er ihm zu verdanken hat und wie sehr er ihn mit seinem Ansporn geprägt hat.

In der Bundesliga – wo dringend Typen und Persönlichkeiten gesucht werden – sticht Jürgen Klopp längst heraus und spielt in Sachen Charisma in einer eigenen Liga. Bei so viel Charakter stellt sich die Frage, woher der Meistertrainer sich eigentlich selbst seine Power holt.

Während der WM 2006, als Klopp zum TV-Bundestrainer aufstieg, antwortete er auf Johannes B. Kerners Frage, warum er denn immer so gut drauf sei, mit einem lächelnden: „Ich habe ein ganz gesundes Gottvertrauen!", und hinterließ einen etwas irritierten Moderator, der doch eigentlich nur über Fußball reden wollte. Aber genau das ist es, was ihn so sympathisch macht. Jürgen Klopp ist bei seinen Auftritten genau das Gegenteil von einem berechnenden Schablonen-Typ, der seine Antworten erst mal durch den „So-etwas-sagt-man-nicht"-Filter jagt. Keiner, der politikergleich einen auf Harmonie und Diplomatie macht, sondern stets für überraschende Aussagen gut ist, weil er sein Herz sprechen lässt, weil er authentisch, sich selbst treu ist – und weil er einer der letzten echten „Typen" ist. Und dadurch einer der unterhaltsamsten und unberechenbarsten Gesprächspartner auf der deutschen Mattscheibe seit Klaus Kinski und Helge Schneider. (Endlich einmal ein Vergleich, den noch keiner bemüht hat, wird er sich denken, wenn er das hier liest. ☺)

Glaube an den Erfolg

Glaube hat für Jürgen Klopp zwei Bedeutungen – zum einen ist es der „Glaube an schwer erreichbare Ziele", der ihn zum akribisch arbeitenden Analytiker werden lässt, zum Fußball-Wissenschaftler. Die Bedeutung des „Team Spirits" im modernen Fußball hat er neu erforscht und dabei dessen – seit 1954 längst verstaubte – Durchschlagskraft wieder neu entdeckt. Kloppos Credo „Das Team steht über allem – Egoismen müssen gekillt werden!" ist der BVB-Rasselbande längst in Fleisch und Blut übergegangen und vor allem hat sie es erfolgreich umgesetzt.

Wie kein anderer der 18 Bundesliga- trainer hat er es in der Meistersaison rübergebracht, dass der Erfolg im Fußball – neben der taktischen und

Ein Zweifach-„Meischder“ hat gut lachen

psychischen Schulung – nur über den mit Leben gefüllten Begriff Lauf-„Bereitschaft“ zu erreichen ist. Seine Spieler waren „bereit“, sich für den ganz großen Sensationserfolg, die Schale, zu quälen und sind in der Meistersaison läuferisch in eine neue Dimension vorgestoßen: 12 bis 13 Kilometer pro Spiel läuft der gemeine Borusse im Durchschnitt, ein absoluter Rekord in der Geschichte aller Bundesliga-Statistiken.

Obwohl man ihm anfangs vorgeworfen hatte, dass er das Fußball-Rad

Rubbel-di-Katz

durch seine Lauf-Philosophie nicht neu erfinden könne – Kloppo hat immer daran geglaubt, dass man die Gegner mit noch mehr Einsatz in Grund und Boden laufen kann, und dieser Glaube ist eindrucksvoll belohnt worden.

Die andere Seite seines Glaubens ist fernab von jeder Wissenschaft eine Herzenssache: „Es kann schon mal vorkommen, dass ich beim abendlichen Gebet einschlafe“, bekennt Klopp in seiner typischen verschmitzten Art und grinst dabei. Dabei ist es ihm mit dem Gebet ganz ernst, denn er sieht den christlichen Glauben als seinen „moralischen Leitfaden“, ohne den er nicht da wäre, wo er jetzt ist.

„Im Gegensatz zu gläubigen Jungs wie Cacau und Ya Konan, die in sehr schwierigen Verhältnissen aufgewachsen sind, komme ich aus einer sehr behüteten schwäbischen Familie, in der man sich keine Gedanken darum machen musste, ob am nächsten Tag auch genug zu essen auf dem Tisch stehen würde. Für die meisten von uns ist so etwas auch völlig normal. Und doch denke ich, dass ich mir eine gewisse Dankbarkeit dafür bewahren möchte. Das ist nur einer der Gründe, warum ich am Ende des Tages immer gemeinsam mit meiner Frau Ulla zu Gott bete.“

Der große Schwabe Klopp ist ein echter Menschenfreund. Bei vielen Stadionbesuchen der letzten Jahre fiel mir auf, wie bewusst er nach dem Schlusspfiff auf Spieler des gegnerischen Teams zuging, um sie nach bitteren Niederlagen einfach in den Arm zu nehmen und zu trösten. Dieser Typ ist wirklich anders – völlig verrückt, wie er bei der Aufstiegsfeier meiner 05-er mitten in der Nacht als BVB-Trainer überfallartig anreiste, um die Party zur Überraschung aller Anwesenden auf der Tanzfläche anzuheizen – Kloppo, der Party-Crusher. Er sieht die Spieler auch nach Jahren noch als „seine Jungs":

„Die Protagonisten dieser Fußball-Bibel sind Spieler, die in schwierigen Zeiten ihre ganz persönlichen Erfahrungen mit Gott gemacht haben. Alle diese wirklich sympathischen Jungs, die ich Woche für Woche in den Stadien treffe, haben eines gemeinsam: Sie haben an einem Punkt ihrer Karriere gemerkt, dass da noch mehr im Leben sein muss als Meisterschaft und Abstiegskampf. Sie erzählen davon, wie die Beziehung zu Gott ihre Perspektive verändert hat. Wie sie Dinge in ihrem Leben plötzlich ganz anders wahrgenommen haben."

In diesem schnelllebigen und oft gnadenlosen Fußballgeschäft kann es schon mal vorkommen, dass man bei aller Hektik Gott und manche Prinzipien vergisst – auch Jürgen Klopp sieht sich, mit manchen seiner emotionalen Ausraster an der Seitenlinie konfrontiert, nicht als Unschuldslamm: „Ich bin um Himmels willen nicht frei von Fehlern, Schwächen, Sünden, aber mir ist sehr daran gelegen, wenn ich irgendwo auftauche, das Leben meiner Mitmenschen ein bisschen angenehmer zu machen – dass man der Grundidee des Zusammenlebens ein bisschen näherkommt. Und das funktioniert ganz einfach dann, wenn man sich nicht so wichtig nimmt."

Wer nicht so genau weiß, wie das funktioniert, der findet im Glauben und in der Bibel eine ganze Menge Anhaltspunkte, idealerweise im Neuen Testament

Als ich Jürgen Klopp frage, wie man zu einer solchen Glaubens-Überzeugung kommt, kriegt er ganz leuchtende Augen und erzählt aus seiner schwäbischen Kindheit: „Meine Mutter hat sich abends zu mir ans Bett gesetzt und mit mir über den lieben Gott gesprochen und gebetet – ich fand das toll, aber trotzdem hat sie so'n bisschen das Gefühl vermittelt vom strafenden Gott – da gab es zwei Instanzen: Der Vater, der am Wochenende nach Hause kommt, und diese Drohung ‚Wenn das der liebe Gott sieht!' Damit habe ich mich wirklich ernsthaft auseinandergesetzt, bin manchmal mit schlechtem Gewissen durch die Gegend gelaufen und habe lange gebraucht, bis ich mich von diesem Gottesbild der Strafinstanz verabschiedet habe. Aber das hat auch dazu beigetragen, dass ich dann eines Tages auch die andere Wahrheit verstanden habe – er ist da! Und er findet mich in Ordnung, so wie ich bin. Also habe ich darüber mein Verständnis für Gott und auch mein Verhältnis zu ihm entwickelt, und mittlerweile habe ich eine ganz gesunde, offene Art, zu Gott zu beten und mit ihm zu sprechen,

dass es mir damit einfach rundum gut geht. Und ich würde einfach jedem wünschen, dass er diese Erkenntnis auch hat.“

Uli Hoeness hatte auch eine Erkenntnis, als er Klopp zum Ende seiner Mainzer Trainerzeit anrief, um ihm überraschend den Bayern-Job anzubieten – doch manchmal zweifeln Menschen an ihrer Erkenntnis und rudern wieder zurück. Die Bayern beißen sich heute noch in den Allerwertesten für ihren Jahrhundertfehler, statt Jürgen Klopp kurz nach dem legendären Telefonat den anderen Jürgen K. verpflichtet zu haben – den Trainer Klinsmann, der als erste Amtshandlung im tiefgläubigen Bayernland Buddha-Statuen auf dem Trainingsgelände aufstellen ließ. Da verstanden erst die katholischen Bayern keinen Spaß und dann die Spieler seine Taktik nicht.

Für Kloppo gibt es kein Frotzeln, wenn es um seinen Glauben geht, da zeigt der Protestant seine ernsthafte Seite: „Für mich ist der Glaube an Gott wie ein Fixstern, der immer da ist. Ein treuer Begleiter, der mir oft genau dann Kraft schenkt, wenn ich gar nicht mehr damit rechne. Aber auch ein starker Rückhalt, der mir die Lockerheit gibt, mit einem Lächeln und dem nötigen Vertrauen durchs Leben zu gehen, dass der da oben schon alles richtig macht. Auch dann, wenn manche Reporter nach Niederlagen wieder mit der nervigsten aller Fragen ankommen: ‚Ist der Fußball-Gott denn gegen den BVB?‘“

Um diese Frage ein für alle Mal zu beantworten: Es gibt zwar keinen Fußball-Gott, aber ich glaube, dass es einen Gott gibt, der uns Menschen liebt, genau so, wie wir sind, mit all unseren Macken. Und deswegen glaube ich, dass er auch den Fußball liebt! Nur: Die Kiste müssen wir schon selber treffen.

„Grundsätzlich gibt es in meinem Leben unglaublich viele Gründe, mich im Minutentakt bei Gott zu bedanken“, sagt Klopp am Ende unseres Gesprächs – ein weiteres Geheimnis seiner Beliebtheit. Wenn er Worte wie Dankbarkeit oder Demut in den Mund nimmt, spürt man ihm ab, wie ernst er es damit meint – und ich merke während unseres Gesprächs, wie wichtig es ihm ist, auch mal über etwas anderes als Fußball zu sprechen.

„Die Nachspielzeit der Nachspielzeit“

Noch einmal zurück zum BVB-Durchmarsch in der Champions League: Für mich werden diese Szenen, die sich da in der Nachspielzeit abgespielt haben, auf Jahrzehnte nicht mehr zu toppen sein:

„Kloppo“– es kann nur ein Feierbiest geben

Beim Schlußpfiff des Jahrhundert-Matchs gegen Malaga hüpft Kloppo wie ein bärtiges Rumpelstilzchen mit Sprungfedern über den Rasen, um irgendeinen schwarzgelben Stofffetzen zu erwischen, den er in dieser unbeschreiblichen Euphorie umarmen, nein besser: erdrücken kann. Wer einmal in einer solchen Situation Liebes-Opfer des Schwaben-Hulk wurde, der weiß, dass Oli Kahns „Umarmungen“ dagegen feengleich waren. Kloppo liebt stürmisch!

Doch dass er auch schon mal negativ die Fassung verlieren kann, weiß natürlich ganz Deutschland seit dem legendären Wutausbruch nach einer Schiri-Benachteiligung seiner Jungs gegen Neapel. Der schwäbische Vesuv! Einen Tag nach dem anstrengenden Fight gegen Neapel – dem Start der neuen Champions League-Saison 2014 – lässt er es sich dann nicht nehmen, nach Mainz runterzudüsen, um einem – den er als Mentor und Förderer geliebt hat – die letzte Ehre zu geben. Wolfgang Frank war wenige Tage zuvor mit nur 62 Jahren an einem Gehirntumor gestorben – Trainer Frank, der Mental-Profi und Erfinder der Viererkette.

Sein Ende der Nachspielzeit findet auf dem Mainzer Hauptfriedhof statt.

19. September – Regen – die Beerdigung von Wolfgang Frank. Kloppo hält zusammen mit der 05-Legende Dimo Wache die Trauerrede. Ab und an stockt ihm die Stimme – einem, der sonst als „der Redner“ schlechthin glänzt und begeistert – doch wer Kloppo mag, der mag ihn gerade deswegen, weil er nicht nur Strahlemann sein kann, sondern einfach grundehrlich ist. Noch nie sei es ihm so schwergefallen, die richtigen Worte zu finden, beginnt er seinen Nachruf auf den, der ihn für seine Karriere als Trainer am meisten inspiriert hat. „Als Mensch fehlt er mir total. Seine Ausstrahlung und Akribie waren beeindruckend. Was für ein freundlicher, offener Zeitgenosse!“ Coach lobt Coach und ruft ins Bewusstsein, dass man sich noch lange an ihn erinnern wird. Und doch weiß Klopp, „dass alles endlich ist“!

Vielleicht kann der emotionalste aller Bundesliga-Trainer deswegen so bewusst genießen. Und wahrscheinlich sind es bedrückende Momente wie diese in der viel zu kleinen, stickigen Friedhofs-Kapelle, die ihn dazu bringen, immer emotional ans Limit gehen zu wollen, um dem Leben das Mark auszusaugen – um auch wirklich gelebt zu haben.

Ob Klopp, der gläubige Christ, auch bibelfest ist und weiß, dass die Bibel mit dem Buch der Offenbarung endet? Zumindest passt sein Schlusssatz auch zum Ende seiner Story, als Jürgen Klopp bewegt endet: „Wolfgang hat uns die Laufwege dermaßen eingehämmert, für mich war das damals eine reine Offenbarung!“

Immer wieder aufstehen!

„Erfolg bedeutet, einmal mehr aufzustehen als hinzufallen“, zitierte Winston Churchill gern als Lebensmotto den britischen Autor Oliver Goldsmith.

Wenn man nun die komplette Bibel auf nur drei lebensmottokompatible Aussagen reduzieren müsste, dann wäre dies hier nach meinem Geschmack die Top-3-Hitliste:

1. Gott liebt die Menschen bedingungslos, weil er sie geschaffen hat, das ist Grund zur Freude.
2. Jesus Christus ist für meine Fehler gestorben, damit ich nun frei von der Last der Schuld und der Selbstvorwürfe vor Gott leben kann – um das Leben in seiner Fülle zu genießen, im Frieden mit mir selbst und im Frieden mit Gott.
3. Mein Schwerpunkt: Egal, wie sehr ich in einer Phase meines Lebens versage, egal, wie schlecht ich mich fühle, egal, wie schwierig meine Umstände sind, ganz egal, wie lange ich schon am Boden liege – Gott sagt mir ganz persönlich 365-mal in seinem Liebesbrief an mich: „Fürchte dich nicht!“ Und auf erstaunliche Art gibt er mir in seinem Wort für jeden Tag des Jahres die Kraft, immer wieder neu aufzustehen, um für meine Ziele und Träume zu kämpfen.

STEH AUF! Quasi die Coaching-Message schlechthin für Sportler. Aufstehen – jedoch nicht allein durch eigenes Bemühen, sondern durch Gottes Kraft, die eine besondere ist. Wer es einmal erlebt und vor allem gespürt hat, dieses unerklärliche Eingreifen Gottes, plötzlich, überraschend, manchmal rettend, belebend und in schwieriger Situation Hoffnung spendend, der weiß, wovon ich spreche. Aufstehen – durch Gottes Kraft inspiriert – kann man immer wieder … und danach vor allem weitergehen.

Einer meiner Lieblingsverse aus dem Alten Testament bringt auf den Punkt, was es bedeutet, wenn man stark ist durch den Glauben an Gott: **„Glücklich sind die Menschen, die Gott für ihre Stärke halten und ihm von Herzen nachwandeln – sie gehen von einer Kraft zur andern und sehen den wahren Gott!“** (Psalm 84, 6-8)

Wow, das gefällt mir: „von einer Kraft zur andern gehen!“ Das klingt doch viel besser, als von einer Frustration und Überforderung zur nächsten zu taumeln, um am Ende gescheitert am Boden zu liegen und „Ich pack das nicht!“ zu stöhnen, oder?

Es ist Zeit, sich zu outen: Als „mein Verein“ Mainz 05 dreimal in Folge am Aufstieg in die Fußball-Bundesliga scheiterte, und zwar denkbar knapp – einmal sogar so bitter, dass am Ende ein einziges Tor fehlte und der Karnevalsverein mal wieder aller Träume beraubt hart auf dem Boden der 2. Liga aufschlug –, da geht einem als echtem Mainz-05-Fan schon mal der Glaube an den großen Traum verloren. Dann braucht es Ermutiger, die der toten Meenzer Seele wieder Leben einhauchen.

Der Moment für große Männer ist gekommen, und Jürgen Klopp ist genau so einer für die großen Momente. Mit den Tränen kämpft er, als er vor 20.000 stolzen Mainzern auf dem Theaterplatz ans Mikrofon tritt.

Und ich bin mir sicher, dass Kloppo in diesem Moment gar nicht so recht wusste, was er der erneut brutal gescheiterten und enttäuschten Fußballstadt zurufen würde – aber er tat es trotzdem und trotzig. Vielleicht tat es die Message, die er nun sagen würde, auch mit ihm, und er ließ sich einfach als Sprachrohr der Hoffnung geschehen – „eine göttliche Eingebung" würde Luther das sicher umschreiben.

„Vielleicht geht es darum, dass einmal gezeigt werden muss: Man kann einmal, zweimal, vielleicht sogar dreimal hinfallen, aber man muss immer wieder aufstehen – nennt mir eine Stadt, nennt mir irgendwelche Fans, nennt mir irgendeinen Verein. Es gibt keinen besseren Verein dafür als Mainz 05 – so etwas schafft nur Mainz. Dann gehen wir eben in die Geschichte ein als der Klub, der es erst im vierten Anlauf schaffte!"

Der gewaltige Applaus, der daraufhin wie ein prasselnder Regen aufbrandete, war kein höfliches Klatschen nach einer netten Rede. Nein, wenn man in die Gesichter der Zuhörer schaute, sah man pure Zustimmung einer entschlossenen Fan-Schar, der man in *Braveheart*-Manier gerade einen brennenden Pfeil ins Herz geschossen hatte. „Inspiration" heißt übersetzt „Entfachung" … wer bei dieser Klopp'schen Feuerrede keine Gänsehaut bekommen hat, muss wohl im Iglu leben.

Eigentlich ging es ja „nur" um Fußball, aber damals war ich selbst auch ergriffen, wie viel Glauben, wie viel wilde Entschlossenheit und wie viel Mut in solch einer herausfordernden Ansage – inmitten des Scheiterns und des Frusts – steckte.

Wen auch immer du im Stadion darauf ansprichst, selbst 10 Jahre später erinnern sich die Mainzer an diesen ansteckenden Gefühlsausbruch des großen Blonden. Kloppo hat es mit seiner legendären Rede geschafft, eine Sehnsucht von uns Menschen anzusprechen: Das tiefe Verlangen in uns nach Hoffnung. Den Wunsch, etwas gegen alle Widrigkeiten erreichen zu können. Die Sehnsucht danach, uns selbst zuzutrauen, dass „Durchsetzungs-Vermögen" in uns schlummert.

Nur zu gut kennen wir diese dunklen Phasen, in denen wir einfach keine Lust mehr haben, ständig neu aufzustehen, ständig zu kämpfen. Manchmal würden wir nach dem erneuten Scheitern am liebsten einfach liegenbleiben, und alle könnten uns mal kreuzweise. Hmm ... Kreuz. Weise?

Jeder gescheiterte Klub nehme sein Kreuz auf sich und gehe weise – ohne Panik – damit um? Die Macht der Worte. Gesagt, getan. Kloppos Forderung wurde umgesetzt: Mainz 05 blieb ruhig, ließ sich nicht beirren, feuerte keinen Trainer oder Spieler und stieg tatsächlich exakt ein Jahr später zum ersten Mal in seiner 99-jährigen Vereinsgeschichte und pünktlich zum anstehenden Jubiläum in die Fußball-Bundesliga auf. Nach 99 Jahren in der Bedeutungslosigkeit war Mainz 05 mit ihrem schwäbischen Propheten ans Ziel gekommen.

Manche Menschen haben nicht einmal die Ausdauer, 99 *Tage* auf etwas „hinzuglauben". Gerade wenn uns etwas immens wichtig erscheint, verlieren wir meist viel zu schnell die Geduld und die Zuversicht. Doch da heißt es in der biblischen Definition von Hebräer 11,1: „Der Glaube ist der tragende Grund für das, was man hofft. Im Vertrauen zeigt sich jetzt schon, was man noch nicht sieht. Unsere Vorfahren lebten diesen Glauben. Deshalb hat Gott sie als Vorbilder für uns hingestellt."

Um Großes zu erreichen im Fußball wie im Leben, brauchen wir Glauben. „Nach deinem Glauben wird dir gegeben", sagt Jesus. Aber was tun, wenn's denn nun überhaupt nicht klappen will mit den Träumen, die man hat? Denn manchmal ist ein Happy End der Marke Klopp nicht wirklich absehbar.

Wie sehr das Greuther Fürther Fanherz darunter leidet, in den historischen Ewigkeiten der 2. Liga immer nur Vierter zu werden, das kann man sich wahrscheinlich nur dann vorstellen, wenn man wie die treusten Anhänger jahrelang Woche für Woche im Schnee und eiskalten fränkischen Regen auf den Rängen verbringt, um nach etwa 579 Stadionbesuchen wieder mit leeren Händen und leeren Augen dazustehen. Oder frag doch mal die Spanier, gefühlte 25 Weltmeisterschaften als Geheim-Favorit gestartet und immer früher von der WM wieder zu Hause angekommen als ihre Postkarten. Doch sie haben niemals den Glauben an einen WM-Titel verloren und wurden 2010 in Südafrika endlich dafür belohnt.

Meine absolute Lieblingsfigur in der Bibel ist nicht etwa David, sondern Josef, der Träumer. Wenn du dieses Neue Testament hier ausgelesen hast, dann empfehle ich dir hier exklusiv, im Alten Testament diese unfassba-

re Geschichte von Geduld, Durchhaltevermögen und „immer wieder aufstehen" durchzulesen (1. Mose 37–50). Josef beweist in den ätzendsten Enttäuschungen, die man sich vorstellen kann, wie sehr er Gott trotzdem noch vertraut.

Er ist für mich das Vorbild schlechthin dafür, wie stark der Glaube an einen guten Ausgang sein kann – trotz denkbar schwieriger Umstände. Jemandem „Gottes Segen" zu wünschen bedeutet, ihm den Glauben zuzusprechen, dass Gott ihm eines Tages die leeren Hände wieder füllen wird. Es bedeutet: „Möge Gott dich mit Vorstellungsvermögen bereichern, damit du deine Ziele eines Tages wirklich erreichen wirst. Egal, wie oft du schon gescheitert bist."

Das gilt für das einst hoffnungsvoll gestartete Talent, das sich plötzlich in der Realität des Konkurrenzkampfs verzweifelnd nur noch auf der Bank oder der Tribüne wiederfindet. Das gilt für den erfolgreichen Spieler, der sich ausgerechnet auf dem Höhepunkt seiner Karriere eine Verletzung zuzieht, die ihn ein Jahr lang aus den Schlagzeilen und völlig aus der Bahn werfen wird (wie es meinem Freund Tim Hoogland ergangen ist, den ich für seine Geduld in dieser sauschweren und frustrierenden Phase sehr bewundere! „Hoogi, gib Gummi, du kommst stärker zurück denn je!" – Sorry, das war privat!).

Und es gilt für all die Menschen, die schlecht von sich denken und sich nichts zutrauen, weil sie keine Ermutiger in ihrem Umfeld haben, sondern von Neidern, Besserwissern und Konkurrenten umgeben sind.

Wenn wir die Top-3-Aussage der Bibel umsetzen wollen, „Steh auf!", dann brauchen wir Menschen, die uns im Klopp'schen Stil ermutigen – ob laut oder leise, ob sie uns sanft anfassen oder entschlossen aus der Lethargie reißen. Wir müssen uns eingestehen, dass wir unser Leben allein auf Dauer nicht packen.

Und wir brauchen vor allem Einsicht und eine neue, demütige Einstellung, um Gott auch zuzutrauen, dass er uns treu und liebevoll „von einer Kraft zur andern" begleitet.

Doch wenn wir alle nur an unsere eigenen Ziele denken und auf unseren persönlichen Ermutiger warten, anstatt auch selbst Ermutiger für andere zu sein, dann wird es schwierig mit dem „Aufstehen" – wir sind von Gott für die Gemeinschaft geschaffen. Gott sucht im Dschungel unserer Gesellschaft Tiger! Steh auf und zeig dem Leben deine Krallen, sei ein Tiger. Denn auch Gott selbst ist der größte und schönste Tiger von allen: Der Ermu-Tiger!

LESETIPP

→ **Hebräer 11: „Der Glaubensweg biblischer Helden"**

Schüüüüü – der Mann mit dem schönsten Assist aller Zeiten! Danke André.

Cacau – „Helmut“ tanzt Samba!

Deutschland spielt jetzt brasilianisch

Die deutsche Nationalhymne erklingt. Gänsehautstimmung in Durban, Südafrika. Die ganze Welt schaut zu – und das ist nicht übertrieben. Wenn der Fußball alle vier Jahre den Erdball küsst, dann ist tatsächlich die ganze Welt vereint vor dem Fernseher und beobachtet die angestrengten Gesichter singender Fußballstars.

„... für das ♪♪♪♪ deutsche Va-teher-land ... ♪♪♪♪“, hört man Lahm zaghaft singen, während die Kamera am kleinen Kapitän vorbeischwenkt, rüber zu Friedrich, Badstuber, Boateng, Thomas Müller, Schweinsteiger, Cacau. Dessen „Vaterland“ ist zwar ein anderes, doch Deutschland und deutsches Kulturgut sind ihm längst in Fleisch und Blut übergegangen, sodass „Helmut“ – so wird er mittlerweile offiziell von seinen Mitspielern gerufen – voller Stolz die Hymne mitschmettert. Auffälligerweise ist er der einzige singende Nicht-Deutsche im Team.

Seine Blicke schweifen über die vollgepackten Ränge – es ist unfassbar für ihn, nach dieser verrückten Karriere-Entwicklung tatsächlich hier bei dieser historischen ersten Afrika-WM mit dabei zu sein. In diesem Moment wird für Cacau eine Art Fußball-Märchen wahr. Wenn man sich bewusst macht, dass Claudemir Jeronimo Barreto Ende der 1990er-Jahre noch in einer Art Hallenfußball-Liga mit Kreisliga-Stärke in Brasilien kickte ...

Cacaus Trainer Mauro hatte seinem Cousin Osmar de Oliveira (später auch Cacaus Manager) von Cacaus Talent erzählt, und da der Leiter einer Samba-Gruppe sowieso gerade mit seinen Tänzerinnen auf Europa-Tour gehen wollte, hatte er schwuppdiwupp plötzlich einen unbekannten Brasi-Kicker im Gepäcknetz, um ihn vor Ort interessierten Klubs anzubieten. Barreto, der mit dem Ball tanzt.

Doch die Samba-Tournee schien zunächst erfolgreicher als die Bewerbungsauftritte des jungen Cacau – ob

HELMUT-HELMUT-HELMUT-HELMUT-HELMUT-HELMUT-HELMUT-HELMUT-HELMUT-HELM
HELMUT-HELMUT-HELMUT-HELMUT-HELMUT-HELMUT-HELMUT-HELMUT-HELMUT-HELM
HELMUT-HELMUT-HELMUT-HELMUT-HELMUT-HELMUT-DOIDINHO-DOIDINHO-DOIDINHO-
DOIDINHO-DOIDINHO-DOIDINHO-DOIDINHO-DOIDINHO-DOIDINHO-
MUT-HELMUT-HELMUT-HELMUT-HELMUT-HELMUT-HELMUT-
MUT-HELMUT-HELMUT-HELMUT-HELMUT-HELMUT-HELMUT-
DEUS-É-FIEL-DEUS-É-FIEL-DEUS-É-FIEL-DEUS-É-FIEL-DEUS-
EL-DEUS-É-FIEL-DEUS-É-FIEL-DEUS-É-FIEL-DEUS-É-FIEL-

in Wien oder München, beim FC Bayern oder bei 1860 München, überall wird er abgelehnt, obwohl er doch nur von einem Probetraining träumt. Am Ende erbarmt sich Türk Gücü München, eine bessere Hobby-Truppe in der fünften Liga. Cacau versteht kein Wort Deutsch, auch nicht die türkischen Anweisungen des Trainers, aber er macht Tore ohne Ende – und schießt sich plötzlich auf die Notizblocks diverser Scouts. Die Amateure des 1. FC Nürnberg entdecken ein Schnäppchen und greifen zu.

Als ich Cacau 2001 in seiner kleinen Nürnberger Bude mit gefühlten 30 Quadratmetern besuche, muss ich über einen mit Bleistift gekritzelten Schmierzettel schmunzeln, der über dem kleinen Küchentisch hängt: 100 DM für ein Unentschieden und 150 DM für einen Sieg gegen die Amateure von Fürth – Cacau hat dort stolz sein allererstes Fußballergehalt festgehalten.

FACT SHEET

CACAU

*27. März 1981 in Santo André

Claudemir Jeronimo Barreto lebt mit Ehefrau Tamara und den Kindern Lidia und Levi in Korb

2006 Tor des Monats September

2007 Deutscher Meister und Champions League-Teilnehmer

2010 WM-Dritter mit Deutschland

Euro League 2012/2013

„Jogis Joker" EM-Teilnehmer 2012

♪♪♪♪ „… danach lasst uns alle stre-e-eben …"

Nur wenige Meter entfernt von ihm, in der untersten Sitzreihe des Stadions, entdeckt Cacau plötzlich seine Mutter. Natürlich hat er Karten für die ganze Familie besorgt, die es sich nicht nehmen lässt, bei der ersten WM des stolzen Sohnemanns dabei zu sein.

„… brüüderlich mit Herz und Hand …" Jetzt sieht er auch seinen Vater und daneben seine beiden Brüder Vladimir und Ademir – er schaut ihnen ins Gesicht Der eine weint, vor Glück.

In der 70. Minute des Eröffnungsspiels muss auch Cacau weinen. Gerade vor zwei Minuten ist er für Klose eingewechselt worden, und als ob er sein ganzes Leben auf diesen Moment gewartet hätte, sprintet er im Usain-Bolt-Stil raketenartig über das ganze Feld, um gegen die völlig verdutzten Australier das 4:0 zu schießen. Seinen typischen Tor-Jubel – mit beiden ausgestreckten Zeigefingern zum Himmel deutend – kennt jetzt die ganze Welt.

An der Eckfahne angekommen, kniet er nieder, und es bricht alles aus ihm heraus. „Ich habe in diesem Moment an all die Jahre in Brasilien gedacht und Gott von ganzem Herzen gedankt, dass er mir das schenkt!"

13. Juni 2010 im Moses Mabhida-Stadion in Durban

„Eine Spielweise, wie wir sie nicht häufig bei einem Stürmer haben", schwärmt Löw über seine Neuentdeckung, der mit 28 Jahren ungewöhnlich spät Nationalspieler wurde.

Am 29. Mai 2009 hatte der Bundestrainer ihn gegen China zum ersten Mal ins Spiel gebracht. Gutes Timing, Herr Barreto, ein Jahr vor der WM als Greenhorn einzusteigen und während der WM plötzlich nicht mehr aus der Mannschaft wegzudenken zu sein. Respekt! Cacau – um es in Weidenfellers Denglisch zu sagen – „plays a grandios WM!"

Deutschland wird Dritter, Cacau trifft Angela Merkel, wird DFB-Beauftragter für Integration. Cacau als Werbestar, Cacau als VfB-Kapitän, Cacau im Promi-Dinner mit Tafelspitz – Claudemir, wann bewirbst du dich für den Posten des schwäbischen Ministerpräsidenten?

Doch Cacaus Geschichte ist eine Erfolgsgeschichte, die lehrt, wie sehr man auch Niederlagen und Versagen braucht, um eine ganz große Sportler-Persönlichkeit zu werden. Denn er weiß, dass er vor allem durch seine Fehler und durch schmerzhafte Erfahrungen gelernt hat.

Bevor er zu seinem tiefen Glauben an Jesus fand, für den er schon beinahe berühmt ist, war Cacau als Fußballer ein ziemlich unbeherrschter Charakter. Bei den Schiris in Brasilien war er wegen seiner Wutausbrüche und verbalen Ausraster gefürchtet. Wenn man ihn heute sieht, ist das kaum vorstellbar, aber vielleicht war das auch ein Ventil für seine frustrierenden Umstände. Die Familie lebte in sehr armen Verhältnissen, seine Mutter musste als Putzfrau arbeiten, während sein Vater in dem kleinen Dorf mit 90 Häusern als Trinker bekannt war und deswegen öfters im Krankenhaus landete. Cacau schämte sich dafür. Er ging schon als Jugendlicher auf die Straße und verkaufte Cola in Dosen an Autofahrer, um seine Familie mit zu unterstützen. Und beim Fußball konnte er dann seine Aggressionen abreagieren.

„Meine Mutter hat mir damals in unserer schwierigen Situation gesagt, ich solle versuchen, Fußballprofi zu werden. Wenn es nicht klappen würde, dann könnte ich wieder zurückkommen und etwas anderes tun. Da musste ich mich auf Gott verlassen. Ich habe gebetet, dass sein Wille geschehen soll, weil das sowieso das Beste ist."

„Kein Mensch kommt als Christ auf die Welt. Man muss sich entscheiden, ob man mit Gott leben will oder nicht. Bei mir hat es damit angefangen, dass mir eines Tages ein Mitspieler von Jesus und der Liebe Gottes erzählt hat. Ich verstand nicht, was er meinte, aber ich fand es so interessant, dass ich ihn das ganze Wochenende ausfragte. Und die

Als bekennender Jungprofi beim „Club" 2001

Frage, wie man Gott entdecken kann, beschäftigt mich seitdem."

Zu gern zeigte Cacau schon als Jungprofi beim 1. FC Nürnberg, auf welchem Grund er steht und woher er Woche für Woche seine Kraft schöpft. Für seine Jesus-Shirts gibt's inzwischen jedoch längst die gelbe Karte. Mission impossible!

Wie kommt man überhaupt auf so eine Idee, sich „Jesus" aufs T-Shirt zu kritzeln und das dann auch allen zeigen zu wollen?

„Ich hab' das in Brasilien gesehen. Als ich Christ wurde, wollte ich den Fans das Beste sagen, was man einem Menschen sagen kann: Jesus liebt dich."

Als Gründungsmitglied einer Brasi-Kirche in Stuttgart ist er regelmäßig mit der Abendgestaltung des Jugendkreises dran oder mit einer flammenden Ansprache von der Predigtkanzel. Und immer geht es ihm darum, Glauben zu vermitteln: „Ich kämpfe für meine Ziele, aber es gibt etwas, was mehr Erfüllung gibt, und das ist Gott", ermutigt er Jugendliche beim Eröffnungsabend der christlichen Veranstaltung JesusHouse in Stuttgart. „Gott ist überall zu treffen: in der Schule oder auf dem Fußballplatz, er ist immer nur ein Gebet von uns entfernt", erklärt Cacau manchen staunenden Besuchern der Porsche-Arena, die noch nie einen predigenden Fußballstar erlebt haben.

Raus aus der Kirche, rein ins knallharte Fußballgeschäft, in dem die Schwachen beim kleinsten Fehler von den Starken gefressen werden. Und jetzt geht es also ums Überleben seines geliebten VfB und darum, in diesem nervenaufreibenden Abstiegs-Thriller ein Zeichen zu setzen. Vom Magazin „11 Freunde“ wurde er wegen seiner Treue zum VfB kürzlich zum „Besten Nebendarsteller der Saison“ gekürt.

Kultreporter Arnd Zeigler bringt es in seiner Laudatio auf den Punkt: „Cacau hat sich geopfert. Nicht für ein glamouröses Finale, sondern für den tristen Abstiegskampf!“

Im Kino käme jetzt der musikalische Höhepunkt des Soundtracks, an dem Pavarotti seine Stimme zum furiosen Finale von „Nessun Dorma“ heroisch schmetternd erbeben lässt.

Ein echter Held, dieser Barreto, im ganzen Schwabenland überschwänglich gefeiert und mit Lob überschüttet, egal, wo er hinkommt. „Feiert Jesus!“ wäre eine typische Antwort des 30-jährigen Wahl-Schwaben, wenn man ihn auf die vielen Lobeshymnen anspricht, die ihm schon fast unangenehm sind – gleichzeitig Titel einer christlichen CD-Reihe mit Worship-Liedern, die er so gern auf seiner Schrummel-Gitarre nachspielt.

Worship do Brasil

Einmal hat er mich damit ganz schön geschockt. Den 20. Februar 2010 werde ich sicher nicht so schnell vergessen. Nach langer Verletzungspause war Cacau bei einem wichtigen Auswärtsspiel in Köln erstmals wieder im Kader – abends vor dem Spiel wollte ich meinem kleinen Brasi-Kumpel eine ermutigende SMS zu seinem Comeback schicken und schrieb ihm aus Flachs (O-Ton): „Barreto, alter Schotte, ich erwarte morgen in Kölle 4 bis 6 Tore von dir – drunter geht gar nicht!“

Cacau, der Integrationsbeauftragte des DFB

Als ich nachmittags beim gemütlichen Bundesliga-Kaffee vor der Glotze erlebe, wie Cacau in der 31. Minute sein zweites Tor in Köln macht, fällt mir plötzlich wieder die Spaß-SMS ein, die ich fast vergessen hatte. Während ich in meinem Handy krame, um meine eigene SMS nochmals zu lesen, macht Cacau gerade das 3:0 für den VfB.

Äääääääh ...!! Mir bleibt ja selten die Spucke weg, aber in diesem Moment hatte ich einen furchtbar trockenen Mund und stammelte: „Der wird doch nicht wirklich vier Tore ...?!“

In der 74. Minute war Cacaus „Auftrag" mit einem satten Rechtsschuss erledigt. Der VfB gewinnt 5:1 in Köln, 4 Tore von Cacau. Als ich ihn abends anrufe und frage, ob er denn immer genau das macht, was man ihm sagt, antwortet er nur lachend: „Brruder, du hast doch geschrieben, vier bis sechs Tore, also habe ich das gemacht – wo ist das Problem?", und schmeißt sich dabei mit seinem typischen Cacau-Geier-Lachen weg.

Als er mir dann noch von seinem kuriosesten Fan-Erlebnis der letzten Jahre erzählt, wird das für meine Bauchmuskeln eine echte Herausforderung.

Cacaus Schatzkammer in Mogi das Cruzes

Peinlich am Flughafen

„Wir waren gerade frischgebackener Deutscher Meister und wurden, egal, wo wir in Stuttgart hinkamen, überall von den Leuten frenetisch gefeiert. Selbst völlig euphorisiert, nahmen wir uns immer sehr viel Zeit, jeden Autogrammwunsch zu erfüllen. Einige Tage nach der Meisterfeier sitze ich am Stuttgarter Flughafen und warte im Check-in-Bereich auf meinen Flieger. Plötzlich spricht mich von hinten eine Frau an, tippt mir dabei auf die Schulter und fragt: ‚Kaffee?' Gedankenversunken reagiere ich, wie so oft in den letzten Tagen, mit der für die Frau etwas irritierenden Antwort: ‚Nein, Cacau!', weil ich denke, sie hätte sich meinen Namen nicht richtig gemerkt. Ich zücke schnell einen Edding, um ihr ein Autogramm zu geben – was ihren Gesichtsausdruck nun vollends entgleisen lässt! ‚Ähm, eigentlich wollte ich ihnen nur Kaffee anbieten, während sie auf den Flug warten, ich arbeite für Lufthansa!'

Ich glaube, ich wusste in diesem Moment nicht so recht, ob ich vor lauter Scham in einem großen Loch verschwinden wollte oder mich über diese skurrile Situation in einen Lach-Flash retten sollte – wir entschieden uns gemeinsam für die letztere Variante und müssen dabei so laut gegrölt haben, dass bald die halbe Empfangshalle mitlachte, ohne eigentlich zu wissen, worüber. Herrlich, was man in dieser verrückten Fußballwelt jeden Tag erleben kann! Auch dafür danke ich Gott, der sehr viel Humor haben muss!"

Dennis Aogo, Schalke 04 / Deutschland

Ich habe meinen Glauben an Gott schon früh in die Wiege gelegt bekommen, und außerhalb des Fußballs ist der Bezug zu Gott das Wichtigste für mich. Mein Vater war sehr gläubig, mein Großvater sogar Pastor in Nigeria – da habe ich ganz früh gewusst: Es gibt etwas, woran ich glaube. Gott ist mir jedoch erst später „begegnet", als ich mich öfter mit Menschen aus der Kirche über ihn unterhalten habe. Heute gibt es in meinem persönlichen Umfeld immer wieder Erlebnisse, die mir zeigen, was Gott und der Glaube bewirken können.

Für mich ist der Glaube an Gott längst eine innere Überzeugung, die mich gerade in der Welt des Fußballs erdet und mich immer wieder daran erinnert, dass es jemanden gibt, der unser Leben steuert. Gerade die Promiwelt und der Ruhm bergen die Gefahr abzuheben oder zu glauben, man kann alles alleine schaffen, doch das ist nicht möglich. Ohne Gott und die Möglichkeit, Dinge abzugeben und Gott anzuvertrauen, könnte ich mir kein Leben mehr vorstellen.

Ich genieße, wenn ich Zeit habe, die Gottesdienstbesuche und lese häufig in der Bibel und anderen christlichen Büchern, die mich inspirieren – denn im Fußball-Geschäft ist es wichtig, dem Trubel etwas entgegenzusetzen, sonst verlierst du den Bezug zur Realität. Dabei ist die Bibel für mich eine Art Leitfaden des Lebens, aus dem ich ganz viele Dinge in den Alltag übernehmen kann. Gerade in schweren Phasen hat mir das Lesen in der Bibel oft sehr geholfen – und so weiß ich eins inzwischen sicher: dass ich mein Leben lang bei Gott bleiben werde.

Identität Nr. 10!?

Fußball ist auch ein Geschäft der Statistiken und des Marktwerts. Der Nummern und der Positionen. Manch fußballerische Identität ließe sich sehr schnell anhand der Rückennummer klären. Die „10“, der klassische Spielmacher hinter den Spitzen. Vier geniale 10-er: Netzer, Pele, Maradona, Messi.

Die 19 oder 25 als 10?

Die „4“, in meiner Jugend noch der typische „Ausputzer“ oder „Vorstopper“, im Laufe der modernen Fußball-Entwicklung längst abgeschafft und in die „Viererkette“ integriert.

Vier legendäre 4-er: Karl-Heinz Körbel, Karl-Heinz Förster, Jürgen Klopp, Nikolce Noveski.

Die „5“, der Libero, frei wie ein Vogel. Der Klassiker: Franz Beckenbauer. Mit allen Freiheiten gesegnet über den Platz schwebend und die Stürmer mit genialen 60-Meter-Außenristpässen fütternd.

Doch auch der „Libero-5-er“ ist längst ausgestorben, es lebe die „Doppel-6“ mit Schweini und Khedira, jedoch ohne eine Spur von „6“ auf dem Rücken, dafür aber mit sechs Kilometer Laufleistung pro Halbzeit.

Die „6“ wiederum gilt es zu vermeiden, wenn man seinen Namen in der montagmorgendlichen Notengebung des Kicker sucht.

Viele Zahlen, viele Nummern – doch die sagen nicht wirklich etwas über den Menschen dahinter aus, und sie machen vor allem noch lange keine echte Identität aus. Um in einem Leben voller Herausforderungen nicht die Übersicht und die Freude zu verlieren, kommt es darauf an, was einer zu sehen bekommt, wenn er einmal hinter meine Fassade, meine „Rücken-Nummer“, schauen darf. Was wird er da über mich erkennen?

Was zeichnet mich aus? Was hat mich geprägt und dazu bewogen, so zu werden, wie ich bin? Was macht mich wertvoll? Oder um es auf den Punkt zu bringen: „Wer bin ich eigentlich wirklich?“

„Looking for a reason, roaming through the night to find my place in

this world ...", singt der bekannteste christliche Musiker Michael W. Smith in einem seiner Hits. „Wie finde ich meinen eigenen Platz in dieser Welt? Meinen Stammplatz? Wo muss ich suchen, um so etwas wie meine Identität im Leben zu finden?"

Während Kicker und Sportbild Woche für Woche kritisch über die Leistungen der Profis Buch führen, füllt sich parallel ein anderes, ein göttliches Buch, mit all dem, das wir im Leben so verzapfen – und Papier ist geduldig.

Es würde mich schon brennend interessieren, was Gott in seinem berühmten „Buch des Lebens" wohl über mich notiert. In der Bibel ist öfter von diesem „Gottes-Tagebuch" die Rede. Führt Gott wirklich Buch über mein Handeln? Mit Statistiken? Mit Noten? Habe ich einen bestimmten Wert bei Gott, den ich auch steigern und senken kann? Durch Taten oder durch Glauben?

Das „Buch der Bücher" hat uns persönlich einiges dazu zu sagen. Ich glaube, nur dort, bei Gottes Idee von uns und der Ahnung, wie er sich uns vorgestellt hat, können wir Antworten darauf finden, wer wir wirklich sind und wer wir sein könnten!

Denn schließlich kennt uns keiner so gut wie Gott – zumindest stellt David das in einem seiner bekanntesten Psalmen fest: ***„Gott, du hast mich geschaffen – meinen Körper und meine Seele, im Leib meiner Mutter hast du mich***

gebildet. Herr, ich danke dir dafür, dass du mich so wunderbar und einzigartig gemacht hast! Großartig ist alles, was du geschaffen hast – das erkenne ich! Schon als ich im Verborgenen Gestalt annahm, unsichtbar noch, kunstvoll gebildet im Leib meiner Mutter, da war ich dir dennoch nicht verborgen. Als ich gerade erst entstand, hast du mich schon gesehen. Alle Tage meines Lebens hast du in dein Buch geschrieben – noch bevor einer von ihnen begann! Durchforsche mich, oh Gott, und sieh mir ins Herz, prüfe meine Gedanken und Gefühle! Sieh, ob ich in Gefahr bin, dir untreu zu werden, dann hol mich zurück auf den Weg, der zum ewigen Leben führt!" (Psalm 139, 13-24).

Mich zurückholen auf „den Weg", das klingt für mich nach Berufung oder Bestimmung. Das ist nicht das Schlechteste, so eine „Berufung" ... beispielsweise in den Kader der Nationalmannschaft. Überhaupt dazu „berufen" zu sein, einen bestimmten „Beruf" auszuüben, das kann man (bei all der Orientierungslosigkeit heute) schon als Glücksfall bezeichnen – vor allem wenn du als Feedback dann beispielsweise ein bewunderndes: „Du bist der geborene Lehrer!" bekommst, weil man eben genau das macht, worin man so richtig aufgeht und gut ist. Wie zum Beispiel die folgenden Typen:

„Der geborene Showstar":
Robbie Williams.
„Der geborene Schauspieler":
Robert De Niro.
„Der geborene Politiker":
Barack Obama.

Kick it like Robbie Williams

„Der geborene Entertainer“: Hape Kerkeling.
„Der geborene Fußballer“: Lionel Messi.

„Sein von Gott gegebenes Talent hat er mit der Welt geteilt!“, lautet die Grabinschrift von Elvis Presley. Welches Talent teilst du mit der Welt? Und was soll man über dich sagen? „XY ist der geborene … mit der Berufung zu …!“

Wie auch immer man uns definieren wird, eins ist klar: Wir wollen alle nach oben! Wer den Fußball liebt, der lässt sich schnell von seinen Protagonisten mit dem Ehrgeiz anstecken, sich mit anderen zu messen. Wer will sich auf Dauer schon mit Durchschnitt zufriedengeben, wenn man doch insgeheim davon träumt, ganz oben zu stehen, wie die „Helden“ unserer Gesellschaft, die wir in den Hochglanz-Magazinen beim Friseur bewundern?

Cacau – im Dienst seiner Majestät

Was sagt der Meister selbst, Jesus, zum Thema Identität und Erfolg? ***„Wer von euch groß sein will, der soll den anderen dienen, und wer der Erste sein will, der soll sich allen unterordnen“*** (Matthäus 20,26+27).

Es ist nicht gerade populär, zuerst anderen Menschen zu dienen, um nach oben zu kommen. Doch Jesus hat es seinen Jüngern immer wieder vorgemacht, dass es nur mit Liebe geht. Als er ihnen symbolisch die Füße wäscht und sich dadurch erniedrigt, versucht er ihnen bildlich klarzumachen, wozu er gekommen ist und was seine Identität ist: „Um den Menschen zu dienen“. Erst danach wird er von Gott erhöht, um sogar den Tod zu besiegen, was wir noch heute jedes Jahr an Ostern feiern.

In seinen Ansprachen betont Jesus immer wieder, dass wir einander dienen sollen. In unserer Gesellschaft voller Egoisten klingen solche Aufforderungen längst fremd. Die „Ich-AG“ ist das neue Symbol unserer Ego-Identität. Mit dem Begriff „Dienen“ können wir nichts mehr anfangen: „Und wer dient dann mir?“ – oder: „Und was wird aus mir?“, mit diesen Vorbehalten lehnen wir dieses Modell einer „Lebens-Identität“ strikt ab.

„Geben macht glücklicher als nehmen!“, zitiert Paulus sein Vorbild Jesus (Apostelgeschichte 20,35). Wer diese Jesus-Aussage zur Identität und zum Motto seines Lebens gemacht hat, wer verstanden hat, wie sehr es einen er-

Lucio: „Da ist das Ding"

füllt, andere Menschen zu ermutigen, so wie Jesus es ständig getan hat, anstatt sich nur um sich selbst zu drehen und sein Ego zu hätscheln, wer einmal in seinem Leben gespürt hat, wie schön es sich anfühlt, einen Menschen glücklich zu machen – der begreift langsam, was seine eigentliche Identität sein sollte und wird zum Herzens-Typen.

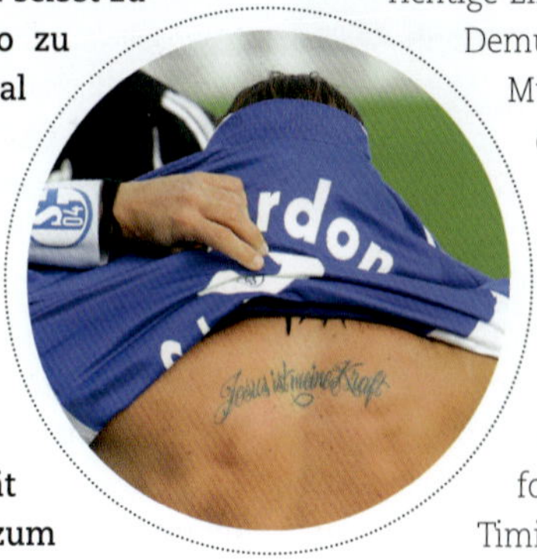

Bundespräsident Christian Wulff hat mir einmal in einem Interview auf die Frage, wie er sein Amt definiere, geantwortet, „Ich sehe mich als ersten Diener des Landes." Wow, das wäre doch mal eine tolle neue Definition einer „5", eines Liberos. Einer, der wirklich im wahrsten Sinne des Wortes „frei" ist, frei von seinen eigenen Zwängen und Egoismen, frei, um anderen in Demut zu dienen und darin seine Identität und Bestimmung zu finden.

Dabei muss ich an einen meiner Lieblings-Songs von Coldplay denken: „Fix you" – das war Jesu Auftrag in seinem kurzen Leben hier. „I'll try to fix you!", hat er allen Menschen gesagt, denen er begegnete. Wenn wir das zueinander sagen könnten: „Ich will dich ermutigen, und ich werde versuchen, dir zu helfen!" –, was für eine Herzens-Revolution wäre das für unser Zusammenleben.

Und genau das ist in den biblischen Helden-Geschichten immer wieder der Gottes-Schlüssel für „Erfolg": Erst die richtige Einstellung finden – die Demut oder wörtlich: „Den Mut zum Dienen" – und dann „ERFOLG-t" daraus der Aufstieg und es geht endlich nach oben auf der Erfolgsleiter. Aber eben genau in dieser göttlichen Reihenfolge und mit Gottes Timing, wie es Petrus in seinem ersten Brief beschreibt:

„Demütigt euch unter die gewaltige Hand Gottes, damit er euch erhöhe zu seiner Zeit!"

LESETIPP

→ **Lukas 15,11–32 „Das Gleichnis vom verlorenen Sohn" – von einem, der auszog, seine Identität zu finden.**

Alaba – der David unter den Goliaths

König David ist Champion

„Wöööörschippn dua mer!", sagt David Alaba lächelnd.

„Was macht ihr?", muss ich meine Frage etwas irritiert wiederholen. Ich hatte David Alaba gefragt, was ihm in dieser unglaublichen Triple-Saison am meisten Kraft gegeben hatte. „Worshipen!", wiederholt Österreichs Fußballer des Jahres im waschechten Toni-Polster-Slang, als ob das für einen Fußballprofi das Selbstverständlichste der Welt wäre: Pressing – verschieben – hoch anlaufen – Druck auf die Doppelsechs – worshippen.

„Ach so, zu Gott beten und ihm Lieder singen, jetzt verstehe ich, du meinst Worship!?"

„Ja, klar, so oft ich Zeit habe, mit meinen Eltern, aber auch wenn ich zu Hause in Wien bin, in unserer Adventisten-Gemeinde!"

In der schönsten Nacht seines Lebens – dem Champions-League-Triumph von Wembley – hat Fußball-König David auch gewöörshippt: mit seinem Bekenner-T-Shirt (siehe Foto). Ob ihm bewusst war, dass über eine Milliarde Fernsehzuschauer sein intimes Bekenntnis zu Gott lesen würden? Ganz schön selbstbewusst und glaubensfest für einen 20-Jährigen! In seinem Alter war es mir peinlich, meinen Freunden zu sagen, dass ich nicht in die Disco mitkomme, weil ich auf eine Kirchenfreizeit mitfahre!

David Alaba ist eben anders. Was für ein Typ! Der absolute Shootingstar der Bundesliga, dem der Kicker kürzlich eine ganze Titelstory widmete. Wie kann man als Jungspund, der vorgestern selbst noch Panini-Bilder gesammelt hat, schon so rotzcool und abgebrüht sein?

Nicht nur im Champions-League-Finale 2013 gegen Kloppos BVB war er

einer der Besten und hätte mit einem satten Fernschuss beinahe selbst für die Entscheidung gesorgt. Schon ein Jahr zuvor, als die Bayern es vergeigten, war David auffallend selbstbewusst.

Ein Rückblick: Es ist der 25. April 2012 – Madrid, 28 Grad, die Frisur sitzt. Doch die Angst sitzt auch – im Nacken der Spieler des FC Bayern. Muffensausen vor dem Elfmeterschießen, das gleich losgehen soll. Trainer Heynckes sucht nach Mutigen mit „Cojones“. Kaum einer traut sich, gleich als Elfer-Schütze anzutreten, die meisten winken ab: „Nee, Trainer, bestimmt nicht, ich schieß keinen, fühl mich nicht sicher!“

FACT SHEET

DAVID ALABA

- * 24. Juni 1992 in Wien
- Mit 17 jüngster Nationalspieler Österreichs
- 2011 · 2012 · 2013 · 2014 Österreichs „Fußballer des Jahres“
- 2010 + 2013 Deutscher Meister und Pokalsieger mit dem FC Bayern München
- 2013 Triple-Sieger

Der 11er-König von Madrid

Verständlich, es geht um den Einzug ins Finale der Champions League – das lang ersehnte „Finale dohoam“ in München. Was für ein gewaltiger Druck, was für eine Versagensangst angesichts des Risikos, sich vor der ganzen

Nation zu blamieren. Zwei Freiwillige hat Heynckes endlich gefunden. Klar, Schweinsteiger und Gomez sind sichere Schützen, über Robbens Drama wissen wir ja inzwischen Bescheid. Aber wer traut sich, den allerersten, den nervenaufreibendsten Elfer gegen den Welttorhüter Iker Casillas zu schießen, dazu noch in dessen Stadion und Wohnzimmer? Keiner!

Irgendwie erinnert mich diese Geschichte an den Klassiker aus dem Alten Testament: David gegen Goliath. Die Philister verspotteten damals im Tal von Elah das Volk Israel und dessen König Saul. Weil sie wussten, dass ihr Riese Goliath in der Dauer-Fehde mit dem israelischen Heer noch nie bezwungen wurde, nahmen sie den Mund reichlich voll angesichts verängstigter Israeliten – genauso wie die legendäre spanische Zeitung „Marca", die die Spieler des FC Bayern in den Tagen vor dem Spiel als ängstliche Micky-Mäuse darstellte, die vor dem „Riesen Real Madrid" zitterten.

Ungefähr 1.000 Jahre vor Christus musste Goliath tagelang auf seinen Widersacher warten, weil sich keiner traute zu schießen, äh, gegen ihn zum Kampf Mann gegen Mann anzutreten. Ein Duell, das den Krieg stellvertretend entscheiden sollte, darauf hatte man sich geeinigt.

Die Quote bei „Tipico-Jerusalem" stand damals sicher bei 1:1.000.000 für den, der es schaffen würde, „den Unbesiegbaren" aus dem Weg zu räumen. Angst lähmt! Doch nicht die Göttlichen. 365-mal finden wir in der Bibel die Aufforderung: „Fürchte dich nicht!" Sicher kein Zufall. „Warum Angst haben, wenn man Gott auf seiner Seite weiß?!" Vielleicht war das der letzte Gedanke des kleinen unbekannten Sängers David, als er sich damals – für alle überraschend – freiwillig zum Kampf gegen Goliath meldete.

Nicht minder sensationell die Entscheidung des Ösi-Davids mit der Nummer 27, sich Heynckes als allererster Schütze zur Verfügung zu stellen. Fußball-Experten, Bayern-Fans, TV-Zuschauer – alle miteinander rieben sich verwundert die Augen, als ausgerechnet David Alaba, der Kleinste und Jüngste, sich voller Selbstbewusstsein die Kugel schnappte und begleitet von 80.000 spanischen Pfiffen und Spottrufen Richtung Goliath-Casillas zum Elfmeterpunkt marschierte.

Ich weiß noch, wie ich meinen Kumpels damals vor dem Fernseher laut „Wahnsinn, das glaube ich jetzt nicht!" zugerufen habe. „Man kann doch das Greenhorn Alaba nicht den ersten Elfer schießen lassen!"

Doch, der Shootingstar des FC Bayern will es so – ausdrücklich! Seine Mimik verrät das: ein Gesichtsausdruck wie in Stein gemeißelt, den man eigentlich für junge Schauspielschüler konservieren müsste, wenn es darum geht, mit den Augen Entschlossenheit auszudrücken. Wahnsinn, wie entspannt, ohne jede Nervosität und doch voller Konzentration und Überzeugtheit Alaba den Ball nimmt, auf dem Punkt zurechtlegt und kompletto tutti lässig verwandelt, als ob es um nichts geht – cool und unaufgeregt wie bei einem Trainingsschuss gegen den zweiten Bayern-Torhüter Tom Starke.

Woher er, mit damals 21 Jahren, diese ungewöhnliche Coolness nimmt, verrät er mir im Interview (siehe Kasten unten).

Der Kicker hat ihn jüngst mit „6.000-Prozent-Mann“ betitelt und Alaba das „Goldene K“ verliehen für die sympathischste Figur der Bundesliga – die wichtigste Fan-Wahl im deutschen Fußball. Auf Augenhöhe mit Kloppo, der die Wahl bei den Trainern gewann. Was macht den jungen beliebten Wiener zum Ausnahmespieler? Warum steht ein junger Österreicher ganz oben auf den Einkaufszetteln von FC Barcelona, Real Madrid und Manchester United?

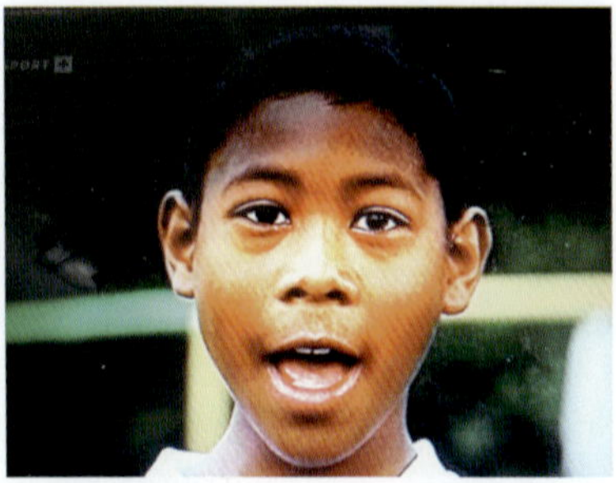

Ungewöhnlich beginnt schon die Karriere, als der 13-jährige David mit seiner souveränen Spielweise den Scouts vom FC Bayern im C-Jugend-Trikot von Austria Wien auffällt. Zwei Jahre später verpflichten die Bayern den Rohdiamanten für geschätzte 150.000 Euro, um ihn weiter auszubilden und Stück für Stück für die ganz große Bühne aufzubauen. Und trotzdem heißt es in Expertenkreisen, dass der kleine Österreicher bei den großen Bayern allerhöchstens auf der Bank einen Stammplatz finden wird. Allen Besserwissern zum Trotz bleibt der gläubige Hoffnungsträger ruhig und sucht in seiner Adventisten-Kirche in Wien ganz bewusst regelmäßig „Stärkung von oben“, um dem großen Erwartungsdruck etwas Positives entgegenzusetzen. Anfangs scheinen seine Kritiker recht zu behalten. Alaba wird nach Hoffenheim ausgeliehen, um dort Spielpraxis zu bekommen – und er bekommt dort noch viel mehr: die nötige Reife und eine geniale Abgeklärtheit und Spielübersicht, um bei seiner Rückkehr zu den Bayern mit 18 Jahren für eine der größten Bundesliga-Überraschungen der letzten Jahre zu sorgen. Ungemein dribbel- und nervenstark, vom lieben Gott mit einem „wahnsinns linken Haxn“ gesegnet und vor allem locker und humorvoll, spielt sich der freche Ösi in die Herzen der Bayern-Fans und in den Stamm der österreichischen National-Elf.

Auf die Frage nach einer Lobhudelei über Alaba antwortet mir der Ex-Mainzer Andi Ivanschitz: „Was soll's auch sonst geben bei Alaba?! David ist nicht nur ein überragender Kicker, sondern dazu noch ein absolut cooler Typ, immer gut drauf und für jeden Spaß zu haben.“

David vs. Lahm und Müller

Wer hätte gedacht, dass so ein Exot (Vater Rapper aus Nigeria, Mutter Schönheitskönigin von den Philippinen) eine solch unglaubliche Karriere in der besten Liga der Welt hinlegen würde. Unglaublich? Nein, „Glaublich“, würde Alaba mit seinem typischen Ösi-Schmäh entgegnen, denn er betont nicht nur auf der Bayern-Website, auf wen er sich in diesem oft gnadenlosen Bundesliga-Business verlässt: „Meine Kraft liegt in Jesus.“ Das Einzige, was ihm in seiner jungen Karriere jetzt noch fehlt, ist eigentlich der Weltmeistertitel – wäre da nicht das traditionelle Schwächeln der Austria-Truppe, wenn es darum geht, sich für eine EM oder WM überhaupt zu qualifizieren.

Doch der „Bläck-Ösi“ mit dem lustigen Akzent ist ja noch jung und hat das Glück, in einer richtig talentierten Nationalelf zu stehen, die mit Ivanschitz, Harnik, Arnautovic, Prödl, Baumgartlinger und Co. eine Top-Bundesliga-Auswahl ins Rennen schickt, um bei der EM 2016 in Frankreich für Furore zu sorgen. Und mit seinen lässigen Toren für meinen Geheim-Favoriten Austria hat Alaba auch schon höchstpersönlich das Navi in Richtung Paris eingestellt. Und da sehe ich am Ende den furchtlosen Träumer David unter dem Eiffelturm stehen – mit dem EM-Pokal in der Linken und einem Wiener „Cafétscher“ in der Rechten und einem feschen Jesus-T-Shirt über der stolzen Brust. Und nur wer ganz genau hinschaut, entdeckt die hölzerne Steinschleuder, die verräterisch aus seiner Jeans lugt.

Man wird ja mal träumen dürfen, gell, David, du frecher, fescher Ösi-Junge. Wir werden deine weiteren Heldentaten gegen die Riesen der Fußballwelt verfolgen. Viel Glück und göttliche Inspiration wünsche ich dir – und wenn ich im Lotto gewinne, dann kaufe ich dich für meinen Lieblingsklub Mainz 05, ätsch!

Es grüßt dich dein Namensvetter, David K.

Hallo, Namensvetter David, Glückwunsch zum Triple! Im Champions-League-Finale bist du ja nicht nur durch eine bombastische Leistung aufgefallen, sondern auch durch dein Jesus-Shirt beim Feiern. Wie bist du denn auf die Idee gekommen?
Einige Tage vor dem Finale war ich mit einem Freund im Copyshop und wir sind kreativ geworden. Ich dachte, wenn wir diesen Henkelpott holen, dann möchte ich auch Gott dafür die Ehre geben und mich auf diese Art bei ihm bedanken für eine fantastische Saison und allen damit zeigen, woher ich meine Kraft bekomme.

Und wenn ihr verloren hättet?
Dann hätte ich es trotzdem gezeigt.

Und beim Schlusspfiff gegen den BVB – was ging dir da durch den Kopf oder kann man vor Freude gar nicht mehr gscheit denken?
Das kann man ehrlich gesagt gar nicht in Worte fassen. Man ist völlig überwältigt und dankbar und hat 'ne totale Gänsehaut. Ich bin irgendwo hingerannt, um meiner Freude Ausdruck zu verleihen, und hab wild gefeiert. Aber als ich mich einen Moment lang gesammelt habe, da war da ein ungeheures Gefühl von Dankbarkeit gegenüber Gott, der mir schon so viel im Leben geschenkt hat, deswegen ja auch das Jesus-Shirt.

Und hättest du deinem Glaubensbruder Kloppo auch den Titel gegönnt oder geht so was nur in einem Hollywoodfilm?
Klar, Kloppo ist ein faszinierender Typ, und ich weiß auch, dass er so tickt wie ich und um Kraft betet und für jeden da ist, und so etwas wird auf Dauer sowieso immer belohnt – die Meisterschaft hat er uns ja schon zweimal weggeschnappt!

Witzigerweise zeigt jedes Jahr ein Champions-League-Sieger namens David ein christliches Bekenner-T-Shirt. Wie gefiel dir die Aktion von Chelseas David Luiz in München, der ein T-Shirt mit dem Aufdruck „Deus é fiel" – „Gott ist treu" – getragen hat?
Ja, das war eine echte Frechheit (lacht). Nein, ich freue mich natürlich über

jedes Bekenntnis – und man darf niemals vergessen, wir reden hier nur über Fußball.

In Sachen WM-Qualifikation 2014 war ja ganz Österreich durch eure Top-Leistungen völlig euphorisiert. Wie rotzfrech muss man sein, um im wichtigsten Spiel der letzten Jahre für Österreich zum Elfmeter gegen Schweden anzutreten?
Nee, nee, ich war natürlich auch nervös, aber ich habe zu Gott gebetet, dass er mir Kraft und Gelassenheit schenkt – vor allem, als ich den Ball auf den Punkt gelegt habe. Ich spürte in diesem Moment die riesige Verantwortung für unsere stolzen Österreicher, aber die Stimmung in Wien war unfassbar. Alle waren voller Hoffnung, und ich habe einfach um Konzentration gebetet und bin Gott sehr dankbar, dass ich so meinen Teil zum wichtigen 2:1-Sieg beitragen durfte. Auch wenn es am Ende für die WM in Brasilien nicht ganz gereicht hat.

Als Triple-Sieger kennst du dich nicht nur mit Feiern gut aus – in deinen jungen Jahren gab es auch schon fiese Niederlagen zu verkraften wie jetzt die verpasste WM-Teilnahme, oder damals im bitteren Champions League-„Finale dohoam", als du leider gesperrt warst. Wie sehr schmerzen solche Niederlagen wie gegen Chelsea oder damals in Schweden, als ihr im entscheidenden Spiel des Jahres die WM vergeigt habt?
Das war natürlich eine riesengroße Enttäuschung, aber Gott weiß schon warum. Wenn ich Gott vertraue, dass er einen perfekten Plan für mich hat, dann fällt es mir auch leichter zu glauben, dass mir alle Situationen in seiner Souveränität zum Besten dienen. Mit dieser Einstellung können uns Niederlagen letztendlich sogar helfen, uns noch weiter zu verbessern. So oder so, ich vertraue Gott total, gerade auch in schweren Zeiten!

In unserer aufgeklärten Welt gibt es wohl nirgends so viele Missverständnisse wie beim Thema „Glauben". Kannst du versuchen zu erklären, warum er dir so wichtig ist?
Es bedeutet mir sehr viel zu spüren, dass Gott mich liebt und mir immer wieder Kraft gibt. Die Beziehung zu Gott und seine unfassbare Liebe sind das Wichtigste in meinem Leben!

Wann spürst du das besonders stark?
In jeder Minute meines Lebens steht Gott neben mir. Seine Liebe trägt mich durch den Tag.

Aber im Spiel selbst ist doch allerhöchstens Zeit für ein kurzes Stoßgebet, während Manuel Neuer die Mauer ordnet?
Nein, ich kommuniziere auch während des Spiels viel mit Gott. Bei Unterbrechungen und kurzen Pausen spreche ich mit Gott und mache mir immer wieder bewusst, dass er für mich da ist und mir Kraft und Intuition schenkt.

Auch auf der FCB-Homepage habe ich dein Lebensmotto entdeckt: „Meine Kraft liegt in

Alabas Linke schnappt sich schon während des Spiels den Cup

Jesus!" Wie kommt man zu einer so starken Überzeugung?
Meine Eltern haben mir in meiner Wiener Kindheit immer von David und Goliath erzählt und mich dafür begeistert, was man im Leben mit Gott alles erreichen kann. Aus den Geschichten der Bibel ziehe ich heute noch meine Kraft und besuche in Wien so oft es geht unsere Adventisten-Kirche.

Was würdest du den U15-Bubis empfehlen, die von einer ähnlich großen Karriere träumen?
Hart an sich arbeiten, Disziplin üben und Gott vertrauen, dass er für mich eine gute Zukunft vorbereitet hat.

Was halten deine Bayern-Kollegen eigentlich von deinem göttlichen Draht?
Mit Rafinha und früher auch Gustavo sitze ich öfters abends auf dem Hotelzimmer, jeder hat seine Bibel dabei, und wir quatschen dann über Glaubensthemen. Zé Roberto war da früher eine Art Vorbild für mich.

Hast du einen großen Traum für deine kleinen Ösis?
Ja, klar, bei der EM 2016 in Frankreich dabei zu sein, wäre der Hammer. Mit Baumgartlinger, Ivanschitz, Arnautovic, Harnik und Co. haben wir eine gute Truppe und verbessern uns Schritt für Schritt.

Danke, David, bleib gesund, und grüß mir „Papa Ribéry"! Wir sehen uns 2016 zur Europameisterschaft bei ihm in Frankreich!

Lewis Holtby – Everybody's Darling

Ob ihn denn die Queen von England auch schon kennt, frage ich Lewis, als er kürzlich mal wieder in der deutschen Heimat weilt.

Bei dem Trubel, den der junge Blondie in seiner kurzen Zeit in London bei den Spurs ausgelöst hat, hätte es mich nicht gewundert, wenn er schon von Lizzy eine Einladung zum Tee im Briefkasten gehabt hätte und Kate ihn als ihren „favourite player" bezeichnen würde.

Ganz London freut sich über den „charming blonde German", der die deutschlandkritischen Engländer im Sturm erobert hat. Der Daily Mirror, aber auch die altehrwürdige Times, loben den Kreativen mit dem unwiderstehlichen „Esprit eines Künstlers".

Lewis mit Spurs-Buddy Paulinho

Neben Poldi, Özil und seinem Ex-Mainzer-Kumpel „Schüüü" hat London einen neuen „German Sunnyboy" gefunden – Holtby wird ganz unbritisch euphorisch gefeiert was ihn selbst kürzlich zum Fan der englischen Fußball-Euphorie werden ließ, als er stolz auf Facebook postete, dass es jetzt auch eine kleine schlumpfartige Sammelfigur von ihm gebe – genau die Figuren, die er vor einigen Jahren als Premier-League-Fan noch selber von Henry, Beckham und Lampard gesammelt hat.

Holtby ist fest entschlossen, in dem Land seiner Väter Geschichte zu schreiben – und die beginnt erst jetzt.

Back to the roots

Nach hohem Wellengang in den Jahren zuvor und einigen Aufs und Abs ist der Deutsche nun endlich angekommen.

„Durchbruch" ist der am häufigsten gewählte Begriff auf den Sportseiten, wenn es um Lewis' starke Serie bei Tottenham Hotspur geht. Vom Everton-Fan und Beckham-Bewunderer als „*magic*" bezeichnet. Magisch war auch einst der (Lewis O-Ton) „Hammer-Traumsieg" in München, als er nach dem 2:1 mit Schürrle und Szalai in Freibeuter-Manier die Bayern-Eckfahne enterte und für ihn „ein Traum in Erfüllung" ging.

Back to the roots lebt er die zweite Halbzeit seines Traums nun in seinem Vaterland weiter. „Everybodys Darling“ Lewis, auf den man in Tottenham stolz ist, als ob er hier schon immer gekickt hätte – ganz schnell mal muss man die Engländer aufklären, dass Holtbys Erfolgsgeschichte jedoch in good old Germany begann und zwar so:

Sein „Schlüsselspiel“ fand noch unter Felix Magath im Schalker Jersey statt. Ein Albtraum von einem Spiel – zumindest, was die Folgen angeht. Holtbys Karriere-Durchbruch sollte mit einem schweren Lapsus beginnen. Ein gravierender Fehler, der ihn über ein Jahr seiner Karriere kosten würde.

Was war passiert?

Lewis war als eines der begehrtesten Talente, von der halben Liga gejagt, aus Aachen zu Schalke 04 gekommen. Magaths ausdrücklicher Wunschspieler. Es ist der 08.08.2009, Schalke führt am ersten Spieltag in Nürnberg und muss einfach kurz vor Spielende einen Konter in Überzahl ausspielen, um alles klarzumachen. Der übermütige Lewis jedoch trifft die falsche Entscheidung – statt zwei Freistehenden den Ball zuzuspielen, die die Murmel dann mit der Selbstverständlichkeit einer Trainings-

FACT SHEET

LEWIS HOLTBY

- *18. Sept 1990 in Erkelenz
- Lieblingsverein „Sparta Gerderath“
- Die neue Hoffnung des HSV
- Deutscher Nationalspieler, Debüt 17.11.2010 gegen Schweden
- Champions League 2012/2013

Die „Bruchwegboys“ entern München

situation versenkt hätten, zieht er es vor, aus gefühlten 50 Metern ein Tor des Monats zu schießen. Besser gesagt, dies zu versuchen, denn der Kunstschuss misslingt völlig, und Magath gibt, mit hochrotem Kopf in die Kabine stürmend, das Rumpelstilzchen.

Die Trainer-Reaktion fällt heftig aus: Holtby ist durch seinen Eigensinn ab sofort ***persona non grata*** und wird vom Coach mit Nichtbeachtung bestraft. Im Kicker sagt Magath, der sein Jungtalent nun wochenlang auf der Bank schmoren lässt, nur noch eins zur Degradierung erster Klasse: „Ich werde ihm nicht sagen, was er besser machen kann, um aus dieser Situation rauszukommen – das muss er selbst herausfinden!“

Vom Zerbruch zum Durchbruch

Wenige Monate später ist Lewis' Absturz perfekt. Er wird im Winter 2009 von Magath aufs Abstellgleis nach Bochum verschoben, um sich dort im Abstiegskampf aufzureiben – nichts für schwache Nerven! Der VfL verliert mit Holtby die letzten fünf Spiele sang- und klanglos und steigt im Mai 2010 unter Tränen in die 2. Liga ab.

„So blöd es auch klingt, aber ich bin im Rückblick heute dankbar dafür, denn in diesen schwierigen Situationen habe ich gelernt, Geduld und Ruhe zu bewahren. Gerade nach meinem Abstieg mit Bochum oder einige Jahre zuvor bei der Aussortierung bei Gladbach in der U15 habe ich erfahren, dass solche Erlebnisse zwar extrem hart sind, aber mir auch helfen, selbstkritisch weiter an mir und meinem Traum zu arbeiten!“

Magath will seinen talentierten Jüngling immer noch nicht zurück und schiebt ihn erneut ab zu einem kleinen Klub nach Mainz. Hier beginnt die Hochphase des Lewis Holtby – er wird neuer Medienstar, beliebter Werbepartner von Red Bull & Co.

„German Sunnyboy“ scoring for Spurs

„Alter Schwede" – Was für ein Debüt für Deutschland

Auf das Geheimnis seines Erfolges mit Mainz 05 angesprochen dankt er kurioserweise Felix Magath: „Er hat mir die Augen geöffnet!"

Es bedarf einer großen Portion Demut, um so selbstkritisch auf eine Degradierung zu reagieren, wie es Schalkes neuer Publikumsliebling tut: „Ich habe gelernt, in jeder Situation das Gute zu sehen! Das hat nicht nur mit positivem Denken zu tun, sondern mit meinem tiefen Glauben an Gott. Das ist etwas, das man sehr schwer beschreiben kann, es ist ein Urgefühl von Geborgenheit, das ich in mir trage. Wenn ich weiß, dass Gott bei mir ist, dass er mich sogar liebt, so wie ich bin, dann ist alles viel leichter. Dann sind die schweren Phasen meines Lebens leichter zu ertragen, und in guten Zeiten besteht keine Gefahr für mich, abzuheben."

Sein Bekenntnis ist ihm wichtig. Das überdimensionale Kreuz-Tattoo auf seinem Unterarm, das Bekreuzigen in seinem ersten Länderspiel am 17.11.2010 in Schweden, das ihm übrigens harsche Kritik von ARD-Kommentator Mehmet Scholl einbrachte: „Ich finde das übertrieben, das passt nicht hierher!" Zwei Tage später muss er sich dafür sogar in der Bild-Zeitung unter der Überschrift rechtfertigen: „Warum ich mich bekreuzige".

Kritik stört ihn nicht – und wenn Holtby davon spricht, wie wichtig ihm der Glaube an Gott „gerade in diesem verrückten Geschäft Bundesliga" ist, dann weiß er auch, dass er damit in Deutschland gegen einen breiten Strom von Gleichgültigkeit schwimmt. Aber auch das ist ihm egal; er steht zu dem, was er glaubt: „Ich habe einmal einen geliebten Menschen verloren, dadurch hab ich noch intensiver zu Gott gefunden. Er hat mir damals Kraft gegeben, das zu überstehen, das vergesse ich ihm nie. Ich glaube an Gott, weil er der Erste und der Letzte ist, der uns hört, versteht und schätzt! Durch Lügen hab ich mir früher leider einiges kaputt gemacht, aber Gott hat mich wieder in die Spur gebracht. Demut ist für mich seitdem ein großer Begriff, ebenso wie Dankbarkeit für Kleinigkeiten. Ich habe jeden Tag verbissen trainiert – und durch Gottes Liebe inspiriert habe ich gelernt, meinen Träumen nachzugehen!"

Praying for Spurs

Lovely Lewis in London

„L is for Lover" lautete einst der Titel meines Lieblingsalbums von Al Jarreau. Bei Lewis Holtby steht L für Lümmel, Lustiger Lausbub, Leichtigkeit in London, Locker, Hang-Loose, und LoL für „Lots of laughter", weil man beim Strahlemann Lewis das Gefühl hat, dass er den ganzen Tag lacht.

„Lachen können in einer ziemlich kaputten Welt", benennt er auch als eine seiner Stärken und zieht dabei eine seiner typischen Lewis-Grimassen, die mich immer an „Calvin and Hobbes" erinnern.

Den No-Look-Pass spielt er wie kein anderer in der Premier League, am liebsten auf seinen Kumpel Christian Bale, der inzwischen als teuerster Spieler aller Zeiten zu den Königlichen wechselte.

Wenn ich mit meinen Freunden über Fußball diskutiere, dann stellen wir oft fest, wie wenige „Typen" es in der Fußballwelt nur noch gibt. Vieles ist durch den immensen Leistungsdruck so steril und angepasst geworden – kaum einer traut sich in der Beobachtungsflut der Medien mal, gegen den Strom zu schwimmen wie einst Basler, der auch schon mal mit Pepita-Hut zum Eckball antrat.

Mit Holtby ist endlich wieder einer dieser rotzfrechen Straßenfußballer auf die Bühne gekommen, der es faustdick hinter den Öhrchen hat. Beim Fußballtennis auf Schalke baute er sich schon mal nach einem Fehler des großen Raul mit mafiösem Gesichtsausdruck vor ihm auf, um ihn dann frech mit der Brust wegzurempeln – das würde sich sonst keiner aus dem Team trauen. Doch Raul kringelte sich vor Lachen wie ein Teenie.

Auf jeden Fall ist Holtby dabei, in die Fußstapfen der legendären Spaßfußballer Ente Lippens und Ansgar Brinkmann zu treten – ähnlich verrückt, aber mit noch viel mehr Talent gesegnet.

Der verrückte Lewis

Symbolisch für seine ganze Wesensart verläuft der Fototermin mit seinem Privat-Sponsor Red Bull. Für ein paar schicke Hochglanzfotos soll Holtby auf einem Speedboat gemächlich über den Rhein tuckern, „bloß nicht zu schnell", lautet die Anweisung der Managerin, damit der Fotograf ihn auch gut einfängt, und „einfach eine gute Figur machen!"

Nicht mit Lewis. Neugierig darauf, wie viel Kraft in dem kleinen Wassermonster steckt, schraubt er zum Ufer grinsend am Gashebel und donnert – zur Überraschung aller Beteiligten – mit Kickstart und Vollgas an den Fotografen vorbei die Rheinwindung hinunter, um bei voller Fahrt und gefühlten 120 Sachen urplötzlich vom Speedboat in die kalten Fluten zu hechten, wie es selbst Jackie Chan nicht besser hinbekommen würde.

Sponsoren, Medienmanager, Fotografen und Schaulustige stehen mit offenen Mündern und im Schockzustand am Ufer und können nicht fassen, mit was für einem verrückten Energiebündel sie es hier zu tun haben. Nur „eine gute Figur machen" reicht dem experimentierfreudigen Briten nicht. Lewis ist der geborene Entertainer – „wenn schon, dann richtig", antwortet er mir, als ich ihn später frage, ob dieser Stunt geplant oder spontan war. „Ich wollte einfach mal gucken, was passiert, wenn ich loslasse!"

Und genauso spontan kickt er auch: „Holtby – wehe, wenn er losgelassen!"

Mit André Villas-Boas hat er glücklicherweise auch den passenden Trainer gefunden, der seinen neuen Spielmacher regelmäßig „von der Kette lässt", um die Abwehrreihen aufzumischen. Auch Tottenhams Coach weiß genau, wie selten der Spielertyp „Genie am Rande des Wahnsinns" inzwischen im europäischen Topfußball zu finden ist. Aber es sind genau die Spieler wie Götze, Reus, Özil und Holtby, die manch wichtige Spiele praktisch allein gewinnen! Vielleicht bald sogar alle zusammen, als Weltmeister-Mittelfeld bei der WM 2014 in Brasilien!?

Glauben verleiht dir Flügel

„Wahnsinn!" ist es mir kürzlich kopfschüttelnd rausgerutscht, als Holtby mal wieder eins seiner „Lewis-gegen-den-Rest-der-Welt"-Dribblings mit dem perfekten „Ätsch-ich-hab-nicht-geguckt"-Pass zu Jermain Defoes Tor abschloss. Lewis' berauschende Euro-League-Auftritte und auch seine vielen wichtigen Tore als Kapitän der U21 sind seine „Bewerbungs-Schreiben" für die Nationalmannschaft – sein persönlicher Traum.

Die Adressaten seiner tödlichen Liebesbriefe – Dembele, Eriksen, und Soldado – danken es dem 23-Jährigen mit Lobeshymnen, die Holtby selbst – leicht errötet ob der Huldigungen – fast schon zu viel der Ehre sind. „Ehre, wem Ehre gebührt", grinst er mich, im Interview darauf angesprochen, an und zeigt mit dem Finger nach oben.

Er ist auf dem Boden geblieben – trotz des Raketenstarts der letzten Monate – und erinnert sich als gläubiger Christ ganz bewusst daran, wem er „dieses verrückte, tolle Leben" zu verdanken hat.

Wenn er während unseres Gesprächs manchmal auf das große Kreuz seines Unterarm-Tattoos zeigt, dann merkt man ihm an, wie sehr es Holtby im oft recht oberflächlichen Fussball-Business ein Anliegen ist, von seinem tiefen Glauben an Gott zu schwärmen – nicht übertrieben euphorisch wie so mancher überkandidelte Sportreporter nach Holtby-Zuckerpässen, sondern mit einem ganz leisen Tonfall und einer Festigkeit in seinem Blick, der einen Ehrfurcht und Respekt spüren lässt, die er vor Gott empfindet.

„Und vor allem empfinde ich Dankbarkeit", betont er immer wieder, wenn er versucht, den Kern seines Glaubens zu beschreiben: „Ich glaube, dass Gott alle Menschen liebt und dass die Dinge, die in meinem Leben passieren, kein Zufall sind, sie haben einen Grund! Ich habe schon Sachen erlebt, die schwer zu beschreiben sind, weil ich selbst es einfach nicht fassen konnte. Wenn ich allein bin, spreche ich oft mit Gott, ob ich traurig bin oder ob ich Glücksgefühle habe. Und ich bedanke mich jeden Tag bei ihm für das Leben, für meine Gesundheit, für meine Familie und mein Wohlbefinden. Der Glaube hilft mir in meinem Fußball-Alltag sehr, schwierige Situationen vernünftig einzuschätzen und nicht nur aus der Emotion heraus zu handeln, sondern Geduld zu bewahren und vor allem dankbar für Kleinigkeiten zu sein. Auf den Seychellen zum Beispiel war ich Augenzeuge, wie eine große Schildkröte ganz majestätisch aus dem Meer kam und ihre Eier am Strand direkt an

Immer im Herzen: Schalkö-ö-ö-ö-ö-ö-ö-ö

unserem Hotel ablegte. Das mitzuerleben war echt Wahnsinn!"

Lewis Holtby, der Genießer, der sich morgens regelmäßig kneifen muss, um sich klarzumachen, dass das alles kein Traum ist, sondern echtes, gelebtes Glück und ein Riesen-Privileg. Dafür hat er auch seine Familie, „die mich bei all dem Trubel auf dem Boden hält".

Er ist einer, der das Leben zu 110% in aller Fülle erlebt, weil ihm auch bewusst ist, wie schnell alles vorbei sein kann. Einer, der von sich selbst sagt, dass er, wie auch seine Freunde, „bekloppt" ist und „auch schon mal zu Fußballspielen geht, bei denen nur fünfzig Zuschauer sind und wo Hildegard noch die Würstchen umdreht."

Lewis Holtby ist längst eine Marke in der Premier League. Einer, der für sein Alter schon viel reflektierter und reifer ist als viele andere seiner Kicker-Kollegen. Dementsprechend muss ich darüber staunen, wie ungewöhnlich und tiefsinnig er meine letzte Frage beantwortet: Wie hat er eigentlich zu diesem festen Glauben an Gott gefunden?

„Gott wird nicht gefunden, er findet uns!"

Lewis & Friends

Die Xabi -Grätsche kann Holtby nicht aufhalten

TOP 3 FILME

1 Gladiator
2 Hangover
3 Braveheart

TOP 3 BÜCHER

1 Der kleine Prinz
2 Robert Enke: Ein allzu kurzes Leben
3 Momo

TOP 3 MUSIK

1 Coldplay
2 Snow Patrol
3 U2

TOP 3 SCHAUSPIELER

1 Mel Gibson
2 Russell Crowe
3 Michael Myers

TOP 3 ESSEN

1 Rinderfilet
2 Tacchino piccante fussili
3 Hähnchenbrust mit Salat

TOP 3 FUSSBALLER

1 Messi
2 Iniesta
3 Xavi

TOP 3 LEGENDÄRE SPIELE

1 England vs Deutschland '66 WM
2 ManU vs Bayern '99 CL
3 Deutschland vs Holland '74 WM

TOP 3 LEBENSMOTTO

1 Come as you are
2 Live your dreams
3 Nothing is impossible

TOP 3 TORE

1 Messi Solo vs Villareal
2 Beckham vs Greece (Freistoß in letzter Sekunde führte zur WM-Quali)
3 Holtby vs 1860 (erstes Bundesligator)

TOP3 WEBSITES

1 www.Lewisholtby.de
2 Facebook/Holtby
3 www.Comunio.de

„Was bisher geschah“ –

ein frecher, runder Rückblick ins Alte Testament

Ja, Gott hatte die Erde geschaffen, und sie war rund und wunderschön. Und ja, Gott hatte auch Herrn Van Gaal und den glücklichen Magath schön erschaffen. Und ja, er hatte auch einen Maik Franz lieb – aber der Reihe nach und ganz von Anfang an:

Anpfiff. Ein tolles, beinahe paradiesisches Geläuf, perfekte Bedingungen. Doch bereits nach wenigen Spielminuten diese unschöne Szene: Adam Szalai und Evra fliegen – bereits vorverwarnt – mit Gelb-Rot vom Platz. Raus aus'm Paradies! Ein historischer Vorfall, der dem ursprünglich so friedvoll geplanten Zusammenspiel eine ungeahnte Wende geben würde.

Vom Schiri Mose im Spielberichtsbogen „1. Mose“ ordentlich vermerkt:

Der Trainer war sauer. Wie oft hatte er davor gewarnt, den „Gegner“ ins Spiel kommen zu lassen! Wie eindringlich hatte er darauf hingewiesen, dass man den Strafraum niemals ohne Flankenschutz betreten dürfe und dass der Gegner gerade dort für seine Schwalben und Schlangen gefürchtet sei. **Im Training und in der Vorbesprechung gab es klare Absprachen. Evra hätte man unbedingt in Manndeckung nehmen müssen. Und eins wurmte den Chef-Coach ganz besonders: Immer wieder hatte er von dem Übermut abgeraten, die verbotene Frucht schon vor dem Ende zu essen – Schluss ist, wenn der Schiri pfeift!**

Nun gut, man würde das Spiel eben nur mit zehn Mann und zehn neuen Regeln auf neutralem Boden außerhalb des Paradieses fortsetzen müssen. Aber wenigstens gab es jetzt jede Menge Zuschauer und Augenzeugen.

Doch es sollte noch schlimmer kommen: Kaum war der Ball wieder im Spiel, musste die Disziplinar-Kommission einschreiten, weil nun jegliche Regeln gebrochen wurden: „Gefährliches Spiel“ von Abel, Verteidiger der Roten Teufel – „Korruption und Schiebung“, durch Jakob und Esau, schlimmer als bei Robert Hoyzer. Vertragsbruch durch Jona, der versuchte, unerlaubterweise in seine „Wal-Heimat“ zu fliehen. Bis hin zu verbotenen Transfers, wie der des Josef, der von einer großen Karriere träumte und illegalerweise von Spielervermittlern der eigenen Familie nach Ägypten verkauft wurde.

Der völlig überlastete Strafenkatalog blinkte dunkelrot, kurz vor dem Tilt! Kein Wunder, dass der Chefcoach nun endgültig die Nase voll hatte von all diesen Undiszipliniertheiten und kurz vor dem Spielende für alle überraschend zu Noah sprach: „Geh in' Kasten, ich mach Sturm!"

Und es ward Sturm! Und was für einer – ein Sturm vom Allerfeinsten, bei dem selbst Gerd Müller, Rummenigge, Pele, Ronaldo und Messi blass ausgesehen hätten. Gottes Einmannsturm mähte alles nieder – nach dieser 4-5-1-Attacke blieben nur noch wenige übrig. Vier Männer, vier Frauen und zwei Tiere von jeder Gattung.

Das neue System schien aufzugehen. Die komplette Fußball-Welt zwischen Sodom und Offenbach, über Babylon und den FCK bis runter nach Gomorra war vor der Flut ein einziges Desaster gewesen. Reformen mussten her.

David Beckham – Mehr Tattoos als Titel

Und Gott schuf ein ganz neues, flotteres Bundesliga-Modell: Hübsch und bunt, mit Regenbogenfarben, alles in HD. Ein Neuanfang war gemacht.

Die Zuschauer strömten bald schon wieder in die antiken Arenen und bestaunten die edlen neuen Protagonisten: Abraham (aus Hoffenheim), Mose (Vorfahre von Moses Sichone) und König David (schön wie der olle Beckham!) leisteten mit ihrer frischen, unbekümmerten Spielweise Historisches. Moses schaffte – den heißen Atem der manndeckenden und blutgrätschenden Ägypter im Nacken – das Unvorstellbare: In allerletzter Sekunde der Nachspielzeit teilt er mit einem sensationellen Flugkopfball à la Per Mertesacker,

„Per Holzstab“, das Meer und damit die Punkte! Beide Teams erhielten so, was sie verdient hatten: Während Team Egypt sich von dem Schock nicht mehr erholen konnte und in die 2. Liga abgesoffen war, marschierte das Volk Israel trockenen Fußes mitten durch die Abwehr-Reihen in das gelobte Land – die Champions League!

Eine neue, herausfordernde Welt. Also mussten auch neue Regeln her. Ein Strafenkatalog, noch härter als bei Quälix M., sollte zum Besten dienen. Denn wenn man nun im Kampf gegen die ganz großen Gegner mithalten wollte, musste man eine neue Disziplin an den Tag legen!

Die Idee war gut, wurde anfänglich jedoch wie erwartet von den Zuschauern nicht angenommen: Während Aaron Winter mit dem goldenen Schuh ausgezeichnet wurde, ritt Moses das Goldene Kalb Hennes VIII. die Außenlinie hoch und runter, bis das Volk vor Entzücken auf den Rängen tanzte. Fahnen wurden geschwenkt, Loblieder gesungen, haufenweise von diesem semi-leckeren Manna verputzt und ein neues Zeitalter des Erfolgs eingeläutet. Das Goldene Kalb war tot – man brauchte neue Gegner.

Einige Hundert Jahre später im Tal von Elah

Immer wieder hatte es der Chefcoach an den letzten Spieltagen in die Steintafeln der Reporter diktiert: „Wir sind mit unseren größten Gegnern längst auf Augenhöhe!“

Doch das, was sich nun vor Eintracht Israel aufbaute, konnte man unmöglich als „Augenhöhe“ bezeichnen. Es war Pokal-Zeit. Die alten Helden um Abraham, Josef und Mose waren müde geworden, und ausgerechnet jetzt, in der Zeit des Umbruchs, bekam man Philister United zugelost. Ein harter Brocken.

„Waaaaas, Stadion-Wurst ausverkauft??!!“

Es wurde gemunkelt, dass das Präsidium über einen Wechsel in der Teamleitung nachdachte. **Trainer Saul war zwar begnadet, aber unberechenbar und sehr cholerisch. Ab und zu kam es im Training schon mal vor, dass er aus lauter Wut einen Speer auf das U23-Talent David schleuderte! 3.000 Jahre später wurde das von Manchester-Coach Alec Ferguson kopiert, als**

Höwedes und Draxler im Pokalhimmel

er seinem Star Beckham in der Kabine eine tiefe Platzwunde am Kopf zufügte. In einem Wutanfall hatte er David einen Fußballschuh an den Kopf geschmissen!

Wie auch immer, Trainer Saul musste weg – seine Zeit war abgelaufen. Neue Kräfte und Talente wurden gesucht, denn es stand unfassbar viel auf dem Spiel: Nicht weniger als den ersten Welt-Pokal und damit die Vorherrschaft galt es zu gewinnen!!

Bei all dem Gegenwind und Spott, den die Kritiker im „Goliath Daily" und den anderen Medien lostraten, eine „Mission Impossible". Wie sollte das völlig untrainierte Team von Legionären, eine Mannschaft ohne Geist und Leidenschaft, dem Fußball-Riesen von Philister United widerstehen können? Die „Roten Teufel" waren seit sieben Jahren ungeschlagen und in der ganzen Liga wegen ihres zerstörerischen Ein-Mann-Sturms „Goliath" gefürchtet.

Sich wenigstens ins 11-Meter-Schleudern zu retten würde schon als Sensation gewertet werden, so hoffnungslos galt man bei den Buchmachern als unterlegen. Die Quote sprach für sich: 1:5.000 – David gegen Goliath. Kein Wunder, dass sich bei dieser Überlegenheit der Philister keiner fand, der im alles entscheidenden Shoot-Out gegen den Riesen-Killer anzutreten wagte. Mann gegen Mann. Nur einer gewinnt.

„Wir haben viele Verletzte! Der Wind steht ungünstig! Wir finden niemanden, der die Elfer schießen will! Wir brauchen noch Zeit!"

Lauter Ausreden, da half den Israelis auch kein Schönreden – Reporter Guido Knopp bringt es im „Elah-Tal-Stadion" auf den Punkt: „Die Saul-Truppe hat ordentlich Schiss inner Bux!" Etwas derb formuliert, aber recht hat er. Kein Wunder, bei dem Gegner, da steht er: Lauthals spottend und über den ängstlichen Gegner lästernd, scharrt er mit seinen XXL-Stollenschuhen und goldbeschlagenen Schienbeinschonern am Elfmeterpunkt. **Eine Furcht einflößende Gestalt. Der Peter Crouch unter den Fußball-Riesen – Carsten Jancker und Bene Höwedes wirken wie Zwerge dagegen. In voller Montur, die Eisenstollen zu Krallen angespitzt, den Helm von Peter Czech auf seinem viel zu großen Meckes, brüllt er siegessicher rüber ins Lager der Blauweißen: „Na, ihr Jammerlappen, gebt ihr schon auf?"**

Stille – keiner traut sich zu antworten. „Hat euch euer Gott denn schon verlassen?!", schickt er grölend hinterher.

„Was zu viel ist, ist zu viel", sagt sich einer der kleinsten Reservisten, die sich schon seit 80 Minuten an der Seitenlinie warm laufen: David. Wir schreiben die Zeit circa 1.000 vor Christus. Der kleine Dribbelfloh schnappt sich fünf Bälle, sucht sich den besten aus und wechselt sich selbst ein – wie einst Günther Netzer im Pokalfinale Gladbach-Köln 1973 n. Chr. –, um den entscheidenden Strafstoß zu köpfen! Sehr unorthodox – eben ein Mann mit Köpfchen.

Diese bis heute verwendete DFB-Pokal-Symbolik von „David gegen Goliath" sollte in den nächsten Minuten hier im Stadion der Feindschaft zwischen Israelis und Philistern ihre Gründung erfahren:

Ein Hoch auf die Underdogs und Davids

Während der spottende Goliath sich seiner Sache viel zu sicher ist und den Gegner unterschätzt, fackelt der kleine David nicht lange und köpft das Ding schon beim allerersten Versuch mit voller Wucht ins Netz!

Die Menge hält den Atem an und traut ihren Augen nicht. „Das kann nicht sein, er hatte doch eigentlich keine Chance!", hört man einen Reporter brüllen.

Doch! Er hatte die Chance eines bissigen Underdogs, den man nicht ernst nimmt! Ein Unterschätzter, der plötzlich topmotiviert über seine Kräfte hinauswächst, weil er eine große, mächtige Power hinter sich weiß.

Der Bann ist gebrochen. Jetzt bebt das Stadion vor überschäumendem Jubel – die blauweißen Israelis liegen sich lachend und weinend vor Freude in den Armen.

Und so sprechen circa 2.970 Jahre später die Sportreporter noch immer von einer Begegnung „wie David gegen Goliath", wenn die kleinen Trierer, Vestenbergsgreuther und Sandhausener ihrem übermächtigen Gegner stolz die Stirn bieten, weil sie in ihrem Herzen frech und zuversichtlich an das Unmögliche glauben!

2011 nach Christus dasselbe Szenario beim Zwergenaufstand im DFB-Pokal: Heidenheim schickt die Heiden heim und glaubt sich zum Sieg gegen Werders „Opfer-Schaafe". Auch die kleinen Dresdener verursachen heftigste „Köpf-Schmerzen" bei Ballacks Bayer 04, als sie trotz 0:3-Rückstand noch sensationell mit 4:3 in die nächste Pokalrunde einziehen. Nur noch getoppt von den Leipziger Nachbarn aus der 4. David-Liga, die Felix Magaths Goliath-Truppe mit 3:2 über'n Jordan schicken.

Fünf Kieselsteine für eine Top-Quote bei den Buchmachern – David war der allererste Überraschungssieger der Geschichte.

Aber zurück zur Historie unserer Menschheit und der ersten Glaubensgemeinschaft. Nun jubelte zwar die stets wachsende Fan-Schar, und auch der Glaube war wieder etwas gestärkt, doch irgendwie wollte man sich nicht mit der ewigen Underdog-Rolle zufriedengeben. Immer nur die Großen ärgern, das konnte es auf Dauer nicht sein, wenn man doch selbst genügend Potenzial hatte, die Rolle des allmächtigen FCB zu übernehmen ...

Das Warten auf den Messi(as)

Doch auch in der Folgezeit war unter all den talentierten Trainern wie Salomo, Nehemia, Jona oder Daniel keiner dabei, der das Team Israel zum lang ersehnten „Durchbruch" führte. Immer wieder scheiterte man an der eigenen Unzulänglichkeit, an der fehlenden Geduld und am Kleinglauben. Attribute, die eben einen echten, seltenen Superstar von einem Stümper unterscheiden. Nur einer in der langen Historie der Trainer schien ganz anders zu sein als seine Vorgänger: Josef, ein Träumer.

1.700 Jahre vor Christus war da einer, der frech und ungeniert davon sprach, wie er vom ganz großen Erfolg träumte! Einer, der als Visionär auftrat und nach sieben mageren Jahren im Weltfußball nun wagemutig von folgenden sieben fetten Jahren mit vielen Titeln träumte. Einer, der sich nicht zu schade war, seine Visionen zu artikulieren und fortschrittlich von ägyptischen Sponsoren, Marketing, TV-Pool und Kornspeichern sprach.

Doch auch Josef sollte nicht der Messias sein, auf den man nun schon so lange vergeblich wartete – der Messi, der das erlösende Goldene Tor schießen würde. Manche Experten und Zukunftsforscher, die den heiß ersehnten Meistertrainer ankündigten und forsch Empfehlungen aus-

sprachen, wurden nicht nur verachtet, sondern als „Propheten im eigenen Land" in den tiefsten Brunnen geworfen: Jesaja, Jeremia, Hesekiel, Hosea und Amos wussten ein Lied davon zu singen. Und selbst dem genialen Propheten Joel wurde in der Diskussion um „Geld schießt keine Tore!" kein Gehör geschenkt, als es ihm darum ging, dass man Herzens-Titel mit keinem Geld der Welt erkaufen kann, sondern erglauben muss.

Haarwunder Dante in der Neuverfilmung von Samson+Delilah (AT, Richter 16)

Wieso sollte es dann den Propheten Micha und Balak besser gehen? Hier ein wörtliches Zitat aus dem Alten Testament: „Bileam antwortete und sprach zu den Gesandten Balaks: Wenn mir Balak sein Haus voll Silber und Gold gäbe, so könnte ich doch nicht übertreten das Wort des Herrn, meines Gottes, weder im Kleinen noch im Großen!" (4. Moses 22,18)

Schon damals musste man sich überlegen, was einem der Erfolg wert ist und ob man für den Titel selbst seine Seele verkaufen würde. Tradition, Glaube und Werte kontra Erfolg um jeden Preis ...

Damals wie heute gibt es hitzige Grundsatzdiskussionen, wenn es darum geht, den Namen und die Seele eines Vereins oder Stadions an einen zahlungskräftigen Sponsor zu verkaufen – um des schnellen Erfolgs willen. Noch existenzieller wird die Diskussion, wenn es um die Namen geht, die im „Almanach des Lebens" geschrieben stehen. Die entscheidende Frage: „Wie schaffe ich es in den Kader, was muss ich tun, damit mich der Trainer aufstellt?"

Die Berufung in den Kader der Nationalmannschaft ist eben keine eigene Leistung, sondern eine „Berufung" durch den Trainer. Da wären wir wieder bei der Suche nach dem perfekten Coach, dessen Erscheinen im Lauf der Jahrhunderte von der Fanschar immer mehr angezweifelt wurde – würde er denn überhaupt jemals kommen, der Erlöser?

Viele hatten den Glauben an den „Erlöser", „Messias", „Heilsbringer" längst verloren und sich damit abgefunden, in Ewigkeit – Greuther Fürth gleich – unterklassig zu spielen. Was sollte das auch für einer sein, ein Superstar etwa, der das Land, das Team, die Fans, einfach alle aus der Bedeutungslosigkeit und Mittelmäßigkeit erlösen würde? Ein Hirngespinst!

„Lieber hört man sich weitere Hiobs-Botschaften an!", spotteten die Eintracht-Israel-Anhänger frustriert, um sich wenigstens gemeinsam bemitleiden zu können. „Lieber alle zusammen in Gleichgültigkeit versinken, als sich etwas vorzumachen, das eh niemals eintritt!", klagte man sich an der Freistoßmauer sein Leid.

In diesem Moment schien es, als ob man in Mittelerde den Glauben an einen wunderschönen Lorbeerkranz, an eine schillernde Siegessäule, an das erlösende Tor in der Nachspielzeit tatsächlich verloren hatte.

Und gerade dann, wenn keiner mehr damit rechnet, wenn sämtliche Prophezeiungen und Quoten den Bach runtergehen, gerade dann wird es für einen Fußball-Experten, der mit seinen Tipps all die Jahre danebengelegen hatte, Zeit, sein Testament zu machen und sich einzugestehen, dass die alten Denkweisen ausgewechselt werden müssen. **Sich demütigen und alles hinterfragen, um neue Kräfte aufs Spielfeld zu schicken und um den Weg für ein Jahrhunderttalent frei zu machen, auf das alle so schmerzlich gewartet hatten. Ein völlig neuer Spieler-Typ, ein begnadeter Ausnahmekönner, ein Wunder-Stürmer, ein Spielmacher, ein Heilsbringer, ein Messi(as) – hier kommt er, der Spieler mit der Nummer 10:**

JESUS. Der Mann, der die Wende einleitet – Anpfiff zur zweiten Halbzeit: Das Neue Testament! Aber lesen Sie selbst …

LESETIPP

→ **Matthäus 6, 19-34**

Vom Schätzesammeln und Sorgen

Ihr sollt euch nicht Schätze sammeln auf Erden, wo sie die Motten und der Rost fressen und wo die Diebe einbrechen und stehlen. Sammelt euch aber Schätze im Himmel, wo sie weder Motten noch Rost fressen und wo die Diebe nicht einbrechen und stehlen. Denn wo dein Schatz ist, da ist auch dein Herz.

Schätzeken, denk dran, alles ist vergänglich!

Einfach zum Knutschen, dieser Super-Mario!

Will**komm**en da**heim**

Auszüge aus dem Neuen Testament
für Freunde des Heiligen Rasens

Eine Übersetzung der biblischen Texte,
die den Verstand überrascht und das Herz berührt.

Von Fritz Ritzhaupt

YOU'LL NEVER WALK ALONE * AT ITS BEST *

Inhalt

Einführung

Jetzt geht's lo-ooos!

Auch zu Zeiten des Neuen Testamentes wurde sicherlich schon Fußball gespielt. Man findet darin einige Textpassagen zum Thema „Sport" und „Wettkampf". Der Begriff „Fußball" kommt allerdings nicht vor. Zumindest nicht direkt.

Zwischen den Zeilen gibt es zu besagtem Thema aber einiges zu lesen. Das Neue Testament ist eine Einladung zum besten Spiel von allen. Es hat zu jedem Aspekt unseres Lebens etwas zu sagen. Und es beschreibt einen Gott, der alles im Blick hat, mit uns unterwegs ist und mit dem es nach dem Schlusspfiff erst richtig losgeht. Willkommen!

Die Frohe Botschaft nach Matthäus

Das Matthäus-Evangelium hatte in der Christenheit schon sehr früh eine herausragende Bedeutung, weil man es für den ersten Bericht hielt, der über das Leben und Sterben Jesu verfasst wurde. Heute nimmt man allgemein an, dass dem Verfasser bereits das Markus-Evangelium vorgelegen haben muss. Demnach wurde das vorliegende Evangelium etwa zwischen 70 und 80 nach Christus geschrieben und vor allem den Judenchristen in die Hand gegeben. So finden sich in diesem Evangelium nicht nur ein – für jüdische Ohren vielsagender – Stammbaum Jesu, sondern auch etwa 60 Hinweise auf alttestamentliche Prophetien, die mithalfen, die Berechtigung ihres Glaubens an Jesus anhand der alten Schriften zu belegen. Das ist jedoch nicht das Einzige, was Matthäus im Vergleich mit Markus und Lukas so besonders macht. Es sind vor allem die Reden Jesu, besonders natürlich die Bergpredigt, die in ihrer Sprachgewalt, aber auch Radikalität zu allen Zeiten Menschen begeistert und bewegt hat.

Die Abstammung Jesu (1,1–17)

1 Jesus wird als Sohn Abrahams und Sohn Davids bezeichnet, was mit der folgenden Generationenliste belegt wird: Abraham war der Vater von Isaak, dieser der Vater von Jakob (der später Israel genannt wurde), dieser der Vater von Juda und seinen Brüdern. Von Juda und ihrer Mutter Tamar stammten Perez und Serach ab. Perez war der Vater von Hezron, dieser der von Ram. Dieser wiederum war der Vater von Nachschon, von dem Salmon abstammte. Salmon zeugte mit der Hure Rahab Boas, der wiederum Rut, eine Frau aus einem nichtjüdischen Volk, heiratete. Mit ihr bekam er Obed, der der Vater von Isai wurde, von dem David, der König, abstammte.

Davids Sohn aus seiner Verbindung mit der Frau von Urija war Salomo. Einer der Söhne Salomos war Rehabeam. Auf ihn folgten Abija, Asa, Joschafat, Joram, Usija, Jotam, Ahas, Hiskija, Manasse, Amon, Joschija. Joschija hatte eine Reihe von Söhnen, unter ihnen auch Jojachin. Sie und alle Bewohner Jerusalems wurden als Gefangene nach Babylon verschleppt.

Nach der Zeit des Babylonischen Exils gab es noch folgende Geschlechterfolge: Schealtiël, Serubbabel, Abihud, Eljakim, Asor, Zadok, Achim, Eliud, Eleasar, Mattan und Jakob. Jakob war der Vater Josefs, der mit Maria verlobt war. Sie brachte Jesus zur Welt, den langersehnten Messias Israels. Nimmt man alle Generationen zusammen, so sind es von Abraham bis David vierzehn, von David bis zum Babylonischen Exil wieder vierzehn und schließlich vom Exil bis zu Christus noch einmal vierzehn Generationen.

Die Geburt Jesu (1,18–25)

Wie kam es nun zur Geburt Jesu? Josef war bereits mit Maria verlobt, als sie schwanger wurde, obwohl sie noch nicht miteinander geschlafen hatten. Bislang wusste nur Maria, dass ihre Schwangerschaft durch die Kraft des Heiligen Geistes hervorgerufen worden war.

Josef nun wollte ihr die Möglichkeit geben, sich – wie er vermutete – mit dem unbekannten anderen Mann zu verloben. Darum war er entschlossen, die Verlobung ohne großes Aufsehen zu lösen, um Maria die unausweichlichen Peinlichkeiten beziehungsweise eine öffentliche Verurteilung zu ersparen. Während der Zeit, in der dieser Entschluss in ihm reifte, sah er nachts im Traum einen Engel, der ihn ansprach: „Josef, Sohn von David, du brauchst keine Bedenken zu haben, Maria als deine Frau zu dir zu nehmen. Denn da gibt es keinen anderen Mann, sondern Gott selbst hat durch seinen Heiligen Geist das neue Leben in ihr geweckt. Sie wird einen Sohn zur Welt bringen, dem du den Namen Jesus geben sollst. Dieser Name besagt, dass er es ist, der sein Volk von seiner Schuld befreien wird. All dies ist nichts anderes als die Erfüllung dessen, was der Prophet Jesaja Jahrhunderte vorher bereits angekündigt hat: ‚Ihr werdet es sehen: Die Jungfrau wird schwanger werden und einen Sohn zur Welt bringen. Ihn wird man Immanuel nennen, was so viel heißt wie »Gott ist mit uns«.'"

Als Josef aufwachte, tat er genau das, was der Engel ihm gesagt hatte, und er nahm Maria als seine Frau zu sich. Bis zur Geburt ihres Sohnes, dem er den Namen „Jesus" gab, hatte er allerdings keinen Verkehr mit ihr.

Ein Herrscher fürchtet um seine Macht (2,1–23)

2 Jesus wurde in Betlehem in Judäa zu der Zeit geboren, als Herodes der Große noch König war. Da kamen Sterndeuter aus einem Land weit östlich von Judäa nach Jerusalem, die sich nach einem neugeborenen König der Juden erkundigten. Sie hätten einen Stern aufgehen sehen und seien gekommen, um sich vor ihm niederzuwerfen. Für die Bewohner Jerusalems war diese Nachricht eine echte Sensation. Den machtbesessenen Herodes versetzte sie allerdings in Panik. Sofort rief er die führenden Schriftgelehrten und die Priester zu sich und versuchte, von ihnen zu erfahren, wo dieser Messiaskönig den Aussagen der Schrift nach geboren werden sollte. Sie konnten ihm

eine Schriftstelle nennen, die auch den Ort angab: „Du Betlehem im Land Juda, du bist keineswegs der unbedeutendste Ort unter allen Städten und Dörfern Judas, denn aus dir wird der Mann hervorgehen, der sich wie ein Hirte um mein Volk kümmern wird."

Mehr brauchte Herodes nicht zu wissen. Sofort ließ er heimlich die Sterndeuter kommen und erkundigte sich nach dem genauen Zeitpunkt, an dem ihnen der Stern erschienen war. Dann schickte er sie nach Betlehem und ermutigte sie: „Tut alles, um das Kind zu finden, und sobald ihr es gefunden habt, gebt mir Bescheid, damit auch ich ihm meine Aufwartung machen kann."

Nachdem sie von Herodes erfahren hatten, was sie wissen wollten, gab es für die Sterndeuter kein Halten mehr. Sie brachen auf und stellten fest, dass der Stern genau über dem Ort stand, in dem sie das Kind zu finden hofften. Und tatsächlich brachte man sie zu einem Haus, in dem sie Maria mit ihrem Kind antrafen. Wie es im Orient üblich war, warfen sie sich vor ihm nieder und überreichten anschließend ihre Geschenke: Gold, Weihrauch und Myrrhe (Gaben, die man im Vorderen Orient sowohl Göttern als auch Königen darbrachte). Nach dieser Begegnung kehrten sie in ihr Land zurück, allerdings auf einem anderen Weg, da ihnen Gott in einem Traum aufgetragen hatte, auf keinen Fall noch einmal mit Herodes zusammenzukommen.

Kaum waren die Sterndeuter abgereist, erhielt auch Josef einen neuen Auftrag von Gott: Ein Engel erschien ihm im Traum und forderte ihn auf, sofort aufzustehen, seine Frau und das Kind zu nehmen und nach Ägypten zu fliehen, um dort so lange zu bleiben, bis er eine neuerliche Weisung erhielte. Der Grund war klar: Herodes würde mit allen Mitteln versuchen, das Kind umzubringen. Josef zögerte keinen Augenblick. Noch in derselben Nacht nahm er Maria mit ihrem Kind und floh mit beiden nach Ägypten. Er blieb dort, bis Herodes tot war. So wird auch verständlich, warum der Prophet Hosea voraussagen konnte: „Aus Ägypten habe ich meinen Sohn gerufen."*

---

* Hosea 11,1 (Prophet im Alten Testament)

Doch zurück zu Herodes. Kaum hatte dieser gemerkt, dass er von den Fremden hintergangen worden war, wurde er wütend und gab den schrecklichen Befehl, alle männlichen Babys und Kleinkinder bis zu einem Alter von zwei Jahren in Betlehem und Umgebung umzubringen. Auf dieses Alter war er nämlich durch die Angaben der Sterndeuter gekommen. Und auch dieses furchtbare Ereignis ist von einem Propheten bereits vorausgesagt worden. Jeremia beschreibt das Elend so: „Ein Schreien wird in Rama gehört, ein einziges Weinen und Wehklagen. Rahel beweint ihre Kinder und lässt sich durch nichts mehr trösten, denn sie sind alle nicht mehr am Leben."*

Wie angekündigt, erschien nach dem Tod von Herodes der Engel Josef wieder im Traum und ermutigte ihn: „Auf, du kannst jetzt mit deiner Frau und dem Kind wieder zurück nach Israel! Derjenige, der dem Kind nach dem Leben trachtete, ist nun selbst tot." Da brach Josef sofort auf und zog mit dem Kind und dessen Mutter zurück nach Israel.

Als er sich der Heimat näherte, erfuhr er, dass Archelaos in jeder Hinsicht in die Fußstapfen seines Vaters Herodes getreten war. Er musste also in dessen Herrschaftsbereich das Schlimmste befürchten. Wieder gab ihm Gott durch einen Traum eine Hilfe und forderte ihn auf, nach Galiläa auszuweichen. Dort ließ er sich in einem kleinen Ort nieder, der Nazaret hieß, was für schriftkundige Juden wie eine Bestätigung alttestamentlicher Prophetien klang, in denen ein „Nesir" angekündigt wurde. Jesus war der Nazoräer.**

---

* Jeremia 31,15

** Nazoräer ist eine alte, etwas rätselhafte Bezeichnung Jesu. Lange dachte man, sie bedeute „Mann aus Nazareth" (Nazarener), aber das ist aus sprachlichen Gründen unwahrscheinlich. Auch mit den Nasiräern (den „Gottgeweihten") Israels hat das Wort nichts zu tun. Es meint ursprünglich „Bewahrer, Beobachter (des göttlichen Willens)" und bezieht sich vielleicht auf Jesus als Anhänger Johannes' des Täufers (die sich selbst wohl so nannten). Im Orient ist „Nazoräer" u. ä. in vielen Sprachen bis heute eine Bezeichnung der Christen.

Johannes der Täufer (3,1–17)

3 Während Jesus noch im Hügelland von Galiläa lebte, predigte in der Wüstenlandschaft von Judäa ein Mann namens Johannes, den man den „Täufer" nannte. Er rief zu einer radikalen Umkehr auf: „Ändert euer Leben. Gottes Herrschaft ist da." Viele ahnten, dass er der Mann war, auf den der Prophet Jesaja schon Jahrhunderte zuvor hingewiesen hatte: „In der Wüste hört man eine laute Stimme: Bereitet euch auf die Ankunft Gottes vor! Macht die Straßen für ihn eben und gerade!"

Johannes war in ein Kamelhaargewand gekleidet, das mit einem Ledergürtel zusammengehalten wurde und jeden gläubigen Juden sofort an den großen Propheten Elija erinnerte, der ähnlich gekleidet gewesen war. Er lebte von dem, was Nomaden in der Wüste vorfinden: Heuschrecken und wilden Honig. Unzählige Menschen strömten aus Jerusalem, Judäa und aus den Gebieten um den Jordan zu ihm hinaus, um ihn zu hören. Viele wurden sich bewusst, wie schuldbeladen ihr Leben war, und sie ließen sich als Zeichen ihrer Umkehr von Johannes im Jordan taufen.

Als Johannes erfuhr, dass eine ganze Reihe von Pharisäern und Sadduzäern nur deshalb bei ihm auftauchte, um auch einmal eine solche „Tauferfahrung" zu machen, packte ihn heiliger Zorn: „Ihr Schlangenbrut! Meint ihr vielleicht, ihr könnt mit ein bisschen zur Schau gestellter Frömmigkeit das Urteil Gottes über euch abwenden? Es nützt euch nichts, wenn ihr irgendwelche frommen Handlungen über euch ergehen lasst. Euer Herz ist es, das sich ändern muss! Und glaubt ja nicht, ihr könntet irgendeinen Vorteil daraus ziehen, dass ihr Abraham euren Vater nennt. Wenn Gott will, dann kann er aus den Steinen hier wirkliche Nachkommen Abrahams hervorbringen. Es ist höchste Zeit! Schon sind die Bäume markiert, die demnächst umgehauen werden, weil sie keine Früchte bringen. Man wird sie nur noch als Brennholz verwenden. Ich taufe hier in diesem Fluss, damit wirklich so etwas wie eine Umkehr geschieht und die Menschen sich auf das Kommen der Herrschaft Gottes vorbereiten. Und diese steht unmittelbar bevor, weil der Mann schon mitten unter uns ist, dem ich nicht einmal wagen würde, die Sandalen nachzutragen. Er selbst wird euch zeigen, was es heißt, unter der Herrschaft Gottes zu leben. Er wird euch durch den Heiligen Geist wie in einem Feuer reinigen. Euer Leben wird eine ganz neue Klarheit bekommen. Er wird alles wirklich Gute an seinen passenden Platz vor Gott bringen, alles Falsche dagegen wird er wie Abfall behandeln und verbrennen."

Eines Tages kam auch Jesus von Galiläa herunter an den Jordan. Er wollte, dass Johannes ihn taufte. Doch Johannes entgegnete ihm: „Ich bin derjenige, der es nötig hätte, getauft zu werden, nicht du!"

Aber Jesus bestand darauf: „Tu es ruhig. Gott will damit deutlich machen, wie er in Zukunft Menschen von ihrer Schuld befreien und annehmen möchte." Da taufte Johannes Jesus im Jordan.

In dem Augenblick, als Jesus nach der Taufe aus dem Wasser stieg, öffnete sich der Himmel, und er sah den Geist Gottes wie eine Taube auf sich herabschweben. Gleichzeitig war eine Stimme zu hören: „Dies ist mein Sohn, den ich über alles liebe."

Der Widersacher fordert Jesus heraus (4,1–11)

4 Kurz darauf wurde Jesus vom Geist Gottes in die Wüste geführt. Dort wurde er durch den Widersacher Gottes auf eine harte Probe gestellt. Jesus hatte sich vorgenommen, eine längere Zeit mit Fasten und Gebet zu verbringen. Nach etwa vierzig Tagen wurde sein Hunger fast unerträglich. Darin lag die Chance für den Widersacher Gottes, der ihm einflüsterte: „Also, wenn du schon Gottes Sohn bist, dann brauchst du doch nur etwas zu sagen und diese Steine hier verwandeln sich in Brotlaibe."

Jesus antwortete ihm mit einem Wort aus der Heiligen Schrift: „Es braucht mehr als Brot, um lebendig zu bleiben. Unser Leben hängt von dem ab, was Gott zu uns sagt."*

---

* 5. Mose 8,3

(Die zweite Probe stellte eine gefährliche Versuchung dar: die Macht, derer sich Jesus jederzeit hätte bedienen können, zu seinen Gunsten auszunutzen.) Der Widersacher brachte Jesus nach Jerusalem zum höchsten Punkt des Tempels und forderte ihn auf: „Wenn du schon Gottes Sohn bist, dann los, spring hier hinunter! Schließlich heißt es doch so schön im Psalm: ‚Er hat dich der Sorge der Engel anvertraut. Sie werden dich auffangen, sodass du nicht einmal mit einem Zeh an einen Stein stößt.'"*

Jesus hielt ihm wiederum ein Schriftwort entgegen: „Wage es nicht, den Herrn, deinen Gott, auf die Probe zu stellen."**

Eine letzte große Versuchung stand noch aus. Was wäre, wenn Jesus sich demjenigen unterordnete, der überzeugt war, er beherrsche die ganze Welt? So nahm ihn der Widersacher mit auf den Gipfel eines gewaltigen Berges. Mit einer weit ausladenden Geste deutete er auf alle Königreiche der Erde mit all ihrer Herrlichkeit. Dann sagte er: „Das gehört alles dir – stell dir vor: die Länder, die Menschen, die Reichtümer –, wenn du auf deine Knie gehst und mich anbetest."

Jesus ließ sich nicht beirren und fuhr den Versucher an: „Aus den Augen, Satan! Die Schrift selbst entlarvt dich, denn sie sagt: ‚Bete den Herrn, deinen Gott an, und nur ihn allein. Diene ihm mit einem ungeteilten Herzen.'"***

Im gleichen Augenblick verließ ihn der Widersacher. An seine Stelle traten Engel! Sie waren gekommen, um sich um alles zu kümmern, was er brauchte.

---

* Psalm 91,11.12
** 5. Mose 6,16
*** 5. Mose 6,13

Beginn des öffentlichen Wirkens Jesu (4,12–25)

Herodes ließ Johannes gefangen nehmen. Als Jesus davon erfuhr, kehrte er nach Galiläa zurück. Er zog von seinem Heimatort Nazaret in ein Dorf am Ufer des Sees Gennesaret mit Namen Kafarnaum, das am Fuß der beiden Hügel Sebulon und Naftali eingebettet lag. Dieser Ortswechsel erfüllte eine alte Prophetie Jesajas, die folgendermaßen lautet:

> „Land von Sebulon, Land von Naftali,
> das sich bis zum See erstreckt,
> Land jenseits des Jordan,
> Galiläa mit seinen verschiedenen Völkern,
> voll von Menschen, die in Finsternis leben
> und die plötzlich ein strahlendes Licht sehen;
> Leute, die im Dunkeln sitzen, ja im dunklen Land des Todes,
> erleben mit einem Mal, wie es um sie herum hell wird."*

Für Jesus war nun der Zeitpunkt gekommen, öffentlich seine Botschaft zu verkünden: „Ändert euer Leben. Die Herrschaft Gottes ist greifbar nah gekommen."

Als er am Ufer des Galiläischen Sees entlangging, sah Jesus zwei Brüder: Simon (der später Petrus genannt wurde) und Andreas. Sie waren gerade dabei, von ihrem Boot aus die Netze auszuwerfen, denn sie waren Fischer von Beruf. Jesus rief ihnen zu: „Kommt mit mir! Ich werde euch zeigen, wie man Menschenfischer wird." Jesus muss auf sie einen unglaublichen Eindruck gemacht haben, denn sie ließen ihre Netze einfach liegen und folgten ihm.

Sie waren nur ein kurzes Stück am Ufer entlanggegangen, als sie bei zwei anderen Brüdern vorbeikamen. Es handelte sich um Jakobus und Johannes, die Söhne von Zebedäus. Diese beiden saßen mit ihrem Vater im Boot und waren gerade dabei, ihre Fischernetze wieder

---

* Jesaja 8,23; 9,1

in Ordnung zu bringen. Jesus machte ihnen das gleiche Angebot, und sie waren genauso schnell dabei, ihm zu folgen, wie zuvor Simon und Andreas. Ihren Vater ließen sie mitsamt dem Boot zurück.

Von dort zog Jesus durch ganz Galiläa. Er besuchte die Synagogen, um den dort Versammelten die frohmachende Wahrheit über Gott nahezubringen. Den Menschen zu sagen, wie gut es ist, unter der Herrschaft Gottes zu leben, war sein Hauptanliegen. Diese Botschaft unterstrich er immer wieder durch Zeichen seiner Vollmacht: Er heilte die Krankheiten und Gebrechen der Leute. In der gesamten römischen Provinz Syrien wurde von ihm gesprochen. Die Menschen brachten jeden zu ihm, der ein Leiden hatte, sei es geistiger, seelischer oder körperlicher Natur. Jesus heilte tatsächlich jeden. (Mit einer Ausnahme: als er in Nazaret auf den Unglauben der Einwohner seiner Vaterstadt traf.) Kein Wunder, dass außer den Bewohnern von Galiläa noch viele Menschen aus dem Gebiet der Zehn Städte jenseits des Sees kamen; andere zogen von Jerusalem und Judäa zu ihm herauf, wieder andere aus dem Gebiet jenseits des Jordan.

Die Bergpredigt (5,1–48)

5 Als Jesus sah, welch gewaltige Menschenmassen durch sein Wirken angezogen wurden, stieg er zusammen mit seinen Jüngern auf einen Hügel. Dort setzte er sich und lehrte die Menschen. Er zeigte ihnen, woran man erkennt, dass jemand sich unter die Herrschaft Gottes begeben hat:

„Ihr seid gesegnet, wenn ihr wisst, dass ihr wie Bettler vor Gott steht. Es ist das sicherste Zeichen, dass ihr unter seiner Herrschaft lebt.

Ihr seid gesegnet, wenn ihr in Leid und Traurigkeit daran festhaltet, dass Gott selbst einmal alle eure Tränen trocknen wird.

Ihr seid gesegnet, wenn ihr nicht versucht, lautstark und verbissen zu eurem Recht zu kommen. Gott wird euch mehr geben, als ihr jemals erstreiten könntet.

Ihr seid gesegnet, wenn ihr in euch einen großen Hunger nach Gott wachhaltet. Diese Sehnsucht geht nie ins Leere, denn Gott selbst will nichts mehr, als sie zu stillen.

Ihr seid gesegnet, wenn ihr im Umgang mit euch selbst und anderen Erbarmen kennt. Gott möchte euch mit seinem Erbarmen überhäufen.

Ihr seid gesegnet, wenn ihr im Herzen aufrichtig und klar seid. Nur so könnt ihr Gott in allem entdecken.

Ihr seid gesegnet, wenn ihr den Menschen zeigt, wie man ohne Kampf und Streitigkeiten miteinander leben kann. Sie werden sehr schnell merken, zu welcher Familie ihr gehört.

Ihr seid gesegnet, wenn eure Hingabe an Gott euch Nachteile und sogar Verfolgung einbringt. Näher könnt ihr Gott nicht kommen.

Und nicht nur das. Haltet euch jedes Mal für gesegnet, wenn euch Leute niedermachen oder benachteiligen, wenn sie Lügen über euch verbreiten, um mich in Misskredit zu bringen. Ihr werdet – so unwahrscheinlich das jetzt noch für euch klingen mag – in solchen Situationen eine ganz tiefe Freude empfinden, ja regelrecht fröhlich sein. Und das ist erst der Anfang der Belohnung. Gott wird den Himmel weit für euch öffnen. Und denkt daran, dass ihr in bester Gesellschaft seid. Meine Propheten und Zeugen sind in allen Jahrhunderten drangsaliert worden.

Ihr seid in dieser Welt so etwas wie Salz, durch das die Menschen wieder Geschmack an Gott finden sollen. Wenn ihr aber eure ‚Salzigkeit' verliert, wie soll dann jemand noch Geschmack am Leben mit Gott finden? Dann seid ihr zu nichts mehr nütze und werdet im Abfall landen.

Oder anders ausgedrückt: Ihr seid hier, um Licht zu sein, um die Farben Gottes in dieser Welt hervorzubringen. Was Gott in eurem Leben getan hat, sollte von allen Menschen so erkannt werden können, wie man schon von ferne eine Stadt wahrnimmt, die auf einem Hügel liegt. Eine Lampe stellt man mit Sicherheit nicht unter einen Eimer, sondern an einen Platz, von dem alle im Raum das meiste haben. Mit euch ist es nicht anders. Habt kein Problem damit, andere in euer Leben hineinschauen zu lassen. Nur so können sie an eurem Verhalten etwas von Gott entdecken, das sie begeistert.

Manche meinen, der Inhalt meiner Botschaft sei etwas völlig anderes als all das, was sie aus den alten Schriften kennen und was schon die Propheten angekündigt haben. Wer so etwas denkt, hat mich nicht verstanden. Nein, ich bin nicht gekommen, um alles aufzulösen, sondern, um es zu erfüllen. Eher vergeht das ganze Universum, als dass das Wort Gottes irgendwann einmal seine Gültigkeit verliert oder nicht seine Erfüllung findet.

Macht etwas von dem, was Gott uns aufträgt, lächerlich, und ihr werdet selbst letztlich von niemandem mehr ernst genommen. Wenn euch aber auch das scheinbar Nebensächliche wichtig ist und Menschen euch das anmerken, dann dürft ihr sicher sein, dass Gott große Stücke auf euch hält. Das hat mit Perfektionismus, wie ihn die Pharisäer zu leben versuchen, nichts zu tun, sondern ist Ausdruck eures völlig veränderten Verhältnisses zu Gott. Ohne diese Liebe zu allem, was Gott wichtig ist, werdet ihr niemals erfahren, was es heißt, unter der liebevollen Herrschaft Gottes leben zu dürfen.

Ein Beispiel: Ihr wisst, welches Gebot man unseren Vorfahren gegeben hat: ‚Du sollst niemanden umbringen. Wer es tut, soll vor Gericht gestellt werden.' Ernst nehmen, was Gott wichtig ist, heißt hier: Jeder, der richtig wütend auf jemanden ist, müsste eigentlich wie ein Mörder vor Gericht gestellt werden. Wer einen anderen ‚Idiot' nennt, sollte sofort ins Gefängnis gehen müssen. Und wenn einer, ohne sich groß etwas dabei zu denken, jemanden anschreit und ihn als ‚beschränkt' bezeichnet, steht er mit einem Fuß bereits in der Hölle. Warum? Ganz einfach: weil Worte töten können.

Eure Beziehung zu Gott wird euer Verhalten verändern. Nehmen wir an, ihr geht zu einem Gottesdienst. Plötzlich fällt euch ein Bekannter ein, der sich über euch geärgert hat. Meint ihr, Gott würde euch in aller Ruhe singen und beten lassen? Mit Sicherheit nicht. Darum rate ich euch, lieber sofort den Gottesdienst zu verlassen, um die Sache mit dem Freund oder Bekannten in Ordnung zu bringen. Danach wird euer Singen und Beten eine ganz andere Qualität haben.

Oder nehmen wir an, ihr trefft auf der Straße mit jemandem zusammen, der euch wegen irgendetwas so böse ist, dass er euch angezeigt hat. Es ist nur vernünftig, wenn ihr keine Minute verliert, um mit ihm die Sache irgendwie gütlich zu regeln. Ihr tut euch selbst etwas Gutes, wenn ihr immer und überall den ersten Schritt zur Versöhnung unternehmt. Viele beharren auf ihrem vermeintlichen Recht und bringen sich selbst immer tiefer in Schwierigkeiten. Der Preis dafür ist unendlich viel höher als alles, was man in eine Versöhnung investiert hat.

Doch schauen wir uns noch ein anderes Gebot näher an. Ihr kennt es gut: ‚Hände weg von der Frau eines anderen.' Manche meinen nun, das beziehe sich allein auf den körperlichen Kontakt. Wenn ihr mit Gott verbunden lebt, werdet ihr merken, dass der Unterschied zwischen manchen Fantasien und den entsprechenden Handlungen eigentlich oft gar nicht so groß ist. Es braucht nicht erst die eindeutige Tat, um die Treue gegenüber seiner Partnerin oder seinem Partner zu brechen. Da wir in diesem Bereich sehr angreifbar sind, sollten wir schon den ersten Gedanken mit wirklicher Radikalität begegnen. Euch müsste es lieber sein, euch ein Auge auszureißen, als damit ständig nach Abenteuern außerhalb eurer Ehe zu schielen. Es muss euch besser erscheinen, einäugig zu leben, als ständig in der Gefahr zu stehen, das Glück eures Lebens zu verlieren. Oder wenn ihr mit eurer Hand ständig Unheil anrichtet, müsstet ihr sie nicht eigentlich abschlagen, um nicht weiter auch euer ewiges Heil zu gefährden?

Erinnert euch an die Vorschrift von Mose, die besagt: ‚Wenn jemand sich von seiner Frau scheiden lassen will, soll er sie mit einem offiziellen Scheidungsbrief entlassen.' Was als Schutz für die Frau gedacht war, habt ihr zum Deckmantel eurer Ichsucht gemacht. Vor Gott ist noch lange nicht richtig, was Menschen als ‚legal' bezeichnen. Wer seine Frau entlässt, um eine andere zu heiraten, lebt nicht nur selbst im Ehebruch, sondern ist auch dafür verantwortlich zu machen, dass seine Frau im Ehebruch leben muss, falls sie eine neue Beziehung eingeht. Anders ist es natürlich, wenn sie selbst bewusst außereheliche Kontakte gesucht hat. Dann ist sie dafür verantwortlich und macht dadurch jeden zum Ehebrecher, der sich mit ihr einlässt.

Es gibt noch mehr solche missverständlichen Verhaltensregeln. Es gehört zu den ethischen Grundsätzen einer Gesellschaft, dass niemand einen Meineid schwören darf, zumal ja bekanntlich bei jedem Eid Gott als höchste Instanz angerufen wird. Ihr macht eure Worte nicht dadurch wahrer, dass ihr sie mit einer frommen Floskel verseht. Ihr braucht also nicht bei Gott zu schwören, wenn euer sonstiges Reden und Handeln zuverlässig ist. Sagt doch einfach ‚Ja' oder ‚Nein'. Alles andere würde nur zeigen, dass es zwischen euch und Gott noch keine wirkliche Beziehung gibt.

Hier ist noch eine andere Regel aus alten Zeiten (die verhindern sollte, dass ihr euch unverhältnismäßig hart an jemandem rächt, der euch Schaden zugefügt hat): ‚Auge um Auge, Zahn um Zahn.' Heute versteht ihr diesen Satz eher als Aufforderung, Gleiches mit Gleichem zu vergelten. Ich sage euch, wenn ihr wirklich wollt, dass es zwischen euch anders zugeht, dann müsst ihr zu ungewöhnlichem Verhalten bereit sein. Würdet ihr zum Beispiel stillhalten und nicht zurückschlagen, wenn euch jemand eine Ohrfeige gegeben hat? Oder würdet ihr jemandem, der euch wegen eines Hemdes vor Gericht bringt, auch noch euren besten Mantel schenken? Das aber wird jemand fertigbringen, der von Gottes Liebe ergriffen wurde. Er wird geben, wenn man ihn bittet, und ausleihen, wenn er darum angegangen wird. Und das alles nur, weil etwas von der Großzügigkeit Gottes in sein Leben gekommen ist.

Ganz ähnlich verhält es sich mit dem bekannten Gebot: ‚Liebe deinen Nächsten.' Für die meisten Menschen ist jeder Mensch ein Nächster, nur nicht die persönlichen Feinde. Diese zu hassen halten sie für ihr selbstverständliches Recht. Auch hier möchte ich euch herausfordern: Fangt an, eure Feinde zu lieben. Ja, betet selbst für die, die euch das Leben schwer machen, nur weil ihr zu mir gehört. Lebt etwas von der unbegreiflichen Güte Gottes, der die Sonne, die uns wärmt, und den Regen, der alles wachsen lässt, allen gewährt – ganz gleich, ob jemand gut ist oder schlecht, voller Liebe oder undankbar. Wenn ihr es nur fertigbringt, die zu lieben, die liebenswert sind, erwartet ihr da wirklich eine besondere Anerkennung von Gott? Jeder Mensch verhält sich so. Wenn ihr einfach nur zu denen ‚Hallo' sagt, die auch euch grüßen, dann macht ihr nicht mehr als alle anderen auch. Daran kann man wirklich noch nicht erkennen, dass ihr in einer Beziehung mit Gott lebt. Seine Wesensart sollte immer mehr euer alltägliches Verhalten bestimmen."

Leben als Kind eines liebevollen Vaters (6,1–7,29)

6 „Wenn ihr versucht, gut zu sein, dann vermeidet bitte eines: den Leuten etwas vorzuspielen. Vielleicht lassen sich Menschen von eurem Theater beeindrucken, aber Gott, der euch durch und durch kennt, wird euer Bedürfnis nach Anerkennung ins Leere laufen lassen.

Wenn ihr also irgendetwas für irgendjemanden tut, dann hängt es nicht an die große Glocke. Menschen, die alles nur deshalb machen, damit man Respekt vor ihnen hat und sie bewundert werden, müssen sich mit dem Applaus ihrer Mitmenschen zufriedengeben. Wenn ihr jemandem helft, dann denkt nicht darüber nach, wie beachtenswert andere das finden könnten. Macht kein Aufheben davon, wenn ihr für andere etwas tut. Es muss euch genügen zu wissen, dass eurem Vater im Himmel nichts von alledem entgeht, was ihr tut.

Das gilt auch für die Art und Weise, wie ihr eure Beziehung zu Gott nach außen hin darstellt. Macht daraus keine fromme Selbstdarstellung. Manche Leute meinen, andere Menschen dadurch beeindrucken zu können, dass sie ihre Frömmigkeitsrituale in aller Öffentlichkeit praktizieren. Sie nehmen oft einige Mühen auf sich, nur weil es ihnen schmeichelt, dass die Leute sie achten. Eines aber ist sicher: Ihre Gebete werden den nicht erreichen, an den sie eigentlich gerichtet sind.

Hier ist das, was ich von euch erwarte: Sucht euch einen ruhigen, abgeschiedenen Ort, sodass ihr nicht in die Gefahr geratet, vor Gott irgendeine Rolle zu spielen. Seid lediglich vor ihm da, so einfach und ehrlich, wie es euch möglich ist. Eure Aufmerksamkeit wird sich von euch weg zu Gott hinbewegen und ihr werdet mehr und mehr seine Gnade erfahren.

Das bedeutet auch, dass ihr nicht versuchen solltet, Gott durch viele wortreiche Gebete zu beeinflussen. Das versuchen immer wieder Menschen, die von Gebet keine Ahnung haben. Ihr wisst, dass ihr mit eurem Vater im Himmel redet, und der weiß besser als ihr selbst, was ihr braucht. Mit einem Gott, der euch liebt, könnt ihr sehr einfach sprechen. Etwa so:

Unser Vater im Himmel,
offenbare uns immer mehr, wer du bist.
Errichte deine Herrschaft in unserer Welt;
denn wo du herrschst, da ist der Himmel.
Versorge uns mit allem,
was wir Tag für Tag zum Leben brauchen.
Vergib uns, wo wir schuldig wurden,
so wie auch wir anderen vergeben haben.
Hilf uns, wenn wir durch Versuchungen hindurchmüssen,
und sei bei uns im Kampf gegen das Böse.

Im Gebet gibt es eine Verbindung zwischen dem, was Gott tut, und dem, was ihr tut. Zum Beispiel könnt ihr keine Vergebung von Gott erfahren, wenn ihr selbst nicht bereit seid, anderen zu vergeben. Wenn ihr euch weigert, euren Teil beizutragen, dann verschließt ihr euch auch gegenüber dem, was Gott für euch tun könnte.

Manche von euch fasten scheinbar aus religiösen Beweggründen. In Wirklichkeit möchten sie nur gewisse fromme Kreise beeindrucken. Wenn dann nach einem beiläufigen Hinweis auf die Dauer ihres Fastens ein Raunen durch die Reihen geht, sind sie restlos zufrieden. Ich sage euch: Wenn ihr fastet, vergesst eure säuerliche Miene. Macht euch frisch und begegnet den Menschen wie sonst auch. Versagt es euch, mit irgendeinem Wort anzudeuten, was ihr gerade aus Liebe zu Gott tut. Er wird mit Sicherheit nicht übersehen, wie ernst ihr es meint, wenn ihr mit Fasten eurem Gebet mehr Nachdruck verleihen wollt.

Sammelt hier auf Erden keine Schätze, die ja doch nur von Motten oder Rost zerfressen werden oder jederzeit von Dieben gestohlen werden können. Stapelt eure Schätze im Himmel, wo sie vor Motten, Rost und Dieben sicher sind. Ist das nicht einleuchtend? Der Platz, an dem euer Schatz ist, ist der Ort, an dem ihr euch am liebsten aufhalten möchtet. Ihr werdet nicht ruhen, bis ihr eines Tages für immer dort sein werdet.

Eure Augen sind die Fenster eures Körpers. Sind die Fenster klar, kann das helle Licht des Tages ungehindert ins Haus strömen. Sind sie dagegen völlig verschmutzt oder sogar durch Läden verschlossen, dann machen sie aus jedem Haus ein dunkles Verlies. Wie dunkel muss es in euch sein, wenn in eure Wahrnehmung das klare Licht Gottes nicht mehr vordringen kann!

Ihr könnt nicht zwei Götter auf einmal verehren. Wenn ihr den einen Gott liebt, werdet ihr irgendwann den anderen für unwichtig halten. Ich will damit sagen: Ihr könnt nicht Gott verehren und gleichzeitig Geld als das Wichtigste in eurem Leben ansehen.

Wenn ihr euch für ein Leben mit Gott entschieden habt, dann wisst ihr ja bereits, was das alles an Gutem mit sich bringt: Ihr werdet euch nicht dauernd den Kopf darüber zerbrechen, ob euer Einkommen für alle Lebenshaltungskosten ausreicht und für das, was darüber hinaus noch angeschafft werden muss. Es gibt weitaus Wichtigeres im Leben als all das, was scheinbar so furchtbar notwendig ist.

Schaut euch die Spatzen an, die geradezu als Symbol für ein sorgloses Leben gelten könnten. Habt ihr nicht das Gefühl, dass Gott sich auch um sie sorgt, obwohl sie sich offensichtlich nicht abmühen, um ihr Dasein zu sichern? Wie viel mehr gilt das für euch, die ihr doch mehr Wert habt als alle Spatzen auf dieser Welt zusammen!

Überlegt selbst: Kann jemand von euch allein dadurch, dass er sich Sorgen macht, sein Leben auch nur um ein paar Jahre verlängern? Ist nicht eher das Gegenteil der Fall? Gott möchte nicht, dass ihr euer Leben durch unnötige Sorgen erschwert oder gar verkürzt. Schaut euch doch einmal den Reichtum Gottes an, mit dem er euch umgibt! Aus der Nähe betrachtet, stellt selbst eine wild wachsende Lilie alles in den Schatten, was Menschen je an Schönheit und Pracht hervorgebracht haben.

Wenn Gott schon dem Äußeren einfacher Blumen so viel Aufmerksamkeit schenkt, Pflanzen, die heute blühen und morgen verwelkt sind, glaubt ihr nicht, dass er dann erst recht auf euch achtgibt und sich um euch sorgt? Was ich hier versuche, ist nichts anderes, als euch dazu zu bringen, endlich eure Sorgen loszulassen, nicht ständig damit beschäftigt zu sein, irgendetwas zu bekommen, zu erreichen, zu werden. Menschen, die Gott nicht kennen, machen sich mit alldem Probleme. Ihr aber kennt euren Vater im Himmel und wisst, wie sehr er euch liebt. Unterstellt euer Leben seiner liebevollen Herrschaft, alles andere überlasst seiner väterlichen Sorge. Ihr werdet herausfinden, dass an alle eure täglichen Bedürfnisse gedacht ist. Darum braucht und sollt ihr euch keine Sorgen machen. Es reichen schon die großen und kleinen Probleme, die ihr tagtäglich zu bewältigen habt."

7 „Erschreckt es euch, wenn ich euch sage, dass ihr eure ewige Zukunft selbst in der Hand habt? Euer Vater im Himmel wird an euch keinen anderen Maßstab anlegen als den, mit dem ihr andere Menschen beurteilt habt. Je härter und unbarmherziger ihr mit anderen umgegangen seid, desto härter und unbarmherziger wird auch mit euch umgegangen werden, wenn ihr einmal vor Gott stehen wer-

det. Wenn ihr zeitlebens an eure Mitmenschen einen hohen Maßstab angelegt habt, dann stellt euch darauf ein, dass ihr nach dem gleichen Maßstab beurteilt werdet.

Das gilt auch für alle Formen der Kritik. Wenn ihr bei einem anderen etwas findet, das ihr meint, unbedingt kritisieren zu müssen, dann erinnert euch daran, wie viel eigentlich an euch selbst auszusetzen wäre. Wenn euch klar geworden ist, dass ihr Tag für Tag vom Erbarmen Gottes und auch anderer Menschen abhängig seid, dann dürft ihr vorsichtig versuchen, einen anderen zu korrigieren.

Geht mit dem, was Gott wichtig ist, nicht lässig um. Lasst nicht zu, dass Gott in eurer Gegenwart lächerlich gemacht wird, denn wer vor Gott keine Achtung hat, der achtet letztlich auch nicht die Würde des Menschen. So haben sich gottlose Systeme von jeher dadurch ausgezeichnet, dass Menschenleben ihnen nichts bedeuten.

Habt Vertrauen! Wenn ihr Gott um etwas bittet, sagt ihm mit einfachen Worten, was ihr nötig braucht. Er weiß, wie er euren Bitten und Fragen am besten begegnet. Nehmt zum Vergleich eine normale Familie. Wenn eure Kinder euch als Eltern um Brot bitten, werdet ihr ihnen dann einen Stein in den Mund schieben? Oder wenn sie euch um einen Fisch bitten, werdet ihr ihnen dann Angst einjagen, indem ihr ihnen einen gefährlichen Skorpion vorsetzt? Selbst bei all eurer Neigung zur Bosheit: Ihr würdet nicht einmal im Traum an so etwas denken. Kurz gesagt: Ihr verhaltet euch gegenüber euren Kindern wie normale Eltern. Meint ihr nicht, dass Gott, der euch aus Liebe erschaffen hat, nicht doch noch um ein Vielfaches besser ist als ihr?

Ich möchte für euch das ganze Gesetz und die Aussagen der Propheten in der einen Regel zusammenfassen: Fragt euch selbst, wie ihr von anderen behandelt werden wollt, und verhaltet euch dann ihnen gegenüber genauso.

Wenn ihr all das bedenkt, werdet ihr zustimmen, dass der Weg mit Gott schmal ist und man ihn deshalb sehr gut im Auge behalten muss. Das ist umso wichtiger, weil um euch herum alle möglichen ‚Heilswege' angeboten werden, die – gemessen an dem Weg zum Leben – wie breite, sichere Straßen aussehen. Lasst euch nicht täuschen: Alle diese Straßen enden im Nichts. Darum hütet euch vor falschen Predigern, die dauernd lächeln und es angeblich nur gut mit euch meinen. Nicht selten sind sie es, die euch von dem schmalen Weg abbringen und auf die bequemere Straße locken. Achtet auf die Früchte ihrer Arbeit. Man kann nun mal von Dornensträuchern keine Trauben ernten und von Disteln keine Beeren. Wenn ein Baum gut ist, erntet man auch gute Früchte. Wenn die Früchte ausbleiben oder ungenießbar sind, besteht kein Zweifel, dass der Baum schlecht ist. Solche Bäume lässt man nicht lange stehen – als Brennholz sind sie gerade noch zu gebrauchen.

Manche rufen zu Gott: ‚Herr, Herr!', und denken, dass eine solch fromme Anrede schon ausreichend ist für ein Leben mit Gott. Ihr redet viel, wenn der Tag lang ist, und Worte sagen nichts darüber aus, wie es wirklich in euch aussieht. Die Nagelprobe ist, ob ihr wirklich tut, was euer Vater im Himmel von euch erwartet. Ich kann mir jetzt schon vorstellen, wie beim Letzten Gericht Tausende aufstehen und behaupten werden: ‚Herr, wir haben doch deine Botschaft verkündet, haben Dämonen vertrieben, und über unsere vollmächtigen Dienste im Reich Gottes hat jedermann gesprochen.' Wisst ihr, was ich ihnen entgegnen werde? ‚Tut mir leid, ich bin euch noch nie begegnet. (Ihr habt meinen Namen nur benutzt, um euch selbst wichtig zu machen.) Ihr habt einfach nicht das getan, worauf es mir ankommt. Geht mir aus den Augen.'

Ich denke, ihr spürt, dass alles, was ich euch gesagt habe, ein Fundament ist, auf das ihr euer gesamtes Leben aufbauen könnt. Wenn ihr meine Worte beherzigt und danach handelt, dann gleicht ihr einem intelligenten Zimmermann, der sein Haus auf einen richtigen Felsen baut. Regen strömt herab, der Fluss tritt über die Ufer, ein Wirbelsturm rast vorüber – aber nichts kann das Haus erschüttern. Es ist fest mit dem Felsen verbunden.

Wenn ihr jedoch meine Worte nur anregend und bestenfalls diskussionswürdig findet, sie aber euer Leben nicht beeinflussen lasst, dann seid ihr wie ein dummer Bauherr, der sein Haus mitten auf einen sandigen Strand am Flussufer baut. Kaum zieht der erste Sturm auf, und die Wellen schlagen gegen das Haus, da bricht es mit lautem Krachen in sich zusammen."

Als Jesus seine Lehre beendet hatte, brach die Menschenmenge in lauten Beifall aus. Sie hatte noch nie eine Unterweisung wie diese erlebt. Es war ganz offensichtlich, dass Jesus auch all das lebte, wovon er sprach. Was für ein Unterschied zu all denen, die ihnen bisher nur „Religion" beigebracht hatten!

Zeichen und Wunder (8,1–17)

8 Jesus erhob sich und verließ den Platz auf dem Hügel, von dem aus er zu den Menschen gesprochen hatte. Doch die Leute wollten noch mehr hören und so folgten sie ihm in großen Scharen. Da tauchte zu ihrem Entsetzen ein Leprakranker vor ihnen auf, warf sich vor Jesus auf die Knie und flehte: „Herr, wenn du willst, kannst du meinen Körper heilen." Jesus beugte sich nieder und berührte vor aller Augen den Aussätzigen, wobei er sagte: „Ich will es, sei rein!" Auf der Stelle waren alle Anzeichen von Lepra verschwunden. (Jesus wusste, dass er sich selbst durch die Berührung in den Augen der Menschen zumindest für eine Zeitlang zu einem Aussätzigen gemacht hatte.) Darum schärfte er dem Geheilten ein: „Sag nichts von deiner Heilung, wenn du in die Stadt kommst. Zeige dich einfach den Vorschriften entsprechend den Priestern, und bring Gott das Dankopfer dar, das für den Fall einer Heilung vorgesehen ist."

So kehrte Jesus nach Kafarnaum zurück. Da kam ihm ein römischer Offizier aufgeregt entgegen und redete auf ihn ein: „Meister, mein Diener ist krank. Er kann nicht mehr gehen und außerdem hat er furchtbare Schmerzen."

Jesus entgegnete ihm: „Ich werde mitkommen und ihn heilen."

„Oh nein", wehrte der Offizier ab, „ich möchte nicht, dass Ihr Euch deswegen irgendwelche Umstände macht. Ihr braucht doch nur einen Befehl zu geben und der Diener wird wieder auf die Beine kommen. Ich bin ein Mann, der Befehle empfängt und Befehle erteilt. Ich sage zu einem Soldaten: ‚Geh!', und er geht; zu einem anderen: ‚Komm!', und er kommt; zu meinem Sklaven: ‚Tu dies!', und er wird es tun."

Jesus war verblüfft und wandte sich an die Leute, die ihm folgten: „Ich bin in ganz Israel nirgendwo diesem bedingungslosen Vertrauen begegnet. Ist Israel nicht das Volk, von dem man annehmen darf, dass es alles über Gott und seine Möglichkeiten weiß? Dieser Mann ist der erste unter all den vielen Außenstehenden, die schon bald aus allen Richtungen kommen werden, um mit Abraham, Isaak und Jakob am Festmahlstisch Gottes zu sitzen. Alle anderen, die zwar ‚im Glauben' aufgewachsen sind, aber kein Vertrauen auf Gott haben, werden sich einmal selbst sehr weit von Gott entfernt vorfinden und verzweifelt darüber sein, dass sie sich nie wirklich auf die Liebe Gottes eingelassen haben."

Dann wandte Jesus sich wieder dem Offizier zu und sagte: „Geh nur; worauf du vertraut hast, das ist eingetreten." Genau zu diesem Zeitpunkt wurde der Diener völlig gesund.

Mittlerweile waren sie am Haus von Petrus angekommen. Sie traten ein und sahen sofort, dass die Schwiegermutter von Petrus schwer krank war. Sie lag glühend vor Fieber auf ihrem Lager. Jesus berührte ihre Hand – und das Fieber verschwand. Und schon stand sie auf den Beinen und bereitete ihnen ein Abendessen zu.

An diesem Abend wurden unzählige Menschen zu ihm gebracht, die unter dämonischen Einflüssen litten. Er befreite alle, die innerlich gequält wurden. Er heilte auch die körperlich Kranken. Kurzum, er erfüllte das bekannte Wort des Propheten Jesaja:

„Er nahm unsere Krankheiten auf sich,
er trug alle unsere Gebrechen."

Keine Nachfolge ohne Hingabe (8,18–34)

Als Jesus sah, dass die Menge der Neugierigen ständig anwuchs, sagte er zu seinen Jüngern, sie sollten mit ihm auf die andere Seite des Sees übersetzen. Während er zum Ufer ging, fragte ihn ein Schriftgelehrter, ob er ihn begleiten dürfe, denn er war von seinen Worten begeistert. Darum fügte er noch hinzu: „Ich werde mit dir gehen, egal, wohin."

Jesus entgegnete kurz angebunden: „Bist du dir im Klaren, was das heißt? Füchse haben ihre Höhlen und Vögel ihre Nester, ich aber weiß nicht einmal, wo ich heute übernachten kann."

Ein anderer, der schon zu den Jüngern Jesu gezählt wurde, wollte sich abmelden: „Meister, ich komme zurück, sobald mein Vater gestorben ist und ich alles erledigt habe." Doch Jesus war damit nicht einverstanden: „Lass andere sich darum kümmern. Bleib du bei mir."

Endlich konnte er zusammen mit seinen Jüngern ins Boot steigen. Er legte sich ins Heck und schlief sofort ein. Mitten auf dem See erfasste sie ein Sturm, der die Wellen wie bei einem Erdbeben auftürmte. Solchen Gewalten war das kleine Schiff nicht gewachsen. In Panik weckten die Jünger Jesus und flehten ihn an: „Herr, rette uns! Wir gehen unter!"

Jesus wies sie zurecht: „Was seid ihr doch für Angsthasen, ohne jegliches Vertrauen!" Dann stand er auf und befahl dem Wind, er solle sich legen, und dem See, er solle sich beruhigen. Auf der Stelle wurde der See glatt wie ein Spiegel.

Die Männer waren zutiefst erschrocken und fragten sich verwundert: „Wer ist er denn, dass ihm sogar Wind und Wellen gehorchen?!"

Sie legten im Gebiet von Gadara an und trafen auf zwei Verrückte, die gerade einen Friedhof verließen. Diese offensichtlich von Dämonen beherrschten Männer hatten die Gegend schon so lange terrorisiert, dass niemand mehr die Straße in der Nähe des Friedhofs zu benutzen wagte. Als sie Jesus sahen, schrien beide laut auf: „Bist du gekommen, um uns anzugreifen? Du bist der Sohn Gottes! Du solltest dich besser noch nicht hier blicken lassen!" In einiger Entfernung graste und wühlte eine Herde von Schweinen. Die bösen Geister baten Jesus: „Wenn du uns schon aus diesen Männern verjagst, dann lass uns wenigstens in den Schweinen leben."

Jesus befahl: „Meinetwegen, aber verschwindet auf der Stelle!" Mit einem Mal gebärdeten sich die Schweine wie verrückt, rasten über die felsige Uferböschung hinab und ertranken im See. Die Schweinehirten waren zu Tode erschrocken und liefen Hals über Kopf weg. Sobald sie in der Stadt waren, erzählten sie allen Leuten, was mit den beiden Verrückten und der Schweineherde passiert war. Da strömte eine große Menge zusammen und ging Jesus entgegen, um ihn aufzufordern, sofort ihr Gebiet zu verlassen und nie mehr zurückzukommen.*

Der Widerstand wächst (9,1–17)

9 Als sie wieder im Boot waren, überquerten sie noch einmal den See und kamen nach Kafarnaum, dem Ort, in dem Jesus sich häufig aufhielt. Als sie an Land waren, kamen einige Männer, die einen Gelähmten auf einer Bahre trugen, und setzten diesen direkt vor Jesus ab. Jesus sah ihren starken Glauben und sagte zu dem Gelähmten: „Du kannst dich freuen, mein Sohn, alles, was zwischen dir und Gott steht**, ist dir vergeben." Einige Schriftgelehrte besprachen sich untereinander: „Wie kann er so etwas behaupten? Er sagt etwas, das alleine Gott zusteht! Er ist ein Gotteslästerer!"

---

* Auch wenn sich als Erklärung dieser Aufforderung vordergründig anbietet, dass durch den Verlust der riesigen Herde das Einkommen der nichtjüdischen Bewohner dieser Gegend vernichtet wurde, so ist wohl doch eher das fassungslose Erschaudern vor der offensichtlichen Vollmacht Jesu der eigentliche Grund, ihn aus ihrem Gebiet zu weisen.

** Im Sprachgebrauch der Bibel: deine Sünden.

Weil Jesus wusste, was sie dachten, sagte er: „Warum seid ihr so voller Misstrauen? Was, glaubt ihr wohl, ist einfacher: zu sagen: ‚Ich vergebe dir deine Sünden', oder: ‚Steh auf und geh umher!'? Begreift doch, dass ich die Vollmacht habe, beides zu tun ..." In diesem Moment wandte er sich wieder dem Gelähmten zu und sagte: „Steh auf, nimm deine Bahre und geh nach Hause!" Und der Mann tat es! Die umstehende Menschenmenge war von Ehrfurcht ergriffen, sie staunte und dankte Gott, dass er Jesus die Macht gegeben hatte, solche Dinge bei ihnen zu tun.

Als er weiterging, sah Jesus einen Mann, der gerade dabei war, Steuern einzutreiben. Sein Name war Matthäus. Jesus sagte zu ihm: „Komm, geh mit mir." Matthäus stand auf und schloss sich ihm an.

Später, als Jesus im Haus von Matthäus zusammen mit dem engsten Kreis seiner Jünger zu Abend aß, kam eine ganze Reihe von Leuten, die einen üblen Ruf hatten, und setzten sich mit ihnen zu Tisch. Kaum hatten die Pharisäer mitbekommen, in welcher Gesellschaft Jesus sich befand, regten sie sich auf und machten den Jüngern Vorhaltungen: „Könnt ihr uns erklären, warum euer Meister sich mit einem solchen Gesindel an einen Tisch setzt?"

Das bekam Jesus mit, darum gab er selbst die Antwort: „Wer braucht denn nun den Arzt: der Gesunde oder der Kranke? Geht und fragt euch einmal, was das Schriftwort bedeutet: ‚Erbarmen erwarte ich von euch, nicht religiöses Getue.' Ich bin gekommen, um Menschen für Gott zu gewinnen, die weit weg von ihm sind. Alle anderen haben den Weg nach Hause ja schon gefunden."

Wenig später kamen die Jünger von Johannes und fragten ihn: „Wir und die Jünger der Pharisäer legen uns ein strenges Fasten auf. Warum machen deine Jünger das nicht?"

Was Jesus ihnen darauf antwortete, war einleuchtend: „Wenn ihr eine Hochzeit feiert, werdet ihr doch nicht Trübsal blasen, solange ihr mit dem Bräutigam zusammen seid, oder? Später, wenn der Bräutigam nicht mehr unter euch ist, habt ihr nichts mehr zu feiern. Dann werdet ihr ganz von alleine fasten.

Niemand wird ein neues Stück Tuch auf ein altes Gewand nähen, denn durch den Flicken bekäme der alte Stoff nur noch mehr Risse. Und ihr füllt auch keinen jungen Wein in Weinschläuche, die schon spröde sind, denn es würde sie unweigerlich zerreißen. Nein, jungen Wein muss man in gute, neue Weinschläuche abfüllen."

Begegnungen mit Jesus schenken Leben (9,18–38)

Kurz nachdem er das gesagt hatte, drängte sich ein Vorsteher der örtlichen Synagoge an ihn heran und flehte ihn an: „Meine Tochter ist gerade gestorben; wenn du aber kommst und sie berührst, wird sie leben." Sofort stand Jesus auf und ging, begleitet von seinen Jüngern, mit ihm.

In diesem Augenblick schlich eine Frau, die seit zwölf Jahren an Blutungen litt, von hinten an Jesus heran und berührte nur ganz leicht seinen Umhang. Sie dachte bei sich selbst: „Ich brauche nur meine Finger an sein Gewand zu legen und werde gesund werden." Da drehte Jesus sich um und blickte sie an. „Nur Mut, liebe Frau, dein Vertrauen war groß, darum bist du jetzt auch geheilt." Von diesem Moment an war die Frau von ihrem Leiden erlöst.

Mittlerweile hatten sie das Haus des Synagogenvorstehers erreicht und bahnten sich ihren Weg durch die zahlreichen Flötenspieler und Klageweiber. Jesus befahl kurzerhand: „Geht alle raus! Das Mädchen ist nicht tot, es schläft nur!" Sie machten sich über ihn lustig, weil sie es besser wussten als er. Erst als die Menschenmenge hinausgedrängt worden war, ging Jesus hinein. Er nahm das Mädchen bei der Hand. Da erhob es sich und stand auf. Die Nachricht davon verbreitete sich wie ein Lauffeuer in der ganzen Gegend.

Als Jesus das Haus verließ, liefen ihm zwei blinde Männer nach, die laut riefen: „Erbarmen! Sohn Davids, hab Erbarmen mit uns!" Als Jesus nach Hause kam, gingen die beiden blinden Männer mit ihm hinein. Jesus wandte sich ihnen zu: „Glaubt ihr wirklich, dass ich das tun kann?" Sie entgegneten wie aus einem Mund: „Ganz sicher, Meister!"

Er berührte ihre Augen und sagte dabei: „Was mit euch geschieht, entspricht eurem Glauben." Und es geschah wirklich: Sie konnten wieder sehen! Aber Jesus beschwor sie geradezu: „Lasst niemanden erfahren, wie das passiert ist." Doch wen wundert es: Kaum waren sie zur Tür hinaus, sorgten sie dafür, dass er in der ganzen Gegend noch bekannter wurde.

Kurz nachdem die beiden Männer das Haus verlassen hatten, brachte man einen Mann zu ihm, der von einem bösen Geist mit Stummheit geschlagen worden war. Sobald Jesus den üblen Quälgeist ausgetrieben hatte, konnte der Mann vollkommen normal reden. Alle, die das miterlebten, waren ihrerseits sprachlos vor Staunen: „So etwas hat es tatsächlich noch nie in Israel gegeben!"

Die Pharisäer hatten jedoch eine völlig andere Erklärung für dieses Wunder: „Dämonen gehorchen nur ihrem Befehlshaber. Mit dem wird er sich wohl verbündet haben."

Jesus ließ sie stehen und begann eine Wanderung durch eine Reihe von Städten und Dörfern. Er sprach in den Synagogen, berichtete den Menschen von der liebevollen Herrschaft Gottes, heilte ihre kranken Körper und ihr verletztes Leben. Jedes Mal, wenn er die vielen Menschen sah, hatte er großes Erbarmen mit ihnen. Sie waren so erschöpft und ruhelos wie Schafe, die keinen Hirten haben. „Was für eine gewaltige Ernte!", sagte er zu seinen Jüngern. „Und es gibt nur wenige Arbeiter! Es ist an euch, den Herrn der Ernte um Erntehelfer zu bitten!"

Mitarbeiter Jesu (10,1–31)

10 Die ersten Erntehelfer wählte Jesus selbst aus. Er berief zwölf Jünger für diesen Dienst. Er gab ihnen die Vollmacht, böse Geister auszutreiben und Menschen von Krankheiten und Gebrechen zu befreien. Hier die Namen der Zwölf:

Simon (sie nannten ihn Petrus oder „Fels"),
Andreas, sein Bruder,

Jakobus, der Sohn von Zebedäus,
Johannes, der Bruder von Jakobus,
Philippus,
Bartholomäus,
Thomas,
Matthäus, der Zolleintreiber,
Jakobus, der Sohn von Alphäus,
Thaddäus,
Simon, der Kanaanäer, und
Judas Iskariot (der ihn später verriet).

Jesus sandte diese zwölf „Erntehelfer" mit dem folgenden Auftrag aus:

„Fangt nicht damit an, die Frohe Botschaft zu vollkommen Ungläubigen zu bringen, und geht in keine Stadt der Samaritaner, sondern denkt zunächst an euer eigenes Volk, das in Gefahr ist, für immer verloren zu gehen. Sagt denen, die zum Volk Israel gehören, dass Gott dabei ist, seine Herrschaft unter ihnen aufzurichten. Bringt den Kranken Gesundheit. Macht Tote wieder lebendig. Berührt die, die niemand mehr anfasst. Vertreibt die dämonischen Mächte. Ihr wurdet großzügig behandelt, also seid auch anderen gegenüber großzügig. Macht keine großen Umstände, wenn ihr loszieht, denn ihr braucht wirklich nicht viel Ausrüstung. Ihr werdet alles Lebensnotwendige bekommen, denn der Arbeiter ist es wert, dass man anständig für ihn sorgt.

Wenn ihr in eine Stadt oder in ein Dorf kommt, dann steigt nicht einfach irgendwo ab. Erkundigt euch nach Menschen, die dankbar wären, euch Unterkunft zu geben. Sie sind es auch wert, dass sie euch aufnehmen. Bleibt bei ihnen, bis ihr weiterzieht.

Wenn ihr in ein Haus kommt, wünscht seinen Bewohnern Frieden. Wenn die Leute offen sind, wird euer Friede wirklich in ein solches Haus einkehren. Wenn die Bewohner an dem, was ihr zu bringen habt, nicht interessiert sind, wird euer Besuch für sie kein Segen sein. Verlasst ein solches Haus oder einen solchen Ort und setzt euren

Weg unbeirrt fort. Ihr könnt sicher sein, dass solche Menschen beim Jüngsten Gericht ihre ablehnende Haltung verzweifelt bereuen werden – doch das ist jetzt nicht eure Angelegenheit.

Seid hellwach! Ich vertraue euch eine gefährliche Aufgabe an. Euch wird es so vorkommen, als würdet ihr wie Schafe mitten durch ein Wolfsrudel laufen. Seid so schlau wie die Schlangen und so wenig auf Kampf aus wie die Tauben.

Nehmt euch vor den Menschen in Acht! Es wird immer wieder Leute geben, die alles, was ihr sagt und tut, unerträglich finden. Sie werden euch vor weltlichen Autoritäten verklagen, und wenn das zu nichts führt, werden sie euch in den eigenen Synagogen auspeitschen lassen. Ja, manche von euch werden sogar vor Königen Rede und Antwort stehen müssen. Doch damit werden sie euch ungewollt eine Möglichkeit geben, vor aller Welt die Botschaft von der liebevollen Herrschaft Gottes bekannt zu machen. Wenn es so weit ist, macht euch keine Gedanken über das, was ihr sagen sollt. Ihr werdet die richtigen Worte parat haben, denn der Geist eures Vaters im Himmel wird euch das ins Herz legen, was ihr sagen sollt.

Ich lasse euch nicht im Ungewissen über das, was euch begegnen kann, wenn ihr für die Frohe Botschaft eintretet. Eure engsten Familienmitglieder werden sich plötzlich gegen euch stellen. Sie werden euch an Machthaber ausliefern, selbst wenn es für euch den sicheren Tod bedeuten wird. Ihr werdet gehasst werden, nur weil ihr zu mir gehört. Aber verliert nie den Mut! Haltet auch in schlimmen Zeiten durch, denn am Ende werdet ihr auf der Seite des Siegers stehen.

Wenn ihr verfolgt werdet, weicht aus, flieht, wann immer es möglich ist. Es gibt so viele Städte, in denen ihr wirken könnt, bis der Tag meines Sieges anbricht.

Ein Lehrling gilt doch nicht mehr als sein Meister. Und ein Arbeiter verdient sicher nicht mehr als sein Lohnherr. Seid also zufrieden, wenn ihr genau die gleiche Behandlung erfahrt wie ich. Wenn sie mich, den Herrn und Meister, ‚Handlanger des Teufels' nennen, was haben dann wohl meine Freunde zu erwarten?

Lasst euch also nicht einschüchtern. Schließlich wird ja doch alles an die Öffentlichkeit kommen, und jeder wird wissen, wie die Dinge wirklich sind. Zögert darum nicht, schon jetzt von all dem zu reden, was ich euch im kleinen Kreis gesagt habe.

Lasst euch nicht einmal durch die gewalttätigen Drohungen irgendwelcher Tyrannen zum Schweigen bringen. Sie können eurer Seele und all dem, was in euren Herzen ist, nichts anhaben. Hebt euch eure Furcht für Gott auf. Er allein hält euer gesamtes Leben – Körper und Seele – in seiner Hand.

Wie wertvoll ist ein Spatz? Was würde wohl jemand für ein solches Vögelchen bezahlen? Und doch sorgt Gott sich um alles, was diesen Vogel betrifft – mehr, als ihr es je tun würdet. Wie wird es dann erst mit euch Menschen sein? Glaubt ihr nicht, dass Gott sich um euch noch ganz anders kümmert? Ein einzelner Mensch ist Gott unvergleichlich mehr wert als ein riesiger Schwarm Vögel. Er kümmert sich so sehr um jeden von euch, dass er sogar die Haare auf eurem Kopf gezählt hat."

Jesus nennt den Preis (10,32–42)

„Wer vor den Menschen zu mir hält, für den werde auch ich vor meinem Vater im Himmel eintreten. Wie aber soll ich zu jemandem stehen, der vorgibt, mit mir nichts zu tun zu haben? Wie kann ich für ihn eintreten, wenn er überhaupt keine Beziehung mit mir wollte?

Lebt nicht in der falschen Vorstellung, ich sei gekommen, um das Leben bequem und ungefährlich zu machen. Nein, an mir werden sich die Geister scheiden und dieser Bruch wird mitten durch Familien hindurchgehen. Da wird ein Sohn gegen seinen Vater aussagen, eine Tochter ihre Mutter ins Gefängnis bringen, eine Schwiegertochter von der Schwiegermutter an Gerichte ausgeliefert werden. Wohlmeinende Familienmitglieder können eure ärgsten Feinde werden. Darum gilt: Wenn ihr Vater oder Mutter den Vorzug vor mir gebt, dann habt ihr mich nicht verdient. Wenn ihr euren Sohn oder eure Tochter mir vorzieht, verdient ihr mich nicht.

Wenn ihr mich allein lasst, sobald es schwierig wird, wisst ihr noch nicht, was ihr an der Beziehung zu mir habt. Oft soll ich euch nur zur eigenen Selbstverwirklichung dienen, doch genau dann werdet ihr weder mich noch euch selbst finden. Doch wenn ihr euch einfach vergesst und auf mich schaut, werdet ihr beides finden: euch selbst und mich.

Wenn die Verbindung zwischen euch und mir lebendig ist, dann erreicht letztlich alles, was man euch Gutes tut, unmittelbar das Vaterherz Gottes. Wer euch also aufnimmt, weil ihr die Frohe Botschaft von Gottes Liebe bringt, der nimmt Gott selbst in sein Haus auf. Ja, Gott übersieht nicht die geringste Freundlichkeit, wenn sie einem einfachen Menschen allein deswegen erwiesen wird, weil er zu mir gehört."

Die Frage von Johannes (11,1–15)

11 Damit beendete Jesus die Unterweisung der zwölf Jünger, zog von dort weiter und fuhr fort, in den Städten und Dörfern des Landes zu lehren und zu predigen.

Johannes war in der Zwischenzeit ins Gefängnis gebracht worden. Als er erfuhr, was Jesus alles tat, sandte er seine eigenen Jünger, um Jesus folgende Frage zu stellen: „Bist du es, auf den wir warten sollten, oder müssen wir auf einen anderen warten?"

Jesus gab ihnen zur Antwort: „Geht zurück und berichtet Johannes, was alles geschieht:

Blinde sehen,
Lahme gehen,
Leprakranke werden rein,
Taube hören,
Tote werden wieder lebendig,
und die Menschen auf der Schattenseite des Lebens hören davon,
dass Gott auf ihrer Seite steht.

Wenn es das ist, wonach ihr euch gesehnt habt, dann habt ihr jetzt allen Grund, glücklich zu sein!“

Als die Jünger von Johannes gegangen waren, um ihm alles zu berichten, fing Jesus vor der Menschenmenge an, über Johannes selbst zu sprechen. „Was habt ihr erwartet, als ihr hinausgepilgert seid, um ihn in der Wüste zu sehen? Einen unzuverlässigen, schwachen Menschen? Oder jemanden in vornehmen Kleidern? Nein, solche Leute findet ihr in den Palästen der Könige. Was also wolltet ihr erleben, als ihr zu ihm hinaus in die Wüste gezogen seid? Einen Propheten? Richtig, einen Propheten! Ja, mehr noch als einen Propheten. Er ist der Mann, den ein Prophet angekündigt hat, als er schrieb: ‚Ich sende meinen Propheten direkt vor dir her, um dir den Weg zu ebnen.‘*

Lasst es mich euch in aller Deutlichkeit sagen: Kein sterblicher Mensch wird jemals die Größe eines Johannes erreichen, aber unter der Herrschaft Gottes, für die er euch vorbereiten wollte, ist auch der Unscheinbarste bedeutender als er.

Doch hat sich, seit Johannes aufgetreten ist, bis heute etwas geändert? Wird nicht weiterhin ständig versucht, die Herrschaft Gottes geradezu mit Gewalt herbeizuführen und das ‚Paradies auf Erden‘ zu erzwingen? Ganz anders Johannes. In seiner Person haben sich die Prophetien der Heiligen Schrift erfüllt. Johannes ist – wenn ihr so wollt – der ‚Elija‘, dessen Ankunft ihr alle erwartet habt, weil er es sein würde, der dem Messias unmittelbar vorausgeht. Habt ihr das verstanden?“

Worte Jesu mit Ewigkeitswert (11,16–30)

„Viele hatten schon immer etwas gegen Johannes und auch mich lehnen sie völlig ab. Sie verhalten sich wie Kinder, die sich grundsätzlich

---

* Maleachi 3, 1.

aus allem heraushalten: Wenn andere etwas Lustiges spielen, ist es ihnen zu ausgelassen; wollen sie sich mit ihnen unterhalten, ist es ihnen zu anstrengend.

Johannes kam, lebte asketisch in der Wüste, und schon nannten sie ihn ‚völlig abgehoben'. Ich kam und erschien auch auf euren Festen, schon nannte man mich einen Fresser und Trinker, einen Kumpel von allem möglichen Gesindel. Nein, wer sich nicht auf das einlassen will, was Gott ihm anbietet, wird dafür immer einen Grund finden. Wirklich weise ist dagegen der, der sieht, was geschieht, und sich darauf einlässt."

Damit bezog sich Jesus vor allem auch auf die Städte, in denen er durch zahlreiche Wundertaten den Beweis seiner Vollmacht erbracht hatte und deren Bewohner am allerwenigsten bereit waren, ihn zu akzeptieren.

„Gericht über dich, Chorazin! Gericht auch über dich, Betsaida! Wenn die heidnischen Städte Tyros und Sidon auch nur die Hälfte all dieser machtvollen Wunder gesehen hätten, ihre Bewohner wären sofort auf die Knie gegangen. Im Jüngsten Gericht wird es ihnen geradezu gut ergehen im Vergleich zu euch. Und du, Kafarnaum! Meinst du ernsthaft, du wärst ein Kandidat für den Himmel? Du wirst dich im Totenreich wiederfinden! Wenn die Leute von Sodom auch nur einige der Wundertaten gesehen hätten, die in deinen Mauern geschehen sind, ihre Stadt wäre immer noch da. Am Tag des Gerichts wird es Sodom verglichen mit dir unbestreitbar besser gehen."

Unvermittelt brach Jesus ab und betete: „Danke, Vater, Herr des Himmels und der Erde. Du hast deine Wege vor Leuten, die sich für intelligent und gebildet halten, verborgen, aber sie ganz einfachen Menschen mitgeteilt. Ja, Vater, das ist die Art und Weise, wie du gerne handelst."

Wieder seinen Zuhörern zugewandt, fuhr er fort: „Alles ist mir von meinem Vater anvertraut worden. Niemand kennt den Sohn so, wie der Vater ihn kennt. Und niemand kennt den Vater so, wie der Sohn ihn kennt. Aber dieses Wissen behalte ich nicht für mich. Ich möchte es mit allen teilen, die es hören wollen.

Kommt her zu mir, die ihr euch mit so vielem abmüht und oft bedrückt seid. Bei mir werdet ihr Ruhe finden. Sucht die Gemeinschaft mit mir und arbeitet mit mir zusammen. Dann werdet ihr von mir lernen können, denn ich bin ruhig und alles andere als herrisch. Ich werde euch nicht irgendetwas Schweres aufbürden oder etwas, das nicht zu euch passt. Solange wir miteinander Gemeinschaft haben, wird euch alles leicht vorkommen, was ihr in meinem Namen in dieser Welt unternehmt."

Pharisäer und Schriftgelehrte (12,1–50)

12 An einem Sabbat kam Jesus mit seinen Jüngern an einem Getreidefeld mit reifen Ähren vorüber. Die Jünger waren hungrig und rupften sich einige Ähren ab, um die Körner zu essen. Einige Pharisäer mussten diese Gesetzesübertretung sofort Jesus mitteilen: „Deine Jünger brechen die Sabbatvorschriften!"

Jesus fragte erstaunt: „Wirklich, tun sie das? Habt ihr nie gelesen, was David und seine Gefährten taten, als sie hungrig waren? Dass er ins Heiligtum ging und die frischen Brote aß, die schon auf dem Altar als Opfergabe lagen und die als heilige Brote nur von den Priestern gegessen werden durften? Und habt ihr nicht im Gesetz Gottes gelesen, dass die Priester bei der Ausübung ihres Dienstes im Tempel immer wieder die Sabbatvorschriften brechen, ihnen dies jedoch niemand zum Vorwurf macht?

Hier geht es um weitaus mehr als nur um ein paar religiöse Vorschriften. Letztlich habt ihr mit euren Vorwürfen gezeigt, dass ihr nichts von dem Wort Gottes begriffen habt, das sagt: ‚Barmherzigkeit will ich, nicht tote Rituale'! Darum bin ich gekommen, um euch zu zeigen, was in den Augen Gottes wirklich wichtig ist!"

Mittlerweile hatten sie eine Synagoge erreicht, in der Jesus Platz nahm. Unter den Anwesenden war auch ein Mann mit einer verkrüppelten Hand. Da fragten sie Jesus: „Ist es mit dem Gesetz vereinbar, am Sabbat zu heilen?" Damit wollten sie ihm eine Falle stellen.

Jesus antwortete mit einer Gegenfrage: „Gibt es einen unter euch, der nicht eines seiner Lämmer, wenn es in eine Grube gefallen wäre, sofort herausziehen würde, obwohl es Sabbat ist? Jeder von euch würde ohne Zögern das Nächstliegende tun. Und das für ein kleines Schaf. Doch wie viel mehr wert als ein solches Tier ist ein Mensch?!" Dann wandte er sich an den Mann: „Heb deine Hand hoch!" Er streckte seine Hand hoch und im selben Moment war sie geheilt.

Die Pharisäer verließen wütend den Raum und hatten nur noch ein Thema: Dieser Mann musste sterben, bevor er ihre heilige Religion noch mehr untergraben konnte. Jesus wusste, dass sie ihn am liebsten tot sehen würden. Darum zog er weiter, und eine Menge Menschen folgte ihm, und er heilte jeden, der irgendein Gebrechen hatte. Immer wieder schärfte er ihnen ein, Schweigen zu bewahren. Viele erkannten darin die Erfüllung des Prophetenwortes, das Jesaja vor Jahrhunderten über den Messias niedergeschrieben hatte:

„Schaut ganz genau auf meinen Diener,
den ich mir ausgewählt habe,
ich liebe ihn so und habe solche Freude an ihm!
Ich habe meinen Geist auf ihn gelegt;
er wird Recht sprechen über die Nationen.
Doch er wird nicht herumschreien,
noch seine Stimme laut erheben.
Es wird keinen Aufruhr in den Straßen geben.
Er wird das geknickte Schilfrohr nicht abbrechen und
den glimmenden Docht nicht gänzlich auslöschen.
Am Ende wird durch ihn die Gerechtigkeit siegen.
Und alle Völker werden neue Hoffnung schöpfen,
wenn sie nur schon seinen Namen hören."*

* Jesaja 42,1–4

Bald darauf wurde ein Mann vor ihn hingesetzt, der von einem Dämon besessen war, welcher ihn in Blindheit und Taubheit gefangen hielt. Jesus heilte den Mann und gab ihm seine Sehkraft und das Gehör wieder.

Die Menschen, die das miterlebten, fragten sich betroffen: „Könnte das nicht der Messias sein, der Sohn Davids?"

Doch den Pharisäern lag viel daran, diesem Gerede ein Ende zu bereiten. Darum behaupteten sie einfach: „Das ist alles nur schwarze Magie, wahrscheinlich treibt er mit dem obersten der Teufel die Dämonen aus."

Jesus musste auf diese Unterstellung reagieren: „Ein Reich, in dem keine Einigkeit herrscht, wird früher oder später besiegt werden; eine Familie, die durch ständige Streitereien zerrissen wird, verliert nicht nur ihre Stärke, sondern auch noch ihren Besitz; wenn Satan seinesgleichen vertreibt, wie sollte er noch sein Reich aufrechterhalten können? Wenn ihr mich schon der Zusammenarbeit mit dem Teufel bezichtigt, muss ich euch die Frage stellen, womit denn eure eigenen Söhne Dämonen austreiben? Sie selbst könnten euch sagen, dass eure Unterstellung nichts mit der geistlichen Wirklichkeit zu tun hat. Nein, wenn das alles durch die Kraft Gottes geschieht, Menschen befreit und geheilt werden, dann ist das ein sicheres Zeichen dafür, dass Gott selbst den Menschen nahegekommen ist.

Man kann nicht einfach in die Höhle eines Räubers eindringen und vor seinen Augen das Diebesgut herausholen. Er muss erst außer Gefecht gesetzt werden, damit er seinen Raub nicht verteidigen kann. Nichts anderes versuche ich zu tun. Um mit dem Bösen fertig zu werden, bin ich auf jeden angewiesen. Entweder kämpft jemand mit mir oder er steht auf der Gegenseite; entweder hilft jemand, Menschen um mich zu sammeln, oder er treibt sie von mir weg.

Es gibt nichts, weder in Worten noch in Taten, das nicht vergeben werden könnte. Aber wenn ihr ganz bewusst nicht aufhört, den Heiligen Geist anzugreifen, dann weist ihr den Einzigen zurück, der euch vergeben kann. Wenn ihr aufgrund irgendwelcher Missverständnisse den Menschensohn ablehnt, kann euch der Heilige Geist vergeben. Wenn ihr aber den Heiligen Geist ablehnt, dann weist ihr die Vergebung selbst zurück, und das in alle Zeit und Ewigkeit.

Von einem guten, gesunden Baum erntet man gute Früchte. Ist der Baum krank, werdet ihr an ihm nur schlechte Früchte finden. Die Frucht sagt also etwas über den Baum aus.

Euer Herz ist die reinste Schlangengrube! Was aus euch herauskommt, ist schlecht und wird auch durch viele Worte nicht besser. Denn es ist euer Herz, das euren Worten die Bedeutung gibt. Im Leben eines guten Menschen findet sich immer wieder viel Gutes in dem, was er sagt und tut. Aus einem schlechten Menschen kommt letztlich nichts Gutes heraus. Darum warne ich euch: Alles, was ihr aus der Bosheit eures Herzens heraus sagt, wird auf euch selbst zurückfallen. Ihr werdet Rechenschaft für alles ablegen müssen, was ihr mit euren Worten angerichtet habt. Worte sind nicht belanglos; nehmt sie ernst. Eure eigenen Worte können für euch eure Erlösung bedeuten. Sie können euch aber auch für alle Ewigkeit verurteilen."

Um von dem für sie peinlichen Thema abzulenken, machten einige Schriftgelehrte und Pharisäer einen neuen Vorschlag: „Rabbi, wir möchten, dass du deine Worte mit etwas Außergewöhnlichem bestätigst. Vollbringe hier in unserer Gegenwart ein Wunder."

Jesus erwiderte ihnen: „Ausgerechnet ihr fragt nach einem Beweis der Kraft Gottes, obwohl euch Gott völlig egal ist und es euch nur um eure Religion geht?! Der einzige Beweis, den ihr bekommen werdet, hat etwas mit Jona zu tun. Genau wie Jona drei Tage und drei Nächte im Bauch des Fisches war, so wird der Menschensohn drei Tage und drei Nächte in einer Grabeshöhle liegen. Jona kehrte zurück und auch der Menschensohn wird es tun. Aber selbst dann werdet ihr nicht bereit sein, ihm zu vertrauen.

Deshalb werden am Jüngsten Tag die Bewohner von Ninive aufstehen und das Urteil über diese Generation fällen. Denn als Jona ihnen predigte, haben sie ihr Leben geändert. Und hier habt ihr es mit jemandem zu tun, der eine ganz andere Bedeutung als Jona hat. Am Tage des Gerichts wird die Königin von Saba auftreten und euch vor aller Augen verurteilen. Denn sie reiste von weit her an, um dem weisen Salomo zuzuhören. Hier vor euch steht jemand, mit dem Salomo nicht verglichen werden kann, und ihr denkt nicht einmal daran, euch auf seine Worte einzulassen.

Fragt euch, woher eure Verstocktheit und Bosheit kommen. Ich will euch sogar erklären, wie sie sich zu solchem Ausmaß steigern konnten. Wenn ein böser Geist von irgendjemandem ausgetrieben wird, dann streift er durch die Wüste auf der Suche nach einer ahnungslosen Seele, die er beherrschen kann. Wenn er niemanden findet, sagt er zu sich selbst: ‚Ich werde zu meiner alten Behausung zurückkehren.' Bei seiner Rückkehr findet er die Person vor, schön herausgeputzt, aber leer. Sofort macht er sich auf den Weg und holt noch sieben andere Geister, die weitaus schlimmer sind als er, und zieht mit ihnen in die leere Wohnung ein. So steigert sich die Bosheit dieses Menschen um ein Vielfaches. Mit dieser Generation ist es nicht anders: Ihr denkt, dass ihr als religiöse Menschen frei von bösen Einflüssen seid. In Wirklichkeit habt ihr ihnen Tür und Tor geöffnet."

Während er noch zu der Menge sprach, trafen seine Mutter und seine Brüder ein. Sie standen draußen vor dem Haus und versuchten, ihm eine Nachricht zukommen zu lassen. Irgendjemand sagte schließlich zu Jesus: „Deine Mutter und deine Brüder stehen draußen und möchten mit dir sprechen."

Jesus entgegnete dem, der ihm die Nachricht zukommen ließ: „Wer, glaubst du, sind meine Mutter und meine Brüder?" Dann wies er mit seiner Hand auf seine Jünger. „Schau genau hin. Das sind meine Mutter und meine Brüder. Denn wer in seinem Leben den Willen meines Vaters tut, der ist mein Bruder, meine Schwester und meine Mutter."

Alltägliche Geschichten mit Ewigkeitswert (13,1–36)

13 Unmittelbar danach verließ Jesus das Haus und setzte sich an das Ufer des Sees. Doch in kürzester Zeit drängten sich so viele Leute um ihn, dass er gezwungen war, in ein Boot zu steigen. Er sprach

zu den Menschen vom Boot aus, das er wie eine Kanzel benutzte. So erzählte er ihnen auch das Gleichnis von den unterschiedlichen Bodensorten, die das Saatgut aufnehmen.

„Stellt euch einen Bauern vor, der Saatgut auf seinem Acker ausstreute. Als er die Körner verstreute, fielen manche davon auf die Straße, wo sie von den Vögeln aufgepickt wurden. Einige fielen auf Kies; sie sprossten zwar schnell, konnten aber nicht tief genug wurzeln. Als dann die Sonne aufging, vertrockneten sie sofort. Einige fielen unter das Unkraut und wurden regelrecht von ihm erstickt. Etliche Körner fielen jedoch auf gutes Erdreich. Und jedes einzelne brachte hundert, sechzig oder dreißig neue Körner hervor.

Habt ihr verstanden, was ich euch damit sagen will?"

Später drängten sich die Jünger um ihn und fragten ihn: „Warum erzählst du eigentlich solche Geschichten?"

Er antwortete ihnen: „Euch wurde Einsicht in das geschenkt, was Gottes Herrschaft ist. Ihr wisst, wie er zu euch steht. Doch es gibt viele Menschen, die das gar nicht wissen wollen. Sie können durch meine Worte auch nicht beschenkt werden. So kommt es dazu, dass die einen, die schon haben, immer noch mehr empfangen können und die anderen, die meinen, auch ohne meine Worte schon reich genug zu sein, am Ende völlig leer ausgehen. Das ist der Grund, warum ich Geschichten erzähle: um die Menschen dahin zu bringen, dass sie für das offen sind, was ich ihnen sagen möchte. Die meisten hören mir zwar zu, wollen aber irgendwie nicht verstehen. Selbst wenn sie sehen, was ich tue, begreifen sie es nicht. Jetzt erfüllt sich alles, was Jesaja über dieses Volk vorausgesagt hat:

‚Eure Ohren sind zwar offen, aber ihr hört nichts.
Eure Augen habt ihr weit geöffnet, aber ihr seht nichts.
Denn das Herz dieses Volkes ist völlig verhärtet!
Sie stecken sich die Finger in die Ohren,
damit sie nicht zu hören brauchen;
sie verkleben sich die Augen, so brauchen sie nichts zu sehen,
und das nur, um mir nicht von Angesicht

zu Angesicht zu begegnen,
was ihre Heilung wäre.‘

Aber ihr habt Augen, die von Gott gesegnet sind, Augen, die sehen. Und gottgesegnete Ohren, die hören! Eine große Zahl von frommen Menschen, darunter auch Propheten früherer Jahrhunderte, hätten alles dafür gegeben, um zu sehen, was ihr gerade seht, und zu hören, was ihr gerade hört, aber sie hatten nicht die Möglichkeit dazu.

Schaut euch die Geschichte vom Bauern und seiner Saat genau an. Wenn jemand die Frohe Botschaft von der liebevollen Herrschaft Gottes hört, aber nicht in sich aufnimmt, bleibt sie an der Oberfläche, und der Widersacher hat es leicht, sie direkt wieder aus seinem Kopf herauszunehmen. Solche Leute sind wie die Straße, auf die der Bauer sein Saatgut gestreut hat.

Der Kiesboden steht für solche, die auf die Botschaft spontan und enthusiastisch reagieren. Aber da ist kein guter Boden, weil der Charakter zu labil ist. Sobald dieses Hochgefühl abnimmt und die ersten Schwierigkeiten auftauchen, ist von der guten Saat nicht mehr viel zu sehen.

Der mit Unkraut bedeckte Boden symbolisiert Personen, die zwar die Botschaft hören, in deren Leben aber jeder gute Ansatz regelrecht abgewürgt wird. Das ständige Kreisen um das eigene Wohlergehen und die Sucht, immer noch mehr aus dem Leben herauszuholen, überwuchern alles.

Die gute Erde schließlich steht für einen Menschen, der die Botschaft hört und in sich aufnimmt, dann aber Frucht bringt, die selbst seine eigenen kühnsten Erwartungen übertrifft.“

Nachdem die Jünger offensichtlich diese Geschichte verstanden hatten, wandte sich Jesus wieder der großen Menge am Ufer zu. Für sie hatte er ein weiteres Gleichnis: „Die Herrschaft Gottes kann man mit einem Bauern vergleichen, der guten Samen auf sein Feld streute. Eines Nachts, als seine Landarbeiter schliefen, kam sein Feind und säte Unkraut mitten unter den Weizen und verschwand. Als sich die ersten grünen Sprossen zeigten und emporschossen, zeigte sich auch das Unkraut.*

Die Landarbeiter gingen zu dem Bauern und sagten: ‚Meister, war es nicht ausgezeichnetes, reines Saatgut, das Ihr aussäen ließet? Wo kommt denn jetzt das Unkraut her?‘

Er entgegnete ihnen: ‚Das hat ein Feind von mir getan.‘

Die Landarbeiter fragten weiter: ‚Sollen wir das Feld jäten?‘

Er sagte ihnen darauf: ‚Nein, denn wenn ihr das Unkraut jätet, werdet ihr auch den Weizen mit herausreißen. Lasst sie bis zur Erntezeit zusammen heranwachsen. Dann werde ich den Erntearbeitern die Anweisung geben, das Unkraut auszusondern und in Bündeln für das Feuer zusammenzubinden. Den Weizen aber sollen sie in meine Scheune bringen.‘“

Und noch ein Beispiel nannte er ihnen: „Man kann die Herrschaft Gottes auch mit einem winzigen Samenkorn vergleichen, das jemand in die Erde steckt. Aber dieses Samenkorn wird wachsen, und eines Tages steht dort ein mächtiger Busch oder Baum, in dessen Zweige die Vögel nisten.“

Zum Abschluss gab er den Menschen noch etwas mit auf den Weg: „Die Herrschaft Gottes ist wie ein Sauerteig, den eine Frau unter den Teig für einige Dutzend Weizenbrote mengt. Irgendwann ist der ganze Trog durchsäuert und der Teig beginnt aufzugehen.“

Was Jesus an diesem wie an vielen anderen Tagen auch tat, war nichts anderes, als Gleichnisse zu erzählen. Das war seine Art, den Menschen seine Botschaft nahezubringen. Selbst diese Eigenart Jesu hatte eine Prophetie im Voraus beschrieben:

„Ich werde meinen Mund öffnen und Gleichnisse erzählen;
ich werde Dinge bekannt machen,
die seit den ersten Tagen der Welt verborgen waren.“**

---

* Gemeint ist hier höchstwahrscheinlich der Taumelloch, den man im Anfangsstadium kaum vom echten Weizen unterscheiden kann, dessen Körner aber giftig sind.

** Psalm 78,2

Langsam löste sich die Versammlung am Ufer auf und auch Jesus ging wieder in das Haus zurück. Und erneut traten seine Jünger an ihn heran und baten: „Erkläre uns doch die Geschichte mit dem Unkraut auf dem Feld."

Also erklärte er es ihnen: „Der Bauer, der die gute Saat aussät, ist der Menschensohn. Das Feld ist die Welt; der reine Samen ist alles, was Menschen für ein Leben mit Gott brauchen; das Unkraut steht für das, was der Teufel an Schlechtem in die Herzen der Menschen säen kann. Die Ernte ist nichts anderes als ein Symbol für das Ende der Welt, wenn der Vorhang der Geschichte fällt. Die Erntearbeiter sind Engel.

Das Bild von dem ausgerissenen Unkraut und seinem Ende im Feuer ist eine Szene aus dem letzten Akt der Menschheitsgeschichte. Der Menschensohn wird seine Engel senden, um alle Menschen, die sich der Liebe Gottes verweigert haben und zutiefst böse sein wollten, aus seinem Reich zu entfernen. Diese Menschen werden dann fluchen und sich fürchterlich beklagen, doch es wird sie niemand mehr hören.

Dann wird an denen, die sich von ganzem Herzen Gott zugewandt haben, eine Herrlichkeit sichtbar werden, die sich kein Mensch jemals ausdenken kann. Habt ihr verstanden, was ich euch mit alldem sagen möchte?

Die Herrschaft Gottes ist wie ein Schatz, der seit vielen Jahren in einem Feld verborgen ist und zufällig von jemandem entdeckt wird. Der glückliche Finder ist völlig außer sich: Was für ein Fund! Kurzerhand verkauft er alles, was er besitzt, um genügend Geld für den Kauf des Grundstücks zu haben. Dann erwirbt er es.

Man könnte die Herrschaft Gottes auch mit einer außergewöhnlich großen, makellosen Perle vergleichen, die ein Juwelenhändler irgendwo entdeckt. Da er sein Leben lang nach einzigartigen Perlen gesucht hat, verkauft er sofort alles und bezahlt mit dem Erlös das seltene Exemplar.

Aber auch das ist ein Bild für die Herrschaft Gottes: Man könnte sie mit einem Schleppnetz vergleichen, das in einem See ausgeworfen wird und alle Arten von Fischen einfängt. Wenn es sich gefüllt hat, schleppt man es zum Ufer. Dort zieht man es an den Strand. Die guten Fische werden herausgenommen und in Körbe gelegt, die ungenießbaren weggeworfen. Genau so wird es sein, wenn der Vorhang der Geschichte fällt. Die Engel werden kommen und die schlechten Fische aussortieren und sie in den Abfall werfen. Dort wird es ein verzweifeltes Gejammer geben, das jedoch nichts mehr nützen wird."

Jesus fragte sie: „Habt ihr das alles verstanden?"

Sie antworteten: „Ja."

Darauf sagte er: „Dann versteht ihr auch, dass jeder, der wirklich weiß, was es mit der liebevollen Herrschaft Gottes auf sich hat, aus diesem Schatz immer wieder alte und neue Gleichnisse hervorholen kann."

Für dieses Mal hörte Jesus auf, weitere Geschichten zu erzählen. Er verließ die Gegend am See und kehrte in seinen Heimatort zurück. Dort lehrte er in der Synagoge, und die Menschen konnten es nicht fassen, dass dies derselbe Mann sein sollte, den sie doch so gut kannten. „Woher hat er nur diese Weisheit und solche außergewöhnlichen Fähigkeiten? Wir kennen ihn doch schon seit seiner Kindheit; er ist doch der Sohn des Zimmermanns. Wir kennen seine Mutter, Maria. Wir kennen seine Brüder Jakobus und Josef, Simon und Judas. Alle seine Schwestern leben hier. Was glaubt er eigentlich, wer er ist?" Unverständnis, Neid und Ärger brachten sie gegen ihn auf.

Jesus musste eingestehen: „Nirgendwo wird ein Prophet so verachtet wie in seiner Vaterstadt und in seiner Familie." Er konnte dort wegen ihrer ablehnenden Haltung nur wenige Wunder tun.

Der Tod von Johannes (14,1–12)

14 In diesen Tagen hörte Herodes, der das Gebiet um Judäa beherrschte, was man sich über Jesus erzählte. Er sagte zu seinen Dienern: „Das muss Johannes der Täufer sein, der von den Toten auferstanden ist. Daher ist er auch in der Lage, Wunder zu vollbringen."

Herodes hatte Johannes in Ketten legen und ins Gefängnis werfen lassen, nur um Herodias, die Frau seines Bruders Philippus, zu beschwichtigen. Johannes hatte Herodes herausgefordert, indem er sein Verhältnis zu Herodias „ehebrecherisch" nannte. Herodes wollte ihn umbringen lassen, aber er fürchtete die Folgen, weil so viele Leute Johannes für einen Propheten Gottes hielten.

Doch darauf nahm er dann anlässlich seiner Geburtstagsfeier keine Rücksicht mehr. Die Tochter von Herodias hatte für eine großartige Unterhaltung gesorgt, indem sie vor den Gästen tanzte. Sie bezauberte Herodes förmlich, und in seiner überschwänglichen Begeisterung versprach er ihr unter Eid alles, was sie sich wünschen würde. Sofort wusste sie – gut vorbereitet von ihrer Mutter –, was sie wollte: „Gib mir auf einem Tablett den Kopf Johannes des Täufers." Das ernüchterte den König sehr schnell. Da er aber vor den Gästen sein Gesicht nicht verlieren wollte, tat er, was sie wollte. Er befahl, Johannes den Kopf abzuschlagen und ihn dem Mädchen auf einem Tablett zu bringen. Kaum hatte sie ihn erhalten, gab sie ihn an ihre Mutter weiter.

Später erhielten die Jünger von Johannes seinen Leichnam und gaben ihm ein würdiges Begräbnis. Dann berichteten sie Jesus alles darüber.

Jesu Taten sprengen mehr und mehr alles Vorstellbare (14,13–36)

Als Jesus diese Nachricht erhalten hatte, wollte er alleine sein und ließ sich mit einem Boot an einen schwer zugänglichen Ort bringen. Doch irgendjemand hatte das mitbekommen und schon war die einsame Gegend nicht mehr einsam. Scharen von Menschen kamen zu Fuß aus den nahe gelegenen Ortschaften zu dem Platz, an dem er an Land gehen würde. Als er endlich dort ankam und die vielen Menschen sah, hatte er Mitleid mit ihnen, und er heilte ihre Kranken.

Gegen Abend sprachen ihn die Jünger an: „Wir sind hier mitten in einem unbewohnten Gebiet und es wird langsam spät. Schick doch die Leute weg, damit sie in die umliegenden Dörfer gehen können und etwas zu essen bekommen."

Doch Jesus erwiderte ihnen: „Es gibt überhaupt keine Notwendigkeit, sie wegzuschicken. Gebt ihr ihnen doch etwas zu essen."

„Alles, was wir haben, sind fünf Laibe Brot und zwei Fische", entgegneten sie ratlos.

Jesus aber befahl: „Bringt alles her!" Dann sorgte er dafür, dass sich die Leute im Gras niederließen. Er nahm die fünf Laibe Brot und die beiden Fische, schaute im Gebet zum Himmel auf, segnete das Brot, brach es und gab es an seine Jünger weiter. Die Jünger ihrerseits reichten das Brot und die Fische an die versammelten Menschen weiter. Alle aßen, bis sie satt waren. Sie sammelten dann noch zwölf Körbe mit Resten ein. Es waren allein an die 5.000 Männer, die an dem Mahl teilgenommen hatten – Frauen und Kinder nicht mitgerechnet!

Sobald das Essen beendet war, drängte Jesus die Jünger, schon einmal ins Boot zu steigen und auf die andere Seite des Sees überzusetzen. Inzwischen wollte er sich von den Leuten verabschieden. Nachdem sich die Menschenmenge zerstreut hatte, stieg er auf einen Berg. Auf diese Weise konnte er für sich sein und beten. Dort blieb er allein bis tief in die Nacht.

Unterdessen war das Boot bereits weit draußen auf dem See. Wind kam auf, der den Jüngern schwer zu schaffen machte. Auch die Wellen schlugen immer heftiger gegen das Boot. Es war gegen vier Uhr morgens, als sie Jesus direkt auf sich zukommen sahen – auf dem Wasser! Sie waren außer sich vor Angst und schrien in ihrem Schrecken: „Ein Geist!"

Doch Jesus beeilte sich, sie zu beruhigen: „Keine Angst, ich bin es! Ihr braucht euch nicht zu fürchten."

Da wurde Petrus plötzlich mutig und rief: „Herr, wenn du es wirklich bist, dann sag, dass ich auf dem Wasser zu dir kommen soll."

Jesus erwiderte darauf: „Na los, dann komm!"

Petrus sprang über die Bordwand und ging auf Jesus zu. Aber als er auf die Wellen hinabsah, die unter seinen Füßen schäumten, bekam er Angst und begann zu sinken. Jetzt schrie er: „Herr, rette mich!“

Jesus zögerte keine Sekunde, er beugte sich nieder und ergriff seine Hand. Dann sagte er: „Du Glaubensheld, warum hast du nur plötzlich gezweifelt?“

Beide kletterten in das Boot und sofort legte sich der Wind. Die Jünger, die das alles mit angesehen hatten, fielen vor Jesus auf die Knie und stammelten: „Das ist es! Kein Zweifel: Du bist Gottes Sohn.“

Bald hatten sie den See überquert und zogen das Boot bei Gennesaret an Land. Als einige mitbekamen, wer da bei ihnen an Land gegangen war, benachrichtigten sie alle Leute in der weiteren Umgebung. Daraufhin brachten diese ihre Kranken zu ihm. Dann baten sie Jesus um Erlaubnis, den Saum seines Gewandes berühren zu dürfen. Und wer immer ihn berührte, der wurde auch geheilt.

Mehr als Antworten (15,1–16,12)

15 Da kamen einige Schriftgelehrte und Pharisäer von Jerusalem zu ihm herunter, nur um ihre Kritik an ihm loszuwerden: „Warum kümmern sich deine Jünger nicht im Geringsten um die altehrwürdigen Vorschriften? Sie waschen sich zum Beispiel nicht die Hände, bevor sie essen.“

Als Antwort zeigte ihnen Jesus, wie sie selbst um ihrer Überlieferungen willen Gottes Gebote außer Kraft setzten: „Warum benutzt ihr eure Tradition, um Gottes Gesetz zu hintergehen? Gott sagt eindeutig: ‚Achte deinen Vater und deine Mutter‘, und: ‚Jeder, der Vater oder Mutter öffentlich bloßstellt, der soll hingerichtet werden.‘ Aber ihr kehrt dieses Gebot in sein Gegenteil, indem ihr sagt: ‚Wer immer es möchte, der kann zu seinem Vater oder zu seiner Mutter sagen: »Ich habe das, was ich euch eigentlich schuldig wäre, Gott gegeben.«‘

So hebt ihr einfach durch eure Vorschriften Gottes Gebot auf! Ihr Betrüger! Auf euch trifft die Prophetie von Jesaja haargenau zu:

‚Diese Leute gehen rein äußerlich vor, sie würden mich verehren, innerlich aber sind sie weit von mir entfernt. Sie tun so, als würden sie mich anbeten, aber sie meinen es nicht so. Sie benutzen mich nur als Aushängeschild, damit sie lehren können, was immer ihnen in den Sinn kommt.'"

Und jeden Einzelnen in der Menge anschauend, sagte er eindringlich: „Hört zu und nehmt es euch zu Herzen. Nicht das, was ihr hinunterschluckt, verdirbt euer Leben, sondern das, was an Bösem aus euch herauskommt."

Da drängten sich seine Jünger an ihn heran und fragten ihn leise: „Weißt du eigentlich, wie sehr sich die Pharisäer über das aufgeregt haben, was du eben gesagt hast?"

Jesus antwortete ihnen laut: „Jeder Baum, der nicht von meinem Vater im Himmel gepflanzt worden ist, wird mitsamt der Wurzel ausgerissen. Kümmert euch nicht um die Pharisäer! Sie sind Blinde, die Blinde führen. Wenn ein Blinder einen Blinden führt, landen beide irgendwann in einer Grube."

Petrus war immer noch mit dem Satz beschäftigt, bei dem es um das Hinunterschlucken ging: „Kannst du uns das noch einmal erklären?"

Jesus entgegnete ihm: „Du auch? Stellt ihr euch wirklich absichtlich so dumm? Wisst ihr denn nicht, dass alles, was ihr hinunterschluckt, seinen Weg durch die Eingeweide geht und schließlich ausgeschieden wird? Doch was aus eurem Mund herauskommt, das hat seinen Ursprung in eurem Herzen. Aus eurem Herzen kommen Streitlust, Mord, Ehebruch, Götzendienst, Diebstahl, Lüge und Verfluchung. Das verdirbt euer Leben von innen heraus. Ob ihr esst oder nicht esst, eure Hände wascht oder nicht wascht, ist demgegenüber völlig belanglos."

Jesus verließ diese Gegend und zog sich in das Gebiet von Tyrus und Sidon zurück. Als er dort unterwegs war, näherte sich ihm eine kanaanäische Frau, die ihn mit lauter Stimme anflehte: „Erbarmen, Meister, Sohn Davids! Meine Tochter wird fürchterlich von einem bösen Geist gequält!"

Jesus schien sie nicht zu hören. Da beschwerten sich seine eigenen Jünger: „Kannst du dich nicht um sie kümmern?! Ihr Geschrei macht uns noch ganz verrückt."

Aber Jesus lehnte es ab: „Ich habe alle Hände voll damit zu tun, mich um die verlorenen Schafe Israels zu kümmern."

Da kam die Frau wieder auf Jesus zu, warf sich vor ihm auf die Knie und bat ihn: „Meister, helft mir!"

Jesus erwiderte darauf: „Es ist nicht in Ordnung, den Kindern das Brot wieder aus dem Mund zu nehmen und es den Hunden vorzuwerfen."

Doch die Frau ließ nicht locker: „Ihr habt recht, Meister, aber selbst bettelnde Hunde bekommen Happen vom Tisch des Hausherrn."

Da blieb Jesus stehen. „Oh Frau, dein Glaube ist tatsächlich etwas Besonderes. Du sollst bekommen, wonach du dich gesehnt hast!" Und von diesem Moment an war ihre Tochter geheilt.

Jesus zog daraufhin mit seinen Jüngern weiter und kam so wieder an das Ufer des Sees Gennesaret. Dort stieg er auf einen Hügel und setzte sich, um die vielen Menschen willkommen zu heißen. Und sie kamen in Scharen, brachten ihre Gelähmten, ihre Blinden, die Verkrüppelten, die Stummen – Menschen mit allen nur erdenklichen Nöten – und legten sie alle vor ihm nieder. Jesus heilte sie alle. Als die Menschen sahen, wie die Stummen anfingen zu sprechen, die Verkrüppelten sich gesund aufrichteten, die Gelähmten herumliefen, die Blinden plötzlich sehen konnten, waren sie überwältigt und ließen jeden wissen, dass ganz offensichtlich Gott unter ihnen lebte und wirkte.

Doch Jesus sah noch eine andere Not. Er rief seine Jünger zu sich und sagte zu ihnen: „Ich mache mir große Sorgen um diese Menschen. Seit drei Tagen sind sie nun schon bei mir und jetzt haben sie nichts mehr zu essen. Ich kann sie nicht einfach mit leerem Magen wegschicken – es ist doch möglich, dass viele von ihnen auf dem Weg zusammenbrechen."

Seine Jünger entgegneten ihm: „Aber wie willst du denn hier in dieser verlassenen Gegend so viel Brot beschaffen, um eine solche Menge von Leuten halbwegs satt zu bekommen?"

Jesus fragte sie daraufhin: „Wie viel Brot habt ihr denn noch dabei?"

„Sieben Laibe", sagten sie, „dazu noch ein paar Fische." Da bedeutete Jesus den Menschen, sich zu setzen. Er nahm die sieben Laibe Brot und die Fische, und nachdem er ein Dankgebet gesprochen hatte, brach er sie und ließ sie an die Leute austeilen. Alle aßen und alle hatten mehr als genug, ja, man brauchte sogar noch sieben große Körbe, um die Reste einzusammeln. Über 4.000 waren an diesem Abend satt geworden, Frauen und Kinder nicht mitgerechnet. Nachdem Jesus sie fortgeschickt hatte, stieg er in das Boot und fuhr auf die andere Seite des Sees in die Gegend von Magadan.

16 Wieder einmal versuchten einige Pharisäer und Sadduzäer, aus ihm eine Aussage über sich selbst herauszulocken. Er ließ sie mit dieser Antwort stehen: „Ihr habt doch so wunderbare Wetterregeln wie: ‚Roter Himmel zur Nacht dem Seemann Freude macht, roter Himmel am Morgen macht ihm dagegen Sorgen.' Offensichtlich habt ihr überhaupt keine Probleme damit, das Wetter ziemlich genau vorauszusagen – warum nur ist eure Fähigkeit, die Zeichen der Zeit richtig zu deuten, so schwach entwickelt? Eine charakterlose und oberflächliche Generation möchte immer Zeichen und Wunder erleben. Aber sie bekommt kein anderes Zeichen als das von Jona."

Bei ihrer Überfahrt zum gegenüberliegenden Ufer des Sees stellten die Jünger fest, dass sie vergessen hatten, Brot mitzunehmen. Gerade in diesem Moment sprach Jesus davon, dass sie sehr genau auf den Sauerteig der Sadduzäer und Pharisäer achten sollten. Natürlich dachten sie, dass er ihnen damit indirekt einen Vorwurf machen wollte, weil sie das Brot vergessen hatten. Flüsternd berieten sie, was zu tun sei. Jesus wusste genau, worüber sie sich den Kopf zerbrachen, und sprach es direkt an: „Warum flüstert ihr so aufgeregt herum, nur weil ihr das Brot vergessen habt? Ihr Glaubenshelden! Habt ihr immer noch nicht begriffen? Alles schon wieder vergessen – die fünf Brote für fünftausend Leute? Und wie viele Körbe an übrig gebliebenen Brotstücken musstet ihr einsammeln? Oder wie war das mit den sieben Broten, die viertausend satt gemacht haben? Wie viele Körbe an Reststücken musstet ihr da einsammeln? Habt ihr noch nicht gemerkt, dass Brot nicht das eigentliche Problem ist? Das Problem ist der Sauerteig der Pharisäer und Sadduzäer." Da verstanden sie, dass er nicht ans Essen gedacht hatte, sondern ans Lehren – an diese alles durchsäuernde Art und Weise, mit der Pharisäer und Sadduzäer aus dem Wort Gottes eine ungenießbare Lehre machten.

Was Petrus weiß und doch nicht versteht (16,13–28)

Als Jesus in das Gebiet um Cäsarea Philippi kam, fragte er seine Jünger: „Was sagen eigentlich die Leute darüber, wer der Menschensohn ist?"

Sie antworteten ihm: „Einige denken, er sei Johannes der Täufer, andere halten ihn für Elija, wieder andere für Jeremia oder einen der großen Propheten."

Jesus wollte mehr aus ihnen herausbekommen, darum fragte er sie direkt: „Und wie steht es mit euch? Wer bin ich eurer Meinung nach?"

Simon Petrus sagte: „Du bist Christus, der Messias, der Sohn des lebendigen Gottes."

Jesus antwortete ihm spontan darauf: „Gott segne dich, Simon, Sohn von Jona! Niemand kann dir das beigebracht haben außer meinem Vater im Himmel. Gott selbst hat dich in das Geheimnis eingeweiht, wer ich wirklich bin. Und jetzt möchte ich dir sagen, wer du in meinen Augen bist: Du bist Petrus, ein Fels. Das ist der Fels, auf den ich meine Kirche bauen möchte; eine Kirche, die unüberwindbar ist, weil sie sich zu mir bekennt, auch wenn sich die Tore der Hölle öffnen sollten, um sie zu verschlingen.

Doch das ist noch nicht alles. Ich werde dir die Schlüssel des Himmelreiches geben; was du hier auf der Erde bindest, wird auch im Himmel gebunden sein; was du löst, wird auch im Himmel gelöst sein."

Aber dann schärfte er seinen Jüngern ein, niemandem zu sagen, dass er der Messias sei.

Von diesem Augenblick an machte Jesus seinen Jüngern bewusst, dass es für ihn notwendig sei, nach Jerusalem hinaufzugehen. Dort würde er unter den Ältesten, Hohepriestern und Schriftgelehrten viel zu erleiden haben. Schlussendlich würde man ihn töten, doch am dritten Tage würde er lebendig das Grab wieder verlassen. Da nahm Petrus Jesus beiseite und protestierte energisch: „Alles, was recht ist, aber das wäre das Letzte, was dir zustoßen darf!" Jesus aber wandte sich Petrus zu und fuhr ihn an: „Geh mir aus dem Weg, Petrus! Verschwinde, Satan! Du willst mich zu Fall bringen, weil du überhaupt nicht weißt, was Gott vorhat, sondern nur an das denkst, was dir passt."

Dann forderte Jesus auch die übrigen Jünger heraus: „Jeder, der vorhat, mit mir zu kommen, muss damit rechnen, dass es ihm genauso ergehen wird wie mir. Weicht den Leiden nicht aus, die euch in meiner Nachfolge widerfahren! Bleibt ganz nahe bei mir, dann werdet ihr verstehen, dass derjenige sein Leben verliert, der es mit aller Kraft festhalten will. Wenn ihr euer Leben aus Liebe zu mir in die Waagschale werft, werdet ihr es jedoch gewinnen.

Was habt ihr davon, wenn ihr alles bekommt, was ihr wollt, euch dabei aber das Leben zwischen den Fingern zerrinnt? Wenn eure Seele krank wird, was könnt ihr für sie eintauschen? Behaltet also immer das wirklich Wertvolle im Auge.

Denn bevor ihr euch verseht, wird der Menschensohn in der

Herrlichkeit des Vaters kommen, begleitet von einer Armee von Engeln. In diesem Augenblick wird jeder erfahren, auf was er in seinem Leben letztlich gesetzt hat. Einige von euch, die hier stehen, werden selbst erleben, wie das geschieht, und werden den Menschensohn in der Herrlichkeit Gottes sehen."

Die Herrlichkeit Gottes (17,1–13)

17 Sechs Tage später sahen drei von ihnen diese Herrlichkeit. Jesus nahm Petrus, Jakobus und dessen Bruder Johannes und führte sie auf einen hohen Berg. Direkt vor ihren Augen veränderte sich sein Äußeres von innen nach außen. Sein Gesicht begann zu strahlen – hell wie die Sonne. Sein Gewand leuchtete wie das Licht selbst. Dann bemerkten sie, dass auch Mose und Elija da waren und sich mit Jesus unterhielten.

Petrus unterbrach das Gespräch: „Herr, wie gut, dass wir hier sind. Möchtest du, dass wir dir hier so etwas wie eine Hütte errichten, natürlich auch eine für Mose und eine für Elija?"

Während Petrus völlig durcheinander weiterredete, hüllte sie eine lichterfüllte Wolke ein, und aus ihrem Inneren ertönte eine Stimme: „Dies ist mein geliebter Sohn, meine ganze Freude. Achtet auf alles, was er euch sagt."

Als die Jünger das hörten, fielen sie zu Tode erschrocken zu Boden. Doch Jesus ging zu ihnen und berührte sie. „Ihr braucht keine Angst zu haben." Als sie es endlich wagten, ihre Augen wieder zu öffnen, sahen sie nur noch Jesus, ihn ganz allein.

Beim Abstieg verpflichtete Jesus sie zum Schweigen: „Sagt kein Sterbenswort zu irgendjemandem über das, was ihr gesehen habt. Erst wenn der Menschensohn von den Toten auferstanden ist, seid ihr frei, darüber zu reden."

Nun stellten die Jünger ihm eine Frage: „Warum behaupten die Schriftgelehrten, Elija müsse zuerst kommen, bevor der Messias erscheint?"

Jesus gab ihnen zur Antwort: „Es ist richtig, dass Elija zuvor kommt und alles vorbereitet. Ich sage euch aber: Elija ist schon längst gekommen, aber sie erkannten ihn nicht, als sie ihn sahen. Sie behandelten ihn wie Dreck, genauso, wie sie es auch mit dem Menschensohn machen werden." Da erst begriffen die Jünger, dass er mit Elija Johannes den Täufer meinte.

Die Macht des Vertrauens (17,14–27)

Am Fuße des Berges trafen sie auf eine große Zahl wartender Menschen. Als sie sich ihnen näherten, kam ihnen ein Mann aus der Menge entgegen und warf sich vor Jesus nieder: „Meister, hab Erbarmen mit meinem Sohn. Er ist mondsüchtig und musste deswegen schon einiges durchmachen. Er ist schon öfter ins Feuer gefallen und nicht selten sogar ins Wasser. Ich brachte ihn zu deinen Jüngern, aber die konnten nichts für ihn tun."

Jesus seufzte: „Was für eine Generation! Kein Gespür für Gott! Wie oft muss ich mit euch noch diese Dinge durchgehen? Wie lange muss ich das alles noch mitmachen? Bringt den Jungen zu mir her." Er befahl dem Quälgeist zu gehen – und dieser verschwand einfach. Von diesem Moment an war der Junge gesund.

Als die Jünger mit Jesus alleine waren, fragten sie ihn: „Warum haben wir ihn nicht hinauswerfen können?"

„Weil ihr Gott immer noch nicht ernst genug nehmt", sagte Jesus. „Die einfache Wahrheit ist: Wenn ihr auch nur ein Körnchen Glauben, so groß wie ein winziges Samenkorn, hättet, dann könntet ihr zu diesem Berg sagen: ‚Komm, beweg dich!', und er würde sich bewegen. Es gäbe nichts, womit ihr nicht fertig werden könntet."

Als sie wieder in Galiläa waren, sagte Jesus zu ihnen: „Der Menschensohn wird bald an Menschen verraten werden, die nichts mit Gott zu tun haben. Sie werden ihn umbringen – und drei Tage später wird er wiederauferstehen." Die Jünger fühlten sich bei diesen Gedanken elend.

Als sie in Kafarnaum ankamen, ging ein Steuereintreiber auf Petrus zu und fragte ihn: „Zahlt euer Rabbi eigentlich Steuern?“

„Natürlich“, antwortete Petrus.

Aber sobald sie zu Hause waren, sprach Jesus ihn direkt darauf an. „Simon, was denkst du? Wenn ein König Steuern einfordert, wer zahlt die dann: seine Kinder oder seine Untergebenen?“

„Klar, seine Untergebenen.“

Jesus war noch nicht fertig: „Dann sind also seine Kinder frei von dieser Verpflichtung, richtig? Aber wir wollen sie nicht unnötig aufregen, darum geh hinunter zum See, häng eine Angel aus, und zieh den ersten Fisch heraus, der anbeißt. Öffne sein Maul und du wirst darin eine Münze finden. Nimm sie und gib sie dem Steuereintreiber. Sie reicht für uns beide.“

Kinder in den Augen Jesu (18,1–11)

18 Etwa zur selben Zeit kamen die Jünger mit der Frage zu Jesus: „Wer bekommt den höchsten Rang, wenn Gott seine Königsherrschaft antritt?“

Für seine Antwort rief Jesus ein Kind herbei, stellte es in ihre Mitte und sagte: „Ich sage euch ein für alle Mal: Falls ihr euch nicht auf dieselbe Ebene begebt und noch einmal wie Kinder anfangt, dann habt ihr nicht einmal die Gelegenheit, auch nur einen Blick in das Reich Gottes zu werfen, geschweige denn, hineinzukommen. Wer wieder so einfach und natürlich wie dieses Kind werden kann, der wird im Reich Gottes einen hohen Rang einnehmen. Und was noch größer ist: Wenn einer ein solches Kind um meinetwillen aufnimmt, dann ist das dasselbe, als würde er mich selbst aufnehmen.

Aber wenn ihr Menschen mit einem kindlichen Herzen das Leben schwer macht, indem ihr sie bedrängt oder Vorteile aus ihrem einfachen Vertrauen zieht, dann werdet ihr bald wünschen, so etwas nie getan zu haben. Denn ihr wärt noch gut daran, wenn ihr mit einem Mühlstein am Hals in die Tiefe des Meeres versenkt würdet. Tod der Welt, die diesen Kleinen, die auf Gott vertrauen, etwas antut und ihnen das Leben schwer macht! So etwas lässt sich oft nicht verhindern, aber ich kann die Menschen nur warnen, die andere verführen. Das ist etwas wirklich Schlimmes. Darum sage ich jedem von euch: Wenn deine Hand dich zum Bösen verleitet, dann hau sie ab und wirf sie weg. Du bist besser dran, verstümmelt dein Leben zu bewahren, als gottverlassen mit zwei Händen in der Glut des ewigen Feuers zu sitzen. Und wenn dein Auge dich von Gott wegbringt, dann reiß es heraus, und wirf es weg. Es ist doch besser, einäugig in das Leben einzugehen, als mit voller Sehkraft ins Feuer der Hölle zu blicken.

Achtet also darauf, dass ihr kein Kind wie eine wertlose Sache behandelt. Seid euch bewusst, dass ihre persönlichen Engel in ständigem Kontakt mit meinem Vater im Himmel stehen."

Erbarmen und Vergebung (18,12–35)

„Was denkt ihr? Wenn einer hundert Schafe hat und eines von ihnen sich verirrt, lässt er dann nicht die neunundneunzig anderen zurück und geht dem einen nach? Und wenn er es endlich findet, hat er dann nicht viel mehr Freude an dem einen als an den neunundneunzig anderen, die an Ort und Stelle blieben? Euer Vater im Himmel fühlt in ähnlicher Weise. Er möchte nicht ein einziges noch so schwaches Glied seiner Familie verlieren.

Wenn jemand, der wie du gläubig ist, dich verletzt, dann geh hin, und sag es ihm. So etwas soll zwischen euch beiden ausgemacht werden. Wenn er auf dich hört, hast du einen Freund gewonnen. Wenn er nicht auf dich hören will, dann versuch es noch einmal, nimm aber ein, zwei andere mit, damit die Gegenwart von Zeugen dafür sorgt, dass es ehrlich zugeht. Wenn er dann immer noch nicht hören will, dann sag es der Gemeinde. Wenn er nicht einmal auf die Gemeinde hört, dann musst du mit ihm noch einmal bei Punkt null anfangen, ihn mit der Notwendigkeit der Umkehr konfrontieren, ihm aber gleichzeitig Gottes vergebende Liebe anbieten.

Nehmt das wirklich äußerst ernst: Ein Ja auf der Erde ist auch ein Ja im Himmel; ein Nein auf der Erde ist auch ein Nein im Himmel. Was ihr zueinander sagt, hat Bedeutung für die Ewigkeit. Das meine ich ernst. Wenn zwei von euch einmütig im Gebet ein Anliegen vor Gott bringen, wird mein Vater im Himmel dementsprechend handeln. Denn wo zwei oder drei in meinem Namen versammelt sind, da bin ich mitten unter ihnen."

Petrus war immer noch mit der Frage beschäftigt, wie das nun ist, wenn man immer wieder von jemandem verletzt wird: „Herr, wie viele Male muss ich denn einem Bruder vergeben, der mich ständig verletzt? Etwa siebenmal?"

Jesus erwiderte ihm: „Siebenmal? Denk eher an siebenundsiebzigmal. Ich sage dir auch, warum.

Stell dir vor, ein König hatte sich eines Tages entschieden, mit seinen Dienern und Verwaltern abzurechnen. Als er gerade mitten in dieser Arbeit war, brachte man einen Verwalter vor ihn, der Schulden in Höhe von 10.000 Talenten* gemacht hatte. Es war unmöglich für ihn, diese Summe jemals zurückzuzahlen. Folglich ordnete der König an, ihn, seine Frau und seine Kinder auf dem Sklavenmarkt zu versteigern. Der Mann warf sich dem König zu Füßen und bettelte: ‚Gib mir noch einmal eine Chance und ich werde dir alles zurückzahlen.' Der König war von seiner Bitte sichtlich berührt; er gab ihm nicht nur seine Freiheit zurück, sondern er erließ ihm auch die gesamten Schulden.

Der Verwalter war noch gar nicht ganz aus dem Raum hinausgegangen, als er einen Untergebenen traf, der ihm hundert Denare schuldete. Er packte diesen am Kragen und forderte von ihm, die Summe zurückzuzahlen – und zwar sofort.

---

* Nach der Aussage im 20. Kapitel verdiente ein Tagelöhner etwa 1 Denar pro Tag. 1 Talent dagegen (6.000 Denare) ist eine riesige Summe, die ein normaler Mensch damals kaum je zu Gesicht bekommen hat: Das gesamte Steueraufkommen der Provinzen Galiläa und Peräa betrug im Jahr 4 n. Chr. nur 200 Talente. Jesus spricht also von einer sehr kleinen und einer fantastisch großen Summe.

Der verzweifelte Mann flehte ihn an: ‚Gib mir noch eine Chance, ich werde dir alles zurückzahlen.' Aber der Verwalter gab ihm keine mehr. Er ließ ihn verhaften und ins Gefängnis werfen, bis die Schuld beglichen wäre. Als die anderen Diener des Königs davon erfuhren, waren sie zutiefst betroffen und traurig. Sie konnten nicht anders, als dem König den ganzen Vorfall zu schildern.

Da ließ der König den Mann wieder zu sich bringen und sagte zu ihm: ‚Du erbärmlicher Mensch! Ich habe dir deine gesamte Schuld erlassen, nachdem du mich um Erbarmen angefleht hast. Hast du nicht einen Moment daran gedacht, Erbarmen mit deinem Mitarbeiter zu haben, der dir einen lächerlichen Betrag schuldete und dich um Gnade bat?' Der König war wütend und übergab den Mann den Folterknechten, und zwar für so lange, bis er die gesamte Schuld abbezahlt habe. Genau das aber wird mein Vater im Himmel mit jedem von euch tun, der nicht von ganzem Herzen jedem vergibt, der ihn um Erbarmen angeht."

Wie Jesus die Ehe sieht (19,1–12)

19 Als Jesus diese Lehren beendet hatte, verließ er Galiläa und durchquerte das Gebiet von Juda, um auf die andere Seite des Jordan zu gelangen. Eine große Menschenmenge folgte ihm dorthin, und er heilte die Kranken, die man zu ihm brachte.

Eines Tages belästigten ihn wieder einmal die Pharisäer: „Darf ein Mann sich, egal, aus welchem Grund, von seiner Frau scheiden lassen?"

Er gab ihnen zur Antwort: „Habt ihr nicht in eurer Heiligen Schrift gelesen, dass der Schöpfer ursprünglich Mann und Frau füreinander geschaffen hat? Deswegen verlässt der Mann ja Vater und Mutter und bindet sich fest an seine Frau; er wird eins mit ihr. Es sind also nicht mehr zwei Körper, sondern einer. Gott schuf diese organische Einheit zweier Geschlechter, deshalb sollte auch niemand sein Werk zerstören, indem er beide voneinander trennt."

Sofort hielten sie dagegen: „Wenn das so ist, warum gab dann Mose Anweisungen, wie man Scheidungspapiere ausstellt und eine Scheidung durchführt?"

Jesus entgegnete: „Mose hat nur als Zugeständnis an eure Herzenshärte eine Scheidung vorgesehen, aber das hat nichts mit Gottes ursprünglichem Plan zu tun. Ich möchte, dass ihr euch nach diesem grundlegenden Entwurf richtet, darum macht ihr euch auch des Ehebruchs schuldig, wenn ihr euch von eurer treuen Frau scheiden lasst, um irgendeine andere zu heiraten. Ich kenne nur eine Ausnahme, nämlich wenn euer Ehepartner selbst ständig die Ehe bricht."

Das war selbst für seine Jünger zu rigoros: „Wenn es so um die Ehe steht, bleiben wir lieber ledig. Warum dann noch heiraten?"

Jesus ging darauf ein: „Wäre das wirklich so tragisch? Nicht jeder ist in der Lage, eine Ehe zu führen. Manche sind von Geburt an unfähig dazu. Andere bekommen einfach keinen Partner. Und manche entscheiden sich, nicht verheiratet zu sein, um für den Dienst im Reich Gottes ganz frei zu sein. Ich weiß, das ist für euch wohl sehr schwer zu begreifen."

Bewegende Begegnungen (19,13–30)

Sie wurden unterbrochen, weil Eltern ihre Kinder in der Erwartung zu Jesus brachten, dass er ihnen die Hände auflegen und für sie beten würde. Die Jünger wollten weiterreden und wiesen sie deshalb schroff ab. Da wurde Jesus ungehalten: „Lasst die Kinder in Ruhe. Hindert sie niemals daran, zu mir zu kommen. Denn Menschen wie sie haben es leicht, sich unter die liebevolle Herrschaft Gottes zu begeben." Nachdem er ihnen die Hände aufgelegt hatte, verließ er den Ort.

Unterwegs hielt ein Mann Jesus an und fragte ihn: „Rabbi, was ist das Gute, das ich tun muss, um ewiges Leben zu gewinnen?"

Jesus entgegnete ihm: „Warum fragst du mich nach dem Guten? Gott ist der Einzige, der gut ist. Wenn du mit Gott leben willst, dann tu einfach, was er dir sagt."

Der Mann setzte nach: „Und das wäre im Einzelnen?"

Jesus zählte ihm auf: „Bring niemanden um, begeh keinen Ehebruch, stiehl nicht, lüge nicht, ehre deinen Vater und deine Mutter, und liebe deinen Mitmenschen wie dich selbst."

Daraufhin sagte der Mann: „Das alles habe ich bisher eingehalten. Was fehlt mir dann noch?"

„Wenn du wirklich mit deinem Leben mit Gott ernst machen möchtest", erwiderte Jesus, „dann verkaufe deinen gesamten Besitz; gib alles den Armen. Dadurch hast du einen Schatz im Himmel. Dann komm und folge mir nach."

Der junge Mann hörte zwar noch, was Jesus sagte, aber er hatte sich schon zum Gehen gewandt. Auf seinen ganzen Besitz verzichten? Das war zu viel verlangt.

Als Jesus sah, wie er wegging, sagte er zu seinen Jüngern: „Habt ihr eine Vorstellung, wie schwierig es für Leute ist, die alles haben, sich unter die Herrschaft Gottes zu begeben? Leichter zwängt sich ein Kamel durch ein Nadelöhr, als dass jemand, der alles hat, sich ganz auf Gott einlässt."

Die Jünger konnten nicht glauben, was sie da hörten: „Wer hat denn dann überhaupt noch irgendeine Chance, zu Gott zu kommen?"

Jesus blickte sie ernst an und entgegnete: „Es gibt tatsächlich keine Chance, solange ihr meint, es aus eigener Anstrengung zu schaffen. Ihr habt aber alle Chancen der Welt, wenn ihr darauf vertraut, dass Gott es fertigbringt."

Das veranlasste Petrus dazu, seine Frage loszuwerden: „Wir haben doch alles verlassen und sind dir nachgefolgt. Was bekommen wir denn dafür?"

Jesus ging darauf ein: „Ja, ihr seid mir nachgefolgt. Bei der Neuerschaffung der Welt, wenn der Menschensohn sich auf den Thron der Herrlichkeit gesetzt hat, werdet auch ihr auf zwölf Thronen sitzen und die zwölf Stämme Israels regieren. Und nicht nur ihr. Jeder, der um meinetwillen Haus, Familie, Felder – was auch immer – aufgegeben hat, wird das Hundertfache von allem zurückerhalten und dazu noch das Geschenk des ewigen Lebens. Das ist die große Umkehrung: Viele, die am Anfang alles hatten, werden zum Schluss nichts mehr haben, und die, die nichts für sich behalten haben, werden am Ende alles besitzen."

Gott denkt anders (20,1–34)

20 Damit sich unter seinen Jüngern kein falsches Anspruchsdenken entwickeln konnte, erzählte Jesus ihnen folgende Geschichte: „Gottes Herrschaft ist vergleichbar mit einem Gutsverwalter, der früh am Morgen hinausging, um Arbeiter für seinen Weinberg anzuheuern. Er machte mit ihnen einen Lohn von einem Denar* pro Tag aus. Später, gegen neun Uhr, sah der Verwalter noch einige andere Männer, die auf dem Marktplatz herumstanden, weil sie keine Arbeit hatten. Er sagte ihnen, dass sie in seinem Weinberg arbeiten könnten, er würde sie fair bezahlen. Sie gingen darauf ein.

Er tat das Gleiche am Mittag und dann noch einmal um drei Uhr. Um fünf Uhr ging er ein letztes Mal auf den Platz und fand wieder andere, die gelangweilt herumstanden. Er sprach sie an: ‚Warum steht ihr hier den ganzen Tag herum und arbeitet nicht?'

Sie erwiderten ihm: ‚Weil uns niemand angeheuert hat.'

Daraufhin schickte er auch diese Leute noch in seinen Weinberg.

Als der Abend kam, gab der Besitzer des Weinbergs seinem Verwalter den Auftrag: ‚Ruf die Arbeiter zusammen und zahle ihnen den Lohn aus. Fang mit denen an, die ich zuletzt angeheuert habe, bis du zu denen kommst, die seit heute Morgen arbeiten.'

Die Männer, die zuletzt im Weinberg eingetroffen waren, traten nach vorne, und jeder von ihnen erhielt einen Denar. Als nun die, welche schon in der Frühe angefangen hatten, das sahen, nahmen sie

* 1 Denar ist der Tageslohn eines Tagelöhners, mit der dieser gerade sich selbst und vielleicht seine Familie ernähren kann.

an, sie würden mit Sicherheit weitaus mehr bekommen. Aber jeder von ihnen erhielt auch nur einen Denar. Während sie das Geld einsteckten, machten sie ihrem Ärger Luft: ‚Das gibt es ja wohl nicht: Wir haben den ganzen Tag wie Sklaven unter der sengenden Sonne geschuftet, die anderen da nur eine lockere Stunde, und Ihr gebt denen genauso viel wie uns!'

Er antwortete dem, der für die Übrigen sprach: ‚Freund, ich bin zu dir nicht unfair gewesen. Hatten wir uns nicht auf einen Lohn von einem Denar geeinigt? So nimm dein Geld und geh. Ich habe mich entschieden, denen, die zuallerletzt kamen, das Gleiche zu geben wie dir. Kann ich mit meinem Geld nicht machen, was ich will? Ärgert es dich vielleicht, dass ich großzügig bin?'

Gewöhnt euch also daran, dass Gott eure Maßstäbe umkehrt: Viele von den Ersten werden als Letzte enden und von den Letzten werden viele Erste sein."

Nun machte Jesus sich auf den Weg nach Jerusalem. Während sie unterwegs waren, nahm er die Zwölf beiseite und offenbarte ihnen: „Ihr habt gemerkt, dass wir uns auf dem Weg nach Jerusalem befinden. Sobald wir dort ankommen, wird der Menschensohn den Hohepriestern und Schriftgelehrten ausgeliefert werden. Sie werden ihn zum Tode verurteilen und den Römern übergeben, die ihn dann foltern und kreuzigen werden. Aber am dritten Tag wird er auferstehen."

Die Mutter der beiden Zebedäussöhne hatte offenbar diese furchtbare Ankündigung nicht gehört, denn sie kniete sich vor Jesus nieder, um etwas für ihre Söhne zu erreichen.

„Was möchtest du?", fragte Jesus sie.

Sie sagte: „Gib mir dein Wort, dass diese meine Söhne mit dem höchsten Ehrenplatz in deinem Reich belohnt werden, einer zu deiner Rechten, der andere zu deiner Linken."

Jesus entgegnete ihr: „Du hast wirklich keine Ahnung von dem, was du da verlangst." Und an Jakobus und Johannes gewandt, sagte er: „Seid ihr in der Lage, den Kelch zu trinken, den ich schon bald trinken muss?"

Sie meinten: „Sicher, warum nicht?“

Jesus sagte darauf: „Es ist sogar so; ihr werdet tatsächlich meinen Kelch trinken. Aber die Ehrenplätze habe nicht ich zu vergeben. Das ist nicht meine Aufgabe. Mein Vater kümmert sich darum.“

Als die übrigen zehn hörten, worum es in diesem Gespräch ging, wurden sie sehr ungehalten über die beiden Brüder. Jesus nutzte die Gelegenheit, um seinen Jüngern noch einmal etwas Grundsätzliches mitzugeben: „Ihr habt doch oft genug beobachtet, wie gottlose Herrscher ihre Macht gebrauchen, wie schnell ihnen ein wenig Macht zu Kopf steigt. Unter euch kann und darf es so etwas nicht geben. Wer immer von euch wirklich groß sein will, muss erst der Diener aller werden. Und wer unter euch der Erste sein will, muss erst einmal der Sklave aller werden. Denn genau das hat der Menschensohn getan. Er kam, um zu dienen, nicht, um bedient zu werden – und um dann sein Leben im Austausch für die vielen hinzugeben, die noch in Gefangenschaft leben.“

Dieses Gespräch hatte in Jericho stattgefunden. Als sie die Stadt verließen, begleitete sie eine große Menschenmenge. So kam der Zug auch an zwei blinden Männern vorbei, die am Straßenrand saßen. Als sie hörten, es sei Jesus, der da vorbeiging, schrien sie laut: „Hab Erbarmen mit uns! Erbarmen, Sohn Davids!“ Die Leute versuchten, sie mit Schimpfen und Drohen zum Schweigen zu bringen, aber sie schrien nur umso lauter: „Hab Erbarmen mit uns! Erbarmen, Sohn Davids!“

Jesus hielt an und sprach mit ihnen: „Was wollt ihr von mir?“

Sie riefen wie aus einem Mund: „Meister, wir wünschen uns, dass sich unsere Augen öffnen. Wir möchten sehen können!“

Jesus war tief bewegt und er berührte ihre Augen. Da erhielten sie im selben Augenblick ihre volle Sehkraft zurück und schlossen sich der Gruppe um Jesus an.

Prophetenworte erfüllen sich (21,1–22)

21 Als sie sich Jerusalem näherten, kamen sie zunächst nach Betfage am Ölberg. Jesus sandte zwei Jünger mit folgenden Anweisungen voraus: „Geht hinüber in das Dorf direkt vor euch. Ihr werdet dort eine Eselin mit ihrem Füllen angebunden finden. Bindet sie los und bringt sie mir. Wenn euch irgendjemand fragt, was ihr da macht, antwortet einfach: ‚Der Meister braucht sie!' Er wird euch dann die Tiere mitgeben."

Mit diesen Worten begann etwas, das der Prophet Sacharja (mehr als ein halbes Jahrtausend zuvor) bereits gesehen hatte:

„Sagt es der Tochter Zion:
‚Schau, dein König ist auf dem Weg zu dir,
friedfertig sitzt er auf einem Esel,
dem Füllen eines Lasttiers.'"*

Die Jünger gingen los und machten es genau so, wie Jesus es ihnen gesagt hatte. Sie führten die Eselin mit ihrem Jungen hinaus, legten einige ihrer Kleider auf sie, und Jesus setzte sich darauf. Fast alle in der Menge legten ihre Oberkleider auf die Straße und bereiteten ihm so einen königlichen Empfang. Andere schnitten Zweige von den Bäumen und legten sie als Empfangsteppich vor ihm nieder. Unzählige Leute liefen voraus und noch mehr gingen hinter ihm. Alle riefen laut: „Heil dem Sohn Davids!" – „Gesegnet ist, der da im Namen Gottes kommt!" – „Hosanna bis in die höchsten Himmel!"

Als sie so in Jerusalem einzogen, war die ganze Stadt in heller Aufregung. Gereizt fragten die Menschen: „Was soll das Ganze? Wer ist denn der da?"

Die Menge, die mit Jesus zog, antwortete: „Das ist der Prophet Jesus, der aus Nazaret in Galiläa kommt."

---

* Zwei Zitate aus dem Alten Testament sind hier zusammengefügt: Jesaja 62,11 und Sacharja 9,9. Mit „Tochter Zion" wird im Alten Testament Jerusalem umschrieben.

Jesus ging direkt in den Tempel und warf jeden hinaus, der sich dort niedergelassen hatte, um zu kaufen und zu verkaufen. Er warf die Tische der Geldwechsler und die Käfige der Taubenhändler um. Dabei zitierte er den Text:

„Mein Haus war dazu bestimmt, ein Haus des Gebetes zu sein;
ihr habt daraus eine Räuberhöhle gemacht."*

Nun war Platz für die Blinden und die Verkrüppelten, damit diese ebenfalls den Tempel betreten konnten. Sie kamen zu Jesus und er heilte sie.

Als die Hohenpriester und Schriftgelehrten sahen, wie Jesus Menschen heilte, und mit anhören mussten, wie alle Kinder herumliefen und durch den Tempel laut „Heil dem Sohn Davids!" schrien, traten sie Jesus empört entgegen, um ihn zur Rede zu stellen: „Hörst du eigentlich nicht, was diese Kinder da schreien?"

Jesus entgegnete: „Natürlich höre ich sie. Aber habt ihr nicht in Gottes Wort gelesen: ‚Aus dem Mund der Kinder und Säuglinge hast du dir Lob bereitet'?"**

Mehr hatte er ihnen nicht zu sagen. Er drehte sich um und verließ die Stadt in Richtung Betanien, wo er die Nacht verbrachte.

Früh am nächsten Morgen kehrte Jesus in die Stadt zurück. Er war hungrig, und als er einen einzelnen Feigenbaum an der Straße sah, näherte er sich ihm in der Hoffnung, ein paar Früchte daran zu finden. Als er bei dem Baum ankam, fand er allerdings nichts als Blätter. Ungewöhnlich scharf war seine Reaktion: „Du wirst in alle Ewigkeit keine Früchte mehr hervorbringen!" Im selben Moment verdorrte der Feigenbaum zu einem dürren Gehölz. (Die Jünger wussten, dass der Feigenbaum immer wieder auch als Symbol für das Volk Israel diente und Jesus mit dessen Verdorren ein prophetisches Zeichen gesetzt

* Jesaja 56,7 und Jeremia 7,11
** Psalm 8,3

hatte.) Trotzdem waren sie außer sich über das, was sie gerade erlebt hatten. „Haben wir das wirklich gesehen? Ein lebendiger Baum – und im nächsten Augenblick ein vertrockneter Stamm?“

Jesus erklärte ihnen, dass dies unter der Herrschaft Gottes nichts Außergewöhnliches darstellt: „Ja, wenn ihr wirklich Vertrauen habt und nicht an Gott zweifelt, werdet ihr nicht nur so etwas wie das mit dem Feigenbaum vollbringen, sondern ihr werdet zum Beispiel zu einem Berg sagen können: ‚Los, spring in den See!‘, und er wird springen. Alles werdet ihr erhalten, wenn ihr es in meinem Namen vor den Vater bringt und euch ganz auf Gott verlasst.“

Jesus hält einen Spiegel vor (21,23–22,46)

Sie setzten ihren Weg fort und kamen zum Tempel. Jesus begann, dort zu lehren. Sofort traten ihm die Hohenpriester und Ältesten entgegen und forderten: „Zeig uns deine Bevollmächtigung. Wer gibt dir die Autorität, hier zu lehren?“

Jesus antwortete ihnen mit einer Gegenfrage: „Lasst mich erst einmal euch eine Frage stellen. Wenn ihr mir diese Frage beantwortet, bin ich gerne bereit, euch zu sagen, wer mich bevollmächtigt hat. Es betrifft die Taufe von Johannes: Wer autorisierte diese? Der Himmel oder nur Menschen?“ Sie steckten die Köpfe zusammen und flüsterten: „Wenn wir ‚Himmel‘ sagen, wird er uns fragen, warum wir Johannes nicht geglaubt haben. Wenn wir aber ‚Menschen‘ sagen, werden wir mit dem Volk große Schwierigkeiten bekommen, denn alle halten Johannes für einen großen Propheten.“ Sie merkten zähneknirschend, dass sie nur noch eine Antwort geben konnten: „Wir wissen es nicht“, gestanden sie ein.

Jesus erwiderte: „Wenn das so ist, dann werde ich auch eure Frage nicht beantworten. Doch nun zu euch. Sagt mir, was ihr über die folgende Geschichte denkt: Ein Mann hatte zwei Söhne. Er ging zu dem ersten und sagte: ‚Sohn, geh heute hinaus und arbeite im Weinberg.‘

Der Sohn antwortete: ‚Ich mag heute nicht.‘ Später, nachdem er sich die Sache durch den Kopf hatte gehen lassen, änderte er seine Meinung und ging hinaus.

Inzwischen war der Vater zu dem anderen Sohn gegangen und hatte ihm den gleichen Auftrag gegeben. Dieser antwortete: ‚Sicher, gerne!' Aber er ging einfach nicht.

Wer von den beiden Söhnen hat denn nun das getan, worum ihn der Vater gebeten hatte?"

Die Hohenpriester und Ältesten antworteten: „Der erste natürlich." Sie merkten gar nicht, welches Urteil sie in diesem Augenblick über sich gesprochen hatten. Jesus machte es deutlich: „Richtig, und ich versichere euch, dass Gauner und Huren noch vor euch ins Reich Gottes gelangen. Johannes kam zu euch, um euch den richtigen Weg zu zeigen. Ihr aber habt ihn abgelehnt, die Gauner und Huren jedoch haben ihm geglaubt. Selbst als ihr gesehen habt, wie sich das Leben dieser Menschen von Grund auf änderte, habt ihr euch in keiner Weise auf seine Botschaft eingelassen.

Macht euch das, was ich sage, nachdenklich? Dann hört euch doch einmal dieses Gleichnis an. (Ihr werdet darin die ganze Geschichte Israels mit seinem Gott wiederfinden.)

Es war einmal ein Mann, ein reicher Bauer, der einen Weinberg pflanzte. Er zäunte ihn ein, grub eine Kelter, errichtete einen Wachturm, übergab alles in die Hände von Landarbeitern und verreiste. Als es Zeit war, die Trauben zu ernten, sandte er seine Diener zu den Pächtern, um seinen Ertrag abholen zu lassen.

Die aber schnappten sich den ersten der Diener und verprügelten ihn. Den nächsten brachten sie um. Sie warfen Steine auf den dritten, doch er konnte entkommen. Der Besitzer versuchte es wieder und sandte noch mehr Diener. Sie erfuhren die gleiche Behandlung.

Der Besitzer war nun mit seiner Geduld am Ende. Er beschloss, seinen Sohn zu schicken, weil er sich dachte: ‚Vor ihm werden sie mit Sicherheit Respekt haben.'

Doch als die Landarbeiter den Sohn ankommen sahen, rieben sie sich gierig die Hände: ‚Das ist doch der Erbe! Wir brauchen ihn nur umzubringen, dann gehört das alles uns alleine.' Sie ergriffen ihn, brachten ihn um und warfen seinen Leichnam über den Zaun des Weinbergs hinaus.

Was glaubt ihr wohl, was der Besitzer des Weinbergs mit den Landarbeitern tun wird, sobald er von seiner Reise zurück ist?"

„Er wird sie umbringen lassen und den Weinberg solchen Landarbeitern übertragen, die ihm den Ertrag abliefern, wenn es Zeit dafür ist."

„Richtig", entgegnete Jesus, „ich frage mich nur, ob ihr überhaupt begreift, worum es hier eigentlich geht. Denn schließlich könnt ihr das alles in euren Schriften nachlesen:

‚Der Stein, den die Maurer weggeworfen haben, ist nun der Eckstein geworden. Das ist Gottes Werk; wir stehen mit ungläubigem Staunen davor.'

Wisst ihr, was mit euch geschehen wird? Das Geschenk der Herrschaft Gottes wird euch weggenommen und Leuten übergeben werden, die für den Besitzer des Weinbergs wirklich Ertrag bringen wollen. Für alle anderen gilt: Wer auch immer an diesen Eckstein stößt, wird stürzen, und auf wen dieser Stein fällt, der wird erdrückt werden."

Als die Hohenpriester und Pharisäer diese Geschichte hörten, wussten sie, dass sie damit gemeint waren. Sie hätten Jesus am liebsten sofort verhaften und ins Gefängnis werfen lassen, fürchteten aber die öffentliche Meinung, was sie letztlich zurückhielt. Die meisten Menschen hielten ihn nun einmal für einen Propheten Gottes.

22 Doch Jesus war noch nicht fertig. Noch einmal hielt er ihnen mit einem Gleichnis einen Spiegel vor: „Gottes Herrschaft", sagte er, „kann man mit einem König vergleichen, der anlässlich der Hochzeit seines Sohnes ein Festessen veranstaltete. Er schickte seine Diener los, um die geladenen Gäste zu Tisch zu bitten. Doch die hatten keine Lust zu kommen!

Er sandte eine weitere Gruppe seiner Diener aus mit der genauen

Anweisung, den Gästen zu sagen: ‚Schaut, es steht schon alles auf dem Tisch, der Braten ist schon fertig. Kommt jetzt zu dem Fest!'

Doch sie zuckten nur mit den Schultern und gingen weg; der eine, weil er seinen Garten jäten wollte, der andere, um in seinem Geschäft zu arbeiten. Die Übrigen hatten nichts Besseres zu tun, als die Diener, die ihnen die Einladung brachten, zusammenzuschlagen und zu töten. Der König war außer sich vor Zorn. Er sandte seine Soldaten und ließ diese brutalen Menschen hinrichten. Ihre Häuser wurden ein Raub der Flammen.

Dann trug er seinen Knechten auf: ‚Wir haben ein Hochzeitsessen, aber keine Gäste. Keiner, den ich eingeladen habe, ist gekommen. Geht nun an die belebtesten Straßenkreuzungen der Stadt, und ladet jeden ein, den ihr finden könnt.' Die Diener schwärmten aus und luden jeden, der ihnen begegnete, ein, ganz egal, ob es gute oder schlechte Menschen waren. Und so konnte das Festessen beginnen, denn jetzt war jeder Platz besetzt.

Als der König den Saal betrat und die Gesellschaft betrachtete, fiel sein Blick auf einen Mann, der sich nicht einmal die Mühe gemacht hatte, die für alle Gäste vorgesehene Festbekleidung anzuziehen. Daher sprach er ihn an: ‚Sag mal, Freund, wie kannst du es wagen, den anderen einen solchen Anblick zu bieten?' Der Mann wusste darauf nichts zu erwidern. Daraufhin befahl der König seinen Dienern: ‚Schnell, seht zu, dass der Mann hier sofort verschwindet. Bindet ihn und werft ihn hinaus. Versichert euch, dass er nicht wieder hereinkommen kann, auch wenn sein Heulen und Jammern groß ist.'

Versteht ihr: Viele sind eingeladen; aber nur wenige kommen wirklich zu dem Fest."

Diese Geschichte war mehr als deutlich. Darum suchten die Pharisäer nach einer Möglichkeit, um ihm eine Falle stellen zu können. Sie hofften immer noch, er würde etwas sagen, aufgrund dessen man ihn anklagen könnte. Sie sandten ihre Schüler, unter die sich ein paar Anhänger von Herodes gemischt hatten, mit der Frage zu ihm: „Rabbi, wir wissen, dass du Charakter genug hast, dich nicht um die öffentliche Meinung zu scheren. Auch lehrst du deine Jünger sorgfältig den Weg, wie man mit Gott leben soll. Sag uns nun: Ist es nach dem göttlichen Gesetz erlaubt, an den Kaiser – einen Heiden – Steuern zu zahlen, oder nicht?"

Er wusste, dass sie alles andere als etwas Gutes im Schilde führten, und entgegnete ihnen: „Warum versucht ihr, mich in eine Falle zu locken? Gebt mir eine Münze und lasst mich einen Blick darauf werfen." Sie reichten ihm ein Silberstück.

„Diese Prägung – wen stellt sie dar? Und die Beschriftung – wessen Name ist das?"

„Des Kaisers natürlich", sagten sie.

Darauf entgegnete Jesus: „Also, dann gebt dem Kaiser, was ihm gehört, und Gott, was Gott gehört."

Sie waren so überrascht darüber, dass ihnen nichts mehr dazu einfiel, und sie entfernten sich lautlos und eilig.

Jetzt witterten die Sadduzäer ihre Chance. Anders als die Pharisäer glaubten sie nicht an die Auferstehung. Da sie wussten, dass Jesus eine andere Auffassung vertrat, fragten sie ihn: „Rabbi, Mose schrieb uns vor, dass im Falle des Todes eines Mannes, der zwar eine Frau, aber keine Kinder zurücklässt, dessen Bruder verpflichtet ist, die Witwe zu heiraten und ihm auf diese Weise doch noch Nachkommen zu verschaffen. Also, hier ist ein Fall, bei dem es sich um sieben Brüder handelt. Der erste nahm sich eine Frau, starb aber schon bald kinderlos. Daraufhin heiratete sie der zweite. Aber auch er starb und hinterließ keine Kinder. Das Gleiche geschah mit dem dritten. Alle sieben kamen an die Reihe, aber keiner hinterließ Kinder. Schließlich starb auch die Frau. Falls sie nun auferstehen, wessen Frau wird sie dann sein? Sie war doch die Frau von jedem von ihnen?"

Jesus entgegnete ihnen: „Ihr liegt völlig falsch, und zwar aus zwei Gründen. Zum einen kennt ihr nicht einmal die Heiligen Schriften, zweitens habt ihr keine Ahnung, wie Gott handelt. Wenn wir nach dem Tod auferstehen, gibt es so etwas wie Heirat und Ehe nicht mehr.

Wir sind dann eher vergleichbar mit Engeln, die sich nur danach sehnen, Gott zu lieben und eine Beziehung zu ihm zu haben. Und was den Tod anbelangt, ob die Toten nun auferstehen oder nicht, habt ihr noch nie die Heiligen Schriften gelesen? Sie sagt doch eindeutig, dass Gott der Gott Abrahams, Isaaks und Jakobs ist. Gott ist doch kein Gott von toten Männern, sondern von lebendigen." Die Menschen, die das Streitgespräch verfolgt hatten, staunten über die Art und Weise, wie Jesus argumentierte.

Als die Pharisäer mitbekamen, wie Jesus die Sadduzäer zum Schweigen gebracht hatte, sammelten sie noch einmal alle Kräfte für einen Angriff. Einer ihrer Schriftgelehrten sprach für sie, als er eine Frage stellte, von der alle hofften, dass sie Jesus bloßstellen würde: „Rabbi, welches Gebot ist in Gottes Gesetz das wichtigste?"

Jesus gab ihm zur Antwort: „Das bedeutendste Gebot ist: ‚Liebe den Herrn, deinen Gott, von ganzem Herzen, mit deiner ganzen Seele und mit deinem ganzen Denken!' Das ist das wichtigste, doch ein zweites hat nicht weniger Bedeutung: ‚Liebe andere genauso, wie du dich liebst.' Alles, was Gott seinem Volk durch sein Gesetz und die Propheten mitgeteilt hat, findet ihr in diesen beiden Geboten zusammengefasst."

Doch nun stellte Jesus seinerseits den Pharisäern eine Frage: „Was denkt ihr über den Messias? Wessen Sohn ist er?"

Sie antworteten: „Davids Sohn."

Jesus erwiderte: „Gut, wenn also der Messias der Sohn Davids ist, wie könnt ihr mir dann erklären, dass David, vom Geist Gottes inspiriert, den Messias seinen ‚Herrn' nennt?

‚Gott sagte zu meinem Herrn:
»Setze dich hier zu meiner Rechten,
bis ich dir deine Feinde unter die Füße lege.«'

Also, wenn David ihn ‚Herr' nennt, wie kann er dann zur gleichen Zeit sein Sohn sein?"

Auf diese Frage wussten sie, die großen Kenner der Heiligen Schriften, keine Antwort. Weil sie nun aber keine Lust hatten, bei weiteren Streitgesprächen in der Öffentlichkeit vollends ihr Gesicht zu verlieren, hörten sie auf, ihm Fragen zu stellen.

Jesus und die Nutznießer der Religion (23,1–39)

23 Nun wandte Jesus sich wieder den Leuten zu, die sich mit seinen Jüngern um ihn versammelt hatten. „Die Schriftgelehrten und die Pharisäer sind kompetente Lehrer von Gottes Gesetz. Ihr werdet nicht in die Irre gehen, wenn ihr ihren Lehren folgt. Aber seid vorsichtig, wenn es darum geht, ihrem Beispiel zu folgen. Sie reden nur, handeln aber nicht entsprechend.

Sie sammeln alle möglichen religiösen Vorschriften, bündeln sie und laden sie den Menschen auf. Wenn diese dann unter den Lasten fast zusammenbrechen, soll das deutlich machen, wie großartig sie selbst sind. Darum fällt ihnen auch nicht im Traum ein, auch nur einen Finger zu rühren, um den Menschen zu helfen. Sie leben ihre Religion nun mal in erster Linie nur, um von den Leuten respektvoll behandelt zu werden. Deshalb tragen sie auch extrabreite Gebetsriemen und an ihren Obergewändern besonders auffällige Quasten. Sie lieben es, bei den Festessen die besten Plätze einzunehmen, so wie sie auch ganz selbstverständlich die ersten Sitze in der Synagoge für sich in Anspruch nehmen. Darüber hinaus ist es ihnen unendlich wichtig, in der Öffentlichkeit mit einem Titel wie ‚Rabbi' oder ‚Meister' angeredet zu werden.

Vergesst unter euch dieses Theater! Redet euch nicht mit irgendwelchen Titeln an, denn unter euch gibt es nur einen Meister, ihr aber seid untereinander wie Geschwister. Hebt euch alle Ehrentitel für einen Einzigen auf, euren Vater im Himmel, denn durch ihn allein habt ihr das Leben. Darum sollt ihr auch niemandem den Ehrentitel ‚Vater' geben, denn dieser gebührt nur ihm. Euch muss auch niemand mehr belehren, weil ihr in Christus den gefunden habt, der euch lehrt, wie man leben kann.

Möchtet ihr in irgendeiner Weise herausragend sein? Dann nehmt ohne Zögern einen bescheidenen Platz ein und dient den Menschen. Denn wer sich selbst für großartig hält, wird das Gegenteil erfahren. Wer sich aber selbst ehrlich einschätzt, dessen Leben wird an Bedeutung gewinnen.

Ich warne euch, ihr Schriftgelehrten, ihr Pharisäer! Ihr Betrüger! Ihr verhindert mit allen Mitteln, dass Menschen sich unter die Herrschaft Gottes begeben. Für euch selbst kommt es nicht infrage und anderen stellt ihr euch auch noch in den Weg.

Ich warne euch, ihr Schriftgelehrten und Pharisäer! Ihr Betrüger! Ihr reist um die halbe Welt, um einen einzigen Konvertiten zu gewinnen; und wenn ihr ihn endlich habt, dann macht ihr ihn zu einer Nachbildung von euch selbst, einzig mit dem Unterschied, dass er noch schlimmer ist als ihr.

Ich warne euch, ihr blinden Führer! Merkt ihr nicht, wie verdreht euer Denken ist? Ihr sagt: ‚Wenn jemand beim Tempel schwört, dann ist der Schwur nichts wert. Aber wenn jemand beim Schatz des Tempels schwört, dann ist der Schwur verpflichtend.' Was für eine Ignoranz! Als ob der Schatz mehr bedeuten würde als der Tempel, der ihm erst seine eigentliche Würde gibt. Das Gleiche gilt für das Schwören beim Altar. Für euch ist ein Schwur nur gültig, wenn man beim Opfer schwört, das auf dem Altar verbrannt wird. Bezieht nun der Altar seine Bedeutung von der Ziege, die auf ihm dargebracht wird, oder ist es nicht genau umgekehrt? Ihr habt das Wesentliche aus den Augen verloren, darum kommt ihr zu immer unsinnigeren Regelungen und Vorschriften.

Ich warne euch, ihr Schriftgelehrten und Pharisäer! Ihr Betrüger! Ihr wiegt sogar eure Gewürze ab, um auch von ihnen den Zehnten zu geben – selbst wenn es nur ein Löffel voll ist –, aber mit dem, was Gott wichtig ist, nämlich Gerechtigkeit, Barmherzigkeit und Treue, geht ihr ausgesprochen nachlässig um. Darum solltet ihr euch eigentlich kümmern, das andere könnt ihr dann immer noch tun. Ihr seid wirklich mit Blindheit geschlagen. Beim Fasten seiht ihr eure Getränke, um nur ja keine Mücke zu verschlucken, merkt dabei aber nicht, dass ihr gerade einen Braten verzehrt.

Ich warne euch, ihr Schriftgelehrten und Pharisäer! Ihr Betrüger! Ihr poliert die Oberfläche eurer Becher und Schüsseln, bis sie in der Sonne glänzen, während in ihnen die Maden eurer Gefräßigkeit und Gier herumkriechen. Ihr verblendeten Pharisäer! Reinigt doch erst einmal das Innere eurer Gefäße, dann hat auch die Außenpolitur ihren Sinn.

Ich warne euch, ihr Schriftgelehrten und Pharisäer! Ihr Betrüger! Ihr seht aus wie ein Sarkophag, der mit glänzendem Marmor verkleidet ist. Doch in ihm sind nur Knochen und vermodertes Fleisch. Die Leute schauen auf euch und halten euch für Vorbilder, doch in Wirklichkeit ist in euch nichts als Heuchelei und Widerstand gegen Gott.

Ich warne euch, ihr Schriftgelehrten und Pharisäer! Ihr Betrüger! Ihr errichtet Grabmäler aus Granit für eure Propheten und Monumente aus Marmor für eure Heiligen. Und dann sagt ihr noch: ‚Ach, hätten wir doch nur in den Tagen unserer Vorfahren gelebt, dann hätten wir niemals ihr Blut vergossen.' Hier belügt ihr euch selbst, denn ihr seid aus dem gleichen Holz geschnitzt wie die Mörder von damals. Nein, ihr werdet das Maß der Morde an Unschuldigen sogar noch vollmachen.

Ihr Schlangen voller Gift! Glaubt ihr wirklich, ihr könntet bei alldem noch ungestraft davonkommen? Um euch vor eurem Untergang zu bewahren, werden euch Propheten, weise Führer und Gelehrte geschickt. Doch ihr werdet sie genauso behandeln, wie eure Väter es getan haben: Die einen werdet ihr töten oder sogar kreuzigen lassen, die anderen in euren Synagogen auspeitschen. Wo es euch möglich ist, werdet ihr diese Männer von Stadt zu Stadt verfolgen.

Für all diese Gräueltaten werdet ihr euch zu verantworten haben. Jeder Tropfen Blut dieser Gerechten, der jemals auf diese Erde fiel und fällt, angefangen bei dem Blut von Abel bis hin zum Blut von Secharja, dem Sohn von Berechja, den ihr ermordet habt, während er im Tempel betete: All dieses Blut wird über euch kommen, über euch und eure Generation!

Jerusalem! Jerusalem! Du Mörderin der Propheten! Du tötest die, durch die Gott dir so viel Gutes zukommen lassen wollte. Wie oft habe ich mich danach gesehnt, deine Kinder in die Arme zu nehmen, genauso, wie eine Henne ihre Küken unter ihren Flügeln versammelt, und du hast es einfach nicht gewollt. Soll ich dir sagen, was mit dir passieren wird? Du gehst unvorstellbar schlimmen Zeiten entgegen. Aber genug der Worte. Von jetzt an werdet ihr mich nicht mehr sehen, bis zu dem Tag, an dem ihr bekennt: ‚Gepriesen sei der, der da kommt im Namen des Herrn!'"

Jesus weiß, wie alles endet (24,1–25,46)

24 Daraufhin verließ Jesus den Tempel. Als sie schon ein Stück weit gegangen waren, drehten sich seine Jünger um und zeigten auf die beeindruckenden Bauten des Tempels. Jesus erinnerte an das, was er gerade den Pharisäern gesagt hatte: „Ja, schaut euch das alles gut an. Die schlimmen Zeiten betreffen auch diesen Tempel. Er wird dem Erdboden gleichgemacht werden."

Die Jünger waren so sprachlos, dass sie nichts entgegneten. Erst als sie später auf dem Ölberg saßen, wagten sie es, Jesus zu fragen: „Sag uns, wann wird das passieren? Wird es irgendwelche Zeichen geben, an denen wir erkennen können, dass du wiederkommst und das Ende nah ist?"

Jesus gab ihnen darauf eine Antwort, die aber völlig anders ausfiel, als sie es erwartet hatten: „Fallt nicht auf Leute herein, die vorgeben, sie wüssten ganz genau, wann das alles passiert. Es wird zu allen Zeiten Betrüger geben, die vorgeben, von Gott gesandt zu sein, und viele durch ihre sogenannten Prophetien in die Irre führen. Sie werden jeden Krieg und jedes Kriegsgerücht dazu benutzen, den Menschen Angst einzujagen. Aber auch wenn ihr von solchen Ereignissen wie auch von Erdbeben, Hungersnöten und anderen Katastrophen hört: Das alles bedeutet nicht das Ende, sondern man könnte es eher mit Geburtsschmerzen vergleichen.

Und die werden vor allem auch für euch, die ihr mir nachfolgt, sehr schwer sein. Jeder wird euch hassen, nur weil ihr meinen Namen tragt. Man wird euch drangsalieren, ja töten. Schlimm dabei ist, dass es oft die eigenen Leute sind, die sich gegen euch wenden und euch vor lauter Hass euren Verfolgern ausliefern. Viele von denen werden durch falsche Propheten irregeführt; für sie gilt nichts mehr, was Gott wichtig ist. Vor allem werdet ihr bei ihnen kaum noch eine Spur von Liebe finden.

In dieser Zeit bleibt für euch nur noch eines: durchhalten. Haltet durch bis zum Ende, und ihr werdet erleben, wie Gott euch rettet. Während dieser ganzen Zeit wird die Gute Nachricht – die Botschaft von der liebevollen Herrschaft Gottes – in der ganzen Welt verkündet werden und in jedem Land werden Menschen für diese Botschaft eintreten. Erst dann wird das Ende kommen.

Der Prophet Daniel hat genau beschrieben, dass sich etwas Furchtbares im Tempel abspielen wird. Ihr könnt es selber nachlesen.* Wenn ihr also davon hört und in Judäa lebt, dann flüchtet auf die Hügel; wenn ihr draußen arbeitet, dann geht nicht zurück ins Haus, um noch irgendetwas zu holen; wenn ihr auf dem Feld arbeitet, dann geht nicht einmal zurück, um eure Jacke mitzunehmen. Für Schwangere und für stillende Mütter wird diese Zeit besonders hart sein. Hofft und betet darum, dass dies alles nicht ausgerechnet mitten im Winter oder an einem Sabbat geschieht.

Das werden schlimme Tage sein, schlimmer als alles, was die Welt bis dahin je erlebt hat. Und es wird auch nie wieder Ähnliches geben. Wenn Gott diese fürchterlichen Tage nicht abkürzen würde, gäbe es keinen Überlebenden. Aber um des Volkes Gottes willen werden diese furchtbaren Tage abgekürzt.

Wenn in diesen Tagen irgendjemand herumschreit: ‚Hier ist der Messias!‘, oder auf jemanden hinweist: ‚Dort ist er!‘, dann fallt nicht

---

* Daniel 9,26 f.; 11,31; 12,11

darauf herein. In solchen Zeiten schießen falsche Messiasse und verlogene Prediger wie Pilze aus dem Boden. Manche vollbringen außergewöhnliche Zeichen und Wunder, sodass selbst standhafte Gläubige ins Wanken geraten. Haltet die Augen offen, und erinnert euch an das, was ich euch hiermit anvertraut habe.

Wenn sie also sagen: ‚Geht hinaus in die Wüste, dort werdet ihr den Christus sehen!' oder: ‚Geht in dieses Gebäude, dort trefft ihr ihn!', dann lasst sie reden. Die Ankunft des Menschensohnes wird nicht etwas sein, das man sich in Ruhe anschauen kann. Er wird auftauchen – so schnell wie ein Blitz, der von Ost nach West über den Himmel zuckt. Merkt euch: Menschen sind wie Geier. Die sammeln sich auch nur um etwas, das tot ist. Wo sich also Menschenmengen versammeln und verkünden, in ihrer Mitte sei der Messias leibhaftig gegenwärtig, wisst ihr, was ihr davon zu halten habt.

Nach diesen schlimmen Tagen wird Folgendes passieren:

‚Die Sonne wird ihre Leuchtkraft verlieren,
der Mond verdunkelt sein.
Die Sterne werden vom Himmel fallen,
ja, das ganze Universum wird erschüttert werden.'

Dann wird am Himmel das Zeichen des Menschensohnes erscheinen. Jeder auf der Welt wird es sehen können und eine gewaltige Erschütterung wird durch die Menschheit gehen. Dann werden alle den Menschensohn in unvorstellbarer Herrlichkeit auf den Wolken des Himmels kommen sehen. Unter gewaltigem Posaunengeschmetter wird er seine Engel aussenden; sie werden die von Gott Erwählten aus allen vier Himmelsrichtungen zusammenholen.

Nehmt eine Lehre an, die euch die Feigenbäume geben. Sobald ihr an ihren Knospen das satte Grün seht, wisst ihr, dass es bald Sommer wird. Und so ist es auch mit euch. Wenn ihr alle diese Dinge erlebt, dann dürft ihr wissen: Die Wiederkunft des Menschensohnes steht unmittelbar bevor. Ich sage euch mit allem Ernst: Dieses Zeitalter wird nicht vergehen, bevor all das geschieht. Himmel und Erde werden einmal ausgedient haben; meine Worte werden jedoch nie ihre Bedeutung verlieren.

Was ist nun mit dem genauen Datum; wann wird das alles eintreffen? Niemand weiß es, nicht einmal die Engel des Himmels, ja, nicht einmal der Sohn. Nur der Vater kennt die Stunde.

Bei der Ankunft des Menschensohnes wird es auf Erden ähnlich zugehen wie zu den Zeiten Noahs. Vor der großen Flut hat sich jeder nur noch um das gekümmert, was ihn selbst interessierte: ordentliches Essen und Trinken, Heiraten und Verheiratetwerden. Kurz, alles war ganz normal bis zu dem Tag, an dem Noah in die Arche stieg. Sie machten sich auch darüber nicht die geringsten Gedanken – doch dann traf sie die Flut und schwemmte alles fort.

Nicht anders wird es bei der Ankunft des Menschensohnes sein: Da arbeiten zwei Männer auf einem Feld – einer wird mitgenommen, der andere zurückgelassen. Zwei Frauen drehen die Getreidemühle – die eine wird mitgenommen, die andere bleibt da. So haltet eure Augen wachsam offen, denn ihr habt keinen Anhaltspunkt dafür, an welchem Tag der Herr sich zeigen wird. Ich hoffe, ihr habt verstanden. Wenn ein Hausbesitzer einen Hinweis hätte, zu welcher Zeit in der Nacht jemand in sein Haus einbrechen würde, wüsste er den Einbruch zu verhindern. Seid auf diese Art wachsam, denn ihr wisst nicht, wann genau der Menschensohn erscheinen wird.

Denkt einmal an jemanden, der für die Versorgung der Arbeiter eingesetzt wurde. Wenn der Mann zuverlässig ist und sich wirklich um die Belange der Leute kümmert, kann sein Chef zu jeder Zeit unangemeldet auftauchen, er wird ihn immer auf seinem Posten finden.

Ich sage euch, so jemand kann sich glücklich schätzen, denn es wird nicht lange dauern, und der Chef wird einer solchen Person die Verantwortung über den ganzen Betrieb anvertrauen.

Aber wenn so jemand nur auf sich selbst schaut und kaum, dass der Chef ihm den Rücken zugewandt hat, macht, was ihm gefällt – seine Untergebenen schikanieren und Saufgelage mit seinen Freunden veranstalten –, dann wird der Chef in einem Moment auftauchen, in dem man ihn am allerwenigsten erwartet hat, und er wird seinen Angestellten in der Luft zerreißen. Er wird ihn hinauswerfen, und der Mann wird bei all denen landen, die ähnlich unzuverlässig waren und ihre Rolle nur gespielt haben. Dort wird er vor Wut mit den Zähnen knirschen und vor Selbstmitleid zerfließen."

25 „Wie sollt ihr euch auf das Kommen des Menschensohnes einstellen? Ich möchte es euch an einer Geschichte deutlich machen. Da hatten sich zehn Brautjungfern auf den Weg gemacht, um den Bräutigam zu begrüßen. Jede von ihnen hatte eine Öllampe dabei. Fünf von ihnen waren gedankenlos, fünf dagegen hatten weitergedacht. Erstere hatten zwar ihre Lampen dabei, aber kein weiteres Öl. Die anderen hatten noch kleine Gefäße dabei, um immer wieder Öl in ihre Lampen nachzugießen. Leider kam der Bräutigam nicht zu dem Zeitpunkt, zu dem sie ihn erwartet hatten. Irgendwann schliefen alle ein.

Mitten in der Nacht schrie plötzlich jemand laut: ‚Er ist da! Der Bräutigam ist da! Auf, beeilt euch, ihn zu begrüßen.'

Die Brautjungfern sprangen auf und machten ihre Lampen zurecht. Doch die einen hatten fast kein Öl mehr in den ihren. Sie baten daher die anderen: ‚Unsere Lampen gehen aus; leiht uns etwas von eurem Öl.'

Diese erwiderten: ‚Dann reicht es weder für euch noch für uns. Geht schnell und kauft euch noch Öl!'

Das taten sie, doch während sie noch unterwegs waren, um Öl zu kaufen, fand der Empfang des Bräutigams statt. Als nun jeder, der anwesend war, ihn begrüßt hatte, gingen sie zum Hochzeitsfest in das Gebäude, und die Tore wurden verschlossen.

Kurze Zeit darauf kamen dann auch die übrigen fünf Brautjungfern und klopften an das Tor: ‚Herr, wir sind hier. Lass uns bitte hinein!'

Er antwortete: ‚Ich soll euch kennen? Ich denke nicht, dass wir uns schon einmal gesehen haben.'

So bleibt einfach wachsam und denkt voraus. Ihr könnt nicht wissen, an welchem Tag und zu welcher Stunde der Menschensohn kommt."

„Die Herrschaft Gottes ist auch vergleichbar mit dem Verhalten eines Unternehmers, der auf eine längere Reise ging. Er rief seine Angestellten zusammen und verteilte die verschiedenen Verantwortlichkeiten. Dem einen gab er fünf Talente*, dem anderen zwei, einem dritten eines – jedem entsprechend der jeweiligen Fähigkeiten. Dann reiste er ab. Kaum war er weg, begann der erste Angestellte, mit dem Geld zu wirtschaften, und verdoppelte die Investition seines Chefs. Der zweite machte es ganz genauso. Nur der dritte, dem ein Talent anvertraut worden war, packte das Geld sorgfältig ein und vergrub es an einem geheimen Ort.

Nach langer Abwesenheit kam der Chef endlich zurück und rechnete mit ihnen ab. Der eine, dem fünf Talente anvertraut worden waren, erklärte ihm, wie es ihm gelungen war, die Investition zu verdoppeln. Der Chef sprach ihm seine Anerkennung aus: ‚Ausgezeichnete Arbeit. Du hast wirklich Großartiges geleistet. Du bist mit wenigem verantwortungsvoll umgegangen, darum kann ich dir jetzt auch einen Großteil meines Besitzes anvertrauen. Komm, lass uns ein Fest feiern!'

Auch der zweite Angestellte konnte zeigen, was er aus den zwei Talenten gemacht hatte. Seinen Chef schien das nicht weniger zu beeindrucken: ‚Sehr gute Arbeit. Du bist sehr gut mit dem umgegangen, was ich dir anvertraut habe. Du wirst jetzt die Verantwortung für einen großen Bereich übertragen bekommen. Vorher aber wollen wir deinen Erfolg ausgiebig feiern!'

Der Angestellte, dem das eine Talent anvertraut worden war, sagte: ‚Chef, ich weiß, dass Ihr in jeden hohe Erwartungen setzt und nachlässigen Umgang mit den Dingen hasst. Ich weiß auch, dass Ihr

* Um sich eine bessere Vorstellung von dieser Währungseinheit zu machen: siehe die Anmerkung auf Seite 64.

immer nur das Beste fordert und keine Fehler duldet. Ich hatte Angst davor, Euch zu enttäuschen, also suchte ich ein absolut sicheres Versteck für Euer Geld und habe es darin aufbewahrt. Hier ist es wieder, wohlbehalten und vollzählig bis auf den letzten Denar.‘

Da wurde der Chef ernst: ‚Du hast nicht begriffen, worum es im Leben geht! Wenn du schon wusstest, dass ich Gewinn machen will, warum hast du dir nicht einmal die Mühe gemacht zu überlegen, was man mit diesem einen Talent anfangen könnte? Du hättest es zum Beispiel auf die Bank bringen können, dann würde ich jetzt wenigstens die Zinsen erhalten.‘ An die Umstehenden gewandt, befahl er: ‚Nehmt ihm das Talent ab, und gebt es dem, der jetzt die zehn hat. Denn wer hat, dem wird noch gegeben, wer aber nichts hat, dem wird auch das noch genommen werden, was er zu haben glaubt. Und schafft mir diesen risikoscheuen Mann aus den Augen. Setzt ihn noch heute Abend auf die Straße. Da wird er aus Wut über sich selbst nur noch heulen.‘“

„Habt ihr verstanden, dass ich in all den Geschichten von der Wiederkunft des Menschensohnes gesprochen habe? Wenn es also so weit ist und er in seiner ganzen Herrlichkeit mit allen seinen Engeln kommt, dann wird er auf seinem Thron Platz nehmen. Dann werden alle Nationen vor ihm versammelt werden, und er wird die Menschen voneinander trennen, so wie ein Hirte die Schafe von den Ziegen trennt. Er wird die Schafe zu seiner Rechten versammeln, die Ziegen zu seiner Linken.

Dann wird er zu denen auf der rechten Seite sagen: ‚Tretet herein, mein Vater heißt euch willkommen! Nehmt entgegen, was seit Erschaffung der Welt schon für euch bereitsteht. Denn:

Ich war hungrig, und ihr habt mir zu essen geben,
ich war durstig, und ihr habt mir zu trinken gegeben,
ich war obdachlos, und ihr habt mich bei euch aufgenommen,
ich habe vor Kälte gezittert, und ihr habt mich
mit Kleidung versorgt,

ich war krank, und ihr habt euch die Zeit genommen,
um mich zu besuchen,
ich war im Gefängnis, und ihr seid zu mir gekommen.'

Dann werden die Angesprochenen verblüfft fragen: ,Herr, worüber redest du denn da? Wann haben wir dich jemals hungrig gesehen und dir zu essen gegeben? Wann kamst du durstig zu uns und wir gaben dir zu trinken? Wann haben wir dich jemals krank oder im Gefängnis gesehen und sind zu dir gekommen?' Da wird der Menschensohn ihnen antworten: ,Das ist die ganze Wahrheit: Was ihr von alldem für Menschen getan habt, die man gerne übersieht und übergeht, das habt ihr für mich getan.'

Dann wird er sich denen auf der linken Seite zuwenden und sagen:

,Ich war hungrig, und ihr habt mir kein Essen gegeben,
ich war durstig, und ich habe von euch nichts zu trinken
bekommen,
ich war obdachlos, und ihr habt mir kein Bett gegeben,
ich habe vor Kälte gezittert, und ihr habt mich
einfach stehen lassen,
ich war krank und im Gefängnis, und ihr habt mich
nicht besucht.'

Dann werden die Menschen auf der linken Seite betroffen reagieren: ,Herr, worüber redest du denn da? Wann haben wir dich jemals hungrig oder durstig oder obdachlos oder krank oder im Gefängnis gesehen und haben dir nicht geholfen?'

Er wird ihnen antworten: ,Ich sage euch die ganze Wahrheit: Wann immer ihr Menschen übergangen habt oder der Ansicht wart, dass sie eure Hilfe nicht verdienen, seid ihr direkt an mir schuldig geworden.'

In diesem Augenblick werden diese Menschen auf ewig von mir getrennt. Alle anderen aber werden von da an ewig mit mir leben."

Die letzten Tage (26,1–16)

26 Als Jesus diese Lehre beendet hatte, sagte er seinen Jüngern: „Ihr wisst, dass in zwei Tagen das Passafest stattfindet. Da wird der Menschensohn dann verraten und zur Kreuzigung an die Römer ausgeliefert werden."

Zur selben Zeit waren die Hohenpriester und die Ältesten beim Obersten Priester namens Kajaphas versammelt und suchten nach einer Möglichkeit, wie sie Jesus in eine Falle locken und umbringen könnten. Sie kamen darin überein, dass es nicht unbedingt während des Passafestes sein sollte. „Wir wollen die Leute ja nicht zu Gewalttätigkeiten provozieren", sagten sie.

Jesus war in Betanien zu Gast bei Simon, einem geheilten Leprakranken. Während sie zu Abend aßen, kam eine Frau mit einem Alabasterfläschchen voll äußerst kostbaren Salböls. Sie goss den Inhalt über den Kopf Jesu, während er weiterhin zu Tisch lag. Als die Jünger sahen, was da vor sich ging, wurden sie ärgerlich: „Das ist doch eine völlig unsinnige Verschwendung! Das Öl hätte man zu einem hohen Preis verkaufen und das Geld den Armen geben können."

Als Jesus mitbekam, worüber sie sich aufregten, griff er ein: „Warum macht ihr dieser Frau das Leben schwer? Sie hat etwas Großartiges und Bedeutsames für mich getan. Ihr werdet Arme für den Rest eures Lebens bei euch haben – mich aber nicht. Als sie das Öl über meinen Körper ausgoss, hat sie meinen Körper schon im Voraus für die Bestattung gesalbt. Und ihr könnt sicher sein, wo immer in der Welt die frohe Botschaft von der Herrschaft Gottes verkündet wird, werden sich die Menschen voll Bewunderung an das erinnern, was sie für mich getan hat."

Das war der Moment, in dem einer der Zwölf – sein Name war Judas Iskariot – zu den Hohenpriestern ging und sie fragte: „Was bezahlt ihr mir, wenn ich ihn euch ausliefere?" Sie einigten sich auf dreißig Silberstücke. Daraufhin begann er, nach einer günstigen Gelegenheit Ausschau zu halten, um ihn auszuliefern.

Das Passamahl (26,17–35)

Am ersten Tag der Passafestwoche, während der die Juden nur ungesäuertes Brot essen, traten die Jünger mit der Frage an Jesus heran: „Wo möchtest du, dass wir das Passamahl vorbereiten sollen?"

Er sagte: „Geht in die Stadt zu dem Mann – er nannte ihnen einen bestimmten Namen – und sagt ihm: ‚Der Meister sagt, meine Zeit ist da. Ich möchte mit meinen Jüngern in deinem Haus das Passamahl feiern.'" Die Jünger taten das, was er ihnen aufgetragen hatte, und bereiteten so das Passamahl vor.

Nach Sonnenuntergang kam Jesus mit den Zwölf und man machte es sich dem Fest entsprechend auf Polstern rund um den Tisch bequem. Während sie aßen, meinte Jesus: „Ich habe euch etwas zu sagen: Einer von euch wird mich an die ausliefern, die sich gegen mich verschworen haben."

Alle waren sehr betroffen und begannen einer nach dem anderen, die eine Frage zu stellen, die in allen brannte: „Bin ich es etwa, Herr?"

Er entgegnete nur: „Es ist einer von den Zwölf, einer, mit dem ich täglich gegessen habe und mit dem ich auch jetzt meine Hand in ein und dieselbe Schüssel tauche. In gewissem Sinne muss es ja so weit kommen, dass der Menschensohn verraten wird, denn in den Heiligen Schriften ist sein Ende deutlich beschrieben. Auf der anderen Seite gilt für den Mann, der den Verrat ausführt, dass es für ihn besser wäre, nie geboren worden zu sein."

Auch Judas spielte den Betroffenen und fragte wie die anderen: „Bin es etwa ich, Rabbi?"

Jesus entgegnete ihm: „Das weißt du selbst ganz genau."

Während des Mahles nahm Jesus das Brot und segnete es, dann brach er es und gab es an seine Jünger weiter:

„Nehmt, esst, das ist mein Leib."

Dann nahm er den Kelch, dankte Gott, gab ihn an sie weiter:

„Trinkt alle davon. Das ist mein Blut, Gottes neuer Bund,

für viele Menschen vergossen zur Vergebung der Sünden.
Ich werde keinen Wein mehr trinken bis zu dem Tag,
an dem ich ihn auf ganz neue Weise mit euch trinken werde
im Reich meines Vaters."

Sie sangen noch das vorgeschriebene Lobpreislied und gingen dann direkt zum Ölberg.

Dort sagte Jesus zu ihnen: „Bevor diese Nacht vorüber ist, werdet ihr nicht mehr wissen, was ihr denken und tun sollt. Es gibt eine Schriftstelle, die das beschreibt:

‚Wenn der Hirte erschlagen wird, zerstreuen sich die Schafe in alle Winde.'* Aber sorgt euch nicht, denn nach meiner Auferstehung werde ich euch wieder wie ein Hirte vorangehen auf dem Weg zurück nach Galiläa."

Da unterbrach ihn Petrus: „Und wenn jeder sich von dir absetzt, weil alles zusammenbricht, ich werde zu dir stehen!"

Jesus entgegnete ihm: „Sei dir da nicht so sicher! Noch in dieser Nacht, bevor der Hahn kräht, wirst du dreimal behauptet haben, mich nicht zu kennen."

Petrus protestierte: „Selbst wenn ich mit dir sterben müsste, ich werde dich niemals verleugnen." Auch alle anderen gaben ähnliche Treueschwüre von sich.

Todesangst (26,36–46)

Darauf ging Jesus mit seinen Jüngern zu einem Garten, den man Getsemani nannte, und er sagte zu ihnen: „Bleibt hier, während ich dort hinübergehe und bete." Er nahm Petrus und die beiden Söhne von Zebedäus mit sich. Da brach die ganze Not und Angst mit aller Gewalt über ihn herein. Er gestand ihnen: „Diese Todesangst drückt mich zu Boden. Wartet hier und bleibt mit mir wach."

Er selbst ging ein Stück weiter, warf sich auf die Erde und betete:

---

* Sacharja 13,7

„Mein Vater, wenn es irgendeine Möglichkeit gibt, dann hol mich hier aus alldem heraus. Doch es soll das geschehen, was du willst, nicht das, was ich jetzt möchte."

Er kam zurück zu seinen Jüngern und fand die drei fest eingeschlafen vor. Er redete Petrus an: „Simon, kannst du nicht eine einzige Stunde mit mir durchhalten? Bleibt wach, betet, damit ihr in den kommenden Prüfungen bestehen könnt. Ich weiß, dass ihr es ernst meint, aber eure Kräfte sind nur allzu schnell erschöpft." Erneut entfernte er sich einige Schritte, um wieder auf die Knie zu gehen: „Mein Vater, wenn es keinen anderen Weg gibt als diesen, nämlich den Kelch bis zur Neige auszutrinken, will ich bereit sein. Dein Wille geschehe."

Als er zurückkam, fand er die drei genauso tief eingeschlafen vor wie beim ersten Mal. Sie konnten ihre Augen einfach nicht offen halten. Dieses Mal ließ er sie weiterschlafen und ging ein drittes Mal weg, um zu beten.

Als er danach zurückkam, sagte er: „Schlaft ruhig weiter und ruht euch aus! Meine Zeit ist da. Der Menschensohn wird nun in die Hände der Heiden ausgeliefert. Steht auf, wir wollen gehen. Mein Verräter ist bereits angekommen."

Gefangennahme (26,47–56)

Kaum hatte er das gesagt, als Judas erschien und mit ihm eine Bande von Schlägern, die von den Hohenpriestern, Schriftgelehrten und Ältesten geschickt worden war. Alle fuchtelten wild mit ihren Schwertern und Knüppeln herum. Der Verräter hatte ein Zeichen mit ihnen ausgemacht: „Der eine, den ich küsse, der ist es, den müsst ihr euch schnappen."

Er ging direkt auf Jesus zu und begrüßte ihn: „Wie geht es dir, Rabbi?" Dabei gab er ihm einen Kuss.

Jesus entgegnete: „Freund, warum dieses Theater? Tu, wozu du gekommen bist!"

Da stürzten sich die Schergen auf ihn und packten Jesus. Einer der Männer, die bei ihm standen, zog sein Schwert, schlug auf den Diener des Obersten Priesters ein und trennte ihm mit einem Hieb das Ohr ab.

Jesus befahl ihm: „Steck das Schwert wieder ein. Alle, die das Schwert gebrauchen, werden auch durch das Schwert umkommen. Glaubst du nicht auch, ich bräuchte nur meinen Vater zu bitten, und er würde mir zwölf Legionen kampfbereiter Engel zur Seite stellen? Aber wenn ich das täte, wie könnte man dann noch die Schrift verstehen, die das alles vorausgesagt hat?"

Dann wandte Jesus sich an die Männer um Judas: „Was ist bloß in euch gefahren? Ihr rückt mit Schwertern und Knüppeln aus, um mich zu ergreifen, als sei ich ein gefährlicher Krimineller. Tag für Tag habe ich im Tempel gesessen und gelehrt und ihr habt nicht das Geringste gegen mich unternommen. Was ihr dagegen jetzt tut, hat einen viel tieferen Grund: Ihr erfüllt nur die prophetischen Schriften." Daraufhin suchten alle seine Jünger das Weite.

Erstes Verhör (26,57–68)

Die Bande, die sich seiner bemächtigt hatte, führte Jesus zu Kajaphas, dem Obersten Priester, bei dem schon die Schriftgelehrten und die Ältesten versammelt waren. Petrus folgte in sicherem Abstand, bis sie zum Innenhof des hohepriesterlichen Amtssitzes kamen. Dort schlüpfte er hinein und mischte sich unter die Dienerschaft, um mitzubekommen, wie sich die Dinge weiterentwickeln würden.

Die Hohenpriester hatten mit dem Ältestenrat der Juden abgesprochen, Jesus so sehr durch falsche Zeugen zu belasten, dass sie ihn zum Tode verurteilen könnten. Aber obwohl eine ganze Reihe von Personen auftrat und eine falsche Aussage nach der anderen machte, war nichts wirklich stichhaltig. Schließlich traten noch zwei Männer vor und behaupteten: „Er sagte: ‚Ich werde diesen Tempel Gottes niederreißen und in drei Tagen werde ich ihn wieder aufbauen.'"

Da stand der Oberste Priester auf und fragte nun Jesus direkt: „Was hast du zu all diesen Anschuldigungen zu sagen?“ Jesus aber blieb ruhig und sagte kein Wort. Der Oberste Priester entgegnete daraufhin feierlich: „Ich befehle dir bei der Autorität des lebendigen Gottes, sag, ob du der Messias bist, der Sohn Gottes!“

Jesus erwiderte kurz angebunden: „Ihr sagt es selbst. Und das ist noch nicht alles. Schon bald werdet Ihr es selbst sehen, wie der Menschensohn zur Rechten des Allmächtigen sitzt, während er auf den Wolken des Himmels kommt.“

Als er das gesagt hatte, verlor der Oberste Priester die Fassung. Er zerriss sein Gewand und schrie: „Er hat Gott gelästert! Was brauchen wir noch Zeugen, um ihn anzuklagen? Ihr habt die Gotteslästerung gehört. Was, denkt ihr, hat diese Gotteslästerung verdient?“

Alle sagten: „Die Todesstrafe! Er hat den Tod verdient.“

Daraufhin spuckten sie ihm ins Gesicht und ohrfeigten ihn. Sie verspotteten ihn, während sie ihm Schläge versetzten: „Komm, prophezeie es uns, Messias: Wer hat dich gerade geschlagen?“

Petrus kennt Jesus nicht (26,69–75)

Während der ganzen Zeit saß Petrus immer noch unten im Hof des Gerichtes. Eine der Dienerinnen des Obersten Priesters näherte sich ihm und meinte: „Du warst doch auch bei diesem Galiläer Jesus.“

Petrus stritt es in Gegenwart aller dort Versammelten ab: „Ich weiß nicht einmal, wovon du da redest.“ Er wandte sich dem Ausgang zu. Da sagte eine andere zu den Umstehenden: „Dieser Mann war auch bei Jesus, dem Nazarener.“

Wieder bestritt er es energisch und bekräftigte seine Aussage auch noch mit einem Eid: „Ich schwöre es, ich habe diesen Mann noch nie zuvor gesehen.“

Doch es dauerte nicht lange, da traten einige ganz nahe an Petrus heran: „Du bist doch ganz eindeutig einer von denen. Dein galiläischer Akzent verrät dich ja.“

Da begann Petrus zu fluchen und zu schwören: „Ich kenne diesen Mann überhaupt nicht." Genau in diesem Augenblick krähte der Hahn. Jetzt fiel Petrus wieder ein, was Jesus ihm vorausgesagt hatte: „Bevor der Hahn kräht, wirst du dreimal behaupten, mich nicht zu kennen." Er ging hinaus und weinte verzweifelt.

Der „Prozess" (27,1–34)

27 Beim ersten Tageslicht trafen sich die Hohenpriester mit den Ältesten und beschlossen offiziell, Jesus dem Tod auszuliefern. Sie ließen Jesus sichere Fesseln anlegen und überführten ihn zum Palast von Pilatus, dem römischen Gouverneur.

Inzwischen hatte Judas, der Jesus in der Nacht verraten hatte, erfahren, dass man Jesus zum Tode verurteilt hatte. Da packte ihn die Reue und er gab den Hohepriestern die dreißig Silberstücke mit den Worten zurück: „Ich habe gesündigt. Ich habe einen unschuldigen Mann verraten."

Sie entgegneten ihm darauf: „Was geht das uns an? Das ist dein Problem."

Judas warf die Silbermünzen in den Tempel und rannte weg. Er lief so lange, bis er einen Baum fand, an dem er sich erhängte.

Die Hohenpriester hoben die Silberstücke auf, wussten aber nicht, was sie mit diesen anfangen sollten. „Es wäre wohl nicht richtig, dieses Geld als Gabe an den Tempel anzusehen – immerhin wurde ein Mörder damit bezahlt." Sie entschieden sich, es loszuwerden, indem sie das „Töpferfeld" kauften, das von da an als Begräbnisort für Obdachlose genutzt wurde. Das ist der Grund, warum dieses Feld „Blutacker" genannt wird, ein Name, der ihm bis heute anhaftet. Dadurch wurden die Worte von Jeremia geschichtliche Wirklichkeit:

„Sie nahmen die dreißig Silberstücke,
der Preis, den die Söhne Israels für ihn festgesetzt hatten,
und sie kauften das Feld des Töpfers."

Und so folgten sie, ohne es zu wissen, genau dem prophetischen Wort.

Jesus wurde vor den Gouverneur gebracht, der ihn fragte: „Bist du der ‚König der Juden'?"

Jesus entgegnete ihm: „Du sagst es."

Daraufhin prasselte vonseiten der Hohenpriester und Ältesten eine Flut von Anschuldigungen auf ihn nieder. Doch Jesus sagte kein Wort mehr.

Pilatus fragte ihn: „Hörst du, das ist eine ziemlich lange Liste von Anschuldigungen! Willst du nicht irgendetwas darauf entgegnen?"

Jesus schwieg jedoch weiterhin; nicht ein Wort kam aus seinem Mund. Der Gouverneur war davon beeindruckt und wunderte sich sehr.

Zu jedem Fest ließ der Gouverneur einen Gefangenen frei, den ihm das Volk nannte. Zu dieser Zeit hatten sie den berüchtigten Jesus Barabbas im Gefängnis. Pilatus stellte darum an die vor ihm versammelte Menschenmenge die Frage: „Welchem Gefangenen gegenüber soll ich Gnade walten lassen: Jesus Barabbas oder Jesus, dem sogenannten Christus?" Pilatus wusste zu diesem Zeitpunkt längst, dass die Hohenpriester Jesus nur aus purem Neid an ihn ausgeliefert hatten.

Während die Gerichtsverhandlung noch andauerte, schickte die Frau von Pilatus diesem eine Nachricht: „Lass dich nicht da hineinziehen, diesen edlen Menschen zu verurteilen. Ich habe wegen ihm eine furchtbare Nacht durchgemacht, weil ich von ihm geträumt habe."

Inzwischen hatten die Hohenpriester und Ältesten der Menge eingeredet, sie sollten für Barabbas die Freilassung, für Jesus aber die Hinrichtung fordern.

Der Gouverneur fragte: „Welchem von den beiden soll ich Gnade erweisen?"

Alle riefen: „Dem Barabbas!"

„Und was soll ich dann mit diesem Jesus, dem sogenannten Christus, machen?"

Sie schrien wie aus einem Mund: „Ans Kreuz mit ihm!"

Pilatus entgegnete: „Aber für welches Verbrechen?"

Doch sie schrien nur noch lauter: „Ans Kreuz mit ihm!"

Als Pilatus sah, dass er so nicht weiterkam und ein Aufruhr auszubrechen drohte, ließ er sich eine Schale mit Wasser bringen und wusch seine Hände vor den Augen der aufgebrachten Menge. Schließlich sagte er: „Ich wasche von meinen Händen jegliche Verantwortung am Tod dieses Mannes ab. Von jetzt an liegt sie ganz in euren Händen. Ihr seid die Richter und das Gericht."

Die Menge schrie: „Die Schuld nehmen wir auf uns, wir und unsere Kinder nach uns."

Daraufhin gab Pilatus Barabbas frei. Jesus aber übergab er der Geißelung und ließ ihn dann zur Kreuzigung abführen.

Die Soldaten des Gouverneurs nahmen Jesus mit in das Innere des Gouverneurspalastes (man nannte es „Prätorium") und riefen die ganze Brigade zusammen, um mit dem Gefangenen ein wenig Spaß zu haben. Sie zogen ihn aus und hängten ihm eine rote Toga um. Sie formten eine Krone aus Dorngestrüpp und drückten sie ihm auf den Kopf. Dazu drückten sie ihm noch einen Stock als Zepter in seine rechte Hand. Dann knieten sie vor ihm nieder und verspotteten ihn: „Heil dir, König der Juden! Heil dir!" Nun spuckten sie ihn an und schlugen ihm mit dem Stock auf den Kopf. Nachdem sie ihren Spaß gehabt hatten, rissen sie ihm die Toga herunter und zogen ihm sein eigenes Gewand wieder an. Dann marschierten sie ab, um ihn ans Kreuz zu nageln.

Da kam zufällig ein Mann vorbei, der aus Zyrene stammte und Simon hieß. Ihn zwangen sie, Jesus den Kreuzbalken nachzutragen.

Als sie auf Golgota, einem Ort, dessen Name so viel wie „Schädelhügel" bedeutet, ankamen, boten sie ihm ein Getränk (Wein mit Myrrhe gemischt) an, das die Schmerzen etwas lindern sollte, aber als er es probiert hatte, wollte er nichts davon nehmen.

Der Tod Jesu (27,35–56)

Nachdem sie ihn ans Kreuz genagelt hatten und darauf warteten, dass er starb, vertrieben sie sich die Zeit damit, dass sie um seine Kleider würfelten. Über seinem Kopf hatten sie einen Hinweis auf das Verbrechen angebracht, aufgrund dessen er verurteilt worden war: „Das ist Jesus, der König der Juden." Gleichzeitig mit ihm kreuzigten sie zwei Kriminelle, einen zu seiner Rechten, den anderen zu seiner Linken. Die Leute, die auf der Straße an dem Hinrichtungsort vorbeikamen, machten höhnische Bemerkungen, schüttelten ihren Kopf in spöttischem Bedauern: „Du hast doch damit angegeben, den Tempel niederzureißen und in drei Tagen wieder aufzubauen. Jetzt kannst du beweisen, was in dir steckt! Wenn du wirklich Gottes Sohn bist, dann steig jetzt vom Kreuz herunter!"

Die Hohenpriester mischten sich zusammen mit den Schriftgelehrten unter die Spötter. Es ging ihnen richtig gut dabei, dass sie sich endlich über ihn lustig machen konnten: „Andere hat er gerettet – bei ihm selbst scheint es nicht zu klappen. Das soll der Messias sein, der König Israels? Wenn er es ist, dann soll er jetzt vom Kreuz herunterkommen. Dann werden wir alle an ihn glauben! Er war sich seines Gottes doch so sicher, soll der doch jetzt seinen ‚Sohn' retten, wenn er ihn überhaupt haben will! Hat er nicht für sich in Anspruch genommen, Gottes Sohn zu sein?" Sogar die beiden Verbrecher, die mit ihm gekreuzigt worden waren, stimmten in den Spott mit ein.

Um die Mittagszeit wurde es auf der ganzen Erde finster. Diese ungewöhnliche Finsternis dauerte drei Stunden. Gegen drei Uhr stöhnte Jesus aus tiefstem Inneren auf und schrie laut: „Eloi, Eloi, lema sabachtani?" Was so viel bedeutet wie: „Mein Gott, mein Gott, warum hast du mich verlassen?!"

Einer der Umstehenden sagte: „Hört, er ruft Elija." Ein anderer lief schnell, nahm einen Schwamm, der mit saurem Wein vollgesogen war, und hob ihn an einem Stock hoch, damit Jesus trinken konnte. Die anderen riefen belustigt: „Halt, mach langsam! Wir wollen doch mal sehen, ob Elija kommt und ihn rettet."

Aber Jesus schrie noch einmal laut auf – dann starb er.

In diesem Augenblick zerriss im Tempel der Vorhang vor dem Allerheiligsten von unten bis oben. Es gab ein Erdbeben und Felsen zerbrachen in Stücke. Und es geschah noch mehr: Gräber öffneten sich, und viele Gläubige, die schon entschlafen waren, erhoben sich aus ihren Gräbern. (Nach der Auferstehung Jesu verließen sie ihre Grabstätten, gingen in die Heilige Stadt und erschienen zahlreichen Personen.)

Als der römische Offizier und seine Leute das Erdbeben und alles andere sahen, was sich ereignete, waren sie zu Tode erschrocken. Sie stammelten: „Er muss ein Sohn eines Gottes gewesen sein!"

Es waren auch einige Frauen dabei, die aus der Ferne alles mit ansehen mussten; Frauen, die Jesus aus Galiläa gefolgt waren, um für ihn und die Jünger zu sorgen. Unter ihnen waren Maria Magdalena, Maria, die Mutter von Jakobus und Josef, und die Mutter der beiden Zebedäus-Brüder.

Das Grab (27,57–66)

Bevor es dunkel wurde, erschien ein wohlhabender Mann, der aus Arimathäa stammte. Sein Name war Josef und er war insgeheim ein Jünger Jesu. Er ging zu Pilatus und bat ihn um den Leichnam Jesu. Pilatus gab seinem Gesuch statt.

Josef nahm den Leichnam und wickelte ihn in ein Leintuch, legte ihn in ein Grab, das er für sich selbst aus dem Felsen hatte schlagen lassen, und rollte einen großen Stein vor seinen Eingang. Dann ging er weg. Maria Magdalena und die andere Maria blieben zurück und setzten sich dem Grab direkt gegenüber.

Am nächsten Tag gingen die Hohenpriester und Pharisäer zu Pilatus. Sie sagten: „Herr, wir möchten nur noch einmal daran erinnern, dass dieser Betrüger, als er noch lebte, immer wieder angekündigt hat: ‚Nach drei Tagen werde ich auferstehen.' Wir sind der Meinung, man sollte das Grab bis zum dritten Tag bewachen lassen. Denn sonst wäre es möglich, dass seine Jünger den Leichnam stehlen und dann überall herumerzählen: ‚Er ist vom Tod auferstanden.' Dann wird die Sache noch schlimmer als zuvor, der letzte Betrug würde den ersten noch übertreffen."

Pilatus sagte zu ihnen: „Ihr werdet eine Wache bekommen. Kümmert euch darum, und sichert die Sache ab, so gut ihr könnt." Damit gingen sie hinaus und sicherten das Grab, versiegelten den Stein und stellten Wachen auf.

Jesus lebt! (28,1–15)

28 Als der Sabbat vorüber war und das erste Licht der neuen Woche dämmerte, kamen Maria Magdalena und die andere Maria, um nach dem Grab zu sehen. Plötzlich schwankte und zitterte der Boden unter ihren Füßen und ein Engel Gottes kam vom Himmel herab und näherte sich ihnen. Er rollte den Stein auf die Seite und setzte sich darauf. Seine ganze Erscheinung leuchtete wie ein Blitz und sein Gewand war weißer als der Schnee. Die Wächter am Grab fürchteten und erschreckten sich so sehr, dass sie ohnmächtig wurden.

Der Engel sprach die Frauen an: „Ihr braucht keine Angst zu haben. Ich weiß, dass ihr Jesus von Nazaret sucht, den man ans Kreuz genagelt hat. Er ist nicht hier. Er ist auferstanden, wie er es gesagt hat. Kommt und schaut euch selbst den Platz an, an dem er gelegen hat!" Vorsichtig schauten die Frauen in die leere Grabkammer. Doch der Engel drängte sie: „Beeilt euch, ihr solltet seinen Jüngern so schnell wie möglich sagen, dass er vom Tod auferstanden ist. Er wird euch nach Galiläa vorausgehen. Dort werdet ihr ihn sehen. Verlasst euch auf das, was ich euch gesagt habe."

Die Frauen, fassungslos vor Staunen und voller Freude, verloren keine Zeit und verließen sofort die Grabhöhle. Sie liefen so schnell sie konnten, um es den Jüngern zu erzählen. Da begegnete ihnen Jesus und hielt sie an. „Guten Morgen!", sagte er. Sie fielen auf die Knie, beugten sich vor ihm nieder, sodass sie seine Füße berührten. Jesus beruhigte sie: „Ihr müsst keine solche Angst haben! Geht nun zu meinen Brüdern, und sagt ihnen, sie sollen nach Galiläa gehen, dort werde ich sie treffen."

Inzwischen waren die Wachen Hals über Kopf geflohen, aber einige von ihnen gingen in die Stadt und erzählten den Hohenpriestern alles, was passiert war. Diese beriefen sofort ein Treffen mit den Ältesten ein und entwickelten folgenden Plan: Sie nahmen eine große Summe Geld und bestachen damit die Soldaten, die aussagen sollten: „Seine Jünger kamen in der Nacht und haben den Leichnam gestohlen, während wir schliefen." Und sie versicherten ihnen: „Falls der Gouverneur etwas davon mitbekommt, dass ihr während eures Dienstes geschlafen habt, werden wir dafür sorgen, dass die Sache für euch keine Folgen haben wird." Die Soldaten gingen auf die Bestechung ein und taten das, was man ihnen gesagt hatte. Und ihre Geschichte, die im jüdischen Ältestenrat ausgebrütet worden war, scheint immer noch bei einigen Glauben zu finden.

Jesus bleibt bei denen, die er beauftragt (28,16–20)

Inzwischen waren die elf Jünger auf dem Weg nach Galiläa, um auf den Berg zu gehen, den Jesus ihnen als Treffpunkt angegeben hatte. Sobald sie ihn sahen, fielen sie nieder und beteten ihn an. Doch einige waren dennoch voller Zweifel.

Als hätte Jesus ihre Gedanken gelesen, offenbarte er ihnen seine Autorität: „Mir ist alle Macht gegeben im Himmel und auf Erden." Dann gab er seinen Jüngern den Auftrag: „Geht hinaus zu allen Völkern, und tut alles dafür, dass die Menschen mir nachfolgen. Tauft sie auf den Namen des Vaters, des Sohnes und des Heiligen Geistes. Lehrt sie alles, was ihr von mir erfahren habt und was ich euch aufgetragen habe. Aber vor allem vergesst eines nie: Ich bin bei euch alle Tage bis zum Ende der Welt."

Die Apostelgeschichte

Wie geht es weiter? Diese Frage hat zu allen Zeiten Menschen bewegt, die eine faszinierende Geschichte gehört haben. Und die Christen des ausgehenden ersten Jahrhunderts waren hungrig danach, mehr davon zu erfahren, was sich nach dem Weggang Jesu ereignet hat. Welche Schwierigkeiten hatten die ersten Christen zu überwinden? Wie hat sich Gott zu den Männern und Frauen gestellt, die als Augenzeugen des Lebens Jesu anfingen, in die damals bekannte Welt zu gehen und die Versöhnung durch Jesus zu verkünden? Was musste passiert sein, dass in wenigen Jahrzehnten Tausende zum Glauben an Christus kamen – obwohl es sie oft viel, wenn nicht alles kostete?

Einen Teil dieser bewegten Jahre versucht Lukas in seiner Apostelgeschichte einzufangen. Sehr wahrscheinlich hat er sein Doppelwerk zwischen 80 und 90 des ersten Jahrhunderts verfasst. Man könnte ihm auch den Titel geben: „Die Anfänge des Christentums“. Und diese Anfänge waren in jeder

Hinsicht dramatisch. Nimmt man nur einmal die Geschichte des Christenhassers Saulus, der sich nach einer Begegnung mit Jesus zu seinem leidenschaftlichsten Apostel entwickelte, dann wird einem lebendig vor Augen geführt, durch welche ungeheuerlichen Umwälzungen die Menschen in dieser Zeit gingen. Nichts war nach dem Weggang Jesu mehr so, wie man es gewohnt war. Vor allem das kraftvolle Handeln des Heiligen Geistes stellte die Christen ständig vor neue Herausforderungen. Genau daran aber hat sich bis heute nichts geändert. Deswegen ist die Apostelgeschichte letztlich auch nicht abgeschlossen. Weltweit durchleben heute Christen aller Kirchen und Konfessionen auf ihre Weise die Dramatik der ersten Jahre des Christentums. Für sie ist die Apostelgeschichte keine längst vergangene, historisch interessante Abhandlung, sondern Spiegel und Bestätigung ihrer eigenen Erfahrungen. Kann man etwas Besseres über ein Buch sagen, das vom Handeln Gottes mit und durch Menschen berichtet?

1 Lieber Theophilus, im ersten Band dieses Werkes habe ich all das niedergeschrieben, was Jesus bis zu dem Tag getan und gelehrt hat, an dem er vor den Augen seiner Jünger in den Himmel aufgenommen wurde. Bis zuletzt hatte er seinen Aposteln, die er selbst ausgewählt hatte, durch den Heiligen Geist gezeigt, was ihr Auftrag sein würde. Vierzig Tage lang hat er sich ihnen nach seiner Auferstehung bei den verschiedensten Gelegenheiten eindeutig zu erkennen gegeben. Immer wieder sprach er mit ihnen über Gottes neue Welt.

Abschied und Verheißung (1,4–14)

Als sie wieder einmal zusammen waren, schärfte er ihnen ein, Jerusalem nicht zu verlassen: „Wartet auf den, den der Vater euch versprochen hat. Ich habe euch sein Kommen ja schon früher immer wieder angekündigt. Johannes hat nur mit Wasser getauft; ihr aber werdet mit dem Heiligen Geist getauft. Und das schon in wenigen Tagen."

Da die Jünger spürten, dass dies vielleicht das letzte Zusammentreffen mit Jesus sein würde, fragten sie ihn: „Herr, ist jetzt der Zeitpunkt gekommen, dass du das Königreich Israel wiederherstellst?"

Jesus entgegnete: „Gewöhnt es euch ab, nach Zeiten und Fristen zu fragen. Es steht euch nicht zu, das zu wissen. Sie liegen allein in den Händen des Vaters. Viel wichtiger ist es, dass ihr durch den Heiligen Geist mit einer Kraft ausgerüstet werdet, die euch in die Lage versetzen wird, als meine Zeugen aufzutreten – in Jerusalem, in ganz Judäa und Samaria bis an die Enden der Welt."

Kaum hatte er diese Verheißung ausgesprochen, wurde er vor ihren Augen emporgehoben und von einer Wolke aufgenommen. Sie aber standen wie angewurzelt da und starrten hinter ihm her. Plötzlich traten zwei Männer in strahlend weißen Gewändern zu ihnen und sprachen sie an: „Ihr Galiläer! Was steht ihr da herum und schaut in den Himmel hinauf? Dieser Jesus, den ihr da gerade aus eurer Mitte in den Himmel habt aufsteigen sehen, wird von dort auch wieder auf die Erde zurückkehren."

So verließen die Jünger den Ölberg, der ungefähr einen Kilometer von der Stadt entfernt liegt, und kehrten nach Jerusalem zurück. Sie versammelten sich in dem Raum im Obergeschoss, den sie mittlerweile für ihre Treffen benutzten. Es waren Petrus, Johannes, Jakobus, Andreas, Philippus, Thomas, Bartholomäus, Matthäus, Jakobus, der Sohn des Alphäus, Simon, der Zelote, und Judas, der Sohn von Jakobus.

Sie bildeten zusammen mit den Frauen eine große Gruppe, die sich beharrlich zum Gebet traf. Auch Maria, die Mutter Jesu, war dabei, ebenso seine Brüder.

Eine Lücke wird gefüllt (1,15–26)

Ein paar Tage später erhob Petrus sich während einer ihrer Versammlungen – dieses Mal waren etwa einhundertzwanzig Personen in dem Raum zusammengekommen – und hielt eine kleine Ansprache: „Freunde, schon vor langer Zeit hat der Heilige Geist durch David Dinge gesagt, die wir durchaus auf Judas beziehen sollten, der ja der Anführer derer war, die Jesus gefangen nahmen. Das geschah, damit die Vorhersagen der Heiligen Schrift sich erfüllen. Judas war einer von uns und hatte eine ganz bestimmte Aufgabe in unserem Dienst.

Wie ihr wisst, wurde von dem Lohn seines Verrates ein Acker gekauft. Auf diesem Feld fand er selbst ein schreckliches Ende. Dort stürzte er so schlimm, dass sein Leib sich öffnete und die Eingeweide heraustraten. Jeder in Jerusalem kennt die Geschichte, darum nennen sie diesen Acker auf Hebräisch ‚Hakeldamach', was so viel heißt wie ‚Blutacker'. Hört selbst, wie die Psalmen das bereits andeuten:

> ‚Sein Land soll veröden,
> niemand soll auf ihm leben.'

Wichtig ist für uns aber der folgende Satz: ‚Lasst jemand anderen seine Aufgabe übernehmen.' Wir müssen also einen Ersatz für Judas finden, und zwar aus den Reihen der Männer, die von dem Zeitpunkt an mit uns zusammen waren, als Jesus von Johannes getauft worden ist, bis zum Tag seiner Aufnahme in den Himmel. Er muss vor allem wie wir ein Zeuge der Auferstehung Jesu sein."

Sie stellten zwei Kandidaten auf: Josef, der Barsabbas genannt wurde und den Beinamen Justus trug, und Matthias. Dann beteten sie: „Gott, du weißt, dass Judas seinen Dienst als Apostel verloren hat und an den Ort gegangen ist, der ihm gebührt. Wir brauchen einen Mann, der seine Lücke ausfüllt. Da du, Herr, alle Menschen durch und durch kennst, zeige uns, welchen von diesen beiden Männern du ausgewählt hast." Daraufhin gaben sie beiden Lose. Das entscheidende Los fiel auf Matthias, der von da an zu den Aposteln gehörte.

Ein Wunder des Verstehens (2,1–13)

2 Zu Beginn des Pfingstfestes waren sie alle wieder an ihrem Versammlungsort zusammen. Urplötzlich kam vom Himmel her ein Geräusch, als würde ein gewaltiger Wind heranbrausen. Dieses Rauschen erfüllte das gesamte Haus, in dem sie saßen. Dann erschien so etwas wie Feuerzungen, die sich auf jeden Einzelnen niederließen. Alle wurden mit dem Heiligen Geist erfüllt und begannen, in den verschiedensten Sprachen zu reden, wie der Heilige Geist sie ihnen eingab.

Anlässlich des Festes befand sich eine große Anzahl von Juden in Jerusalem, fromme Pilger aus der ganzen damals bekannten Welt. Als sie das Geräusch hörten, liefen sie alle bei dem betreffenden Haus zusammen. Vollkommen überrascht waren sie aber, als sie die Jünger in ihrer jeweiligen Muttersprache reden hörten. Sie waren ganz durcheinander und konnten überhaupt nicht begreifen, was da vor sich ging. Aufgeregt fragten sie sich gegenseitig: „Sind das nicht alles Galiläer? Wie kommt es dann, dass wir sie in unseren unterschiedlichen Muttersprachen reden hören? Immerhin sind wir Parther, Meder, Elamiter. Wir kommen aus Mesopotamien, Judäa und Kappadozien, Pontus und der Provinz Asia, Phrygien und Pamphylien, aus Ägypten und aus Gebieten Libyens in der Nähe von Cyrene. Natürlich sind unter uns auch welche aus Rom, sowohl Juden als auch Proselyten. Ja sogar Kreter und Araber sind unter uns! Wir hören sie alle in unseren jeweiligen Sprachen über die großen Taten Gottes reden."

Sie waren fassungslos und konnten sich keinen Reim auf das machen, was geschah. Immer wieder fragten sie sich: „Was hat das nur alles zu bedeuten?"

Andere fanden es nur lustig und spotteten: „Denen hat einfach der Wein zu gut geschmeckt."

Worte, die ins Herz vordringen (2,14–41)

In diesem Augenblick trat Petrus zusammen mit den übrigen elf vor und begann mutig und entschlossen zu sprechen: „Meine jüdischen Freunde und alle, die ihr gerade zu Besuch in Jerusalem seid, hört genau zu und lasst meine Worte zu euch durchdringen. Diese Menschen hier sind nicht betrunken, wie einige von euch vermuten. Sie hätten ja nicht einmal Zeit gehabt, sich zu betrinken, denn es ist ja erst neun Uhr am Morgen. Nein, was mit ihnen passiert ist, hat schon der Prophet Joël vorausgesagt:

> ‚In den letzten Tagen', so spricht der Herr,
> ‚werde ich mit meinem Geist alle Menschen erfüllen:
> Eure Söhne und Töchter werden prophezeien;
> junge Männer werden Visionen haben und alte Menschen bedeutungsvolle Träume.
> Niemand, auch nicht die einfachsten Menschen,
> werde ich davon ausschließen,
> mit meinem Geist erfüllt zu werden.
> Sie alle werden prophetisch reden.
> Ich werde Wunder am Himmel und unten auf der Erde geschehen lassen,
> Blut und Feuer und wogenden Rauch,
> die Sonne wird sich verfinstern und der Mond blutrot werden.
> Das alles geschieht, bevor der »Tag des Herrn« anbricht,
> dieser große und strahlende Tag;
> wer dann nach mir schreit und um Hilfe bittet,
> der wird gerettet werden.'

Ihr Israeliten, hört jetzt genau zu, was ich euch zu sagen habe: Jesus aus Nazaret, ein Mann, der von Gott – wie ihr selbst nur zu gut wisst – einmalig durch die Wunder und Zeichen beglaubigt wurde, die Gott durch ihn mitten unter euch hat geschehen lassen, diesen Jesus habt ihr in die Hände der Heiden ausgeliefert. Die haben ihn dann ans

Kreuz geschlagen und umbringen lassen. Doch nichts davon ist geschehen, ohne dass Gott nicht schon immer darum gewusst hätte. So löste er die Fesseln des Todes und erweckte Jesus zum Leben. Der Tod konnte ihn nicht festhalten. David hat das alles schon vorausgesehen, als er das ganze Geschehen so beschrieb, als spräche Jesus selbst:

> ‚Ich sah Gott die ganze Zeit über vor mir.
> Nichts konnte mich erschüttern; denn er stand mir zur Seite.
> Deswegen freut sich mein Herz und könnte andauernd jubeln.
> Denn mein Leib kommt jetzt zur Ruhe,
> weil ich allen Grund habe, alles zu erhoffen.
> Auch weiß ich nun, dass du meine Seele nicht im Totenreich gelassen hast.
> Für mich wird es keine Verwesung geben,
> denn du hast meine Füße auf den Weg des Lebens gestellt,
> mich mit Freude erfüllt in deiner Gegenwart.‘

Liebe Freunde, lasst mich ganz offen reden. David, unser Vorfahre, ist tot und wurde begraben – jeder von uns weiß, wo sein Grab ist. Das heißt, er hat das, was ihr eben gehört habt, nicht auf sich bezogen, sondern prophetisch auf den Mann, der einmal als sein Nachkomme das Volk Israel regieren würde. Denn das hatte ihm Gott versprochen. Und er sagte voraus, dass dieser Nachkomme – es ist niemand anderes als der ersehnte Messias – kein Totenreich und keine Verwesung erleben würde.

Diesen Jesus hat Gott auferweckt, wofür jeder von uns hier Zeuge ist. Schließlich hat Gott ihn in den Himmel erhoben und ihm den Platz zu seiner Rechten gegeben. Den ihm vom Vater gegebenen Heiligen Geist schenkte er weiter. Er ist es nämlich, der uns erfüllt, wie ihr seht und hört. Noch einmal: David sprach in seinem Psalm nicht von sich selbst, denn er stieg ja nicht zum Himmel auf, sondern von dem Messias:

'Gott sagte zu meinem Herrn: Setze dich zu meiner Rechten, bis ich aus deinen Feinden einen Fußschemel für deine Füße gemacht habe.'

Darum, Israel, lass dir eines gesagt sein: Hier ist kein Platz mehr für Zweifel – Gott hat bestätigt, dass Jesus, den ihr am Kreuz habt umbringen lassen, der Herr und langersehnte Messias ist."

Als sie das hörten, waren sie zutiefst betroffen, und sie fragten Petrus und die anderen Apostel: „Was sollen wir denn jetzt bloß tun, Brüder!?"

Petrus entgegnete: „Denkt um! Wendet euch Gott zu und lasst euch taufen, jeder von euch, auf den Namen dieses Jesus Christus, damit eure Sünden vergeben werden. Dann werdet ihr das Geschenk des Heiligen Geistes empfangen. Die Verheißung gilt euch und euren Kindern, doch auch all denen, die ganz woanders leben und nicht zu unserem Volk gehören. Auch sie möchte Gott, unser Herr, in seine Nähe rufen."

Ähnlich eindringlich und überzeugend sprach Petrus weiter und drängte seine Zuhörer: „Lasst euch herausholen aus dieser verdrehten Generation! Diese Generation ist auf einem falschen Weg! Wendet euch von ihrer Verkehrtheit ab und lasst euch retten!" Eine große Zahl von Menschen öffnete sich für das, was Petrus ihnen über Jesus gesagt hatte. Noch am selben Tag ließen sie sich taufen. Am Ende dieses Pfingstfestes war die Gemeinde Jesu um dreitausend Männer und Frauen gewachsen.

Erstes Gemeindeleben (2,42–47)

Diese plötzlich sehr stark angewachsene Gemeinde entwickelte ein eigenes Leben in einzelnen, kleinen Haus-Gemeinschaften. Dort lehrten die Apostel, dort brach man auch das Brot miteinander und lernte vor allem zu beten.

Alle wurden von einer heiligen Furcht erfasst, denn durch die

Apostel geschahen zahlreiche Zeichen und Wunder. Und alle, die zum Glauben gekommen waren, lebten mit einem Mal füreinander. Sie besaßen alles gemeinsam, das heißt: Viele verkauften alles, was sie besaßen, und gaben es an andere weiter, die darauf angewiesen waren.

Sie hatten es sich auch zur Gewohnheit gemacht, täglich in den Tempel zu gehen, um dort zu beten und sich anschließend in den verschiedenen Häusern zum „Brotbrechen" zu treffen, das sie ganz besonders an Jesus erinnerte. Jede dieser Mahlzeiten war ein kleines Fest, alle waren voller kindlicher Freude, voller Lob und Dankbarkeit gegenüber dem Vater. In der übrigen Bevölkerung wuchs das Wohlwollen gegenüber dieser neuen Gemeinschaft und täglich stießen neue Menschen hinzu, die Gott selbst der Gemeinschaft zuführen wollte und die so ihre Rettung fanden.

Kein Almosen, aber … (3,1–11)

3 Eines Tages, es war gegen drei Uhr nachmittags, waren Petrus und Johannes auf dem Weg zum Tempel, um dort mit anderen zu beten. Zur gleichen Zeit wurde auch ein Mann, der von Geburt an gelähmt war, zum Tempel getragen. Er wurde jeden Tag am Tor des Tempels abgesetzt, das man „das Schöne" nennt, und bettelte dort die Leute an, die in den Tempel gingen. Als er die beiden auf das Tor zukommen sah, bat er sie, ohne aufzusehen, um eine kleine Gabe. Petrus und Johannes blieben vor ihm stehen und versuchten, ihn anzusehen. Schließlich sagte Petrus: „Schau uns an!" Da hob der Gelähmte den Kopf in der Hoffnung, von ihnen etwas zu bekommen.

Petrus schüttelte den Kopf: „Ich habe nichts, das ich dir geben könnte, aber was ich habe, das gebe ich dir. Im Namen Jesu Christi aus Nazaret: Steh auf und geh!" Er ergriff die rechte Hand des Mannes und half ihm auf. Da kam plötzlich Leben in dessen Beine, die Füße und Knöchel wurden kräftig, und endlich sprang der Mann vollends auf seine Beine. Zunächst lief er voller Freude umher, dann ging er mit ihnen in den Tempel, rannte immer wieder vor und zurück, tanzte und pries Gott. Die Leute erkannten in ihm den Bettler, der immer am „Schönen Tor" gesessen hatte, und waren außer sich vor Staunen. Sie konnten einfach nicht glauben, was sich da vor ihren Augen abspielte.

Außer sich vor Freude schlang der Mann seine Arme um Petrus und Johannes. Mittlerweile waren sie in der Halle Salomos angelangt. Immer mehr Menschen drängten dort hinein, um sich selbst von dem Unglaublichen zu überzeugen.

Umkehren, um Gott zu begegnen (3,12–26)

Als Petrus sah, wie viele Menschen sich um sie versammelt hatten, nutzte er die Gelegenheit und sprach direkt zu ihnen:

„Ihr Israeliten, warum hat euch diese Heilung so überrascht und was starrt ihr uns an, als hätten wir es aus eigener Kraft oder durch besondere Frömmigkeit fertiggebracht, dass dieser Mann wieder gehen kann? Niemand anderes als der Gott Abrahams, Isaaks und Jakobs, der Gott unserer Vorfahren, hat dieses Wunder vollbracht. Und das nur, um seinen Sohn Jesus zu verherrlichen. Ja, es ist derselbe, mit dem ihr nichts mehr zu tun haben wolltet, den ihr an die Besatzer ausgeliefert habt. Ihr habt den einen Heiligen, den Gerechten, abgelehnt, obwohl Pilatus ihn freilassen wollte, und habt euch an seiner Stelle einen Mörder erbeten. Ihr habt den Einzigen, der uns zum Leben geführt hat, umbringen lassen, doch Gott hat ihn vom Tod auferweckt. Das können wir bezeugen. Unser Glaube an den Namen Jesu hat diesen Mann, den ihr hier seht und sehr gut kennt, vor euren eigenen Augen vollständig gesund gemacht.

Vielleicht fühlt ihr euch jetzt elend, wenn ich auch nur den Namen Jesu erwähne. Ich möchte euch sagen, dass uns klar ist, wie wenig euch, Brüder, bewusst war, was ihr da eigentlich getan habt, als ihr Jesus diesem furchtbaren Tod ausgeliefert habt – weder euch noch euren führenden Leuten, obwohl Gott immer wieder durch seine

Propheten davon gesprochen hat, dass der Messias getötet werden würde. Ihr habt also wirklich die großen Prophetien erfüllt.

Nun ist es an der Zeit, dass ihr einen neuen Weg einschlagt. Wendet euch Gott zu, damit er euch eure Schuld vergeben und euch mit seiner Liebe und Gegenwart neuen Mut schenken kann. Er wird euch den Messias schicken, wie er es schon immer für euch vorgesehen hatte – nämlich Jesus. Bis zu der Zeit, in der Himmel und Erde wiederhergestellt werden, bleibt er jedoch im Himmel und somit unseren Blicken verborgen. Das entspricht ganz dem, was Gott schon viel früher durch seine heiligen Propheten angekündigt hat. Mose zum Beispiel hat gesagt: ‚Euer Gott wird unter euch und aus eurer Familie einen Propheten wie mich heranwachsen lassen. Hört auf alles, was er euch sagen wird! Jeder, der sich weigert, auf diesen Propheten zu hören, wird aus diesem Volk ausgestoßen.‘

Alle Propheten, angefangen von Samuel bis zu denen der jüngsten Vergangenheit, haben das Gleiche angekündigt. Sie haben auf unterschiedlichste Art und Weise die Ereignisse dieser Tage vorausgesehen. Ihr alle seid Nachfahren dieser Propheten und auch der Väter, die mit Gott einen Bund geschlossen haben. Erinnert euch an das, was Gott Abraham versprochen hat: ‚Durch deine Nachkommen werden alle Generationen auf der Erde gesegnet werden.‘ Gott aber hat seinen Sohn vor allem für euch auferweckt, damit ihr durch ihn seinen Segen erhaltet. Darum macht ernst und wendet euch von euren bösen, verkehrten Wegen ab.“

Ein Rat ist ratlos (4,1–22)

4 Während Petrus und Johannes zu den Leuten sprachen, rückten die Priester zusammen mit dem Befehlshaber der Tempelgarde und einigen Sadduzäern an. Sie waren sehr aufgebracht darüber, dass es überhaupt noch jemand wagte, so offen vor so vielen Menschen von Jesus zu sprechen und überdies noch zu behaupten, es gäbe eine Auferstehung von den Toten, für die Jesus der beste Beweis sei. Da es

schon spät war, wollten sie sich jedoch nicht mehr mit den beiden auseinandersetzen. Darum ließen sie Petrus und Johannes festnehmen und bis zum nächsten Tag ins Gefängnis werfen. Doch die Menschen hatten schon zu viel gehört. Eine große Zahl kam an diesem Tag zum Glauben, darunter allein fünftausend Männer.

So fand bereits am nächsten Tag die Verhandlung statt. Die führenden Juden, die religiösen Leiter, die Schriftgelehrten, Hannas, der Oberste Priester, Johannes, Alexander und sogar alle, die aus dem hohepriesterlichen Geschlecht stammten, waren versammelt. Sie stellten Petrus und Johannes in die Mitte und begannen ihr Verhör: „Mit welcher Kraft oder in welchem Namen habt ihr das fertiggebracht?"

Auf diese Frage hatte Petrus gewartet. Erfüllt mit dem Heiligen Geist, begann er zu sprechen: „Ihr Ältesten und Führer des Volkes, wenn ihr uns schon vernehmen wollt, nur weil wir einem kranken Mann etwas Gutes tun konnten, und wenn ihr unbedingt wissen wollt, durch wen dieser Mann geheilt wurde, dann möchte ich euch und damit dem gesamten Volk Israel ganz offen sagen, wer es war. Allein durch den Namen Jesu, des Mannes aus Nazaret, den ihr ans Kreuz habt schlagen lassen, den Gott aber von den Toten auferweckt hat, steht dieser Mann gesund und heil vor euch. Jesus ist der Stein, ‚den ihr Bauleute weggeworfen habt, der aber jetzt zum Eckstein wurde'. Nur er kann Rettung bringen. Und in keinem anderen Namen findet die Menschheit Rettung als im Namen ‚Jesus'."

Als die Versammelten Petrus und Johannes so vor sich stehen sahen, mussten sie sich doch wundern. Zum einen waren sie zwar einfache Menschen, aber nicht im Geringsten durch die Anwesenheit so vieler Würdenträger eingeschüchtert. Zum anderen waren sie offensichtlich ungebildete Männer, die trotzdem überzeugend zu reden verstanden. Natürlich erkannten sie in ihnen Anhänger dieses Jesus von Nazaret; da sie aber den Mann vor Augen hatten, der aufrecht und völlig geheilt neben ihnen stand, gingen ihnen schlichtweg die Argumente aus.

So schickten sie die drei aus dem Raum hinaus, um das weitere

Vorgehen abzusprechen. Es galt, die Antwort auf eine einzige Frage zu finden: „Was können wir gegen diese Männer unternehmen? Wir können das Ganze nicht ungeschehen machen. Mittlerweile weiß die ganze Stadt, dass sich ein Wunder ereignet hat und diese Jesus-Leute dahinterstecken. Es gibt nur eine Lösung: Wir müssen sie durch massive Drohungen zum Schweigen bringen, damit die Sache nicht noch mehr Wellen schlägt. Sie sollen es nicht mehr wagen, den Namen bei irgendeiner Gelegenheit noch einmal zu gebrauchen."

Sie riefen sie wieder herein und warnten sie, unter keinen Umständen noch einmal zu den Leuten über diesen Jesus zu sprechen oder seinen Namen zu erwähnen. Doch Petrus und Johannes ließen sich nicht einschüchtern: „Ob es in Gottes Augen recht ist", entgegneten sie, „euch mehr zu gehorchen als Gott selbst, das müsst ihr entscheiden. Für uns ist das keine Frage, denn wir können unmöglich über das schweigen, was wir gesehen und gehört haben."

Die Mitglieder des Hohen Rates warnten sie nochmals vor den schlimmen Konsequenzen, die ein Verstoß gegen ihre Anordnungen nach sich ziehen würde, ließen sie dann aber gehen. Sie hatten nichts in der Hand, um sie weiter im Gefängnis festhalten oder sonst irgendwie bestrafen zu können. Die Mitglieder des Hohen Rates waren sicher, dass das Volk für sie eintreten würde, denn alle lobten Gott für das, was sich ereignet hatte. Denn immerhin war der Mann, der geheilt worden war, über vierzig Jahrelang gelähmt gewesen.

Ein Herz und eine Seele (4,23–37)

Sofort nach ihrer Entlassung begaben sich Petrus und Johannes zu ihren Freunden und erzählten diesen, was die Hohenpriester und die Ältesten ihnen auferlegt hatten. Als alle den Bericht gehört hatten, verbanden sie sich in großer Einheit miteinander zu einem inständigen Gebet: „Herr, du hast Erde, Himmel, das Meer geschaffen und alles, was lebt. Dein Heiliger Geist hat durch den Mund deines Dieners und unseres Vaters David gesprochen:

‚Warum macht ihr einen solchen Lärm, ihr Nationen?
Warum schmiedet ihr so üble Pläne, Völker?
Die Herrscher dieser Welt haben sich verbündet und versammeln sich in dieser Stadt,
um gegen dich und deinen Christus vorzugehen.'

Genau das hat sich unter uns ereignet: In dieser Stadt haben sich Herodes und Pilatus mit ihren Anhängern zusammen mit den Vertretern deines Volkes Israel gegen deinen heiligen Sohn Jesus verschworen, der dein Messias war, um auszuführen, was du schon vor langer Zeit vorausgesehen hattest.

Und nun fangen sie schon wieder an! Höre du ihre Drohungen und schenke deinen Dienern furchtloses Vertrauen, wenn sie deine Botschaft weitergeben. Wir verlassen uns darauf, dass du jetzt erst recht deine Hand ausstreckst und im Namen deines heiligen Dieners Jesu Heilungen und Wunder geschehen lässt."

Während sie beteten, begann der Ort, an dem sie versammelt waren, zu zittern und zu beben. Alle wurden mit dem Heiligen Geist erfüllt und ließen sich durch nichts und niemanden davon abhalten, Gottes Wort mit furchtlosem Vertrauen zu verkünden.

Die große Zahl der Glaubenden zeichnete sich vor allem durch eine tiefe Einheit aus. Sie waren wirklich ein Herz und eine Seele. Keiner beanspruchte noch privaten Besitz. Kein Einziger sagte mehr: „Nein, das gehört mir, das kannst du nicht haben." Sie teilten alles miteinander. Die Apostel sprachen mit Vollmacht über die Auferstehung Jesu und alle waren von der Liebe Gottes erfüllt.

Nicht einer unter ihnen litt Not. Diejenigen unter ihnen, die ein Grundstück oder ein Haus besaßen, verkauften es und gaben den gesamten Erlös den Aposteln. Diese wiederum verteilten die Mittel ganz nach Bedarf an jeden Einzelnen.

Das tat auch Josef, der von den Aposteln den Beinamen „Barnabas" (was so viel heißt wie „Sohn des Trostes") erhalten hatte. Er war ein Levit, der auf Zypern geboren war. Er verkaufte ein Feld, das ihm gehörte, und brachte das Geld den Aposteln.

Ein folgenreicher Vorfall (5,1–11)

5 Eines Tages wurde dieses friedliche Miteinander jäh unterbrochen. Wieder einmal gab jemand den Aposteln das Geld für ein Grundstück. Der Name des Mannes war Hananias. Er gab zwar vor, dass dies alles sei, was er für das Feld bekommen habe, aber er hatte mit Wissen seiner Frau Saphira einen Teil des Erlöses für sich zurückgelegt.

Petrus stellte ihn zur Rede: „Hananias, wie ist es dem Satan nur gelungen, dich dazu zu bewegen, den Heiligen Geist zu belügen und heimlich einen Teil des Geldes für das Grundstück zurückzubehalten? Bevor du es verkauft hast, gehörte alles dir, und nachdem du es verkauft hattest, konntest du immer noch mit deinem Geld machen, was du wolltest. Was aber ist in dich gefahren, dass du dieses üble Theater aufziehen musstest? Du hast nicht Menschen belogen, sondern Gott selbst."

Als Hananias diese Worte vernommen hatte, brach er tot zusammen. Alle, die davon hörten, waren zutiefst erschrocken. Wie ernst musste man doch Gott nehmen! Ein paar junge Männer hüllten ihn in Tücher und trugen ihn hinaus, um ihn in ein Grab zu legen.

Keine drei Stunden später kam auch Saphira, seine Frau, herein, die von all dem, was vorgefallen war, nichts mitbekommen hatte. Petrus fragte sie: „Sag mir, war das der Preis für das Grundstück, das ihr verkauft habt?"

„Ja", sagte sie, „das war der Preis."

„Was ist nur geschehen, dass ihr auf den Gedanken kommen konntet, den Heiligen Geist zu belügen? Die Männer, die gerade deinen Mann beerdigt haben, stehen schon vor der Türe, um dich als Nächste hinauszutragen." Kaum hatte er das gesagt, brach auch sie vor seinen Füßen zusammen und starb. Die jungen Männer, die gerade zurückgekommen waren, sahen, dass sie tot war. Sie trugen auch ihre Leiche hinaus und legten sie neben ihren Mann in das Grab.

Jeden, der von diesem Ereignis hörte, egal, ob er zur Gemeinde gehörte oder nicht, erfasste eine heilsame Furcht vor Gott. Viele begannen, Gott vielleicht zum ersten Mal wirklich ernst zu nehmen.

Gott bestätigt die Gemeinde (5,12–16)

Die Apostel vollbrachten viele Zeichen und Wunder vor den Augen des Volkes. Vor allem aber beeindruckte die Menschen, dass die erste Gemeinde sich immer wieder in großer Einmütigkeit in der Halle Salomos traf. Man bewunderte sie, hielt sich aber selbst auf Distanz. Trotzdem schlossen sich Tag für Tag immer neue Männer und Frauen der Gemeinde an. Einer der Gründe dafür war sicher auch das, was Gott durch die Apostel unter den Kranken tat. Mittlerweile legten die Menschen ihre Kranken auf Bahren und Matten entlang der Wege ab, auf denen Petrus mit Sicherheit vorbeikam. Sie hofften, dass sein Schatten dabei auf die Kranken fallen würde. Denn das Unglaubliche geschah: Es wurden wirklich alle geheilt und befreit. So war es ganz natürlich, dass aus den Dörfern rund um Jerusalem immer mehr Menschen nach Jerusalem kamen und ihre Kranken und Besessenen mitbrachten.

Der Rat des Gamaliel (5,17–42)

Das provozierte den Obersten Priester und vor allem die Sadduzäer aufs Äußerste. Da er den Ereignissen nicht länger zusehen konnte, ließ er die Apostel festnehmen und in das Gefängnis der Stadt werfen. Doch in der Nacht öffnete ein Engel die Tore des Gefängnisses und führte die Männer hinaus. Er sagte ihnen: „Geht in den Tempel und nehmt euren alten Platz ein. Sagt den Leuten alles, was sie über das Leben mit Gott wissen müssen."

Nur allzu gern folgten sie diesem Auftrag. So betraten sie schon früh am Morgen den Tempel und lehrten dort weiter, wo die Tempelwache sie am Vortag unterbrochen hatte.

Inzwischen hatte der Oberste Priester seine engsten Berater und den Hohen Rat – die oberste Führung Israels – bei sich versammelt. Er sandte die Tempelwache zum Gefängnis, um die Gefangenen vorführen zu lassen. Als diese dort ankamen, trafen sie im ganzen Gefängnis niemanden mehr an. So kehrten sie zurück und berichteten: „Als wir ankamen, fanden wir das Gefängnis vorschriftsmäßig verschlossen und vor seinen Toren die notwendigen Wachen. Doch als uns geöffnet wurde, trafen wir im Gefängnis selbst auf niemanden."

Der Kommandant der Tempelgarde und die Hohenpriester hörten sich den Bericht an und waren völlig ratlos, wie so etwas überhaupt passieren konnte.

Doch da stürzte mitten in dieser peinlichen Situation jemand hinein und berichtete: „Wisst ihr eigentlich, dass die Männer, die ihr ins Gefängnis werfen lassen habt, im Tempel stehen und dort weiterhin ihre Lehren im Volk verbreiten?"

Der Kommandant und seine Männer gingen sofort los und baten die Apostel, ihnen zu folgen. Sie hätten sie in diesem Augenblick niemals mit Gewalt abführen können, denn sie mussten befürchten, dass die ganze Wut des Volkes sich dann gegen sie wenden würde.

Die Apostel begleiteten sie also, bis sie vor dem Hohen Rat standen. Dann war es mit der Freundlichkeit vorbei. Der Oberste Priester fuhr sie an: „Haben wir euch nicht ausdrücklich den strikten Befehl gegeben, nicht mehr im Namen dieses Mannes zu lehren? Ihr aber macht ganz Jerusalem mit euren Ideen verrückt, und außerdem stellt ihr alles so dar, als seien wir schuld am Tod dieses Mannes!"

Petrus und die Apostel antworteten: „Seid ihr nicht auch davon überzeugt, dass man Gott mehr gehorchen muss als den Menschen?! Der Gott unserer Vorfahren hat Jesus vom Tod erweckt, den Mann, den ihr am Kreuz habt umbringen lassen. Gott hat ihn als Herrn und Erlöser zu sich erhoben und an seine Seite gesetzt, damit Israel noch einmal die Gelegenheit erhält, umzukehren und von seiner Schuld befreit zu werden. Nicht nur wir können dies alles bezeugen, sondern das tut vor allem der Heilige Geist. Den aber verleiht Gott nur denen, die auch bereit sind, ihm zu gehorchen."

Als sie das hörten, wurden die Priester so wütend, dass sie die Apostel am liebsten auf der Stelle getötet hätten. Doch da erhob sich eines der Ratsmitglieder, ein Pharisäer namens Gamaliel. Er genoss als Gesetzeslehrer hohes Ansehen sowohl im Rat als auch beim ganzen Volk. Er gab kurzerhand den Befehl, die Männer einen Augenblick aus dem Raum zu führen, dann sagte er: „Meine israelitischen Freunde, seid vorsichtig mit dem, was ihr mit diesen Männern vorhabt. Denkt doch einmal zurück: Vor nicht allzu langer Zeit behauptete ein gewisser Theudas von sich, etwas Besonderes zu sein, und konnte tatsächlich vierhundert Männer um sich versammeln. Nachdem er aber umgebracht worden war, zerstreuten sich seine Anhänger, und seitdem hat sich nichts mehr ereignet. Ein wenig später, etwa in der Zeit der Volkszählung, erschien ein anderer Mann auf der Bildfläche – Judas aus Galiläa – und predigte gegen unsere Religion. Auch er gewann eine große Gefolgschaft, die sich jedoch genauso schnell zerstreute, nachdem er selbst ums Leben gekommen war, wie sie sich um ihn geschart hatte.

Darum möchte ich euch raten: Seid mit diesen Männern vorsichtig! Lasst sie weitermachen. Wenn das, was sie vorhaben und tun, nur Menschenwerk ist, wird es über kurz oder lang von allein verschwinden. Wenn es aber von Gott kommt, dann könnt ihr zum einen nichts dagegen unternehmen, zum anderen würdet ihr eines Tages als Menschen dastehen, die versucht haben, sich Gott in den Weg zu stellen!“

Das überzeugte sie. Sie riefen die Apostel wieder herein, und um nicht völlig hilflos auszusehen, ließen sie sie auspeitschen. Dann wurden sie noch einmal verwarnt, und man befahl ihnen, nicht mehr im Namen Jesu zu sprechen, und schließlich wurden sie freigelassen. Die Apostel verließen den Hohen Rat voller Freude, weil ihnen die Ehre zuteil geworden war, für Jesus beschimpft und geschlagen worden zu sein. Natürlich hörten sie nicht auf, jeden Tag im Tempel und den verschiedenen Privathäusern von Jesus Christus zu erzählen und seine Frohe Botschaft weiterzugeben.

Das Wort Gottes breitet sich immer mehr aus (6,1–7)

6 Während dieser Zeit wuchs die Gemeinde unerwartet stark, was natürlich auch einige Schwierigkeiten mit sich brachte. So kam es beispielsweise zu einem Konflikt zwischen den Griechisch sprechenden Gläubigen, den „Hellenisten", und den Hebräisch sprechenden, weil die Hellenisten das Gefühl hatten, ihre Witwen würden bei der täglichen Essensausgabe benachteiligt. Daraufhin beriefen die Zwölf eine Versammlung der Jünger ein. Sie sagten: „Eigentlich ist es nicht in Ordnung, dass wir unseren Verkündigungsdienst vernachlässigen, nur um uns ständig um die Versorgung bei Tisch zu kümmern. Deshalb, Freunde, wählt sieben Männer aus euren Reihen aus, Männer, denen jeder vertraut und die mit dem Heiligen Geist und einem gesunden Menschenverstand begabt sind, und wir werden ihnen diese Aufgabe übertragen. Wir können uns dann verstärkt unserer eigentlichen Aufgabe widmen, nämlich zu beten und das Wort Gottes weiterzugeben."

Dieser Gedanke fand allgemeine Zustimmung. Sofort wählten sie aus ihren Reihen sieben Männer aus: Stephanus, einen Mann voller Glauben und erfüllt mit dem Heiligen Geist, Philippus, Prochorus, Nicanor, Timon, Parmenas und Nikolaus, einen Proselyten aus Antiochia.

Dann stellten sie diese den Aposteln vor. Die Apostel legten ihnen unter Gebet die Hände auf und übertrugen ihnen so ihre neue Verantwortung.

Das Wort Gottes aber verbreitete sich immer mehr und so nahm die Zahl der Jünger in Jerusalem täglich zu. Dabei fiel vor allem auf, dass eine große Zahl von Priestern zum lebendigen Glauben an Christus kam.

Stephanus (6,8–15)

Stephanus war von der Gnade Gottes erfüllt, die ihm die Vollmacht gab, bei den Menschen große Zeichen und Wunder zu vollbringen. Das konnten andere nicht länger ertragen. Leute aus den Synagogen der Libertiner, Zyrenäer, Alexandriner, dazu noch aus Zilizien und aus der Provinz Asia forderten ihn zu einem Streitgespräch heraus. Doch trotz all ihrer Anstrengungen konnten sie der Weisheit und dem Geist, mit dem Stephanus sprach, nichts entgegensetzen.

Da versuchten sie es auf eine andere Weise und bestachen ein paar Männer, die behaupten sollten: „Wir haben ihn gehört, wie er Lästerliches über Mose und Gott gesagt hat."

So versuchten sie das Volk, die religiösen Führer und die Schriftgelehrten gegen ihn aufzuhetzen. Endlich hatten sie genügend Rückendeckung, um Stephanus zu ergreifen und vor den Hohen Rat zu schleppen. Und wieder schoben sie ihre bestochenen Zeugen vor, die gegen ihn aussagten: „Dieser Mann redet ununterbrochen gegen diesen heiligen Ort und gegen Gottes Gesetz. Wir haben ihn sogar sagen hören, dass dieser Nazoräer Jesus die heiligen Stätten zerstören wird und alle überlieferten Ordnungen des Mose verändern will."

Noch während die falschen Zeugen redeten, konnte keiner, der im Hohen Rat saß, seine Augen von Stephanus abwenden. Sein Gesicht glich dem strahlenden Antlitz eines Engels!

Stephanus, erfüllt mit dem Heiligen Geist (7,1–8,1a)

7 Daraufhin sprach der Hohepriester ihn an: „Was hast du zu den Vorwürfen zu sagen?"

Stephanus erwiderte: „Männer, Väter und Brüder, der Gott der Herrlichkeit erschien unserem Vater Abraham, als dieser in Mesopotamien lebte und noch nicht nach Haran gezogen war, und sagte ihm: ‚Verlass dein Land und deine ganze Verwandtschaft, und geh in das Land, das ich dir zeigen werde.'

So verließ Abraham tatsächlich das Land der Chaldäer und zog nach Haran. Nach dem Tod seines Vaters wanderte er in das Land ein, in dem ihr heute lebt, doch Gott gab ihm davon nichts, keinen Fußbreit. Er versprach ihm nur, ihm und seinem Sohn das Land später zu geben. Zu dieser Zeit hatte Abraham aber noch gar keinen Sohn. Gott ließ ihn auch wissen, dass seine Nachkommen in ein fremdes Land ziehen würden, wo sie mit roher Gewalt vierhundert Jahre als Sklaven gehalten werden würden. ‚Doch', so sagte ihm Gott, ‚ich werde mich um diese Sklavenhalter kümmern und mein Volk zurückbringen, damit sie mich an diesem Ort verehren können.'

Dann schloss er einen Bund mit Abraham und besiegelte diesen damit, dass er Abraham beschnitt. Als nun dieser selbst einen Sohn namens Isaak bekam, führte er acht Tage nach der Geburt ebenfalls die Beschneidung durch. Isaak wurde dann Vater von Jakob, Jakob wiederum der Vater der zwölf Stammväter unseres Volkes. Jeder von ihnen gab treu dieses Zeichen der Beschneidung weiter.

Doch dann verzehrten sich unsere Vorväter vor Eifersucht auf ihren Bruder Josef und verkauften diesen in die Sklaverei nach Ägypten. Aber Gott war dort erst recht bei ihm. Er bewahrte ihn nicht nur in allen Schwierigkeiten, sondern lenkte auch die Aufmerksamkeit des Pharaos, des Königs von Ägypten, auf ihn. Dieser war so von Josef beeindruckt, dass er ihn als Verwalter über das gesamte Land einsetzte – einschließlich der königlichen Besitztümer.

Später kam es dann zu einer großen Hungersnot, die das gesamte Gebiet von Kanaan bis Ägypten betraf und schlimme Auswirkungen hatte. Unsere Stammväter suchten in ihrem Hunger nach irgendwelchen Möglichkeiten, wie sie die Familien weiter ernähren konnten, aber es gab nichts mehr. Jakob hatte gehört, dass es in Ägypten noch Nahrung gab. Darum schickte er unsere Väter dorthin, um diese Möglichkeit zu erkunden. Nachdem sie den Bericht bestätigt hatten, begaben sie sich ein zweites Mal nach Ägypten, um Nahrungsmittel einzukaufen. Bei diesem Besuch gab sich Josef seinen Brüdern zu erkennen und stellte die Familie seines Vaters Jakob dem Pharao vor. Dann ließ Josef seinen Vater und die restlichen Familienmitglieder –

es waren insgesamt fünfundsiebzig Personen – nach Ägypten kommen. So kam die Familie Jakobs nach Ägypten.

Jakob starb nun und nach ihm auch alle unsere Stammväter. Sie wurden nach Sichem gebracht und dort in einem Grab bestattet, das Abraham von den Söhnen des Hamor erstanden hatte.

Als die vierhundert Jahre beinahe vorüber waren – die Zeit, nach der Gott Abraham die Befreiung zugesagt hatte –, war unser Volk in Ägypten gewaltig angewachsen. Wer jetzt Pharao in Ägypten war, wusste schon lange nichts mehr von der Geschichte mit Josef. Einem dieser ägyptischen Herrscher wurde unser Volk schließlich zu groß. So zwang er uns, unsere neugeborenen Kinder einfach auszusetzen und sie so einen schrecklichen Tod sterben zu lassen.

In dieser Zeit wurde nun Mose geboren, ein Kind, an dem Gott seine Freude hatte. Drei Monate gelang es, ihn im Haus versteckt zu halten. Doch als man ihn nicht länger verbergen konnte, wurde er außerhalb versteckt und von der Tochter des Pharaos entdeckt und gerettet. Sie nahm ihn an, als sei er ihr eigener Sohn. Mose wurde an den besten Schulen unterrichtet, erhielt eine hervorragende Ausbildung und beeindruckte gleichermaßen durch seine geistigen wie körperlichen Fähigkeiten.

Als er vierzig Jahre alt war, fragte er sich, wie es eigentlich seinem eigenen Volk, den Hebräern, erging, und er begann, nach seinen Brüdern zu sehen. Da wurde er Zeuge, wie ein ägyptischer Aufseher einen seiner Landsleute willkürlich züchtigte. Ohne zu zögern, stand er dem Misshandelten bei und schlug den Aufseher tot. Er war davon überzeugt, dass sein Volk froh darüber wäre, ihn auf seiner Seite zu wissen. Sicher würden sie jetzt erkennen, dass er ein Instrument in der Hand Gottes war, um sie aus der Sklaverei zu befreien. Doch sie begriffen es nicht. Am nächsten Tag bekam er mit, wie zwei Hebräer miteinander kämpften, und er tat alles, um den Kampf zu schlichten und sie wieder miteinander zu versöhnen: ‚Freunde, ihr seid doch Brüder, wie könnt ihr euch da gegenseitig angreifen?'

Der eine, der den Kampf begonnen hatte, fuhr ihn an: ‚Was hast du uns überhaupt zu befehlen? Willst du dich hier als Richter über uns aufspielen? Oder willst du mich vielleicht sogar umbringen, wie du es gestern mit dem Ägypter gemacht hast?‘ Als Mose das hörte, war ihm klar, dass er von seinen eigenen Volksgenossen keine Hilfe zu erwarten hatte. So blieben ihm nur noch die Flucht und ein Leben im Exil in Midian. Während dieses Exils wurden ihm zwei Söhne geboren.

Vierzig Jahre später erschien ihm in der Wüste am Berg Sinai ein Engel in Gestalt eines brennenden Busches, der nicht verbrannte. Mose wunderte sich über das seltsame Feuer und trat näher heran, um sich das Ganze aus der Nähe anzusehen. Da vernahm er die Stimme Gottes: ‚Ich bin der Gott eurer Väter, der Gott Abrahams, Isaaks und Jakobs.‘ Mose fürchtete sich sehr. Er schloss seine Augen und wandte sich ab.

Aber Gott sagte zu ihm: ‚Löse die Riemen deiner Sandalen und ziehe sie aus. Du befindest dich an einem heiligen Ort und stehst auf heiligem Boden. Ich habe die verzweifelte Lage meines Volkes in Ägypten gesehen und sein Stöhnen gehört, darum bin ich herabgekommen, um sie aus dieser furchtbaren Not zu retten. Bereite dich darauf vor, denn ich werde dich nach Ägypten zurücksenden!‘

Das war derselbe Mose, den sie früher mit den Worten abgelehnt hatten: ‚Möchtest du dich hier als Richter über uns aufspielen?‘ Es war derselbe Mose, den Gott durch den Engel im brennenden Dornbusch als Anführer und Befreier zurück nach Ägypten schickte. Er führte tatsächlich das ganze Volk der Israeliten aus der Sklaverei heraus. Dabei vollbrachte er außerordentliche Dinge und setzte überall in Ägypten Zeichen der Macht Gottes; vor allem dann auch am Roten Meer und während der vierzigjährigen Wüstenwanderung. Das war derselbe Mose, der zu der Volksversammlung sagte: ‚Gott wird aus euren Nachkommen einen Propheten wie mich hervorbringen.‘ Er, Mose, stand zwischen dem Engel, der auf dem Sinai zu ihm gesprochen hatte, und euren Vätern, die in der Wüste versammelt waren, und nahm die lebendigen Worte entgegen und händigte sie an uns aus, Worte, mit denen unsere Väter jedoch herzlich wenig zu tun haben wollten.

Sie trauerten dem Lebensstil nach, den sie in Ägypten gepflegt hatten, und verlangten von Aaron: ‚Mach uns einen Gott, den wir sehen und dem wir dann auch folgen können. Dieser Mose, der uns aus Ägypten hierher in die Wüste geführt hat, ist vielleicht schon längst nicht mehr am Leben!' Damals machten sie sich ein Kalb, über dessen selbstgemachte Schönheit sie sich freuten und dem sie ganz selbstverständlich Opfer darbrachten.

Gott wandte sich von seinem Volk ab und überließ es seiner Neigung, ständig irgendwelche fremden Götter anzubeten. Durch den Propheten Amos ließ er seinem Volk ausrichten, wie sehr ihn diese Untreue getroffen hatte: ‚Hast du mir in den vierzig Jahren Wüstenwanderung jemals ein Opfer in Form von Tieren oder Getreide dargebracht, Volk Israel? Im Gegenteil: Ihr habt noch das Kultzelt des Götzen Moloch mitgeschleppt, dazu den Stern eures Gottes Romfa. Plötzlich habt ihr Figuren angebetet, die ihr selbst erschaffen hattet. Darum werde ich dich ins Exil weit über Babylon hinaus wegführen lassen.'

Während der Zeit in der Wüste trugen unsere Vorfahren für ihren Gottesdienst das Bundeszelt mit sich, das Mose genau nach der Vorlage geschaffen hatte, die Gott ihn im Voraus hatte sehen lassen. Sie führten es noch mit sich, als sie Josua folgten und Gott das vor ihnen liegende verheißene Land von den heidnischen Völkern befreite. Ja, sie hatten es sogar noch in der Zeit des David. Doch dieser hatte eine ganz besondere Beziehung zu Gott und so bat der König ihn darum, ihm ein festes Gebäude an einem Ort bauen zu dürfen, an dem Israel seinen Gott ständig verehren könnte. Aber erst Salomo war es vergönnt, den Tempel, das Haus Gottes unter den Menschen, zu bauen.

Natürlich bedeutet dies nicht, dass der Allerhöchste in einem Gebäude lebt, das mit menschlichen Mitteln errichtet wurde. Der Prophet Jesaja hat das klargestellt, als er schrieb:

‚Der Himmel ist mein Thronsaal;
ich lasse meine Füße auf der Erde ruhen.

Was für ein Haus wollt ihr mir also bauen', fragt Gott.
‚Wohin soll ich eurer Meinung nach gehen, um Ruhe zu finden?
Stammt nicht alles in dieser Welt aus meiner Hand?!'

Versteht ihr: Man kann Gott nicht in einem Gebäude einsperren. Gott will allen Menschen nah sein. Und genau dagegen sträubt ihr euch mit Händen und Füßen. Ihr widersetzt euch in eurer Halsstarrigkeit dem Heiligen Geist selbst. Eure Väter, die wie ihr nur am Körper beschnitten waren, nicht aber am Herzen, verhielten sich schon genauso. Denkt mal nach: Welchen Propheten haben eure Väter denn nicht verfolgt? Sie haben ja sogar schon die umgebracht, die nur vom Kommen des Messias geredet haben. Ihr aber habt euch als würdige Söhne erwiesen, indem ihr den Gesalbten Gottes verraten und umgebracht habt. Und das ist euch passiert, die ihr doch so genau auf das Gesetz achtet, das uns Engel selbst vermittelt haben!"

Als die Priester das hörten, verloren sie die Beherrschung. Viele knirschten in ohnmächtiger Wut mit den Zähnen. Doch Stephanus, der mit dem Heiligen Geist erfüllt war, blickte mit einem Mal über sie hinweg nach oben. Seine Augen sahen eine unfassbare Herrlichkeit. Ergriffen rief er aus: „O, ich sehe den Himmel weit offen und den Menschensohn an der Seite Gottes stehen!"

Die vornehmen Mitglieder des Rates fingen plötzlich wild an zu schreien. Sie hielten sich die Ohren zu, um seine Worte nicht länger hören zu müssen, und stürzten sich auf Stephanus. Sie prügelten ihn aus der Stadt hinaus und steinigten ihn außerhalb der Stadtmauern. Alle, die das Urteil vollstreckten und Steine warfen, zogen sich ihre Oberkleider aus und baten einen jungen Mann namens Saulus, ein Auge auf diese zu haben.

Als ihn immer mehr Steine trafen, betete Stephanus: „Herr Jesus, nimm meinen Geist zu dir." Dann fiel er auf die Knie und betete so laut, dass jeder es hören konnte: „Herr, rechne ihnen diese Schuld nicht an!" Das waren seine letzten Worte, dann starb er. Saulus aber stand dabei und war mit dieser Hinrichtung mehr als einverstanden.

Gottesfürchtige Männer kümmerten sich um den Leichnam von

Stephanus und sorgten für ein feierliches Begräbnis. Alle waren tief erschüttert und viele weinten um ihn.

Nicht für Geld zu haben (8,1b–25)

8 Dieses Ereignis brachte eine schlimme Verfolgung der Gemeinde in Jerusalem in Gang. Die Gläubigen wurden über ganz Judäa und Samaria hin zerstreut. Nur die Apostel blieben in Jerusalem.

Saulus aber schien seine Berufung entdeckt zu haben. Er verfolgte nur noch ein Ziel: Die Gemeinde dieser Jesusanhänger musste unter allen Umständen zerstört werden. So drang er in jedes Haus ein, in dem er Christen vermutete, und ließ sie ins Gefängnis werfen. Indem die Christen auf diese Weise gezwungen wurden, ihre vertraute Umgebung zu verlassen, wurden sie zu Missionaren. Überall, wohin sie zerstreut wurden, predigten sie die Botschaft von Jesus. So kam auch Philippus hinunter in die Stadt der Samariter und verkündete dort die Botschaft von Jesus, dem Messias.

Und die Bewohner der Stadt hörten ihm wirklich zu, weil das, was er ihnen zu sagen hatte, durch Wunder bestätigt wurde. Viele böse Geister wehrten sich lautstark, bevor sie verjagt wurden. Und Menschen, die schwer verkrüppelt oder sogar gelähmt waren, wurden in diesen Tagen geheilt. So ist verständlich, dass in der ganzen Stadt eine unbeschreibliche Freude herrschte!

Bevor Philippus nach Samaria gekommen war, hatte dort ein gewisser Simon die Einwohner der Stadt mit seinen Zauberkünsten sehr beeindruckt. Es gelang ihm, das gesamte Volk Samariens so in seinen Bann zu ziehen, dass es ihm ein Leichtes war, sich als außerordentlichen Menschen auszugeben. Jung und alt waren davon überzeugt, dass er seine Fähigkeiten von Gott erhalten hatte, weshalb sie ihn auch ‚die große Kraft Gottes' nannten. Weil er sie immer wieder zu beeindrucken verstand, gab es niemanden, der nicht von ihm und seinen Fähigkeiten fasziniert gewesen wäre.

Doch als Philippus in die Stadt kam, die Gute Nachricht von der liebevollen Herrschaft Gottes verkündete und im Namen Jesu große Dinge tat, ließen sich Männer wie Frauen taufen. Viele kamen zum Glauben. Selbst Simon wurde gläubig und kurze Zeit darauf getauft. Von diesem Zeitpunkt an war er ein treuer Anhänger des Philippus, denn er konnte nun Falsches von Echtem unterscheiden und war dementsprechend begeistert über all die Zeichen und Wunder, die Philippus vollbrachte.

Als die Apostel in Jerusalem einen Bericht darüber erhielten, dass Samaria die Frohe Botschaft Gottes angenommen hatte, sandten sie Petrus und Johannes hinunter, um gemeinsam mit den dortigen Gläubigen für die Erfüllung mit dem Heiligen Geist zu beten. Bis dahin waren diese nur auf den Namen des Herrn Jesus getauft worden; der Heilige Geist war noch nicht auf sie herabgekommen. Also legten die Apostel ihnen die Hände auf und sie empfingen den Heiligen Geist.

Als Simon sah, dass die Apostel allein durch Handauflegen den Heiligen Geist vermitteln konnten, bot er den Aposteln Geld an: „Verkauft mir euer Geheimnis! Ich möchte auch wie ihr durch Handauflegung den Heiligen Geist vermitteln können!"

Das hätte er lieber nicht tun sollen. Petrus fuhr ihn an: „Fahr zur Hölle mit deinem Geld! Was geht in deinem Kopf vor, wenn du glaubst, kaufen zu können, was Gott schenken möchte?! Du wirst niemals Anteil an dem haben, was Gott tut, solange du dein altes, falsches Denken nicht abgelegt hast. Verlasse endlich deine alten, bösen Wege und kehre zu Gott um! Bitte den Herrn um Vergebung für deine verdrehten Gedanken. Denn ich sehe, dass du in deinem tiefsten Inneren noch immer der alte Betrüger bist, der letztlich nur aufs Geld aus ist."

Nun verstand Simon. Er bat Petrus: „Vergib mir und bete für mich! Bitte den Herrn, dass ich niemals mehr in dieses falsche Denken zurückfalle und auf diese Weise in mein Verderben renne."

Nach diesem Zwischenfall bezeugten die beiden Apostel den Menschen in Samaria weiterhin die Wahrheit der Botschaft Jesu. Schließlich kehrten sie jedoch nach Jerusalem zurück und verkündeten auf ihrem Weg in jedem Ort Samariens, durch den sie kamen, die Frohe Botschaft von Jesus.

Ein äthiopischer Beamter (8,26–40)

Doch auch Philippus bekam einen neuen Auftrag. Eines Tages – es war noch früh am Morgen – erschien ihm ein Engel, der ihm auftrug: „Steh auf und begib dich um die Mittagszeit auf die Straße, die von Jerusalem nach Gaza hinabführt und die um diese Zeit menschenleer ist.“ Sofort erhob Philippus sich und machte sich auf den weiten Weg zu dieser Straße. Als er dort war, kam tatsächlich eine offene Kutsche vorbei, in der ein hoher äthiopischer Beamter saß. Er war als Eunuch Minister für alle Finanzen seiner Herrin, der Königin Kandake von Äthiopien. Der Mann hatte eine Pilgerreise nach Jerusalem unternommen und war nun auf dem Rückweg nach Äthiopien. Er las während der Fahrt (wie es damals üblich war, laut) einen Text aus der Heiligen Schrift.

Der Heilige Geist sagte zu Philippus: „Geh hin und halte dich neben diesem Wagen!“ Also lief Philippus neben dem Wagen her und hörte, wie der hohe Beamte einen Abschnitt aus dem Propheten Jesaja las. Da fragte er ihn: „Versteht Ihr eigentlich das, was Ihr da lest?“

Der Äthiopier entgegnete: „Wie sollte ich, wenn mir niemand dabei hilft?“, und lud Philippus ein, zu ihm in den Wagen zu steigen. Er las gerade folgenden Textabschnitt:

> „Wie ein Schaf zum Schlachten geführt wird
> und wie ein Lamm ruhig wird, wenn es geschoren wird,
> war er still und sagte nichts.
> Er wurde verspottet und gedemütigt
> und hat dadurch das Strafgericht verhindert.
> Doch wer kann noch seine Nachkommen zählen,
> seit er von der Erde weggenommen wurde?“

Der königliche Beamte fragte: „Sag mir, von wem spricht der Prophet hier eigentlich? Von sich selbst oder von jemand anderem?" Philippus ergriff die Gelegenheit und erzählte dem Mann, ausgehend von dieser Schriftstelle, die ganze frohmachende Botschaft über Jesus. Während sie so ihre Fahrt fortsetzten, kamen sie an einem Gewässer vorüber. Der Äthiopier unterbrach die Unterhaltung und deutete auf das Wasser: „Hier wäre Wasser – was hindert uns daran, dass ich hier getauft werde?" Er ließ den Wagen anhalten. Beide stiegen zu dem Wasser hinab und Philippus taufte ihn. Als sie wieder aus dem Wasser stiegen, nahm der Geist Gottes den Philippus einfach mit, sodass der Äthiopier sich vergeblich nach ihm umsah. Aber das störte ihn nicht sehr, zu groß war seine Freude. Zutiefst erfüllt setzte er seine weite Reise fort. Philippus dagegen tauchte in Aschdod auf und setzte von da an seinen Weg nach Norden fort. Er predigte in allen Dörfern entlang seiner Route die Frohe Botschaft und erreichte schließlich Cäsarea, das am Mittelmeer liegt.

Blinder Fanatismus (9,1–19a)

9 Während all dieser Zeit verfolgte Saulus die Gemeinde in blindem Fanatismus, einzig von dem Gedanken beseelt, diese Sekte auszurotten. So ging er eines Tages zum Obersten Priester und erbat sich von ihm verschiedene Beglaubigungsschreiben für die Leiter der Synagogen in Damaskus, um bevollmächtigt zu sein, die Anhänger des „Weges", egal, ob Männer oder Frauen, zu verhaften und nach Jerusalem zu bringen. Dann brach er auf. Als er sich Damaskus näherte, umstrahlte ihn plötzlich ein Licht vom Himmel, sodass er wie betäubt zu Boden stürzte. Als er am Boden lag, hörte er eine Stimme: „Saulus, Saulus, warum verfolgst du mich?"

Saulus stammelte: „Wer ... wer bist du, Herr?"

„Ich bin Jesus, den du verfolgst. Ich möchte, dass du jetzt aufstehst und in die Stadt gehst. In der Stadt wird dir dann gesagt werden, was du als Nächstes tun sollst."

Seine Begleiter standen sprachlos bei ihm. Sie hatten zwar eine Stimme gehört, aber niemanden gesehen. Saulus erhob sich langsam vom Boden, doch als er die Augen öffnete, merkte er, dass er nichts mehr sehen konnte. Seine Begleiter mussten ihn bei der Hand nehmen und nach Damaskus hineinführen. Drei Tage lang dauerte seine Blindheit. Während dieser Zeit aß und trank er nichts.

In Damaskus gab es einen Jünger Jesu namens Hananias. Der Herr sprach zu ihm in einer Vision: „Hananias!"

„Ja, Herr", antwortete er.

„Steh auf und geh in die Gerade Straße. Frag in dem Haus von Judas nach einem Mann aus Tarsus. Sein Name ist Saulus. Hab keine Angst, er betet! Er hat gerade in einer Vision gesehen, wie du in sein Haus kommen und ihm die Hände auflegen wirst. Danach würde er wieder sehen können."

Hananias wehrte sich: „Herr, habe ich dich richtig verstanden? Ich habe von diesem Mann bislang nur die schlimmsten Dinge gehört: In Jerusalem hat er deine Gemeinde unterdrückt, und jetzt ist er hierhergekommen, um mit der Vollmacht des Hohenpriesters alle zu verhaften, die zu dir gehören."

Doch der Herr beruhigte ihn: „Mach dir keine Sorgen. Geh einfach! Ich habe ihn auserwählt, mein besonderes Werkzeug zu sein. Er wird vor Völkern, Königen und dem jüdischen Volk mein Zeuge sein. Im Laufe der Zeit werde ich ihm zeigen, wie viel er für meinen Namen wird ertragen müssen."

Daraufhin ging Hananias los, fand das Haus und legte dem blinden Saulus seine Hände auf. Dann sagte er zu ihm: „Bruder Saulus, der Herr hat mich geschickt, derselbe Jesus, den du auf dem Weg hierher gesehen hast. Er hat mich zu dir gesandt, damit du wieder sehen kannst und mit dem Heiligen Geist erfüllt wirst."

Kaum hatte er das letzte Wort ausgesprochen, da wurde der dunkle Schleier von den Augen des Saulus weggenommen, und er konnte wieder sehen! Er stand auf, ließ sich taufen, und nach einem kleinen Festmahl kam er wieder zu Kräften.

Dieser Saulus muss sterben! (9,19b–31)

Saulus verbrachte einige Tage bei der jungen Gemeinde in Damaskus. Nun gab es für ihn kein Halten mehr, und er begann sofort, in den Synagogen zu predigen, dass Jesus der Sohn Gottes sei. Die Wirkung auf seine Zuhörer war ungeheuer. Die meisten konnten es einfach nicht fassen. Jeder fragte sich: „Ist das nicht der Mann, der sich in Jerusalem darum bemüht hat, alle zu vernichten, die sich zu Jesus bekennen? Und kam er nicht hierher, um hier genauso durchzugreifen und alle diese Sektierer festzunehmen und ins Gefängnis werfen zu lassen, damit sie den Hohenpriestern zur Verurteilung vorgeführt werden?“

Paulus trat mit großer Entschiedenheit auf und verwirrte die ortsansässigen Juden zunehmend. Sie hatten seinen Argumenten, Jesus sei der Messias, nichts entgegenzusetzen.

Nachdem sie eine ganze Zeitlang hilflos zugesehen hatten, sahen sie nur noch einen Ausweg: Dieser Saulus musste sterben. Doch Saulus erfuhr davon, dass die Juden einen Anschlag auf ihn planten. Offensichtlich hatten sie sich geschworen, ihn nicht lebend aus der Stadt herauskommen zu lassen, denn sie bewachten von da an Tag und Nacht alle Tore der Stadt. Doch den Jüngern fiel eine ungewöhnliche Fluchtmöglichkeit ein: Eines Nachts ließen sie Saulus in einem Korb außen an der Stadtmauer hinunter.

Als er wieder in Jerusalem war, versuchte er, sich den anderen Jüngern anzuschließen, aber alle hatten zu viel Angst vor ihm. Sie konnten einfach nicht glauben, dass er plötzlich ein Jünger Jesu geworden war. Doch dann kümmerte sich Barnabas um ihn. Er stellte ihn den Aposteln vor und stand für ihn ein. Er erzählte ihnen, dass Saulus auf dem Weg nach Damaskus Jesus begegnet war und mit ihm gesprochen hatte. Vor allem hatte er in Damaskus durch seine mutige Predigt im Namen Jesu sein Leben riskiert.

Von da an akzeptierten sie Saulus endlich als einen von ihnen, sodass er nun auch in der Jerusalemer Gemeinde ein- und ausgehen konnte. Sofort begann er, auch in Jerusalem furchtlos über Jesus zu predigen. Hellenistische Juden versuchten, ihm in öffentlichen Streitgesprächen etwas entgegenzusetzen. Doch niemand war ihm gewachsen, und so planten sie, ihn einfach umzubringen. Als seine neuen Freunde von diesen Plänen erfuhren, brachten sie ihn aus der Stadt hinaus und begleiteten ihn nach Cäsarea, von wo aus er mit dem Schiff nach Tarsus gelangte.

Alles beruhigte sich wieder etwas und die Gemeinde erlebte tatsächlich eine Zeit des Friedens. So wuchsen im ganzen Land die Gemeinden: in Judäa, in Samaria und in Galiläa. Sie waren geprägt von einer tiefen Ehrfurcht vor Gott und der Heilige Geist war mit ihnen und stand ihnen bei, was sie wiederum auf wunderbare Weise wachsen ließ.

Tabita (9,32–43)

Petrus brach zu einer Missionsreise auf, um alle diese Gemeinden zu besuchen. Im Verlauf dieser Reise kam er auch nach Lydda und traf dort mit den Gläubigen zusammen. Da brachte man einen Mann mitsamt seinem Bett heran, der seit acht Jahren gelähmt war. Sein Name war Aeneas. Petrus sprach ihn an: „Aeneas, Jesus Christus heilt dich. Steh auf und pack dein Bett zusammen." Und der Gelähmte stand tatsächlich sofort auf. Jeder, der in Lydda und der Scharon-Ebene lebte und ihn geheilt herumlaufen sah, fasste Vertrauen zu Jesus und glaubte an ihn.

In Joppe, einer Stadt westlich von Lydda an der Mittelmeerküste, lebte eine Frau, die den Namen Tabita trug, was „Gazelle" heißt. Sie folgte Jesus mit ganzem Herzen nach. Alle liebten sie sehr, auch weil sie viel Gutes tat und vielen Leuten half. Während der Zeit, in der Petrus in dieser Gegend wirkte, wurde sie krank und starb. Ihre Freundinnen bereiteten ihren Leichnam für die Beerdigung vor und legten ihn vorübergehend in einen kühlen Raum.

Einige Jünger hatten gehört, dass Petrus sich im nahegelegenen Lydda aufhalten würde, und sandten zwei Männer zu ihm, die ihn bitten sollten, doch sofort zu kommen. Petrus zögerte keinen Moment und ging mit ihnen. Sie führten ihn in den Raum, in dem Tabitas Leichnam aufgebahrt war. Viele Witwen waren zugegen und weinten. Sie zeigten Petrus verschiedene Kleidungsstücke, die sie trugen und die Tabita für sie genäht hatte, als sie noch unter ihnen war. Petrus bat alle Witwen, den Raum zu verlassen. Dann kniete er sich nieder und betete. Schließlich wandte er sich dem Leichnam zu und sagte: „Tabita, steh auf!"

Da öffnete sie die Augen. Als sie Petrus sah, setzte sie sich auf. Er nahm ihre Hand und half ihr auf die Beine. Beide verließen den Raum und traten vor die Gläubigen und die Witwen. Tabita lebte wieder!

Als dies in ganz Joppe bekannt wurde, kamen viele zum Glauben an Jesus Christus. Petrus blieb längere Zeit in Joppe als Gast eines gewissen Simon, der von Beruf Gerber war.

Die Vision des Petrus (10,1–23a)

10 (Etwa siebzig Kilometer von Joppe entfernt liegt) Cäsarea. In dieser Stadt lebte zu dieser Zeit ein Mann namens Kornelius, der die sogenannte Italische Kohorte befehligte, die dort stationiert war. Er war jemand, von dem man sagen konnte, dass er mit seiner Familie ein gottesfürchtiges Leben führte. Er half vielen Menschen, die in Not waren, war aber vor allem ein Mann des Gebetes. Eines Tages hatte er eine Vision. Es war etwa drei Uhr nachmittags, als ein Engel Gottes bei ihm eintrat und ihn ansprach: „Kornelius!"

Kornelius war zutiefst erschrocken und ließ seinen Besucher keine Sekunde aus den Augen: „Was wollt ihr von mir, Herr?"

Der Engel gab ihm zur Antwort: „Deine Gebete und dein großer Einsatz für andere Menschen haben Gottes besonderes Interesse auf dich gelenkt. Er möchte, dass du eines tust: Sende ein paar Leute nach Joppe und bitte Simon, den alle Petrus nennen, zu dir zu kommen. Er wohnt bei Simon, dem Gerber, dessen Haus unten am Meer steht."

Kaum war der Engel gegangen, rief Kornelius zwei ihm ergebene

Diener und einen gewissenhaften Soldaten der Wache zu sich. Er erzählte ihnen, was sich kurz zuvor ereignet hatte, und sandte sie anschließend nach Joppe.

Als die drei Reisenden sich am nächsten Tag der Stadt näherten, befand sich Petrus gerade auf dem flachen Dach des Hauses, um zu beten. Es war um die Mittagszeit und Petrus bekam langsam Hunger. Während das Essen zubereitet wurde, fiel er in eine Art Trance-Zustand. Er sah, wie sich der Himmel öffnete und etwas, das wie ein großes Tischtuch aussah, an seinen vier Ecken mit Seilen von oben heruntergelassen und auf dem Boden abgesetzt wurde.

Alle Arten von Lebewesen, Reptilien, Vögel und Tiere, die man sich kaum vorstellen kann, befanden sich auf dem Tuch. Da hörte er eine Stimme: „Nur zu, Petrus, schlachte sie und iss sie!"

Petrus wehrte sich heftig: „O nein, Herr, ich habe noch nie in meinem Leben etwas Unreines gegessen. Du weißt, dass uns das nicht erlaubt ist."

Erneut hörte er die Stimme: „Was Gott für rein erklärt hat, kannst du nicht einfach als unrein bezeichnen."

Das geschah drei Mal, dann wurde das Tuch wieder in den Himmel hinaufgezogen.

Petrus verstand nicht, was das Ganze wohl zu bedeuten hatte. Da erschienen die Männer, die Kornelius geschickt hatte, vor der Haustür des Gerbers. Sie hatten sich bis zu dem Haus durchgefragt und riefen nun in das Innere hinein, ob hier ein Simon, den man auch Petrus nannte, wohnen würde. Petrus, der immer noch in Gedanken war, hatte sie nicht gehört. Darum musste der Heilige Geist ihm zuflüstern: „Unten stehen drei Männer vor der Tür, die nach dir fragen. Geh hinunter und folge ruhig ihrer Einladung. Du brauchst dir keine Gedanken zu machen, denn ich selbst habe sie geschickt, um dich zu holen."

Petrus ging hinunter und sagte zu den Männern: „Ich glaube, ich bin der Mann, den ihr sucht. Um was geht es denn?"

Sie erklärten ihm: „Unser Hauptmann Kornelius, ein Mann, der Gott fürchtet und gerecht ist – ihr könnt ruhig jeden Juden in der Gegend fragen –, hat von einem Engel den Auftrag erhalten, Euch in sein Haus einzuladen. Er möchte hören, was Ihr ihm zu sagen habt." Petrus bat sie einzutreten und bewirtete sie.

Eine Grenze fällt (10,23b–48)

Am nächsten Morgen brachen sie gemeinsam auf. Einige seiner Freunde aus Joppe begleiteten Petrus. Tags darauf erreichten sie Cäsarea, wo sie bereits von Kornelius erwartet wurden. Für dieses erste Zusammentreffen hatte er alle seine Verwandten und seine engsten Freunde in sein Haus gebeten. Als Petrus eintrat, lief ihm Kornelius entgegen und begrüßte ihn mit einer tiefen Verbeugung als Zeichen seiner Verehrung. Petrus schüttelte den Kopf und richtete den Hauptmann auf: „Was denkt Ihr nur?! Ich bin genauso ein Mensch wie Ihr!"

Während sie sich unterhielten, gingen sie ins Haus. Petrus war überrascht, wie viele Menschen zusammengekommen waren. In diesem Augenblick schien es ihm wichtig, der ganzen Versammlung zu erklären: „Sicher wisst ihr, dass das, was ich hier tue, gegen unsere Vorschriften verstößt. Wir Juden dürfen nun mal keinen Kontakt mit Angehörigen eines anderen Volkes haben, geschweige denn, sie selbst zu besuchen. Doch Gott hat mir gezeigt, dass wir uns über kein Volk erheben sollten und mit jeder Rasse zusammenkommen dürfen. Daher ging ich auch sofort und ohne Zögern mit, nachdem ich gebeten worden war, hierherzukommen. Doch nun würde ich gerne wissen, warum ihr mich habt kommen lassen."

Kornelius entgegnete darauf: „Vor vier Tagen war ich ungefähr zur gleichen Zeit wie jetzt zu Hause und betete. Da stand plötzlich ein Mann in einem hellleuchtenden langen Gewand vor mir und sagte: ‚Deine Gebete und dein liebevoller Umgang mit anderen Menschen haben Gottes besonderes Interesse auf dich gelenkt. Er möchte, dass du ein paar Leute nach Joppe sendest und Simon, den alle Petrus nennen, zu dir kommen lässt. Er wohnt bei Simon, dem Gerber, dessen Haus unten am Meer steht.'

Sogleich habe ich jemanden zu dir geschickt. Und du bist dann auch tatsächlich gleich mitgekommen. Ja, und jetzt sind wir hier in Gottes Gegenwart, bereit, alles zu hören, was der Herr dir uns zu sagen aufs Herz gelegt hat."

Petrus selbst war tief beeindruckt vom offensichtlichen Wirken Gottes. Und so begann er, über das zu sprechen, was ihm gerade aufgegangen war: „Freunde, begreift ihr, was das alles bedeutet? Gott hat heute ein ganz klares Zeichen gesetzt, dass er weder auf die Person noch auf irgendeine Volkszugehörigkeit sieht, sondern dass ihm aus jedem Volk jeder willkommen ist, der ernsthaft mit ihm leben will und bereit ist, seinen Willen im Leben umzusetzen. Die Botschaft, die er den Kindern Israels zukommen ließ, gilt nun überall und jedem: Durch Jesus Christus, den Herrn aller Menschen, haben wir Frieden mit Gott.

Dazu müsst ihr Folgendes wissen, falls es euch nicht ohnehin schon bekannt ist. Begonnen hat alles in Galiläa, nachdem dort ein gewisser Johannes aufgetreten ist und die Menschen dazu aufforderte, ihr Leben zu ändern, weil der Messias bald kommen würde. Und dann erschien Jesus aus Nazaret, ein Mann, der mit dem Heiligen Geist erfüllt war. Er zog durch das ganze Land und half den Menschen, indem er sie heilte und jeden befreite, der vom Satan niedergedrückt wurde. Er war in der Lage, all das zu tun, weil Gott mit ihm war.

Heute können wir all das bezeugen, was er im Land der Juden und in Jerusalem getan hat. Doch genau in dieser Stadt brachte man ihn um; sie ließen ihn durch die Römer ans Kreuz schlagen. Aber drei Tage später wurde er von Gott auferweckt, und viele konnten ihn sehen, bei Weitem aber nicht alle. Er erschien nicht einfach dem ganzen Volk, sondern Gott selbst hat die Augenzeugen sorgfältig vorher ausgewählt. Ja, und das durften wir sein, die wir mit ihm gegessen und getrunken haben, nachdem er vom Tod zurückgekehrt war. Er trug uns auf, diese gute Nachricht nun überall bekannt zu machen. Wir sollen vor den Menschen dafür eintreten, dass er der von Gott bestimmte Richter aller Lebenden und Toten ist. Dabei können wir uns auf zahlreiche Aussagen der Propheten berufen, die diese über ihn gemacht haben. Er ist der Einzige, durch den wir die Vergebung unserer Sünden erhalten können, wenn wir unser ganzes Vertrauen auf ihn setzen.“

Petrus wollte noch mehr sagen, doch da kam der Heilige Geist schon auf alle seine Zuhörer herab. Die gläubig gewordenen Juden, die mit Petrus gekommen waren, waren fassungslos. Sie konnten einfach nicht glauben, dass das Geschenk des Heiligen Geistes auch Nichtjuden gemacht wurde. Doch es war ganz offensichtlich so! Sie hörten alle in anderen Sprachen reden und Gott preisen.

Da sagte Petrus: „Gibt es noch irgendetwas, das uns daran hindern könnte, unsere Freunde nun mit Wasser zu taufen, nachdem sie soeben wie wir mit dem Heiligen Geist getauft wurden?“ Und er ordnete an, dass sie im Namen Jesu Christi getauft würden. Darauf baten sie Petrus, doch noch einige Tage bei ihnen zu bleiben.

Nicht mehr in Zäunen denken (11,1–30)

11 Die Nachricht von diesem Ereignis erreichte in kürzester Zeit die Leiter und die Gemeinde in Jerusalem, und alle waren erstaunt, dass nun auch Angehörige fremder Völker zum Glauben an Christus gekommen sein sollten. Als Petrus dann nach Jerusalem zurückkehrte, sahen einige Mitglieder der Gemeinde, für die der Glaube an Jesus nur für das auserwählte Volk möglich war, sich doch gezwungen, ihn zur Rede zu stellen. Vorwurfsvoll fragten sie ihn: „Was hast du dir nur dabei gedacht, mit Leuten Gemeinschaft zu pflegen und sogar zu essen, die nicht einmal beschnitten sind?!“

Da erzählte ihnen Petrus der Reihe nach, wie es zu dieser Entwicklung gekommen war: „Als ich neulich in Joppe betete, fiel ich in eine Art Trance und sah eine Vision: Irgendetwas, das wie ein riesiges Leintuch aussah und an seinen vier Ecken mit Seilen befestigt war, wurde vom Himmel herabgelassen und direkt vor mir abgesetzt. Vor mir krabbelte alles durcheinander: Nutztiere, Wild, Reptilien, Vögel – so ziemlich alle möglichen Arten. Während ich sie noch fasziniert betrachtete, sagte eine Stimme zu mir: ‚Nur zu, Petrus, schlachte sie und iss!' Ich erwiderte: ‚O nein, Herr, ich habe noch nie in meinem Leben etwas Unreines gegessen. Du weißt, dass uns das nicht erlaubt ist!' Die Stimme entgegnete darauf: ‚Was Gott für rein erklärt hat, kannst du nicht einfach als unrein bezeichnen.' Das geschah dreimal, dann wurde das Tuch wieder in den Himmel hinaufgezogen.

Genau in diesem Augenblick erschienen die drei Männer vor dem Haus, in dem ich wohnte, um mich nach Cäsarea zu bringen. Der Heilige Geist gab mir zu verstehen, dass ich mit ihnen gehen könnte, ohne die geringsten Bedenken haben zu müssen. Also ging ich mit ihnen, begleitet von sechs meiner Freunde, und betrat das Haus des Mannes, der mich hatte holen lassen. Dieser erzählte uns, dass er einen Engel gesehen hatte, dessen einzige Nachricht lautete: ‚Sende jemand nach Joppe, und bitte einen gewissen Simon, den man auch Petrus nennt, zu kommen. Er wird euch etwas mitteilen, das euer Leben retten wird – euer Leben und das all derer, die zu dir gehören.'

Ich begann zu reden, doch kaum hatte ich ein paar Sätze gesagt, da kam der Heilige Geist auf sie herab, genau so, wie er es auch bei uns getan hat. Da fielen mir die Worte Jesu wieder ein: ‚Johannes hat mit Wasser getauft, ihr aber werdet mit dem Heiligen Geist getauft werden.' Daher frage ich jetzt euch: Wenn Gott ihnen genau das gleiche Geschenk gemacht hat wie uns, als wir zum Glauben an unseren Herrn Jesus Christus gekommen sind, wer bin ich, dass ich ihn daran hätte hindern können?"

Als sie alles so ausführlich erzählt bekommen hatten, beruhigten sie sich wieder, ja, sie begannen sogar, nach einiger Zeit Gott zu loben und zu preisen. „Wir begreifen es zwar nicht, aber offensichtlich hat Gott den nichtjüdischen Völkern den Weg zum Leben eröffnet!"

Natürlich war diese Erkenntnis noch nicht Allgemeingut. Alle, die durch die Verfolgung nach dem Tod von Stephanus in alle Winde zerstreut worden waren und dabei sogar bis Phönizien, Zypern und Antiochien kamen, sprachen und verkehrten nur mit Juden. Doch dann begannen einige Männer, die von Zypern und Kyrene stammten und als Missionare nach Antiochia gekommen waren, mit der griechischen Bevölkerung Kontakt aufzunehmen und die Frohe Botschaft von Jesus Christus an sie weiterzugeben. Und Gott bestätigte ganz offensichtlich ihr Vorgehen, denn viele Menschen kamen durch sie zum Glauben und setzten ihr ganzes Vertrauen auf Jesus.

Als die Jerusalemer Gemeinde über diese Entwicklung informiert wurde, sandte sie Barnabas nach Antiochien, damit dieser dort nach dem Rechten sah. Als er dort ankam, erkannte er sehr schnell, dass Gottes Gnade greifbar am Werk war. Darüber konnte er sich nur freuen. Er sorgte sich lediglich darum, dass dieser Aufbruch nachlassen könnte. Darum ermutigte er alle, Jesus von ganzem Herzen treu zu bleiben, so wie sie es sich am Tag ihrer Umkehr vorgenommen hatten. Barnabas selbst war ein großartiger Mann, voller Begeisterung und Vertrauen in die Wege, die der Heilige Geist vorgab. Und so wuchs die Gemeinde in Antiochia. Barnabas selbst entwickelte sich immer mehr zu einem Mann des Glaubens, der mit dem Heiligen Geist erfüllt war. Durch ihn begannen viele Menschen, an Jesus zu glauben. Daraufhin reiste Barnabas nach Tarsus, um Saulus aufzusuchen. Er fand ihn und gemeinsam fuhren sie zurück nach Antiochia. Dort waren sie ein ganzes Jahr zusammen in der dortigen Gemeinde tätig und lehrten die wachsende Zahl der Gläubigen. Übrigens war Antiochia die Stadt, in der man die Jünger zum ersten Mal „Christen" nannte.

Etwa um die gleiche Zeit kamen auch einige Propheten aus Jerusalem nach Antiochia. Einer von ihnen – sein Name war Agabus – erhob sich eines Tages während der Versammlung und kündigte der Gemeinde eine schwere Hungersnot an, die schon sehr bald das ganze Land heimsuchen würde. Der Heilige Geist hatte ihm dies gezeigt. Daraufhin beschlossen die Jünger, schon im Vorfeld alles nur Mögliche zu tun, um den Gemeinden in Judäa zu helfen, in der kommenden Notzeit noch Getreide kaufen zu können. Jeder gab, soviel er konnte, und es kam eine stattliche Summe zusammen. Barnabas und Saulus wurden nun beauftragt, das gesammelte Geld den Leitern der

Jerusalemer Gemeinde auszuhändigen. Die Hungersnot brach dann tatsächlich wenig später unter der Herrschaft des Kaisers Claudius aus.

Von offenen und geschlossenen Toren (12,1–19)

12 Die Zeit, in der man die Gemeinde halbwegs in Ruhe gelassen hatte, war mit einem Mal zu Ende. Dieses Mal war es König Herodes, der aus heiterem Himmel einige Mitglieder der Gemeinde verhaften und misshandeln ließ. Ja, er ließ sogar Jakobus, den Bruder des Johannes, kurzerhand enthaupten. Als er sah, wie sehr das den führenden Juden in Jerusalem gefiel, ließ er auch Petrus festnehmen. Da aber das Passahfest unmittelbar bevorstand, konnte er diesem nicht sofort den Prozess machen, sondern musste sich bis zum Tag nach dem Fest gedulden. Damit Petrus ihm aber für diesen Schauprozess auch tatsächlich zur Verfügung stand, ließ er ihn nicht nur ins Gefängnis werfen und dort anketten, sondern auch noch von vier Wachabteilungen zu je vier Soldaten bewachen. (Für Petrus gab es also – menschlich gesehen – keine Chance mehr, aus dem Gefängnis he-rauszukommen.) Trotzdem oder gerade deswegen betete die Gemeinde mit aller Kraft für ihn.

Die Nacht vor dem Schauprozess kam. Am nächsten Tag wollte Herodes Petrus öffentlich vorführen lassen. Dieser aber schlief fest, angekettet zwischen zwei Soldaten. Außerdem gab es noch die üblichen Gefängniswachen. Plötzlich wurde es in dem Verlies ganz hell. Aus dem Licht heraus kam ein Engel auf Petrus zu und stieß ihn an: „Steh auf, beeil dich!“ Sofort fielen die Fesseln von seinen Handgelenken. Der Engel aber drängte weiter: „Schnell, zieh dich an! Vergiss auch die Schuhe nicht!“ Petrus tat alles wie ein Schlafwandler. Noch einmal musste der Engel ihm sagen: „So, und jetzt nimm deinen Mantel und dann halte dich dicht hinter mir!“ Petrus folgte ihm, aber er hatte das Gefühl, dass er träumte. Nachdem sie die erste Wache und dann die zweite passiert hatten, erreichten sie das eiserne Tor, das in die Stadt führte. Da schwang das Tor ganz von alleine vor ihnen auf und unvermittelt standen sie draußen auf der Straße. Sie gingen noch eine Gasse weiter, da verließ ihn der Engel. Erst jetzt merkte Petrus, dass es kein Traum war. „Ich fasse es nicht, das Ganze ist ja wirklich passiert! Der Herr hat mir tatsächlich einen Engel geschickt, um mich aus der Hand von Herodes zu befreien und vor der Hinrichtung zu bewahren, die sich das jüdische Volk erhofft hat."

Während er versuchte, seine Befreiung zu begreifen, ging er weiter und erreichte schließlich das Haus von Maria, der Mutter des Johannes Markus. Hier hatten sich viele Mitglieder der Gemeinde zum Gebet versammelt. Als Petrus an das Hoftor klopfte, kam eine junge Frau mit Namen Rhode, um nachzusehen, wer da so spät nachts noch hereinwollte. Aber als sie die Stimme von Petrus erkannte, war sie so aufgeregt und voller Freude, dass sie völlig vergaß, das Tor zu öffnen. Sie rannte ins Haus und erzählte allen, Petrus sei zurückgekommen.

Natürlich glaubte ihr niemand ein Wort: „Du siehst Gespenster." Doch sie ließ sich nicht davon abbringen, die Stimme von Petrus erkannt zu haben. Aber niemand nahm es ihr ab. Um sie nicht völlig dumm dastehen zu lassen, meinten einige: „Vielleicht war es ja sein Engel." Und während der ganzen Zeit stand Petrus draußen auf der Straße und klopfte immer noch an das Tor.

Endlich öffneten sie es, erblickten ihn und waren außer sich vor lauter Freude. Petrus hob schließlich die Hand und beruhigte sie ein wenig. Dann beschrieb er, wie ihn der Herr aus dem Gefängnis herausgeholt hatte. Schließlich meinte er: „Erzählt Jakobus und den anderen Brüdern, was passiert ist." Daraufhin verließ er sie und zog sich an einen unbekannten Ort zurück.

Als der Tag anbrach, war das Gefängnis in heller Aufregung. „Wo ist Petrus? Was ist mit Petrus passiert?" Als Herodes ihn kommen lassen wollte und die Wachen ihn weder vorführen konnten noch eine Erklärung dafür hatten, warum er nicht mehr in ihrem Gewahrsam war, wurden sie sofort zur Bestrafung abgeführt. Herodes selbst zog sich aus Judäa zurück und residierte von da an bis zu seinem baldigen Ende in Cäsarea.

Der Tod des Herodes (12,20–25)

Dort fand er sogleich etwas Neues, auf das er nun seinen Zorn richten konnte. Er war wütend auf die beiden Hafenstädte Tyros und Sidon und hätte sie am liebsten angegriffen. Doch diesen gelang es gemeinsam, Blastus, die rechte Hand des Königs, auf ihre Seite zu ziehen und ihn dafür zu gewinnen, sich für eine friedliche Lösung einzusetzen. Sie waren zwar reich, besaßen aber kein Hinterland und waren deshalb darauf angewiesen, aus dem Herrschaftsgebiet von Herodes Lebensmittel zu beziehen. Es wurde ein Abkommen ausgehandelt, das in einem feierlichen Akt dem Volk verkündet werden sollte. Herodes zog sich dafür ein besonders prachtvolles Gewand an, stieg auf die Rednerbühne und hielt eine große Rede an das Volk. Die Leute schmeichelten ihm und schrien: „Da spricht kein Mensch mehr. Das ist die Stimme Gottes!"

Das hätte Herodes niemals zulassen dürfen. Er sonnte sich in einer Verehrung, die nur Gott alleine zustand. Jetzt war das Maß voll, und Gott sandte im selben Augenblick einen Engel, der ihn bestrafte. Von Würmern zerfressen starb er einen elenden Tod.

Doch wie anders erging es da dem Wort Gottes: Überall wuchsen und blühten Gemeinden auf. Barnabas und Saulus, die damals die Spenden der Jerusalemer Gemeinde gebracht hatten, kehrten nun nach Antiochia zurück. Dieses Mal nahmen sie Johannes mit, der auch Markus genannt wurde.

Eifersucht macht blind (13,1–12)

13 Die Gemeinde in Antiochia war mit einer Reihe prophetischer Prediger und Lehrer gesegnet, darunter Barnabas, Simon mit Beinamen Niger, Luzius aus Kyrene, Manaën, ein Jugendfreund von Herodes, und Saulus.

Eines Tages – sie fasteten gerade, weil sie auf Gottes Führung warteten – sprach der Heilige Geist während des Gottesdienstes zu ihnen:

„Stellt Barnabas und Saulus frei und lasst sie das tun, was ich ihnen auftragen werde."

Das taten sie auf der Stelle. In dieser Atmosphäre des Fastens und des intensiven Gebetes legten sie den beiden die Hände auf und entließen sie für ihre neue Aufgabe.

Und der Heilige Geist zeigte ihnen, wo er sie einsetzen wollte. So gingen Barnabas und Saulus hinab nach Seleuzia und bestiegen ein Schiff nach Zypern. Johannes war mit ihnen gegangen, um ihnen zu helfen, wann immer es nötig war. Kaum waren sie in Salamis gelandet, suchten sie die dortigen Synagogen auf, um den Juden Gottes Frohe Botschaft zu verkünden.

Dann durchwanderten sie die Insel der Länge nach, bis sie nach Paphos kamen. Dort stießen sie auf einen jüdischen Zauberer und falschen Propheten namens Barjesus, der sich das Vertrauen des Gouverneurs Sergius Paulus erschlichen hatte. Da der Gouverneur klug und an allem interessiert war, lud er Barnabas und Saulus zu sich ein, um von ihnen aus erster Hand das Wort Gottes zu hören. Doch das passte dem jüdischen Magier nicht, und so versuchte er mit allen Mitteln, den Gouverneur davon abzuhalten, diesen neuen Glauben kennenzulernen. Saulus, den seine Gefährten schon seit einiger Zeit „Paulus" nannten, trat dem Zauberer jedoch entgegen. Erfüllt mit dem Heiligen Geist, blickte er ihn scharf an und stellte ihn zur Rede: „Du Ausgeburt an Bosheit und Verschlagenheit, du Handlanger des Teufels, wann wirst du endlich aufhören, die geraden Wege Gottes durchkreuzen zu wollen? Du bist gegen Gott selbst angetreten und das hat für dich schlimme Folgen. Du wirst jetzt blind werden und für geraume Zeit kein Sonnenlicht mehr sehen." Augenblicklich senkte sich Dunkelheit auf Barjesus herab und er stolperte umher. Laut bat er darum, dass ihn jemand an der Hand nehmen und hinausführen würde.

Als der Gouverneur sah, was da vor seinen Augen passiert war, dass dieser Gott tatsächlich Wunder vollbrachte, kam er zum Glauben. Er war voller Begeisterung über alles, was sie ihm von Jesus erzählten.

Im kleinasiatischen Antiochia (13,13–52)

In Paphos bestieg Paulus mit seinen Begleitern ein Segelschiff und fuhr nach Perge in Pamphylien. Zuvor hatte Johannes sich von ihnen getrennt und war nach Jerusalem zurückgekehrt. Von Perge aus wanderten die Übrigen bis nach Antiochia in Pisidien.

Am Sabbat gingen sie dort in die Synagoge und setzten sich. Nachdem aus der Heiligen Schrift vorgelesen worden war, fragte sie der Vorsitzende der Versammlung: „Freunde, habt ihr irgendetwas, das ihr uns mitteilen wollt? Vielleicht ein Wort der Ermutigung?"

Paulus erhob sich, bat mit einem Handzeichen um Ruhe und begann: „Israeliten, Freunde, die ihr Gott fürchtet, ich möchte euch etwas sagen. Ihr wisst, welche Geschichte Gott mit unseren Vorfahren begonnen hat: Er holte unser Volk Israel durch mächtige Zeichen aus der ägyptischen Sklaverei heraus. Er sorgte während der vierzig Jahre, die sie durch die Wüste zogen, für sie und nachdem er sieben feindliche Völker vertrieben hatte, gab er ihnen deren Land Kanaan für etwa vierhundertfünfzig Jahre in ihren Besitz.

Bis zu dem Propheten Samuel leitete Gott das Volk durch Richter. Doch dann verlangten unsere Vorfahren einen König, und Gott gab ihnen Saul, den Sohn des Kisch aus dem Stamme Benjamin. Nachdem Saul vierzig Jahre regiert hatte, nahm Gott ihm den Thron und setzte an seiner Stelle David als König ein. Über ihn sagte Gott: ‚Ich habe in David, dem Sohn Isais, einen Mann nach meinem Herzen gefunden. Er wird alles, was ich mir wünsche, erfüllen.'

Aus den Nachkommen dieses David hat Gott den Retter Israels hervorgebracht, wie er es von Anfang an versprochen hat: Jesus aus Nazaret. Auf ihn hat Johannes hingewiesen, als er die Menschen durch ihre Umkehr und die Taufe auf sein Kommen vorbereitete. Gegen Ende seines Auftretens hatte er gesagt: ‚Glaubt ihr vielleicht, ich sei der Eine, auf den alle warten? Nein, ich bin es nicht. Der, auf den ihr so viele Jahre gewartet habt, ist bereits mitten unter euch. Ich bin es nicht einmal wert, ihm die Riemen seiner Sandalen zu lösen.'

Liebe Brüder und Schwestern, Nachkommen Abrahams, und ihr,

denen Gott im Leben alles bedeutet, diese Frohe Botschaft unserer Errettung wurde uns anvertraut, damit wir sie euch bringen dürfen. Die Juden und ihre führenden Köpfe in Jerusalem haben den Messias nämlich nicht erkannt und ihn stattdessen zum Tode verurteilt. Und das, obwohl sie Sabbat für Sabbat hören konnten, was die Propheten über ihn gesagt haben. Sie hatten zwar gegen ihn nicht das Geringste in der Hand, konnten aber Pilatus doch dazu bringen, ihn hinrichten zu lassen. Als sie endlich all das ausgeführt hatten, was die Propheten über sie vorausgesagt haben, wurde er vom Kreuz abgenommen und in ein Grab gelegt. Doch Gott hat ihn nicht dort gelassen, er weckte ihn vom Tod auf. So erschien er an mehreren Tagen denen, die mit ihm von Galiläa bis nach Jerusalem durch das Land gezogen waren. Diese Leute sind es, die nun überall den Menschen bezeugen, dass Jesus lebt.

Und wir sind heute hier, um euch eine wirklich gute Nachricht zu bringen: Was Gott unseren Vätern versprochen hat, ist für die Kinder Wirklichkeit geworden – für uns. Er ließ Jesus von den Toten auferstehen, genau wie es im zweiten Psalm beschrieben ist: ‚Mein Sohn, heute habe ich dich gezeugt! Das heißt: Heute bist du zum Leben gekommen.'

Als er ihn vom Tod zurückholte, geschah dies ein für alle Mal. Sein Sohn sollte nicht in irgendeinem Grab verwesen. Darum hat ja Jesaja gesagt: ‚Ich werde auf ihn allen Segen legen, den ich David versprochen habe.' Noch genauer drückt es der Psalmist aus: ‚Du wirst deinen Heiligen niemals die Verwesung erleben lassen.'

David war damit nicht gemeint; nachdem er seinen Auftrag auf dieser Erde erfüllt hatte, ging er heim zu seinen Vätern. Sein Körper wurde in ein Grab gelegt und verweste wie alle vor ihm. Doch der, den Gott auferweckt hat, hat niemals die ‚Verwesung erlebt'. Ich möchte, dass ihr, liebe Freunde, eines wisst: Durch diesen Auferstandenen habt ihr wirklich die Vergebung aller eurer Sünden erhalten. Durch seinen Tod und seine Auferstehung befreit euch Jesus auch von all dem, was nach dem Gesetz des Mose niemals wiedergutgemacht werden könnte. Es geht einzig darum, dass jeder diesem auferstandenen Jesus von ganzem Herzen vertraut. Dann darf er fest mit seinem Freispruch rechnen.

Darum seid vorsichtig, dass die Worte des Propheten nicht auf euch zutreffen: ‚Ich warne euch, die ihr alles ablehnt, was ich euch zugedacht habe. Ihr werdet euch noch wundern, was ich in euren Tagen tun werde. Ihr werdet es nicht glauben, wenn ihr es hört. Und genau das wird euer Verhängnis sein.'"

Als die Versammlung vorüber war, wurden Paulus und Barnabas eingeladen, am nächsten Sabbat wieder zu predigen. Nach diesem Treffen schlossen sich eine ganze Reihe von Juden und solche, die zum Judentum übergetreten waren, Paulus und Barnabas an. Beide ermutigten sie in langen Gesprächen, an dem festzuhalten, womit sie bereits begonnen hatten: dem Leben in und durch die Gnade Gottes.

Als der nächste Sabbat anbrach, kam praktisch die gesamte Stadt zusammen, um das Wort Gottes zu hören. Als nun einige der Juden die Menschenmenge sahen, packte sie die Eifersucht, und sie fingen an, allem, was Paulus und Barnabas vorbrachten, zu widersprechen und es lächerlich zu machen.

Doch Paulus und Barnabas ließen sich in keiner Weise davon beeindrucken. Mutig und offen sprachen sie die Störenfriede direkt an: „Es ist keine Frage, wem wir zuerst das Wort Gottes zu verkünden haben: euch Juden! Wenn ihr es aber ablehnt und damit gleichzeitig sagt, dass ihr an dem Leben, das Gott euch schenken möchte, nicht im Geringsten interessiert seid, dann wenden wir uns selbstverständlich an die Nichtjuden. Jesus ist nicht nur für uns Juden gekommen. Sein Auftrag geht weit über unser Volk hinaus, wie ihr selbst beim Propheten Jesaja nachlesen könnt: ‚Ich mache dich zum Licht der Heiden, damit du Rettung bis an die äußersten Grenzen der Welt bringen kannst.'"

Als die Nichtjuden das hörten, konnten sie ihr Glück kaum fassen. Sie dankten Gott dafür, dass er schon immer an sie gedacht hatte. An diesem Tag kam eine große Zahl von ihnen zum Glauben an Jesus und erhielt ewiges Leben. Und die Botschaft von der Erlösung verbreitete sich rasch in der ganzen Gegend.

Einige Juden überzeugten unterdessen hochangesehene, fromme Damen und führende Männer der Stadt davon, wie gefährlich dieses neue Gedankengut sei. Von solchen Gedanken aufgeschreckt wandten sie sich gegen Paulus und Barnabas und zwangen sie, ihr Gebiet zu verlassen. Paulus und Barnabas nahmen nichts mit aus dieser Stadt, keine Enttäuschung, ja nicht einmal den Staub auf ihren Schuhen. Sie waren so erfüllt mit dem Heiligen Geist, dass sie sich über all das nur freuen konnten. So zogen sie weiter in die nächste Stadt, Ikonion.

Eine seltsame Allianz (14,1–7)

14 Als sie nach Ikonion kamen, gingen sie, wie sie es immer taten, zunächst in die Synagoge und verkündeten dort die Frohe Botschaft. Was sie sagten, überzeugte die Juden genauso wie die Nichtjuden, und es kamen sehr viele von ihnen zum Glauben an Jesus. Doch die Juden, die sich gegen alles wehrten, was mit diesem Namen zu tun hatte, begannen, bei den nichtjüdischen Stadtbewohnern Misstrauen und Argwohn gegen Paulus und Barnabas zu säen. Das konnte die beiden Apostel jedoch nicht daran hindern, solange es ihnen möglich war, vom Leben in der Gnade Gottes zu sprechen. Und ihr Mut wurde belohnt. Gott bestätigte ihre Worte durch Zeichen und Wunder.

Es kam, wie es kommen musste: Die Bevölkerung der Stadt teilte sich in zwei Lager. Die einen hielten zu den Aposteln, die anderen ergriffen Partei für die Juden. Durch sie kam es zu einer höchst eigenartigen Verbindung: Führende Juden taten sich mit Nichtjuden zusammen, um beide Apostel in einem Handstreich zu ergreifen, zu foltern und anschließend zu steinigen. Als Paulus und Barnabas von dem Komplott erfuhren, verließen sie die Stadt, so schnell sie konnten. In Lykaonien gab es noch andere Städte wie Lystra, Derbe und deren Umland, in die sie gehen konnten, um die frohmachende Botschaft von der liebevollen Herrschaft Gottes zu verkünden.

Ein halbtoter Götterbote (14,8–20)

In Lystra gab es einen Mann, der von Geburt an gelähmt war. Er hörte Paulus besonders aufmerksam zu. Das blieb auch dem Apostel nicht verborgen. Er spürte, wenn er ihn ansah, wie der Glaube, Gott könnte ihn heilen, förmlich in ihm wuchs. Da befahl Paulus ihm so laut, dass es jeder hören konnte: „Steh auf, stell dich auf deine Füße!“ Sofort sprang der Mann auf und lief vor den Augen aller umher.

Als die Menschen sahen, was Paulus getan hatte, gerieten sie außer sich und schrien in ihrem lykaonischen Dialekt: „Die Götter sind herabgestiegen! Diese Männer sind Götter!“ Sie nannten Barnabas „Zeus“ und Paulus hielten sie für den Götterboten „Hermes“ (weil Paulus derjenige war, der von den beiden am meisten redete ...). Der Priester des örtlichen Zeus-Heiligtums ließ sofort eine Prozession mit Opfertieren, Fahnen und Kränzen zusammenstellen und führte die Menge zu den Toren der Stadt, um eine große Opferfeier zu veranstalten.

Als Barnabas und Paulus begriffen, was da vor sich ging, verloren sie für einen Moment die Beherrschung. Sie rissen sich als Zeichen ihres verzweifelten Zorns ihr Obergewand vor der Brust auf, sprangen mitten unter die Leute, die sie gerade als Götter verehren wollten, und schrien, so laut sie konnten: „Halt! Was macht ihr denn da?! Wir sind doch keine Götter! Wir sind genauso Menschen wie ihr, und wir möchten euch nur die Frohe Botschaft bringen, dass ihr euch nicht länger für Götter abplagen müsst, die gar keine sind. Uns ist wichtig, dass ihr euch dem lebendigen Gott zuwendet, der alles hier, den Himmel, die Erde, das Meer und alles, was lebt, erschaffen hat.

In der Vergangenheit hat Gott die verschiedenen Nationen – auch euch – ihren eigenen Weg gehen lassen. Doch auch ihr habt schon genügend Hinweise auf ihn selbst erhalten, war er es doch, dessen Sorge um euch ihr Tag für Tag erfahren konntet. Er ist es gewesen, der euch den Regen geschickt und damit euer Land fruchtbar gemacht hat. War nicht in allem Gott der Grund eurer Freude und Dankbarkeit? Sie redeten und redeten und konnten die Menschen doch nur mit äußerster Mühe davon abhalten, sie als Götter mit Opfern zu verehren.

Da kamen einige Juden aus Antiochia und Ikonion und brachten durch ihr Gerede das Volk gegen sie auf. Sie steinigten daraufhin Paulus und schleiften ihn aus der Stadt hinaus. Da sie ihn für tot hielten, ließen sie ihn einfach dort liegen. Doch als sich die jungen Christen um ihn drängten, kam er wieder zu Bewusstsein und stand auf. Er ging in die Stadt zurück, verließ sie aber am nächsten Tag, um mit Barnabas nach Derbe weiterzuziehen.

Rückkehr durch wohlbekannte Orte (14,21–28)

Nachdem sie auch in Derbe die Frohe Botschaft verkündet und eine große Gemeinschaft von Jüngern gebildet hatten, gingen sie ihren ursprünglichen Weg wieder zurück: erst Lystra, dann Ikonion, schließlich Antiochia. In diesen Orten stärkten sie die jungen Gemeinden und ermutigten jeden Einzelnen, an dem festzuhalten, was er zu glauben begonnen hatte. Vor allem dann, wenn es einmal hart auf hart käme, sollten sie niemals aufgeben. Sie versprachen ihnen kein Paradies auf Erden: „Jeder, der sich unter die Herrschaft Gottes gestellt hat, muss damit rechnen, immer wieder harte Zeiten durchleben zu müssen."

Damit die Gemeinden in solchen schweren Zeiten nicht auseinanderbrachen, sorgten Paulus und Barnabas dafür, dass sie gute Leiter bekamen. Diese bestimmten sie aber erst nach langem Gebet und Fasten. Alle neuen Leiter wurden unter den besonderen Schutz des Herrn gestellt, dem zu vertrauen sie gerade erst begonnen hatten.

Von Antiochia aus zogen sie weiter durch Pisidien und kamen so nach Pamphylien. Dort predigten sie vor allem in Perge. Von dort war es nicht mehr weit bis Attalia, von wo aus sie ein Schiff nahmen und nach Antiochia zurückkehrten. Endlich waren sie nach getaner Arbeit heil an den Ort zurückgekehrt, von dem aus sie viele Monate zuvor durch die Gnade Gottes aufgebrochen waren.

Kaum waren sie angekommen, versammelte sich die ganze Gemeinde, um zu hören, wie Gott durch sie gewirkt hatte. Und Paulus und Barnabas erzählten alles, was Gott an ihnen und durch sie getan hatte und wie durch sie vor allem für die nichtjüdischen Völker das Tor zum Glauben weit geöffnet worden war. Und sie blieben für eine längere, erholsame Zeit in der Christengemeinde von Antiochia.

Keine neuen Hindernisse! (15,1–34)

15 Es dauerte nicht lange, da kamen einige Judenchristen aus Judäa in die Gemeinde von Antiochia, die darauf bestanden, dass jeder beschnitten werden müsste: „Wenn ihr euch nicht nach den Vorschriften des Mose beschneiden lasst, könnt ihr nicht gerettet werden.“ Das konnten Paulus und Barnabas auf keinen Fall so stehen lassen und so protestierten sie vehement gegen eine solche Vorgehensweise. Da sich die Fronten verhärteten, entschied die Gemeindeleitung, dass diese wichtige Angelegenheit den Aposteln in Jerusalem vorgelegt werden sollte. Paulus, Barnabas und noch einige andere aus der Gemeinde wurden beauftragt, sofort nach Jerusalem zu reisen.

Nachdem man sie verabschiedet hatte, zogen sie durch Phönizien und Samarien, und überall, wo sie auf junge Gemeinden trafen, erzählten sie diesen, wie offen vor allem die nichtjüdischen Völker für den Glauben an Jesus waren. Und überall zeigten die Glaubensgeschwister nur eines: rückhaltlose Freude.

Als sie Jerusalem erreichten, wurden sie von der Gemeinde, den Aposteln und Ältesten freundlich aufgenommen. Sogleich berichteten Paulus und Barnabas von ihrer Reise und wie Gott sie gebraucht hatte, um gerade auch den Nichtjuden einen Weg zum Glauben zu eröffnen. Einige Pharisäer, die zwar Christen geworden waren, aber immer noch nicht die Haltung abgelegt hatten, dass das Heil allein im Halten des Gesetzes zu finden sei, forderten unbeirrt: „Ihr müsst die Heiden, die sich zum Glauben bekehren, beschneiden lassen. Ihr müsst dafür sorgen, dass sie das gesamte mosaische Gesetz halten.“

Die Apostel und die Ältesten beriefen daraufhin ein besonderes Treffen ein, um Klarheit in dieser schwierigen und folgenschweren Frage zu erlangen. Die Argumente gingen hin und her und die Diskussion wurde immer hitziger. Da stand Petrus auf und ergriff das Wort: „Freunde, ihr wisst doch, dass Gott von Anfang an geplant hatte, mich dafür einzusetzen, dass die nichtjüdischen Völker die Frohe Botschaft hören und zum Glauben kommen. Und Gott, der nicht getäuscht werden kann und der jeden unserer Gedanken kennt, gab ihnen den Heiligen Geist genauso, wie er ihn auch uns gegeben hat. Er hat die Nichtjuden ganz genauso behandelt, wie er uns behandelt hat. Und er hat sie in ihrem Innersten allein dadurch gereinigt, dass sie ihr Vertrauen ganz und gar auf ihn gesetzt hatten.

Warum also wollt ihr jetzt gegen Gott arbeiten, indem ihr diesen neuen Gläubigen Lasten auf den Rücken bindet, die weder unsere Vorfahren noch wir zu tragen vermochten? Wie gut ist es doch, glauben zu dürfen, dass wir allein durch das, was Jesus für uns getan hat, gerettet sind! Sollte die gleiche Großzügigkeit Gottes all den Menschen vorenthalten bleiben, die zufällig nicht dem jüdischen Volk angehören?"

Mit einem Mal war es vollkommen ruhig geworden. Niemand sagte mehr ein Wort. In die Stille hinein berichteten nun Paulus und Barnabas wahrheitsgemäß, welche Zeichen und Wunder Gott durch sie unter den anderen Völkern geschehen lassen hatte.

Als sie ihren Bericht beendet hatten, ergriff Jakobus als Erster das Wort: „Freunde, hört mir zu. Simon hat uns berichtet, wie Gott sich auch aus den nichtjüdischen Völkern ein Volk herausrufen möchte, das seinen Namen kennt. Das stimmt durchaus mit dem überein, was die Propheten bereits angekündigt haben:

‚Danach werde ich zurückkehren;
ich werde das zerstörte Haus Davids wieder aufrichten;
ich werde alle Stücke wieder zusammenfügen;
ich werde es so machen, dass es wieder wie neu aussieht,
damit andere Völker, die meinen Namen hören,

mich suchen werden
und alle einen Platz haben, an den sie kommen können.‘

Gott hat dies vor Urzeiten vorausgesagt, und nun ist er dabei, es in die Tat umzusetzen. Daher lautet meine Entscheidung: Wir sollten auf keinen Fall den nichtjüdischen Menschen, die sich dem Herrn zuwenden, Lasten aufbürden, die nicht notwendig sind. Wir werden ihnen einen Brief schreiben und ihnen darin mitteilen: ‚Seid vorsichtig, dass ihr nicht mit irgendetwas in Berührung kommt, das mit Götzen zu tun hat; geht mit eurer Geschlechtlichkeit nicht willkürlich um.*

Ferner: Esst um eurer jüdischen Glaubensgeschwister willen kein Tier, das nicht ausbluten konnte, vor allem aber verzichtet auf den Verzehr von Blut in jeder Form. Im Übrigen macht euch keine Gedanken um Mose und sein Gesetz. Seit alters her wird es an jedem Sabbat in jeder Stadt verkündet.“

Damit waren alle einverstanden: die Apostel, die Ältesten und die Gemeinde. Sie wählten Judas mit dem Beinamen Barsabbas und Silas aus, Männer, die beide eine leitende Aufgabe in der Gemeinde innehatten, und sandten sie mit Paulus und Barnabas nach Antiochia. Sie gaben ihnen einen Brief mit, in dem Folgendes stand:

„Von den Aposteln und Ältesten, euren Brüdern, an unsere Geschwister in Antiochia, Syrien und Zilizien, die nichtjüdischer Abstammung sind. Wir grüßen euch herzlich.

Wir haben gehört, dass einige Personen aus unserer Gemeinde zu euch kamen und euch Dinge gesagt haben, die euch verwirrt und aufgeregt haben. Seid gewiss, dass sie von uns dazu nicht autorisiert waren; wir haben sie nicht zu euch gesandt. Wir sind übereingekommen, euch zusammen mit euren guten Freunden Paulus und Barna-

* Das griechische Wort „porneia“ meint eine ganze Bandbreite von sexuellem Fehlverhalten: vom Verkehr mit Tempeldirnen oder Huren ganz allgemein über Ehebruch bis hin zu inzestuösen Beziehungen.

bas zwei Männer zu schicken, von denen wir wissen, dass sie euer Vertrauen genießen werden. Es handelt sich dabei um Judas und Silas, die für unseren Herrn Jesus ihr Leben eingesetzt haben. Wir senden sie zu euch, um euch sozusagen von Angesicht zu Angesicht zu bestätigen, was wir euch hier schreiben.

Der Heilige Geist hat uns deutlich gemacht, dass euch keinerlei Lasten aufgebürdet werden sollen, bis auf drei Dinge, die wir euch nachdrücklich ans Herz legen wollen: Kauft und verzehrt kein Fleisch, das zuvor bei irgendeinem Götzenkult geopfert wurde; esst um eurer jüdischen Glaubensgeschwister willen kein Tier, das nicht ausbluten konnte, vor allem aber verzichtet auf den Verzehr von Blut in jeder Form. Drittens: Achtet darauf, keine verbotenen sexuellen Beziehungen einzugehen. Wenn ihr euch daran haltet, ist alles in Ordnung. Gott sei mit euch allen!"

Daraufhin wurden Judas und Silas verabschiedet und reisten hinauf nach Antiochia. Als sie dort ankamen, versammelte sich die gesamte große Gemeinde. Ihren Leitern wurde der Brief übergeben. Die Glaubenden waren sehr erleichtert und freuten sich von Herzen. Judas und Silas, die beide gute Prediger waren, ermutigten ihre neuen Freunde mit vielen Worten der Zuversicht und der Hoffnung. Dann war es auch für sie wieder Zeit, nach Jerusalem zurückzukehren. Sie wurden von ihren neuen Freunden mit allen Segenswünschen zu denen zurückgeschickt, die sie zu ihnen gesandt hatten.

Ein handfester Konflikt (15,35–41)

Paulus und Barnabas blieben zunächst in Antiochia und lehrten und predigten das Wort Gottes. Doch sie waren nicht mehr die einzigen, die dies taten. Mittlerweile gab es eine ganze Anzahl von Lehrern und Predigern in der Christengemeinde dieser Stadt. Einige Tage später sagte Paulus zu Barnabas: „Komm, lass uns zurückgehen und all die Freunde in den Städten besuchen, in denen wir das Wort Gottes schon gepredigt haben. Wir wollen sehen, wie es ihnen geht."

Barnabas war einverstanden, wollte aber unbedingt Johannes Markus mitnehmen. Das lehnte Paulus entschieden ab, denn er erinnerte sich nur zu gut daran, wie Johannes sich, vermutlich aus Angst, von ihnen abgesetzt hatte, kaum dass sie in Pamphylien angekommen waren. Da keiner der beiden nachgeben wollte, gingen sie schließlich getrennte Wege: Barnabas nahm Johannes und segelte nach Zypern; Paulus wählte Silas zum Begleiter, und nachdem er von den Brüdern in der Gemeinde der Gnade des Herrn anempfohlen worden war, reiste er nach Syrien und Zilizien, um die dortigen Gemeinden zu stärken und sie weiter in ihrem Glauben zu ermutigen.

Ein geschichtsträchtiger Traum (16,1–15)

16 Zunächst reiste Paulus nach Derbe, dann nach Lystra. Dort traf er einen jungen Christen namens Timotheus, der Sohn einer gläubigen jüdischen Mutter und eines griechischen Vaters. Über ihn hatten sich die Freunde in Lystra und Ikonion schon lobend geäußert. Paulus wollte ihn unbedingt für ihre Missionsreise gewinnen, doch da alle wussten, dass sein Vater Grieche war, hätte er bei den Juden dieser Gegend nur verschlossene Türen vorgefunden. Also ließ Timotheus sich beschneiden, um für die Juden ein Jude zu werden.

Bei ihrer Reise von Stadt zu Stadt gaben sie auch die einfachen Richtlinien weiter, die sie von den Aposteln und Ältesten aus Jerusalem mitbekommen hatten. Es zeigte sich rasch, dass dies äußerst hilfreich war. Tag für Tag nahmen die jungen Gemeinden nicht nur an Glauben zu, sondern auch an Größe.

So kamen sie nach Phrygien und danach in das Gebiet von Galatien. Ursprünglich hatten sie die Absicht, die Provinz Asia zu durchqueren, doch der Heilige Geist hatte andere Pläne. Darum zogen sie weiter in Richtung Mysien, um von dort Richtung Norden nach Bithynien zu reisen. Doch der Geist Jesu verschloss auch diese Möglichkeit. Da wanderten sie weiter an Mysien vorbei und kamen so schließlich hinunter nach Troas, der Hafenstadt am Ägäischen Meer.

In der darauffolgenden Nacht hatte Paulus einen Traum: Ein Mazedonier stand am gegenüberliegenden Ufer und rief über das Meer: „Komm herüber nach Mazedonien und hilf uns!“ Als Paulus aus diesem Traum erwacht war, wusste er, was er zu tun hatte. Wir machten uns sofort an die Arbeit, um die Überfahrt nach Mazedonien vorzubereiten, denn wir waren davon überzeugt, dass Gott uns aufgerufen hatte, den Europäern die Frohe Botschaft zu verkündigen.

Nachdem wir in Troas abgelegt hatten, segelten wir geradewegs auf die Insel Samothrake zu. Schon am nächsten Tag machten wir in Neapolis fest. Wir verließen das Schiff und wanderten nach Philippi, der Hauptstadt dieses Gebietes von Mazedonien. Sie war zur römischen Kolonie mit großen Sonderrechten erhoben worden. Hier verbrachten wir mehrere Tage.

Am Sabbat verließen wir die Stadt und gingen zum Fluss hinab, an dem sich eine kleine jüdische Gebetsstätte befinden sollte. Tatsächlich versammelte sich dort eine kleine Gruppe Frauen, mit denen wir ins Gespräch kamen. Eine Frau, Lydia mit Namen, die aus Thyatira in Kleinasien stammte und mit kostbaren Purpurstoffen handelte, führte ein Gott hingegebenes Leben. An diesem Tag hatte Gott ihr aufs Herz gelegt, ganz besonders auf das zu achten, was dieser Fremde – Paulus – zu sagen hatte.

Die Frohe Botschaft bewegte ihre Herzen und Lydia ließ sich mit allen, die in ihrem Haus waren, taufen. Dann bat sie Paulus: „Wenn ihr überzeugt seid, dass ich nun eine von euch bin und wirklich an den Herrn glaube, dann kommt zu mir in mein Haus und seid meine Gäste.“ Unser Zögern überwand sie mit liebevollem Nachdruck.

Nächtlicher Gesang im Gefängnis (16,16–40)

Eines Tages – wir waren gerade auf dem Weg zu einem Gebetstreffen – begegneten wir einer jungen Sklavin. Sie wurde von einem Wahrsagegeist beherrscht, der es ihr möglich machte, Menschen ihr Schicksal vorauszusagen. Das hatte natürlich ihren Besitzern schon sehr viel Geld eingebracht. Von dieser ersten Begegnung an lief sie Paulus ständig hinterher und lenkte die Aufmerksamkeit der Leute auf uns, indem sie laut rief: „Diese Männer arbeiten für den Allerhöchsten. Sie werden euch den Weg zur Erlösung zeigen." Das tat sie tagelang, bis Paulus schließlich die Geduld ausging und er dem Geist, der sie im Griff hatte, befahl: „Raus mit dir! Im Namen Jesu befehle ich dir, verlass sofort diese Frau!" Und im gleichen Augenblick suchte der Geist das Weite.

Als ihre Besitzer sahen, dass mit dem Geist auch ihre Hoffnungen auf ein einträgliches Geschäft ausgefahren waren, ergriffen sie Paulus und Silas und schleppten beide auf den Marktplatz. Dort übergaben sie sie den Ordnungshütern, damit sie dem Stadtrichter vorgeführt würden. Ihre Anklage lautete: „Diese Männer stören den Frieden in unserer Stadt! Sie sind zwar Juden, verkünden aber Sitten, die weder wir als römische Bürger noch die Juden annehmen dürfen." Es brauchte nicht viel, um die Menge gegen die beiden fremden Männer aufzubringen. Selbst die Richter ließen sich von der aufgeheizten Stimmung der Leute mitreißen und befahlen, Paulus und Silas die Kleidung vom Leib zu reißen und sie öffentlich auszupeitschen.

Nachdem sie brutal verprügelt worden waren, wurden Paulus und Silas ins Gefängnis geworfen. Dabei wurde dem Gefängnisaufseher eingeschärft, sie unter besonders strenger Bewachung zu halten. Und genau das tat er: Er warf sie in die innerste und sicherste Zelle seines Gefängnisses und schloss ihre Füße in den Block ein.

Gegen Mitternacht beteten Paulus und Silas und sangen voller Freude Lieder zu ihrem Gott. Die anderen Gefangenen hörten ihnen verwundert zu. Plötzlich gab es ein gewaltiges Erdbeben. Das Gefängnis wurde bis in die Fundamente erschüttert, die Türen sprangen auf und von den Gefangenen fielen die Fesseln ab.

Der Gefängnisaufseher schreckte aus dem Schlaf auf, und als er sah, dass alle Gefängnistüren weit offen standen, zog er sein Schwert, um sich das Leben zu nehmen. Denn er musste ja annehmen, dass alle Gefangenen geflohen waren und er deshalb sowieso schon so gut wie tot war. Doch Paulus rief so laut er konnte aus dem Verlies: „Tu das nicht! Wir sind noch alle hier. Niemand ist weggelaufen."

Da ließ sich der Gefängnisaufseher Fackeln bringen und lief in das Innere des Gefängnisses. Er zitterte am ganzen Körper, als er vor Paulus und Silas auf die Knie fiel. Er führte sie aus dem Gefängnis heraus und fragte sie: „Ihr Herren, was muss ich tun, um gerettet zu werden?" Sie entgegneten: „Du musst nur von ganzem Herzen auf den Herrn Jesus vertrauen. Dann bist du gerettet, du und deine ganze Familie."

Und sie begannen, ihm und seiner ganzen Familie die Geschichte von Jesus zu erzählen. Niemand ging in dieser Nacht zu Bett. Der Gefängnisaufseher hatte die beiden in sein Haus aufgenommen, die Spuren der Misshandlungen abgewaschen und die Wunden behandelt. Danach ließ er sich sofort taufen – zusammen mit seiner ganzen Familie. Was folgte, war ein Festmahl. Alle saßen um den Tisch und die Freude über Gottes Wirken und den neugewonnenen Glauben machte diese nächtlichen Stunden unvergesslich.

Als der Morgen anbrach, kamen Boten vom Gericht mit der Anweisung, diese beiden Männer einfach zu entlassen. Der Gefängnisaufseher gab diese Botschaft sofort an Paulus weiter: „Das Gericht hat angeordnet, euch freizulassen. Herzlichen Glückwunsch! Ihr könnt euch also wieder frei bewegen. Geht in Frieden!"

Doch so einfach ließ Paulus sich nicht abfertigen. Er erwiderte dem Gerichtsboten: „Ihr habt uns ohne Gerichtsurteil öffentlich auspeitschen lassen, obwohl wir unbescholtene römische Bürger sind. Und nun wollt ihr, dass wir hier ohne jedes Aufsehen verschwinden sollen?! Nicht mit uns! Wenn die Herren Richter möchten, dass wir das Gefängnis verlassen, dann müssen sie schon selbst kommen und uns am helllichten Tag hinausführen."

Als die Gerichtsboten diese Nachricht überbracht hatten, bekamen es die Richter mit der Angst zu tun. Denn hätten sie ein ordentliches Verfahren eingeleitet, wäre ihnen nicht verborgen geblieben, dass Paulus und Silas römische Bürger waren. So eilten sie zum Gefängnis und entschuldigten sich, dann begleiteten sie die beiden persönlich aus dem Gefängnis heraus und baten sie höflich, doch so bald wie möglich weiterzureisen. Als sie das Gefängnis hinter sich gelassen hatten, begaben Paulus und Silas sich direkt zum Haus von Lydia. Dort freuten sie sich über das Wiedersehen mit ihren Freunden, sie ermutigten sie im Glauben, und erst dann machten sie sich auf den Weg in eine andere Stadt.

Thessalonich (17,1–10a)

17 Sie nahmen die Straße, die durch Amphipolis und Apollonia nach Thessalonich führte. Dort gab es eine jüdische Gemeinde, die Paulus aufsuchte, wie er es immer tat, wenn er in eine Stadt kam. Er predigte an drei aufeinanderfolgenden Sabbaten über ausgewählte Texte der Heiligen Schrift, die deutlich machten, dass der Messias den Leidensweg gehen musste, aber auch, dass er auferstehen würde. Schließlich eröffnete er ihnen, dass niemand anderer dieser Messias war als Jesus, von dem er ihnen dann ausführlich erzählte.

Einige von ihnen wurden überzeugt und schlossen sich Paulus und Silas an, darunter auch eine größere Anzahl gottesfürchtiger Griechen und eine ganze Reihe vornehmer Damen aus der Stadt. Das wiederum erregte den Neid der übrigen Juden, denen nun jedes Mittel recht war, um die beiden aus der Stadt zu verjagen. So stellten sie eine Schlägertruppe aus Leuten von der Straße zusammen, die mit Drohungen und falschen Parolen die Menschen verunsichern und einen regelrechten Volksauflauf provozieren sollten.

Schließlich umstellten sie das Haus von Jason, weil sie Paulus und Silas darin vermuteten. Als sie jedoch keinen von beiden in die Hände bekamen, ergriffen sie einfach Jason und seine Freunde und schleppten sie vor die Stadtoberen. Dabei schrien sie hysterisch: „Seht her, das ist Jason mit seinen Komplizen. Er hat es tatsächlich gewagt, die Leute zu beherbergen, die im ganzen Land Unruhe stiften. Sie sind Aufrührer, die sich nicht an die Vorschriften des Kaisers halten. Sie behaupten, dieser Jesus sei der eigentliche König!“

Natürlich sorgte das bei den Stadtoberen und der Volksmenge für Aufregung. Da man aber die eigentlichen Unruhestifter noch nicht gefasst hatte, ließen sie Jason und seine Freunde gegen Kaution wieder frei. Kein Wunder, dass Paulus und Silas noch in derselben Nacht von ihren Freunden aus der Stadt hinausgebracht wurden.

Beröa (17,10b–15)

Man hatte ihnen Beröa als nächstes Ziel empfohlen. Als sie dort eintrafen, nahmen sie sofort Kontakt zu der dortigen jüdischen Gemeinde auf. Dieses Mal wurden sie wesentlich besser behandelt als in Thessalonich. Die Juden nahmen die Botschaft von Paulus mit Begeisterung auf und trafen sich täglich mit ihm, um die Schrift danach durchzugehen, ob sie das, was Paulus sagte, auch bestätigen würde. Eine große Anzahl von ihnen kam zum Glauben an Jesus, darunter auch viele Griechen, Männer wie Frauen, die in der Stadt angesehen waren und großen Einfluss besaßen.

Doch es dauerte nicht lange, da erfuhren die Juden in Thessalonich, dass Paulus schon wieder die Frohe Botschaft verkündete – diesmal in Beröa. Unverzüglich kamen sie auch dorthin und versuchten, die Leute gegen Paulus und seine Gefährten aufzuhetzen.

Doch mit Hilfe seiner Freunde entkam ihnen Paulus auch dieses Mal. Während Silas und Timotheus noch in Beröa blieben, begleiteten ihn einige Freunde bis ans Meer und bestiegen dort mit ihm ein Schiff, das sie nach Athen bringen sollte. Als Paulus in Athen angekommen war, sandte er die Freunde, die bis dahin nicht von seiner Seite gewichen waren, mit einer einzigen Nachricht an Silas und Timotheus zurück: „Kommt nach, so schnell ihr könnt!“

Athen (17,16–34)

Je länger Paulus in Athen auf Silas und Timotheus warten musste, desto mehr wurde sein Herz von einem heiligen Zorn erfüllt: überall nichts als Götterbilder!

Natürlich ging er auch hier in die Synagoge und sprach mit den Juden. Und jeden Tag stellte er sich auf den Markplatz und predigte zu den Menschen, die gerade da waren. Oft wurde er dabei in Diskussionen mit Anhängern des Epikur und der Stoa verwickelt. Einige von ihnen hatten nichts als Verachtung für ihn übrig: „Was ist das bloß für ein Schwätzer!" Doch andere waren von dem, was er über Jesus und die Auferstehung sagte, sehr beeindruckt. „Der muss etwas von Gottheiten wissen, die wir noch nicht kennen. Erzähl uns mehr davon!"

(Um ausgiebig diskutieren zu können verließen sie den Marktplatz) und nahmen Paulus mit vor den Areopag, damit er seine Ansichten in aller Öffentlichkeit vor dem Ältestenrat der Stadt darlegen konnte: „Das ist etwas völlig Neues für uns. Wir haben noch nie so etwas gehört, und wir möchten gerne wissen, was sich dahinter verbirgt und was an dem Ganzen dran ist. Erklär es uns, damit wir es verstehen können." Die Athener und alle Fremden, die sich länger in ihrer Stadt aufhielten, waren bekannt dafür, dass sie andauernd nach dem Allerneuesten Ausschau hielten, um dann gründlich darüber zu diskutieren.

Paulus stellte sich also in die Mitte des Areopags und begann seine Rede: „Männer von Athen, es ist nicht zu übersehen, dass ihr eure Religion sehr ernst nehmt. Als ich vor einigen Tagen nach meiner Ankunft durch eure Stadt ging und mir alle eure Heiligtümer ansah, stieß ich auch auf einen Altar, der die Inschrift trug: ‚Einem unbekannten Gott.' Der, den ihr da verehrt, obwohl ihr ihn gar nicht kennt, von diesem Gott möchte ich euch berichten.

Der Gott, der die Welt und alles in ihr geschaffen hat, der Herr ist über den Himmel und die Erde, lebt nicht in irgendwelchen Heiligtümern, die Menschen errichtet haben. Er braucht auch keine Menschen, die ihn mit irgendetwas versorgen, als könnte er nicht für sich selbst sorgen. Nein, er ist es, der allen Geschöpfen das Leben geschenkt hat. Alle Völker, die auf der Erde leben, haben in ihm ihren Ursprung. Er gab den Menschen Zeit und Lebensraum, damit sie nach ihm suchen können. Und diese Suche ist nicht schwer, ist er uns Menschen doch unfassbar nahe. Denn durch ihn leben und handeln wir. Er umgibt uns mit seiner Liebe. Das hat wohl schon einer eurer Dichter, Epimenides, gespürt, der geschrieben hat: ‚Wir stammen von Gott ab.' Wenn dem so ist, dann muss es doch einleuchtend sein, dass keine noch so kunstvoll aus Gold, Silber oder Stein gefertigte Figur mit Gott gleichgesetzt werden kann, oder?

Gott hat über euren Dienst an toten Götterfiguren hinweggesehen, solange ihr es nicht besser wusstet, doch diese Zeit ist nun vorbei. Der ‚unbekannte Gott' ist nun jedem bekannt, und er ruft einen jeden von uns dazu auf, sein Leben radikal zu ändern. Er hat einen Tag festgesetzt, an dem die gesamte Menschheit für ihre Taten zur Rechenschaft gezogen wird, und zwar von einem Mann, den er vor der ganzen Welt bestätigt hat, indem er ihn von den Toten auferweckte."

Bei den Worten „von den Toten auferweckte" schieden sich die Geister der Zuhörer: Die einen fingen an zu lachen und machten sich über ihn lustig, die anderen aber meinten: „Wir würden gerne mehr darüber hören – ein anderes Mal." Für diesen Tag war es anscheinend genug, darum verließ Paulus die Versammlung. Aber es gab doch einige, die zum Glauben kamen und sich Paulus anschlossen, unter ihnen Dionysius, der dem Areopag angehörte, und eine Frau namens Damaris.

Korinth (18,1–17)

18 Nachdem Paulus längere Zeit in Athen geblieben war, zog er weiter nach Korinth. Dort lernte er Aquila und dessen Frau Priscilla kennen. Aquila war Jude und stammte aus Pontus am Schwarzen Meer. Die beiden waren gerade aus Italien angekommen, nachdem sie und alle anderen Juden durch einen Befehl des Kaisers Claudius aus Rom vertrieben worden waren. Paulus zog zu ihnen und sie arbeiteten zusammen in ihrem gemeinsamen Beruf, der Zeltherstellung. (So blieb ihm nur der Sabbat,) an dem er die Synagoge aufsuchen konnte, um sowohl die Juden als auch die Griechen zum Glauben an Jesus zu führen. Doch erst als Silas und Timotheus aus Mazedonien eintrafen, war Paulus in der Lage, seine gesamte Zeit dem Predigt- und Lehrdienst zu widmen. Er tat alles, um die Juden davon zu überzeugen, dass Jesus tatsächlich der langersehnte Messias Gottes war. Doch die Juden dachten nicht daran, irgendetwas von ihm anzunehmen. Im Gegenteil, sie hatten für ihn nur Ablehnung und Spott übrig. Völlig verärgert hatte Paulus schließlich genug und schüttelte symbolisch den Staub ihrer Synagoge aus seinen Kleidern. „Ihr werdet die Folgen eurer Engstirnigkeit zu tragen haben", sagte er dabei. „Von jetzt an werde ich meine Zeit mit Menschen verbringen, die keine Juden sind."

Daraufhin zog er bei Aquila aus und bei Titius Justus ein, der Gott ernst nahm und dessen Haus unmittelbar neben der Synagoge stand. Doch Paulus' Bemühungen um die Juden waren nicht völlig vergebens, denn Crispius, der Vorstand der Synagoge, fand mitsamt seiner ganzen Familie zum Glauben an Jesus Christus.

Aber auch unter den Korinthern selbst tat sich viel. Je länger sie Paulus zuhörten, desto mehr kamen zum Glauben und ließen sich taufen. Eines Nachts sprach der Herr zu Paulus in einem Traum: „Lass dich nicht einschüchtern und von niemandem durch Drohungen dazu bringen, den Mund zu halten. Egal, was passiert, ich bin bei dir, und niemand wird in der Lage sein, dir in irgendeiner Weise Schaden zuzufügen. Denn in dieser Stadt habe ich bereits ein großes Volk."

Diese Worte ermutigten Paulus so sehr, dass er alles aushielt und volle eineinhalb Jahre in Korinth blieb, um die Bewohner dieser Stadt mit Gott bekanntzumachen.

Das änderte sich erst, als Gallio Gouverneur der Provinz Achaia wurde. Die Juden spannen eine Intrige gegen Paulus und brachten ihn mit folgenden Anschuldigungen vor Gericht: „Dieser Mann verführt die Menschen zu einer Art Gottesverehrung, die völlig gegen das Gesetz ist."

Gerade wollte Paulus ansetzen und sich verteidigen, da unterbrach ihn Gallio und sagte zu den Juden: „Wenn ihr irgendetwas vorgebracht hättet, das auf ein Vergehen oder Verbrechen hindeutet, dann würde ich euch zuhören. Doch was ihr da vorbringt, klingt in meinen Ohren einmal mehr wie eine dieser typisch jüdischen Streitigkeiten über religiöse Fragen, die in endlosen Diskussionen voller Haarspaltereien enden. Wenn es um eure Lehre und euer Gesetz geht, dann kümmert euch gefälligst selbst darum. Ich bin nicht gewillt, über eure Streitfragen zu richten." Nach dieser Erklärung ließ er den Gerichtsplatz räumen.

Da packte die aufgebrachte Menge Sosthenes, der ja Vorsteher der jüdischen Versammlung war, Paulus aber vor dieses Gericht gebracht hatte, und verprügelte ihn direkt vor dem Richterstuhl. Doch Gallio interessierte sich nicht mehr für diesen Fall.

Ephesus (18,18–28)

Nach diesem Vorfall blieb Paulus noch einige Zeit in Korinth, dann aber war es für ihn Zeit, von seinen Freunden Abschied zu nehmen und nach Syrien zurückzukehren. Begleitet wurde er von Priscilla und Aquila, die aber nur bis Ephesus mitfuhren. Bevor er das Schiff in Kenchreä bestieg, ließ er sich jedoch den Kopf aufgrund eines Gelübdes kahl scheren.

In Ephesus verließ Paulus nur kurz das Schiff, um in der Synagoge zu den dortigen Juden zu sprechen. Sie hätten es gern gesehen, wenn er noch länger bei ihnen geblieben wäre, doch Paulus lehnte ab. Als er sich von ihnen verabschiedete, versprach er ihnen jedoch: „So Gott will, komme ich zu euch zurück."

Von Ephesus segelte er nach Cäsarea. Von dort ging er zu Fuß hinauf nach Jerusalem, um der versammelten Gemeinde wenigstens einen Besuch abzustatten, bevor er nach Antiochia weiterreiste, von wo aus diese Missionsreise ihren Anfang genommen hatte.

Nachdem er einige Zeit mit den Christen in Antiochia verbracht hatte, brach Paulus erneut auf, um in Galatien und Phrygien eine Stadt nach der anderen zu besuchen, in denen er schon früher einmal gewesen war, und die dortigen Christen zu ermutigen und zu stärken.

In dieser Zeit nun kam ein Mann namens Apollos nach Ephesus, der ein Jude war, aber aus Alexandria stammte, der großen Stadt am Nildelta. Er war ein hervorragender Redner und kannte sich in den Heiligen Schriften bestens aus. Er hatte das Christentum von Grund auf kennengelernt und war dementsprechend Feuer und Flamme. Alles, was er über Jesus lehrte, stimmte ganz genau – bis auf eines: Er kannte nur die Taufe des Johannes. Und das merkte man, selbst wenn er in der Synagoge mit Vollmacht predigte. Als Priscilla und Aquila ihn so reden hörten, nahmen sie ihn mit zu sich nach Hause und erzählten ihm das, was er ganz offensichtlich über Jesus noch nie gehört hatte.

Als Apollos sich nun entschloss, in die Provinz Achaia zu reisen, segneten ihn seine Freunde in Ephesus und gaben ihm ein Empfehlungsschreiben mit, in dem sie die Christen der anderen Gemeinden baten, ihn mit offenen Armen willkommen zu heißen. Dieses Willkommen zahlte sich aus: Apollos erwies sich mehr und mehr als eine große Hilfe für die Menschen, die durch Gottes unermessliche Güte zum Glauben gekommen waren. Besonders in öffentlichen Diskussionen mit den Juden war er unübertroffen, da er aus den Heiligen Schriften einen überzeugenden Beweis nach dem anderen dafür vorlegte, dass Jesus tatsächlich der Messias war.

Nacharbeit (19,1–10)

19 Während Apollos in Korinth wirkte, war Paulus unterwegs und zog durch das Küstengebirge hinab nach Ephesus. Dort traf er auf die noch recht kleine Gemeinde. Zunächst einmal erkundigte er sich: „Habt ihr den Heiligen Geist empfangen, nachdem ihr zum Glauben gekommen seid?"

„Davon haben wir noch nie etwas gehört, wir wissen ja nicht einmal, dass es so etwas wie einen Heiligen Geist gibt."

„Was für eine Taufe habt ihr denn empfangen?", fragte Paulus.

„Die Taufe des Johannes."

„Das erklärt alles", meinte Paulus, „Johannes rief zu einer Taufe als Zeichen einer radikalen Lebensveränderung auf, damit die Menschen in die Lage versetzt würden, den Einen zu empfangen, der nach ihm kommen würde, nämlich Jesus." Als sie das verstanden hatten, ließen sie sich bereitwillig auf den Namen Jesu taufen. Nach der Taufe legte Paulus ihnen die Hände auf und jeder von ihnen wurde mit dem Heiligen Geist erfüllt. Sie fingen an, prophetisch zu reden und Gott in anderen Sprachen anzubeten. Bei diesem wichtigen Treffen waren etwa zwölf Männer zugegen.

Von da an ging Paulus drei Monate lang regelmäßig in die Synagoge. Er predigte mutig und in aller Offenheit, um sie von dem neuen Leben unter der Herrschaft Gottes zu überzeugen. Doch auch hier begann sich wie üblich der Widerstand zu formieren: Es waren Synagogenmitglieder, die nichts von dem, was Paulus ihnen vermitteln wollte, angenommen hatten. Sie versuchten, den Glauben an Jesus in der Bevölkerung lächerlich zu machen. Auch hier zog Paulus einen Schlussstrich. Er verließ die Synagoge und unterrichtete die zahlreichen Jünger in der Schule eines gewissen Tyrannus. Das tat er zwei Jahre lang und gab so jedem in der Provinz Asia, Juden ebenso wie Griechen, die Möglichkeit, die Botschaft von Jesus Christus zu hören.

Der Name „Jesus" ist keine Zauberformel (19,11–20)

Gott tat durch Paulus machtvolle und völlig außergewöhnliche Dinge. So wurden Menschen, denen man ein Schweißtuch oder ein anderes Stück Stoff auflegte, das mit ihm in Berührung gekommen war, augenblicklich gesund oder von dämonischen Belastungen befreit.

Das zog auch immer wieder umherziehende jüdische Exorzisten an. Sie kamen in die Stadt und begannen, den Namen Jesu auf magische Weise zu gebrauchen. Menschen gegenüber, die von bösen Geistern geplagt wurden, gebrauchten sie dann Formeln wie: „Böser Geist, wir befehlen dir durch diesen Jesus, den Paulus predigt, zu gehen." Einmal versuchten dies auch die sieben Söhne eines gewissen Skevas, der jüdischer Hohepriester war, bei einem schwer belasteten Mann. Doch dieses Mal erwiderte der böse Geist: „Jesus kenne ich und auch von Paulus habe ich genug gehört. Aber wer seid ihr?" Und er sprang die sieben Brüder wütend an und verprügelte sie so, dass sie nackt und blutend fluchtartig das Haus verließen.

Das verbreitete sich natürlich wie ein Lauffeuer unter den Juden und Griechen in Ephesus, und die Menschen begannen, eine heilige Furcht vor dem zu bekommen, den Paulus verkündete. Andere fingen an, Jesus zu loben und anzubeten. Viele von den gläubig gewordenen Menschen kamen und bekannten, was sie mit Zauberei angerichtet hatten. Sie schleppten alle Arten von Material und Büchern mit schwarzer Magie herbei und entfachten damit ein riesiges Feuer. Jemand hat den Wert der verbrannten Sachen auf mehr als 50.000 Drachmen* geschätzt.

Durch solche und ähnliche Zeichen der Macht Jesu konnte sich die Frohe Botschaft immer weiter ausbreiten und wurde als etwas erfahren, dessen Wirkungen jeder erleben konnte.

---

* Eine Drachme (eine griechische Münze) entspricht im Wert einem römischen Denar. Zum Wert vgl. die Fußnoten auf den Seiten 64 und 68.

Eine Göttin bekommt Absatzschwierigkeiten (19,21–40)

Nach dieser überaus positiven Entwicklung war für Paulus klar, dass es nun Zeit war, weiterzuziehen, und zwar durch die Provinzen Mazedonien über Achaia zurück nach Jerusalem. „Dann", so sagte er sich, „sollte ich unbedingt nach Rom gehen!" Er sandte inzwischen zwei seiner Mitarbeiter, Timotheus und Erastus, nach Mazedonien, während er noch eine Weile in der Provinz Asia blieb.

Und genau in dieser Zeit braute sich ein neues Unwetter über der jungen Christengemeinde zusammen. Ein gewisser Demetrius, der Silberschmied von Beruf war, fertigte kleine Tempel der Artemis aus Silber an und hatte dadurch vielen Kunsthandwerkern, die für ihn arbeiteten, eine ausgezeichnete Verdienstmöglichkeit geschaffen.

Eines Tages rief Demetrius diese Leute samt ihren Mitarbeitern zusammen. Er sprach aus, was viele von ihnen schon seit Langem ärgerte: „Männer, ihr wisst, dass wir unseren Wohlstand dem verdanken, was wir herstellen. Nun habt ihr sicher auch mitbekommen, dass dieser Paulus lehrt, Götterbilder könnten niemals göttlich sein, weil sie von Menschenhand gemacht sind. Dadurch haben sich schon viele treue Verehrer der Artemis von dieser abgewandt. So gerät natürlich nicht nur unser Geschäft in Gefahr, sondern der Tempel der großen Artemis immer mehr in Verruf. Ja, er droht tatsächlich, sein Ansehen und seine Vorrangstellung zu verlieren, die er bisher in der gesamten Provinz Asia und weit darüber hinaus genossen hat!"

Da packte sie alle ein „heiliger" Zorn. Sie liefen auf die Straße hinaus und schrien: „Groß ist die Artemis von Ephesus! Groß ist die Artemis von Ephesus!" Sie brachten die ganze Stadt in Aufruhr und führten die Massen in das riesige, offene Theater. Auf dem Weg dorthin ergriffen sie zwei Mitarbeiter von Paulus, die Mazedonier Gaius und Aristarch, und schleppten sie mit. Paulus wollte ihnen ebenfalls hineinfolgen, doch die Jünger hinderten ihn daran. Angesehene religiöse Führer in der Stadt, die Paulus wohlgesonnen waren, ließen ihm durch Boten ausrichten: „Lasst Euch auf keinen Fall in der Nähe des Theaters blicken."

Im Theater selbst schrien die einen dieses, die anderen jenes. Die meisten hatten jedoch nicht die geringste Vorstellung davon, um was es eigentlich ging. Als die Juden einen Mann namens Alexander nach vorne drängten, damit dieser ihre Position darlegen konnte, gebot er mit einer heftigen Handbewegung Ruhe. Und einen Moment lang wurde es wirklich still im Rund des Theaters. Doch kaum hatte er seinen Mund geöffnet, und die Leute erkannten, dass er ein Jude war, schrien sie ihn einfach nieder: „Groß ist die Artemis von Ephesus! Groß ist die Artemis von Ephesus!", immer wieder und immer wieder, mehr als zwei Stunden lang.

Endlich gelang es dem Stadtsekretär, die Menge zu beruhigen. Er sagte unter anderem: „Liebe Mitbürger, gibt es hier irgendjemanden, der nicht weiß, dass diese Stadt die große Beschützerin der glorreichen Artemis und ihres vom Himmel gefallenen Bildnisses ist? Da dies ohne jeden Zweifel feststeht, solltet ihr euch lieber etwas beherrschen, denn euer Verhalten ist alles andere als ehrenhaft für die Göttin Artemis. Außerdem sind die Männer, die ihr hierher geschleppt habt, weder Tempelräuber, noch haben sie unsere Göttin beleidigt.

Wenn also Demetrius und seine Gilde Anklage erheben wollen, sollen sie das bei einem ordentlichen Gerichtstermin tun. Wenn ihr aber darüber hinaus noch weitere Forderungen habt, dann bringt diese in den regulären Stadtversammlungen vor. Dort können sie dann in Ruhe behandelt werden. Für das, was heute hier passiert ist, gibt es keine Entschuldigung, ganz abgesehen davon, dass wir unsere Stadt mit einem solchen Aufruhr ernsthaft in Gefahr bringen. Denn es gibt nicht einen Grund, den wir den argwöhnischen Römern anführen könnten, warum es zu diesem Aufruhr gekommen ist." Nach diesen deutlichen Worten schickte er alle nach Hause.

Ein tödlicher Unfall (20,1–16)

20 Nachdem die Gemüter sich wieder beruhigt hatten, rief Paulus die Jünger zusammen und ermutigte sie, das, was Gott in Ephesus getan hatte, zu bewahren und weiterzuführen. Dann verabschiedete er sich von ihnen und brach in Richtung Mazedonien auf. Während seiner Reise durch das Land besuchte er die jungen Gemeinden. Überall ermutigte er die Christen und erfüllte sie mit neuer Hoffnung.

Schließlich erreichte er Griechenland, wo er etwa drei Monate blieb. Kurz vor seinem Aufbruch nach Syrien erfuhr er, dass die Juden unterwegs einen Anschlag auf ihn planten. Daher beschloss er, den Landweg über Mazedonien zu nehmen. Begleitet wurde er auf seiner Reise von Sopater aus Beröa, dem Sohn von Phyrrus, von Aristarch und Sekundus, die beide aus Thessaloniki stammten, von Gaius aus Derbe sowie Timotheus und schließlich Tychikus und Trophimus aus dem westlichen Teil der Provinz Asia.

Einige von ihnen waren bereits nach Troas vorausgefahren und warteten dort auf uns. Wir blieben während der Osterwoche in Philippi und segelten dann erst ab. Nach fünf Tagen erreichten wir Troas und blieben dort eine Woche lang.

Wir trafen uns am Sonntag, um miteinander zu beten und das Mahl des Herrn zu feiern, und Paulus sprach zu den Versammelten. Wir planten, in aller Früh abzulegen, darum versuchte Paulus, ihnen noch so viel wie möglich mitzugeben. Er dehnte seine Lehre bis weit nach Mitternacht aus. Wir hatten uns in einem Raum in einem oberen Stockwerk versammelt. Es brannten viele Talglichter, darum saß wohl auch ein junger Mann namens Eutychus direkt auf der Fensterbank. Als Paulus nun kein Ende fand, fiel der junge Mann nicht nur in einen tiefen Schlaf, er fiel auch aus dem Fenster und stürzte aus dem dritten Stock auf die Straße. Als man ihn aufhob, merkte man, dass er bereits tot war. Paulus ging hinunter, legte sich auf den Leblosen und umarmte ihn fest. „Macht euch keine unnötigen Sorgen“, sagte er zu den Umstehenden, „er lebt.“ Dann ging er wieder hinauf, feierte mit den anderen das Mahl des Herrn und sprach weiter, bis sich mit dem Morgenrot der neue Tag meldete. Da erst trennten sie sich; Paulus brach auf und ließ eine ermutigte und getröstete Gemeinschaft zurück, in deren Mitte der junge Mann sich seines neugeschenkten Lebens freute.

Wir anderen waren zu diesem Zeitpunkt schon längst auf dem Schiff, das nach Assos segelte, wo wir dann auch Paulus an Bord nehmen würden. Paulus hatte darauf bestanden, zu Fuß dorthin zu kommen, was mit uns schon vorher so abgesprochen war. Alles klappte nach Plan, und so trafen wir ihn in Assos, um dann gemeinsam nach Mitylene weiterzusegeln. Wir passierten am darauffolgenden Tag Chios, einen Tag später dann Samos und erreichten schließlich Milet. Paulus hatte beschlossen, nicht nach Ephesus zu fahren, damit er nicht zu lange in der Provinz Asia aufgehalten würde, denn er wollte unbedingt an Pfingsten in Jerusalem sein.

Auf dem Weg nach Jerusalem (20,17–38)

Von Milet aus schickte er einen Boten zu den Gemeindeleitern von Ephesus und bat diese, zu ihm zu kommen. Nach ihrer Ankunft sagte er zu ihnen: „Ihr wisst, dass ich vom ersten Tag an, als ich zu euch in die Provinz Asia gekommen bin, ganz für euch da gewesen bin. Ja, ich habe dem Herrn gedient, ganz egal, wie es mir dabei erging, denn die Juden haben nicht aufgehört, mir das Leben schwerzumachen. Ich habe euch nichts vorenthalten oder verkürzt, was euch in irgendeiner Weise helfen könnte. Ihr alle, Juden wie Griechen, habt alles bekommen: Wahrheit, Ermutigung, alles, was euer Leben durch den Glauben an Jesus Christus verändern konnte. Ich habe öffentlich zu euch gesprochen, aber auch in kleinen Kreisen in euren Häusern. Ich habe versucht, Juden wie Griechen zu einer radikalen Lebensveränderung vor Gott zu bewegen und dazu, ihr ganzes Vertrauen auf den Herrn Jesus zu setzen.

Doch jetzt bewegt mich etwas anderes. Der Heilige Geist zwingt mich regelrecht dazu, nach Jerusalem zu reisen. Und dieses Mal habe ich nicht die geringste Ahnung, was mich dort erwarten wird. Ich weiß nur, dass mir dort harte Zeiten, ja, sogar das Gefängnis bevorstehen, denn das hat mich der Heilige Geist wiederholt wissen lassen. Es ist mir allerdings völlig gleichgültig, was mit mir geschieht. Wirklich wichtig ist für mich nur eines: Wie kann das vollendet werden, was Gott begonnen hat?! Jesus hat mir den Auftrag gegeben, allen Menschen, wo immer ich sie treffe, die frohmachende Botschaft von der Gnade Gottes zu bringen.

Deshalb möchte ich mich jetzt von euch verabschieden, denn es wird für uns kein Wiedersehen mehr geben. Ja, ich habe lange bei euch gelebt und euch die Gute Nachricht von der liebevollen Herrschaft Gottes gebracht. Darum kann ich heute mit gutem Gewissen sagen, dass ich mein Bestes gegeben und euch nichts von dem vorenthalten habe, was Gott euch durch mich schenken wollte.

Nun liegt es an euch: Seid wachsam, sowohl was euch selbst anbelangt als auch die euch anvertraute ‚Herde' der Gläubigen. Der Heilige Geist hat diese Menschen in eure Obhut übergeben – sie sind Gottes Volk –, damit ihr sie beschützt und begleitet. Gott selbst hielt sie für so wertvoll, dass er das Leben seines Sohnes für sie opferte.

Ich weiß, dass schon bald nach meiner Abreise Wölfe in die Herde eindringen werden, und es werden Männer aus euren eigenen Reihen darunter sein, die völlig verdrehte Lehren vertreten, nur um sich selbst mit eigenen Jüngern zu umgeben. Bleibt also wachsam, und denkt daran, dass ich mich drei Jahre lang unaufhörlich von ganzem Herzen um jeden Einzelnen von euch gekümmert habe.

Nun bleibt mir nur noch, euch Gott und seiner Gnade anzuvertrauen, dessen Wort auch weiterhin euch und eure Gemeinden aufbauen wird, bis ihr zum Schluss das große Erbe all seiner geliebten Kinder antreten könnt.

Ich habe von euch nie Geld verlangt, ja nicht einmal ein Kleidungsstück. Für alles, was ich und meine Begleiter brauchten, habe ich mit meiner Hände Arbeit gesorgt. Bei allem, was ich tat, habe ich euch gezeigt, dass es notwendig ist, selbst zu arbeiten, damit man auch die nötigen Mittel hat, um den Armen helfen zu können. Jesus selbst hat ja gesagt: ‚Geben macht weitaus glücklicher als Nehmen.'"

Dann kniete sich Paulus mit allen zusammen nieder und sie beteten miteinander. Nun begannen alle, laut zu weinen, und sie fielen Paulus um den Hals und küssten ihn. Am meisten schmerzte sie die Aussage, dass sie ihn nie wiedersehen würden.

Doch dann begleiteten alle ihn hinab zum Schiff.

Abschiede, die schmerzen (21,1–16)

21 Der Abschied beim Schiff war noch einmal sehr schwer. Wir mussten uns regelrecht von ihnen losreißen. Nachdem das Schiff dann abgelegt hatte, segelte es gut am Kurs und erreichte schon bald Kos, am folgenden Tag bereits Rhodos. Von dort ging es weiter nach Patara, wo wir an Bord eines Schiffes gingen, das uns eine schnellere Verbindung nach Phönizien versprach. Wir segelten an Zypern vorbei und nahmen Kurs auf Syrien. In Tyrus legte das Schiff an, um seine Ladung zu löschen. Wir nutzten die Zeit, um uns mit den dortigen Glaubensgeschwistern zu treffen. Eine ganze Woche blieben wir bei ihnen. In diesen Tagen wurde Paulus immer wieder davor gewarnt, nach Jerusalem zu reisen. Dementsprechend war dann auch der Abschied, als wir wieder auf das Schiff zurückmussten. Dieses Mal begleitete uns die gesamte Gemeinde mit Frauen und Kindern aus der Stadt hinaus bis an das Ufer. Dort knieten wir uns alle am Strand nieder und beteten ein letztes Mal miteinander. Erneut mussten wir uns von unseren Geschwistern regelrecht losreißen, die erst nach Hause gingen, als wir schon längst das Schiff bestiegen hatten.

Dieses Mal waren wir nur kurz unterwegs. Schon in Ptolemaïs gingen wir wieder von Bord und blieben einen Tag bei der dortigen Gemeinde. Von dort reisten wir zu Fuß weiter und erreichten am folgenden Tag Cäsarea. Sogleich suchten wir das Haus des Evangelisten Philippus auf, der einer der sieben Diakone war, die damals Jerusalem fluchtartig hatten verlassen müssen, weil ein gewisser Saulus sie verfolgte. Wir wurden herzlich aufgenommen und blieben mehrere Tage bei ihm. Die Töchter von Philippus waren noch nicht verheiratet und hatten alle vier von Gott die Gabe der Prophetie erhalten.

In dieser Zeit kam auch Agabus, der Prophet, den wir bereits aus Judäa kannten, in das Haus des Philippus. Schweigend nahm er den Gürtel von Paulus und fesselte diesen damit an Händen und Füßen. Dann deutete er dieses Zeichen durch das, was ihm der Heilige Geist offenbart hatte: „Der Mann, dem dieser Gürtel gehört, wird in Jerusalem von den Juden genau so gefesselt in die Hände der Römer übergeben werden." Wir alle, die wir Zeuge dieser Prophetie waren, wollten nur noch eines: Paulus davon abbringen, nach Jerusalem zu reisen. Doch Paulus wurde richtig ungehalten: „Wisst ihr eigentlich, was ihr da tut? Ihr seid es, die mir durch euer Weinen das Herz unendlich schwermachen. Begreift doch, dass ich mich für Jesus nicht nur fesseln lassen würde, sondern wirklich bereit bin, für ihn in Jerusalem zu sterben." Als er sich von seinem Plan einfach nicht abbringen ließ, fügten wir uns schließlich, indem wir uns sagten: „Wenn es Gottes Wille ist, dann wollen wir uns nicht länger dagegen sträuben!"

Nach einigen Tagen brachen wir wieder auf, wohlausgerüstet, denn auf der weiten Strecke nach Jerusalem gab es nur eine Übernachtungsmöglichkeit. Zu dieser führten uns einige der Brüder aus Cäsarea. Es war das Haus eines Jüngers Jesu aus der allerersten Zeit. Er selbst kam von der Insel Zypern und trug den Namen Mnason.

Zurück in Jerusalem (21,17–26)

Tags darauf erreichten wir gegen Abend Jerusalem, wo uns einige Brüder freundlich aufnahmen. Schon am nächsten Morgen gingen wir zusammen mit Paulus zu Jakobus, bei dem sich bald darauf auch alle anderen Ältesten der Gemeinde einfanden. Und Paulus begann, ihnen von all dem zu berichten, was Gott durch seinen Dienst unter den Heiden getan hatte. Nachdem er seinen Bericht beendet hatte, dankten alle Gott für seine Gnade.

Doch dann brachten sie ihre eigentliche Sorge zur Sprache: „Wie du sicher mitbekommen hast, sind Tausende und Abertausende von gottesfürchtigen Juden zum Glauben an Jesus Christus gekommen! Und nicht nur das: Sie haben ihr Leben ganz unter die Führung des Gesetzes gestellt. Verstehst du, dass sie große Schwierigkeiten mit dem haben, was sie von dir zu hören bekamen?! In ihren Augen forderst du die Leute auf, das mosaische Gesetz links liegen zu lassen. Du rätst den Juden, die unter den Heiden leben, ihre Kinder nicht mehr beschneiden zu lassen und auch all die religiösen Gebräuche aufzugeben. Wie gehen wir damit jetzt um? Es lässt sich auf keinen Fall vermeiden, dass sie über deine Anwesenheit in Kenntnis gesetzt werden. Wir raten dir deshalb, Folgendes zu tun: Es gibt hier vier Männer bei uns, die das Gelübde abgelegt haben, sich einem Reinigungsritus zu unterziehen; sie haben jedoch kein Geld, um die Kosten zu tragen. Schließe dich diesen Männern an, lege dasselbe Gelübde ab und trage für sie die Kosten. Dann wird es für jeden offensichtlich sein, dass an den Gerüchten über dich nicht das Geringste dran ist und dass du peinlich genau auf die Beachtung der mosaischen Gesetze achtest.

Wenn wir dich darum bitten, dann ziehen wir damit nicht die Vereinbarungen zurück, die wir hinsichtlich der Nichtjuden, die zum Glauben an Jesus Christus gekommen sind, getroffen und in unserem Brief festgelegt haben. Wir fügen den drei Auflagen von damals nichts hinzu. Sie sollen nur darauf verzichten, Götzenopferfleisch, Blut und unausgeblutetes Fleisch zu sich zu nehmen und jemanden aus dem engeren Verwandtenkreis zu heiraten."

Paulus entsprach ihrem Wunsch. Er kümmerte sich um diese Männer, schloss sich ihren Gelübden an und ging mit ihnen in den Tempel, um nach den Tagen der Reinigung für einen jeden von ihnen ein Tieropfer darbringen zu lassen.

Paulus wird festgenommen (21,27–40)

Als die sieben Tage der Reinigung schon beinahe vorüber waren, sahen ihn im Tempel einige Juden aus der Provinz Asia. Sie machten einen regelrechten Aufstand, ergriffen Paulus und schrien aus Leibeskräften: „Kommt her, Israeliten, helft uns! Das ist der Mann, der in der ganzen Welt umherreist und überall Lügen über uns, unsere Religion und unseren Tempel verbreitet. Er hat sogar Griechen hier eingeschleust und damit diesen heiligen Ort entweiht." (In Wirklichkeit hatten sie Paulus nur mit Trophimus, einem Griechen aus Ephesus, in der Stadt gesehen und daraus geschlossen, dass er ihn auch in den Tempel geführt haben musste.)

Es dauerte nicht lange und die ganze Stadt war in heller Aufregung. Von überall her rannten die Leute zum Tempel, um nur ja alles mitzubekommen. Sie packten Paulus und zerrten ihn von dem Tempelgelände. Hinter ihm wurden sofort die Tempeltore geschlossen (damit er nicht mehr zurückkonnte, um den Schutz des Tempels in Anspruch zu nehmen).

Sie standen gerade kurz davor, ihn umzubringen, als dem Obersten der römischen Kohorte Meldung gemacht wurde: „Es gibt einen Aufruhr in der Stadt!" Sofort ließ er einige Soldaten und ihre Offiziere antreten und begab sich mit ihnen auf den Tempelvorplatz. Kaum hatte der Pöbel die Soldaten gesehen, hörte er auf, Paulus zu schlagen. Schon hatte sich der Oberst bis zu Paulus vorgekämpft. Kurzerhand ließ er ihn festnehmen, und zwar in doppelten Ketten. Dann erst fragte er ihn, wer er sei und was man ihm vorwerfen würde. Alles, was er von der aufgebrachten Menge zu hören bekam, war ein wildes Stimmengewirr. Die einen schrien dieses, die anderen jenes. Da er aus den Zurufen nicht schlau wurde, befahl er, Paulus in die Festung Antonia zu bringen, die sich unmittelbar neben dem Tempelplatz erhebt. Doch als sie die Stufen erreichten, die in die Festung hinaufführten, wurde die Volksmenge so gewalttätig, dass die Soldaten Paulus tragen mussten. Die aufgebrachte Menge drängte hinter den Soldaten her und schrie beharrlich: „Tötet ihn! Tötet ihn!"

Als sie die Festung Antonia erreichten und ihn gerade hineinbringen wollten, sprach Paulus den Obersten an: „Kann ich mit Euch sprechen?“

Der antwortete: „Ach, du sprichst Griechisch?! Ich habe dich für den Ägypter gehalten, der noch vor nicht allzu langer Zeit einen Volksaufstand angezettelt hat und sich seitdem mit viertausend seiner ‚Dolchträger‘ in der Wüste versteckt hält.“

Paulus entgegnete: „Nein, ich bin Jude und wurde in Tarsus geboren. Und damit bin ich Bürger einer nicht unbedeutenden Stadt. Ich habe nur eine einfache Bitte: Lasst mich zu den Leuten sprechen.“

Der Oberst erlaubte es ihm und so wandte Paulus sich auf den Stufen der Festung Antonia um. Mit einer Handbewegung bedeutete er den Menschen, ruhig zu sein. Und es wurde tatsächlich etwas ruhiger. Da begann er, auf Hebräisch zu ihnen zu reden.

Ein ergreifender Bericht (22,1–21)

22 „Meine lieben Brüder und Väter“, rief er, „hört euch bitte an, was ich zu meiner Verteidigung zu sagen habe.“ Als sie hörten, dass er auf Hebräisch zu ihnen sprach, wurde es tatsächlich noch ruhiger. Niemand wollte auch nur ein Wort seiner Rede verpassen.

„Ich bin ein Jude, wurde in Tarsus in der Provinz Zilizien geboren“, fuhr er fort, „aber hier in Jerusalem erzogen. Unter den strengen Augen von Rabbi Gamaliel wurde ich gründlich im Gesetz und den Traditionen unserer Väter unterwiesen. Immer war ich ein glühender Verfechter der Sache Gottes, genau so, wie ihr es jetzt seid.

Ich war hinter allen her, die sich diesem neuen ‚Weg‘ angeschlossen hatte, und ging mit eiserner Faust gegen sie vor, ja, ich schreckte nicht einmal vor Hinrichtungen zurück. Ich ließ Männer und Frauen fesseln und ins Gefängnis werfen. Ihr könnt den Hohenpriester fragen oder sonst irgendjemanden aus dem Hohen Rat, sie alle kennen mich sehr gut. Sie haben mir sogar offizielle Schreiben für die Leiter der jüdischen Gemeinde in Damaskus mitgegeben, die besagen, dass ich autorisiert sei, die dortigen Christen zu verfolgen, sie festzunehmen und nach Jerusalem überführen zu lassen, wo ihnen der Prozess gemacht werden sollte.

Als ich mich nun gegen Mittag der Stadt näherte, umgab mich plötzlich ein blendend helles Licht vom Himmel, und ich fiel zu Boden. Dabei vernahm ich eine Stimme, die deutlich zu mir sprach: ‚Saulus, Saulus, warum verfolgst du mich?'

‚Wer bist du, Herr?', fragte ich. Darauf antwortete er: ‚Ich bin der, den du verfolgst, Jesus aus Nazaret.' Meine Begleiter sahen zwar das Licht, konnten aber nichts von dieser Unterhaltung hören. Daraufhin entgegnete ich: ‚Was soll ich jetzt tun, Herr?' Da trug er mir Folgendes auf: ‚Steh auf und geh nach Damaskus. Dort wird dir alles gesagt werden, was du für mich tun sollst.' Ich musste allerdings von meinen Begleitern nach Damaskus geführt werden, da ich durch das überhelle Licht blind geworden war. ,

Dort traf ich dann Hananias, einen Mann, der wegen seiner Gesetzestreue von allen dort lebenden Juden sehr verehrt wurde. Er kam zu mir, legte mir die Hand auf die Schulter und sagte: ‚Bruder Saul, du kannst wieder sehen!' Und in diesem Augenblick konnte ich wieder sehen und Hananias erkennen!

Daraufhin sagte er: ‚Der Gott unserer Vorfahren hat dir aufgetragen, zu erfahren, was er um der Menschen willen vorhat. Er hat dich nicht umsonst seinen Sohn sehen und hören lassen. Du wirst ein entscheidender Zeuge sein für jeden, den du triffst, allein schon durch das, was du gesehen und gehört hast. Worauf wartest du also noch? Komm und lass dich taufen, damit deine Schuld von dir abgewaschen wird und du Gemeinschaft mit Jesus haben kannst.'

Als ich nach Jerusalem zurückkehrte und im Tempel betete, hatte ich eine Vision. Ich sah den Gerechten Gottes und hörte ihn sagen: ‚Beeil dich! Sieh zu, dass du so schnell wie möglich die Stadt verlässt! Keiner der Juden hier in Jerusalem wird annehmen, was du über mich zu sagen hast.'

Zunächst weigerte ich mich: ‚Herr, hier wissen doch alle, wie besessen ich die verfolgt habe, die an dich glauben. Ich habe sie in unseren Synagogen zusammenschlagen und ins Gefängnis werfen lassen. Und ich war dabei, als dein Zeuge Stephanus umgebracht wurde, bewachte die Obergewänder seiner Mörder und war von dem, was sie taten, begeistert. Und nun sehen sie, dass ich mich völlig verändert habe. Was könnte denn noch überzeugender sein?‘

Doch er erwiderte nur: ‚Rede nicht, sondern geh! Ich möchte dich zu all den Völkern senden, die weit von hier entfernt leben.‘“

Vom Privileg, ein Römer zu sein (22,22–30)

Die Menge hatte ihm bis zu diesem Punkt aufmerksam zugehört, doch jetzt brach ein unvorstellbares Geschrei los: „Bringt ihn um! Er hat kein Recht mehr, auf dieser Erde zu leben!“ Sie drohten wild mit ihren Fäusten, rissen sich die Kleider vom Leib und warfen Staub in die Luft. Es war höchste Zeit, dass der Oberst der Kohorte den Befehl gab, Paulus in die Festung zu bringen. Er war verärgert und fest entschlossen, Paulus unter Folter zu befragen, warum die Leute so unglaublich wütend auf ihn waren. Als sie ihn schon ausgestreckt angebunden hatten, um ihn auszupeitschen, fragte Paulus den Hauptmann, der die Aktion leitete: „Ist es denn legal, einen römischen Bürger ohne einen fairen Prozess auszupeitschen?“

Als der Hauptmann das hörte, ging er sofort direkt zum Oberst. „Wisst Ihr eigentlich, was Ihr da macht? Dieser Mann ist römischer Bürger!“ Daraufhin eilte dieser auf der Stelle zu Paulus und erkundigte sich: „Ist es wahr, dass Ihr ein römischer Bürger seid?“ Paulus erwiderte: „Ja, das ist richtig, ich bin römischer Bürger.“ Das beeindruckte sein Gegenüber: „Ich habe eine Unsumme für meine römische Staatsbürgerschaft gezahlt. Was hat es dich denn gekostet?“

„Nichts“, entgegnete Paulus, „nichts, denn ich besaß das römische Bürgerrecht schon vom Tag meiner Geburt an.“

Damit war das Verhör beendet und die Soldaten banden Paulus sofort los. Der Oberst hingegen musste Schwierigkeiten befürchten, denn er hatte einen freien römischen Bürger in Ketten legen lassen.

Daher war er fest entschlossen, die Ursache des ganzen Aufruhrs in Erfahrung zu bringen und unternahm einen weiteren Versuch zu erfahren, was eigentlich hinter den Anschuldigungen der Juden steckte. So ließ er Paulus die Fesseln abnehmen und ordnete für den nächsten Tag ein Treffen mit den Hohepriestern und dem Rat der Juden an. Paulus wurde ebenfalls in den Verhandlungssaal hineingeführt und nahm ihnen gegenüber Platz.

Vor dem Hohen Rat (23,1–10)

23 Paulus blickte jedes Mitglied des Hohen Rates an, bevor er zu reden begann: „Brüder, bis heute habe ich mein ganzes Leben lang mit einem guten Gewissen vor Gott gelebt.“ Schon das war zu viel für den Hohenpriester Hananias. Er befahl seinen Gehilfen, Paulus auf den Mund zu schlagen. Paulus ließ dies jedoch nicht einfach mit sich machen: „Dich wird Gott schlagen, du getünchte Wand! Du spielst dich hier als Richter auf und gibst vor, dich an das Gesetz zu halten, und brichst es schon mit dem ersten Befehl, den du gibst.“

Die Anwesenden hielten den Atem an: „Was erlaubst du dir, so mit dem Hohenpriester Gottes zu reden?!“

Paulus reagierte überrascht: „Woher soll ich wissen, dass er der Hohepriester ist? Er hat ja wirklich nicht als der Oberste Priester gehandelt. Aber ihr habt recht. Schließlich sagt auch die Heilige Schrift, dass wir nicht abschätzig von denen reden sollen, die das Volk führen. Darum entschuldige ich mich.“

Paulus wusste natürlich, dass es im Rat neben einer Gruppe von Pharisäern auch eine Fraktion der Sadduzäer gab. Darum begann er seine Verteidigungsrede völlig anders: „Brüder, ich bin durch und durch ein Pharisäer, ja, ich stamme sogar von Pharisäern ab. Ich stehe hier allein deshalb vor Gericht, weil ich die Überzeugung vertrete, dass es eine Hoffnung auf die Auferstehung gibt.“

Kaum hatte er das gesagt, spaltete sich der Rat auch schon in zwei Lager, Pharisäer wie Sadduzäer gingen hitzig argumentierend aufeinander los. Die Sadduzäer leugneten jede Art von Auferstehung, für sie gab es auch keinen Geist und keine Engel. Die Pharisäer dagegen glaubten das alles. Und so kam es zu einem gewaltigen, lautstarken Durcheinander. Dann endlich schrien ein paar Schriftgelehrte, die auf der Seite der Pharisäer standen, die anderen nieder: „Wir können nichts finden, was an dem Mann verurteilenswert wäre. Und was ist, wenn tatsächlich ein Geist oder ein Engel zu ihm gesprochen hat?"

Damit gossen sie Öl aufs Feuer! Es kam zu einem solchen Tumult, dass der Oberst befürchtete, man würde Paulus in Stücke reißen. So befahl er seinen Soldaten, Paulus aus dem Handgemenge herauszuholen und ihn zurück in die Sicherheit der Festung zu führen.

Ein böser Schwur (23,11–35)

In dieser Nacht erschien der Herr Paulus und sagte ihm: „Es wird alles gut gehen, du kannst zuversichtlich sein. Du warst für mich hier in Jerusalem ein guter Zeuge. Nun wirst du auch in Rom für mich eintreten."

Am nächsten Tag kamen einige Juden zusammen, um sich gegen Paulus zu verschwören. Sie legten den heiligen Eid ab, nicht mehr zu essen und zu trinken, bis sie Paulus umgebracht hätten. Über vierzig Männer schlossen sich rituell in diesem Mordkomplott zusammen. Anschließend gingen sie zu den Hohenpriestern und den Ältesten: „Wir haben uns selbst durch einen feierlichen Eid dazu verpflichtet, nichts mehr zu essen, bis wir Paulus getötet haben. Doch wir brauchen eure Hilfe. Schickt doch bitte ein offizielles Ersuchen des Rates an den Oberst und bittet diesen, Paulus noch einmal für eine gründlichere Befragung an den Rat zu überstellen. Wir werden dann den Rest erledigen und ihn aus dem Weg räumen, noch bevor er auch nur in eure Nähe kommt."

Doch zufällig bekam ein Neffe von Paulus, der Sohn seiner Schwester, von dieser Verschwörung Wind und begab sich sofort in die Festung Antonia, um Paulus darüber in Kenntnis zu setzen. Paulus rief einen der Offiziere herbei und bat diesen: „Nehmt bitte diesen jungen Mann hier und bringt ihn zum Oberst. Er hat ihm etwas Wichtiges mitzuteilen."

Der Offizier brachte ihn zu seinem Vorgesetzten und machte Meldung: „Der Gefangene Paulus bat mich, diesen jungen Mann zu Euch zu bringen. Er sagte, dieser hätte Euch etwas Dringendes mitzuteilen."

Der Oberste Befehlshaber nahm den jungen Mann am Arm und führte ihn ein wenig beiseite. In vertraulichem Ton fragte er ihn: „Na, um was geht es denn? Was hast du mir zu sagen?"

„Die Juden haben ein Mordkomplott gegen Paulus geschmiedet", begann der Neffe von Paulus. „Sie werden in Kürze mit der Bitte an Euch herantreten, Paulus noch einmal vor dem Rat über bestimmte Dinge befragen zu dürfen. Aber das ist nur ein Vorwand, um ihn aus Eurem Sicherheitsgewahrsam herauszubekommen, damit sie ihn umbringen können. Darum geht bitte nicht auf dieses Ersuchen ein. Vierzig zum Äußersten entschlossene Männer liegen bereits auf der Lauer. Sie haben ein Gelübde abgelegt, weder zu essen noch zu trinken, bis sie ihn umgebracht haben. Der Hinterhalt ist gelegt, sie warten nur noch darauf, dass Ihr Paulus an den Rat überstellt."

Der Befehlshaber schickte den Neffen mit der ernsten Warnung weg: „Sag keiner Menschenseele etwas von der ganzen Sache!" Dann ließ er zwei Offiziere kommen und gab ihnen folgende Anweisungen: „Befehlt zweihundert Soldaten, sich abmarschbereit zu machen, um sofort nach Cäsarea aufzubrechen. Und das gilt auch für siebzig berittene Soldaten und noch einmal zweihundert Soldaten der leichten Infanterie. Heute Abend um neun Uhr ist Abmarsch. Außerdem braucht ihr noch einige Reittiere für Paulus und seine Begleiter. Wir werden diesen Mann sicher und gesund an Gouverneur Felix überstellen." Dann schrieb er folgenden Brief:

„Von Claudius Lysias an den hochverehrten Gouverneur Felix: Wir grüßen Euch.

Ich habe diesen Mann vor dem jüdischen Mob bewahrt. Sie hatten ihn in ihren Gewahrsam gebracht und standen kurz davor, ihn umzubringen, als ich erfuhr, dass er römischer Bürger ist. Also schickte ich meine Soldaten dazwischen. Da ich wissen wollte, was man ihm vorwarf, hatte ich ihn vor den Hohen Rat der Juden bringen lassen. Dabei stellte sich heraus, dass außer irgendwelcher belangloser theologischer Meinungsverschiedenheiten nichts gegen ihn vorlag, was Tod oder Gefängnis verdient hätte.

Als Nächstes wurde ich darüber informiert, dass sie einen Anschlag auf ihn planten. Da beschloss ich, ihn um seiner eigenen Sicherheit willen so schnell wie möglich von hier wegbringen zu lassen. Ich werde seine Ankläger davon in Kenntnis setzen, dass er von nun an unter Eurer Jurisdiktion steht."

Die Soldaten brachten Paulus noch in derselben Nacht wie befohlen nach Antipatris, kehrten dann am nächsten Morgen in ihre Kasernen nach Jerusalem zurück, während die berittene Truppe ihn übernahm und unter ihrem Schutz nach Cäsarea brachte. Nachdem sie die Stadt erreicht hatten, übergaben sie Paulus und den Brief an den Gouverneur.

Nachdem dieser den Brief gelesen hatte, erkundigte er sich bei Paulus, aus welcher Provinz er stamme, und erhielt zur Antwort: „Aus Zilizien." Darauf entgegnete er dann: „Ich werde mich um deinen Fall kümmern, sobald deine Ankläger angekommen sind", und er ordnete an, den Apostel während dieser Zeit im Prätorium des Herodes in Gewahrsam zu nehmen.

Paulus vor dem römischen Gouverneur (24,1–27)

24 Bereits fünf Tage später traf der Hohepriester Hananias mit einigen Ältesten und einem gewissen Tertullus ein, der ein bekannter Rechtsanwalt war. Sie erstatteten beim Gouverneur Anzeige gegen Paulus. So kam es zu einer Gerichtsverhandlung, vor der

Paulus zu erscheinen hatte. Zunächst brachte Tertullus seine Anklage vor: „Hochgeehrter Felix, wir sind stets und überall überaus dankbar für Eure weise und behutsame Art zu regieren. Wir wissen es sehr zu schätzen und betrachten es sehr wohl als Euer Verdienst, dass wir uns eines Lebens in Frieden erfreuen können und täglich mehr die Vorteile Eurer Reformen genießen können. Nun, ich möchte Euch nicht mit einer langen Rede ermüden, sondern Euch nur um ein wenig Nachsicht und Freundlichkeit bitten, mir noch kurz zuzuhören. Ich werde mich so kurz wie möglich fassen.

Wir mussten feststellen, dass dieser Mann immer wieder den Frieden stört, indem er unter den Juden auf der ganzen Welt für Aufruhr sorgt. Er ist einer der Drahtzieher einer gefährlichen Sekte, die sich ‚Nazarener' nennt. Wir haben ihn festgenommen, als er gerade versuchte, den Tempel zu entweihen. Ihr werdet alle diese Vorwürfe bestätigt finden, wenn Ihr ihn nur selbst befragt."

Die anderen Juden pflichteten lautstark bei: „Richtig! Genau so ist es!"

Daraufhin gab der Gouverneur Paulus ein Zeichen und bedeutete diesem, dass er nun an der Reihe sei. „Ich schätze mich selbst glücklich", begann Paulus, „dass ich mich in Eurer Gegenwart verteidigen darf, Herr Gouverneur, weil ich weiß, wie gerecht Ihr in all den Jahren über unser Volk Recht gesprochen habt. Ich bin erst seit zwölf Tagen wieder in diesem Land, was für Euch ganz einfach nachzuprüfen ist. Ich kam mit dem ausdrücklichen Wunsch, im Tempel an den Feiern zum Pfingstfest teilzunehmen. Niemand kann behaupten, ich hätte im Tempel herumgestritten oder irgendeinen Auflauf verursacht, weder in einer Synagoge noch sonstwo in der Stadt. Nicht ein einziger ihrer Vorwürfe kann durch Beweise oder Zeugen belegt werden.

Doch eines gebe ich freimütig zu: Im Hinblick auf den ‚Weg', den sie verächtlich eine Sekte nennen, diene ich Gott nicht anders, als es unsere Väter schon getan haben. Auch halte ich mich strikt an das, was in dem Gesetz und den Propheten geschrieben steht. So bin ich auch voller Hoffnung, dass Gott die Toten auferwecken wird, und zwar die guten wie auch die bösen. Wenn das mein Verbrechen ist, dann sind meine Ankläger genauso schuldig wie ich.

Der Glaube an die Auferstehung bringt mich dazu, alles zu tun, um vor Gott und meinem Nächsten in jeder Hinsicht ein gutes Gewissen haben zu können. Ich war einige Jahre im Ausland und nun bin ich endlich wieder hier. Während ich unterwegs war, habe ich eine Geldsammlung für die Armen hier in Jerusalem veranstaltet, die ich zusammen mit den Opfergaben für den Tempel mitgebracht habe. Und man ergriff mich zu einem Zeitpunkt, als ich gerade still meine Gebete zu den Opfern verrichtete. Da gab es keinen Menschenauflauf, keine Unruhen. Einige Juden aus Ephesus haben mit dem ganzen Wirbel angefangen. Und wie Ihr sicher schon bemerkt habt, ist von denen heute keiner hier anwesend. Wenn schon, dann müssten diese hier stehen und Anklage erheben, falls sie überhaupt irgendwelche Dinge vorbringen könnten.

Fragt doch die anderen hier, wegen welches Verbrechens sie mich gefangen nehmen ließen. Das Einzige, was sie gegen mich vorbringen können, ist der eine Satz, den ich vor dem Hohen Rat aussprach, nämlich dass ich allein wegen meines Glaubens an die Auferstehung vor Gericht stehe. Wie kriminell diese Aussage ist, müsst Ihr entscheiden."

Felix zögerte. Er wusste weit mehr über den „Weg", als er zu erkennen gab, und er hätte den Fall hier und jetzt abschließen können. Doch da er sich nicht sicher war, welches der politisch klügste Zug war, spielte er auf Zeit:

„Sobald Oberbefehlshaber Lysias aus Jerusalem eingetroffen ist, werde ich diesen Fall entscheiden."

Und er gab dem Hauptmann, der für die Bewachung von Paulus verantwortlich war, den Befehl, seinem Gefangenen wesentliche Hafterleichterungen zu gewähren und auch seine Freunde nicht daran zu hindern, ihm zu helfen.

Einige Tage später ließen Felix und seine Frau Drusilla, die Jüdin war, Paulus kommen, um ihm zuzuhören und mit ihm über den Glauben an Jesus Christus zu reden. Als Paulus ziemlich deutlich wurde und über einen Lebensstil sprach, der von einem Nachfolger Jesu durchaus verlangen kann, dass er einiges aufgibt, vor allem aber, als er das Gericht erwähnte, das jeden Menschen erwartet, hatte Felix genug gehört: „Das reicht für heute. Ich werde dich wieder rufen lassen, wenn mir danach zumute ist." Gleichzeitig hoffte er natürlich insgeheim, von der großen Spende einen gehörigen Batzen als Schmiergeld zu bekommen. Aus diesem Grund ließ er auch Paulus immer wieder zu solchen Gesprächen kommen.

Zwei Jahre ging das so. Dann wurde Felix eines Tages durch Porcius Festus abgelöst. Leider wollte er den Juden am Ende seiner Amtszeit noch eine Gunst erweisen, darum ließ er Paulus ohne jeden Grund weiter im Gefängnis.

Appell an den Kaiser (25,1–12)

25 Drei Tage nachdem Festus in Cäsarea eingetroffen war, um seine Amtsgeschäfte als Gouverneur aufzunehmen, reiste er nach Jerusalem weiter. Dort hatten die Hohenpriester und die Vornehmen der Juden nichts anderes zu tun, als sofort erneut Anklage gegen Paulus zu erheben. Festus möge doch so gütig sein und ihnen Paulus nach Jerusalem senden, damit er dort zu den Beschuldigungen Stellung bezog. Natürlich war das eine Lüge. Sie hatten ihren alten Mordplan wieder aufgegriffen und warteten nur noch auf die Gelegenheit, Paulus auf dem Weg nach Jerusalem umzubringen.

Festus ging jedoch nicht auf diese Bitten ein. Er gab ihnen zur Antwort, dass der Gerichtsort für diesen Paulus nun einmal Cäsarea sei und dass er in wenigen Tagen schon dorthin zurückkehren würde. „Ihr könnt gern mit mir kommen", schlug er ihnen vor, „und ihn dort wegen alldem anklagen, was er eurer Meinung nach falsch gemacht hat."

Etwa acht oder zehn Tage später kehrte Festus nach Cäsarea zurück. Schon am nächsten Morgen nahm er seinen Platz im Gerichtshof ein und ließ Paulus vorführen. Kaum hatte Paulus den Gerichtssaal betreten, umringten ihn die eigens aus Jerusalem angereisten Juden und erhoben schwerste Vorwürfe gegen ihn.

Vorwürfe, für die sie nicht den geringsten Beweis hatten.

Da stellte Paulus sich ihnen entgegen und sagte kurz und knapp: „Ich habe nichts Verkehrtes getan, weder gegen die jüdische Religion noch gegen den Tempel verstoßen, noch die Gesetze des Kaisers übertreten. Es reicht jetzt!"

Festus wollte jedoch die Juden nicht verärgern – im Gegenteil –, darum schlug er vor: „Was hältst du davon, nach Jerusalem zu gehen und unter meinem Vorsitz deinen Fall dort zu verhandeln?"

Paulus antwortete ihm darauf: „Hier stehe ich vor dem kaiserlichen Tribunal und wenn, dann will ich nur hier vor Gericht gestellt werden. Ich habe mir, wie Ihr selbst sehr gut wisst, gegenüber den Juden nichts zuschulden kommen lassen. Sollte ich irgendeines Verbrechens überführt werden und den Tod verdienen, dann macht es mir wenig aus zu sterben. Aber wenn nichts an ihren Beschuldigungen dran ist, soll mich niemand in die Hände dieser Leute ausliefern, denn jetzt appelliere ich an den Kaiser."

Festus besprach sich kurz mit seinen Ratgebern und gab dann seine Entscheidung bekannt: „Du hast an den Kaiser appelliert, dann sollst du auch vor den Kaiser kommen."

Hoher Besuch (25,13–27)

Einige Tage später besuchte König Agrippa mit seiner Schwester Berenike Cäsarea, um Festus in seiner neuen Funktion als Gouverneur willkommen zu heißen. Nach einigen Tagen brachte Festus das Gespräch auch auf den Fall „Paulus": „Ich habe hier einen Mann, den mir Felix als Gefangenen zurückgelassen hat. Als ich in Jerusalem war, erhoben die dortigen Hohenpriester und die Ältesten der Juden schwere Vorwürfe gegen ihn und verlangten von mir, dass ich ihn zum Tode verurteilen sollte. Ich habe ihnen zu verstehen gegeben, dass das nicht die Art und Weise ist, wie wir Römer mit solchen Dingen umgehen. Wir achten darauf, dass ein Angeklagter auch die Möglichkeit erhält, sich zu verteidigen, und das Auge in Auge mit seinen Anklägern. Als sie mit mir hier ankamen, habe ich den Fall am nächsten Morgen sofort aufgerollt. Ich habe mich auf den Richterstuhl gesetzt und ließ den Angeklagten vorführen.

Die Ankläger bedrängten ihn von allen Seiten, aber ihre Beschuldigungen enthielten nur Streitpunkte in Bezug auf ihre Religion. Es fiel auch der Name eines gewissen Jesus, der tot ist und von dem unser Gefangener behauptet, dass er lebe. Da ich ziemlich ratlos war, weil mir die eigentlichen Gründe für den Konflikt nicht bekannt sind, fragte ich ihn, ob er bereit wäre, nach Jerusalem mitzugehen, um seinen Fall dort verhandeln zu lassen. Das lehnte Paulus strikt ab und forderte stattdessen eine Verhandlung vor dem Obersten Gerichtshof des Kaisers. So gab ich den Befehl, ihn wieder in Gewahrsam zu nehmen, bis ich ihn zum Kaiser nach Rom schicken kann."

Agrippa meinte dazu: „Ich möchte diesen Mann gern selbst kennenlernen und seine Geschichte von ihm hören."

„Das lässt sich machen", entgegnete Festus, „Wir werden ihn morgen als Erstes kommen lassen; dann kannst du ihn selbst hören."

Am nächsten Tag kamen alle, die in Cäsarea irgendwie Rang und Namen hatten, und strömten in die große Halle, allen voran Agrippa und Berenike in pompöser königlicher Aufmachung. Sie nahmen Platz und Festus gab den Befehl, Paulus vorzuführen.

„König Agrippa, erlauchte Gäste", begann Festus, „bitte werft einen Blick auf diesen Mann. Eine große Anzahl von Juden verlangte erst in Jerusalem und jetzt auch hier von mir, dass ich diesen Mann hinrichten lassen sollte. Ich habe mir alles sehr genau angehört und bin zu der Überzeugung gelangt, dass dieser Mann nichts begangen hat, das mit dem Tod bestraft werden müsste. Er hat nun seinerseits eine Verhandlung vor dem höchsten Gerichtshof des Kaisers verlangt, und ich habe zugestimmt, ihn nach Rom zu senden. Doch was soll ich meinem Herrn und Gebieter, dem Kaiser, über diesen Fall schreiben? All das, was die Juden bislang gegen ihn vorbrachten, waren nichts als unbewiesene Behauptungen.

Darum habe ich ihn hier vor dieses Tribunal bringen lassen und vor allem auch vor dich, König Agrippa, damit ich aufgrund seiner Aussagen wenigstens etwas habe, das ich dem allerhöchsten Herrn über diesen Fall schreiben kann. Denn mir scheint es nicht sehr sinnvoll zu sein, einen Gefangenen zu seiner Verhandlung nach Rom zu schicken, ohne irgendwie zu dokumentieren, was er verbrochen hat."

„Ich konnte nicht einmal mehr gehen" (26,1–32)

26 Dann wandte Agrippa sich direkt an Paulus: „Nun rede, es ist dir erlaubt, für dich selbst zu sprechen!"

Paulus stellte sich vor alle hin und begann, seine Geschichte zu erzählen: „Ich kann mir niemand anderen vorstellen, König Agrippa, vor dem ich mich lieber gegen all die Anschuldigungen verteidigen würde als vor Euch, Majestät. Ich weiß, wie genau Ihr über die unterschiedlichen Strömungen und die zahlreichen Streitfragen unter den Juden Bescheid wisst. Darum bitte ich Euch in Eurer Großmut, mich mit etwas Geduld anzuhören.

Von Jugend an habe ich unter meinem eigenen Volk in Jerusalem gelebt. Praktisch jeder Jude in unserer Stadt hat mich aufwachsen sehen und könnte bezeugen, dass ich als Pharisäer nach der strengsten Glaubensrichtung unserer Religion gelebt habe. Ich hängte mein Herz an das, was Gott unseren Vorfahren versprochen hat. Es war diese große Hoffnung, auf die hin die zwölf Stämme Israels über Jahrhunderte hinweg Tag und Nacht gelebt haben, die auch mich immer bewegt hat und wegen der ich jetzt von den Juden angeklagt werde. Eigentlich sind sie es, die hier vorne in der Anklagebank stehen müssten. Was um alles in der Welt ist so unglaubwürdig daran, dass Gott Tote auferweckt?

Aber ich gebe zu, dass ich selbst diese Position nicht immer geteilt habe. Es ist noch gar nicht so lange her, da sah ich es als meine Pflicht an, mit aller mir zur Verfügung stehenden Macht gegen die

Anhänger dieses Jesus von Nazaret vorzugehen. Ich hatte mir zu diesem Zweck von den Hohenpriestern alle Vollmachten ausstellen lassen, mit denen ich diese Gläubigen ins Jerusalemer Gefängnis werfen ließ, wo immer ich ihrer habhaft wurde. Wann immer es zu einer Abstimmung über ihr Urteil kam, stimmte ich für ihre Exekution. In den Synagogen versuchte ich, sie durch Strafmaßnahmen dazu zu bringen, den Namen Jesu zu verleugnen, kurz: Ich war nur von dem Gedanken besessen, sie aus dem Weg zu schaffen. So führte mich mein maßloser Hass auch in die Städte außerhalb Jerusalems.

Eines Tages war ich unterwegs nach Damaskus, hervorragend ausgerüstet mit Papieren der Hohenpriester, die mich für alle meine Aktionen bevollmächtigten, als mich und meine Gefährten, o König, mitten am Tag ein gleißend helles Licht umstrahlte, viel heller noch als das der Sonne. Wir stürzten zu Boden. Dann vernahm ich, wie jemand auf Hebräisch rief: ‚Saulus, Saulus, warum verfolgst du mich? Du wirst es schwer haben, gegen mich anzukommen.'

Ich fragte: ‚Wer bist du, Herr?'

Die Stimme antwortete: ‚Ich bin Jesus, den du verfolgst. Doch nun steh auf und stell dich auf deine Füße. Ich möchte, dass du mir von jetzt an dienst und überall von dem erzählst, was du heute erlebt hast und was ich dir in Zukunft noch zeigen werde.

Ich nehme dich aus deinem Volk heraus und sende dich nun zu vielen fremden Völkern, um die Augen der Menschen zu öffnen, damit sie den Unterschied erkennen zwischen Licht und Finsternis, zwischen Gott und Satan, und sich für Gott entscheiden. Ich sende dich aus, um ihnen mein Angebot zu bringen, dass ich ihnen ihre Sünden vergeben will. Sie werden durch den Glauben an mich von Grund auf verändert und bekommen so Anteil an meinem Leben.'

Was sollte ich tun, König Agrippa? Ich konnte doch nicht einfach weiterleben, als hätte ich diese Vision nie gehabt! Ich gehorchte also diesem Auftrag und begann, zuerst in Damaskus, dann aber auch in Jerusalem und ganz Judäa zu verkündigen, dass die Menschen umdenken und sich von Herzen Gott zuwenden sollten. Sie sollten erfahren, wie Gott ihr Leben verändert. Später habe ich diese Frohe Botschaft auch den Nichtjuden gebracht. Wegen all dem haben mich dann die Juden im Tempel ergriffen und versucht, mich umzubringen. Doch Gott stand mir bei, so wie er es versprochen hatte, und deshalb stehe ich hier und kann von dem berichten, was ich bisher jedem – egal, ob klein oder groß – gesagt habe. Es war nichts anderes als das, was die Propheten und Mose angekündigt haben: dass zum einen der Messias sterben muss, dass er zum anderen auferstehen wird, um ein Licht zu sein für unser Volk, aber auch für alle anderen Menschen auf der Welt."

Das war zu viel für Festus. Er unterbrach Paulus, indem er laut rief: „Du bist verrückt, Paulus! Du hast zu viele Bücher gelesen und zu viel Zeit zum Fantasieren gehabt."

Doch Paulus ließ sich nicht beirren: „Bei allem Respekt, ehrwürdigster Festus, aber ich bin nicht verrückt. Was ich gesagt habe, trifft nicht nur die Wahrheit, es ist auch mit der Vernunft in Einklang zu bringen. Der König weiß, wovon ich spreche. Ich bin sicher, dass nichts von dem, was ich eben berichtet habe, in seinen Ohren seltsam klang. Immerhin hat sich das alles ja nicht irgendwo in einem verborgenen Winkel dieses Landes ereignet. Ihr verlasst euch doch auch auf das Wort der Propheten, ist es nicht so, König Agrippa? Nein, Ihr braucht nicht zu antworten. Ich weiß, dass Ihr ihnen glaubt."

Da gab ihm Agrippa zur Antwort: „Wenn du so weiterredest, machst du noch hier und jetzt einen Christen aus mir!"

Paulus, der nach wie vor in Ketten war, entgegnete daraufhin: „Ich bitte Gott um nichts anderes als darum, dass über kurz oder lang nicht nur Ihr, sondern jeder der heute hier Anwesenden so wird wie ich – bloß ohne diese Ketten."

Der König und der Gouverneur zogen sich zusammen mit Berenike in einen Nebenraum zurück, um sich über das Gehörte auszutauschen. Sehr schnell waren sie von Paulus' Unschuld überzeugt und kamen zu dem Schluss: „Da gibt es nichts, weswegen dieser Mann eine Gefängnisstrafe oder gar den Tod verdient hätte." Agrippa fügte sogar noch an Festus gewandt hinzu: „Eigentlich könnte man ihn sofort freilassen, hätte er nicht an den Kaiser appelliert."

Alle blieben am Leben (27,1–28,10)

27 Sobald unsere Überfahrt nach Italien organisiert war, wurden Paulus und noch einige andere Gefangene einem Hauptmann namens Julius übergeben, der eine Kohorte einheimischer Soldaten befehligte. Wir bestiegen ein Schiff aus Adramyttion, das die Häfen an der Westküste der Provinz Asia – darunter Ephesus – anlaufen sollte. Aristarch, ein Makedonier aus Thessaloniki, begleitete uns.

Am nächsten Tag erreichten wir Sidon. Julius behandelte Paulus übrigens sehr zuvorkommend. So konnte dieser von Bord gehen und die Gastfreundschaft einiger Freunde genießen, die dort lebten.

Wieder auf See, segelten wir im Schutz der Nordostküste Zyperns in Richtung Norden, weil der Wind sehr ungünstig von Westen wehte. Dann ging es weiter entlang der Küste Ziliziens und Pamphyliens und so erreichten wir schließlich Myra in Lyzien. Dort fand der Hauptmann ein ägyptisches Schiff aus Alexandria, das auf dem Weg nach Italien war, und ließ uns alle umsteigen. Wir gerieten in schlechtes Wetter und der Kapitän konnte nicht länger den Kurs halten. Nach vielen Tagen, in denen wir nur langsam vorankamen, erreichten wir Knidos, konnten aber aufgrund des Windes nicht anlegen. So segelten wir weiter hinunter nach Kreta, kamen mit knapper Not an Salmone vorbei und erreichten an der Südküste Kretas einen Ort, der Kalói Liménes („Gute Häfen") genannt wird (ganz in der Nähe liegt die Stadt Lasäa).

Zu diesem Zeitpunkt hatten wir bereits viele Tage verloren. Es war schon Ende September, sodass wir von jetzt an mit stürmischem Wetter rechnen mussten. Paulus selbst warnte: „Wenn wir jetzt in See stechen, dann sehe ich nichts als Gefahren für Schiff und Ladung, ganz zu schweigen für unser Leben, auf uns zukommen."

Leider verließ der Hauptmann sich mehr auf das, was der Steuermann und der Schiffseigner sagten, als sich um die Warnung des Paulus zu kümmern. Da der Hafen alles andere als ideal war, um dort zu überwintern, versuchte man, Phönix zu erreichen, eine Hafenstadt auf Kreta, die nur etwas mehr als 50 Kilometer von ihrem Ankerplatz entfernt lag. Ihr Hafen war nach Süd- und nach Nordwesten ausgerichtet und wesentlich besser zum Überwintern geeignet.

Als ein leichter Wind von Süden aufkam, hielt man die Gelegenheit für günstig, das Vorhaben in die Tat umzusetzen, und lichtete den Anker. Zunächst segelten wir dicht an der Küste Kretas entlang. Doch schon nach kurzer Zeit riss der gefürchtete Nordostwind, der einem Wirbelsturm in nichts nachsteht, das Schiff mit sich fort. Da die Mannschaft nicht mehr in der Lage war, den Bug des Schiffes gegen den Wind zu stellen, ließen wir uns einfach treiben. Wir gelangten auf diese Weise in den Windschatten der kleinen Insel Kauda, wo es uns wenigstens gelang, das Beiboot einzuholen und die Segel zu raffen. Doch felsige Untiefen hinderten uns daran, näher an die Insel heranzukommen. Wir konnten nur verhindern, dass wir nicht auf die Sandbänke aufliefen, indem wir einen Treibanker auswarfen.

Am nächsten Tag – wir befanden uns wieder auf hoher See und unser Schiff war durch den Sturm bereits schlimm in Mitleidenschaft gezogen – warfen wir die Ladung über Bord. Am dritten Tag erleichterten die Seeleute das Boot, indem sie die gesamte Schiffsausrüstung über Bord gehen ließen. Wir hatten nun schon etliche Tage weder Sonne noch Sterne gesehen. Der Wind und die Wellen setzten uns unbarmherzig zu, sodass wir alle Hoffnung auf Rettung verloren.

Wir waren so erschöpft und mutlos, dass wir jeden Appetit auf Essen verloren hatten. In dieser Lage stellte Paulus sich in unsere Mitte und ermutigte uns: „Freunde, wenn ihr wirklich auf mich gehört hättet, als wir noch in Kreta waren, würden wir jetzt nicht in diesen gewaltigen Schwierigkeiten stecken. Aber darüber brauchen wir jetzt nicht mehr zu reden. Von jetzt an wird es wieder besser werden. Ich kann euch versichern, dass nicht einer von uns umkommen wird, was ich allerdings leider nicht von diesem Schiff sagen kann. Es wird untergehen.

Vergangene Nacht stand ein Engel an meiner Seite, ein Engel des Gottes, dem ich diene, und sagte zu mir: ‚Du brauchst keine Angst zu haben, Paulus. Du wirst vor den Kaiser treten, und jeder, der mit dir auf dem Schiff unterwegs ist, wird ebenfalls sein Ziel erreichen.' Darum, liebe Freunde, lasst den Kopf nicht länger hängen. Ich bin davon überzeugt, dass Gott genau das tun wird, was er mir zugesagt hat. Allerdings werden wir auf irgendeiner Insel stranden."

In der vierzehnten Nacht, in der wir nun schon auf See trieben, bemerkten die Seeleute, dass wir uns einer Küste näherten. Rasch warfen sie das Lot aus und maßen zunächst etwa vierzig Meter unter dem Kiel. Doch schon kurze Zeit später waren es weniger als dreißig. Das ließ befürchten, dass wir in wenigen Augenblicken gegen irgendwelche Klippen geworfen würden. Darum warfen wir vom Heck aus vier Anker und hofften inständig, dass es bald Tag würde.

Einige der Seeleute versuchten, sich mit dem Beiboot selbst zu retten. Sie gaben vor, auch vom Bug aus noch einige Anker setzen zu wollen. Doch Paulus durchschaute den Plan und sagte zum Hauptmann: „Wenn diese Seeleute nicht im Schiff bleiben, wird keiner von uns überleben." Da kappten die Soldaten kurzerhand die Leinen des Beibootes und ließen es davontreiben.

Als es langsam zu dämmern begann, rief Paulus die Leute zusammen und legte ihnen nahe, endlich etwas zu essen: „Das ist nun schon der vierzehnte Tag, an dem wir nichts gegessen haben. Natürlich war uns auch nicht danach zumute, aber jetzt sollte sich jeder dazu zwingen, etwas zu sich zu nehmen. Ihr werdet für die bevorstehende Rettung alle Kräfte brauchen. Esst, und ihr dürft sicher sein, dass ihr aus dem Ganzen ohne einen Kratzer hervorgeht."

So brach er das Brot, dankte Gott und gab es an die Leute weiter, die nun kräftig zulangten. Alle zusammengerechnet waren wir 276 Männer und Frauen. Nachdem alle reichlich gegessen hatten, erleichterte man das Schiff noch einmal, indem man die gesamten Getreidevorräte über Bord warf.

Als es endlich hell wurde, erblickten wir den Küstenstreifen, der aber niemandem bekannt war. Gleichzeitig bemerkten wir eine Bucht mit einem flachen Sandstrand. Da beschlossen die Seeleute, das Schiff auf diesen Strand auflaufen zu lassen. Sie kappten die Ankertaue und auch die Seile, die das Ruder gehalten hatten, und setzten ein Vorsegel, sodass wir mit Rückenwind direkt auf den Strand zugetrieben wurden. Doch so weit kamen wir nicht. Noch ein ganzes Stück vom Ufer entfernt fuhren wir auf eine Sandbank auf. Während der Bug festsaß, wurde das Heck von den herandonnernden Brechern zertrümmert.

In dieser Situation gab es für die Soldaten nur eines: Jeden Gefangenen töten, bevor ihm schwimmend die Flucht gelingen konnte. Doch der Hauptmann wollte nicht, dass Paulus etwas geschah, darum verbot er es ihnen. Er gab den Befehl, dass jeder, der schwimmen konnte, über Bord springen sollte, um an Land zu kommen. Die übrigen sollten sich ein Brett oder sonst irgendetwas nehmen, das sie zum Ufer tragen würde. Und tatsächlich kamen alle wohlbehalten dort an.

28 Zunächst stellten wir fest, dass es wirklich alle geschafft hatten. Dann erfuhren wir, dass die Insel, auf der wir gestrandet waren, Malta hieß. Die dort lebenden Einheimischen waren außerordentlich freundlich zu uns. Der Tag war regnerisch und kalt und wir waren bis auf die Knochen durchnässt und durchgefroren. Darum entfachten sie ein großes Feuer, an dem wir uns wärmen konnten.

Paulus wollte nachlegen und packte ein großes Bündel Reisig. Als er es aufs Feuer werfen wollte, schoss eine Giftschlange, die durch die Hitze aufgeschreckt worden war, daraus hervor und verbiss sich in seine Hand. Als die Einheimischen das Tier an seiner Hand hängen sahen, sagten sie zueinander: „Dieser Mann muss ein Mörder sein, den die Rachegöttin jetzt doch noch bestraft hat, nachdem er dem Meer entkommen ist."

Paulus aber schüttelte die Schlange ab – direkt ins Feuer. Ihn schien das Geschehene überhaupt nicht zu beunruhigen, während die anderen darauf warteten, dass seine Hand anschwellen und er tot umfallen würde. Als die kritische Zeit längst vorüber und nichts von alledem geschehen war, änderten sie ihre Meinung und sagten: „Das muss ein Gott sein!"

In der Gegend um unseren Landungsort gab es eine Reihe großer

Landgüter. Sie alle gehörten einem gewissen Publius, der die einzige Autoritätsperson auf der Insel war. Dieser nahm uns in einem seiner Landgüter freundlich auf. Wir konnten uns trocknen und wurden während der nächsten drei Tage gut versorgt. Während dieser Zeit erkrankte der Vater von Publius schwer an der Ruhr, die von heftigen Fieberanfällen begleitet war. Paulus besuchte den alten Mann, und als er ihm die Hände auflegte und betete, wurde er geheilt. Die Nachricht von dieser Heilung verbreitete sich wie ein Lauffeuer, und schon bald kamen alle anderen Inselbewohner, die krank waren, zu ihm und wurden geheilt.

Die letzte Etappe (28,11–31)

Wir verbrachten drei wunderbare Monate auf Malta. Die Menschen behandelten uns königlich, versorgten uns mit allem, was wir benötigten, und rüsteten uns für den Rest der Reise aus. Als ein ägyptisches Schiff, das im Hafen überwintert hatte, Vorbereitungen für die Überfahrt nach Italien traf, gingen wir an Bord. Die Galionsfiguren des Schiffes waren die römischen Zwillingsgötter Castor und Pollux, die es vor Schiffbruch bewahren sollten.

Wir erreichten Syrakus, wo wir drei Tage Aufenthalt hatten. Dann segelten wir wegen des Windes in einem weiten Bogen nach Rhegion. Am Tag darauf drehte der Wind endlich auf Süd und so erreichten wir schon zwei Tage später die Bucht von Neapel und legten in Puteoli an. Dort begegneten wir christlichen Freunden, die uns baten, doch wenigstens eine Woche bei ihnen zu bleiben.

Schließlich machten wir uns endlich auf den Weg nach Rom. Freunde in Rom hatten gehört, dass wir auf dem Weg zu ihnen wären, und kamen uns ein ganzes Stück entgegen, eine Gruppe bis zu Tres Tabernae, eine andere sogar bis zum Forum Appii. Es war ein bewegendes Zusammentreffen und Paulus dankte Gott von ganzem Herzen. Diese Begegnung hatte ihn sehr ermutigt.

Endlich erreichten wir die Stadt selbst. Man gestattete Paulus, in einem Privatquartier zu wohnen. Nur ein Soldat, der zu seiner Bewachung abgestellt war, erinnerte daran, dass er ein Gefangener war.

Drei Tage später lud Paulus die führenden Juden zu einem Treffen in sein Haus ein. Nachdem sie Platz genommen hatten, sagte er zu ihnen: „Ihr fragt euch vielleicht, warum ich als Gefangener hier bin. Meine Brüder, ich kann euch versichern, dass ich mir gegenüber unseren Glaubensgeschwistern in Jerusalem nichts habe zuschulden kommen lassen. Auch habe ich in keiner Weise gegen die Sitten unserer Väter verstoßen; trotzdem haben sie mich an die Römer ausgeliefert. Diese haben mich gründlich verhört und nicht das Geringste gefunden, was den Tod verdient hätte. Sie wollten mich freilassen, doch dem widersprachen die Juden und zwangen mich so, an den Kaiser zu appellieren. Ich habe es nicht getan, weil ich sie wegen irgendwelcher Vergehen anklagen will oder weil ich möchte, dass unser Volk Schwierigkeiten mit Rom bekommt. Darum bat ich euch, heute hierherzukommen, damit wir uns kennenlernen können und ihr von mir persönlich hören könnt, denn ich trage diese Ketten, weil ich an den Messias glaube, auf den ganz Israel hofft“

Sie entgegneten: „Niemand hat uns in einem Brief vor dir gewarnt. Und es ist auch niemand persönlich hier aufgetaucht und hat etwas Böses über dich berichtet. Doch wir würden gern mehr von dir und dieser Sekte der Christen hören, die scheinbar überall ins Gerede gekommen ist.“

Sie vereinbarten also einen Tag, an dem sie sich treffen wollten. Als es so weit war, kamen sie wieder in sein Haus und brachten noch eine große Anzahl von Freunden mit. Paulus sprach den ganzen Tag lang zu ihnen, vom Morgen bis zum Abend, und erklärte ihnen all das, was mit der Herrschaft Gottes zu tun hatte. Er versuchte vor allem, ihnen anhand der Bücher des Mose und der Propheten darzulegen, wer Jesus war und dass alle ihre Schriften auf ihn hinwiesen.

Einige seiner Zuhörer waren von dem, was er sagte, überzeugt, doch andere weigerten sich, auch nur ein Wort von all dem zu glauben. Die Uneinigkeit unter seinen Zuhörern wurde immer deutlicher und so drängten sie zum Aufbruch. Paulus ließ es sich nicht nehmen, ihnen noch ein Schriftwort mit auf den Weg zu geben: „Der Heilige Geist wusste sehr genau, wovon er sprach, als er unseren Vorfahren durch den Propheten Jesaja sagen ließ:

‚Geh zu diesem Volk und sage ihm dieses:
Ihr werdet zwar hören,
aber kein Wort verstehen;
ihr werdet sehen
und doch nichts erkennen.
Denn dieses Volk ist nicht mehr ansprechbar!
Es hält sich die Ohren zu,
damit es nicht zu hören braucht;
es verschließt seine Augen fest,
damit es nicht mehr zu sehen braucht.
Sie wollen einfach nicht verstehen,
was ich ihnen sagen möchte,
weil sie dann zu mir umkehren müssten,
damit ich sie heilen kann.‘

Eines solltet ihr wissen: Die nichtjüdischen Völker sind bereit, auf Gott zu hören. Darum werden jetzt sie das ganze Heil unseres Gottes erfahren.“

Paulus lebte zwei Jahre in dem gemieteten Haus. Er hieß alle willkommen, die ihn besuchten, und natürlich sprach er mit jedem offen über das, was ihn am meisten bewegte: die Herrschaft Gottes. Er sprach mutiger als je zuvor von Jesus Christus. Und niemand versuchte, ihn daran zu hindern.

Der Brief an die Gemeinde in Rom

Wer die Gemeinde in Rom gegründet hat, wissen wir nicht. Doch der folgende Brief des Paulus bezeugt, dass sie sich schon sehr früh aus Juden- und Heidenchristen gebildet haben muss. Da Paulus vorhatte, diese Gemeinde zu besuchen, stellt er ihr seine Theologie – und damit auch sich – beeindruckend vor. Kein Wunder, dass man schon früh diese Zusammenfassung seiner Lehre als „Testament des Paulus" bezeichnete. Verfasst wurde dieser Brief zwischen 56 und 58 n. Chr. in Korinth. Der sehr lange Brief kann grob in zwei Abschnitte unterteilt werden: 1. Der göttliche Heilsplan (Kap. 1–11) und 2. Ermahnungen und praktische Anweisungen für das Leben in der Gemeinde.

Mein Name ist Paulus, Apostel Paulus … (1,1–7)

1 Paulus, Diener Jesu Christi und zum Apostel berufen, grüßt alle, die genau wie er zu einem Leben mit Gott berufen sind, alle, die von Gott geliebt sind und zur Gemeinde in Rom gehören: Gnade und Friede schenke euch Gott, unser Vater, und unser Herr Jesus Christus!

Gott hat mich, warum auch immer, aus meinem Volk herausgerufen, um die Frohe Botschaft all dessen zu verkünden, was er durch seine Propheten schon im Voraus angekündigt hatte. Diese Frohe Botschaft ist nichts anderes als sein Sohn selbst. Dieser war zwar ein Nachkomme von David, erwies sich aber durch alles, was er vollbrachte, vor allem jedoch durch seinen Tod und seine Auferstehung, als Sohn Gottes. Er ist unser Herr Jesus Christus. Er hat uns dazu berufen, unter den Völkern dieser Welt Menschen zu gewinnen, die ihm gehorsam sind und ihr Vertrauen auf seinen Namen setzen. Das ist auch eure Berufung. Ihr wisst, dass Gott euch liebt und er euch berufen, ja für sich erwählt hat. Darum erbitte ich für euch alle, die ihr in Rom versammelt seid, von Herzen die Gnade und den Frieden Gottes, unseres Vaters und unseres Herrn Jesus Christus.

Was ich hörte, macht mich dankbar (1,8–15)

Zunächst einmal danke ich meinem Gott durch Jesus Christus für euch alle, weil man überall von eurem Glauben spricht, der viele Christen ermutigt. Gott selbst ist mein Zeuge, dem ich von ganzem Herzen durch die Verkündigung der Frohen Botschaft diene, dass ihr einen festen Platz in meinen Gebeten gefunden habt. Auch bete ich beständig dafür, dass sich mir eine Möglichkeit eröffnet, einmal – so Gott es will – zu euch zu kommen. Ich sehne mich danach, euch etwas von dem mitzugeben, was Gott mir geschenkt hat, damit ihr noch mehr gestärkt werdet; gleichzeitig erhoffe ich mir natürlich auch eine kräftige Ermutigung durch den Austausch über unsere

Glaubenserfahrungen. Eines müsst ihr wissen: Ich hatte mir schon einige Male vorgenommen, zu euch zu kommen, doch jedes Mal ist immer wieder im letzten Moment irgendetwas dazwischengekommen. Dabei würde ich so gern auch bei euch wie bei so vielen anderen Gemeinden etwas pflanzen, das Frucht bringt. (Weil ich selbst so viel von Gott empfangen habe,) stehe ich bei allen in der Schuld. Dabei spielt es keine Rolle, ob sie Griechen sind oder nicht, ob sie gebildet sind oder nicht. Darum ist es mein Wunsch, auch euch in Rom etwas von der Frohen Botschaft Christi mitzugeben, weil ich es euch schulde.

Wir alle dürfen an einen wunderbaren Gott glauben (1,16–17)

Ich schäme mich in keiner Weise dafür, die Botschaft vom Gekreuzigten weiterzugeben. Denn ich habe erlebt, wie diese Botschaft Menschen rettet, die sich auf sie verlassen. Das gilt natürlich zuerst für die Juden, dann aber auch für alle anderen Völker. Wer anfängt, sich auf die Frohe Botschaft zu verlassen, wird dadurch immer mehr im Glauben wachsen. Das zeigt, wie sehr Gott jedem einzelnen Menschen gerecht wird. Er wird das Vertrauen des Einzelnen nicht ins Leere gehen lassen. Sagt doch die Heilige Schrift: Wen Gott angenommen hat, der wird aus dem Glauben leben.*

Es gibt nicht einen Grund, Gott nicht zu vertrauen (1,18–32)

Völlig anders verhält es sich mit Menschen, die Augen und Herz vor dem verschließen, was Gott ihnen mitteilen und geben möchte. Sie setzen mit aller Gewalt ihrem Denken und Fragen Grenzen, weil sie

* Habakuk 2,4

der Wahrheit über sich selbst und diese Welt nicht ins Auge sehen wollen. Jeder weiß: Wer diese Welt auch nur ein wenig unvoreingenommen betrachtet, kann das, was wir darin von Gott erkennen können, selbst entdecken. Denn das, was an Gott unsichtbar ist, wird, seit es Menschen gibt, an seiner Schöpfung selbst erkannt. Zu allen Zeiten haben Menschen ein Gespür dafür gehabt, dass es einen großen, ewigen Gott geben muss. Darum haben auch all die Menschen, die ihre Augen und ihr Herz verschlossen halten, keine Entschuldigung. Letztlich wissen sie genau, dass es Gott gibt, aber sie wollen sich nicht von ihm abhängig wissen, geschweige denn ihr Leben von ihm bestimmen lassen. Das bleibt nicht ohne Folgen. Zunächst einmal beschäftigen sich solche Menschen in steigendem Maße mit Dingen, die ihnen letztlich nichts bringen. Zum anderen wird es in ihrem Inneren zunehmend finster. Sie behaupten zwar lautstark, dass sie alles im Griff hätten, in Wirklichkeit sind sie aber von allem Möglichen abhängig. Sie tauschen die Herrlichkeit Gottes gegen jede Art selbstgemachter Götzen ein. Deswegen hindert Gott sie auch nicht daran, den Begierden ihres Herzens einfach nachzugeben. Er überlässt sie ihrem verkehrten Denken, was immer auch zu einem völlig verkehrten Leben führt, was sie schon bald am eigenen Leib spüren. Es ruiniert den Menschen, wenn er die Wahrheit Gottes gegen die Lüge eintauscht und wenn er alles von Geschöpfen erwartet, aber nichts von seinem Schöpfer. Ihm allein gebühren aber Lob und Ehre in Ewigkeit. Ist es nicht so?!

Wir müssen uns immer vor Augen halten, welche Folgen es für den Menschen hat, wenn Gott ihn sich selbst und seinen verdrehten Wünschen überlässt. Plötzlich wollen Frauen nichts mehr mit Männern zu tun haben und Männer nichts mehr mit Frauen. Das Gefühlsleben ist ebenso durcheinander wie das Selbstwertgefühl. Die Menschen sind sich für nichts zu schade und schämen sich nicht einmal, die perversesten Dinge mit sich machen zu lassen. Doch ein Denken, dass sich Gott gegenüber verschlossen hat, führt noch zu ganz anderen schlimmen Verhaltensmustern. Wer sich Gott und sich selbst gegenüber nicht verantwortlich weiß, dessen Leben kann sich mit aller möglichen Schlechtigkeit und Niedertracht anfüllen: Ungerechtigkeit, Habsucht, Bosheit, Neid, Mordlust, Streitsucht, Arglist, bösartige Gesinnung. Letztlich kann sich ein solcher Mensch zu allem nur erdenklich Bösen entwickeln: der eine zu einem charakterlosen Opportunisten, ein anderer zu jemandem, der sich wichtig macht, indem er andere verleumdet, oder er wird ein überheblicher Gotteshasser, der sich für besonders großartig hält. Solche Menschen werden in ihrer Bosheit ungeheuer erfinderisch, sie sperren sich gegen jede Autorität, bei ihnen finden sich genauso wenig Verstand wie Treue, Liebe oder Mitleid. Versteht ihr, dass für solche Menschen im Reich eines Gottes, der die Liebe selbst ist, kein Platz ist? Das gilt auch für Menschen, die sich zwar anders verhalten, in ihren Herzen aber die bewundern, die sich in der Welt auf die oben beschriebene Weise durchzusetzen versuchen.

Wer im Glashaus sitzt … (2,1–11)

2 Dürfen wir also auf diese Menschen herabblicken? Nichts wäre verhängnisvoller als das. Denn sobald wir meinen, über andere Menschen richten zu können, sprechen wir uns unser eigenes Urteil. Wer andere richtet, hat nichts mehr, womit er sein eigenes Handeln entschuldigen könnte. Denn vor Gottes Gericht kommt alles ans Licht, und jeder wird an dem Maßstab gemessen, den er an andere angelegt hat. Vielleicht wünscht sich einer von euch, diesem Gericht zu entgehen, doch Gott lässt an diesem Punkt niemanden frei: Jeder wird so beurteilt werden, wie er andere beurteilt hat. Eigentlich müsstet ihr euch gegenseitig mit nichts anderem als mit Liebe und Erbarmen begegnen. Verachtet ihr ein solches Verhalten, dann verachtet ihr auch die unvorstellbare Güte, Geduld und Langmut unseres Gottes. Dabei weiß doch jeder von uns, dass es allein die Güte unseres Gottes war, die uns veranlasst hat, zu ihm umzukehren. Wer sich dieser Liebe Gottes verschließt und überhaupt nicht bereit ist, sich vertrauensvoll auf Gott einzulassen, den wird beim letzten Ge-

richt Gottes Zorn mit ganzer Härte treffen. (Wenn ein Mensch in diesem Leben nichts mit Gott zu tun haben wollte, wird er auch im Leben nach dem Tod nicht mit Gott zusammen sein „müssen".) Die Gerechtigkeit Gottes zeigt sich darin, dass Gott uns ganz ernst nimmt. Er wird jedem das zukommen lassen, was ihm in diesem Leben wichtig war. Wer sich unablässig darum bemüht hat, gute Beziehungen mit anderen aufzubauen, wird bei Gott an das Ziel aller seiner Wünsche und Hoffnungen kommen; wer der Sehnsucht nach Unvergänglichkeit in sich Raum gab, wird ewiges Leben erhalten. Genauso wird Gott Menschen sich selbst überlassen, die nur um sich selbst kreisen und in keinster Weise die Wahrheit über sich und Gott zulassen wollen. Ihre Neigung, lieber den übelsten Gedanken zu gehorchen statt Gott, wird ihnen zum Verhängnis werden. Dabei spielt es keine Rolle, ob jemand zum auserwählten Volk Gottes gehört oder aus dem Heidentum stammt. Gott sieht nicht auf die Person. Nein, wer Gott den Rücken kehrt und dementsprechend böse lebt, dessen Leben wird von Angst und Bedrückung begleitet sein. Wer dagegen durch Gottes Gnade ein Mensch sein will, der von Herzen gut ist, der wird in diesem Leben schon einen tiefen Frieden erfahren. Er wird bei Gott Ehre haben und etwas von seiner Herrlichkeit erleben.

Was wir fürchten sollten: auf ewig am Leben vorbei (2,12–16)

Wer ein hartherziger, schlechter Mensch war, obwohl er das jüdische Gesetz nicht kannte, der schließt sich selbst von der Gemeinschaft mit Gott aus. Denn wann immer die heidnischen Völker aus sich heraus taten, was wir aus dem jüdischen Gesetz kennen, so zeigten sie doch damit, dass für sie Dinge verbindlich sind, die auch wir aus unserem Gesetz kennen. Offensichtlich hat Gott ihnen die wichtigsten Regeln ins Herz geschrieben. Sie brauchen also gar nicht das ausdrückliche, nur für uns Juden erlassene Gesetz. Sie sind höchstens mehr als andere auf die widerstreitenden Stimmen ihres Gewissens angewiesen. Der Unterschied ist also gar nicht so groß. Allerdings: Wer von den Juden weiß, was Gott seinem Volk offenbart hat, und sich dennoch nicht darum kümmert, den trifft die ganze Härte des Gesetzes. Denn für Gott ist nicht entscheidend, wie viel oder woher jemand etwas über das Gesetz weiß, sondern wie treu er Gottes Willen in die Tat umzusetzen versucht. Das allein wird am Tag des Gerichtes ans Licht kommen. Nicht das kleinste verborgene Tun aus Güte wird Gott unbeachtet lassen. Das ist die Frohe Botschaft, die Jesus Christus uns gebracht hat.

Nur irgendwo dazugehören rettet nicht (2,17–29)

Eine besondere Gefährdung sehe ich für jeden, der sich zum auserwählten Volk Gottes zählen darf. Wenn ein Jude nur stolz darauf ist, das Gesetz zu haben, Gott und seinen Willen zu kennen, alle strittigen Punkte allein aus dem Buchstaben des Gesetzes zu beurteilen, das er gut gelernt hat, dann wird er sich vorkommen wie einer, der Blinden auf ihrem Weg hilft, ja wie ein Licht in der Finsternis. Er mag sich für einen Lehrer all derer halten, die nicht wie er im Religiösen bewandert sind. Schließlich besitzt er ja im Gesetz den Inbegriff aller Erkenntnis und aller Wahrheit. Doch was ist, wenn sich der, der sich als Lehrer aufspielt, selbst nicht um das schert, was er andere lehrt? Wenn er anderen beibringt, dass sie nicht stehlen dürfen, selbst aber bei jeder Gelegenheit etwas mitgehen lässt? Oder wenn er andere davor warnt, nicht die Ehe zu brechen, selbst aber fremdgeht? Man kann nicht auf der einen Seite den Götzenkult anklagen und dann auf der anderen Seite zu Hause Kunstschätze aus irgendwelchen Tempeln aufstellen. Wer überall herausposaunt, wie großartig und wie wichtig für ihn doch das Gesetz sei, sich aber in vielen Bereichen überhaupt nicht darum schert, es auch selbst einzuhalten, der macht Gott vor allen Menschen lächerlich. Darum haben so viele Völker, unter denen wir leben, für unseren Gott nur Spott und Verachtung übrig.

Wenn du dich als Jude beschneiden lässt, dann hat dieses Zeichen nur Sinn, wenn du dementsprechend auch als gesetzestreuer Jude leben willst. Wenn du dich nicht ernsthaft um die Erfüllung des Gesetzes bemühst, nützt dir dein Beschnittensein, deine Zugehörigkeit zum auserwählten Volk überhaupt nichts. Dieser Gedanke gilt auch umgekehrt. Wenn ein Unbeschnittener von Herzen nach dem Gesetz lebt, ist er doch im eigentlichen Sinn ein Beschnittener. Ja, um es noch deutlicher zu sagen: Im Vergleich zu einem Juden, der zwar beschnitten ist und den Wortlaut des Gesetzes auswendig kennt, sich aber nicht im Geringsten um dessen Erfüllung schert, schneidet er vor Gott unendlich besser ab.

Es gehört also nicht jemand zum Volk Gottes, weil irgendwann einmal ein Ritus wie die Beschneidung an ihm vollzogen wurde, sondern letztlich nur der, in dessen Herzen Gott eine Art Beschneidung vornehmen konnte. Gott sucht keine Menschen, die meinen, ihm mit starren Formen und der Erfüllung toter Buchstaben dienen zu müssen. Erst recht nicht, wenn all dieses religiöse Gehabe nur dazu dient, um andere Menschen zu beeindrucken. Gott sucht den Menschen, dessen Leben sich tatsächlich nach ihm, seinem Schöpfer, ausrichtet.

Vor Gott ist eigenes Schulterklopfen lächerlich (3,1–20)

3 Jetzt wird sich jeder fragen, was es dann überhaupt noch bringt, Jude zu sein und sich beschneiden zu lassen. Vielleicht mag es in mancher Hinsicht von großem Nutzen sein – ich sehe zunächst nur einen einzigen: Dem jüdischen Volk wurde die Offenbarung Gottes anvertraut. Daran ändert auch nichts, dass einige sich um das, was Gott gesagt hat, nicht kümmern. Ihre Treulosigkeit kann noch so groß sein, sie wird die Treue Gottes niemals aufheben können. Je unwahrhaftiger unser Leben wird, desto deutlicher tritt die Wahrheit Gottes hervor. In einem Psalm heißt es ja: „Alles, was du sagst, wird

sich als wahr erweisen und dich triumphieren lassen, sollte es jemals jemand wagen, deine Worte anzuzweifeln.“*

Wenn nun unsere Ungerechtigkeit Gottes Gerechtigkeit noch deutlicher herausstellt, könnte man sich da nicht die Frage stellen, warum Gott dann überhaupt noch einen Menschen richtet? Wenn doch die Wahrheit Gottes durch meine Lüge nur noch großartiger und herrlicher erscheint, warum komme ich dann als armer Sünder noch vor das Gericht Gottes? Genau das aber sagt man mir nach: ich würde überall die Lehre verbreiten, dass man nur ja ordentlich sündigen solle, damit die Güte Gottes umso größer in Erscheinung trete. Nein, das alles sind nichts als menschliche Gedankenspielereien. Hüten wir uns vor solchen Trugschlüssen! Und wer mir eine solche Lehre unterschieben will, muss sich vor Gott selbst dafür verantworten.

Wie steht es denn nun mit den Juden? Haben wir als Juden den anderen Völkern nichts voraus? In keinster Weise! Mussten wir nicht eben erst anerkennen, dass Juden wie Nichtjuden alle vor Gott schuldig werden? Doch hören wir uns ruhig einmal an, was die Heilige Schrift über uns sagt:

> „Es gibt nicht einen, der von sich aus vor Gott bestehen könnte, nicht einen.
> Keiner ist einsichtig, keiner sucht wirklich von ganzem Herzen nach Gott.
> Alle sind wir von den Wegen Gottes abgewichen; Gott konnte uns zu nichts gebrauchen.
> Keiner bemüht sich um ein lauteres, redliches Leben, nicht ein einziger.
> Aus unserem Mund kommt nichts Gutes, nichts, das lebendig macht, sondern im Gegenteil viel Böses. Wie Gift wirken unsere Lügen, und nur allzu schnell sind wir bereit, unseren Ärger und unsere Verbitterung an anderen auszulassen. Wie schnell sind

---

* Psalm 51,6

wir bereit, unser vermeintliches Recht, wenn nötig, mit Gewalt einzufordern, auch wenn wir dabei über Leichen gehen müssten. Dabei interessiert uns nicht, dass Gott vielleicht einen ganz anderen, von seinem Frieden erfüllten Weg für uns vorgesehen hätte. Uns kümmert einfach nicht, was ihm wichtig ist."*

Worin liegt also der Vorteil für uns Juden? Das Gesetz gilt in erster Linie für uns Juden, uns wurde es gegeben. Darum sind wir vor Gott mindestens genauso schuldig wie alle anderen Menschen auf dieser Welt. Uns müsste unser Verhalten, das dem Gesetz widerspricht, so den Mund stopfen, dass wir niemals mehr auf andere herabblicken. Nein, durch das Gesetz wird kein Mensch freigesprochen. Durch das Gesetz erkennen wir nur, wie falsch wir eigentlich leben.

Eines nur darf uns stolz machen: was Gott für uns getan hat (3,21–31)

Doch das ist nicht das letzte Wort unseres Gottes. Wir alle dürfen in einer Zeit leben, in der uns Gott ganz neu einen Weg eröffnet hat, auf dem wir auch ohne das Gesetz bei ihm Anerkennung finden können. Das Gesetz selbst und die Propheten haben schon darauf hingewiesen: Gott möchte uns annehmen, und das nur aufgrund des Vertrauens, das wir auf Jesus Christus setzen. Denn alle, Juden wie Nichtjuden, stehen vor Gott als Sünder und in unserem Leben findet sich nichts von der Herrlichkeit Gottes. Doch wir alle werden, ohne dass wir es verdient hätten, allein durch die liebevolle Zuwendung Gottes gerecht gesprochen. Das ist die Erlösung, die Gott uns durch Jesus Christus geschenkt hat. Denn ihn hat er das treffen lassen, was wir eigentlich verdient hätten: die Strafe für unsere Schuld. Nur weil Jesus für uns sein Blut vergossen hat, konnte Gott unsere Schuld unge-

---

* Hier zitiert Paulus eine Reihe von Versen aus den Psalmen und dem Propheten Jesaja: Psalm 14,1–3; Psalm 5,10; Psalm 140,4; Psalm 10,7; Jesaja 59,8 f.; Psalm 36,2.

straft lassen. Darin zeigt sich seine göttliche Gerechtigkeit, aber auch seine Heiligkeit. Welches Erbarmen, welche Geduld zeigen sich darin, dass Gott den freispricht, der von ganzem Herzen sein Vertrauen auf Jesus setzt und aus ihm lebt!

Gibt es denn irgendetwas, auf das wir Juden noch stolz sein könnten? Es wäre absurd, wenn wir es wären. Denn weder das Gesetz noch all das, was wir tun, bringt uns die Anerkennung Gottes. Ich bin der festen Überzeugung, dass wir einzig und allein durch unser Vertrauen und nicht durch die Befolgung zahlloser religiöser Vorschriften von Gott angenommen werden. Oder glaubt ihr allen Ernstes, Gott sei nur ein Gott für uns Juden? Nein, natürlich ist er auch der Gott aller übrigen Menschen. Und für ihn zählt bei jedem Menschen, ganz gleichgültig, ob Jude oder Nichtjude, nur, ob dieser bereit ist, ihm als seinem Gott zu vertrauen.

Bleibt die Frage, ob durch die starke Betonung des Glaubens das Gesetz außer Kraft gesetzt wurde? Das hätte katastrophale Folgen! Nein, das Gesetz bekommt jetzt erst seinen richtigen Stellenwert.

Was uns mit einem Mann verbindet, der vor mehr als 3.500 Jahren lebte (4,1–25)

4 Nehmen wir beispielsweise unseren Stammvater Abraham. Wenn er durch das, was er tat, bei Gott Anerkennung gefunden hätte, könnte er mit Recht stolz auf sich sein. Doch die Schrift sagt etwas ganz anderes: Weil Abraham Gott vertraute, nahm Gott ihn voll und ganz an. Wer durch sein eigenes Handeln Gott gnädig zu stimmen hofft, erhält genau den Lohn, den er sich damit verdient hat. Er wird nichts von der unverdienten Gnade Gottes erfahren. Ganz anders ein Mensch, der vielleicht weit von Gott entfernt war, nun aber angefangen hat, auf Gott zu vertrauen. Sein Glaube reicht aus, um ihn vor Gott gerechtzusprechen. David hat diesen Weg der Gnade schon vorausgeahnt, als er schrieb: „Glücklich darf sich der Mensch schätzen, dem seine Übertretungen des Gesetzes vergeben und des-

sen Sünden vergessen wurden, dem Gott seine Schuld nicht anrechnet.‘"*

Wer darf sich denn nun glücklich schätzen: nur wir Juden oder auch alle anderen, die nicht beschnitten sind? Nun, wenn wir sagen, dass Abraham durch sein Vertrauen bei Gott Anerkennung gefunden hat, dürfen wir nicht vergessen, dass er zu diesem Zeitpunkt ja noch gar nicht beschnitten war. Erst später empfing er das Zeichen der Beschneidung als Siegel dafür, dass Gott ihn aufgrund seines Glaubens angenommen hatte. So ist er eigentlich zum Vater des Vertrauens sowohl für die Unbeschnittenen als auch für die Beschnittenen geworden. Beiden ist er durch seinen Glauben vorangegangen, damit alle durch das Vertrauen, das sie in Gott haben, vor Gott gerechtfertigt dastehen können.

Abraham und seinem Nachkommen, nämlich Jesus, wurde als Erbe die ganze Welt verheißen. Doch diese Verheißung war nicht an etwas gebunden, das er tat, sondern hing einzig und allein von seinem Vertrauen ab. Denn wenn jemand ein Erbe erhält, das er sich erst noch verdienen muss, dann ist es ja nichts, was er aufgrund eines Versprechens bekommt. Eine Verheißung wäre demnach völlig überflüssig. Doch wer durch die Befolgung des Gesetzes das Erbe erhalten möchte, wird daran scheitern, dass er es nicht zu halten vermag. Da hat es derjenige noch leichter, der das Gesetz überhaupt nicht kennt. Seine Übertretungen rufen nicht im gleichen Maß den Zorn Gottes hervor, wie es bei jemandem der Fall ist, der sich auf das Gesetz beruft, es aber nicht hält.

Nein, es ist reine Gnade, auf die wir vertrauen und die uns an der Verheißung festhalten lässt, einer Verheißung, die nicht nur für die Juden gilt, sondern auch für alle Nachkommen Abrahams, die ihm auf dem Weg des Glaubens gefolgt sind. In diesem Sinne ist Abraham tatsächlich der Stammvater von uns allen. Die Heilige Schrift selbst überliefert uns diesen großen Auftrag Gottes: „Ich habe dich zum Vater vieler Völker gemacht, weil du mir vertraut hast, dem, der die To-

---

* Psalm 32,1–2

ten lebendig macht und ins Dasein ruft, was vorher noch nicht da war."*

Ihr kennt sicher die Geschichte: Abraham hielt gegen alle Wahrscheinlichkeit an dieser Hoffnung fest. Er war davon überzeugt, dass Gott ihn zum Stammvater vieler Völker machen würde, so wie dieser es versprochen hatte. Ja, selbst als er schon an die hundert Jahre alt war und sich und seine kaum jüngere Frau Sara, was die Zeugung eigener Kinder anbelangte, eigentlich hätte aufgeben müssen, selbst da hörte er nicht auf zu hoffen, und er klammerte sich weiter an das Versprechen, das Gott ihm gegeben hatte. Er ehrte Gott durch sein Vertrauen, weil er ganz und gar von dem Gedanken erfüllt war, Gott sei mächtig genug, immer und überall das zu verwirklichen, was er verheißen hat. Dieses bedingungslose Vertrauen war es, das bei Gott Anerkennung fand.

Was haben wir mit der Geschichte Abrahams zu tun? Mehr, als wir denken, denn jeder, der sein Vertrauen auf den Gott setzt, der Jesus von den Toten auferweckt hat, findet genauso wie Abraham Anerkennung bei Gott. Wir vertrauen darauf, dass Jesus an unserer Stelle starb, damit auch wir durch ihn von Gott angenommen werden.

Rettung heißt, für immer angenommen zu sein (5,1–11)

5 Nachdem wir durch unser Vertrauen von Gott angenommen sind, haben wir durch unseren Herrn Jesus Christus Frieden mit ihm. Durch ihn haben wir überhaupt erst einen Zugang zu diesem Leben in der Gnade erhalten, der durch den Glauben eröffnet wird. Jetzt können wir nur noch auf eines stolz sein: unsere Hoffnung auf die Herrlichkeit Gottes. Ach ja, und da ist noch etwas, für das wir dankbar sind: unsere Probleme und Schwierigkeiten. Wir wissen

---

* 1. Mose 17,5

nämlich, dass wir mehr Geduld bekommen, wenn wir sie durchstehen. Und diese Geduld lässt uns wiederum erfahren, dass unser Glaube sich bewährt hat. Alles, was sich bewährt, nährt die Hoffnung, dass letztlich nichts umsonst ist und alles ein gutes Ende nimmt. Diese großartige Zuversicht dürfen wir haben, weil Gottes Liebe durch seinen Heiligen Geist in unsere Herzen ausgegossen wurde. Und das alles verdanken wir Christus, der für uns zu einer Zeit gestorben ist, als wir noch ziemlich gottlos vor uns hinlebten. Nun setzen wir Menschen normalerweise unser Leben nur dann für andere Menschen aufs Spiel, wenn sie uns besonders viel bedeuten beziehungsweise wenn es besonders gute Menschen sind. Gott aber hat uns seine Liebe dadurch gezeigt, dass Christus für uns gestorben ist, als wir ihn noch völlig ignorierten. Seine Anerkennung ist somit durch das Blut Jesu besiegelt; wir werden uns nie mehr als Angeklagte vor einem strengen Richter verantworten müssen. Denn wenn wir durch den Tod seines Sohnes mit Gott versöhnt wurden, als wir noch überhaupt nichts mit ihm zu tun haben wollten, wie viel mehr werden wir Erlösung erfahren durch das Leben, das er uns geschenkt hat.

Doch nicht nur das. Wir dürfen uns auch rühmen, dass wir durch Jesus Christus einen ganz neuen Zugang zu Gott geschenkt bekommen. Er hat uns auf einmalige Weise mit Gott versöhnt.

Frei von allem, was die Beziehung zu Gott verhindern kann (5,12–21)

Manche sehen in Adam und Jesus zwei Gegenpole: Die alten Überlieferungen sagen, dass durch einen Menschen die Sünde in die Welt kam und mit der Sünde auch der Tod. Letztlich sind aber alle Menschen dem Tod ausgeliefert, weil jeder gesündigt hat. Bevor wir durch Mose das Gesetz erhielten, gab es zwar auch Menschen, die gegen Gottes Willen gehandelt haben, doch wurde ihnen das nicht als Schuld angelastet, weil sie das Gesetz noch nicht kannten. Trotzdem herrschte über diese Menschen auch der Tod, da sie mit Adam schicksalhaft verbunden waren. Seit Jesus Christus in die Welt kam, können wir in Adam das Gegenbild zu dem Mann erkennen, der erst in der fernen Zukunft kommen sollte. War Adam derjenige, der entsprechend der biblischen Erzählung durch seinen Ungehorsam allen Menschen den Tod brachte, so ist durch den einen Menschen Jesus Christus für alle Menschen das unverdiente Geschenk des Angenommenseins bei Gott in die Welt gekommen. Doch darf man beides nicht einfach gleichsetzen. Die Gnade, die durch Jesus in die Welt kam, wirkt sich in einem unvorstellbar größeren Ausmaß auf unser Leben aus als Adams Versagen. Auch kann man das Urteil, das ihn getroffen hat, in keiner Weise mit dem Geschenk der Gnade vergleichen, das uns trotz aller Schuld vor Gott gerechtspricht. Es mag ja sein, dass durch den einen, Adam, der Tod auf alle Menschen übergegangen ist; was wir jedoch durch Jesus erhalten haben, ist unvergleichlich mehr: Gnade im Überfluss, das Geschenk des Angenommenseins bei Gott, das wir schon in diesem Leben in Empfang nehmen können, und die Gewissheit, dass wir mit Jesus als unserem Herrn durch nichts mehr in dieser Welt geknechtet werden können.

Mit dem Tod und der Auferstehung Jesu beginnt unser eigentliches Leben (6,1–23)

6 Bedeutet das nun, dass wir ruhig weiterhin tun können, was gegen Gottes erklärten Willen ist, damit seine Gnade noch stärker sichtbar wird? Nichts wäre falscher als das. Wir sind „in den Tod Jesu hineingetaucht“ worden, damit das Böse keine Macht mehr über uns hat. Sollten wir uns da etwa freiwillig in seinen Herrschaftsbereich zurückbegeben? Schließlich wurden wir bei unserer Taufe auf den Tod Jesu getauft. Wir wurden also sozusagen mit ihm begraben, um mit ihm aufzuerstehen. So wie Christus durch seine Auferstehung von den Toten zur Herrlichkeit des Vaters gelangte, so erhalten auch wir in dieser Welt durch die Taufe eine Art neues Leben. Weil wir mit Jesus im Tod eins wurden, haben wir auch Anteil an seiner Auferste-

hung. All das, was unser Leben von Gott trennte und schwer belastete, ist mit Jesus am Kreuz hingerichtet worden. Der Tod hat uns von allem Bösen befreit, das wir in der Vergangenheit getan haben. Darum müssen wir auch nicht mehr länger so denken und handeln, wie wir es früher getan haben. Denn auch in der Rechtsprechung gilt: Wer für eine Tat gebüßt hat, ist damit rechtskräftig freigesprochen. Da wir also mit Jesus gestorben sind, wissen wir, dass wir auch durch ihn leben werden. Ja, wir werden in alle Ewigkeit leben, denn Christus, der einmal von den Toten auferstanden ist, wird nie mehr sterben; der Tod hat keine Macht mehr über ihn. Mit ihm ist tatsächlich auch ein für alle Mal die Macht der Sünde gestorben. Dafür lebt er sein Leben ganz und gar für Gott.

Nichts anderes gilt für uns: Wir müssen uns immer wieder daran erinnern, dass wir durch die Taufe von der Macht der Sünde befreit wurden, damit wir mit Jesus zusammen ganz für Gott leben können.

Das Böse hat also nicht mehr das Sagen über uns; wir müssen auch nicht mehr all den verkehrten Wünschen folgen, die es uns eingibt. Wir wollen nicht zulassen, dass der alte gnadenlose Zustand jemals wieder unser Verhalten bestimmt. Lasst uns das Gegenteil tun! Lasst uns und unser neues Leben Gott zur Verfügung stellen, damit er durch uns seine Gerechtigkeit in diese Welt bringen kann. Wir wollen dabei nie vergessen, dass das Böse keine Macht mehr über uns hat, weil wir nicht mehr unter dem Gesetz stehen, sondern unter der Gnade unseres Gottes. Müssen wir uns also überhaupt nicht mehr um das kümmern, was das Gesetz verlangt? Das wäre ein weiterer Trugschluss. Man kann nur einem Herrn gehorchen: Wir dienen entweder dem Bösen, dann führen wir das alte, todgeweihte Leben weiter, oder wir dienen der Gerechtigkeit, die Gott uns durch Jesus geschenkt hat, dann sind in unserem Leben wie selbstverständlich die Forderungen des Gesetzes erfüllt. Ich bin Gott so dankbar, dass ihr nicht mehr zu der ersten Gruppe zählt, sondern von Herzen Gott gehorsam seid. Wie ich hörte, seid ihr in allem unterrichtet worden, wurdet durch die Taufe von der Macht der Sünde befreit und dient jetzt voller Hingabe dem Herrn, der euch gerechtgesprochen hat.

Ich möchte euch das, was an euch passiert ist, noch einmal in ganz einfachen Worten erklären. So wie ihr euch früher mit Haut und Haaren für Dinge hergegeben habt, für die ihr euch heute schämt und die euch den sicheren Tod gebracht hätten, so dient ihr heute einem neuen Herrn, Jesus. Dass ihr ihm dient, veränderte euer Leben zum Guten. Im Gegensatz zu eurem früheren Leben bringt ihr nun Frucht, die Bestand hat und Gott gefällt. Und anstelle des Todes dürft ihr nun ewiges Leben erwarten. Denn der Lohn der Sünde ist der Tod, das Geschenk Gottes aber ist ewiges Leben, das ihr durch Jesus Christus, unseren Herrn, bekommen habt.

Das Gesetz der Liebe Gottes lässt alle anderen Gesetze alt aussehen (7,1–25)

7 Euch, die ihr das Gesetz kennt, sage ich nichts Neues, wenn ich behaupte, dass das Gesetz für einen Menschen Gültigkeit hat, solange er lebt. Hier drängt sich ein Vergleich auf: Wenn zwei Menschen eine Ehe eingehen, stehen beide unter dem Gesetz der Unauflöslichkeit der Ehe. Wenn also zu Lebzeiten des Partners einer von beiden fremdgeht, bricht er die Ehe. Sollte aber der Ehemann oder die Ehefrau gestorben sein, so steht es dem überlebenden Partner wieder frei, eine neue Beziehung einzugehen. Er steht nicht mehr unter dem Gesetz der Ehe. Genau in derselben Situation befindet auch ihr euch: Da ihr durch eure Taufe mit Christus gestorben seid, seid ihr nicht mehr an das alte Gesetz gebunden, sondern seid jetzt eine neue Beziehung eingegangen. Ihr gehört nun dem, der von den Toten auferstanden ist, damit ihr unserem Gott durch euer Leben viel Frucht bringen könnt.

Als wir noch glaubten, dass wir uns aus eigener Kraft vor Gott behaupten könnten, stand unser Leben unter der Macht der Sünde, die durch das Gesetz noch verstärkt wurde. Alles brachte sie hervor, nur nichts, das zum Leben führen konnte. Jetzt sind wir aber für das Gesetz nicht mehr erreichbar, weil wir als Gestorbene nicht mehr unter seinem Diktat stehen. Die Zeit ist vorüber, in der wir ihm buchstabengetreu dienen mussten. Jetzt dürfen wir erleben, wie der Heilige Geist selbst uns das Gesetz ganz neu ins Herz legt.

Vielleicht meint jetzt einer vorschnell, das Gesetz selbst sei also wie die Sünde zu meiden. Natürlich ist das so nicht richtig. Aber persönlich muss ich schon sagen, dass ich erst durch das Gesetz erfahren habe, was Sünde eigentlich ist. Ich wüsste wahrscheinlich heute noch nicht, was eine sündhafte Begierde ist, wenn mir das Gesetz nicht sagen würde, dass ich auf keinen Fall „begehren" darf. Durch das Gebot selbst hat die Sünde eine Möglichkeit bekommen, mich anzugreifen und in mir genau das wachzurufen, was es verbietet. Denn wo kein Gesetz ist, gibt es auch keine Sünde. Als ich noch klein war, kannte ich nicht ein einziges Gebot. Als ich dann aber das Gesetz kennenlernte, wurde auch die Sünde in mir wach. Sie lebte auf, ich aber starb im selben Moment, denn die Sünde wusste, wie sie mich in ihre Gewalt bekommen konnte. Sie betrog mich und brachte mich gerade durch die Gesetzesvorschriften innerlich um. Nun wird niemand behaupten, das Gesetz sei nicht heilig, gerecht und gut. Wie konnte es dann passieren, dass etwas so Gutes mir trotzdem den Tod brachte? Die Antwort ist einfach: Das liegt natürlich nicht am Gesetz, sondern an der Sünde selbst. Sie benutzte einfach das Gute, um meinen Weg in den Tod zu beschleunigen, denn die Gebote machten die Sünde erst wirklich zur Tatsache in meinem Leben.

Wir wissen, dass das Gesetz zeigt, wie sehr Gott sich um uns sorgt. Doch wir sind nun mal als sehr irdisch gesinnte Wesen durch und durch anfällig für alles Böse und der Macht der Sünde ausgeliefert. Ich weiß manchmal selbst nicht, was mit mir los ist: Denn oft rühre ich keinen Finger für das, was ich doch eigentlich tun möchte, dafür tue ich aber dann genau das, was ich zutiefst verabscheue. Wenn ich aber das tue, was ich überhaupt nicht will, dann gebe ich damit zu, dass das Gesetz doch recht hat und gut für uns ist. In gewisser Weise bin es dann auch nicht mehr ich, der das Böse tut, sondern die in mir wohnende Sünde. Ich kenne mich zu gut, als dass ich von mir selbst noch irgendetwas Gutes erwarten würde. Ich habe zwar den guten Willen, aber das Gute dann auch wirklich zu tun fällt mir unglaublich schwer. In mir gibt es also eine Art Gesetz, nach dem ich handle: Mein Wille ist darauf ausgerichtet, Gutes zu tun. Trotzdem finde ich in mir so viel Dunkles und Böses. Ich bin zutiefst davon überzeugt, dass es für den Menschen nichts Besseres gibt, als nach den Geboten Gottes zu leben. Gleichzeitig entdecke ich in mir Verhaltensmuster, gegen die sich meine Vernunft sträubt, die ungut sind und mich unter die Herrschaft der Sünde bringen. Das bringt mich manchmal an den Rand der Verzweiflung. Wer wird mich aus diesem Gefängnis befreien, das einer Todeszelle gleicht?

Einer hat es ein für alle Mal getan. Dank sei dir, Vater, für deinen Sohn, Jesus Christus! Ich kann mein ganzes Vertrauen auf ihn werfen, selbst wenn sich an dem Zwiespalt, der mein Leben so schwer macht, nichts mehr ändern sollte.

Wenn der Geist Gottes in uns das Sagen hat (8,1–13)

8 Das Größte, was man uns Menschen je sagen konnte, ist, dass es keine Verdammnis mehr für die gibt, die zu Jesus Christus gehören. Denn das Gesetz des Heiligen Geistes und des Lebens, das gänzlich mit Jesus verbunden ist, hat uns von diesem todbringenden Gesetz der Sünde befreit.

Gott hat von Anfang an gewusst, dass wir Menschen nicht in der Lage sind, sein Gesetz zu halten. Darum hat er uns seinen Sohn gesandt, der ein schwacher Mensch war wie wir und der Macht der Sünde ausgesetzt wurde, damit die Sünde dort besiegt wird, wo sie sich entfalten kann: in der Gebrochenheit des Menschen. Nur so konnte er uns einen Weg eröffnen, im Angenommensein durch den Heiligen Geist zu einem friedvollen, von der Gnade Gottes getragenen Leben zu gelangen. Das läuft nicht ohne Kämpfe ab, denn die in uns wohnende Sünde räumt das Feld nicht kampflos. Sie streitet gegen Gott selbst, weil sie sich niemals seinem Anspruch beugen würde. Ihr Wesen selbst verbietet es ihr. So wird jeder, der sich nicht von Gott dabei helfen lassen möchte, aus dem Herrschaftsbereich des Bösen herauszukommen, es auch nicht in Gottes Nähe aushalten können.

Wie gut, dass ihr diese Kämpfe schon hinter euch habt und euch klar auf die Seite Gottes gestellt habt. So konnte der Heilige Geist in euch Wohnung nehmen. Ihr wisst, dass ihr für Zeit und Ewigkeit eurem Erlöser gehört. Der Heilige Geist muss in einem Menschen leben, sonst hat dieser keine Verbindung zu Jesus. Jemand, in dem aber Jesus durch den Geist lebendig ist, der wird erfahren, wie völlig anders das Leben ist, wenn man rückhaltlos darauf vertrauen kann, dass man von Gott angenommen ist. Dann spielt es keine Rolle, ob sich irgendwo in unserem Körper hin und wieder noch dieses alte, todbringende Gesetz zeigt. Wir sind bereits mit Christus gestorben, es kann uns also nichts mehr anhaben. Im Gegenteil: Wenn der Heilige Geist, der Jesus von den Toten auferweckte, in uns wohnt, dann wird er auch unser schwaches, hinfälliges Dasein mit Leben erfüllen.

Daraus folgt, meine lieben Schwestern und Brüder, dass wir eines nicht mehr tun müssen: nach den Spielregeln des Bösen leben. Denn sein Gesetz bringt uns unweigerlich den Tod.

Gottes innigster Wunsch: Wir sollen seine Kinder werden (8,14–30)

Wenn aber der Heilige Geist in uns lebt, müssen wir nicht mehr all den unguten Verhaltensmustern folgen, die wir so gerne hinter uns lassen würden. Ja, wenn wir uns von seinem Geist leiten lassen, geschieht das, was Gott immer für uns vorgesehen hatte: Wir werden seine Kinder. Er hat uns seinen Geist gegeben, damit wir ein für alle Mal eine Denkweise ablegen, die von Furcht geprägt ist und in Gott nur einen Despoten sieht, der uns als seine willenlosen Sklaven halten möchte. Nein, durch seinen Geist haben wir die Gewissheit erhalten, dass wir Gottes eigene Kinder sind und voller Vertrauen zu ihm „Abba – Papa“ sagen können. Dass wir allen Ernstes Gott so anreden dürfen, kann nur der Heilige Geist in uns bewirken. Er bestätigt uns, dass wir tatsächlich Gottes Kinder sind und damit auch all das erben werden, was der Vater seinem Sohn Jesus und mit ihm auch uns zugedacht hat. Wir müssen nur – egal, ob in guten Zeiten oder in Leiden – ganz nahe bei ihm bleiben. Was die Leiden anbelangt, bin ich der festen Überzeugung, dass sie im Vergleich zu der Herrlichkeit, die wir erleben werden, völlig unbedeutend sind. Denn die ganze Schöpfung wartet sehnsüchtig darauf, dass diese Welt von Menschen bestimmt wird, die zu Kindern Gottes wurden. Denn die Schöpfung selbst wurde durch das Verhalten des Menschen sehr in Mitleidenschaft gezogen, was ihre Hoffnung jedoch nicht auslöschen konnte. Auch sie wartet darauf, wie die Kinder Gottes nicht mehr der Vergänglichkeit unterworfen zu sein. Bis zum heutigen Tag stöhnt und seufzt nämlich die Schöpfung, als hätte sie Geburtswehen. Ihr geht es dabei nicht anders als uns. Obwohl wir den Heiligen Geist als ersten Anteil an unserem Erbe bereits erhalten haben, warten wir genauso sehnsuchtsvoll und unter Schmerzen darauf, uns wirklich auch als Kinder Gottes fühlen zu können. Das schließt mit ein, dass auch unser Leib von allem Leiden befreit wird.

Wir wissen, dass wir gerettet sind, doch vieles steht noch aus. Hier können wir nur hoffen. Würden wir aber schon sehen, was wir uns erhoffen, dann müssten wir keine Hoffnung in uns lebendig halten. Solange wir noch gar nichts erkennen können, warten wir geduldig und tun es voller Vertrauen. Wie wertvoll ist uns dabei die Gewissheit, dass der Heilige Geist uns beisteht, wenn uns die Kraft verlässt oder die Geduld ausgeht. Er tritt mit unaussprechlichen Seufzern für uns ein. Und Gott, der unser Herz ganz genau kennt, weiß, was der Geist für uns erreichen möchte, wenn er beim Vater für uns eintritt. Wir dürfen uns darauf verlassen, dass denen, die Gott lieben und die er in seine Nähe berufen hat, alles zum Guten dient. Denn Gott hat alle Menschen, die seinem Ruf gefolgt sind, im Voraus dazu berufen, dem Bild seines Sohnes immer ähnlicher zu werden. Jesus sollte der Erstgeborene unter vielen Geschwistern werden. Die Menschen, die Gott eingeladen hat, die hat er auch in die Nachfolge seines Sohnes berufen. Und wer in die Nähe seines Sohnes berufen wurde, den hat Gott gerechtgesprochen. An ihm wird die Herrlichkeit Gottes sichtbar.

Gott selbst stellt sich bedingungslos auf die Seite seiner Töchter und Söhne (8,31–39)

Wie sollen wir das alles fassen? Was können wir noch dazu sagen? Wenn Gott für uns ist, wer kann dann noch gegen uns sein? Er hat doch nicht einmal seinen eigenen Sohn verschont, sondern ihn für uns alle geopfert. Meint ihr nicht, dass er uns mit ihm alles schenken wird? Wer will denn noch die anklagen, die Gott liebt und die er selbst freigesprochen hat?! Wer wird sie verurteilen? Etwa Jesus, der für sie gestorben ist; mehr noch, der auferstand und nun zur Rechten des Vaters sitzt und für uns eintritt?

Was kann uns dann noch von der Liebe Gottes trennen, die uns in Jesus Christus begegnet ist? Schlimme Zeiten, Angst, Verfolgung, Hunger und Entbehrung, Gefahr oder sogar der Tod? Die Schrift beschreibt es ja nur zu deutlich: „Deinetwegen trachtet man uns den ganzen Tag nach dem Leben, man behandelt uns wie Schafe, die man zum Schlachten wegführt."* Nein, über all das werden wir durch den triumphieren, der uns geliebt hat.

Schwestern und Brüder, ich bin überzeugt, dass weder Tod noch Leben, weder Engel noch Mächte der Finsternis, weder Gegenwärtiges noch Zukünftiges, noch irgendwelche dämonischen Kräfte, weder Wesen aus der Himmelswelt noch solche aus der Hölle, noch irgendein Geschöpf dieser Welt uns von der Liebe Gottes trennen kann, die er uns durch Jesus Christus schenkt.

* Psalm 44,23

Gott ringt um sein Volk bis zum heutigen Tag (9,1–33)

9 Etwas muss ich euch gestehen, und Gott ist mein Zeuge, dass es mir damit sehr ernst ist: In meinem Herzen herrscht eine tiefe Traurigkeit und ich empfinde tiefen Schmerz, wenn ich an meine Brüder, meine eigenen Stammesgenossen, die Israeliten, denke. Glaubt mir, ich wäre bereit, verflucht zu sein und auf ewig von Gott getrennt, wenn ich dadurch mein Volk zu Jesus führen könnte. Dieses Volk hat von Gott alles bekommen: Es wurde wie ein eigener Sohn von Gott angenommen und erhielt dadurch die Herrlichkeit Gottes, die er ihm zugesagt hat. Es pflegte den einzig angemessenen Gottesdienst, war im Besitz des Gesetzes und aller Verheißungen. Vor allem gehört zu diesem Volk, das so großartige Stammväter hat, Jesus, der Christus. Dafür sei Gott über alles in alle Ewigkeit gepriesen. Amen.

Wenn dieses Volk sich nun gegen seinen Gott stellt, dann bedeutet das noch lange nicht, dass auch die Zusagen aufgehoben sind, die er ihm gemacht hat. Denn nicht alle, die sich heute zu den Israeliten zählen, sind auch wirklich Nachfahren Israels. Es stammen nicht einmal alle von Abraham ab, denn die Verheißung, die ihm gegeben wurde, lautete: Durch Isaak wirst du unzählige Nachkommen haben. Isaak aber kam nur aufgrund einer Verheißung auf die Welt. Darum sind, streng genommen, nur diejenigen wirkliche Nachkommen Abrahams, die Kinder der Verheißung sind. Alles fing damit an, dass Gott zu Abraham sagte: „Wenn ich in einem Jahr wiederkomme, wirst du einen Sohn haben."

Doch die Reihe der Verheißungen reißt nicht ab. Als Rebekka, die Frau Isaaks, schwanger wurde und Zwillinge gebar, wurde auch über diese beiden, als sie noch Kinder waren, der unergründliche Ratschluss Gottes deutlich: „Der Ältere wird dem Jüngeren dienen. Mit Jakob will ich meine Pläne verwirklichen. Mit Esau kann ich nichts anfangen."

Das ist der Augenblick, in dem wir den gleichen Fehler machen wie das Volk Israel: Wir zerren Gott vor unseren Richterstuhl! Gott, du bist nicht gerecht! Du hast schon zu Mose gesagt: ‚Ich werde mein

Erbarmen und mein Mitleid dem erweisen, dem ich es erweisen will.' Wir sind der Meinung, dass er sich um die kümmern sollte, die es auch verdienen, aber Gott richtet sich nicht nach unseren Vorstellungen. In seiner Souveränität hat er den Pharao zur Symbolfigur dafür gemacht, dass Gott Macht besitzt, die größer ist als die Macht aller Herrscher dieser Welt zusammen. Auf der ganzen Welt wurde der Name Gottes gerade durch den Widerstand des Pharao groß und ehrfurchtgebietend.

Es ist also allein Gottes Sache, ob er sich erbarmt oder ob er jemanden seine Macht spüren lässt. Schon wittern wir erneut Ungerechtigkeit: Wenn Gott Menschen nach seinem Gutdünken behandelt, wieso kann man dann dem Einzelnen sein Fehlverhalten vorwerfen? Schließlich kann ja niemand Gottes Willen widerstehen?! Uns scheinen die Fragen berechtigt, doch an diesem Punkt müssen wir uns vor Augen halten, wer wir sind. Wie falsch unser Denken ist, zeigt sich daran, dass wir es tatsächlich wagen, Gottes Handeln aus unserer kleinen menschlichen Sicht infrage zu stellen. Um es noch deutlicher zu machen: Es wäre so, als ob sich ein Klumpen Lehm beim Töpfer darüber beschweren würde, dass dieser aus ihm nur einen Topf für Abfälle und keine Vase für Blumen gemacht hat! Selbst wenn Gott an bestimmten Menschen stärker seine Gerechtigkeit zeigt und an anderen wieder stärker sein Erbarmen – wer sind wir, dass wir sein Handeln kritisieren könnten? Es liegt in seiner Souveränität, dass er an manchen Menschen seine Herrlichkeit ganz besonders offenbaren möchte. Lasst uns Gott dafür danken, dass er offensichtlich viele berufen hat, nicht nur aus dem jüdischen Volk, sondern auch aus allen nichtjüdischen Völkern. Der Prophet Hosea hat dies schon vor langer Zeit angekündigt: „Ich werde ein Volk, das nicht mein Volk ist, zu dem meinen machen, eine Geliebte, die bisher niemand liebte, zu meiner Geliebten. Und überall, wo man diesen Völkern gesagt hat, dass sie nicht mein Volk wären, wird man von ihren Söhnen als von meinen eigenen Kindern sprechen."*

---

* Hosea 2,25; 2,1

Was aber wird mit dem Volk Israel? Der Prophet Jesaja sagte ihm voraus: „Selbst wenn die Söhne Israels einmal so zahlreich würden wie der Sand am Meer, es würde doch nur ein kleiner Teil von ihnen gerettet werden." Denn schon bald wird der Herr in die Geschichte dieser Welt eingreifen, um sein Wort zu erfüllen. Auch das hat Jesaja vorausgesagt: „Wenn Gott selbst nicht darauf geachtet hätte, dass uns einige wenige Nachkommen erhalten bleiben, unserem Volk wäre es ergangen wie Sodom und Gomorra."*

Welchen Schluss sollen wir daraus ziehen? Dass etwas höchst Verwunderliches passiert ist: Nichtjuden, die sich überhaupt nicht darum bemüht haben, Anerkennung bei Gott zu finden, erhalten diese aus nur einem Grund: weil sie Gott vertrauen. Israel aber, dem das Gesetz doch so wichtig ist, fand einfach nicht den Weg zur Anerkennung durch Gott. Warum? Weil es sich letztlich an der Botschaft Jesu wie an einem Stein gestoßen hat, die besagt, dass der Mensch nur aufgrund seines Glaubens und nicht aufgrund dessen, was er seiner Meinung nach für Gott tun muss, von Gott gerecht gesprochen wird. Auch das hat Jesaja vorausgesehen. Er schrieb: „Siehe, ich lege mitten unter dem Volk Israel einen Stein des Anstoßes und einen Felsen, über den sich viele ärgern werden."** Ein Mensch, der Jesus von Herzen vertraut, nimmt an diesem Stein keinen Anstoß, im Gegenteil.

Was muss man tun, um von Gott angenommen zu werden? (10,1–9)

10 Meine Brüder und Schwestern! Ich habe nur einen Wunsch in meinem Herzen, den ich Gott auch unentwegt vortrage, nämlich dass mein Volk gerettet wird. Denn für mich steht außer Zweifel, dass es Gott wirklich mit großem Eifer dienen will, nur leider nicht die richtige Vorstellung davon hat, wie es bei Gott Anerkennung fin-

---

* Jesaja 10,22.23; Jesaja 1,9
** Jesaja 8,14; 28,16

den kann. Es hat keine Ahnung davon, dass Gott mit uns Menschen ganz andere Wege gehen möchte. Es versucht immer noch, Gott durch eigene Anstrengung zu beeindrucken. Was Gott ihm anbietet, interessiert es überhaupt nicht. Jesus aber ist gewissermaßen das Ende eines Weges, auf dem Menschen über die Befolgung von Regeln und Gesetzen Gottes Anerkennung zu erringen hofften. Allein durch den Glauben an Jesus wird ein Mensch bereits gerecht gesprochen. Mose konnte sich nur einen Weg vorstellen: den der Erfüllung des Gesetzes. Durch sie sollte der Mensch zu einem Leben gelangen, das Gott gefällt. Der Weg des Vertrauens aber, den Jesus uns eröffnet hat, hebt diesen Abstand zu Gott auf. Niemand muss mehr überlegen, was er tun muss, um das Erbarmen Gottes vom Himmel herabzuholen. Niemand muss sich mehr in den Abgrund des Todes stürzen, um Christus von dort heraufzuholen. Nein, die Schrift selbst beschreibt uns den neuen Zustand: „Ganz nahe ist das Wort bei dir, es ist in deinem Mund und in deinem Herzen."* Das ist das Wort des Glaubens, das unser Leben trägt: Jesus selbst, den wir verkündigen.

Denn wenn du [Paulus spricht hier den Leser direkt an] bekennst, dass Jesus dein Herr ist, und in deinem Herzen fest darauf vertraust, dass Gott ihn von den Toten auferweckt hat, wirst du gerettet werden.

Niemals schweigen von dem, was Jesus uns bedeutet (10,10–21)

Zu dem Vertrauen, das wir in unseren Herzen Gott gegenüber haben und das uns sicher sein lässt, dass wir von ihm angenommen sind, muss allerdings das offene Bekenntnis hinzukommen, damit auch andere gerettet werden. Die Heilige Schrift bestätigt uns, dass niemand verloren geht, der sein Vertrauen auf Gott setzt. Darin gibt es keinen Unterschied zwischen Juden und Nichtjuden, denn es gibt

* 5. Mose 30,11–14

nur einen Herrn und Gott, und der ist reich genug für alle, die ihn anrufen. Euer Bekenntnis kann nun andere dazu bringen, Gott zu suchen und anzusprechen. Seid sicher, dass auch sie dann gerettet werden.

Seht ihr, wie wichtig es ist, dass ihr euch vor anderen Menschen zu Christus bekennt? Denn wie sollen sich Menschen an einen Gott wenden, ohne an ihn zu glauben? Wie sollen sie glauben, wenn sie noch nie etwas von ihm gehört haben? Wie sollen sie etwas von ihm hören, wenn niemand den Mund aufmacht und von ihm redet? Wie aber soll jemand von Gott reden, wenn er nicht weiß, dass genau das sein Auftrag ist? Dabei wirbt die heilige Schrift ja förmlich um jeden, sich von Gott als Zeuge für ihn gebrauchen zu lassen: „Wie dankbar sind die Menschen für jemanden, der ihnen die Frohe Botschaft von Gott bringt."*

Natürlich öffnet sich nicht jeder für das, was wir ihm von Gott mitteilen möchten. Selbst Jesaja hat sich schon darüber beklagt: „Herr, wer glaubt schon dem, was wir in deinem Namen zu sagen haben?"**

Das ändert aber nichts daran, dass die Botschaft weitergegeben werden muss. Denn der Glaube wird durch die Botschaft geweckt, die Jesus Christus uns gebracht hat. Manche fragen natürlich, ob die Menschen diese Botschaft überhaupt gehört haben. Ja, wer sie hören wollte, hat sie gehört, und das überall dort, wohin in der uns bekannten Welt die Zeugen von Jesus gekommen sind. Bleibt die Frage: Haben sie die Botschaft auch verstanden, ganz besonders Israel? O ja, es hat sie verstanden. Doch es wollte sich nicht darauf einlassen. Darum warnt Gott es durch Mose: „Ich werde euch eifersüchtig machen auf ein Volk, das ich nicht mein Volk nenne, auf ein unverständiges Volk, das nicht einmal das Gesetz kennt. Ihr werdet vor Wut schäumen."***

Auch Jesaja wagt es, dem Volk Israel zu sagen, wie Gott mit ihm

---

* Jesaja 52,7; Nahum 2,1

** Jesaja 53,1

*** 5. Mose 32,21

umgehen wird: „Ich ließ mich von Menschen finden, die nicht nach mir gesucht haben, und offenbarte mich denen, die nicht einmal nach mir fragten.“*

Gott lässt sein Volk niemals fallen – trotz oder gerade wegen allem (11,1–15)

11 Die Frage ist berechtigt, ob Gott nun sein Volk doch aufgegeben hat. Wie könnte er?! Noch immer gilt ihm seine ganze Liebe und Aufmerksamkeit. Sagt er doch selbst durch den Propheten: „Den ganzen Tag habe ich meine Hände nach einem Volk ausgestreckt, das einfach nicht auf mich hören will und mir in allem widerspricht.“** Sicher trifft das auf viele zu, aber nicht auf alle. Schließlich bin ja auch ich ein Israelit und gehöre zum Stamm Benjamin. Gott hat sein Volk nicht auserwählt, um es irgendwann einmal zu verstoßen. Erinnert euch nur an die Stelle in der Heiligen Schrift, wo Elija sich bei Gott über Israel beschwert: „Herr, sie haben deine Propheten umgebracht, deine Altäre niedergerissen, und jetzt trachten sie auch noch mir nach dem Leben, der ich als Einziger übrig geblieben bin!“ Was gibt ihm darauf Gott zur Antwort: „Ich habe mir siebentausend Männer übrig behalten, die ihre Knie nicht vor dem Götzen Baal gebeugt haben.“***

Genau das ist auch heute passiert. Gott hat in seiner Gnade einen Teil des Volkes Israel bewahrt. Aber auch dieser hat sich diese Bewahrung nicht verdient, sonst wäre ja Gnade nicht mehr Gnade, unverdientes Geschenk. Das bedeutet also: Nicht ganz Israel hat das erlangt, wonach es sich gesehnt hat, sondern nur eine kleine Auswahl. Die übrigen beharrten einfach auf dem, was ihnen wichtig erschien. Und Gott hat sie in ihrer selbstgewählten Taubheit und Blindheit gelas-

---

* Jesaja 65,1
** 1. Samuel 12,22
*** 1. Könige 19,10.18

sen. Bis heute sehen und hören sie nicht, was Gott ihnen sagt. Auf sie trifft zu, was David als Drohung aussprach: „Der Tisch, an dem sie sitzen, soll für sie zu einer Falle werden, der sie nicht mehr entrinnen können. Sie sollen erleben, was es heißt, wenn alles ohne Erbarmen vergolten wird. Ihr verfinsterter Blick soll noch finsterer werden, damit sie überhaupt nichts mehr erkennen und vor lauter Suchen einen krummen Rücken bekommen."*

Sehen so Gottes Absichten mit dem Volk Israel aus? Hat er es von sich gestoßen, damit es ins Bodenlose fällt? Nein, sicher nicht. Durch seine Verstocktheit haben allerdings die nichtjüdischen Völker einen großen Nutzen davongetragen: Sie lernten den Weg zur Erlösung nicht zuletzt auch deswegen kennen, um beim Volk Israel eine gesunde Eifersucht zu provozieren. Wenn also schon das falsche Verhalten des Volkes Israel für so viele Völker auf der Erde zum Segen wurde, wie viel mehr müsste das dann der Fall sein, wenn Israel sich als Ganzes auf den Weg Gottes einließe!

Euch, die ihr mehrheitlich Nichtjuden seid, möchte ich gestehen, dass ich froh wäre, wenn ich durch euch und euren Glauben wenigstens einige aus meinem Volk eifersüchtig machen und so zum Glauben an Jesus führen könnte. Das sage ich als jemand, der von Gott den Auftrag erhalten hat, den Nichtjuden die Frohe Botschaft zu bringen. Auch ihr würdet ungeheuer gewinnen, wenn Israel sich auf Gott einlassen würde. Denn wenn schon seine dickköpfige Ablehnung Versöhnung in die Welt brachte, was für ein Segen wäre es für uns alle, wenn sie Jesus Christus annehmen würden! Es wäre gerade so, als würden die Toten zu neuem Leben erwachen.

---

* Psalm 69,23–24

Dankbarkeit statt Überheblichkeit, und die Geschichte wäre um viele dunkle Kapitel ärmer (11,16–36)

(Bei den Israeliten ist es Brauch, beim Brotbacken einen kleinen Teil Gott zu weihen.) Jeder weiß dann, das mit dieser Geste der gesamte Teig geheiligt ist. Genau so ist es mit bestimmten Pflanzen. Wenn die Wurzel Gott geweiht wurde, war das ganze Gewächs geheiligt. Wenn aber nun wie bei einem Ölbaum ein paar Zweige abgeschnitten wurden und ihr dafür aufgepfropft wurdet, dann haltet euch nicht für etwas Besseres als die anderen Zweige. Ihr dürft von dem Saft der gesunden Wurzel leben, denn nicht ihr tragt die Wurzel, sondern die Wurzel trägt euch. Ihr werdet vielleicht dagegenhalten, dass ihr nun mal an die Stelle der abgeschnittenen Zweige aufgepfropft wurdet. Das ist schon in Ordnung. Schließlich wurden die anderen Zweige ja wegen ihres Unglaubens entfernt, und ihr seid jetzt fest angewachsen durch das Vertrauen, das ihr zu Jesus habt. Aber werdet dadurch niemals überheblich, sondern bewahrt euch eine gesunde Furcht vor dem, der die natürlichen Zweige des Baumes abschnitt. Was sollte ihn dazu veranlassen, nachträglich eingepfropfte Zweige mit mehr Schonung zu behandeln? Ihr müsst bei Gott also immer beides sehen: die Güte und die Strenge. Er begegnet denen mit Strenge, die sich ihm gegenüber verschließen, stolz und überheblich sind; seine Güte dagegen dürfen all jene erfahren, die sich für seine Liebe geöffnet haben. Seht also zu, dass ihr in seiner Liebe bleibt, damit ihr nicht auch eines Tages herausgebrochen werdet.

Genauso gilt – und das ist mein ganzer Trost –, dass Gott mächtig genug ist, die bereits abgeschnittenen Zweige wieder aufzupfropfen, wenn sie nicht länger auf ihrer Besserwisserei beharren, sondern Gott vertrauen. Man kann sich vorstellen, was das für Früchte bringt, wenn ein Zweig, der ursprünglich zu einem hochveredelten Ölbaum gehörte, ihm nun wieder aufgepfropft wird! Vermutlich etwas mehr als ein Zweig, der von einem wildwachsenden Ölbaum abgebrochen wurde.

Denn eines möchte ich euch, Schwestern und Brüder, mitgeben, damit ihr nicht durch eigene Überlegungen zu falschen Vorstellungen kommt, sondern das Geheimnis versteht, das sich hinter all dem verbirgt. Israel wird sich so lange dem Glauben an Jesus Christus verschließen, bis die meisten der nichtjüdischen Völker den Weg unter die Herrschaft Gottes gefunden haben. Dann aber wird auch Israel seine Rettung annehmen. Eine Aussage von Jesaja lässt uns fest damit rechnen: „Aus Zion wird der kommen, der uns rettet, er wird die Gottlosigkeit vom Hause Jakob abwenden. Dies ist mein Bund mit ihnen, wenn ich von ihnen alle ihre Schuld wegnehme."*

Damit sich die Frohe Botschaft über Israels Grenzen hinaus ausbreiten konnte, steht dieses Volk Jesus feindselig gegenüber. Das ändert aber nichts daran, dass es immer noch das Volk ist, das Gott sich erwählt hat und das er wegen unserer Stammväter liebt. Gott kennt kein Zurück, wenn er einmal seine Verheißungen gegeben und ein Volk dazu berufen hat, sein Volk zu sein. Denn wie Gott auch euch mit reichem Erbarmen beschenkt hat, als ihr noch nichts mit ihm zu tun haben wolltet, so werden auch sie Erbarmen erfahren, weil sie die Barmherzigkeit Gottes an eurem Leben erkennen können. Euer Ungehorsam genauso wie der des Volkes Israel führt letztlich nur zu einem: Gott möchte sich aller Menschen erbarmen und ihnen seine Liebe schenken.

Wie unendlich reich und tief ist doch die Weisheit
und die Erkenntnis unseres Gottes!
Wie unerforschlich und verborgen seine Wege!**
Nennt mir einen Menschen, der die Gedanken Gottes
lesen könnte.
Oder sagt mir, wer sein Ratgeber gewesen ist. ***
Gibt es jemanden, der ihm etwas gegeben hat
und dem Gott dafür jetzt etwas schuldet?****

---

* Jesaja 59,20
** Jesaja 45,15
*** Jesja 40,13
**** Hiob 41,3

Denn von ihm kommt alles und durch ihn existiert alles
und zu ihm wird alles zurückkehren.
Ihm sei die Ehre in alle Ewigkeit! Amen.

Leben, das der Liebe Gottes zu uns entspricht (12,1–21)

12 Wenn ihr an das übergroße Erbarmen denkt, das ihr durch Gott erfahren habt, dann möchte ich euch, Schwestern und Brüder, ermutigen, den einzig entsprechenden Gottesdienst zu feiern: Gebt euch diesem Gott mit eurem Leib und eurem Leben hin. Das ist die Opfergabe, die Gottes Herz erfreut und die seiner Liebe entspricht. Passt euch in eurem Denken und Verhalten nicht einer Welt an, die Gott nicht kennt. Lasst euer Leben durch den Geist Gottes so umgestalten, dass ihr nicht nur alles mit anderen Augen seht, sondern auch erspüren könnt, was Gott mit euch in dieser oder jener Situation vorhat. Nur wenn Gott uns verändert, liegt uns alles daran, das zu tun, was ihm gefällt: das Gute, ja das Vollkommene.

Gott hat mir die Gnade gegeben, jedem Einzelnen von euch ins Herz zu sprechen: Bitte werdet wegen alldem, was Gott euch geschenkt hat, nicht überheblich. Gott hat jedem das Maß seines Glaubens zugeteilt. Es ist wie im menschlichen Körper: Er ist ein lebendiges Ganzes, aber in ihm gibt es viele verschiedene Organe und Glieder, und jedes Einzelne hat eine andere Funktion. Genauso ist es in der Gemeinde, dem Leib Christi. Erst die vielen bilden zusammen einen Leib, als Einzelne sind sie jedoch Glieder, die mit den unterschiedlichsten Gnadengaben betraut wurden. Lasst uns diese Gaben in der gegenseitigen Abhängigkeit gebrauchen. Wer prophetisch redet, achte auf den Glauben der ganzen Gemeinde; wer die Gabe des Dienens hat, bringe sie in einem sichtbaren Dienst ein; wer die Gabe des Lehrens hat, soll diesen Auftrag für die gesamte Gemeinde wahrnehmen; wem Gott zutraut, dass er ermahnen kann, der soll es in aller Liebe tun; wer etwas mitzuteilen hat, halte sich an die Wahrheit;

wem Gott die Aufgabe der Leitung anvertraut, der leite mit ganzem Herzen; und wer aus Barmherzigkeit Gutes tut, der behandle die besonders freundlich, denen er helfen möchte.

In allem sei eure Liebe echt und nicht nur gespielt. Gebt dem Bösen unter euch keinen Raum, sondern freut euch in allen Lebenslagen am Guten. Liebt die Schwester oder den Bruder in der Gemeinde wirklich, begegnet allen mit echter Wertschätzung und zögert nicht, wenn bei irgendeinem Vorhaben euer Einsatz gefragt ist. Achtet darauf, dass der Heilige Geist in euch leben und eure Begeisterung immer wieder neu entfachen kann. Freut euch, wenn ihr dem Herrn dienen könnt, auch wenn euch nur noch die Hoffnung trägt oder ihr sogar in Schwierigkeiten geratet. Dann ist es wichtig, dass ihr im Gebet mit Gott verbunden bleibt, euch mehr um die anderen in der Gemeinde sorgt als um euch selbst und dass ihr weiterhin Gastfreundschaft übt.

Wenn Menschen euch wegen eures Glaubens das Leben schwermachen: Hütet euch davor, sie zu verfluchen, sondern segnet sie, wann immer ihr könnt. Freut euch mit denen, die sich freuen, weint mit denen, die weinen. Bemüht euch im Umgang miteinander um Einigkeit, und seid euch nicht zu schade, von einem gehobenen geistigen Niveau um der Menschen willen auf eine niedrigere Ebene herabzusteigen. Haltet euch nicht selbst für sonderlich klug. Vergeltet niemals Böses mit Bösem. Das gilt vor allem auch für euren Umgang mit den Menschen, die nicht zu eurer Gemeinde gehören. Seid ganz besonders darauf bedacht, sie mit Güte und Zuvorkommenheit zu behandeln. Soweit es von euch abhängt, haltet mit allen Menschen Frieden. Meine lieben Geschwister, rächt euch niemals selbst, sondern überlasst es Gott, wie er mit Menschen umgeht, die euch geschadet haben. Denn die Schrift sagt: „‚Mein ist die Rache, ich werde vergelten', spricht der Herr."*

Im Gegenteil: Wenn ihr seht, dass euer Feind hungert, dann gebt ihm zu essen. Wenn er Durst hat, dann gebt ihm zu trinken. Damit

---

* 5. Mose 32,35

habt ihr euch schon genug gerächt, denn eure Freundlichkeit wird, wie es im Sprichwort so schön heißt, glühende Kohlen auf seinem Haupt anhäufen. Lasst euch nicht vom Bösen besiegen, sondern besiegt das Böse durch das Gute!

Liebe kennt keine Ausnahmen (13,1–14)

13 Wie aber sollt ihr euch gegenüber staatlicher Gewalt verhalten? Auch hier könnt ihr zeigen, wer euer wahrer Herr ist. Ordnet euch selbstverständlich der staatlichen Obrigkeit unter, denn niemand erlangt die Verantwortung, ein Volk zu regieren, wenn sie ihm nicht von Gott übertragen wurde. Daher widersetzt sich jeder der Ordnung, die Gott eingesetzt hat, wenn er sich gegen eine rechtmäßige staatliche Gewalt auflehnt. Ganz abgesehen davon, dass sich so jemand nur ins eigene Fleisch schneidet. Denn in der Regel haben nur die Grund, die staatliche Obrigkeit zu fürchten, die sich über ihre Gesetze hinwegsetzen. Wer das Gute tut, kommt im Normalfall gar nicht erst mit ihnen in Konflikt. Wenn ihr also wollt, dass ihr euch nicht vor der staatlichen Gewalt zu fürchten braucht, dann verhaltet euch in jeder Hinsicht untadelig. Nur wer Böses tut, muss ständig in der Angst leben, erwischt zu werden. In diesem Sinne dient der Staat tatsächlich dem Willen Gottes, da er die Menschen dazu anhält, das Gute zu tun, und den Bösen droht, sie zu bestrafen. Und dafür hat er auch das Recht, Waffen zu tragen.

Es wäre allerdings höchst fragwürdig, würdet ihr euch der staatlichen Gewalt nur unterordnen, weil ihr Angst vor ihr habt. Euer Gewissen muss euch sagen, dass es richtig ist. So ist es auch in Ordnung, wenn ihr Steuern zahlt, denn eure Obrigkeiten erfüllen letztlich die Aufgaben, die Gott ihnen zugedacht hat. Verhaltet euch vernünftig, und lasst jedem zukommen, was ihm zusteht: dem einen die Steuer, dem anderen den Zoll; zeigt gegenüber den ausführenden Organen Respekt und gegenüber denen, die an oberster Stelle Verantwortung tragen, eine aufrichtige Ehrerbietung.

Bleibt also niemandem etwas schuldig! Nur eines werdet ihr euch gegenseitig immer schulden: herzliche Liebe. Wenn ihr das tut, habt ihr auch schon das ganze Gesetz erfüllt. Denn gleichgültig, welches Gebot ihr nehmt: Du sollst nicht ehebrechen, nicht töten, nicht stehlen – sie alle lassen sich in einer einzigen Aussage Jesu zusammenfassen: „Liebe deinen Nächsten wie dich selbst!" Es ist unmöglich, jemanden zu lieben und ihm gleichzeitig etwas Böses anzutun. Darum wird durch die Liebe das ganze Gesetz erfüllt.

Wenn ihr euch entsprechend verhaltet, werdet ihr spüren, dass die Stunde da ist, vom Schlaf aufzustehen, denn jetzt sind wir unserer Erlösung näher als zu der Zeit, als wir zum Glauben kamen. Die Nacht ist bald vorüber und es dämmert schon der neue Tag. Lasst uns daher alles ablegen, was noch zu unserer dunklen Vergangenheit gehört, und dafür die Waffen ergreifen, die für das Licht Jesu in den Herzen der Menschen streiten können. Macht jeden Tag zu einem Tag des Herrn, an dem es einfach keine Ess- und Trinkgelage geben kann, geschweige denn irgendwelche sexuellen Exzesse. Verhätschelt euren Körper nicht zu sehr, damit er euch nicht ständig durch seine Begierden Probleme macht. Und noch eins: Lasst nicht zu, dass Streit und Eifersucht in eurer Mitte herrschen. Kurzum: Versucht in allem, Jesus immer ähnlicher zu werden.

Seid verständnisvoll: Nicht jeder ist ein Glaubensheld oder Tugendbold (14,1–23)

14 Versteht doch, dass diejenigen unter euch, die im Glauben noch auf schwachen Füßen stehen, alles gebrauchen können, bloß keine Gespräche über irgendwelche unterschiedlichen Auffassungen, die sie nur verwirren. Sie sehnen sich danach, angenommen zu sein. Die Menschen sind nun einmal nicht gleich: Der eine hat überhaupt keine Schwierigkeiten, alles zu essen, der andere verkraftet nur Gemüse. Es wäre mehr als dumm, würde jetzt der eine deswegen den anderen verachten oder sogar verurteilen. Alle beide hat Gott

so gewollt und in Liebe angenommen. Wenn also jemand meint, er müsse den anderen kritisieren, soll er sich erst einmal die Frage stellen, für wen er sich eigentlich hält, dass er den Diener eines anderen beurteilt. Jeder Diener ist nur von einem Urteil abhängig, nämlich dem seines eigenen Herrn. Mit diesem Urteil steht und fällt er. Da aber Jesus sein Herr ist, dürfen wir sicher sein, dass er stehen bleibt. Jesus selbst wird dafür sorgen und ihn so hinstellen, dass ihn nichts mehr umwerfen kann. Nehmen wir ein Beispiel: Der eine achtet darauf, an besonderen Tagen und zu bestimmten Zeiten bestimmte Regeln einzuhalten, für einen anderen sind alle Tage letztlich gleich. Das ist in Ordnung: Jeder sei nur von dem, was er für richtig hält, völlig überzeugt. Wer in besonderer Weise auf bestimmte Zeiten achtet, tut es für Jesus. Wer meint, alles essen zu dürfen, isst und dankt dabei dem Herrn; wer nicht isst, dankt deswegen nicht weniger Gott. Denn keiner von uns lebt nur für sich selbst, ja er stirbt nicht einmal nur für sich selbst. Wenn wir leben, dann leben wir für unseren Herrn, und wenn wir sterben, dann sterben wir für den Herrn. Es ist also letztlich gleichgültig, ob wir leben oder sterben: Wir gehören unserem Herrn. Denn dafür ist Jesus gestorben und wieder lebendig geworden: damit alle sich seiner liebevollen Herrschaft unterstellen können, die Toten nicht weniger als die Lebenden.

Wer gibt uns also das Recht, unseren Bruder zu verachten? Wer gibt uns den Auftrag, ihn zu richten? Werden wir nicht alle einmal vor dem Richterstuhl Gottes stehen? Spätestens dann wird uns klar, wie lächerlich unsere Überheblichkeit war. Denn von diesem Augenblick berichtet die Heilige Schrift: „‚So wahr ich lebe‘, spricht der Herr, ‚einmal wird jedes Knie sich vor mir beugen und alle werden mich als Gott verehren.‘“*

Wir alle haben genug damit zu tun, uns selbst vor Gott zu verantworten.

Wir wollen also damit aufhören, uns gegenseitig zu beurteilen und zu richten. Lasst uns vielmehr darauf achten, dass wir uns nicht

---

* Jesaja 45,23

gegenseitig das Leben schwermachen, indem wir jemanden verletzen oder verunsichern. Ich bin überzeugt – und abgesehen davon ist es tatsächlich so –, dass nichts an sich unrein ist. Es hängt allein vom Menschen selbst ab. Wenn jemand der Auffassung ist, eine Speise sei unrein, dann ist sie es für ihn tatsächlich. Denkt bitte daran, wenn ihr in der Gegenwart von jemandem etwas esst, das für diese Person ein Gräuel darstellt. Ihr würdet sie damit sehr verletzen und euch alles andere als liebevoll verhalten. Vielleicht verwirrt ihr diesen Menschen so sehr, dass er an Gott zu zweifeln beginnt. Was hättet ihr dann einem Menschen angetan, für den Jesus sein Leben hingegeben hat! Eure Freiheit soll damit nicht geschmälert oder gering geachtet werden. Doch wenn es um die Liebe geht, dann müssen andere Werte zurücktreten. Das Leben unter der Herrschaft Gottes darf nicht von Essen und Trinken bestimmt werden, sondern ist gekennzeichnet durch Angenommensein, Friede und Freude im Heiligen Geist. Wer dafür sein Leben einsetzt, darf sicher sein, dass er Christus auf seiner Seite hat und auch bei den Menschen geliebt und geachtet ist.

Darum lasst uns mit ganzer Kraft alles dafür tun, dass unter uns Frieden herrscht und dass wir uns gegenseitig auferbauen. Gefährdet doch nicht wegen irgendwelcher Essensvorschriften, was Gott unter euch begonnen hat! Wenn eine Schwester oder ein Bruder nicht damit fertig wird, dass einer von euch Götzenopferfleisch isst oder Wein trinkt, dann sollte man dies in seiner oder ihrer Gegenwart auch nicht tun. Behaltet in diesem Fall doch eure Glaubensüberzeugungen für euch, die es euch erlauben, mit solchen Sachen freier umzugehen. Seid glücklich, dass ihr die innere Freiheit dazu gefunden habt und dass euch euer Gewissen in Bezug auf solche Dinge nicht anklagt. Problematisch ist es nur, wenn jemand im Innersten seines Herzens zweifelt, ob er nun „Unreines“ essen darf oder nicht. Er verurteilt sich damit selbst, weil er nicht aus dem Glauben heraus handelt. Alles aber, was nicht aus dem Glauben heraus getan wird, ist Sünde.

Ohne Einheit sind selbst Starke schwach (15,1–13)

15 Wenn einer von uns einen solchen starken Glauben hat, dann schuldet er es den Geschwistern, die noch nicht so weit sind wie er, dass er ihre Schwächen mitträgt. Schließlich lebt auch er nicht nur für sich, sondern wie jeder von uns soll auch er versuchen, so zu leben, dass es den anderen aufbaut und ihm guttut. Denkt an Jesus, der auch nicht nur gelebt hat, wie es ihm am angenehmsten war, sondern der sich hingestellt hat, dass er die Schläge abfing, die eigentlich uns galten. Doch auch das haben die Schriften vorausgesagt, wie alles, was früher geschrieben wurde, uns heute helfen kann, die Zusammenhänge besser zu verstehen, geduldiger ihre Erfüllung abzuwarten, dadurch Trost zu empfangen und neue Hoffnung zu schöpfen.

So bitte ich unseren Vater, den Gott allen Trostes und aller Geduld, dass ihr in eurem Denken eins seid, wie Christus selbst es für euch erbeten hat. Nur einmütig könnt ihr Gott, den Vater unseres Herrn Jesus Christus, aus einem Mund preisen. Darum nehmt einander an, wie Christus euch angenommen hat, zur Ehre Gottes, des Vaters! Vergesst nie, dass Christus den Juden gedient hat, indem er ihnen die Wahrheit Gottes offenbarte. Dadurch wurden die Verheißungen erfüllt, die unsere Vorfahren erhielten. Aber auch die Nichtjuden haben allen Grund, Gott von ganzem Herzen für seine Barmherzigkeit zu danken, denn auch für sie gibt es eine Reihe von Schriftworten*: „Deswegen will ich dich preisen unter den Heiden, deinem Namen möchte ich Loblieder singen.“ Oder wie es an anderer Stelle heißt: „Freut euch, ihr Heiden zusammen mit seinem Volk!“ Oder: „Lobt, alle Heiden, den Herrn! Loben sollen ihn alle Völker!“ Selbst beim Propheten Jesaja finden wir eine wichtige Stelle: „Aus dem Stamm Isais wird jemand kommen, der über die nichtjüdischen Völker herrschen wird. Alle diese Völker werden ihre ganze Hoffnung auf ihn setzen.“ Darum habt ihr allen Grund zur Freude, ja, der Gott aller Hoffnung möge euch noch viel mehr mit ihr erfüllen und euch

* Psalm 18,50; 5. Mose 32,43; Psalm 117,1; Jesaja 11,10

seinen Frieden schenken. Es ist euer Glaube, der euch durch die Kraft des Heiligen Geistes eine unermesslich große Hoffnung schenkt.

Ein Pionier des Glaubens, der ganz besondere Hilfe benötigt (15,14–33)

Liebe Schwestern und Brüder, was euch anbelangt, so bin ich überzeugt, dass ihr selbst genügend Güte und Verständnis habt, um euch gegenseitig zu ermutigen und zu ermahnen. Trotzdem möchte ich euch gern verschiedene grundlegende Dinge noch einmal in aller Deutlichkeit schreiben. Vieles davon wird euch in Erinnerung rufen, was ihr ohnehin schon wisst. Aber ich denke, dass Gott mir dafür den Auftrag gegeben hat, denn der Dienst, den Jesus mir anvertraut hat, besteht ja darin, die Frohe Botschaft unverfälscht an die nichtjüdischen Völker weiterzugeben. Dadurch soll ihr Leben in der Kraft des Heiligen Geistes so verändert werden, dass Gott seine Freude an ihnen hat. Wenn ihr so wollt, dann ist das mein einziges Ruhmesblatt: Jesus Christus selbst hat mich zum Dienst berufen. Darum werde ich es auch nicht wagen, irgendetwas anderes zu erzählen als das, was Christus durch mich in Wort und Tat, mit Zeichen und Wundern tun konnte, um die nichtjüdischen Völker für ihn zu erreichen. All das ist einzig und allein durch die Kraft des Heiligen Geistes geschehen; anders wäre es gar nicht möglich gewesen, die Frohe Botschaft von Jesus Christus von Jerusalem bis Illyrien, von Israel bis Kleinasien zu verbreiten. Dabei waren meine Anstrengungen vor allem darauf ausgerichtet, die Frohe Botschaft dorthin zu bringen, wo man noch nie etwas von Jesus gehört hat. Ich wollte nicht auf fremdem Grund aufbauen, sondern bezog von Anfang an das Schriftwort: „Die noch nie etwas von ihm gesehen haben, denen wird er vor Augen gestellt, und die noch nie etwas von ihm gehört haben, die verstehen, was man ihnen von ihm berichtet"* auf meinen Dienst.

---

* Jesaja 52,15

Das ist auch der Grund, warum ich immer wieder daran gehindert wurde, zu euch zu kommen. Doch jetzt hat sich dies geändert: Es gibt hier kaum noch eine Gegend, die ich nicht schon besucht hätte. Daher wächst die Sehnsucht, endlich zu euch zu kommen. Nun habe ich schon lange vor, nach Spanien zu reisen. Das bestärkt meine Hoffnung, euch doch endlich einmal kennenzulernen, auch wenn es nur auf der Durchreise wäre. Aber wenn wir eine solche Zeit gut nutzen und ich gestärkt durch die Freude über euch wieder weiterreise, dann könnten mich ja einige von euch auf meiner Missionsreise nach Spanien begleiten?!

Doch zunächst kehre ich jetzt nach Jerusalem zurück, um der dortigen Gemeinde zu helfen. Denn die Glaubensgeschwister aus Mazedonien und Achaja haben ein großartiges Zeichen ihrer Verbundenheit mit der Gemeinde in Jerusalem gesetzt: Sie haben eine große Geldsammlung abgehalten, um auf ihre Weise den Armen der Jerusalemer Gemeinde zu helfen. Sie haben sich dabei als Schuldner gegenüber dieser Gemeinde gesehen und nur versucht, mit materiellen Gaben ein wenig auszugleichen, was sie an geistlichen Gaben durch diese erhalten haben. Wenn ich das erledigt und den Ältesten in Jerusalem die gesamte Kollekte ausgehändigt habe, werde ich über Rom nach Spanien reisen. Ich bin zuversichtlich, dass Christus mir die ganze Fülle seines Segens für euch mitgeben wird.

Um eines nur bitte ich euch inständig um Jesu Christi willen und weil euch die Liebe des Heiligen Geistes erfüllt: Helft mir bei meinem Kampf, indem ihr für mich betet, damit ich vor den Juden sicher bin, die in Jerusalem den Ton angeben und einfach nicht bereit sind, sich auf Gott einzulassen. Auch wünsche ich mir sehr, dass sich die Leitenden der Gemeinde in Jerusalem über meinen Dienst vorbehaltlos freuen. Wie entspannt könnte ich mich dann auf die Reise zu euch begeben, um mit euch eine gute und ruhige Zeit zu verbringen. Schon jetzt wünsche ich euch, dass der Gott des Friedens mit euch allen sei. Amen.

Viele, viele liebe Grüße (16,1–27)

16 Phöbe, eine Glaubensschwester, die sich in der Gemeinde von Kenchreä sehr eingesetzt hat, wird zu euch kommen. Ich möchte sie euch sehr ans Herz legen, damit ihr sie mit der ganzen Liebe Jesu aufnehmt und ihr beisteht, egal, in welcher Angelegenheit sie Unterstützung braucht. Sie selbst hat unzähligen Glaubensgeschwistern geholfen, nicht zuletzt auch mir selbst.

Grüßt bitte auch Priska und Aquila, meine Mitarbeiter im Dienste unseres gemeinsamen Herrn. Sie haben für mich ihr Leben riskiert, aber ich bin bei Weitem nicht der Einzige, der ihnen zu Dank verpflichtet ist. Neben ihrer eigenen Hausgemeinde gibt es noch eine ganze Reihe von Gemeinden, die ihnen von Herzen zu danken haben. Grüßt auch meinen über alles geliebten Epänetus, der der Erste war, der in der Provinz Asia zum Glauben an Christus kam. Vergesst mir nicht, Maria zu grüßen, die sich so hingebungsvoll für euch abgemüht hat. Grüßt mir Andronikus und Junias*, die wie ich jüdischer Abstammung sind und die auch schon mit mir im Gefängnis gesessen haben. Sie standen schon vor mir im Dienst Jesu und ich halte sie für ganz ausgezeichnete Apostel. Richtet auch an Ampliatus Grüße aus, zu dem ich durch Jesus eine besonders herzliche Beziehung habe, und das gilt auch für Stachys und unseren Mitarbeiter Urbanus. Grüßt mir ebenfalls Apelles, der sich schon so sehr im Glauben bewährt hat, und alle, die im Haus von Aristobul und von Narzissus wohnen und bereits zu Jesus gehören. Grüßt meinen Landsmann Herodion, ferner Tryphäna und Tryphosa, unsere Schwestern im Glauben, die von ganzem Herzen Jesus dienen. Nicht weniger unermüdlich dient meine geliebte Persis, die ihr nicht vergessen dürft. Grüßt mir ganz besonders Rufus, den der Herr zu seinem Dienst auserwählt

---

* Wahrscheinlich eine Kurzform von „Junianus“, andernfalls könnte dieser Stammesgenosse von Paulus auch „Junia“ heißen und wäre demnach eine Frau. Manche nahmen daher an, Andronikus und Junia könnten ein Ehepaar gewesen sein. Aufgrund des Zusammenhangs (beispielsweise die gemeinsame Gefangenschaft) ist dies allerdings mehr als fraglich.

hat, ihn und seine Mutter, die auch für mich wie eine Mutter geworden ist. Doch es gibt noch so viele andere, die ich ebenfalls grüßen möchte: Asynkritus, Phlegon, Hermes, Patrobas, Hermas und alle Geschwister bei ihnen. Nicht zuletzt grüßt mir noch Philologus und Julia, Nereus und seine Schwester, dann noch Olympas und alle, die sich bei ihnen versammeln. Es grüßen ebenfalls auch alle Gemeinden Christi. Fühlt euch von uns allen herzlich umarmt.

Liebe Schwestern und Brüder, achtet darauf, dass es bei euch wegen der Lehre, die ihr gehört und angenommen habt, nicht zu ärgerlichen Streitigkeiten kommt. Geht Personen, die euch etwas anderes lehren möchten, aus dem Weg. Es geht denen, die ständig etwas anderes verbreiten wollen als das, was für uns alle verbindlich ist, nicht darum, Jesus zu dienen. Nein, ihnen geht es nur um ihr eitles Ich, und sie verstehen es ausgezeichnet, durch Schmeicheleien und eine bestechende Beredsamkeit die Herzen argloser Geschwister zu täuschen. Aber von euch hört man ja überall, dass ihr der Frohen Botschaft treu und gehorsam seid. Darüber freue ich mich aufrichtig. Ich wünsche mir, dass ihr im Umgang mit solchen Personen auch weiterhin so viel Weisheit an den Tag legt und gute Abwehrkräfte gegen dieses schleichende Gift habt. Gott wird euch schon bald den Sieg über alle diese satanischen Angriffe schenken. Die Gnade unseres Herrn Jesus Christus sei an diesem Punkt ganz besonders mit euch!

Mein Mitarbeiter Timotheus möchte euch auch noch ganz herzlich grüßen, ebenso meine jüdischen Freunde Luzius, Jason und Sosipater. Und da wir schon dabei sind, möchte ich, Tertius, mich auch den Grüßen anschließen. Der Herr hat mir geholfen, das Diktat des Paulus gut zu Papier zu bringen. Ja, und da wäre auch noch Gaius, der mir und der ganzen Gemeinde hier sein Haus zur Verfügung stellt. Einen besonderen Gruß schicken euch schließlich noch Erastus, der Kämmerer dieser Stadt, und unser Bruder Quartus.

Was seit ewigen Zeiten den Menschen verborgen war und durch die prophetischen Schriften angekündigt wurde, hat Gott durch Jesus Christus allen Menschen offenbart, damit alle Völker die Möglichkeit haben, sich seiner liebevollen Herrschaft zu unterstellen.

Ihm, der euch durch die Verkündigung Jesu und auch durch meine Worte stärken kann, ihm, dem einen weisen Gott, sei die Ehre durch Jesus Christus von Ewigkeit zu Ewigkeit. Amen.

Der erste Brief an die Gemeinde in Korinth

Fährt man heute bequem auf einem Schiff durch den Isthmos von Korinth, kann man sich kaum vorstellen, dass im Altertum seetüchtige Schiffe über diese Landenge gezogen wurden. Korinth war der pulsierende Umschlagplatz für diese Transporte. Hier gab es etwas zu verdienen. Vor allem für einfache, kräftige Männer, die viel Zeit zwischen Tagen voll schwerster Arbeit hatten. Es wundert daher nicht, dass Paulus in der Sorge um seine von ihm gegründete Gemeinde, auf verschiedene Fragen zum alltäglichen Leben des Einzelnen wie auch der Gemeinde eingehen musste – Fragen, die den Menschen so sehr auf den Nägeln brannten, dass sie ihm von Vertrauensleuten nachgetragen wurden. Zwischen 53 und 55 hat er – vermutlich in Ephesus – diesen Brief geschrieben, höchstens zwei, drei Jahre nach der Gründung der Gemeinde in Korinth.

Paulus grüßt seine Gemeinde – ganz offensichtlich mit gemischten Gefühlen (1,1–17)

1 Paulus, den Jesus Christus zu seinem Apostel bestimmt hat, grüßt gemeinsam mit eurem Bruder Sosthenes die Geschwister der Gemeinde von Korinth, die Jesus aus dem Heidentum heraus berufen hat. Wir grüßen euch mit allen, die überall verstreut leben und Christus als ihren Herrn angenommen haben: Gnade sei mit euch und Friede von Gott, unserem Vater, und unserem Herrn Jesus Christus!

Wenn ich an euch denke, muss ich einfach immer wieder für die Gnade danken, die durch Jesus an euch sichtbar geworden ist. Ihr seid wirklich an allem reich geworden: Gott hat euch gute Lehrmeister gegeben und ihr habt viel geistliche Erkenntnis erlangt, weil ihr gelernt habt, euch auf das zu verlassen, was ihr von Christus erfahren habt. Man merkt es an den Gnadengaben*, die ihr geschenkt bekommen habt: Ihr steht anderen Gemeinden in nichts nach, weil ihr ernsthaft erleben wollt, wie sich Jesus in allem offenbart. Er selbst wird euch die Kraft geben, bis zum Tag seiner Wiederkunft treu am Glauben festzuhalten. Schließlich hat Gott, der die Treue selbst ist, euch zur Gemeinschaft mit seinem Sohn Jesus berufen.

Nun habe ich von Bekannten der Chloe erfahren, dass sich unter euch Gruppen zu bilden beginnen, die sich um verschiedene Leute scharen. Liebe Schwestern und Brüder, ich bitte euch inständig beim Namen unseres Herrn Jesus Christus, darauf zu achten, dass es unter euch keine Spaltungen gibt, sondern dass ihr eines Sinnes seid. Vermeidet es, Unterschieden mehr Bedeutung beizumessen als nötig. Wieso fangt ihr plötzlich an, euch verschiedenen Personen zuzuordnen? Die einen sagen: „Wir gehören zu Paulus“, die anderen erklären, dass sie zu Apollos gehören, und wieder andere halten sich für Jünger

---

* Paulus verwendet hier ein in der Antike nur selten gebrauchtes Wort: „Charisma“. Dies bedeutet so viel wie „umsonst (aus Gnade) Gegebenes“, was sich sowohl auf materielle Güter als auch auf geistliche Fähigkeiten beziehen kann.

des Petrus. Wie schön, dass wenigstens einige noch sagen, sie würden zu Christus gehören. Lässt sich denn etwa Christus zerteilen? Bin ich, Paulus, etwa für euch gekreuzigt worden, oder ihr seid auf meinen Namen getauft worden? Gott sei Dank habe ich bei euch nur Krispus und Gaius getauft, damit nicht noch jemand auf die Idee kommt, er sei auf meinen Namen getauft worden. Ach ja, Stephanus und alle, die in seinem Haus leben, habe ich auch noch getauft, aber sonst fällt mir tatsächlich niemand mehr ein. Denn Jesus hat mir nicht den Auftrag gegeben zu taufen, sondern seine Frohe Botschaft zu verkünden. Und das tue ich, allerdings nicht mit schönen, weisen Worten, damit die Botschaft von dem, was Jesus für uns getan und erlitten hat, nichts von ihrer Kraft verliert.

Vor Gottes Weisheit werden die klügsten Denker still (1,18–31)

Denn dass Gott uns seine Liebe dadurch gezeigt hat, dass Jesus am Kreuz für uns starb, erscheint manchen Menschen einfach absurd. Sie werden sich immer gegen die Liebe Gottes sperren. Für uns ist dagegen das Kreuz Zeichen unserer Errettung und die Kraft Gottes in unserem Leben. So bewahrheitet sich wieder einmal, was die Schrift sagt: „Ich werde die Weisheit derer, die sich für weise halten, in ihr Gegenteil verwandeln, und die Klugheit derer, die meinen, sie wüssten über alles Bescheid, an ihre Grenzen bringen."*

Sagt mir doch, wo gibt es jemanden, der wirklich weise ist oder der sich tatsächlich in der Heiligen Schrift auskennt? Wo sind sie, die in dieser Zeit den Ton angeben? Hat nicht Gott selbst gezeigt, wie absurd die Weisheit dieser Welt ist? Die Menschen hätten ihre Weisheit gebrauchen können, um Gott immer besser kennenzulernen. Doch sie taten es nicht. Darum hat Gott sich dafür entschieden, etwas ebenso Verrücktes wie Unerwartetes verkünden zu lassen, damit

---

* Jesaja 29,14

Menschen allein durch ihr Vertrauen gerettet werden. Denn auf der einen Seite sind da die Juden, die unbedingt irgendwelche Wunder erleben wollen, auf der anderen die Nichtjuden, für die alles einsichtig und logisch sein muss. Wir stehen zwischen beiden und verkünden einen Messias, der ans Kreuz geschlagen wurde. Für die Juden ist das ein richtiges Ärgernis, für die Nichtjuden nichts als Schwachsinn. Für alle aber, die sich Gott gegenüber geöffnet haben – gleichgültig, ob Juden oder Nichtjuden –, ist das, was Jesus für uns erlitten hat, der Inbegriff der Kraft Gottes und seiner unendlichen Weisheit. Denn selbst das Absurdeste bei Gott ist immer noch weiser als alles, was Menschen denken können. Und das Schwache bei Gott ist immer noch unvorstellbar stärker als alle Menschen.

Ihr braucht euch doch nur selbst anzuschauen, meine Schwestern und Brüder: Rein äußerlich betrachtet gibt es unter euch nicht viele Gebildete, auch nicht viele einflussreiche Personen oder welche aus vornehmen Familien. Es sieht eher so aus, als habe Gott die einfachen Gemüter unter den Menschen erwählt, um die zu beschämen, die sich für weise halten. Gott hat eine Vorliebe für das Schwache, um damit das Starke zu beschämen; er liebt es, mit Menschen einfachster Herkunft, ja selbst mit solchen, die von allen verachtet werden, diejenigen zu entlarven, die sich für etwas Besseres halten. Für Gott ist es unerträglich, wenn sich ein Mensch vor ihm aufspielt und sich für großartiger hält als seine Zeitgenossen. Was für ein Segen, dass unsere Weisheit Jesus Christus selbst ist. Dadurch werden wir nicht nur von Gott angenommen, nein, er verändert uns zum Guten, damit wir schon jetzt als Erlöste leben können. Als Menschen, die verstanden haben, was die Schrift sagt: „Wenn wir uns wirklich rühmen wollen, dann haben wir einen Namen, dem aller Ruhm und alle Ehre zustehen!"*

---

* Jeremia 9,22–23

Nur wer Gott wirklich liebt, beginnt seine Weisheit zu begreifen (2,1–16)

2 Liebe Schwestern und Brüder, erinnert euch daran, wie ich zum ersten Mal zu euch gekommen bin. Habe ich euch damals ausgefeilte Vorträge über das Geheimnis Gottes, das er uns offenbart hat, gehalten? Nein, ich hatte beschlossen, euch von nichts anderem zu erzählen als von dem, was Jesus für uns getan hat, nämlich dass er für uns ans Kreuz ging. Dabei war mir ganz elend zumute: Ich fühlte mich schwach und ich zitterte vor lauter Furcht. Aber ich hielt daran fest, euch nicht mit irgendwelchen hochgeistigen Argumenten überreden zu wollen, sondern euch erleben zu lassen, wie der Geist Gottes und seine Kraft meine Verkündigung bestätigen. Schließlich sollte sich euer Glaube nicht auf meine „Weisheit" stützen, sondern einzig und allein auf die Erfahrung der Kraft Gottes.

Natürlich muss auch über Dinge gesprochen werden, die wirklich Weisheit verlangen. Doch zum einen sind solche Gespräche nur etwas für jemanden, der schon im Glauben gefestigt ist, zum anderen muss man auch hier genau zwischen der Weisheit dieser Welt und ihrer Herrscher und der Weisheit Gottes unterscheiden. Diese Weisheit hat etwas Geheimnisvolles, das sich nicht jedem so ohne Weiteres erschließt. So hat zum Beispiel kein Herrscher dieser Welt sie erkannt. Hätten sie es getan, wäre Jesus, der Herr der Herrlichkeit, von ihnen nicht ans Kreuz genagelt worden. Nein, Gott hat sie seit Urzeiten für Menschen wie uns bestimmt, die darin die Herrlichkeit seiner Liebe entdeckt haben. Das ist geschehen, genau wie es die Schriften vorausgesagt haben: „Was kein Auge gesehen und kein Ohr gehört hat, was sich kein Mensch jemals ausdenken kann, das hat Gott für die vorbereitet, die ihn lieben."*

So können wir nur Gott dafür danken, dass er uns das alles durch seinen Heiligen Geist gezeigt hat. Denn der Geist Gottes erforscht alles, er ist vertraut mit den tiefsten Gedanken Gottes. Wer von uns

---

* nach Jesaja 64,3

weiß denn schon, welche Sorgen ein anderer Mensch hat, wenn der Geist Gottes es uns nicht zeigt? Genauso verhält es sich auch mit Gott. Niemand weiß auch nur das Geringste über das, was Gott fühlt und denkt. Nur einer weiß all das: der Geist Gottes. Nun haben wir aber genau diesen Geist Gottes empfangen dürfen. Er hat den Geist dieser Welt aus uns verdrängt, damit wir erkennen können, was Gott uns in Jesus Christus geschenkt hat.

Wenn wir über solche Dinge reden, hat das nichts mehr mit menschlicher Weisheit zu tun. Hier hat der Heilige Geist bereits begonnen, uns die Augen für all das zu öffnen, was er unter uns vollbringt. Ein Mensch, der mit seinem Alltagsverstand an diese Dinge herangeht, hält dies alles bloß für Einbildung. Er hält Menschen, die ihr Leben für das Wirken des Heiligen Geistes geöffnet haben, für beschränkt, weil er etwas beurteilt, das er nur verstehen kann, wenn er selbst vom Geist erfüllt ist. Wer vom Heiligen Geist erfüllt ist, bekommt ein wacheres Urteilsvermögen. Gleichzeitig berührt es ihn wenig, wenn ihn jemand für beschränkt hält. Denn wie soll ihm jemand, der Jesus überhaupt nicht kennt, etwas sagen können, das er ernst nehmen müsste? So jemand versteht nichts, weil ihm genau das fehlt, was uns geschenkt wurde: das Denken und Empfinden Jesu.

Was echt ist und trägt, wird in Zeiten der Krise offenbar (3,1–23)

3 Liebe Schwestern und Brüder, damals konnte ich natürlich zu euch nicht so sprechen, als hättet ihr den Heiligen Geist bereits empfangen. Was euer Glaubensleben betrifft, so wart ihr noch wie kleine Kinder, und dementsprechend musste ich auch zu euch noch wie zu Unmündigen sprechen. Ihr habt zu Beginn nichts als Milch bekommen, weil ihr feste Speise noch überhaupt nicht vertragen hättet. Ja, ich bin mir nicht einmal sicher, ob ihr jetzt schon feste Nahrung zu euch nehmen könnt, denn ihr benehmt euch noch so, als

hättet ihr nie den Heiligen Geist empfangen. Denn wie anders könnt ihr mir erklären, dass es unter euch noch so viel Eifersucht und Streit gibt? Entspricht das nicht viel eher dem ungeistlichen Verhalten der Menschen, die nicht zu Christus gehören? Denn wenn der eine sagt: „Ich gehöre zu Paulus", ein anderer aber: „Für mich kommt nur Apollos infrage" – was für ein Geist beherrscht euch da? Wer ist denn Apollos, wer dieser Paulus? Das sind doch nur Menschen, durch deren Dienst ihr zum Glauben gekommen seid. Jeder von uns hat lediglich getan, was ihm von Gott aufgetragen wurde: Ich habe gepflanzt, Apollos hat begossen, doch Gott allein hat das Wachstum geschenkt. Daher gehört ihr weder dem, der gepflanzt hat, noch dem, der euch begossen hat, sondern einzig und allein dem, der euch hat wachsen lassen. Man kann den Pflanzenden nicht vom Begießenden trennen, auch wenn jeder von ihnen seinen eigenen Lohn entsprechend seiner Arbeit empfangen wird. Wir sind nichts anderes als Gottes Mitarbeiter. Ihr seid Gottes Ackerfeld, oder wenn ihr so wollt: Gottes Bauwerk.

Gott ist ein weiser Baumeister. Darum war er mir so gnädig, dass ich in euch ein solides Fundament legen durfte, auf dem dann andere weiterbauen können. Es kann ja kein anderer Grund gelegt werden als der, den Gott schon längst gelegt hat: Jesus Christus. Jetzt kommt es allerdings darauf an, wie jemand auf diesem Fundament weiterbaut. Der eine nimmt wertvolle Steine, Gold und Silber, der andere nur Holz, Heu und Stroh. Am Ende aller Tage wird deutlich werden, welches Material jeder verwendet hat, denn für jedes einzelne Haus kommt so etwas wie eine Feuerprobe. Wessen Haus diese übersteht, der wird seinen Lohn empfangen, wessen Haus dagegen zum Raub der Flammen wird, ist damit schon genug gestraft. Er wird zwar gerettet werden, doch wie jemand, den man aus einem brennenden Haus gezogen hat. Habt ihr vergessen, dass euer Haus, dass ihr als Gemeinde Gottes eigentlich ein Tempel des Heiligen Geistes seid und dass der Geist Gottes in euch wohnt? Wenn jemand diesen Tempel nur mit dem billigsten und schäbigsten Material baut, wird Gott ihm diese Lieblosigkeit eines Tages vor Augen führen. Denn ein Tempel sollte etwas Schönes und Heiliges sein. Wie gesagt, jeder von euch ist ein solcher Tempel, ein Haus Gottes unter den Menschen.

Niemand von euch sollte sich etwas vormachen. Wenn jemand meint, dass die Welt doch eigentlich seine ausgeprägte Weisheit bewundern müsste, der muss erst einmal in den Augen der Menschen als dumm gelten, um wirklich weise zu werden. Denn die Weisheit dieser Welt ist für Gott nichts als Dummheit. Die Heilige Schrift sagt es noch deutlicher: „Gott fängt die Weisen in ihrer eigenen Schlauheit."* Und an einer anderen Stelle: „Der Herr kennt die Gedanken der Leute, die sich für weise halten, und er weiß, dass sie sinn- und nutzlos sind."** Daher bitte ich euch, hört damit auf, euch durch eure Zugehörigkeit zu bestimmten Menschen besonders wichtig zu machen! Denn euch gehört doch sowieso alles: Paulus, Apollos, Kephas, die ganze Welt, selbst Leben und Tod, Gegenwärtiges und Zukünftiges. Alles gehört euch, ihr aber gehört Jesus Christus und dieser gehört Gott.

Paulus macht den Korinthern klar, wer er ist und wer er nicht ist (4,1–21)

4 Bitte seht in uns nichts anderes als ganz normale Menschen, die im Dienst von Christus stehen und für euch die Geheimnisse Gottes gut „verwalten". Und ihr wisst ja, dass man von einem guten Verwalter erwartet, dass er in jeder Hinsicht zuverlässig und seinem Herrn treu ergeben ist. Mir ist es daher auch völlig gleichgültig, ob ihr oder irgendeine andere menschliche Instanz über mich zu Gericht sitzt. Ja, ich beurteile nicht einmal mich selbst. Ich bin mir zwar keiner Schuld bewusst, deswegen aber noch lange nicht gerecht gesprochen. Für mich kommt es einzig darauf an, dass ich vor meinem Richter, unserem Herrn Jesus, bestehen kann. Darum beurteilt nichts

---

* Hiob 5,13
** Psalm 94,11

und niemanden endgültig, bevor nicht der Herr wiedergekommen ist und all das Verborgene, das Dunkle wie auch die guten Entscheidungen unseres Herzens ans Licht gebracht hat. Das ist dann auch der Augenblick, an dem jeder von euch das Lob hören wird, das Gott ihm zugedacht hat.

Was die Zurückhaltung im Beurteilen anbelangt, so habe ich euch das natürlich auch mit Blick auf Apollos und mich geschrieben. Ihr müsst lernen, euch mehr an dem Wort Gottes auszurichten und euch nicht wichtig zu machen. Wurde denn einer von euch vorgezogen? Oder besitzt einer von euch etwas, das nicht ein Geschenk Gottes wäre? Wenn aber jeder von euch beschenkt wurde, warum tun dann manche von euch so, als hätten sie alles ohne die Hilfe von oben geschafft? Ihr seid allein durch Gott satt und reich geworden an seinen Gaben; ihr habt schon erfahren, was es heißt, mit Jesus zu herrschen. Zumindest wäre es sehr hilfreich, wenn ihr schon so weit wärt. Denn wir hätten auch gerne mit euch Anteil an diesem Sieg Jesu, aber Gott hat uns Apostel offensichtlich auf den Verliererplatz gestellt. Wir werden wie Todeskandidaten vorgeführt und geben vor den Menschen wie vor den Engeln ein trauriges Schauspiel ab. Um Christi willen hält man uns für geistig beschränkt, während man staunt, wie verständig ihr durch eure Beziehung zu Jesus geworden seid. Das gilt für alle Bereiche: Wir sind schwach, ihr aber stark; ihr seid überall angesehen, uns behandelt man wie Ehrlose. Bis zum heutigen Tag leiden wir Hunger und Durst, man reißt uns die Kleider vom Leib, um uns zu verprügeln, wir sind auf der Flucht und irren ruhelos in fremden Gegenden umher. Nebenbei müssen wir uns noch durch unserer Hände Arbeit abmühen, um unseren Lebensunterhalt zu verdienen. Wenn man uns angreift und beleidigt, segnen wir. Wenn man über uns lästert und Lügen verbreitet, tun wir genau das Gegenteil und reden gut von unseren Gegnern. In all dieser Verfolgung bleiben wir standhaft, obwohl es so aussieht, als seien wir zum Sündenbock für die Welt geworden, zum Abschaum dieser Generation.

Das schreibe ich euch nicht, meine geliebten Kinder, um euch in irgendeiner Weise zu beschämen, sondern um euch zu ermutigen.

Ihr werdet vielleicht unzählige Erzieher haben, die euch auf dem Weg mit Christus weiterbringen, aber ihr werdet nicht viele Väter haben. Ich nehme für mich in Anspruch, dass ihr mir das Leben verdankt, denn ich habe euch die Frohe Botschaft von Christus gebracht. Darum darf ich euch auch ermahnen und sagen: Folgt meinem Beispiel! Aus diesem Grund habe ich euch auch Timotheus geschickt, der wie ein geliebter Sohn für mich ist und seinem Herrn Jesus treu ergeben. Er soll euch an all das erinnern, was ich euch über das Leben mit Jesus gelehrt habe. Ihr dürft euch darauf verlassen, dass ich in anderen Gemeinden nichts anderes sage.

Es hat mich sehr betroffen gemacht, dass einige sich aufspielten und darüber beschwerten, dass ich nicht selbst gekommen bin. Ich werde – so Gott will – so bald wie möglich zu euch kommen. Dann habe ich allerdings kein Interesse daran, denen zu begegnen, die sich selbst so wichtig genommen haben, sondern ich möchte die Kraft Gottes unter euch erleben. Denn die Herrschaft Gottes besteht nicht in großem Gerede, sondern in der Erfahrung seiner Kraft mitten unter uns. Also überlegt euch, wie ich zu euch kommen soll: mit dem Stock in der Hand oder mit einer Sanftmut, die von der Liebe Jesu getragen wird!?

Harte Worte für ein massives Vergehen (5,1–13)

5 Leider muss ich in diesem Zusammenhang auch etwas ansprechen, das wirklich den Stock verdient hätte. In eurer Gemeinde ist ein Fall von sexueller Beziehung unter Verwandten aufgetreten, wie er nicht einmal bei denen vorkommt, die Gott nicht kennen: Jemand lebt mit der Frau seines Vaters zusammen. Und ihr werdet nicht einmal traurig darüber, sondern findet das auch noch tragbar, sodass der Betreffende immer noch in eurer Gemeinde ein- und ausgeht. Ich bin jetzt nicht persönlich anwesend, aber ihr dürft meinen Urteilsspruch ruhig so annehmen, als wäre ich mitten unter euch: Versammelt euch, verbindet euch mit mir und vor allem mit der

Kraft unseres Herrn Jesus Christus. Und dann schließt den Betreffenden aus eurer Gemeinde aus. Dann ist er Satan schutzlos ausgeliefert, was ihn das Leben kosten kann. Seine Seele ist dann wenigstens gerettet, wenn er Gott am „Tag des Herrn" gegenübertreten muss. Ihr braucht euch also auf eure falsche Nachsichtigkeit wirklich nichts einzubilden. Habt ihr denn vergessen, dass ein kleines Stückchen Sauerteig einen ganzen Backtrog voll Teig durchsäuert? Ihr dürft nicht zulassen, dass sich der Sauerteig falscher Toleranz unter euch breitmacht und euch alle „durchsäuert". Schließlich seid ihr der ungesäuerte Teig für die Brote, die beim Passahfest gegessen werden, denn Christus, unser Passahlamm, ist geschlachtet worden. Darum lasst uns feiern, nicht mit dem alten Sauerteig, geschweige denn mit dem Sauerteig der Bosheit und Schlechtigkeit, sondern mit den ungesäuerten Broten der Reinheit und Wahrheit! Das heißt in diesem Fall: Ihr dürft einfach keinen Umgang mit jemandem pflegen, der zu uns gehört und doch in unerlaubten sexuellen Beziehungen lebt.

Das gilt jedoch nur für euch als Gemeinde, falls es dort einen Unzüchtigen, einen Habsüchtigen, Gewalttätigen oder Götzendiener gibt. Das gilt natürlich nicht für den Umgang mit den Menschen, die nicht zur Gemeinde gehören, denn dann müsstet ihr gleich ganz aus der Welt auswandern. Meine schriftlichen Anweisungen, die ihr hier in den Händen haltet, beziehen sich auf Menschen, die sich gern in der Gemeinde „Bruder" nennen lassen, in ihrem Privatleben aber alles andere als Nachfolger Christi sind. Soll ich sie noch einmal aufzählen: Unzüchtige, Habsüchtige, Götzendiener, Lästerer, Trunkenbolde, Räuber – um nur einige zu nennen. Wer so etwas tut und nicht bereit ist, davon abzulassen und sein Wesen von Gott verändern zu lassen, mit so jemandem dürft ihr nicht einmal mehr Tischgemeinschaft haben. Was die Menschen außerhalb unserer Gemeinde machen, ist ihre Sache. Gott wird wissen, wie er mit ihnen umgehen wird. Ihr tragt jedoch die Verantwortung dafür, wie es innerhalb der Gemeinde zugeht. Darum seid ihr verpflichtet, jemanden, der von seinen falschen Wegen nicht umkehren will, aus eurer Mitte zu entfernen.

Für Paulus unerträglich: Christen, die sich gegenseitig verklagen (6,1–11)

6 Es gibt noch andere Punkte, über die ich mit euch reden muss. Offensichtlich gibt es bei euch tatsächlich jemanden, der in einer Rechtssache gegen einen Bruder der Gemeinde vor ein weltliches Gericht geht, statt die Angelegenheit vor die Ältesten der Gemeinde zu bringen. Wie klein hat doch der Betreffende gedacht! Er hat wohl vergessen, dass die Gemeinde Jesu Christi einmal über die Welt zu Gericht sitzen wird. Glaubte er wirklich, die Gemeinde sei nicht in der Lage, eine solche im Vergleich lächerlich kleine Rechtsangelegenheit zu entscheiden? Wisst ihr denn nicht, dass wir sogar eines Tages Engel richten werden?! Eine Gemeinde sollte also in der Lage sein, solche und ähnliche alltägliche Streitfälle in ihren eigenen Reihen zu klären. Wenn ihr natürlich Personen mit dem Schiedsamt betraut, die dem überhaupt nicht gewachsen sind, müsst ihr euch nicht wundern, dass bei einem Streit unter Brüdern beide vor ein weltliches Gericht gehen müssen, um zu ihrem Recht zu kommen.

Ich finde das beschämend. Gibt es denn unter euch niemanden, der weise genug ist, um bei Rechtsfragen unter Gemeindemitgliedern gute Entscheidungen zu fällen? An sich ist es ja schon ein echtes Armutszeugnis, dass ihr überhaupt Prozesse gegeneinander führen müsst. Warum ist denn von euch offensichtlich niemand bereit, so wie Jesus lieber Unrecht zu erleiden und zurückzustecken? Warum zieht ihr es nicht vor, beraubt zu werden, statt zu berauben, Unrecht zu erleiden, statt Unrecht zu tun?

Habt ihr etwa schon wieder vergessen, dass Menschen, die andere übervorteilen und berauben, das Reich Gottes nicht erben werden?! Macht euch nichts vor! Manche Menschen wollen überhaupt nicht unter die liebevolle Herrschaft Gottes gelangen, weil sie nichts mit ihm zu tun haben wollen, so zum Beispiel Unzüchtige, Götzendiener, Ehebrecher, Männer, die mit anderen Männern verkehren, Diebe und Habgierige, Säufer und Lästerer, gewalttätige Räuber und andere. Einige von euch gehörten früher auch dazu, aber was seid ihr heute! Der

Name unseres Herrn Jesus Christus und die Kraft seines Heiligen Geistes haben nicht nur alle Schuld von euch abgewaschen und euch freigesprochen, sondern auch euer Leben neu gemacht.

Ein folgenschweres Fehlverhalten (6,12–20)

Alles ist mir erlaubt, aber nicht alles hilft mir und anderen weiter. Alles ist mir erlaubt, aber nichts auf der Welt darf mich beherrschen. Was wir essen, wandert in den Magen, und der Magen ist für das Essen da. Für wen das Essen sein Ein und Alles ist, sollte daran denken, dass die Speise samt dem Magen sehr vergänglich ist. Ähnliches gilt für unsere Sexualität. Unser Körper dient nicht nur der Befriedigung unserer Bedürfnisse, sondern er ist zuerst einmal Wohnung unseres Herrn. Unser Leib ist für den Herrn da, wie auch er für unseren Leib da ist. Wir vertrauen darauf, dass Gott, der ja Jesus vom Tod zurückgeholt, auch uns mit derselben Kraft auferwecken wird. Vergesst nie, dass ihr alle Glieder am Leib Jesu seid. Wenn ich nun ein Glied an seinem Körper bin, sollte ich dieses Glied mit einer Hure verbinden? Schließlich wird ja jeder Mann, der zu einer Hure geht, mit ihr „ein Fleisch". Wenn aber jemand mit Jesus eine Beziehung hat, dann ist er mit ihm „ein Geist". Ihr könnt also nicht beides tun. Meidet daher jede Art von Unzucht! Nicht jedes Fehlverhalten, das ein Mensch an den Tag legt, betrifft direkt seinen Körper – mit einer Ausnahme: Wer sich sexuell vergeht, der vergeht sich damit an seinem eigenen Leib. Und hier möchte ich euch noch einmal an etwas erinnern, das ich schon früher gesagt habe: Euer Leib ist der Tempel des Heiligen Geistes. Ihn habt ihr von Gott erhalten, darum gehört er nicht mehr euch selbst, und ihr könnt auch mit ihm nicht machen, was ihr wollt. Ihr seid zu einem zu hohen Preis errettet worden! Macht also Gott auch mit eurem Leib Ehre!

Wenn Jesus sowieso bald kommt, lohnt es sich noch, zu heiraten? (7,1–40)

7 Ihr habt in eurem Brief noch die Frage angesprochen, ob man in der Zeit, bevor Jesus zurückkehrt, noch heiraten solle. Nun, grundsätzlich halte ich persönlich es für besser, nicht mehr zu heiraten. Aber viele von euch verkraften das einfach nicht. So ist es also besser, wenn jeder Mann seine Frau und jede Frau ihren Mann hat. Keiner soll sich dem anderen entziehen, da ja jeder sich dem anderen durch den Ehebund zum Geschenk gemacht hat. So gehört in einem gewissen Sinne der Körper der Frau ihrem Mann und der Körper des Mannes seiner Frau. Benutzt den Körper also nicht als Instrument, um bei eurem Ehepartner etwas zu erzwingen oder ihn zu „bestrafen". Seid also auch auf diesem Gebiet füreinander da, es sei denn, ihr vereinbart, eine gewisse Zeit ausschließlich für das Gebet frei zu sein. Übertreibt es aber nicht mit der Enthaltsamkeit, sonst werdet ihr euch mit einem Mal unerwartet starken Versuchungen gegenübersehen. Das alles ist jedoch nur ein persönlicher Rat von mir und keine Weisung eines Apostels Christi. Am liebsten wäre es mir natürlich, wenn alle so ehelos leben könnten wie ich. Aber jeder hat nun mal seine eigene Gnadengabe von Gott bekommen, der eine so, der andere anders.

Trotzdem möchte ich den Unverheirateten und den Witwen gern noch einen Rat geben: Bleibt wie ich unverheiratet, denn der Herr kommt bald zurück. Nur wenn es euch zu viel Kraft kostet, dieses ehelose Leben durchzuhalten, dann heiratet auf jeden Fall. Denn es ist viel besser zu heiraten, als von einem ständigen inneren Feuer verzehrt zu werden. Wer aber verheiratet ist, dem schreibt der Herr – nicht nur ich – vor, dass sich eine Frau nicht von ihrem Mann trennen darf, und wenn sie sich doch getrennt hat, dass sie sich entweder mit ihrem Mann aussöhnt oder unverheiratet bleibt. Ebenso gilt, dass ein Mann seine Frau nicht wegschicken darf. Unter euch gibt es jedoch noch andere Verbindungen, zu denen ich euch meine Ansicht mitteilen möchte. Wenn zum Beispiel ein Mitglied eurer Gemeinde eine ungläubige Frau hat und diese bei ihm bleiben möchte, soll er sich nicht von ihr trennen. Das Gleiche gilt für eine gläubige Frau, deren Mann Nichtchrist ist. Wenn er bei ihr bleiben möchte, so sollte sie die Ehe aufrecht erhalten. Denn der ungläubige Mann wird durch sie in die rettende Nähe Gottes gezogen, und umgekehrt auch die ungläubige Frau durch den christlichen Mann. Wenn dem nicht so wäre, würden eure Kinder von anderen Mächten geprägt, nicht aber vom Geist Gottes. So aber spiegeln sie Gottes Liebe wider, als stammten sie von einem durch und durch gläubigen Paar ab.

Sollte sich der ungläubige Partner aber trennen wollen, dann lasst ihn in Frieden gehen. Liebe Brüder und Schwestern, ihr seid in solchen Fällen nicht sklavisch an irgendein Gesetz gebunden. Gott hat euch zu einem Leben in Frieden berufen! Denn die Uneinigkeit im Glauben kann euch alle Kraft kosten, zumal ihr nie sicher sein könnt, ob euer ungläubiger Partner irgendwann doch noch umkehrt und Jesus als seinen Herrn und Erlöser annimmt. Ihr habt nun einmal die Rettung eures Ehepartners nicht in der Hand.

Die Regel, nach der ihr handeln könnt und die ich in allen Gemeinden so weitergebe, ist einfach: Ein jeder soll entsprechend seiner Berufung leben und mit der Begabung, die Jesus ihm gegeben hat. Wenn jemand nach dem Gesetz beschnitten wurde, soll er nicht versuchen, seine jüdische Vergangenheit zu verleugnen; wenn einer als Nichtjude Christ wurde, soll er nicht meinen, er müsse sich wie seine jüdischen Glaubensbrüder auch beschneiden lassen. Gemessen an unserer Bereitschaft, dem Willen Gottes zu entsprechen und auf seine Anliegen zu achten, ist die Frage, ob wir jüdischen oder nichtjüdischen Ursprungs sind, völlig belanglos. Jeder sollte Gott dort dienen, wo ihn Gottes Einladung erreicht hat. Das heißt: Wenn du Sklave warst, als du Christ wurdest, dann mach dir darüber keine Gedanken. Solltest du jedoch die Gelegenheit bekommen, frei zu werden, dann nutze sie auf jeden Fall. Vergiss nicht, dass du in Jesus Christus schon längst ein Freigelassener bist, und auch dann, wenn du ein freier Mensch bist, doch ein Sklave Christi bleibst. Du wurdest zu einem hohen Preis freigekauft, daher mach dich nicht wieder von Menschen abhängig! Für Gott ist es nicht wichtig, in welchem Stand wir leben. Darum lasst uns, liebe Brüder und Schwestern, an dem Platz bleiben, an dem wir berufen wurden.*

Ich möchte noch einmal auf den Stand der Ehelosigkeit zurückkommen. Hier kann ich euch keine Weisung von Christus weitergeben, sondern nur meine persönliche Meinung. Ich denke aber, dass ihr ihr vertrauen könnt, weil ich von Jesus selbst mit großem Erbarmen auf diesem Gebiet beschenkt wurde.

Wenn ich an all die Not denke, die auf uns zukommen wird, dann denke ich, dass sich jemand leichter tut, der nicht auch noch die Verantwortung für eine Familie trägt. Darum würde ich euch raten: Wenn du noch keine Beziehung zu einem künftigen Ehepartner eingegangen bist, dann verzichte darauf. Jemand, der allerdings schon verheiratet ist, darf sich jetzt nicht einfach von seinem Partner trennen. Natürlich sündigt niemand, der in dieser Zeit noch heiratet. Aber wenn du noch ungebunden bist, dann solltest du dir keinen Partner suchen. Ich möchte euch nur vor Schmerzen bewahren, denn die werden für Verheiratete in der kommenden Zeit weitaus größer sein als für Menschen, die nur für sich allein Verantwortung tragen. Ich kann es euch nur so sagen: Meiner Meinung nach haben wir nicht mehr viel Zeit, darum sollte jeder, der verheiratet ist, nicht erwarten, dass sein Partner alle seine Wünsche und Bedürfnisse erfüllt. Wer über etwas traurig ist, sollte nicht länger an seiner Trauer festhalten; wer gerade Grund hat zur Freude, soll damit rechnen, dass es bald keinen Grund mehr gibt, sich zu freuen; wer sich noch etwas anschafft, sollte darum wissen, dass er es nicht lange behalten wird; und wer von der Welt noch irgendeinen Nutzen erwartet, der soll sich darauf einstellen, dass sie ihm nichts mehr nützen wird. Denn die Gestalt dieser Welt wird vergehen. Was ich mir für euch wünsche, ist einzig und allein, dass ihr sorgenfrei lebt. Wer unverheiratet lebt, braucht sich nur darüber Gedanken machen, wie er Jesus eine Freude

---

* Besonders in den nachfolgenden Abschnitten wird deutlich, dass Paulus fest mit einer baldigen Wiederkehr Jesu rechnete.

machen kann. Wer dagegen verheiratet ist, muss sich noch um viele andere Dinge kümmern. Manchmal zerreißt es ihn förmlich, wenn er all den verschiedenen Ansprüchen gerecht werden will, vor allem natürlich denen seiner Familie. Ähnlich ist es mit Frauen, die sich für den Stand der Jungfräulichkeit entschieden haben. Sie haben nur eine Sorge: Jesus zu gefallen. Für sie ist es viel leichter, sich von Christus und seinem Geist umgestalten zu lassen. Frauen, die verheiratet sind, müssen ihre Aufmerksamkeit teilen. Für sie ist es auch wichtig, dass sie ihrem Mann gefallen. Das und die vielen alltäglichen Aufgaben nehmen sie stark in Beschlag. Ich sage das nicht, um euch ein schlechtes Gewissen zu machen, sondern weil ich euch helfen möchte, in dieser Zeit die richtige Entscheidung zu fällen. Letztlich ist entscheidend, dass ihr auch in den Augen der Heiden vorbildlich lebt und euch nicht einen Moment von Jesus ablenken lasst.

Also noch einmal: Wenn jemand Zweifel daran hat, ob es richtig ist, jetzt noch eine Frau zu heiraten, obwohl er sich sehr stark zu ihr hingezogen fühlt, dann soll er doch heiraten. Er macht sich da in keiner Weise schuldig. Wenn aber jemand innerlich schon gefestigt ist und auch gelernt hat, mit sich und seinen Wünschen gut umzugehen, dann ist es durchaus in Ordnung, wenn er sich für den Stand der Ehelosigkeit entscheidet. Wer also heiratet, tut nichts Verkehrtes, wer aber auf die Ehe verzichten kann, scheint mir in dieser zu Ende gehenden Zeit die bessere Entscheidung getroffen zu haben.

Ähnliches gilt auch für die Frauen unter euch, denen es nach vielen Jahren der Ehe nun nach dem Tod ihres Mannes wieder freisteht, noch einmal zu heiraten. Natürlich dürfen sie das, allerdings nur, wenn es in Einklang mit Jesu Willen geschieht. Glücklicher aber werden sie sein, wenn sie in ihrem Witwenstand bleiben; zumindest ist das meine Meinung. Möge sie euch trotzdem etwas bedeuten, denn ich nehme an, dass Gott mir auch für solche Fragen seinen Heiligen Geist gegeben hat.

Liebe weiß immer Rat – auch bei schwierigen Fragen (8,1–13)

8 Dann war da noch die Frage, ob es Christen erlaubt sei, das Fleisch zu essen, das von den heidnischen Götzenopfern stammt und auf dem Markt verkauft wird. Für einige von euch ist es Fleisch und sonst nichts, andere hätten größte Bedenken, auch nur einen Bissen davon zu essen. Wie also sollt ihr damit umgehen?

Wir alle wissen, dass Gott uns sehr viel Erkenntnis geschenkt hat, die uns von so manchen beängstigenden Vorstellungen befreit hat. Ein solches Wissen bringt aber auch die Gefahr mit sich, dass man überheblich wird. Lieblos angewandtes Wissen baut nicht auf, wie es die Liebe tut. Wenn jemand sich auf das, was er erkannt zu haben glaubt, etwas einbildet, dann hat er noch nichts verstanden. Erst wenn er begonnen hat, Gott wirklich zu lieben, erkennt er das einzig Wichtige: dass er von Gott erkannt worden ist – dass Gott ihn als Kind angenommen hat. Was nun das Götzenopferfleisch anbelangt, so wissen wir alle, dass es auf dieser Welt keinen Götzen, geschweige denn Götter außer dem Einen gibt. Natürlich gibt es für die Menschen eine Unzahl von Göttern und irgendwelche Herrscher im Himmel oder auf der Erde, doch die existieren nur in ihrer Fantasie. Für uns gibt es nur einen Gott, den Vater, von dem alles kommt und zu dem alles Leben – auch das unsrige – wieder zurückkehrt; und nur einen Herrn, Jesus Christus, durch den alles geworden ist und durch den wir das Leben haben.

Doch diese Gedanken konnten noch nicht bei allen von euch so richtig Fuß fassen. Manche haben immer noch große Probleme mit dem Fleisch, das von den Götzenopfern kommt, weil es sie an früher erinnert, als sie selbst noch Götzendienst betrieben haben. So wehrt sich ihr Gewissen sehr stark gegen alles, was mit dem alten Kult zu tun hat. Ihnen sei gesagt: So wie uns keine Speise der Welt Gott näher bringen kann, so kann sie uns auch nicht von ihm trennen. Wir stehen weder besser noch schlechter vor Gott, ob wir nun solches Fleisch essen oder nicht. Es gibt nur eines, das ihr beachten müsst, und das gebietet uns die Liebe: Achtet auf die unter euch, die im Glauben noch auf schwachen Füßen stehen. Stellt euch vor, dass einer von ihnen euch in einem der Vorhöfe eines heidnischen Tempels beim Essen sieht. Ihr habt, dank eurer fortgeschrittenen Erkenntnis, nicht die geringsten Probleme damit. Der Bruder oder die Schwester aus eurer Gemeinde aber, der das nicht einordnen kann, wird durch euch in einen schweren Gewissenskonflikt gestürzt. Ja, es kann durchaus sein, dass so jemand die Nachfolge Jesu aufgibt, weil er euer Verhalten nicht mit dem vereinbaren kann, was er weiß. So würde jemand, für den Jesus gestorben ist, wieder in sein altes unerlöstes Dasein zurückfallen. Wenn ihr auf diese Weise an eurer Schwester oder eurem Bruder schuldig geworden seid, weil ihr sein empfindliches Gewissen verletzt habt, dann habt ihr euch an Jesus selbst versündigt. Für mich persönlich bin ich deshalb zu dem Schluss gelangt: Ich werde lieber in alle Ewigkeit kein Fleisch mehr essen, falls das Essen von Opferfleisch jemanden zu Fall bringt, als den Glauben meiner Schwester oder meines Bruders zu gefährden.

Alles einsetzen, um viele für Jesus zu gewinnen (9,1–14)

9 Es gibt noch etwas, auf das ich näher eingehen möchte. Es gibt einige, die das Gerücht verbreiten, ich würde für meinen Dienst ordentlich Geld einstecken. Gegen diese Unterstellung muss ich mich verwehren.

Sagt selbst, wie habt ihr mich erlebt? Bin ich nicht frei unter euch aufgetreten? Klar erkennbar als ein Apostel, der selbst Jesus begegnet ist? Auch wenn andere sagen, es sei nicht wahr – ihr wisst, dass ich wirklich ein Apostel bin. Ihr selbst seid die Bestätigung für meinen Dienst, den ich im Namen Jesu an euch getan habe. So sehe ich mich gezwungen, mich im Folgenden gegen diese Angriffe zu verteidigen: Zunächst einmal: Haben wir nicht das Recht, zu essen und zu trinken? Würde etwas dagegen sprechen, wenn wir, wie die anderen

Apostel und die Brüder des Herrn auch, eine Frau hätten, die mit uns reist? Selbst Kephas nimmt dies ganz selbstverständlich für sich in Anspruch. Wie kommen diese Leute darauf, dass ausgerechnet Barnabas und ich nicht das Recht haben sollten, von den Gemeinden unterstützt zu werden, denen wir dienen? Welcher Soldat zieht denn in den Krieg und bezahlt auch noch dafür? Oder wer pflanzt einen Weinberg, ohne auch nur eine einzige Traube zu genießen? Wer weidet eine Herde, ohne sich von ihrer Milch zu ernähren? Sind das nur meine sehr menschlichen Überlegungen oder gibt uns die Heilige Schrift nicht auch einen klaren Hinweis zu dieser Frage? Im Gesetz des Mose finden wir die folgende Stelle: „Du sollst einem Ochsen, der drischt, nicht einen Maulkorb anlegen."* Glaubt ihr, dass Gott diese Vorschrift nur aus Sorge um die Ochsen in sein Gesetz aufnehmen ließ? Mit Sicherheit bezieht sich ein solcher Satz auch auf die, die sich in seinem Dienst abmühen. Auch eine andere Stelle könnte man hier heranziehen: „Ein Mensch, der pflügt oder drescht, soll es in der Hoffnung tun dürfen, dass er auch Anteil an der Ernte bekommt." Wenn wir also unter euch geistliche Gaben gesät haben, wäre es dann zu viel verlangt, wenn ihr uns dafür Gaben zurückgebt, die unserem leiblichen Wohl dienen? Wenn andere bei euch dieses Recht in Anspruch nehmen, müssten wir da nicht an erster Stelle kommen? Vielleicht haben die Leute, die uns dieses Recht streitig machen, vergessen, dass alle, die in einem Tempel Dienst tun, von den Gaben essen, die in den Tempel gebracht werden, und alle, die ständig an den Opferaltären arbeiten, sich das Fleisch teilen, das vom Altar anfällt.

---

* 5. Mose 25,4

Selbst Paulus rechnet mit Lohn, fragt sich nur, mit welchem (9,15–27)

Nun ist es aber so, dass wir von diesem Recht in keiner Weise Gebrauch gemacht haben. Im Gegenteil: Wir haben doppelte Belastung und Not ertragen, um nur ja nicht die Verkündigung der Frohen Botschaft von Christus zu beeinträchtigen. Nein, ich habe mir nichts von dem erbeten, was mir eigentlich zugestanden hätte. Und habt keine Sorge: Ich habe euch das jetzt nicht geschrieben, damit ihr mich in Zukunft dementsprechend versorgt. Lieber würde ich sterben, als die Ehre zu verlieren, niemals etwas für meine Verkündigungsdienste genommen zu haben. Denn wenn ich die Frohe Botschaft gegen Bezahlung verkündigen würde, wäre mein ganzer Verdienst bei Gott infrage gestellt. Nein, ich kann gar nicht anders: Ich muss die Frohe Botschaft weitergeben. Wehe mir, wenn ich es nicht täte! Ich gebe sie also aus freiem Willen und ohne Bezahlung weiter. Deshalb darf ich auch einen entsprechenden Lohn bei meinem Herrn erwarten. Täte ich es dagegen nur unter Druck oder gegen Bezahlung, dann wäre ich nichts anderes als eine Art Verwalter. Was ist also mein eigentlicher Lohn? Dass ich die Frohe Botschaft wirklich zu einer frohen Botschaft mache, indem ich sie von allen Nebeninteressen frei halte. Dafür verzichte ich gerne auf mein Recht, durch die Verkündigung des Evangeliums auch meinen Lebensunterhalt zu bestreiten.

Weil ich also von allem frei sein wollte und von niemandem abhängig, habe ich mich zum Sklaven aller gemacht, damit ich möglichst viele Menschen für Jesus gewinnen kann: Für die Juden bin ich ein Jude geworden, damit ich die Juden für Christus erreiche. Für diejenigen, die auf die strenge Einhaltung des mosaischen Gesetzes achten, bin ich jemand geworden, der genauso die Gesetze einhält, obwohl er durch Christus längst von dem Zwang des Gesetzes befreit wurde. Warum? Um auch diese Menschen zu Jesus zu führen. Genauso habe ich mich gegenüber den nichtjüdischen Völkern verhalten, die sich nicht an das Gesetz gebunden fühlen: Für sie wurde ich wie einer von ihnen, um sie unter das Gesetz Jesu zu bringen. Ich bin für die Anfänger im Glauben ein Anfänger geworden, um sie zu gewinnen. Allen bin ich alles geworden, um wenigstens einige zu retten. Das alles habe ich gern getan, weil es mich an der Frohen Botschaft Jesu teilhaben lässt.

Ihr wisst doch, dass bei einem Wettkampf in einem Stadion zwar alle laufen und das Letzte geben, aber nur einer den Siegespreis erhält. Also strengt euch an und lauft, damit ihr ihn bekommt! Jeder, der sich auf einen großen Wettkampf vorbereitet, lebt diszipliniert und verzichtet auf vieles, das andere sich leisten können. Athleten tun dies, um einen Siegeskranz zu erringen, der doch irgendwann verwelkt. Wir dagegen strengen uns an, weil es um einen Siegespreis geht, der unvergänglich ist. Ich laufe daher nicht einfach blindlings durch die Gegend, und ich schlage als Boxer auch nicht einfach nur in die Luft, sondern ich trainiere meinen Körper und lerne, mich zu beherrschen, damit ich nicht eines Tages wie ein Wegweiser dastehe, der zwar anderen die Richtung gezeigt hat, selbst aber nie am Ziel angekommen ist.

Es macht Sinn, aus der Geschichte zu lernen (10,1–13)

10 Ich möchte euch in diesem Zusammenhang noch einmal die Geschichte unserer Vorväter in Erinnerung rufen. Ihr wisst, wie das auserwählte Volk der Wolke folgte und durch das Meer zog, wie alle durch die Wolke und die Durchquerung des Schilfmeeres eine Art Taufe empfingen, die Mose an ihnen vollzog; wie sie Brot aßen, das vom Himmel herabkam, und Wasser tranken, das aus einem Felsen sprudelte. Das alles sind Symbole für eine geistliche Wirklichkeit, dass nämlich damals schon Jesus bei ihnen war. Trotzdem hielt das Volk sich nicht an Gott, sondern lehnte sich auf, sodass unzählige von ihnen in der Wüste umkamen. Nur an ganz Wenigen konnte Gott seine Freude haben. Sie waren es, die das Gelobte Land erreichten.

Diese Geschichte wurde nicht zuletzt auch deshalb aufgeschrieben, um uns heute wichtige Dinge zu lehren: Wir müssen lernen, die bösen Wünsche in uns zu beherrschen und das zu tun, was die Israeliten damals nicht fertigbrachten. Als sie genug davon hatten, einem Gott zu folgen, der nicht sichtbar ist, wurden sie zu Götzendienern und schufen sich ihren eigenen Gott. Die Schrift schildert uns, wie das Volk sich niederließ, ein gewaltiges Gelage veranstaltete und dann anfing, vor dem selbstgemachten Gott herumzutanzen. Seid also gewarnt und begebt euch nicht einmal in die Nähe eines Götzenkultes. Auch sollt ihr keine Huren aufsuchen, denn als die Söhne Israels damals mit solchen Dingen anfingen, kamen an einem einzigen Tag dreiundzwanzigtausend von ihnen ums Leben. Und lasst uns uns nicht gegen die Art und Weise auflehnen, wie Jesus uns führt. Damals haben sich viele gegen Gottes Führung aufgelehnt und starben durch den Biss von Giftschlangen. Überhaupt waren die Israeliten schnell bereit, lautstark ihrem Unmut über Gott Luft zu machen. Viele von ihnen kamen durch den Verderber um. Die Menschen von damals erlebten diese Dinge, damit wir heute davon lernen und in gewisser Weise gewarnt sind. Denn uns steht das Ende der Zeiten unmittelbar bevor. Wer also meint, er würde vor Gott einen sicheren Stand haben, der soll nur ja aufpassen, dass er nicht hinfällt. Wenn überhaupt, dann wart ihr bis jetzt nur mit Versuchungen konfrontiert, die noch ein gewisses menschlich zu verkraftendes Maß hatten. Aber auch in Zukunft dürft ihr Gott vertrauen, der treu ist und nicht zulassen wird, dass die Prüfungen eure Kräfte übersteigen. Im Gegenteil, er wird jeder Versuchung ein Ende bereiten, sodass ihr sie bestehen könnt.

Folgenschweres Essverhalten (10,14–33)

Trotzdem oder gerade deshalb, meine lieben Schwestern und Brüder, meidet alles, was euch in die Nähe eines Götzendienstes bringt. Ich bin froh zu wissen, dass ihr versteht, um was es mir geht. Aber urteilt selbst: Wenn wir das Abendmahl feiern und aus dem einen Kelch trinken, verbindet uns dann dieser Kelch nicht mit dem Blut Christi? Und das Brot, das wir brechen, schenkt es uns nicht Gemeinschaft mit dem Leib Christi? Weil es nur ein Brot ist, sind wir, egal, wie viele von dem einen Brot essen, letztlich doch nur ein Leib. Oder denkt einmal an das, woran jeder Israelit wie selbstverständlich glaubt: dass nämlich jeder, der vom Fleisch des Opfers isst, auch Anteil an dem Segen hat, der von dem Opferaltar ausgeht. Warum ich das erwähne? Weil es beim Götzenopfer einen ähnlichen Zusammenhang gibt. Ich will damit nicht sagen, es gäbe hinter dem Götzenbild einen Gott, der dem Opferfleisch Segenskräfte verleihen könnte. Nein, das ganz bestimmt nicht. Aber es ist nicht auszuschließen, dass hinter manchen heidnischen Götzen in Wirklichkeit Dämonen stecken. Solche Opferfeiern gelten also nicht nur irgendwelchen erfundenen Göttern, sondern sehr realen Dämonen. Versteht ihr nun, dass ich nicht möchte, dass ihr euch in irgendeiner Weise in deren Machtbereich aufhaltet?! Ihr müsst einsehen, dass ihr nicht das eine Mal aus dem Kelch unseres Herrn und dann wieder aus dem Kelch irgendeines Dämonen trinken könnt. Ihr könnt also nicht das Mahl des Herrn feiern und euch anschließend in einem der heidnischen Tempel zum Essen niederlassen. Welchen Zweck verfolgt ihr damit? Wollt ihr den Herrn dadurch etwa eifersüchtig machen? Meint ihr allen Ernstes, dass ihr euch so etwas erlauben könnt?

Ihr sagt: „Alles ist erlaubt!" Mag sein, aber nicht alles ist deshalb auch schon gut. Alles ist erlaubt, aber nicht alles fördert die Gemeinde. Niemand von euch sollte nur auf seinen Vorteil bedacht sein, sondern er bemühe sich darum, immer auch an den anderen zu denken.

Wenn ihr also kein Opferfleisch essen wollt, sondern auf dem Fleischmarkt Fleisch kauft, braucht ihr keine sorgfältigen Untersuchungen darüber anzustellen, ob das eine oder andere Stück nicht doch vom Tieropfer aus einem der heidnischen Tempel stammt. So etwas muss euer Gewissen nicht mehr belasten. Denn dem Herrn gehört die ganze Welt und alles, was in ihr ist. Er hat auch die Macht, alles, was irgendwie mit dem Götzendienst in Berührung kam, für uns in jeder Hinsicht genießbar zu machen. Wenn ihr also von einem Ungläubigen zum Essen eingeladen werdet, und ihr wollt gern der Einladung folgen, dann macht euch keine Gedanken darüber, woher das Fleisch stammen könnte, das man euch vorsetzt. Wenn euch natürlich jemand sagt, dies sei Götzenopferfleisch, dann rührt es nicht an, damit derjenige, der euch darauf hingewiesen hat, ins Nachdenken kommt. Nun fragt sich vielleicht der eine oder andere von euch, warum er seine Freiheit opfern soll, nur damit sich bei einem Ungläubigen so etwas wie das Gewissen rührt. Warum soll man mir denn einen Vorwurf machen, wenn ich etwas mit Dank genieße?

Der Grund liegt darin, dass unser Leben immer mehr von der Liebe geprägt werden soll. Selbst wenn wir essen oder trinken oder etwas anderes tun, müssen wir uns fragen, ob dadurch Gott verherrlicht wird. Wenn wir darauf achten, dass wir durch das, was wir essen, weder einen Juden vor den Kopf stoßen noch einen Nichtjuden beleidigen, wenn wir in unserem Handeln immer auch daran denken, ob es die Gemeinde fördert oder ihr schadet, dann verherrlichen wir Gott durch unser Verhalten. Wer so lebt, dem geht es nicht mehr um den eigenen Vorteil, sondern darum, dass er möglicherweise viele durch sein Verhalten für Gott gewinnen könnte.

Regeln für das Zusammenleben in der Gemeinde – ein Zeitgemälde (11,1–16)

11 Folgt meinem Vorbild, so wie ich dem Vorbild von Jesus folge!

Ich freue mich darüber, dass ihr bei allem nach dem fragt, was ich euch anvertraut habe. Ihr haltet wirklich treu an der Lehre fest, die ihr von mir empfangen habt. Einen Punkt möchte ich jedoch noch einmal besonders hervorheben: Ihr wisst, dass Gott der Vater das Haupt Christi, dass Christus seinerseits das Haupt des Mannes, der Mann aber das Haupt seiner Frau ist. Jeder Mann, der betet oder prophetisch spricht und dabei etwas auf dem Haupt trägt, zeigt damit, dass er keine Ehrfurcht vor seinem Haupt hat – vor Christus. Umgekehrt gilt: Wenn eine Frau beim Gebet oder wenn sie in der Gemeinde prophetisch redet, ihr Haupt nicht bedeckt hält, dann erweist sie damit ihrem Mann keine Ehre. Denn dann zeigt sie sich so in der Öffentlichkeit, als würde sie nicht mehr seine Frau sein wollen; wie eine Frau, die ihre Haare nach Männerart kurz schneiden lässt. Konsequent wäre es also, wenn eine Frau, die ihren Mann nicht als ihr Haupt respektiert, nicht nur die Kopfbedeckung weglässt, sondern sich auch eine Männerfrisur zulegt. Wenn ihr das aber zu peinlich ist, dann sollte sie ihren Kopf in der Gemeinde bedeckt halten.

Für uns ist es undenkbar, dass ein Mann, der etwas von dem Glanz widerspiegeln soll, dass Jesus Christus sein Haupt ist, beim Beten seinen Kopf bedeckt. Ähnlich ist es mit der Frau – nur sollte sie ihren Kopf bedecken, weil sie damit zeigen kann, dass sie gern ihren Mann als Haupt der Familie anerkennt. Natürlich könnte man auch auf der Grundlage der Heiligen Schrift argumentieren, dass die Frau aus der Seite des Mannes genommen wurde und nicht umgekehrt, dass sie also für den Mann geschaffen wurde und nicht umgekehrt. Doch jeder von uns weiß, es gibt keine Frau ohne einen Mann und keinen Mann ohne eine Frau. Denn so wie die Frau vom Mann abstammt, so stammt auch der Mann von der Frau ab. Beide aber kommen von Gott und sind in Christus eins.

Für mich ist der entscheidende Grund, warum eine Frau ihren Kopf bedecken soll, der, dass sie damit auch gegenüber der geistlichen Welt ein Zeichen setzt: Sie hat sich freiwillig unter den machtvollen Schutz ihres Mannes gestellt, wenn sie in der Gemeinde betet oder prophezeit. Aber urteilt selbst! Ist es für euch in Ordnung, dass eine Frau in euren Gottesdiensten unverhüllt zu Gott betet? Für mich selbst entspricht es der natürlichen Ordnung, dass die Sitte, den Kopf dabei bedeckt zu halten, sinnvoll ist. Wenn nämlich ein Mann seine Haare lang trägt, dann ist das für ihn eine Schande, während es andererseits bei der Frau so ist, dass zu ihr ganz selbstverständlich langes Haar gehört. Die Natur selbst hat ihr so etwas wie einen natürlichen Kopfschleier gegeben. Wenn aber jemand meint, diese ganze Angelegenheit völlig anders sehen zu müssen, dem möchte ich nur zu bedenken geben, dass wir es nicht gewohnt sind, verheiratete Frauen bei den Gemeindeversammlungen unverhüllt beten zu lassen. Er wird so etwas in keiner der Gemeinden Gottes vorfinden.

Was ein Apostel als unerträglich empfindet (11,17–22)

Wenn es nach mir ginge, könntet ihr über das eben Gesagte unterschiedlicher Meinung sein. Worin ihr aber ganz sicher die Grenze überschritten habt, ist die Art und Weise eurer Zusammenkünfte. Hieran finde ich nicht den geringsten positiven Aspekt. Mir wurde berichtet – und ich sehe keinen Grund, das grundsätzlich anzuzweifeln –, dass bei euren Zusammenkünften gestritten wird, ja, dass es bei euch zu regelrechten Spaltungen gekommen ist. Irgendwie musste es bei euch ja zu solchen Vorgängen kommen, damit deutlich wird, wer von euch sich wirklich bewährt und dem Geist Jesu folgt. Das ist das eine. Noch schlimmer ist jedoch, wie ihr zusammenkommt, um das Mahl des Herrn zu feiern. So, wie ihr es praktiziert, ist es eigentlich unerträglich. Jeder fängt sofort an, das zu essen, was er mitgebracht hat; wer etwas später in die Gemeinde kommt oder nichts mitbringen konnte, den lasst ihr einfach hungrig herumsitzen, während ihr bereits satt und oft sogar schon betrunken seid. Wenn ihr schon so hungrig seid, könnt ihr dann nicht zu Hause essen und trinken und erst danach zur Gemeinde gehen? Oder ist es euch letztlich völlig gleichgültig, wie es den anderen in der Gemeinde geht? Warum verletzt ihr die, welche nicht genug haben, um etwas zum gemeinsamen Mahl beitragen zu können? Was das anbelangt, fehlen mir einfach die Worte! Erwartet nicht auch noch, dass ich euch dafür lobe.

Was braucht es, um am Tisch des Herrn Platz nehmen zu können? (11,23–34)

Denn was ich an euch weitergegeben habe, ist das, was ich vom Herrn selbst empfangen habe. Der Herr Jesus nahm in der Nacht, in der er ausgeliefert wurde, das Brot, sprach das Dankgebet, brach es und sagte dabei: „Das ist mein Leib für euch. Dies tut zur Erinnerung an mich." Ebenso nahm er nach dem Mahl auch den Kelch und sagte: „Dieser Kelch ist der neue Bund in meinem Blut. Dies tut, so oft ihr trinkt, um euch an mich zu erinnern. Jedes Mal, wenn ihr von dem Brot esst und aus dem Kelch trinkt, verkündigt ihr, was der Herr durch seinen Tod für uns getan hat, bis er wiederkommt."

Daher solltet ihr euch einer Sache bewusst sein: Wer dieses Brot isst und aus dem Kelch des Herrn trinkt, durch sein Verhalten aber zeigt, dass er mit Jesus eigentlich gar nichts zu tun haben will, der wird schuldig am Leib und Blut unseres Herrn. Darum soll sich jeder ernsthaft prüfen, bevor er vom Brot isst und aus dem Kelch trinkt. Denn wer sich nicht bewusst ist, dass er hier in besonderer Weise dem lebendigen Jesus Christus begegnet, der zieht sich durch sein Essen und Trinken das Gericht Gottes zu. Deswegen gibt es unter euch auch so viele Schwache und Kranke. Und nicht wenige sind bereits gestorben. Wenn wir uns jedoch selbst richtig beurteilen und dem Erbarmen Gottes unterstellen würden, kämen wir gar nicht erst ins Gericht. So bleibt dem Herrn nichts anderes übrig, als uns zu züchtigen, damit wir nicht zusammen mit der gottlosen Welt verurteilt werden. Darum, meine lieben Schwestern und Brüder, wartet doch aufeinander, wenn ihr zum Essen zusammenkommt! Wenn jemand wirklich sehr hungrig ist, kann er doch zu Hause schon etwas essen. Schließlich soll euch das Mahl des Herrn doch keine Strafe bringen. Was ich euch sonst noch dazu sagen möchte, werde ich mit euch besprechen, wenn ich wieder bei euch bin.

Gottes Geist will uns befähigen, zu tun, was Jesus tat (12,1–5)

12 Liebe Schwestern und Brüder, es gibt noch etwas, über das ich mit euch reden möchte, weil ich nicht will, dass ihr in diesem Punkt unsicher seid. Es geht um die geistlichen Gaben. Erinnert euch daran, wie es euch immer wieder zu den stummen Götzenbildern hingezogen hat, bevor ihr Christen wurdet. Ja, wie ihr regelrecht hingerissen wart. Heute erlebt ihr eine ganz ähnliche Faszination in euren Gottesdiensten, sodass sich mancher sicher schon die Frage gestellt hat, ob euch nicht die alten Kräfte des Götzenkultes wieder ergriffen haben. Doch ich kann euch ein klares Unterscheidungsmerkmal nennen: Wenn jemand vom Heiligen Geist erfüllt ist, kann er unmöglich sagen: „Verflucht sei Jesus." Das Gleiche gilt auch für das Gegenteil: Niemand kann von ganzem Herzen bekennen, dass Jesus der Herr ist, wenn nicht der Heilige Geist in ihm lebendig ist.

Je mehr Einheit herrscht, desto unterschiedlicher können die Gaben des Geistes sein (12,6–31)

Natürlich gibt es zwischen den verschiedenen Gnadengaben Unterschiede, aber es ist derselbe Geist, der sie schenkt. Auch gibt es in den Gemeinden die unterschiedlichsten Aufgaben, doch nur einen Herrn, wie es auch sehr verschiedene Wunderkräfte gibt, die aber allesamt durch den einen Gott geschehen, der alles in allen bewirkt. Jedem offenbart der Heilige Geist aber nur so viel, wie er braucht und wie ihm von Nutzen ist. Dem einen verleiht er die Gabe, wirklich weise zu reden, einem anderen die Gabe der Erkenntnis. Derselbe Geist schenkt dem einen besondere Glaubenskraft, dem anderen die Gabe, Kranke zu heilen; dem einen verleiht er besondere geistliche Kräfte, sodass er imstande ist, für Gott große Dinge zu tun, dem anderen schenkt er die Fähigkeit, prophetisch zu reden. Einige Menschen erhalten von ihm die Gabe, zu erspüren, welcher Geist in einer Gruppe oder bei einzelnen Menschen am Werk ist, andere verschiedene Arten der Zungenrede*, wobei der Geist immer auch Geschwister begabt, eine solche Rede auszulegen. Alles das bewirkt ein und derselbe Geist, der jedem genau das zuteilt, was er für ihn vorgesehen hat.

Es ist wie im menschlichen Körper. Dieser hat zwar viele Glieder, aber obwohl es so viele sind, bilden erst alle zusammen einen Leib. So ist es auch in der Gemeinde, dem Leib Christi. Denn wir sind ja durch den einen Geist in der Taufe zu einem Leib zusammengefügt worden, wobei es keine Rolle gespielt hat, ob wir Juden oder Nichtjuden waren, Sklaven oder freie Bürger. Wir sind alle mit dem einen Geist erfüllt worden. Und so wie der Leib auch nicht nur aus einem Glied besteht, so besteht die Gemeinde aus sehr vielen und sehr unterschiedlichen Gliedern. Könnt ihr euch vorstellen, dass der Fuß plötzlich sagt: „Weil ich keine Hand bin, will ich nichts mit dem Leib zu tun haben?" Würde er deswegen aufhören, ein Teil des Leibes zu sein? Oder wenn das Ohr sich mit einem Mal nicht mehr zum Leib gehörig fühlte, weil es nicht das Auge ist – deswegen gehört es trotzdem weiter zu diesem einen Leib. Denn was wäre das für ein Leib, wenn er nur aus Augen bestehen würde – wo bliebe da das Gehör?! Oder wenn der Leib nur hören könnte – wie könnte der Mensch dann noch Gerüche wahrnehmen? Nun hat aber Gott die Glieder und Organe eines Menschen so zusammengefügt, das keines ohne das andere auskommt. Wenn alles nur ein Körperteil oder ein Organ wäre, gäbe es einfach keinen Leib. Es gibt also nur einen Leib, weil es viele Glieder und Organe gibt, die zusammenwirken. So kann das Auge unmöglich zur Hand sagen: „Ich brauche dich nicht", oder der Kopf zu den Füßen: „Ich komme ohne euch aus." Es ist sogar so, dass die Glieder und Organe, die stärker im Verborgenen für den ganzen Leib da sind, geradezu lebensnotwendige Aufgaben verrichten. Wir spüren dies instinktiv, indem wir gerade auch die Körperteile mit besonderer

---

* Paulus spricht hier ein Phänomen an, das im Griechischen *Glossolalie* genannt wird, die im Deutschen mit Begriffen wie „verzückte Rede", „Sprachengebet", „Zungenrede", „Reden in fremden Sprachen" usw. bezeichnet wird.

Sorgfalt bekleidet halten, die in der Öffentlichkeit zu zeigen als unanständig gelten würde. Eine solche Aufmerksamkeit haben unser Gesicht, unsere Hände oder Füße nicht nötig.

Gott hat nun unseren Leib so zusammengefügt, dass kein Organ und keines der Glieder sich benachteiligt fühlen muss, weil es diese oder jene Funktion ausübt, die in unseren Augen weniger bedeutend oder sogar unansehnlich ist. Manche Organe, die im Verborgenen ihren Dienst tun, hat er sogar mit besonderer Ehrerbietung umgeben, damit im Körper keine Uneinigkeit entsteht. Es ist doch vielmehr so: Wenn eines der Glieder leidet, leiden alle anderen mit; wenn es dagegen geehrt wird, freut sich der ganze übrige Leib darüber.

Haltet euch dieses Bild vor Augen, denn ihr bildet zusammen den Leib Christi, als Einzelne aber seid ihr Glieder an ihm. Das heißt, dass die verschiedenen Dienste in der Gemeinde den verschiedenen Aufgaben der Glieder und Organe in einem Leib entsprechen. Darum hat Jesus Apostel eingesetzt, Propheten, Lehrer, dann Personen, die die besondere Gabe haben, Wunder zu vollbringen oder Kranke zu heilen, wieder andere, die mehr im Hintergrund dienen, während andere die Begabung erhalten haben, einzelne Gruppen zu leiten. In diesem Leib gibt es auch viele, die in Sprachen beten. Ihr seht es ja selbst: Sind etwa alle Apostel? Sind alle Propheten oder Lehrer? Haben etwa alle die Fähigkeit, Wunder zu vollbringen oder Kranke zu heilen? Beten alle in anderen Sprachen oder können alle eine solche Zungenrede auslegen? Natürlich nicht. Alle wirken zusammen, damit der Leib lebendig wird. Wenn ihr etwas tun wollt, dann nur dieses: Strebt nach den größeren Gnadengaben!

Doch ich möchte euch etwas zeigen, das weit über das hinausgeht, was ihr gerade gelesen habt.

Egal, was wir denken, reden, tun: Es kommt allein auf die Liebe an (13,1–13)

13 Wenn ich alle Sprachen der Menschen und sogar der Engel spreche, aber keine Liebe habe, dann bin ich nichts als ein dröhnender Gong oder ein schepperndes Becken.

Und wenn ich die Gabe der Prophetie und der Erkenntnis habe und alle Geheimnisse kenne, wenn ich die Glaubenskraft besitze, Berge zu versetzen, aber in mir keine Liebe ist, dann bin ich ein Nichts.

Selbst wenn ich alles hergebe, was ich besitze, und sogar noch mein Leben, worauf ich eigentlich stolz sein könnte – wenn das alles ohne Liebe geschieht, nützt es mir gar nichts.

Die Liebe hat einen langen Atem und ist voller Güte.

Sie ist nicht eifersüchtig und spielt sich nicht auf.

Die Liebe hat nichts Angeberisches oder etwas, das das Empfinden anderer Menschen verletzt.

Sie schaut nicht auf ihren Vorteil und lässt sich auch durch nichts provozieren.

Sie trägt das Böse nicht nach, erst recht freut sie sich nicht darüber, wenn anderen Unrecht geschieht.

Die Liebe freut sich allerdings sehr über die Wahrheit. Sie erträgt alles, sie glaubt alles, sie erhofft alles – ja, sie erduldet alles.

Die Liebe hört niemals auf. Es wird einmal eine Zeit kommen, in der es keine prophetische Rede mehr geben wird, kein Sprachengebet, keine Gabe der Erkenntnis. Noch erkennen wir die Wirklichkeit nur teilweise und unsere prophetische Rede ist nur Stückwerk. Wenn aber das Vollkommene erscheint, dann verschwindet alles Bruchstückhafte. Als ich noch ein Kind war, redete und dachte ich wie ein Kind und beurteilte alles nach meinem kindlichen Horizont. Als ich ein Mann geworden war, legte ich dieses Kindhafte ab. Was wir jetzt erkennen können, ist etwas Rätselhaftes, das wir wie in einem Spiegel verzerrt wahrnehmen.

Aber es kommt der Tag, da werden wir ihm, unserem Herrn, von

Angesicht zu Angesicht gegenüberstehen. Noch muss ich mich damit zufrieden geben, dass ich immer nur einzelne Stücke erkennen kann. Dann aber werde ich ihn so erkennen, wie ich jetzt schon von ihm erkannt worden bin. Für diese Zeit bleiben uns Glaube, Hoffnung und Liebe, diese drei.

Das Größte aber unter ihnen ist die Liebe.

Die Gaben des Geistes im alltäglichen Gemeindeleben (14,1–40)

14 Bemüht euch also in allem um die Liebe, doch hört auch nicht auf, euch mit allem Eifer nach den geistlichen Gaben auszustrecken. Vor allem geht es mir da um die Gabe der Prophetie. Wenn jemand in fremden Sprachen redet, spricht er nicht zu Menschen, sondern direkt zu Gott. Niemand kann ihn verstehen; geheimnisvoll ist, was sich zwischen ihm und Gott abspielt. Wer dagegen prophetisch redet, spricht unmittelbar zu den Menschen. Dadurch erfahren Einzelne Ermahnung und Zuspruch und die Gemeinde als Ganzes wird auferbaut. Wer in Sprachen betet, baut nur sich selbst auf; wer aber prophetisch redet, dient der gesamten Gemeinde. Natürlich wünsche ich mir, ihr würdet alle in Sprachen beten, aber noch lieber sähe ich es, wenn ihr alle prophetisch reden würdet. Denn man muss die Gabe der Prophetie einfach höher einschätzen als das Sprachengebet, weil sie eine besondere Rolle bei der Stärkung der Gemeinde spielt. Das vermag das Sprachengebet nur zu bewirken, wenn jemand da ist, der es auslegt, damit die Gemeinde dadurch auferbaut wird.

Vielleicht muss ich euch, Schwestern und Brüder, den Unterschied noch anders deutlich machen. Stellt euch vor, ich würde zu euch kommen und nur in Sprachen reden. Was hättet ihr wohl davon? Wäre es euch nicht bei Weitem lieber, ich würde euch irgendeine Erkenntnis, eine prophetische Eingebung oder eine bescheidene kleine Lehre mitteilen? Oder anders ausgedrückt: Wenn sich eine Flöte in ihrem Klang nicht von einer Zither unterscheiden lassen könnte, wie würdet ihr jemals merken, welches Instrument gerade gespielt wird? Oder wenn der Trompeter eines Heerlagers ein Signal gibt, das niemand kennt oder das zu unklar ist, meint ihr, auch nur ein Einziger würde sich in Kampfausrüstung auf den Appellplatz begeben? So ist es auch mit dem Reden in anderen Sprachen. Wenn es keine verständlichen Worte sind, die da jemand von sich gibt, wie soll er dann von den anderen verstanden werden?! Alles, was ihr da sagt, ist in den Wind gesprochen. Es gibt doch so viele Sprachen auf der Welt und jede kann von anderen verstanden werden. Wenn ich natürlich die Bedeutung der Worte nicht kenne, wird derjenige, der mich in dieser fremden Sprache angesprochen hat, für mich ein Ausländer sein. Umgekehrt ist es natürlich genauso.

Macht euch also nicht durch ein unausgelegtes Sprachengebet in eurer eigenen Gemeinde zu so etwas wie Ausländern. Ich weiß, dass ihr mit ganzer Hingabe nach all den Geistesgaben strebt, die eure Gemeinde auferbauen. Bemüht euch darum, dass ihr sie wirklich in Fülle habt.

Darum soll der, der in anderen Sprachen betet, Gott bitten, dass er oder ein anderer das Gesprochene auslegen kann. Denn wenn ich in Sprachen bete, habe ich mit dem Verstand keinen Zugriff auf das, was ich sage.

Was folgt aus all dem? Ich kann mit meinem Verstand beten und ich kann in Sprachen beten; ich kann im Geist singen und ich kann Lieder singen, die einen Text haben, den ich verstehe. Es ist natürlich schon so: Wenn du, erfüllt vom Heiligen Geist, in Sprachen Gott lobst und anbetest, wie soll jemand, der überhaupt nicht weiß, was du da machst, zu deinem Gebet „Amen" sagen? Er versteht ja nichts von dem, was du Gott sagst. Dein Dankgebet kann noch so großartig sein – wenn der andere kein Wort versteht, hat er nichts davon.

Ich danke Gott, dass ich mehr als ihr alle in Sprachen bete, aber wenn ich in einer Gemeindeversammlung bin, möchte ich lieber fünf Worte mit meinem Verstand reden als zehntausend Worte in Sprachen, damit andere auch etwas davon haben.

Meine lieben Schwestern und Brüder, denkt doch nicht wie

kleine Kinder. Unerfahren dürft ihr nur sein in Bezug auf das Böse um euch herum. Nein, ihr sollt lernen, wie reife Erwachsene zu denken. In der Heiligen Schrift findet ihr eine aufschlussreiche Stelle. Gott sagt darin durch den Propheten Jesaja: „Weil sie nicht auf mich hören, werde ich zu diesem Volk Menschen schicken, die eine völlig andere Sprache sprechen."* Darum kann das Sprachengebet für die Ungläubigen der Punkt werden, an dem sich die Geister scheiden. Anders jedoch beim prophetischen Reden. Wenn ihr in der Gemeinde zusammenkommt und alle in Sprachen beten, kann es durchaus sein, dass der Uneingeweihte oder der Ungläubige alles mit den Worten abtut: „Die sind ja verrückt!" Wenn aber der Heilige Geist in einer Gemeinde durch manche Geschwister redet, dann wird mit einem Ungläubigen oder jemandem, der die Gemeinde nicht kennt, etwas ganz anderes passieren: Er wird das Gefühl haben, als würden ihn alle kennen und das Innere seines Herzens würde vor allen offen daliegen. Das kann ihnen ihre Fehlerhaftigkeit vor Augen führen, sodass sie noch im selben Moment vor Gott auf die Knie gehen und ihn anbeten. Die Betreffenden werden stammelnd bekennen: „Gott ist wirklich mitten unter euch!"

Liebe Schwestern und Brüder, wie könnte also eure Zusammenkunft aussehen? Wenn ihr euch versammelt, dann hat jeder von euch etwas zur Erbauung aller beizutragen: der eine einen Psalm, der andere eine Lehre oder Offenbarung, wieder ein anderer ein Sprachengebet, das von jemandem ausgelegt wird. Wenn mehrere in Sprachen reden wollen, dann sollten es höchstens zwei oder drei sein, und das auch noch geordnet der Reihe nach. Wichtig ist dabei, dass auf jeden Fall jemand anwesend ist, der die verschiedenen Beiträge auslegen kann. Falls es niemanden gibt, der diese Gabe besitzt, sollte man in einer Gemeinde auch auf das laut vorgetragene Sprachengebet verzichten. Es wird ja niemand daran gehindert, in seinem Herzen zu Gott in Sprachen zu beten.

Eine ähnliche Regelung schlage ich auch für den Umgang mit

---

* Jesaja 28,11–12

Prophetien vor. Es sollten normalerweise nicht mehr als zwei oder drei prophetisch begabte Menschen reden. Die Gemeinde ist dabei dazu aufgerufen, das Gehörte kritisch zu hinterfragen. Bekommt jemand eine starke Offenbarung, während er in der Gemeinde ist, so soll er zunächst still sein. Er soll ruhig abwarten, bis er an der Reihe ist, damit alle durch seine Offenbarung ermahnt oder ermutigt werden. Die Gabe der Prophetie ist nicht etwas, das den Einzelnen zu einem willenlosen Werkzeug macht, sondern sie ist und kann von dem Betreffenden je nach Möglichkeit eingesetzt werden. Das ist wichtig, denn Gott möchte nicht, dass in unseren Gemeinden alles drunter und drüber geht, sondern alles vom Frieden Christi geprägt ist.

*Es ist in allen Gemeinden Praxis, dass die Frauen in den Gemeindeversammlungen schweigen sollen, denn es ist ihnen nicht erlaubt zu reden; sie sollen sich vielmehr unterordnen, wie es Vorschrift ist. Wenn sie etwas lernen wollen, sollen sie zu Hause ihre eigenen Männer fragen, denn es gehört sich einfach nicht, dass Frauen in der Gemeindeversammlung den Mund auftun. Ist das Wort Gottes etwa von euch gekommen oder zu euch allein gelangt?

Wenn jemand meint, dass er ein Prophet ist, oder wenn er sich für besonders mit dem Heiligen Geist begabt hält, dann wird er in dem, was ich euch geschrieben habe, den Willen unseres Herrn erkennen. Wenn er diesen Willen nicht anerkennt, dann steht auch seine Anerkennung bei Gott auf dem Spiel. Darum, meine lieben Schwestern und Brüder, strebt von ganzem Herzen danach, prophetisch reden zu können, und hindert auch die nicht, die in anderen Sprachen reden. Alles aber geschehe in einer annehmbaren Form und einer vernünftigen Ordnung.

---

* Die drei folgenden Verse sind uneinheitlich in den griechischen Handschriften überliefert und stehen zum Teil später im Kapitel. Da sie Paulus' Aussagen in Kapitel 11 über die aktive Beteiligung der Frauen am Gottesdienst widersprechen, werden sie in der Forschung oft für einen sekundären Einschub gehalten. Solche Einschübe sind in Handschriften nicht selten.

Wie ist das mit dem Leben nach dem Tod? (15,1–58)

15 Liebe Schwestern und Brüder, ich möchte noch einmal auf die Kernaussagen meiner Botschaft zu sprechen kommen, die ich euch verkündet habe. Ihr habt sie nicht nur angenommen, sondern auch euer Leben darauf gegründet, was die Rettung für jeden von euch bedeutet. Natürlich gilt das nur, wenn ihr wirklich an dem Wortlaut dessen festhaltet, was ich euch verkündigt habe, und nicht einfach nur ohne jede eigene Überlegung rein äußerlich den Glauben angenommen habt.

Ihr wart unter den ersten, denen ich verkünden durfte, was auch ich erfahren habe: Christus ist für uns und unsere Schuld gestorben, wie es die Schriften schon Jahrhunderte zuvor angekündigt haben. Er wurde begraben, und auch das hat die Heilige Schrift bereits im Voraus beschrieben: Jesus ist am dritten Tag auferstanden und erschien Kephas, dann allen zwölf Aposteln. Schließlich erschien er über fünfhundert Brüdern auf einmal, von denen die meisten noch am Leben sind. Weiter erschien er Jakobus, dann den Zwölfen auf einmal. Als Allerletztem endlich erschien er auch mir. Ich bin sozusagen so etwas wie eine Fehlgeburt. Kein Wunder, denn ich bin unter allen Aposteln der unbedeutendste und hätte eigentlich nicht einmal verdient, dass man mich Apostel nennt. Immerhin habe ich die Gemeinde Gottes bis aufs Blut verfolgt. Aber durch die Gnade Gottes bin ich, was ich bin. Und seine Gnade war bei mir hoffentlich nicht ganz umsonst. Vielleicht habe ich mich sogar mehr als alle anderen abgemüht, genauer gesagt, nicht ich, sondern die Gnade Gottes mit mir. Doch die Botschaft von der Auferstehung Jesu ist und bleibt dieselbe, gleichgültig, ob ich sie verkündige oder einer der anderen Apostel. Wichtig ist, dass sie zu einem festen Bestandteil eures Glaubens geworden ist.

Wenn es nun zum Kern der Frohen Botschaft von Christus gehört, dass er von den Toten auferstanden ist, wie können dann einige von euch behaupten, es gäbe gar keine Auferstehung von den Toten?! Diese Personen irren sich gewaltig. Denn wenn es keine Auferstehung von den Toten gibt, dann ist auch Christus nicht auferstanden. Und wenn Christus nicht auferstanden ist, dann haben wir nur leeres Zeug geredet, und euer Glaube ist nicht weniger hohl. Außerdem wären wir nur falsche Zeugen, die die Lüge verbreitet hätten, dass Gott Christus vom Tod auferweckt hätte, obwohl er es doch gar nicht getan hat. Nein, wenn die Toten nicht auferstehen, dann ist auch Christus nicht auferstanden; wenn aber Christus nicht auferstanden ist, dann ist euer Glaube nichts wert, und ihr steckt noch bis zum Hals in euren alten Sünden. Auch wären alle die, die im Vertrauen auf Christus gestorben sind, für immer verloren. Wenn wir nur für das jetzige Leben unsere Hoffnung auf Christus setzen, dann wären wir bemitleidenswerte Menschen.

Doch – Gott sei Dank – ist Christus von den Toten auferstanden, und zwar als Erster von unzählig vielen, die schon gestorben sind. Wie durch einen Menschen der Tod in die Welt kam, so ist jetzt auch durch einen Menschen die Auferstehung von den Toten möglich geworden. Denn so, wie seit dem ersten Menschen alle sterben, so werden durch das, was Christus getan hat, alle Menschen wieder lebendig gemacht werden. Und auch da gibt es eine gewisse Ordnung: Zunächst einmal wurde als Erster Christus wieder lebendig. Dann werden alle die ein neues Leben erhalten, die zu Christus gehören, wenn er wiederkommt. Schließlich kommt das Ende der Welt, wenn er die Herrschaft an seinen Vater übergibt. Bis dahin wird der Vater jede widergöttliche Macht, jeden Herrscher und alle Gewalten vernichtend besiegen. Dieser Kampf ist unumgänglich, bis er alle seine Feinde Jesus zu Füßen gelegt hat. Als letzten Feind vernichtet er den Tod, damit Jesus wirklich Herr über alles und jeden sein kann. Wenn es dann endgültig heißt, dass Gott alles unterworfen hat, dann ist klar, dass dieses „alles“ eine Ausnahme kennt: Jesus (der an diesem Kampf maßgeblich beteiligt war). Wenn aber Gott endlich alles unterworfen ist, dann wird sich auch Jesus dem unterwerfen, der ihm alle Feinde unter die Füße gelegt hat. Dann erst und nur so wird Gott allein der Herr sein – der Herr über alles und alle.

Aber es gibt noch ein weiteres Argument für die Auferstehung von den Toten. Was ist mit all denen, die sich stellvertretend für einen Verstorbenen haben taufen lassen? Wenn die Toten nicht auferstehen, warum haben sie sich dann noch für sie taufen lassen? Oder warum setzen wir Tag für Tag unser Leben aufs Spiel? Wofür? Ich sterbe tausend Tode, und das sage ich ganz offen zu euch, auf die ich wirklich stolz bin, weil ihr zu Jesus Christus gehört.

In Ephesus musste ich mich mit aller Kraft gegen eine aufgebrachte Menge zur Wehr setzen. Doch was für einen Sinn hätte das, wenn nach dem Tod eh alles aus ist? Wenn die Toten nicht auferstehen, dann könnten wir genauso gut feiern, essen und trinken, denn morgen sind wir tot.

Lasst euch um alles in der Welt nicht irre machen. Schlechte Freundschaften können einen schlimmen Einfluss auf uns ausüben. Und ihr habt, ich muss es zu eurer Schande sagen, einige sehr schlechte Freunde; Leute, die Gott nicht kennen. Kommt wieder zurück auf den Boden der Tatsachen, und hört auf, euch gegen Gott zu stellen.

Doch es wird einige geben, die sich weiterhin querlegen. Jetzt wollen sie wissen: „Ja, wie soll das denn gehen, von den Toten auferstehen? Was für einen Leib bekommt man denn dann?" Ihr Unverbesserlichen! Wenn ihr Saatkörner ausstreut, kann doch auch nur dann neues Leben sprießen, wenn das alte vorher stirbt. Wenn ihr sterbt, dann ist das wie bei einem nackten Samenkorn, nehmen wir mal an, ein Weizenkorn. Was ihr sät – also euer Körper –, wird nicht das sein, was durch die Auferstehung neues Leben erhält. Wie bei den verschiedenen Samenarten, so wird auch euer Leib einzigartig sein, eben genau der, den Gott jedem Einzelnen zugedacht hat. Schaut, es ist ja auch nicht Körper gleich Körper. Es gibt Menschen, Rinder und Schafe, Vögel und Fische – und jede dieser Lebensformen unterscheidet sich sehr von der anderen. Doch unvorstellbar größer ist der Unterschied zwischen einem irdischen und einem himmlischen Leib. Der Leib, den wir jetzt haben, ist bereits ein Meisterwerk, aber man kann ihn nicht mit dem vergleichen, den wir einmal erhalten werden. Es ist etwa wie der Unterschied zwischen dem Glanz der Sonne und dem Leuchten des Mondes. Oder wie zwischen einem winzigen, unbedeutenden Stern und dem funkelnden Morgenstern. So müsst ihr euch den Leib vorstellen, den ihr bei der Auferstehung erhalten werdet. Ihr sät etwas Vergängliches, doch der Leib, den ihr bei der Auferstehung erhaltet, ist unvergänglich. Ihr sät etwas, das armselig und hinfällig ist, doch zum neuen Leben erwacht etwas Herrliches. Ihr sät etwas, das schwach und anfällig ist, doch auferstehen wird ein Leib voller Kraft und Dynamik. Ihr sät einen irdischen Leib, doch bei der Auferstehung erhaltet ihr einen vom Geist Gottes durchdrungenen Leib. Wenn es einen irdischen Leib gibt, dann gibt es auch einen geistlichen. Wir können hier ruhig noch einmal an das klassische Beispiel denken, das wir in der Heiligen Schrift finden: Adam. Gott schuf den ersten Menschen als ein lebendiges Wesen, aber ganz und gar irdisch. Ihm stellen wir Jesus als den zweiten Adam gegenüber. Nach seiner Auferstehung hatte er einen ganz anderen, geistlichen Leib. Zuerst war also nicht das Geistliche da, sondern zuerst kam das Irdische, dann erst das Geistliche. Adam, der erste Mensch, war von Gott aus Erde erschaffen worden; Christus, der zweite Mensch, kam vom Himmel. Wir sind beides. Zum einen sind wir durch und durch irdisch, wie der erste Mensch es auch war, dann aber tragen wir auch schon das Bild des himmlischen Menschen in uns, sodass wir eines Tages auch wie er einen himmlischen Leib haben.

Liebe Schwestern und Brüder, versteht ihr, was ich euch damit sagen will? Unser vergängliches Fleisch und Blut kann unmöglich das himmlische Erbe antreten. Vergängliche Wesen können nicht etwas erben, das unvergänglich ist. Wir sind auf einen von Gott umgestalteten Leib angewiesen. Ich möchte es noch deutlicher machen, auch wenn das jetzt etwas geheimnisvoll klingt: Es ist möglich, dass Jesus kommt, bevor auch der Letzte von uns gestorben ist. Wer dann noch lebt, stirbt zwar nicht, dessen Leib wird aber völlig verwandelt werden, und zwar in einem einzigen Augenblick. Es ist der Moment, wenn die letzte Posaune geblasen wird und die Toten zu einem unvergänglichen Leben auferstehen. Dann werden alle, die noch leben, verwandelt werden. Es kann – wie gesagt – nicht anders sein, als dass das

Vergängliche das Unvergängliche anzieht, das Sterbliche die Unsterblichkeit. Wenn aber dieses Vergängliche die Unvergänglichkeit anzieht und dieses Sterbliche die Unsterblichkeit, dann hat sich die große Sehnsucht der Heiligen Schrift erfüllt: Endlich ist der Tod für alle Zeiten besiegt! Tod, hast du noch irgendetwas zu melden? Tod, wo ist denn nun dein Stachel, mit dem du die Menschheit gequält hast?! Der Stachel des Todes ist die Sünde, die Sünde aber schöpft ihre Kraft aus dem Gesetz. Gott aber sei in Ewigkeit dafür gedankt, dass er uns den Sieg über das Gesetz, die Sünde und den Tod geschenkt hat!

Daher, meine geliebten Schwestern und Brüder, bleibt unerschütterlich in eurem Vertrauen und hört nicht auf, das zu tun, was Jesus von euch erwartet. Vergesst nie, dass nichts von dem, was ihr für Jesus tut, vergeblich ist!

Abschließende Worte für die Zeit bis zur Rückkehr des Apostels (16,1–24)

16 Was nun die Geldsammlung für die Gemeinde in Jerusalem anbelangt, möchte ich euch den gleichen Vorschlag machen, den ich schon den Gemeinden in Galatien gemacht habe. Das Beste wird sein, wenn ihr, jeder für sich, jeweils am Sonntag etwas zur Seite legt, und zwar so viel, dass ihr es gut verkraften könnt. Dann müssen wir nicht, wenn ich vorbeikomme, so viel Zeit auf eine Sammlung verwenden. Wenn ich wieder bei euch bin, können wir ja einige von denen, die sich bereits bewährt haben, mit Empfehlungsschreiben von mir und eurer Spende nach Jerusalem schicken. Wenn ihr es aber für wichtig haltet, dass ich diese Männer begleite, werde ich mit ihnen reisen.

Ich plane, zu euch zu kommen, nachdem ich noch einmal durch Mazedonien gereist bin. Wenn es möglich ist, würde ich gerne längere Zeit bei euch bleiben, vielleicht sogar den Winter über. Danach kann ich ja dann wohlausgerüstet meine Reise fortsetzen. Ich halte es nämlich nicht für gut, bei euch nur einen kurzen Zwischenstopp einzulegen. Wenn schon, und wenn mir der Herr die Zeit dazu gibt, dann möchte ich längere Zeit bei euch bleiben. Jetzt werde ich erst einmal bis zum Pfingstfest in Ephesus bleiben. Dort hat sich für die Verbreitung des Glaubens eine große Tür geöffnet, allerdings muss ich mich auch mit einer ganzen Reihe von Personen herumschlagen, die erbittert Widerstand leisten.

Wenn Timotheus zu euch kommt, dann achtet bitte darauf, dass er sich bei euch sicher und geborgen fühlen kann. Er steht wie ich mit ganzer Hingabe im Dienst seines Herrn. Nehmt ihn ernst – auch wenn er noch jung ist! Und achtet darauf, dass er mit allem Nötigen versorgt ist, wenn er dann zu mir reist, denn wir alle hier erwarten ihn. Was Apollos betrifft, so kann ich euch nur mitteilen, dass ich ihn immer wieder gebeten habe, euch gemeinsam mit einigen anderen Brüdern aufzusuchen. Er ist offensichtlich der Auffassung, dass es nicht der richtige Zeitpunkt dafür ist, doch sobald die Gelegenheit günstig ist, wird er sich auf den Weg zu euch machen.

Liebe Schwestern und Brüder, was soll ich noch sagen? Seid wachsam, steht fest im Glauben, werdet innerlich stark! Doch alles, was ihr tut, geschehe in Liebe. Dazu gehört auch, dass ihr euch ganz selbstverständlich der Leitung von Stephanas unterordnet. Immerhin waren er und seine Familie die ersten, die sich in Achaia für ein Leben mit Christus entschieden und ihr ganzes Leben in den Dienst an den Glaubensgeschwistern gestellt haben. Achtet alle, die mit ihnen zusammenarbeiten und für euch in der Leitung der Gemeinde dienen. Zurzeit genieße ich es, dass Stephanas, Fortunatus und Achaikus bei mir sind. Sie entschädigen mich ein wenig dafür, dass ich nicht selbst bei euch sein kann. Mit ihnen zusammen zu sein ist auch eine geistliche Freude, wie ihr sicher aus eigener Erfahrung wisst. Verliert nie eure Hochachtung für sie!

Alle Gemeinden hier in der Provinz Asia lassen euch herzlich grüßen. Diesen Grüßen schließen sich ganz besonders Aquila und Priska mit ihrer Hauskirche an. Alle Glaubensgeschwister hier grüßen euch mit einer herzlichen Umarmung. Vergesst nicht, sie aneinander weiterzugeben!

Wenn jemand Jesus nicht liebt: Was für ein Fluch liegt auf einem solchen Leben! Darum beten wir voller Sehnsucht: Maranatha, unser Herr, komme! Die Gnade unseres Herrn Jesus sei mit euch. Und seid gewiss, dass ich euch liebe in der Liebe unseres Herrn Jesus Christus.

Der Brief an die Gemeinden in Galatien

Nichts kann einen Lehrer mehr frustrieren als die traurige Erfahrung, dass seine Schüler letztlich noch nicht begriffen haben, um was es geht. Paulus hatte über viele Monate hinweg auf zwei Missionsreisen Gemeinden in Galatien (im Hochland von Kleinasien) gegründet und unterwiesen. Nicht lange nachdem er weitergezogen war, kamen dort vermutlich einige übereifrige Judenchristen vorbei, die noch nicht verstanden hatten, dass man nicht erst Jude werden muss, um Christus nachzufolgen. Die jungen Christen in Galatien waren hin- und hergerissen. Sie waren ohne jüdische Gesetze zum Glauben gekommen – und nun sollten sie doch erst Juden werden, um Christen sein zu können. Dieser Brief wurde von einem äußerst besorgten Paulus offensichtlich ohne Unterbrechung diktiert. Keinen anderen hat er mit einem zweifachen Fluch begonnen. Ja, er zieht alle Register seiner Überzeugungskraft, um seine Galater wieder in die Freiheit der Kinder Gottes zurückzuführen. Verfasst wurde der Brief um 53 nach Christus in Ephesus.

Begrüßung (1,1–5)

1 Diesen Brief schreibt Paulus an die Gemeinden Galatiens. Herzliche Grüße auch von den Brüdern, die bei mir sind.

Die Gnade und der Frieden von Gott, unserem Vater, und unserem Herrn Jesus Christus sei mit euch! Diesem Jesus, der sich für unsere Sünden geopfert hat und der uns nach dem Willen seines Vaters vor einer Welt bewahren möchte, die böse ist, sei alle Ehre für alle Zeit und Ewigkeit. Amen.

Für das, was ich euch jetzt zu sagen habe, ist es wichtig, dass ihr euch daran erinnert, von wem ich meinen Dienst als Apostel übertragen bekommen habe. Es ist wirklich so: Kein Mensch hat mir den Auftrag gegeben, sondern ich erhielt ihn direkt von Jesus Christus und dem Vater, der ihn von den Toten auferweckt hat.

Kein Brief des Paulus macht den Unterschied zwischen Religion und Christentum deutlicher als dieser (1,6–9)

Ich wundere mich sehr über euch und darüber, dass ihr euch so schnell von dem abgewendet habt, der euch durch die Gnade Christi in seine Nachfolge berufen hat. Ihr habt euch einer anderen Lehre zugewandt, obwohl ihr eigentlich wissen solltet, dass es gar keine andere geben kann. Es gibt nur gewisse Personen, die euch verwirren und der Botschaft von Christus eine völlig andere Bedeutung geben. Aber selbst wenn wir oder ein Engel vom Himmel euch eine andere Botschaft verkünden sollten, die dem widerspricht, was ich euch früher über das Leben mit Jesus beigebracht habe, der sei verflucht! Ich wiederhole noch einmal: Jeder, der euch eine andere Lehre bringen will als die, die ihr durch mich empfangen habt, der sei verflucht!

Paulus macht deutlich, mit welcher Autorität er in dieser Frage Klartext reden darf (1,10–2,10)

Ihr könnt sicher sein, dass ich niemanden, weder Menschen noch Gott, in irgendeiner Weise beeindrucken möchte. Auch rede ich niemandem nach dem Mund. Wenn ich das täte, könnte ich wohl kaum noch im Dienst Jesu stehen. Wenn ich euch also sage, dass die Botschaft, die ich euch verkündet habe, keine menschliche Erfindung ist – denn ich habe sie ja nicht von Menschen erhalten, sondern sie wurde mir direkt durch Jesus Christus selbst offenbart –, dann müsst ihr mir das glauben. Ihr habt doch sicher davon gehört, wie ich mich früher als strenggläubiger, gesetzestreuer Jude verhalten habe. Was meinen Eifer für die väterlichen Überlieferungen anbelangte, übertraf ich meine Altersgenossen um ein Vielfaches. Dadurch erlangte ich auch viel Ansehen unter den führenden Juden. Vor allem, als ich anfing, die Gemeinde Gottes mit allen Mitteln zu verfolgen, und versuchte, sie zu vernichten. Doch Gott hatte in seiner Gnade offenbar von jeher etwas anderes mit mir vor. Er wollte mir seinen Sohn so offenbaren, dass ich nicht mehr aufhören würde, die Frohe Botschaft von ihm unter den Völkern zu verbreiten. Daraufhin wandte ich mich nicht an irgendeinen Menschen, ich ging auch nicht nach Jerusalem, um mit den Aposteln Kontakt aufzunehmen, sondern ich zog mich für lange Zeit in die arabische Wüste zurück. Erst danach kehrte ich wieder in die Stadt Damaskus zurück. Und so kam ich erst drei Jahre später zum ersten Mal nach Jerusalem, um Petrus kennenzulernen. Damals blieb ich gut zwei Wochen bei ihm. Andere Apostel lernte ich nicht kennen, mit Ausnahme von Jakobus, dem Bruder des Herrn. Gott ist mein Zeuge, dass sich alles so ereignet hat, wie ich es hier schreibe.

Ich begann dann meine Missionsreisen nach Syrien und Zilizien. In den Gemeinden Judäas aber, wo man mich nicht persönlich kannte, gab es nur noch ein Gesprächsthema: „Der Mann, der uns noch vor einigen Jahren so unbarmherzig verfolgt hat, der verkündet jetzt selbst die Frohe Botschaft. Er verbreitet jetzt den Glauben, den er früher auszurotten versucht hat." Und alle dankten Gott für das, was er an mir getan hatte.

2 Erst vierzehn Jahre später kam ich wieder nach Jerusalem. Damals begleiteten mich Barnabas und Titus. Der Grund für diesen Besuch war, dass Gott mir zu verstehen gegeben hatte, ich solle den führenden Männern der Gemeinde den Inhalt meiner Lehren vorlegen, die ich unter den nichtjüdischen Völkern verkündigte, um von ihnen zu erfahren, ob ich vielleicht falsch lag und bislang nur eine nutzlose Lehre verbreitet hatte. Es ging vor allen Dingen darum, ob jemand, der als Nichtjude Christ geworden war, sich vor seiner Taufe beschneiden lassen und das jüdische Gesetz halten muss oder ob er davon befreit ist. Nun, damals hat auch nicht einer darauf gedrängt, Titus beschneiden zu lassen, obwohl er doch ein nichtjüdischer Grieche war.

Es ist also nicht so, wie manche falschen Brüder behaupten, die sich bei euch eingeschlichen haben und denen die Freiheit, die ich euch verkündet habe, von Anfang an ein Dorn im Auge war. Sie wollten mich und damit auch euch dieser Freiheit in Christus berauben und euch unter das Joch des jüdischen Gesetzes zwingen. Aber ich habe nicht einen Augenblick lang nachgegeben, damit für euch die Frohe Botschaft wirklich froh bleibt. Keiner von denen, die in der Jerusalemer Gemeinde Rang und Namen haben, hat mir irgendwelche Auflagen gemacht. Nicht, dass ich viel auf Leute geben würde, die zu hohem Ansehen gekommen sind. Gott lässt sich von niemandem beeindrucken.

Aber es ist mir wichtig, dass die leitenden Brüder mir keinerlei Regeln auferlegt, sondern mir noch einmal ausdrücklich den Dienst an den Nichtjuden anvertraut haben, genauso, wie Petrus seinen Auftrag vor allem unter den Juden sieht. Denn für alle war offensichtlich, dass Gott meine Arbeit unter den Nichtjuden genau so gesegnet hatte wie die von Petrus unter den Juden. Als sie erkannten, dass Gott meinen Dienst gesegnet hatte, besiegelten Jakobus, Petrus und Johannes – die „Säulen" der Gemeinde – per Handschlag ihren Auftrag, dass

Barnabas und ich zu den Nichtjuden gehen sollten, sie aber zu den Juden. Sie baten lediglich darum, dass wir uns auch um die Armen kümmern sollten, was wir bis heute mit großem Eifer getan haben.

Ein handfester Konflikt zwischen zwei führenden Aposteln (2,11–14)

Später, als ich schon längst wieder in Antiochia war, kam Petrus ebenfalls dorthin. Doch er verhielt sich so unmöglich, dass ich ihm ganz offen die Meinung sagen musste. Es begann alles ganz harmlos: Zunächst hatte er ganz selbstverständlich mit den Nichtjuden unter den Gemeindemitgliedern Kontakt gepflegt und natürlich auch mit ihnen an einem Tisch gesessen. Als dann aber Personen aus dem engeren Umfeld des Apostels Jakobus kamen (– ihr wisst, dass er zur konservativen Richtung in Jerusalem gehört und großen Einfluss hat –), da zog sich Petrus tatsächlich von den nichtjüdischen Geschwistern zurück und achtete wieder auf die strenge Trennung zwischen ihnen und den jüdischen Gemeindemitgliedern. Der Grund war einzig und allein der, dass er fürchtete, von den Judenchristen aus Jerusalem kritisiert zu werden. Und weil Petrus sich plötzlich so verhielt, schlossen sich ihm auch alle anderen an und taten so, als seien sie gesetzestreue Juden. Ja, sogar Barnabas wurde von ihrer Heuchelei angesteckt. Als ich das mitbekam und mir klar wurde, wie sehr dadurch die Wahrheit der Frohen Botschaft gefährdet wurde, stellte ich Petrus vor allen zur Rede: „Du bist doch Jude, oder nicht? Du hast dich aber bislang herzlich wenig darum gekümmert und gelebt wie die anderen nichtjüdischen Christen auch. Und jetzt plötzlich sonderst du dich von diesen ab und gibst ihnen damit zu verstehen, dass sie nur Gemeinschaft mit uns haben können, wenn sie zuvor Juden werden und sich beschneiden lassen?! Mit welchem Recht tust du so etwas?“

Die alles entscheidende Frage: Was lässt uns vor Gott bestehen? (2,15–21)

Ich bestreite ja nicht, dass wir als Juden in Bezug auf Gott eine besondere Stellung innehaben und in der Vergangenheit nicht wie die Heiden ohne das Gesetz leben mussten. Doch wir wissen auch, dass niemand von Gott angenommen wird, nur weil er die Forderungen des Gesetzes erfüllt hat. Nein, Gott nimmt uns an, weil wir unser Vertrauen auf seinen Sohn Jesus Christus gesetzt haben. So bin ja auch ich zu der Überzeugung gelangt, dass Gott uns annimmt, weil wir Jesus vertrauen, und nicht, weil wir alle Forderungen des Gesetzes erfüllt haben. Denn das muss jedem klar sein: Nur durch die Befolgung des Gesetzes kann kein Mensch vor Gott bestehen.

Wenn wir aber nun bekennen, dass wir nur durch unser Vertrauen auf Jesus von Gott angenommen werden, stellen wir uns damit auf eine Stufe mit allen anderen Völkern, denn wir haben ja keine eigene „Leistung" mehr, die wir vorweisen könnten. Wir sind mit einem Mal genauso schuldige Menschen, die durch die unverdiente Gnade angenommen werden, wie alle anderen auch, die das Gesetz nicht kennen. (Vielleicht fragt ihr euch jetzt, ob) Jesus dadurch nicht ungewollt der Sünde Tür und Tor geöffnet hat? Wer so denkt, hat noch nicht verstanden, was Erlösung wirklich bedeutet. Das zeigt sich dann, wenn jemand, der eigentlich als ein von Jesus erlöster Mensch in der Freiheit vom jüdischen Gesetz leben darf, wieder unter das alte Joch zurückkehrt. Im selben Augenblick entlarvt ihn das Gesetz als einen Gesetzesbrecher und nichts ist mehr von der Erlösung vorhanden. Nein, der Tod Jesu hat es mir möglich gemacht, dem Herrschaftsbereich des Gesetzes zu entfliehen. Nur so kann ich wirklich für Gott leben. Ich wurde durch meine Taufe mit in den Kreuzestod Jesu hineingenommen, also lebe im Grunde nicht mehr ich, sondern Christus lebt in mir. Solange ich aber noch auf dieser Welt lebe, lebe ich im Vertrauen auf den Sohn Gottes, der mich geliebt und der sein Leben für mich geopfert hat. Ich möchte unter allen Umständen am kostbaren Geschenk der Gnade Gottes festhalten, denn wenn wir bei ihm nur Anerkennung zu erhalten hoffen, weil wir alle Vorschriften des Gesetzes befolgen, dann ist Christus tatsächlich umsonst gestorben.

Nicht religiöse Leistung, sondern einzig das Vertrauen auf Gott zählt (3,1–9)

3 Ihr naiven Galater, wer hat euch denn so gründlich durcheinandergebracht? Habe ich euch nicht ganz klar gezeigt, dass Jesus durch seinen Tod am Kreuz alles für uns getan hat? Ich möchte nur eines von euch wissen: Habt ihr damals, als ihr zum Glauben kamt, den Heiligen Geist erhalten, weil ihr Gott durch eure Gesetzestreue beeindruckt habt oder weil ihr gehört habt, dass es allein auf euer Vertrauen ankommt? Wollt ihr jetzt allen Ernstes das, was der Heilige Geist in euch begonnen hat, aus eigener Kraft und aus eigenen Anstrengungen zu Ende führen? War denn alles, was ihr damals erlebt habt, vergeblich? Das kann es doch einfach nicht sein! Erinnert euch doch bitte: Warum hat euch Gott seinen Heiligen Geist geschenkt, warum ließ er bei euch Wunder geschehen? Etwa, weil ihr es euch durch euer anständiges Leben verdient habt – oder weil ihr der Botschaft von eurer Erlösung durch Christus Glauben geschenkt habt?!

Wie war es denn bei Abraham? Hat ihn Gott nicht auch allein wegen seines festen Vertrauens angenommen? Ihr seht also, dass diejenigen, die ihr Vertrauen auf Gott gesetzt haben, die eigentlichen Nachkommen Abrahams sind. Gott nimmt den Menschen aufgrund seines Vertrauens an. Darum geht es, und davon hat auch die Heilige Schrift schon im Vorfeld gesprochen, als Abraham das großartige Versprechen gegeben wurde, dass durch ihn alle Völker dieser Erde gesegnet werden würden. Daher werden alle, die ihr Leben im Vertrauen auf Gott leben, zusammen mit Abraham, dem Vater des Glaubens, gesegnet.

Leben unter einem Fluch (3,10–18)

Wer dagegen sein Heil darin sucht, dass er Gott beeindrucken will, indem er sich an alle Gesetzesvorschriften hält, dessen Leben steht tatsächlich unter einem Fluch. Denn hier ist das Gesetz unbarmherzig, es kennt keine Gnade: Verflucht sei, der nicht alle Vorschriften und Satzungen einhält, die im Buch des Gesetzes aufgeschrieben sind. Nun kann sich aber ein Mensch, selbst wenn er sich noch so sehr um die Einhaltung aller Vorschriften bemüht, nicht dadurch das Leben bei Gott verdienen. Selbst die Schrift kennt da nur einen Weg: Nur der Mensch, der Gott wirklich vertraut, wird dadurch für immer angenommen und leben. Beim Gesetz gilt genau das Gegenteil: Du brauchst gar kein Vertrauen, du musst nur alle Vorschriften genau befolgen, dann wirst du dadurch leben. Von diesem Fluch hat uns jedoch Christus freigekauft, indem er den Fluch für uns auf sich nahm. Ihr wisst ja, dass es in der Schrift heißt: „Verflucht ist jeder, den man ans Holz gehängt hat."* Christus hat uns von diesem Fluch befreit, damit alle Völker die Möglichkeit haben, durch Jesus Christus den Segen Abrahams zu erhalten. Allein durch unser Vertrauen empfangen wir den Heiligen Geist, der uns verheißen wurde.

Meine Schwestern und Brüder, lasst mich das ganze Geschehen noch einmal an einem einfachen Beispiel erklären. Wie ist es bei einem rechtskräftigen Testament? Da kann doch niemand hinterher hingehen, es für ungültig erklären oder irgendeine Klausel anhängen, oder? Nicht anders müsst ihr euch das vorstellen, was mit Abraham geschah. Gott hat die Verheißung Abraham und seinem Nachkommen gegeben. Wenn man genau hinsieht, bemerkt man, dass hier nur von einem einzigen Nachkommen die Rede ist, und dieser Nachkomme ist niemand anderer als Christus. Gott hat also Abraham sozusagen ein rechtskräftiges Testament übergeben. Und dieses Testament kann in keiner Weise durch das Gesetz, das Mose erst vierhundertdreißig Jahre später gegeben wurde, für ungültig erklärt wer-

---

* 5. Mose 21,23

den. Dann hätte ja das Gesetz die Macht, eine Verheißung Gottes außer Kraft zu setzen! Denn wenn man sein Erbe nur bekommt, wenn man es sich mühsam verdient hat, dann ist es kein Erbe mehr, das einem ohne Vorbehalt nur aufgrund eines Testaments zugesprochen wird. Gott aber hat Abraham eine Verheißung davon gegeben, was er seinen Nachkommen schenken wolle.

Alles hat seine Zeit, auch das Gesetz (3,19–29)

Bleibt die Frage, welche Rolle das Gesetz überhaupt spielt. Das Gesetz wurde den Menschen gegeben, weil ihr Verhalten regelrecht nach strengen Regeln und Sanktionen schrie. Es wurde den Menschen durch die Hand eines Mittlers von Engeln auferlegt. Ein Mittler vermittelt aber immer zwischen zwei Parteien, die beide davon profitieren. Gott ist jedoch nicht auf eine Vermittlung angewiesen; seine Verheißungen schenkt er in souveräner Freiheit. Das führt uns zu der Frage, ob das Gesetz nicht sogar *gegen* die Verheißungen Gottes erlassen wurde und gewirkt hat. Doch das ist ausgeschlossen. Es wäre nur möglich, wenn das Gesetz die Kraft hätte, lebendig zu machen. Dann gäbe es einen Zugang zu Gott, den die Befolgung der Vorschriften des Gesetzes eröffnet, und einen anderen, der aufgrund von Gottes eigenen Verheißungen geschenkt wird. Letztlich hat das Gesetz nur zeigen können, wie sehr wir alle in Schuld und Sünde gefangen sind und wie sehr wir auf die Erlösung durch Jesus Christus angewiesen sind, die wir allein durch unseren Glauben an ihn erhalten.

Bevor Gott uns durch Christus den Weg des Vertrauens eröffnet hat, waren wir unter der Herrschaft des Gesetzes wie Gefangene, und wir wurden so lange eingeschlossen, bis sich uns der zeigen würde, auf den allein wir unser Vertrauen setzen können. Das Gesetz war sozusagen unser Aufseher – bis zu dem Tag, an dem Christus kam und uns freisprach, und das nur, weil wir ihm vertrauten. Jetzt, wo wir endlich diesen Weg des Vertrauens gehen dürfen, stehen wir nicht mehr unter der Macht des Aufsehers. Weil wir unser Vertrauen auf

Jesus Christus gesetzt haben, hat Gott uns als seine Töchter und Söhne angenommen. Von jetzt an zählt es nicht mehr, ob jemand Jude oder Nichtjude ist, Sklave oder Freier, Mann oder Frau. Von jetzt an sind wir in Christus Jesus alle eins. Wenn ihr aber zu Christus gehört, dann seid ihr Abrahams Nachkommen und, entsprechend der Verheißung, die Gott ihm gegeben hat, auch die Erben.

Das Ende aller Religion: Söhne und Töchter dürfen zu Gott „Abba" sagen (4,1–20)

4 Vielleicht macht das folgende Beispiel dies noch klarer: Stellt euch einen Großgrundbesitzer vor, der einen Sohn hat, selbst aber schon früh verstirbt. Solange der Erbe noch unmündig ist, wird er auf dem Hof seines Vaters nicht anders behandelt als die Kinder der Sklaven, obwohl er doch eigentlich der Besitzer des riesigen Anwesens ist. Sein Vater hat Vormunde und Verwalter eingesetzt, die dem Erben sagen, was er zu tun hat, und zwar bis zu dem Tag, den sein Vater festgelegt hat.

Das ist auch die Situation, in der wir uns befinden. Solange wir unmündig waren, schrieb man uns wie Sklaven jeden Schritt vor. Auch die äußeren Umstände zeigten uns Tag für Tag, wie abhängig wir von allem waren. Doch dann kam auch für uns der große Tag! Gott sandte seinen Sohn, der von einer Frau geboren wurde und sich dem Gesetz unterordnete, um die zu befreien, die unter der Vormundschaft eines gnadenlosen Gesetzes litten. Und das alles, weil wir endlich in unsere Position als Kinder unseres Vaters und Erben seines Besitzes eingesetzt werden sollten.

Ihr könnt selbst nachprüfen, dass ihr euer Erbe angetreten habt, denn Gott hat den Geist seines Sohnes in unsere Herzen gegeben, der uns Gott auf unfassbare Weise anbeten lässt: „Abba, Papa!" Daher seid ihr nicht mehr Sklaven, ihr steht auch nicht mehr unter irgendeiner Vormundschaft, sondern seid Tochter oder Sohn Gottes. Damit aber steht euch auch das gesamte Erbe zu, das Gott uns versprochen hat.

Erinnert euch daran, wie ihr damals, als ihr Gott noch nicht kanntet, euren Göttern dienen musstet, die ja in Wirklichkeit nicht einmal Götter waren. Jetzt aber habt ihr Gott kennengelernt, oder ich sollte vielleicht besser sagen, Gott hat euch als seine Kinder angenommen. Und ausgerechnet jetzt wollt ihr wieder zu den schwachen und armseligen religiösen Vorstellungen zurückkehren, um euer Leben von ihnen beherrschen zu lassen? Wollt ihr allen Ernstes wieder anfangen, alle möglichen heiligen und unheiligen Zeiten zu beachten oder danach zu leben, als seien bestimmte Tage, Monate und Jahre für euer Leben mit Gott wichtiger als andere? Wisst ihr, was ich ehrlich befürchte? Es könnte tatsächlich sein, dass mein ganzer Einsatz für euch völlig umsonst war.

Meine Schwestern und Brüder, ich bitte euch, werdet doch wie ich, so wie ich damals auch einer von euch geworden bin. Erinnert euch: Ihr habt mir bislang noch nie Schwierigkeiten gemacht. Als ich das erste Mal zu euch kam und euch die Frohe Botschaft brachte, war ich sehr krank, und ihr musstet der Versuchung widerstehen, mich wegen dieser Krankheit zu verachten und abzulehnen. Aber ihr habt das Gegenteil getan. Ihr habt mich wie einen Engel Gottes aufgenommen. Nein, was sage ich: wie Jesus Christus selbst. Was ist passiert? Wo sind eure Freude und Begeisterung hin? Ihr hättet euch die Augen ausgerissen, um sie mir zu geben und dadurch irgendwie zu helfen. Bin ich jetzt euer Feind geworden, weil ich versuche, euch die Wahrheit zu sagen?

Die Leute, die euch wieder in das Korsett der Religion zwingen wollen, tun das nur aus scheinbar frommen Motiven. In Wirklichkeit wollen sie euch nur von sich selbst abhängig machen, damit ihr euch dann um sie kümmert. (Das ist in allen Religionen der Welt so.) Natürlich ist es gut, dass sich einzelne Personen um euch kümmern, denn ihr könnt nicht immer warten, bis ich wieder bei euch sein kann. Doch es müssen die richtigen Leute sein, solche, die es wirklich gut mit euch meinen.

Meine lieben Kinder, es kommt mir so vor, als müsste ich euch noch einmal zur Welt bringen. Doch ich erleide gerne alle diese Geburtswehen, bis man wieder erkennen kann, dass Christus der Herr eures Lebens ist. Ich wünsche mir so sehr, jetzt bei euch sein und euch ins Gewissen reden zu können, weil ich wirklich nicht mehr weiß, was ich mit euch tun soll.

Söhne und Töchter Gottes oder Sklaven des Gesetzes (4,21–31)

Sagt mir nur das eine: Wenn ihr euch wieder unter das Gesetz stellen wollt, habt ihr eigentlich die Heilige Schrift schon mal ganz gelesen? Dann wärt ihr auf die Geschichte von Abraham und seinen zwei Söhnen gestoßen. Jeder dieser Söhne stammte von einer anderen Frau: Isaak war der Sohn von Abrahams Frau Sara, die – wie er – natürlich frei war; Ismael hatte er Jahre zuvor mit einer Sklavin gezeugt, nachdem es ganz so ausgesehen hatte, als würde Sara keine Kinder mehr bekommen. Während also der eine auf ganz natürliche Weise zur Welt kam, konnte der andere nur gezeugt werden, weil Gott es Abraham und dessen ebenfalls hochbetagter Frau versprochen hatte.

Diese Geschichte hat neben ihrer stammesgeschichtlichen Bedeutung noch einen tieferen Sinn: Beide Frauen stehen für je eine Ordnung Gottes. Die eine wurde auf dem Berg Sinai erlassen und hat nur zu Knechtschaft geführt. Für sie steht die Sklavin Hagar, denn genau so heißt im Arabischen der Berg Sinai. Entsprechend leben die Juden des irdischen Jerusalem immer noch zusammen mit ihren Kindern in dieser Sklaverei.

Dann gibt es noch ein himmlisches Jerusalem, in dem die Nachkommen der freien Frau Sara leben. Sie ist unsere Mutter und wird in der Heiligen Schrift mit großartigen Worten beschrieben: „Freue dich, die du nie Kinder bekommen konntest, brich in Jubel aus und ruf es allen zu! Die Kinder der Einsamen werden zahlreicher sein als die Kinder derer, die immer ihren Mann an ihrer Seite hatte."*

---

* Jesaja 54,1

Meine Schwestern und Brüder, ihr seid wie Isaak, der Sohn, den Abraham und Sara noch in hohem Alter geschenkt bekamen, ihr seid Kinder der Verheißung. Aber wie damals, so verfolgt auch heute der Sohn, der auf natürliche Weise mit der Sklavin gezeugt wurde, den, dem durch Gottes Verheißung das Leben geschenkt wurde. Doch selbst die Schrift sagt uns sehr unmissverständlich, auf welche Seite wir uns stellen sollen: „Schicke die Sklavin mit ihrem Sohn weg! Denn der Sohn der Sklavin soll auf keinen Fall zusammen mit dem Sohn der Freien erben."*

Darum, liebe Schwestern und Brüder, sind wir nicht die Kinder der Sklavin, sondern die Kinder der Freien!

Die Freiheit, die Gott schenkt, muss immer wieder verteidigt werden (5,1–12)

5 Christus hat uns befreit, damit wir auch in Freiheit leben! Zeigt also Rückgrat und lasst euch nicht wieder das Joch der Knechtschaft auflegen! Ich muss es euch wohl noch einmal ganz deutlich sagen: Wenn ihr euch beschneiden lasst, also den Weg des Gesetzes geht, dann ist das, was Christus für euch getan hat, nutzlos. Begreift doch: Wenn ein Mensch sich für diesen Weg entscheidet, dann muss er ihn auch mit allen Konsequenzen gehen. Er muss alle Forderungen des Gesetzes erfüllen, denn schließlich möchte er sich ja durch seine eigene Leistung die Anerkennung Gottes verdienen. Damit hat er jedoch seine Verbindung mit Christus aufgegeben und ist aus der unverdienten Gnade Gottes buchstäblich herausgefallen. Durch Jesus aber haben wir einen anderen Zugang zu Gott: Durch die Zusage, dass sein Heiliger Geist in uns lebt, und durch unser Vertrauen auf Jesus dürfen wir in der Hoffnung leben, dass wir für alle Zeiten von Gott angenommen sind. Denn wenn wir zu Jesus gehören, ist es völlig gleichgültig, ob einer durch die Beschneidung den Weg des Juden-

* 1. Mose 21,10

tums gehen will oder nicht. Es zählt allein der Glaube, der sich dann auch in Taten der Liebe zeigt.

Ihr habt doch so großartige Fortschritte gemacht! Wer hindert euch jetzt daran, der Wahrheit weiter zu folgen? Ihr könnt sicher sein, dass diejenigen, die euch dazu überreden wollen, einen Weg ohne die Gnade einzuschlagen, nicht von Gott dazu beauftragt wurden. Seid vorsichtig: Schon ein wenig Sauerteig kann einen großen Kübel von Teig durchsäuern. Sind erst einmal solche Gedanken unwidersprochen im Umlauf, können sie über kurz oder lang eine ganze Gemeinde in die alte Knechtschaft zurückführen.

Nun, Jesus gibt mir die Kraft, fest darauf zu vertrauen, dass ihr den einmal eingeschlagenen Weg nicht verlassen werdet. Aber ich warne diejenigen unter euch, die euch durcheinandergebracht haben: Wer auch immer ihr seid, man wird euch für den Schaden zur Verantwortung ziehen.

Noch einmal zu eurer Sicherheit: Wenn ich bei der Verbreitung der Frohen Botschaft unter den Nichtjuden darauf drängen würde, dass sie sich erst einmal dem jüdischen Gesetz unterordnen müssen, bevor sie Christen werden können, hätten die Juden ja keinen Grund, mich zu verfolgen. Es müsste sich ja niemand mehr darüber aufregen, dass wir allein durch das, was Christus am Kreuz für uns getan hat, bei Gott Anerkennung finden. Sagt doch den Fanatikern, denen es so wichtig ist, dass ihr euch beschneiden lasst, dass sie sich am besten gleich kastrieren lassen sollten!

Freiheit, die Gott uns schenken will, ist kein Freibrief für alles (5,13–26)

Meine Schwestern und Brüder, ihr seid dazu berufen, euer Leben in Freiheit zu führen. Nehmt diese Freiheit aber bitte nicht als Freibrief dafür, dass ihr euch selbstsüchtig verhalten dürft. Dient einander in Liebe. Denn das ganze Gesetz lässt sich in einem Satz zusammenfassen: Liebe deinen Nächsten wie dich selbst. Wenn ihr euch aber gegenseitig wie wilde Tiere kratzt und beißt, dann passt auf, dass zum Schluss noch jemand von eurer Gemeinde übrig ist. Nein, Spaß beiseite: Wenn ihr euer Leben auf der Grundlage eurer Beziehung zu Jesus lebt, dann werdet ihr nicht mehr den alten Verhaltensmustern folgen müssen. Denn der Geist Jesu durchbricht diese Muster, auch wenn sie ihm noch so hartnäckig widerstehen sollten. Ihr kennt diesen Kampf aus eigener Erfahrung. War es nicht so, dass wir oft das Gute nicht tun konnten, obwohl wir es doch eigentlich tun wollten? Wenn aber der Heilige Geist immer mehr in unserem Leben die Oberhand gewinnt, dann verändert sich unser Verhalten so, dass uns das Gesetz überhaupt nichts mehr zu sagen hat. Wenn also jemand meint, das Pochen auf sein Beschnittensein und seine Zugehörigkeit zum auserwählten Volk würde ihm Gottes Anerkennung verschaffen, so irrt er sich gewaltig. Im Gegenteil: Seine religiöse Ichbezogenheit führt oft zu schlimmen Ausfallerscheinungen: schädliches, zügelloses oder sogar perverses sexuelles Verhalten, Interesse an magischen und okkulten Dingen, gestörte Beziehungsfähigkeit, die sich in Feindschaften, Streit, Eifersucht und Zornausbrüchen zeigen kann, aber auch in einer übertriebenen Selbstsucht, die in jeder Gruppierung zu Neid, Zwistigkeiten und Spaltungen führt. Menschen, die sich vor Gott behaupten wollen, müssen oft ihren Mangel an Freude durch Maßlosigkeit wettmachen, egal, auf welchem Gebiet, häufig aber beim Essen und Trinken.

Ich versichere euch: Jemand, in dessen Leben sich Anzeichen für ein derartiges Verhalten finden, der hat noch keinen Schritt unter die Herrschaft Gottes getan. Das erkennt ihr sofort, wenn ihr sein Leben mit dem eines Menschen vergleicht, der sich der Führung des Heiligen Geistes anvertraut. In dessen Leben finden sich als Frucht des Geistes eine Menge kostbarer Dinge wie Liebe, Freude, Friede, Langmut, Freundlichkeit, Güte, Treue, Sanftmut, Selbstbeherrschung. Versteht ihr, dass ein Mensch, der so lebt, nicht mehr unter dem Gesetz steht?

Durch den Tod Jesu, in den auch wir hineingetaucht wurden, sind wir aus dem Herrschaftsbereich aller unserer egoistischen Wünsche und Vorstellungen sozusagen herausgestorben. Wenn nun der Geist Gottes in unserem Leben das Sagen hat, verändert sich unser Leben Stück für Stück zum Guten. Wir müssen nicht mehr um uns selbst kreisen. Wir müssen den anderen auch nicht länger eigene Leistungen vorzeigen. Jeder von uns wird durch Gott so beschenkt, dass er niemanden mehr beneiden muss.

Das befreiende Gesetz Christi (6,1–18)

6 Meine Schwestern und Brüder, kann es vor diesem Hintergrund unter euch überhaupt noch jemanden geben, der sich falsch verhält oder sogar wirkliche Schuld auf sich lädt? Aber ja. Wir bleiben angefochten, doch wenn einer von euch schwach wird, dann zeigt, dass euch der Geist Jesu Christi geschenkt wurde. Korrigiert einen solchen Bruder oder eine solche Schwester so behutsam, wie ihr nur könnt. Bleibt euch dabei bewusst, dass ihr nicht weniger gefährdet seid als der, den ihr korrigieren müsst. So helfe einer dem anderen dabei, seine Lasten zu tragen. So erfüllt ihr das Gesetz, das Christus uns gegeben hat. Denn wenn jemand sich für etwas Besseres hält – obwohl das keiner von sich sagen kann –, dann betrügt er sich selbst. Ihr könnt immer nur auf das schauen, was jeder von euch persönlich tut. Es führt zu nichts, wenn ihr euch mit anderen vergleicht, schon gar nicht zu mehr Anerkennung bei Gott. Es muss uns genügen zu wissen, dass jeder von uns sein eigenes Päckchen zu tragen hat.

Das bedeutet jedoch nicht, dass wir alle völlig gleich sind. Wenn euch zum Beispiel jemand durch sein Wissen viel mitgeben kann, dann hat er auch das Recht, von euch eine gewisse Unterstützung zu erwarten.

Seid vorsichtig! Gott lässt sich nicht täuschen, denn was der Mensch sät, das wird er auch ernten. Wer sich nur auf sich selbst verlässt, wird daran zugrunde gehen. Wer sich dagegen vom Heiligen Geist führen lässt, wird schon jetzt ein Leben ernten, das in Ewigkeit nicht enden wird. Lasst uns daher nicht müde werden, dem Geist

Gottes in uns alle Möglichkeiten einzuräumen, damit wir Gutes tun können. Wenn wir nicht aufhören, auf ihn zu vertrauen, wird auch für uns einmal die Zeit der Ernte kommen. Solange wir also noch Zeit haben, wollen wir die Güte, die Gott uns erwiesen hat, an alle weitergeben, vor allem aber an die Geschwister in unseren Gemeinden.

Jetzt möchte ich noch ein letztes persönliches Wort anfügen. Ihr seht es an den größeren Buchstaben, die verraten, dass ich diese Worte eigenhändig schreibe. Ihr müsst wissen, was die bewegt, die euch zur Beschneidung und damit auf den Weg des jüdischen Gesetzes zwingen wollen. Diesen Leuten geht es nur um ihr eigenes Ansehen; sie wollen nicht durch die Verbreitung der Botschaft, Jesus habe für uns am Kreuz bereits alles getan, Ärger bekommen oder sogar verfolgt werden. Obwohl sie selbst nicht einmal in der Lage sind, als Beschnittene das Gesetz zu halten, zwingen sie euch diesen unsinnigen Schritt auf, nur um überall damit angeben zu können, dass sie dem jüdischen Volk wieder zahlreiche Nichtjuden zugeführt haben.

Auf diesen Ruhm verzichte ich gern. Wenn ich auf etwas stolz sein möchte, dann auf das, was Jesus am Kreuz für uns erlitten hat. Sein Kreuz macht mir einen Strich durch jede Art menschlicher Geltungssucht, und ich merke auch selbst, dass mir vieles nichts mehr bedeutet, was früher für mich so wichtig war. Es kommt tatsächlich nicht mehr darauf an, ob man beschnitten ist oder nicht, ob man zum auserwählten Volk Gottes gehört oder nicht. Es kommt nur noch darauf an, dass Gott einen neuen Menschen aus uns macht. Wer sein Leben daran ausrichtet, bei dem finden sich Frieden und Barmherzigkeit; alles kostbare Dinge, die ich ihm wünsche, und natürlich auch dem Volk Israel, seinem Volk.

Bitte macht mir in Zukunft nicht mehr solche Sorgen, denn ich trage schon jetzt die Wundmale Jesu an meinem Körper. Die Gnade unseres Herrn Jesus Christus sei mit euch, meine Schwestern und Brüder. Amen.

Der Brief an die Gemeinde in Ephesus

Die Gemeinde ist ein Thema, das nicht nur Paulus bei seinen Missionsreisen immer wieder bewegte, sondern auch die Gemeinden selbst, mussten sie sich doch vom Selbstverständnis bis zu Verhaltensregeln vieles selbst erarbeiten. Verständlich ist daher, dass der Brief an die Epheser schon früh als eine Art Rundbrief diente, der in den meisten neugegründeten Gemeinden hohe Wertschätzung erfuhr. Vor allem der Hymnus am Anfang des Briefes (Kapitel 1) entwirft eine großartige Vision für die Berufung jeder Gemeinde. Verfasst wurde dieser Brief vermutlich in Rom um das Jahr 60. Die Abfassungsverhältnisse des Epheserbriefes sind besonders kompliziert. Nach Mehrheitsmeinung hat ihn ein Schüler von Paulus ausformuliert; die Sprache unterscheidet sich von der von Paulus. Dabei werden aber dennoch Einsichten von Paulus aufgenommen und für eine neue Gemeindesituation formuliert.

Begrüßung (1,1–2)

1 Paulus, den Gott zum Apostel Jesu Christi berufen hat, grüßt alle in Ephesus, die auf die Einladung Gottes eingegangen sind, im Namen Jesu Christi: Die Gnade und der Frieden von Gott, unserem Vater, und dem Herrn Jesus Christus sei mit euch allen.

Dankbares Staunen über Gottes Plan mit uns Menschen (1,3–14)

(Zuerst möchte ich von ganzem Herzen Gott danken:) Gepriesen bist du, Gott, Vater unseres Herrn Jesus Christus, weil du uns durch Christus vom Himmel her mit allem geistlichen Segen beschenkt hast. Du hast uns vor Erschaffung der Welt geliebt, damit wir einmal, befreit von Schuld und ohne eigenen Verdienst angenommen, in Liebe vor dir leben können. Von Anfang an war es dein unbegreiflicher, von unendlichem Wohlwollen getragener Wille, uns durch das, was Jesus Christus am Kreuz getan hat, als deine Kinder anzunehmen. Wie groß ist deine Herrlichkeit, wie unbegreiflich deine Gnade, die du uns durch deinen geliebten Sohn erwiesen hast! Weil er sein Blut vergossen hat, sind wir durch ihn erlöst. Wir wurden von der Last unserer Schuld befreit, alles wurde uns vergeben, weil der Reichtum deiner Gnade unermesslich ist. Wir können dein Erbarmen und deine Gnade nicht erfassen, obwohl du uns Weisheit und Verstand geschenkt hast, das Geheimnis deines liebevollen Willens zu erahnen. Du hast dir vorgenommen, alles, was im Himmel und auf Erden ist, eins werden zu lassen, wenn die Zeit dafür gekommen ist. Und das alles soll unter der Führung von Jesus geschehen. Wir preisen dich dafür, Vater, dass du bei all dem, was du vorhast, auch an uns gedacht hast. Wir, die wir schon jetzt unsere ganze Hoffnung auf Jesus setzen durften und einen festen Platz in deinem Heilsplan haben, preisen deine Herrlichkeit. Amen.

Auch ihr habt einen Platz in diesem Plan Gottes, weil ihr erkannt und angenommen habt, dass die Frohe Botschaft von eurer Erlösung wahr ist. Nachdem ihr zum Glauben an Jesus Christus gekommen seid, wurdet ihr durch den Heiligen Geist, den Gott euch verheißen hat, wie ein kostbarer Brief versiegelt. Euch wurde der Geist Gottes als erster Anteil an eurem Erbe geschenkt. Durch ihn wisst ihr, dass ihr erlöst und somit Gottes Eigentum geworden seid. Was für ein Grund, seine Herrlichkeit immer wieder zu preisen!

Die Menschen werden die Größe Gottes erkennen (1,15–23)

Was ich von euch gehört habe, von eurem Vertrauen auf Jesus und eurer Liebe zu allen Geschwistern, lässt mich immer wieder Gott danken. Wenn ich in meinen Gebeten an euch denke, bitte ich den Vater unseres Herrn Jesus Christus, unseren herrlichen Gott, dass er euch mit seinem Heiligen Geist erfüllt. Ihr sollt immer mehr Weisheit erlangen, um zu erkennen, wer Gott für euch ist. Er öffne die Augen eures Herzens, damit ihr die Hoffnung erfassen könnt, die er euch schenken will. Ihr sollt wissen, welch unermesslicher Reichtum als Erbe auf euch und alle anderen Glaubensgeschwister wartet. Es ist unvorstellbar, was Gott unter uns tun wird. Seine Kraft und seine Möglichkeiten sind unbegrenzt. Denkt nur daran, welche Kraft Jesus aus dem Tod ins Leben zurückgeholt hat! Und nicht nur das: Welche Herrlichkeit hat der Vater ihm geschenkt, der ihn jetzt im Himmel neben sich gesetzt hat. Seine Macht stellt alles in den Schatten, was Menschen auf Erden für mächtig halten. Wenn sein Name genannt wird, werden alle Mächtigen zittern – nicht nur heute, sondern auch noch in ferner Zukunft. Gott selbst wird sie Jesus zu Füßen legen. Er, der größer ist als das All, wird das Haupt der Gemeinde sein; die Gemeinde aber wird in dieser Welt sein Leib sein.

Dieser Christus schenkt tatsächlich ein neues, verändertes Leben (2,1–10)

2 Erinnert euch daran, was mit euch passiert ist. Denkt nur an euer früheres Leben. Durch eure Vergehen und euren Ungehorsam wart ihr bereits dem Tod verfallen. Euer Leben unterschied sich in nichts von dem, das alle Menschen um euch herum führen. Sie merken oft gar nicht, dass sie vom Bösen beherrscht werden, aber wenn man ihren bewussten Ungehorsam gegenüber Gott sieht, ihre unbeherrschbare Triebhaftigkeit bis in die Gedanken hinein oder ihren tief verwurzelten Zorn, dann weiß man, wer in ihrem Leben in Wirklichkeit das Sagen hat. Und genau hier hat Gott eingegriffen. Weil die Liebe, mit der er uns Menschen liebt, so unvorstellbar groß ist, umgibt er uns mit einem unbegreiflichen Erbarmen. Wir alle waren durch eigene Schuld bereits seelisch tot. Gott hat uns mit Christus aus diesem Tod auferstehen lassen. Allein seine unverdiente Gnade hat uns gerettet! Ja, er hat uns nicht nur auferweckt, sondern uns auch mit Jesus Christus Anteil an seiner himmlischen Welt gegeben. Zu allen Zeiten werden Menschen nur eines über Gott sagen können: Das unendliche Ausmaß seiner Gnade, die er uns in Jesus Christus geschenkt hat, ist unvorstellbar. Wir haben seine Güte am eigenen Leib erfahren.

Es ist schon so: Wir sind aus reiner Gnade erlöst worden. Das Einzige, was wir Gott entgegenbringen mussten, war unser Vertrauen. Nichts von all dem, was Gott uns geschenkt hat, haben wir uns selbst verdient. So kann auch niemand auf die Idee kommen, er hätte Gott gegenüber irgendwelche Rechte, weil er sie sich verdient hat. Wir sind so oder so seine ureigenste Schöpfung, ins Leben gerufen durch Jesus Christus, damit wir in dieser Welt all die guten Dinge tun können, die Gott schon im Voraus für uns vorbereitet hat.

Durch Christus in allem und mit jedem versöhnt (2,11–22)

Das alles gilt ganz besonders für euch, meine nichtjüdischen Schwestern und Brüder. Weil ihr nicht zum auserwählten Volk gehört habt, dem nicht nur das Gesetz und der Bundesschluss mit Gott, sondern auch alle Verheißungen anvertraut worden sind, hattet ihr in dieser Welt ohne Gott nichts, auf das ihr eure Hoffnung hättet setzen können. Wie nah seid ihr doch, die ihr früher so weit weg von Gott wart, jetzt durch Jesus eurem Gott gekommen! Dafür hat Jesus Leiden und Tod auf sich genommen. Durch ihn selbst haben wir Frieden, denn jetzt gibt es nicht länger diese unüberwindliche Mauer zwischen Juden und Nichtjuden. Jesus selbst hat sie abgerissen, hat die Feindschaft zwischen ihnen ausgelöscht und beide, Juden wie Nichtjuden, in seiner Person eins werden lassen. Dabei hat er selbst das größte Hindernis beseitigt: das Gesetz mit allen seinen Satzungen und Vorschriften. Durch ihn wurde praktisch ein neuer Mensch geschaffen, einer, der endlich mit Gott versöhnt ist und in Frieden mit ihm leben kann. Dafür hat Jesus am Kreuz sein Leben gegeben. Er ist gekommen, um euch, die ihr noch so weit entfernt von Gott wart, genauso den Frieden zu bringen wie denen, die wie er zum Volk Israel gehören. Durch ihn haben wir alle Zugang zum Vater und sind erfüllt von dem einen Heiligen Geist.

Was folgt daraus? Nun, ihr seid nicht mehr Fremde, die man draußen stehen lassen müsste, weil sie nicht zum auserwählten Volk Gottes gehören. Nein, ihr gehört mitten hinein, gehört voll zu dem neuen Volk, das Gott sich erwählt hat, und seid Teil von Gottes Familie geworden.

Ihr seid Teil des Gebäudes, das auf dem Fundament der Apostel und der Propheten aufgebaut wurde und dessen Eckstein Jesus selbst ist. In ihm wird der gesamte Bau zusammengefügt und wächst durch die Liebe Christi zu einem wunderbaren Tempel empor. Ihr selbst seid ein Teil des Ganzen und bildet mit allen zusammen eine Art Wohnung für den Geist Gottes.

Paulus kennt seinen Auftrag, zum Segen für alle, die nicht jüdisch sind (3,1–13)

3 Das ist auch der Grund, warum ich, Paulus, gerade im Gefängnis sitze. Viele haben etwas dagegen, dass ich meinen Auftrag darin sehe, euch Nichtjuden mit Jesus bekannt zu machen. Gott hat mir den ganz besonderen Auftrag anvertraut, euch zu erreichen. Er hat mir selbst einmal das offenbart, was ich euch eben kurz angedeutet habe. Es ist das eigentliche Geheimnis Christi, das frühere Generationen einfach nicht kennen konnten und das auch bis in unsere Zeit hinein kein Mensch kannte. Jesus selbst hat seinen Aposteln und den Propheten durch seinen Geist gezeigt, dass auch alle Nichtjuden Erben der Verheißung sind und durch die Frohe Botschaft an allem teilhaben, was Gott seinem auserwählten Volk versprochen hat. Dieser gewaltigen geistlichen Umwälzung diene ich mit allem, was ich bin. Gott hat mir dazu seine Gnade geschenkt, die auch in meinem Leben schon so viel verändert hat.

Bis heute kann ich es nicht fassen, dass Gott ausgerechnet mir die Gnade geschenkt hat, den nichtjüdischen Völkern die Frohe Botschaft bringen zu dürfen. Sie alle sollen erfahren, welch unermesslichen Reichtum Christus für uns bereithält und welche Geheimnisse Gott jetzt allen offenbaren möchte. Er, der alles erschaffen hat, hielt sie seit ewigen Zeiten verborgen. Jetzt ist die Stunde gekommen, in der allen Mächten und Gewalten im Himmel und auf der Erde durch die Gemeinde deutlich gemacht werden soll, dass die Weisheit Gottes unendlich groß ist. Sein Plan, den er in Jesus ausgeführt hat, sah von Ewigkeit her vor, dass wir einen völlig neuen, frohen Zugang zu Gott geschenkt bekommen sollten, wenn wir ihm nur von ganzem Herzen vertrauen. Darum bitte ich euch, auf keinen Fall den Mut zu verlieren, weil ich durch meinen Dienst bei euch in Schwierigkeiten geraten bin. Nein, eigentlich müsstet ihr stolz darauf sein.

Paulus betet für uns (3,14–21)

Daher beuge ich meine Knie vor dem Vater, nach dem jedes Geschlecht im Himmel und auf der Erde benannt wird, und bitte ihn:

Vater, schenke ihnen aus dem Reichtum deiner Herrlichkeit die Kraft, die dein Geist zu geben vermag, und stärke sie innerlich. Durch ihren Glauben wohne Jesus in ihren Herzen! Lass sie fest in der Liebe verwurzelt sein und ihr Leben auf diese aufbauen, damit sie gemeinsam mit allen Glaubensgeschwistern in der Lage sind, zu begreifen, wie unvorstellbar groß und weit, wie hoch und wie tief die Liebe Christi ist, die alle Vorstellungskraft übersteigt.

Vater, erfülle sie mit der ganzen Fülle deiner Herrlichkeit!

Gott, der unendlich viel mehr an uns tun kann, als wir uns jemals erbitten oder überhaupt nur ausdenken können – so groß ist die Kraft, die in uns wirkt –, diesem Gott sei die Ehre in der Gemeinde und in Christus Jesus für alle Generationen in alle Ewigkeit. Amen.

Alles auf eine Karte setzen: liebevolle Einheit (4,1–6)

4 So kann ich euch als jemand, der wegen Christus im Gefängnis sitzt, nur ermutigen, ein Leben zu führen, das eurer Berufung entspricht. Ihr seid berufen, so zu leben, wie auch Jesus gelebt hat. Folglich wird euer Leben geprägt sein von seiner Demut, seinem liebevollen Umgang mit Menschen und seiner unerschöpflichen Geduld. Durch ihn habt ihr gelernt, liebevoll miteinander auszukommen. Bemüht euch durch den Frieden, der euch durch Christus verbindet, darum, die Einheit in eurem Denken und euren Herzen zu wahren. Denkt daran: Die Gemeinde ist ein einziger Leib, sie wird von einem Geist beseelt, wie auch ihr zu einer Hoffnung berufen seid. Es gibt nur einen Herrn, einen Glauben, eine Taufe, einen Gott und Vater aller, der über allen und durch alle und in allen ist.

Einheit nicht trotz, sondern wegen der Vielfalt der Gaben, die Gott einer Gemeinde gibt (4,7–19)

Doch was den Einzelnen anbelangt, so kann es große Unterschiede geben. Jeder hat die Gaben von Jesus geschenkt bekommen, die genau ihm entsprechen. Darum heißt es ja in der Schrift: „Als er wieder in den Himmel emporgestiegen ist, hat er gefangen genommen, was die Menschen gefangen hielt. Er hat die Menschen mit seinen Gaben beschenkt."* Wenn also jemand wieder emporgestiegen ist, dann bedeutet das doch, dass er zuvor herabgestiegen sein muss – und zwar bis ganz hinunter auf diese Erde. Jesus ist wirklich der, der zu uns herabgestiegen ist. Doch er ist auch in den Himmel emporgestiegen, um das ganze All mit seiner Herrlichkeit zu erfüllen.

Hat Jesus seine Gemeinde seitdem sich selbst überlassen? Nein, er hat ihr Apostel, Propheten, Evangelisten, Hirten und Lehrer gegeben. Sie sollen dazu beitragen, die Glaubensgeschwister für ihr Leben als Christen zu befähigen, damit der gesamte Leib Christi, die Gemeinde, lebt und sich gesund entfaltet. Wir sollen gemeinsam, was unser Vertrauen auf Jesus und unser Wissen um seine Sohnschaft anbelangt, zu einer Reife gelangen, die der von Jesus entspricht, als er noch auf Erden lebte. Das schenkt uns Sicherheit in dem, was wir glauben, damit wir nicht von allen möglichen Strömungen hin und her geworfen werden. Es gibt so viele falsche Motive bei der Verkündigung des Glaubens, und manche versuchen sogar, die Menschen bewusst irrezuführen, um persönliche Vorteile zu haben. Daher müssen wir aufpassen, dass wir nicht jedem Wind folgen, der aus einer neuen Richtung bläst. Darum lasst uns an der Wahrheit festhalten und in der Liebe wachsen, dann wächst der Leib in allen seinen Teilen immer mehr mit ihrem Haupt Christus zusammen. Das geschieht immer dann, wenn wir uns gegenseitig fördern und unterstützen. Denn wenn viele starke Organe und Glieder sich in einem Leib verbinden, dann wird der ganze Leib in Liebe aufgebaut.

---

* Psalm 68,19

Darum ermahne ich euch noch einmal eindringlich im Namen Jesu: Führt nicht länger ein Leben, wie ihr es gewohnt wart, als ihr Jesus noch nicht kanntet. Damals habt ihr euch mit lächerlichen Dingen abgegeben, euer Denken war alles andere als erleuchtet, und ihr hattet nicht die geringste Ahnung davon, was für ein Leben Gott euch anbieten möchte. Im Gegenteil: Manche von euch ließen diese Botschaft erst gar nicht an sich heran. Durch ihren ausschweifenden Lebensstil war ihr Herz verhärtet, ihre Empfindungen stumpf geworden. Sie wurden von ihrer Habgier beherrscht, die sie auf die Suche nach immer neuen Vergnügungen trieb.

Ist es erkennbar, dass Christus euch mehr und mehr in einen neuen Menschen verwandelt? (4,20–32)

Ich denke, ihr habt bei Christus etwas ganz anderes kennengelernt. Wer zu ihm gehören will – und das habt ihr sicher mehr als einmal gehört –, sollte wissen, dass er mit dem alten Menschen auch seine alten Gewohnheiten mit in das Wassergrab der Taufe versenkt hat. Gebt den verkehrten Wünschen und Sehnsüchten in euch keinen Raum; sie wollen euch nur betrügen. Lasst euer Denken von dem prägen, was den Menschen auszeichnet, den Gott neu in euch geschaffen hat: in Wahrheit von Gott gerecht gesprochen und angenommen zu sein. Darum hört auf, euch gegenseitig etwas vorzumachen! Redet ehrlich miteinander, weil wir voneinander abhängig sind wie die Glieder in einem Leib. Solltet ihr über irgendetwas zornig sein, dann vergesst trotzdem nicht, dass die Liebe das Wichtigste ist. Lasst die Sonne nicht über eurem Zorn untergehen, sondern versöhnt euch spätestens am Ende eines Tages. Dadurch bietet ihr dem Widersacher keine Angriffsfläche. Wer bisher seinen Lebensunterhalt auf unehrliche Weise verdiente, soll damit aufhören und sich vielmehr anstrengen, so viel durch seiner Hände Arbeit zu verdienen, dass er auch noch denen etwas abgeben kann, die gerade Not leiden. Verletzt andere nicht durch lieblose Kritik. Sorgt lieber dafür, dass ihr immer wieder ein gutes Wort habt, das anderen guttut und ihnen in ihrer Situation hilft. Nur so können diese Menschen etwas von der Liebe und Gnade Gottes erfahren.

Vergesst nicht, dass ihr den Heiligen Geist wirklich traurig machen könnt. Er ist euch am Tag eurer Erlösung für immer geschenkt worden. Geht aufmerksam mit ihm um und lasst in eurer Mitte Bitterkeit, Verärgerung, Zorn, Wutausbrüche und üble Beschimpfungen nicht mehr zu. Was er dagegen bei euch sucht, sollte euer Leben bestimmen: Seid gütig zueinander, wohlwollend und immer bereit, jederzeit zu vergeben, weil Gott auch euch durch Christus vergeben hat.

Wie gut, wenn über einen Christen gesagt würde: Ganz der Vater! (5,1–20)

5 Zeigt also in allem, was ihr tut, zu welcher Familie ihr gehört und dass ihr Gottes geliebte Kinder seid. Eure Liebe darf sich ruhig an der Liebe messen, die Christus uns entgegenbringt und die ihn veranlasste, sein Leben für uns zu opfern. Über nichts freut Gott sich mehr als über eine solche Liebe.

Ihr müsst verstehen, dass in einem Leben, das von einer solchen Liebe geprägt ist, kein Platz mehr ist für irgendwelche egoistischen Verhaltensweisen, sei es beim Umgang mit den Gütern dieser Welt, sei es auf dem Gebiet der Sexualität. Weder Habsucht noch perverse Gier lassen sich mit einem Leben in der Liebe Gottes vereinbaren; ja, nicht einmal das oberflächliche, schmutzige Geschwätz samt allen einschlägigen Witzen! Was aus euren Herzen aufsteigt, kann eigentlich nur eines sein: Dank und nochmals Dank. Wer immer noch in einer Welt lebt, die von den genannten egoistischen Verhaltensweisen geprägt ist, der gehört noch nicht zu Jesus. Er betet immer noch andere Götter an, die sein Leben beherrschen. Er muss aufpassen, dass ihm das Erbe des Reiches Gottes nicht entgeht, das Gott ihm durch Christus angeboten hat.

Lasst euch nicht durch leeres Geschwätz täuschen! Gott lässt sich nicht verspotten. Wer sich nicht unter seine liebevolle Herrschaft begibt, den überlässt Gott sich selbst. Nichts könnte für einen Menschen schlimmer sein als das. Wenn ihr also jemanden trefft, der euch einreden will, es sei doch alles gar nicht so schlimm, dann meidet den Umgang mit ihm. Wollt ihr wieder in die alte Dunkelheit zurückfallen, nachdem ihr jetzt erfahren habt, wie das Leben im Lichte Christi aussieht?! Nein, lebt weiter als Kinder des Lichts, denn dann findet ihr auch weiterhin in eurem Leben Güte, Gerechtigkeit und Wahrheit. Wenn ihr etwas vorhabt, dann prüft, ob der Herr Freude daran haben könnte. Verweigert euch allem, was mit der Finsternis dieser Welt zu tun hat und letztlich zu nichts führt. Im Gegenteil: Macht die Menschen auf das aufmerksam, was ihnen mit Sicherheit schaden wird. Manchmal wagt man nicht einmal, über das zu reden, was in Dunkelheit und Heimlichkeit so vor sich geht. Doch wir müssen es trotzdem tun, denn wenn etwas ans Licht gebracht wird, dann besteht die Möglichkeit, dass Gott es durch sein Licht zum Guten verändern kann. Hier müsst ihr eine ganz neue Wachsamkeit entwickeln, denn wie es so schön heißt: „Wache auf, du Schlafender, erhebe dich von deinem Totenlager, und Christus wird dein Licht sein."

Achtet also darauf, wie ihr lebt! Man braucht Weisheit, um in dieser Zeit das Richtige zu tun und die Tage gut zu nutzen. Lasst euch von Gott Weisheit schenken! Nur so werdet ihr verhindern, dass ihr irgendwelche Dummheiten begeht, und eher begreifen, wie ihr euch nach Gottes Willen in dieser oder jener Situation verhalten sollt. Anstatt euch mit Wein zu berauschen, was noch nie zu etwas Gutem geführt hat, solltet ihr euch lieber vom Heiligen Geist erfüllen lassen. Dann erfahrt ihr mehr Freude, als ihr verkraften oder auch nur in Worte fassen könnt: Mal sind es Psalmen, dann Lieder voller Dank, dann wieder ein Gesang, den der Geist Gottes selbst eingibt; jedenfalls wird euch alles recht sein, um Gott, dem Vater, durch Jesus Christus für alles zu danken.

Wo das neue Leben in Christus umsetzen, wenn nicht in Ehe und Familie?! (5,21–6,4)

Genauso wie ihr Christus mit Ehrfurcht begegnet, so sei auch euer Miteinander von gegenseitiger Hochachtung geprägt. Das gilt vor allem für die Ehe, in der die Frau ihre Unterordnung unter Jesus darin zeigen kann, dass sie sich ihrem Mann als geistliches Haupt der Familie unterordnet. So wie dieser sich wiederum Jesus als dem Haupt der Gemeinde unterordnen soll. Wir wissen alle, welcher Segen es für uns als Gemeinde ist, dass wir uns Jesus als unserem Haupt unterordnen. Davon soll auch etwas in jeder Ehe zu spüren sein.

Wenn eure Frauen sich euch, ihr Männer, unterordnet, weil ihr das geistliche Haupt der Familie seid, dann müsst ihr sie auch so lieben, wie Christus seine Gemeinde liebt und sich für sie geopfert hat. Er hat sie sich auserwählt, im Wasser der Taufe gebadet und durch sein Wort wunderbar neu geschaffen. Herrlich steht sie jetzt vor ihm, sie hat weder Flecken noch Runzeln, ja es findet sich nicht ein Fehler an ihr. Das alles ist sein Wille für sie und sein Werk.

So soll auch ein Mann seine Frau lieben, als wäre sie ein Stück von ihm. Wer seine Frau wirklich liebt, zeigt damit, dass er gelernt hat, auch sich selbst zu lieben. Denn wer sich selbst ablehnt und hasst, kann auch seinen Partner nicht wirklich lieben. Normal ist, dass man sich selbst etwas Gutes tut und sich vor allem Schmerzhaften schützt. Christus macht es nicht anders. Er kümmert sich um seine Gemeinde, die ja sein Leib ist, mit großer Liebe und Sorgfalt.

Das alles veranschaulicht uns sehr schön die Schöpfungsordnung. Wenn ein Mensch heiratet, gibt er seine gewohnten familiären Beziehungen auf, um mit seinem Partner ganz eins zu werden. Die Bibel selbst sagt, dass beide „ein Fleisch" werden. Das allein ist bereits ein großes Geheimnis. Für mich wird das Geheimnis aber noch größer, wenn ich an das Verhältnis denke, das Christus zu seiner Gemeinde haben möchte. Darum ist jede eheliche Verbindung auch ein Bild für die innige Beziehung, die Jesus Christus zu der Gemeinschaft der Glaubenden hat. Folglich sollte jeder Mann seine Frau von Herzen lieben, die Frau sich ihrerseits aber ihm als geistlichem Haupt unterordnen.

6 Wenn in einer Familie Jesus das Sagen hat, dann fällt es Kindern auch leichter, ihren Eltern gern zu gehorchen. Doch auch so rate ich euch, Kinder, gehorsam zu sein. Denn ihr erfüllt damit das einzige Gebot, das eine Verheißung enthält: „Du sollst deinen Vater und deine Mutter ehren, damit es dir gut ergeht und du lange auf Erden lebst."*

Euch Väter aber ermahne ich, eure Kinder durch euer Verhalten nicht verbittert (oder mutlos) zu machen, sondern erzieht sie (liebevoll und konsequent). Vor allem vergesst nicht, dass sie euch nur für eine bestimmte Zeit anvertraut sind und eigentlich Christus gehören.

Auch „die da oben" kann, ja, soll man achten (6,5–9)

Wenn ihr in einem Dienstverhältnis zu jemandem steht, so denkt nicht, es sei unter eurer Würde, anderen zu dienen. Tut es gern und mit großem Respekt gegenüber euren Vorgesetzten und spielt ihnen kein Theater vor, um auf billige Weise ein wenig Aufmerksamkeit zu bekommen. Denkt an Jesus, dem ihr letztlich dient, gleichgültig, welchem Menschen ihr dient. Nur so könnt ihr auch von innen her den Willen Gottes in eurem Dienst erkennen. Denkt an ihn, denn ihr dient nicht Menschen, sondern eurem Herrn. Und was jemand von euch an Gutem empfängt, das werdet ihr ganz bestimmt von Jesus zurückbekommen. Das gilt für eure Vorgesetzten nicht weniger als für euch, die ihr in einem Dienstverhältnis zu ihnen steht. Auch für sie gilt der Anspruch des Herrn, dass sie sich wie Jesus selbst um die kümmern sollen, die für sie arbeiten. Treibt keine Machtspielchen und schüchtert Abhängige nicht durch Drohungen ein. Ihr habt den-

* 5. Mose 5,16

selben Herrn im Himmel wie eure Untergebenen und der lässt sich weder durch einen Rang noch durch eine hohe Position beeindrucken.

Wer in einem Kampf steht, sollte um seine Ausrüstung wissen (6,10–20)

Schließlich wünsche ich mir, dass ihr durch eure Beziehung zu Jesus stark werdet und dass ihr etwas von seiner Kraft in eurem Leben erfahrt. Zieht die volle Waffenrüstung an, die Gott euch anbietet und die allein ausreichend ist, allen Anschlägen des Widersachers zu widerstehen. Denn unser Kampf richtet sich nicht gegen Menschen, sondern gegen die Mächte der Finsternis, gegen die bösen Geister der unsichtbaren Welt. Darum legt die Waffenrüstung Gottes an, damit ihr, wenn ihr angegriffen werdet, dem Teufel widerstehen und das gewonnene Terrain verteidigen könnt. Legt als Gürtel die Wahrheit Gottes an. Zieht dann als Brustpanzer die Gewissheit an, dass ihr von Gott angenommen seid. Eure Schuhe bestehen aus der Bereitschaft, für die Verkündigung der Frohen Botschaft überall hinzugehen und für sie einzutreten. Schützt euch mit dem Schild des bedingungslosen Vertrauens auf Gott, mit dem ihr in der Lage seid, alle glühenden Pfeile des Bösen abzuwehren und auszulöschen. Dann müsst ihr noch den Helm des Heils anziehen, das euch durch Christi Rettungstat am Kreuz geschenkt wurde. Schließlich fehlt nur noch eines, und das ist das Schwert des Geistes. Ergreift es, denn ihr kennt es gut: Es ist das Wort Gottes.

Am wichtigsten ist jedoch, dass ihr immer und überall betet. Gottes Geist wird euch dabei helfen. Bittet beharrlich für alle Glaubensgeschwister. Bitte betet auch für mich, dass ich zur richtigen Zeit den Mut habe, auch das Richtige zu sagen. Die Menschen sollen das Geheimnis der Liebe Gottes erkennen können. Für diese Frohe Botschaft sitze ich hier im Gefängnis, und ich hoffe sehr, dass ich sie auch hier mutig verkünden kann.

Paulus grüßt seine Epheser – nie ohne Segenswünsche (6,21–24)

Ihr fragt euch vielleicht, wie es mir geht und was ich weiterhin vorhabe. Tychikus, mein geliebter Bruder und treuer Nachfolger Jesu, wird euch von allem berichten. Ich habe ihn zu euch geschickt, damit ihr alles Wichtige von ihm erfahrt und er euch trösten kann, wenn euch etwas Sorgen bereitet.

Der Friede sei mit euch, Schwestern und Brüder! Die Liebe und das Vertrauen auf Gott, unserem Vater, und auf unseren Herrn Jesus Christus erfülle euch! Die Gnade sei mit allen, die Jesus Christus in alle Ewigkeit lieben.

Der Brief an die Gemeinde in Philippi

Freude ist eine sehr ernste Sache. Wenn ein Mensch die Freude verliert, wird er kraftlos, mancher sogar destruktiv. Es gab eine Gemeinde, zu der Paulus eine besonders herzliche Beziehung pflegte. Es war die Gemeinde in Philippi, die erste auf europäischem Boden. Es muss einen also nicht verwundern, dass er genau dieser Gemeinde eine Abhandlung über die Freude schrieb. Aber nicht nur das. In Kapitel 2 zitiert Paulus einen alten Hymnus, eines der ersten Christuslieder, die wir besitzen, eine Kostbarkeit der christlichen Literatur.
Obwohl Paulus im Gefängnis sitzt, ermutigt und unterweist er seine Philipper in bewegender Weise.
Auch für uns heutige Menschen mit anderen Fragestellungen ist dieser Brief immer noch ungemein ansprechend.
Abfassungszeit: entweder 54 oder 60, je nach Gefängnisaufenthalt in Ephesus oder Rom.

Begrüßung (1,1–2)

1 Diesen Brief schreiben Paulus und Timotheus, die im Dienst von Jesus Christus stehen. Wir grüßen alle Geschwister in Philippi, die von ganzem Herzen Jesus nachfolgen, und auch alle Leiter und Mitarbeiter der dortigen Gemeinde. Die Gnade und der Frieden von Gott, unserem Vater, und unserem Herrn Jesus Christus seien mit euch.

Wenn Paulus sich über jemanden freut, dann betet er für den Betreffenden (1,3–11)

Ich danke meinem Gott jedes Mal, wenn ich in meinen Gebeten voll Freude an euch denke, für euch alle, weil ihr euch vom ersten Tag an bis heute für die Frohe Botschaft eingesetzt habt. Ich bin ganz sicher, dass der, der mit euch diesen wunderbaren Weg des Glaubens begonnen hat, ihn auch mit euch bis zum Tag Jesu Christi vollenden wird.

Ich habe allen Grund für meine Zuversicht, denn ich habe euch in mein Herz geschlossen. Und so erhaltet ihr natürlich auch Anteil an der Gnade, die ich für mich erwarten kann. Denn ich sitze wieder einmal im Gefängnis und werde die Frohe Botschaft verteidigen müssen, was sie allerdings nur noch stärker macht.

Gott weiß, wie sehr ich mich nach euch allen sehne, und das mit der herzlichen Liebe, mit der Jesus Christus uns alle liebt. Darum bitte ich Gott darum, dass eure Liebe noch tiefer wird und ihr mehr Einsicht und Verständnis erlangt, denn nur so könnt ihr immer besser prüfen, was wirklich wesentlich ist. Eine Liebe, die weiß, was sie tut, wird euer Leben vor allem Bösen bewahren, sodass ihr euch wirklich auf den Tag freuen könnt, an dem Jesus Gericht hält. Wie reich wird dann euer Leben sein mit all dem, was ihr von Gott erhalten habt. Was kann mehr zeigen, wie großartig unser Gott ist?!

Paulus gibt seinen Philippern Einblick in sein „Innenleben" (1,12–26)

Meine Schwestern und Brüder, ich sitze zwar im Gefängnis, doch dies hat auch seine guten Seiten: Die Verkündigung der Frohen Botschaft wurde durch meine Gefangenschaft ungemein gefördert. Alle hier im Prätorium und noch etliche Personen außerhalb haben mittlerweile verstanden, dass ich einzig und allein wegen Christus hier einsitze. Durch meine Ketten wurden die meisten Mitglieder der Jerusalemer Gemeinde aufs Neue ermutigt, ihr Vertrauen auf Christus zu setzen und den Menschen mutiger als je zuvor von Jesus zu erzählen. Es kann sein, dass auch einige darunter sind, die dies eher aus Neid und Streitsucht tun. Doch sie werden von all denen übertroffen, die die Frohe Botschaft von Jesus voller Hingabe verkünden. Dies tun sie aus Liebe; für sie ist es auch keine Frage, dass Gott mir einen ganz besonderen Auftrag zur Verteidigung der Frohen Botschaft gegeben hat. Die anderen verkünden dagegen Christus aus egoistischem Ehrgeiz. Ihre Motivation ist falsch, und sie erreichen damit nur, mir mein Leben in der Gefangenschaft noch schwerer zu machen. Aber was spielt das schon für eine Rolle?! Es ist mir gleichgültig, ob jemand Christus nur zum Schein verkündet oder ob er es tatsächlich ernst meint. Wichtig ist nur, dass die Frohe Botschaft überhaupt verkündet wird. Und genau darüber freue ich mich.

Ja, ich habe tatsächlich allen Grund, mich zu freuen. Ich weiß nämlich, dass durch euer Gebet und durch die Hilfe, die mir der Geist Jesu schenkt, dieses Verfahren zu meinem Besten ausgehen wird. Ich bin fest davon überzeugt, dass es in den kommenden Prozessen keinen Moment geben wird, an dem ich mich schämen müsste, sondern dass Jesus durch mich und das, was mit mir geschieht, groß gemacht wird, sei es durch mein Leben, sei es durch meinen Tod. Denn für mich ist Leben und Christus dasselbe und Sterben demnach nur Gewinn. Manchmal bin ich selbst unsicher darüber, was mir lieber ist: weiterzuleben und Menschen für Jesus zu gewinnen oder etwas anderes. Denn vor mir tun sich zwei Möglichkeiten auf: Am liebsten würde ich aufbrechen, um ganz bei Jesus sein zu können. Das wäre das Allerbeste, was mir passieren könnte. Doch da ist dann noch die andere Möglichkeit: weiterzuleben, um euch noch weiterhin dienen zu können. Ich bin jedoch zuversichtlich, dass ich bleiben werde, um euch in eurem geistlichen Wachstum voranzubringen, damit ihr die Freude erlebt, die der Glauben schenkt. Ihr sollt Grund haben, Gott von Herzen dankbar zu sein, wenn ich wieder zu euch komme, ja ihr sollt gar nicht mehr aufhören, euch zu rühmen, dass ihr in Jesus einen so wunderbaren Herrn gefunden habt.

Es kostet etwas, die Einheit zu wahren, damit die Botschaft Jesu ankommen kann (1,27–2,4)

Nur um das eine bitte ich euch: Führt euer Leben so, wie es der Frohen Botschaft von Christus entspricht. Dabei spielt es keine Rolle, ob ich abwesend bin oder ob ich mitten unter euch lebe und alles mitbekomme. Ich möchte auch weiterhin hören, dass ihr im Glauben fest steht, eines Geistes seid und euch gemeinsam für die Ausbreitung der Frohen Botschaft einsetzt. Es ist wichtig, dass ihr euch in keiner Weise von irgendwelchen Querköpfen einschüchtern lasst. Das wird für diese Leute ein klares Zeichen dafür sein, dass sie noch weit davon entfernt sind, erlöst zu sein, während es für euch ein klares Zeichen von Gott ist, dass ihr errettet seid. Denn ihr habt das Vorrecht, dass ihr nicht nur an Christus glauben, sondern auch für ihn leiden dürft. In gewisser Hinsicht kämpft ihr damit den gleichen Kampf, den ihr bei mir gesehen habt und von dem ihr auch jetzt wieder mitbekommt.

2 Wisst ihr, womit ihr meine Freude über euch vollkommen machen könnt? Ich will es euch sagen, denn ihr seid offen für jede Ermutigung, die Christus euch schenken möchte. Er ist es, der euch mit seiner Liebe tröstet, der uns durch seinen Geist Gemeinschaft untereinander schenkt und der unser Herz mit mitfühlender Barmherzigkeit erfüllt. Ihr würdet mir die größte Freude machen, wenn ihr

euch, von der einen Liebe getragen, um Einmütigkeit bemüht und eins in eurem Denken seid. Tut nichts aus Streitsucht oder weil sich der eine für wichtiger hält als der andere. Im Gegenteil: Seid demütig und bescheiden und achtet den anderen höher als euch selbst. Habt auch nicht ständig nur euren eigenen Vorteil im Blick, sondern das, was für den anderen wichtig ist.

Christus selbst hat uns vorgelebt, was uns zu wirklichen Menschen macht (2,5–11)

Begegnet euch gegenseitig mit der gleichen Liebe und Hochachtung, wie ihr sie Jesus Christus entgegenbringt. Habt ihn als Vorbild vor Augen, der als Sohn Gottes seine Gottgleichheit auch nicht wie einen Raub festhielt, sondern restlos alles hergab und wie ein Knecht wurde: Er wurde ein Mensch wie wir, rein äußerlich ein ganz normaler Mann. Doch er verzichtete auf seine Vorrechte und nahm gehorsam den Tod an, den schrecklichen Tod am Kreuz. Darum hat Gott ihm auch die höchste Stellung im ganzen Universum gegeben. Es gibt keinen Namen, der größer und herrlicher wäre als seiner. Es wird der Tag kommen, da werden vor diesem Namen, den Gott ihm gegeben hat, alle Wesen im Himmel, auf der Erde und unter der Erde auf die Knie gehen, ihn anbeten und bekennen, dass er allein der Herr ist. Nichts wird Gott, unseren Vater, mehr ehren und mehr erfreuen als das.

Solange ihr nicht locker lasst, gibt euch Gott die Kraft zu allem (2,12–18)

Meine geliebten Schwestern und Brüder, ich weiß, dass ihr mir nicht nur gehorcht, wenn ich bei euch bin, sondern auch jetzt während meiner Abwesenheit. Darum möchte ich euch noch einmal von Herzen ermahnen, mit allem Ernst und aller Entschiedenheit auf dem

Weg der Erlösung durch Christus zu bleiben. Denn das will Gott für euch. Er hat euch den Willen geschenkt, Jesus nachzufolgen, und er ist auch in der Lage, euch die Kraft zu geben, dass ihr treu an ihm festhaltet. Auch wenn es euch manchmal schwerfällt: Tut alles ohne Widerwillen und ständiges Hinterfragen. Seid wirklich wie Gottes Kinder, mit klaren Augen, offen und voller Vertrauen. Ich weiß, die Welt um euch herum sieht anders aus. Ihr seid umgeben von einer verkehrten, heruntergekommenen Generation, in der viel Finsternis herrscht. Solange ihr am Wort des Lebens festhaltet, strahlt ihr jedoch in dieser dunklen Welt wie Sterne in der Nacht.

Und ich möchte euch noch einen Grund nennen, warum ihr in allen Lebenslagen an Jesus festhalten sollt: Ich möchte am Tag Christi, wenn es gilt, Rechenschaft abzulegen, stolz auf euch sein können. Ich möchte sicher gehen, dass meine Bemühungen nicht ins Leere gelaufen sind und ich mich nicht umsonst abgemüht habe. Doch wenn ich mein Leben lassen müsste, dann nehmt es als mein Opfer für euren Glauben an. Darüber würde ich mich sehr freuen, und natürlich freue ich mich auch für euch. Doch das Gleiche gilt auch für euch: Auch ihr sollt euch freuen, auch und gerade dann, wenn ich mein Leben verlieren sollte.

Paulus tröstet seine Philipper, indem er ihnen seine zwei engsten Mitarbeiter schickt (2,19–30)

Hoffentlich kann ich bald Timotheus zu euch schicken, damit mich dann seine Berichte über eure Fortschritte ermutigen und mir Kraft schenken. Es gibt tatsächlich sonst niemanden hier, der sich selbstlos um euch und eure Bedürfnisse kümmern würde. Es ist doch so: Irgendwie geht es allen nur um ihre Interessen, ihren Vorteil, aber niemand fragt nach dem Willen Jesu Christi.

Doch ihr wisst, dass Timotheus sich bewährt hat. Er ist für mich wie ein eigener Sohn und er hat sich auch von Anfang an von ganzem Herzen für die Frohe Botschaft eingesetzt. Wenn es sich also irgendwie machen lässt, dann werde ich ihn zu euch schicken. Ich muss nur noch zuvor schauen, wie ich meine Angelegenheiten hier geregelt bekomme. Ich vertraue darauf, dass es mir selbst bald möglich sein wird, euch zu besuchen.

Auf jeden Fall werde ich meinen Bruder und Mitarbeiter Epaphroditus, der so viel mit mir zusammen durchgemacht hat, zu euch zurückschicken. Nachdem er mir damals eure Unterstützung überbracht hatte, als ich in eine echte Notlage geraten war, erkrankte er ja sehr schwer. Sicher habt ihr davon gehört und euch deswegen auch Sorgen gemacht. Auch er hatte große Sehnsucht nach euch. Ja, er war wirklich lebensgefährlich erkrankt, aber Gott hat sich seiner erbarmt ... und auch meiner! Denn er wusste, dass ich diesen Verlust kaum verkraftet hätte. Darum sende ich ihn jetzt sofort zu euch, damit ihr wenigstens schon einmal einen Grund habt, euch zu freuen. Und ich habe eine Sorge weniger.

Nehmt ihn also mit der Liebe auf, die Jesus auch uns erweist, und freut euch über sein Kommen. Und überhaupt sollt ihr alle mit ganz besonderer Aufmerksamkeit behandeln, die für Jesus ihr Leben aufs Spiel gesetzt haben. Er hat es jedenfalls getan, als er versuchte, mir zu helfen, nachdem ihr es nicht persönlich tun konntet.

Es gibt einen Grund, niemals aufzuhören, sich zu freuen (3,1–12)

3 Darüber hinaus kann ich euch nur immer wieder sagen, meine Schwestern und Brüder: Freut euch über das Leben, das ihr führt, weil ihr zum Herrn gehört. Ich werde nicht müde, euch wieder und wieder dasselbe zu schreiben, euch aber schenkt es Sicherheit.

Passt auf! Es gibt Personen mitten unter euch, die euch einen schlechten Dienst erweisen. Sie meinen immer noch, euch zur Beschneidung zwingen zu müssen, doch das ist grundfalsch. Die wahre Beschneidung wird heute nicht mehr an unserem Körper vollzogen, sondern an unserem Herzen. Wenn uns der Heilige Geist erfüllt und wir uns nur noch auf das verlassen, was Jesus für uns getan hat, dann hängt unsere Beziehung zu Gott nicht mehr von irgendwelchen äußeren Riten ab, die man an uns vollzogen hat. Was das anbelangt, könnte ich es mit jedem aufnehmen: Ich wurde am achten Tag nach meiner Geburt beschnitten, gehöre als Mitglied des Stammes Benjamin dem Volk Israel an, bin also durch und durch Jude. Dazu kommt noch, dass ich mich als Pharisäer um die strenge Einhaltung der Gesetzesvorschriften kümmerte, und zwar mit einem solchen Fanatismus, dass ich sogar die Gemeinde Jesu verfolgte. Dabei stand ich, rein vom Gesetz her betrachtet, vor Gott makellos dar. Aber alles, was ich einmal für besonders wichtig und wertvoll gehalten habe, kommt mir jetzt, seit ich Jesus kenne, geradezu lächerlich vor. Ja ich halte es sogar für schädlich, weil es der alles überragenden Erkenntnis Jesu Christi entgegensteht. Für ihn habe ich gern alles aufgegeben und halte so manche großartige Sache meiner religiösen Erziehung für – entschuldigt den Ausdruck – Bockmist. Ich möchte nie mehr die Gemeinschaft mit Jesus verlieren, die ich mir nicht durch meine Gesetzestreue verdient habe, sondern die Gott geschenkt hat, weil ich mein Vertrauen auf ihn gesetzt habe. Ich möchte Jesus immer besser kennenlernen und auch am eigenen Leib die Kraft erfahren, mit der er vom Tod auferweckt wurde. Ja, ich sehne mich danach, mit ihm zu leiden und ihm im Tod ähnlich zu werden. So hoffe ich, auch mit allen, die an Christus glauben, von den Toten aufzuerstehen.

Es ist aber nicht so, als hätte ich mein Ziel schon erreicht oder sei in irgendeiner Weise vollkommen geworden. Im Gegenteil. Aber ich jage dem Siegespreis nach, um ihn eines Tages zu ergreifen, so wie ich jetzt schon von Jesus Christus ergriffen bin.

Paulus hat das beste Ziel auf Erden fest im Auge (3,13–21)

Glaubt mir, meine Schwestern und Brüder, ich kann mich selbst ziemlich gut einschätzen: Ich bin noch nicht am Ziel. Aber eines tue ich: Ich vergesse, was hinter mir liegt, und strecke mich umso mehr nach dem aus, was vor mir liegt. Ich tue wirklich alles, um den Siegespreis zu erringen: in Ewigkeit bei ihm zu sein. Vergesst nie: Gott selbst hat uns bereits vollkommen gemacht. Wenn ihr an diesem Punkt noch Zweifel habt, wird es euch Gott selbst zeigen. Doch lasst unser Leben dem entsprechen, was uns von Gott bereits geschenkt wurde.

Liebe Schwestern und Brüder, ihr könnt ruhig mich oder andere, die ähnlich von Gott ergriffen wurden, als Vorbilder nehmen. Denn bei euch gibt es nicht wenige – und ihr wisst, wie oft ich schon mit euch darüber gesprochen habe –, die mit Jesus Christus als dem Gekreuzigten nichts zu tun haben wollen. Mir kommen die Tränen, wenn ich an sie denke, denn ihr Ende wird schrecklich sein. Weil ihr ganzes Denken nur noch auf das Diesseits gerichtet ist, auf das Leben hier auf dieser Erde, werden sie keinen anderen Gott mehr haben als sich selbst und ihre Wünsche. Ihre einzige Ehre wird darin bestehen, dass sie sich für das rühmen, wofür andere sich nur schämen würden.

Wir aber wollen daran festhalten, dass unsere wahre Heimat dort ist, wo wir unserem Herrn Jesus Christus begegnen werden. Eines Tages wird er unseren armseligen Leib verwandeln und ihn seinem Leib, den er jetzt in der Herrlichkeit Gottes hat, gleichgestalten. Das wird mit derselben Kraft geschehen, mit der er auch seine Herrschaft über das ganze All ausüben wird.

Ein ungewöhnlicher Befehl: Freut euch und noch einmal: Freut euch (4,1–9)

4 Meine geliebten Schwestern und Brüder, ich sehne mich so sehr nach euch, denn ihr seid meine ganze Freude und mein Siegespreis. Steht auch weiterhin fest zu unserem Herrn Jesus.

Euodia und Syntyche, euch möchte ich beide ermahnen, eure Unstimmigkeiten zu beenden und euch durch eure Verbindung mit ihm zu einigen. Dich, meinen bewährten Mitarbeiter, bitte ich, ihnen dabei zu helfen, denn sie haben sich beide gemeinsam mit mir für die Verbreitung der Frohen Botschaft eingesetzt. Auch Klemens und eine Reihe anderer Mitarbeiter waren damals dabei und ihre Namen sind alle bereits im Buch des Lebens verzeichnet.

Freut euch mit Christus zu jeder Zeit! Ich sage es noch einmal: Freut euch! Alle Menschen sollen erfahren, wie gütig ihr seid. Christus wird bald zurückkehren. Macht euch um nichts Sorgen, sondern vertraut eure Bitten, Sorgen und Nöte eurem himmlischen Vater an. Nur vergesst eines nicht: Seid für alles dankbar, und der Friede Gottes, der unsere Vorstellungskraft übersteigt, wird eure Herzen und eure Gedanken in Jesus Christus bewahren.

Liebe Schwestern und Brüder, richtet eure Gedanken darüber hinaus auf alles, was wahr ist, was euch Ehre macht, was rein und liebenswert ist. Die Leute sollen voller Bewunderung und Lob von euch sprechen. Lebt einfach das, was ihr gelernt und von mir übernommen habt, und Gott wird euer Herz mit seinem Frieden erfüllen.

Ein natürliches Zeichen der Liebe und Dankbarkeit: Paulus wurde finanziell von der Gemeinde unterstützt (4,10–23)

Ich muss zugeben, dass ich mich sehr über das Zeichen eurer Fürsorge für mich gefreut habe. Natürlich habt ihr schon immer an mich gedacht, aber ihr hattet doch nie die Gelegenheit zu einer so konkreten

Hilfe. Das sage ich jetzt nicht, weil ich darauf hinweisen will, dass ich noch mehr Unterstützung nötig hätte. Nein, ich habe gelernt, in allen Lebenslagen mit sehr wenig auszukommen. Mittlerweile habe ich beides zur Genüge kennengelernt: nichts in der Tasche zu haben und im Überfluss zu leben, zu hungern und satt zu sein. Alles halte ich aus durch den, der mir Kraft schenkt. Doch abgesehen davon muss ich euch sagen, dass es sehr freundlich von euch war, mich in meiner Notlage nicht alleinzulassen.

Wisst ihr eigentlich, meine lieben Philipper, dass ihr die einzige Gemeinde seid, die mich nach meinem Weggang aus Mazedonien auf meiner Missionsreise finanziell unterstützt hat?! In keiner Gemeinde habe ich seither eine solche Gemeinschaft erlebt, wie sie sich auch in unserem gegenseitigen Geben und Nehmen ausdrückte. Selbst als ich in Thessaloniki war, habt ihr mir häufig etwas für meinen persönlichen Bedarf geschickt. Um es noch einmal zu sagen: Es geht mir nicht darum, dass ich gern ständig Geschenke von euch erhalten würde. Was mich bewegt, ist, dass eure Großzügigkeit ebenfalls eine Frucht ist, die wächst. Aber ihr sollt zumindest wissen, dass ich durch Epaphroditus alles erhalten habe und jetzt geradezu im Überfluss lebe. Ihr habt etwas Großartiges getan und wie bei einem Opfer, das im Tempel verbrannt wird, verbreitet sich der Duft davon überallhin. Auch zu Gott, dem es ein Leichtes sein wird, jede Art von Mangel auszufüllen. Haben wir in Jesus Christus nicht den ganzen Reichtum Gottes schon jetzt mitten unter uns? Dafür sei Gott, unserem Vater, die Ehre in alle Ewigkeit. Amen.

Grüßt alle Mitglieder der Gemeinde im Namen unseres Herrn Jesus Christus. Diesem Gruß schließen sich auch alle Geschwister an, die hier bei mir sind. Ganz besonders möchten euch auch alle grüßen, die am Hof des Kaisers arbeiten.

Die Gnade unseres Herrn Jesus Christus erfülle euer Herz und euren Geist!

Der Brief an die Gemeinde in Kolossä

Kolossä ist eine Stadt im kleinasiatischen (heute türkischen) Phrygien. Kolosser- und Epheserbrief haben viele Gemeinsamkeiten. Offenbar saß Paulus im Gefängnis, als der Brief geschrieben wurde, vielleicht von einem befreundeten Christen nach Stichworten von Paulus. Das könnte erklären, warum sich das Griechisch des Briefes von dem anderer Paulusbriefe unterscheidet. Auch dieser Brief enthält in Kapitel 1 einen wunderbaren Hymnus über Christus als Ebenbild Gottes, das heißt als den „wahren Menschen", wie Gott ihn gewollt hat. Kolosser- und Epheserbrief beantworten ganz andere Fragen als etwa die Korintherbriefe und betonen etwa die kosmische Bedeutung von Jesus.

1 Diesen Brief schreiben Paulus, den Gott dazu berufen hat, ein Apostel Jesu Christi zu sein, und sein Mitarbeiter Timotheus an alle, die in Kolossä an Jesus Christus glauben und so unsere geliebten Geschwister wurden. Gnade und Friede von Gott, unserem Vater!

Der Apostel betet voller Freude und Dankbarkeit für die Gemeinde in Kolossä (1,3–14)

Wenn wir in unseren Gebeten an euch denken, danken wir immer wieder Gott, dem Vater unseres Herrn Jesus Christus, für all die guten Dinge, die wir über euren Glauben und über eure Liebe zu allen Glaubensgeschwistern gehört haben. Was hat euch dazu bewegt, wenn nicht die Hoffnung auf all das, was im Himmel für euch schon bereit liegt?! Von dieser Hoffnung habt ihr erfahren, als ihr die Frohe Botschaft zum ersten Mal gehört habt. Seit euch und der übrigen Welt diese Botschaft verkündet wurde, ist sie überall gewachsen und hat Frucht gebracht. Ihr habt wirklich erkannt, wie gnädig Gott ist! Das ist nicht zuletzt das Verdienst unseres Mitarbeiters Epaphras, den ich liebe und der sich bei euch mehr denn je als ein treuer Diener Christi erwiesen hat. Er hat euch nicht nur alles Wesentliche beigebracht; er hat uns auch berichtet, welche Liebe der Heilige Geist in euch hat wachsen lassen.

Darum können wir auch seit dem Tag, an dem wir von euch gehört haben, nicht aufhören, für euch zu beten. Ganz besonders bitten wir Gott darum, dass er euch die Gabe schenkt, seinen Willen mit aller Weisheit und Einsicht zu erkennen. Nur dann könnt ihr so leben, wie es Jesus gefällt. Er wird durch euch immer mehr Gutes bewirken können; euer Leben wird fruchtbar werden und letztlich werdet ihr Gott dabei immer besser kennenlernen. Die Größe Gottes, die ihr durch sein Wirken erlebt, wird euch innerlich stark machen. So werdet ihr auch in Zukunft mit Geduld und Durchhaltevermögen gesegnet sein.

Voller Freude danke ich unserem Vater im Himmel, der euch die

Möglichkeit geschenkt hat, das strahlende Erbe seiner Kinder zu empfangen. Gott hat uns aus der Macht der Finsternis befreit und uns unter die Herrschaft seines geliebten Sohnes gebracht. Er ist es, der uns erlöst und die Last unserer Schuld von uns genommen hat.

In Jesus hat sich uns Gott selbst gezeigt (1,15–20)

Wenn wir Jesus anschauen, wissen wir, wie Gott ist, den wir mit unseren Augen nicht sehen können. Er ist der Erstgeborene unter allen Geschöpfen, denn durch ihn wurde alles, was im Himmel und auf der Erde ist, das Sichtbare genauso wie das Unsichtbare, erschaffen. Alle Könige, Herrscher und Gewalten haben ihren Ursprung in ihm und alle werden eines Tages auch vor ihm stehen. Jesus hat vor allem existiert und alles in dieser Welt hat nur durch ihn Bestand.

Doch bei all dem ist er vor allem das Haupt der Gemeinde, er, der von allem der Anfang ist und der auch als Erster von den Toten auferstand. Darum kann kein Zweifel daran bestehen, dass ihm allein in jeder Beziehung der erste Platz zukommt. Gott selbst wollte es nicht anders, als mit seiner ganzen göttlichen Fülle in ihm gegenwärtig zu sein und alles durch Jesus mit sich zu versöhnen. Er hat durch das Blut, das er am Kreuz vergossen hat, endgültig den Frieden zwischen Gott und allen Menschen ermöglicht.

Und eine Gemeinde hat das Unfassbare ergriffen (1,21–29)

War es bei euch etwa anders? Wenn man sich anschaut, wie ihr euch damals verhalten habt: Wart ihr nicht auch weit von Gott entfernt, ja geradezu seine Feinde? Doch Jesus hat euch durch den Tod, den er durchlitten hat, zu Menschen gemacht, die aufrecht vor Gott stehen können, weil sie frei von Schuld, untadelig, ja heilig sind. Ihr dürft euch bloß durch nichts von eurem Glauben und eurer Hoffnung abbringen lassen. Vertraut auf die Frohe Botschaft, die ihr gehört habt und die jetzt allen Menschen auf der ganzen Welt verkündet wird. Ich, Paulus, bin jedenfalls unendlich dankbar dafür, dieser Frohen Botschaft dienen zu können.

Versteht ihr nun, dass ich mich sogar darüber freue, wenn ich in diesem Dienst für Jesus leiden muss?! Ich denke, es ist eine Art stellvertretendes Leiden für euch. Vielleicht kann ich damit an meinem eigenen Leib noch etwas zu den erlösenden Leiden Jesu hinzutun, die er um seiner Gemeinde willen, die ja sein Leib ist, ertragen hat. Ihr zu dienen hat Gott mir aufs Herz gelegt, das heißt, meine Sorge muss es sein, euch das Wort Gottes ohne Abstriche zu verkündigen. Es ist meine Aufgabe, das Geheimnis Gottes, das seit Ewigkeit allen Menschen verborgen war, euch und jetzt auch denen zu offenbaren, die aus allen Völkern zu Gottes Volk hinzugestoßen sind. Allen Menschen, die seiner Einladung folgten, wollte Gott zeigen, wie unvorstellbar groß der Reichtum seiner Gnade und Liebe ist. Und dieses Geheimnis ist niemand anderes als Jesus Christus, der mitten unter euch lebt und der allein unsere Hoffnung auf die Herrlichkeit Gottes ist, die auf uns wartet. Diesen Jesus verkünden wir, wenn wir die Menschen ermutigen und versuchen, ihnen mit Weisheit und Geduld Jesus nahezubringen. Jeder Mensch soll die Möglichkeit haben, durch seine Entscheidung für Jesus Christus selbst ein Mensch zu werden, der in den Augen Gottes vollkommen ist. Dafür mühe ich mich ab; allerdings bin ich dabei nicht auf mich allein gestellt, sondern darf mit der Kraft kämpfen, die er mir schenkt.

Was man einmal erkannt hat, bleibt nicht einfach unangefochten bestehen (2,1–5)

2 Ja, ihr sollt erfahren, dass ich um euretwillen und um der Gemeinde in Laodizea willen in einem großen Kampf stehe. Das geht auch alle die an, die mich persönlich nicht kennenlernen konnten. Möge Gott euch trösten und möge euch das Band der Liebe, das

euch verbindet, umso fester zusammenhalten. Ihr sollt euch immer wieder bewusst werden, welchen Reichtum es darstellt, dass ihr in Bezug auf Gott Gewissheit haben könnt, ja, dass ihr das Geheimnis Gottes kennenlernen durftet: Jesus Christus. In ihm sind wirklich alle Schätze der Weisheit und der Erkenntnis verborgen.

Das betone ich, damit euch niemand mit seiner Überredungskunst hinters Licht führen kann. Denn auch wenn ich persönlich nicht bei euch sein kann, bin ich euch doch in Gedanken ständig nah. Ich sehe, wie ihr alles unter euch geregelt habt und wie unerschütterlich fest euer Glaube an Christus ist. Habe ich nicht allen Grund zur Freude?!

Christsein heißt: Beziehung mit Jesus leben, egal, was passiert (2,6–13)

Ihr habt Jesus Christus als euren Herrn angenommen. Darum lebt euer Leben in Gemeinschaft mit ihm. Ihr könnt euch auf ihn verlassen. Er wird euch innerlich stark machen und den Glauben, den ihr zunächst nur als Lehre übernommen habt, in euch Wurzeln schlagen lassen. Eigentlich müsstet ihr vor Dankbarkeit geradezu überfließen. Achtet darauf, dass euch niemand diesen Schatz raubt, indem er euch durch philosophische Anschauungen, leere Versprechungen und den Hinweis, dass man so zu denken habe, wie man es seit jeher gewohnt ist, um das bringt, was euch durch Christus geschenkt wurde. Denn in ihm wohnt leibhaftig die ganze Fülle Gottes, und er möchte euch mit seiner Herrlichkeit erfüllen, die er als Haupt über alle Herrschaften und Mächte dieser Welt besitzt.

Weil ihr zu Christus gehört, seid ihr „Beschnittene", wenn auch nicht im wortwörtlichen Sinn. Ihr gehört durch Christus zu Gottes auserwähltem Volk, denn ihr wurdet mit ihm in der Taufe untergetaucht (das heißt: Ihr habt seinen Tod für euch angenommen). So seid ihr auch mit ihm zu einem neuen Leben „auferweckt" worden. Ihr habt euer Vertrauen darauf gesetzt, dass Gott, der Jesus von den

Toten auferweckt hat, auch euch aus dem Tod eines Lebens ohne Gott herausholen kann. Und er hat es getan; er hat euch aus aller Gottlosigkeit herausgeholt und euch alle eure Schuld vergeben.

Nie wieder Bedrückung, Anklage, Unfreiheit! (2,14–3,4)

Wenn wir die Gebote – die Bestimmungen darüber, was wir tun oder unterlassen sollen –, als Maßstab anlegen, dann müssten wir sagen, dass der Schuldschein, den jeder von uns mit seinem Leben unterschrieben hat, nicht ausgelöst werden kann. Doch Gott hat diesen Schuldschein einfach von uns genommen und ihn an das Kreuz seines Sohnes genagelt. Damit ist unsere Schuld ein für alle Mal gelöscht, und alle die Mächte, die uns hätten anklagen können, wurden damit entwaffnet und in aller Öffentlichkeit bloßgestellt. Sie führt Jesus in seinem Triumphzug als Gefangene mit.

Versteht ihr nun, dass jetzt nicht wieder jemand kommen und euch die Last neuer Schuld aufbürden darf? Niemand hat das Recht, euch ein schlechtes Gewissen zu machen, weil ihr etwas esst oder trinkt, das Juden niemals anrühren würden. Oder weil ihr die jüdischen Feste, vor allem den Sabbat, nicht einhaltet. Das alles sind doch nur noch Schatten der zukünftigen Welt. Ihr seid der Leib Christi in dieser Welt, das allein zählt. Niemand darf euch den Siegespreis aberkennen, schon gar nicht die unter euch, die sich besonders demütig geben, eine ungute Verehrung der Engel pflegen und sich grundlos für etwas Besonderes halten, weil sie irgendwelche Visionen gehabt haben wollen. Ihr erkennt sie daran, dass es ihnen letztlich nur um sich selbst geht und sie sich nicht Jesus als ihrem Haupt unterordnen. Doch das Haupt ist es, das den ganzen Leib mit all seinen Gelenken und Bändern zusammenhält und dafür sorgt, dass er so wächst, wie Gott es sich vorgestellt hat.

Um es noch einmal zu sagen: Wenn ihr mit Christus gestorben seid, also auch der Welt all dieser niederdrückenden und unfrei machenden Gesetzlichkeiten entronnen seid, warum lasst ihr euch dann wieder neue Vorschriften auferlegen, als würdet ihr noch in dieser Welt leben? Warum lasst ihr euch vorschreiben: „Fass das nicht an! Iss nichts davon! Halt dich davon fern!“ Alles Genießbare in dieser Welt kann von uns gegessen und getrunken werden. Aber es gibt offensichtlich immer wieder Menschen, die meinen, besonders weise zu sein. Sie denken sich neue Gebote und Lehren aus und schreiben vor, wie man Gott zu dienen habe – vor allem durch Kasteiungen und schonungslose Härte gegen sich selbst. Das alles tun sie aber nicht, um in irgendeiner Weise Gott zu ehren, sondern nur, um ihr eigenes Ich zu befriedigen.

3 Wenn ihr also mit Christus zu einem neuen Leben auferstanden seid, dann haltet euren Blick fest auf ihn gerichtet, der zur Rechten Gottes sitzt. Ihm allein soll unser ganzes Interesse gelten. Vergesst all die religiösen Anstrengungen, mit denen ihr Gott zu beeindrucken versucht. Ihr seid mit Christus gestorben und euer Leben ist jetzt schon bei Gott, wenn auch noch verborgen. Erst wenn Christus sich hier auf Erden offenbaren wird, dann wird auch deutlich werden, wie groß die Herrlichkeit ist, die euer Leben schon jetzt prägt.

Wie Christen leben, lässt andere erkennen, wer ihr Herr ist (3,5–4,1)

Lasst also nicht zu, dass diese verborgene Herrlichkeit in euch durch eure eigene Schuld zerstört wird. Wer sich bewusst gegen Gott stellt, indem er einfach seinen bösen Neigungen nachgibt, sei es auf sexuellem Gebiet, sei es im Umgang mit anderen oder mit dem Geld, den überlässt Gott sich selbst. Wer beispielsweise habgierig ist, der zeigt damit, dass er einem anderen Götzen dient und nicht dem lebendigen Gott. Kann es für den Menschen etwas Schlimmeres geben? Erinnert euch doch an die Zeit zurück und daran, wie es euch ging, als ihr noch wie alle anderen Menschen solchen Götzen nachgerannt seid!

Sicher wollt ihr nicht mehr in diesen Zustand zurück. Darum legt alles ab, was an ihn erinnern könnte: Zorn, Bitterkeit, Bosheit, üble Nachrede, lockeres, anzügliches Geschwätz. Hört auf, euch gegenseitig etwas vorzumachen, denn ihr habt bei eurer Taufe den alten Menschen mit seinen unguten Verhaltensmustern ausgezogen und den neuen Menschen angezogen, der nach dem Bild dessen umgestaltet wird, der ihn geschaffen hat.

Ist es nicht großartig, dass wir durch die Taufe alle eins geworden sind? Da gibt es keinen Griechen und keinen Juden mehr, keinen Unterschied zwischen beschnitten und unbeschnitten, Barbar und Skythe, Sklave und Freiem. Christus ist für uns alles und er lebt in uns allen!

Ihr seid die Menschen, die Gott auserwählt und gerecht gemacht hat und über alles liebt. Darum zieht Tag für Tag den „neuen Menschen" an, der voller herzlichem Erbarmen ist, voller Güte, Demut, Sanftmut und Langmut. Geht nachsichtig miteinander um und vergebt einander, wann immer einer dem anderen etwas vorzuwerfen hat. Seid immer bereit zu vergeben, denn schließlich hat Jesus auch euch vergeben. Lasst alles, was ihr tut, von der Liebe bestimmen. Sie ist das vollkommene Band, das alles zusammenhält. Und der Friede Christi regiere in euren Herzen, denn dazu seid ihr berufen, seit ihr zu dem einen Leib gehört. Vergesst auch nie, dass ihr alles Gott verdankt, darum seid dankbar. Erinnert euch gegenseitig immer wieder an alles, was Jesus gesagt und getan hat. Belehrt euch mit der Weisheit, die Gottes Geist schenkt, und ermutigt euch gegenseitig, indem ihr Gott in euren Herzen Psalmen und Loblieder singt. Gottes Gnade lässt neue geistliche Lieder unter euch entstehen.

Lasst alles, was ihr redet oder tut, im Namen Jesu geschehen, und dankt Gott, unserem Vater, durch ihn.

Ihr Frauen, erkennt an, dass eure Männer das geistliche Haupt der Familie sind; entsprechend sollen sich auch die Männer Jesus als dem Haupt unterordnen. Ihr Männer, liebt eure Frauen und lasst nicht zu, dass sich Unversöhnlichkeit und Bitterkeit in eure Beziehung einschleichen. Ihr Kinder, gehorcht euren Eltern gern, denn

Gott wollte es so, weil es gut für euch ist. Ihr Väter, geht mit euren Kindern liebevoll um, damit sie nicht mutlos werden!

Wenn jemand unter euch für einen anderen arbeiten muss, dann soll er es bereitwillig tun, nicht um den Betreffenden zu beeindrucken, sondern weil er in seinem Herzen fest darauf vertraut, dass er damit letztlich Jesus dient. Egal, was ihr tut, ihr arbeitet nicht für Menschen, sondern für den Herrn. Er ist es, der euch mit einem unvorstellbaren Erbe belohnen wird. Dient also dem Herrn Jesus Christus selbst! Wer euch ungerecht behandelt, der wird von Gott seinen Lohn erhalten, denn Gott macht keinen Unterschied zwischen dem, der Befehle erteilen kann, und dem, der die Arbeit tun muss.

4 Und ihr, die ihr es gewohnt seid, euch bedienen zu lassen und anderen zu sagen, was sie zu tun haben, vergesst eines nie: Ihr selbst seid Diener eines Herrn, der weit über euch steht. (Behandelt also die Menschen, die von euch abhängig sind, mit Respekt. Lasst ihnen zukommen, was ihnen zusteht, ohne dass sie darum betteln müssen.)

Menschen, die Gott noch nicht kennen (4,2–6)

Hört nicht auf, immer wieder mit Gott zu reden und ihm für alles zu danken. Vergesst nicht, auch für uns zu beten und dafür, dass Gott uns eine Tür öffnet, damit wir die Frohe Botschaft verkündigen können. Ihr wisst, dass ich deswegen im Gefängnis sitze, und ich wünsche mir nichts mehr, als dass ich den Menschen das Geheimnis der Liebe Gottes vermitteln kann, die dieser uns durch Christus gezeigt hat, wenn ich mich öffentlich verteidigen muss.

Was den Umgang mit den Nichtchristen anbelangt, so erbittet euch von Gott die Weisheit, die Zeit so gut wie möglich zu nutzen. Bleibt immer ehrlich und freundlich, wenn ihr mit den Menschen redet, und wenn sich jemand für unseren Weg mit Gott interessiert, dann bleibt ihm keine Antwort schuldig.

Ein Briefschluss voller liebevoller Mitteilungen und Grüße (4,7–18)

Wie sich meine Situation hier entwickelt hat, wird euch Tychikus, mein geliebter Bruder im Herrn, berichten. Ich schicke diesen treuen Diener Jesu und Mitarbeiter zu euch, damit ihr alles aus erster Hand erfahrt und getröstet werdet. Ihn wird Onesimus begleiten, den ich genauso schätze und liebgewonnen habe und der ja aus eurer Gemeinde stammt. Wie gesagt, sie sind über alles genauestens unterrichtet.

Viele Grüße von Aristarch, der mit mir im Gefängnis sitzt, und Markus, dem Vetter von Barnabas. Seinetwegen hatte ich euch ja schon einige Anweisungen gegeben. Bitte heißt ihn herzlich willkommen.

Auch Jesus, der Justus genannt wird, und alle anderen Juden grüßen euch. Die drei sind meine Mitarbeiter für das Reich Gottes geworden, was mich ganz besonders freut und tröstet. Noch jemand aus eurer Mitte lässt euch grüßen: Epaphras. Er ist ein echter Nachfolger Jesu und betet inständig dafür, dass ihr Jesus immer ähnlicher werdet und immer mehr den Willen Gottes erkennen und leben könnt. Ich kann nur bestätigen, dass er ganz intensiv für die Gemeinden in Laodizea und Hierapolis betet. Unseren Grüßen schließen sich noch Lukas, der Arzt, an, den ich sehr schätze, und Demas.

Grüßt bitte auch alle Schwestern und Brüder aus der Gemeinde in Laodizea, vor allem Nympha und die Gemeinde in ihrem Haus. Und wenn der Brief bei euch gelesen wurde, dann sorgt bitte dafür, dass er auch in der Gemeinde von Laodizea vorgelesen wird, damit diese ebenfalls auf dem Laufenden ist.

Und noch ein besonderer Hinweis für Archippus: Bitte achte darauf, dass du den Dienst, den du übernommen hast, auch sorgfältig erfüllst!

Diesen Gruß schreibe ich, Paulus, eigenhändig. Denkt daran, dass ich Fesseln trage. Die Gnade sei mit euch allen!

Der erste Brief an die Gemeinde in Thessalonich

Wer heute in Saloniki Urlaub macht, ist sich wohl kaum bewusst, auf welch geschichtsträchtigem Boden er in der Sonne liegt. Paulus hat auf seiner zweiten Missionsreise zusammen mit Timotheus diese Gemeinde im damaligen Thessalonich gegründet. Nachdem er sie ungewollt rasch verlassen musste, schickte er nach einiger Zeit Timotheus nach Thessalonich zurück. Als beide dann später in Korinth wieder zusammentrafen, schrieb Paulus diesen sehr persönlich gehaltenen Brief.
Es ist übrigens der älteste uns erhaltene Paulusbrief, etwa um 50 herum verfasst.

1 Paulus, Silvanus und Timotheus schreiben diesen Brief an die Gemeinde von Thessalonich. Gott, unser Vater, und unser Herr Jesus Christus schenken euch Gnade und Frieden.

Für diese Gemeinde ist Paulus besonders dankbar – sie ist ein echtes Vorbild (1,2–10)

Wenn wir in unseren Gebeten zu Gott, unserem Vater, an euch denken, danken wir ihm unaufhörlich für euch. Wir wissen um euer Leben aus der Beziehung zu Jesus, um eure Hingabe, eure Liebe, eure Geduld. Eure Hoffnung auf das Kommen unseres Herrn Jesus Christus ist unerschütterlich. Meine Schwestern und Brüder, wir wissen, dass Gott euch als seine Kinder erwählt hat und euch sehr liebt. Damals, als wir euch die Frohe Botschaft gebracht haben, kamen wir nicht nur mit bloßen Worten zu euch, sondern auch mit Taten, in denen sich die Kraft des Heiligen Geistes zeigte. Wir haben euch auch mit großer Gewissheit von eurer Erlösung erzählt. Aber ihr wisst ja selbst, wie wir damals um euretwegen unter euch aufgetreten sind.

Und ihr seid wirklich unserem Vorbild gefolgt und natürlich erst recht dem unseres Herrn, dessen Botschaft ihr mit der Freude, die der Heilige Geist schenkt, angenommen habt, obwohl dieser Schritt euch ziemlich in Bedrängnis brachte. Ihr seid dadurch zu einem echten Vorbild für alle Christen in Mazedonien und Achaia geworden. Ihr habt mit eurem Glauben nicht nur dort viele Menschen erreicht, sondern auch in allen übrigen Orten hat sich durch euch die Botschaft von Jesus Christus verbreitet. In diesem ganzen Gebiet gibt es für mich praktisch nichts mehr zu tun. Ich habe aus vielen Gemeinden davon gehört, dass ihr euch durch unseren Dienst von euren Götzenbildern ab- und Gott zugewandt habt. Eure Bereitschaft, dem lebendigen und wahren Gott zu dienen, hat sie sehr bewegt. Sie wissen, dass ihr Jesus, den Sohn Gottes, zurückerwartet, den der Vater von den Toten auferweckt hat und der aus dem Himmel herabkommen wird. Er allein kann uns vor dem kommenden Gericht bewahren.

Erinnerungen an die erste gemeinsame Zeit (2,1–12)

2 Liebe Schwestern und Brüder, ihr selbst wisst ja noch gut, wie ich damals zu euch gekommen bin und dass mein Einsatz bei euch alles andere als vergeblich war. Erinnert euch, dass ich zuvor in Philippi viel aushalten musste und misshandelt worden war. Aber genau dadurch haben wir dank unseres Gottes den Mut geschöpft, um bei euch die Frohe Botschaft zu verkünden, koste es, was es wolle. Wir haben euch damals keine neue Lehre gebracht, weil wir irgendeinem Irrglauben aufgesessen waren oder weil wir euch aus egoistischen Motiven betrügen wollten, sondern weil Gott selbst uns mit der Verkündigung der Frohen Botschaft betraut hat. Offensichtlich hielt er uns für geeignet, diese Aufgabe zu erfüllen. Wir tun dies auch nicht, um bei den Menschen Anerkennung zu finden, sondern um ihm zu gefallen, der unsere wahren Absichten kennt. Ihr werdet sicher noch wissen, dass wir niemandem geschmeichelt haben und mit der Verkündigung der Frohen Botschaft keine anderen Interessen verfolgten. Gott ist unser Zeuge, dass wir weder von euch noch von anderen besonders geehrt werden wollten, noch mit dem Hintergedanken verkündigten, uns zu bereichern.

Obwohl wir als Apostel Christi mit einigem Anspruch hätten auftreten können, verhielten wir uns unter euch wie naive Kinder, oder zutreffender: Wir begegneten euch mit der liebevollen Einstellung einer Mutter, die ihre Kleinen umsorgt und hegt. Wir gaben an euch nicht einfach nur die Frohe Botschaft Gottes weiter, sondern setzten uns selbst ein mit allem, was wir sind. Daran seid ihr nicht ganz unschuldig, denn wir haben euch von Anfang an richtig liebgewonnen. Liebe Schwestern und Brüder, erinnert ihr euch noch daran, dass wir uns während der Zeit, die wir bei euch waren, Tag und Nacht abgemüht haben, unseren Lebensunterhalt zu verdienen, um nur ja keinem von euch zur Last zu fallen?

Ihr und natürlich auch Gott seid Zeugen dafür, dass wir uns euch gegenüber, die ihr zum Glauben gekommen wart, in jeder Hinsicht tadellos und fair verhalten haben. Wie ein Vater seine Kinder unterweist und ermahnt, so habe ich jedem Einzelnen von euch gut zugeredet. Ich habe euch ermahnt, ermutigt und beschworen, so zu leben, wie es eurer Beziehung zu Gott entspricht. Er ist es, der euch in sein Reich und in seine Herrlichkeit berufen hat.

Paulus sehnt sich nach der Gemeinde, die sich in Geduld bewährt hat (2,13–20)

Das ist auch einer der Gründe, warum wir nicht aufhören können, Gott für euch zu danken. Ihr habt unsere Botschaft nicht als etwas betrachtet, was wir Menschen uns ausgedacht haben, sondern ihr habt erkannt, dass sie tatsächlich von Gott kommt. Das findet ihr, die ihr an Jesus glaubt, durch all das bestätigt, was sie in euch und eurem Leben bewirkt. Dabei habt ihr ähnliches zu erleiden gehabt wie die Gemeinden Jesu in Judäa. So wie sie durch die Juden, so habt auch ihr durch eure eigenen Landsleute einiges durchmachen müssen. Die Juden haben früher schon die Propheten umgebracht, dann Jesus getötet, und sie verfolgten auch mich mit aller Härte. Was sie tun, ist für Gott unerträglich, aber sie schaffen sich auch unter den anderen Menschen immer mehr Feinde. Sie versuchen mit allen Mitteln zu verhindern, dass ich zu den Nichtjuden gehe, damit auch sie die Frohe Botschaft von ihrer Erlösung durch Jesus Christus hören können. Ich denke, das Maß ihrer Schuld ist nun voll, und es wird jetzt eine Zeit kommen, in der sie den Zorn Gottes zu spüren bekommen.

Liebe Schwestern und Brüder, wir wurden nur für eine kurze Zeit voneinander getrennt – und auch das nur äußerlich. Denn ich sehne mich so sehr nach euch, dass ich mich darum bemühe, euch auch von Angesicht zu Angesicht zu sehen. Wir – vor allem aber ich, Paulus – haben uns schon mehrfach darum bemüht, zu euch zu kommen, aber Satan hat uns jedes Mal daran gehindert. Wer ist denn unsere Hoffnung, unsere Freude und unser Siegeskranz am Tag von Christi Wiederkunft, wenn nicht ihr?! Ihr seid wirklich unsere Freude und unser ganzer Stolz.

Ein geliebter, wertvoller Briefträger (3,1–13)

3 Weil wir die Sorge um euch nicht länger ertragen konnten, hatten wir beschlossen, allein in Athen zurückzubleiben. Wir haben Timotheus zu euch gesandt, der ein echter Mitarbeiter von Gottes Sache ist. Er sollte euren Glauben stärken und euch ermutigen, damit keiner von euch in diesen schwierigen Zeiten ins Wanken gerät, was sein Vertrauen anbelangt. Wie ihr euch erinnert, haben wir euch ja schon damals, als wir selbst noch bei euch waren, angekündigt, dass Schwierigkeiten auf uns zukommen werden. Und genau das ist jetzt passiert. Versteht ihr, dass ich Timotheus zu euch schicken musste, weil ich die Ungewissheit nicht länger ertragen konnte, wie ihr mit all den Anfechtungen eures Glaubens umgeht und ob nicht am Ende alle meine Anstrengungen vergebens waren?

Doch nun ist Timotheus mit einer wunderbaren Nachricht zu uns zurückgekehrt und hat uns von eurem Glauben und eurer Liebe zueinander berichtet. Wie gut zu hören, dass ihr uns nach wie vor in guter Erinnerung behalten habt und euch genauso danach sehnt, uns zu sehen, wie wir euch. Ihr glaubt gar nicht, Schwestern und Brüder, wie sehr uns diese Nachricht angesichts all dessen getröstet hat, was wir hier durchmachen müssen. Es ist so, als würden wir durch euren Glauben neue Lebenskraft bekommen, weil auch ihr unbeirrt an Jesus festhaltet. Wir wissen gar nicht, wie wir Gott nur für all die Freude danken sollen, die wir allein durch euch geschenkt bekommen. Grund genug, Gott Tag und Nacht in den Ohren zu liegen und ihn zu bitten, euch doch endlich wiedersehen zu können. Wir würden euch zu gern dabei helfen, euch in eurem Glauben noch weiterzuentwickeln.

Wir sind zuversichtlich, dass Gott, unser Vater, und unser Herr Jesus Christus für eine Möglichkeit sorgen werden, dass wir wieder zu euch kommen können. Wir bitten ihn darum, dass er euren Glauben stärkt und eure Liebe zueinander und zu allen Menschen ohne Maß wachsen lässt. Es ist dieselbe Liebe, mit der wir euch lieben und die eure Herzen stark machen soll. Denn wenn unser Herr Jesus

Christus mit allen wiederkommt, die treu zu ihm gehalten haben, dann sollt ihr vor Gott, unserem Vater, untadelig dastehen können. Darum bitte ich, amen.

Gemeinschaft mit Jesus verträgt nicht alles, was für die Welt „normal" ist (4,1–12)

4 Meine Schwestern und Brüder, im Übrigen bitten und ermahnen wir euch mit der Liebe, die Jesus auch uns entgegenbringt: Lebt in dem Vertrauen, das wir euch gelehrt haben, und versucht in allem, Gott Freude zu machen. Ihr könnt in allen Bereichen noch Fortschritte machen, daher erinnert euch an das, was ich – eigentlich Jesus durch mich – euch beigebracht habe.

Gottes Wille für euch ist klar und deutlich: Euer Leben soll heil und heilig werden. Nehmt nur einmal den Bereich der Sexualität. Menschen, die Gott nicht kennen, halten sie oft nur für etwas, das man ausleben muss, egal, wie und mit wem. Hütet euch vor dieser Sichtweise und begegnet eurem Partner mit heiligem Respekt und wirklicher Achtung. Auch im Geschäftsleben schließt eine Beziehung zu Jesus jede Art von Habgier aus, die euch einen Bruder übervorteilen lässt oder ihm sogar bewusst Schaden zufügt. Wir haben es euch schon damals gesagt und wiederholen es jetzt aber noch einmal: Gott tritt für die ein, denen man übel mitgespielt hat und die keine Rache üben. Gott hat uns nicht zu einem Leben berufen, das seiner Liebe widerspricht, sondern zu einem, das seine Liebe widerspiegelt. Wenn daher jemand einen anderen schlecht behandelt oder verurteilt, dann hat er das direkt auch Gott angetan, ihm, der euch seinen Heiligen Geist gegeben hat.

Nun, dass ihr eure Brüder und Schwestern lieben sollt, habe ich ja schon erwähnt, und das muss ich auch nicht noch mal sagen. Offensichtlich seid ihr von Gott selbst darin unterwiesen worden, wie man unter Geschwistern echte Liebe lebt. Jedenfalls habt ihr sie in großem Maß den Schwestern und Brüdern in ganz Mazedonien erwiesen. So wollen wir euch bloß noch ermutigen, ein geregeltes Leben zu führen. Betrachtet es als Ehrensache, euren Lebensunterhalt mit eigener Hände Arbeit zu verdienen, damit ihr nicht zuletzt auch für die Nichtchristen ein überzeugendes Beispiel abgebt. Das habe ich euch ja schon damals gesagt. Es würde bei ihnen keinen guten Eindruck hinterlassen, wenn ihr ständig andere Menschen um Unterstützung anbetteln müsstet.

Ein weiser Mensch hat auch das Ende von allem im Auge (4,13–5,11)

Was eure Verstorbenen anbelangt, so möchten wir euch nicht im Unklaren darüber lassen, was mit ihnen geschieht, damit ihr nicht genauso trostlos seid wie all die Menschen, die keine Hoffnung auf ein Leben nach dem Tod haben. Wenn es zum Kern unseres Glaubens gehört, dass Jesus gestorben und auferstanden ist, dann wird Gott auch unsere Verstorbenen durch das, was Jesus getan hat, zu sich führen, wenn sie ihr Vertrauen auf ihn gesetzt haben. Dazu möchten wir euch ein Wort mitgeben, das der Herr uns direkt zukommen ließ: Wir, die wir bei der Wiederkunft des Herrn noch leben, haben den Verstorbenen in keiner Hinsicht etwas voraus. Denn Jesus Christus selbst wird beim Ruf des Erzengels und beim Schall der Posaune Gottes vom Himmel herabkommen, und alle, die zu Jesus Christus gehörten und gestorben sind, werden zuerst auferstehen. Dann werden wir, die wir noch auf dieser Erde übriggeblieben sind, in die Wolken erhoben werden, um ihm zu begegnen. Von diesem Moment an werden wir alle für immer beim Herrn sein. Tröstet euch also gegenseitig mit diesen Worten!

5 Was den Zeitpunkt für diese Ereignisse anbelangt, brauche ich euch, Schwestern und Brüder, ja nicht eigens zu sagen, dass kein Mensch auf der Welt ihn kennt. Ihr wisst, dass der Tag des Herrn genauso überraschend kommt wie ein Dieb in der Nacht. Wenn alle

Menschen nur von Frieden und Sicherheit reden, dann kann dieser Tag sie überfallen, wie bei einer Schwangeren plötzlich die Wehen einsetzen. Dieser Begegnung mit Jesus kann sich dann niemand mehr entziehen. Ihr aber, Schwestern und Brüder, braucht vor diesem Ereignis keine Angst zu haben, denn ihr habt die Finsternis eines Lebens ohne Gott hinter euch gelassen. So kann euch auch dieser Tag nicht wie ein Dieb überraschen, denn ihr alle seid Kinder Gottes geworden, die in seinem Licht leben und sich auf den Tag des Herrn freuen.

Wir gehören nicht mehr der Nacht und der Finsternis, darum lasst uns nicht wie die übrigen Menschen schläfrig sein, sondern hellwach und nüchtern. Denn normalerweise wird nachts geschlafen, und meist sind die Leute, die sich betrinken, auch nur nachts betrunken. Wir aber gehören dem Tag, darum lasst uns wach und nüchtern sein.

Wir haben den Panzer des Glaubens und der Liebe angezogen und als Helm die Hoffnung auf unsere Rettung. Denn Gott möchte an uns nicht sein Gericht vollstrecken, sondern er hat uns dazu bestimmt, durch unseren Herrn Jesus Christus gerettet zu werden. Denn dieser ist für uns gestorben, damit wir, ganz egal, ob wir wach sind oder schlafen, mit ihm zusammenleben. Deswegen hört nicht auf, euch gegenseitig zu ermutigen und einander zu helfen, wie ihr es bisher ja schon tut.

So, vielleicht sogar nur so, kann Gemeindeleben gelingen (5,12–28)

Liebe Schwestern und Brüder, um eines möchten wir euch doch bitten: Bringt denen unter euch, die sich ganz besonders für euch einsetzen, indem sie einer Aufgabe als Leiter nachgehen oder euch ins Gewissen reden, echte Anerkennung, ja Hochachtung entgegen. Lasst sie eure Liebe ganz besonders spüren und seid ihnen dankbar dafür, dass sie diese Aufgabe auf sich genommen haben.

Lebt in Frieden miteinander! Vor allem möchten wir euch ans Herz legen, nicht müde zu werden, die unter euch zu korrigieren, die ein ungeordnetes Leben führen. Tröstet die Ängstlichen und nehmt euch der Schwachen an. Habt mit allen viel Geduld; sie brauchen eure Langmut. Achtet darauf, dass niemand unter euch Böses mit Bösem vergilt, sondern versucht wirklich, jedem Gutes zu tun, zunächst den Glaubensgeschwistern, dann aber auch allen anderen Menschen, denen ihr begegnet. Freut euch zu jeder Zeit! Hört nicht auf, mit Gott zu reden und ihm für alles zu danken. Denn durch Jesus Christus wissen wir, dass Gott genau das und nichts anderes von euch erwartet. Löscht nicht den Heiligen Geist in euch aus! Geht nicht leichtfertig darüber hinweg, wenn jemand prophetisch redet! Alles dürft, ja sollt ihr prüfen, aber nur das Gute behalten. Was sich mit Jesus nicht vereinbaren lässt, haltet von euch fern.

Er aber, der Gott des Friedens, verwandle euch immer mehr in das Bild seines Sohnes, damit euer Körper und eure Seele unversehrt und untadelig bewahrt werden für den Tag, an dem unser Herr Jesus Christus wiederkehrt. Wie gut ist es zu wissen, dass der, der euch berufen hat, treu ist. Er wird vollenden, was er in euch begonnen hat.

Liebe Schwestern und Brüder, betet auch für uns! Grüßt die übrigen Geschwister alle und umarmt sie herzlich. Sorgt bitte dafür, dass dieser Brief allen vorgelesen wird, ich bitte euch um Jesu willen darum.

Die Gnade unseres Herrn Jesus Christus sei mit euch allen!

Der erste Brief an Timotheus

Der 1. und 2. Brief an Timotheus werden zusammen mit dem Brief an Titus als „Pastoralbriefe" bezeichnet. Sie sind im Gegensatz zu den vorausgegangenen Briefen an die Hirten (lat. pastores) gerichtet und enthalten viele praktische Anweisungen, die für die Leitung einer Gemeinde hilfreich sein können. Gerade dieser vielfache Bezug auf die Leitungsaufgaben in einer Gemeinde macht die besondere Bedeutung der Pastoralbriefe aus. Es ist in der Forschung Konsens, dass sie gegenüber 1. Korinther einen vielfach veränderten Typ von Gemeinde ansprechen – Christen der 2. und 3. Generation. Für uns verkörpern sie die Weiterentwicklung paulinischer Gedanken in den paulinischen Gemeinden. Gerade die Ermutigung und Herausforderung dieser drei Briefe zu einem unerschrockenen Auftreten als Christ gehen uns auch heute mehr denn je an.

1 Paulus, der nach dem Willen Gottes ein Botschafter Jesu Christi ist, unseres Retters und unserer Hoffnung, schreibt diesen Brief an Timotheus, seinen bewährten Sohn im Glauben: Gnade, Barmherzigkeit und Friede von Gott, unserem Vater, und Christus Jesus, unserem Herrn!

Falsches Denken ist Gift für die persönliche Beziehung zu Gott (1,3–11)

Du weißt, als ich nach Mazedonien aufbrach, habe ich dir ans Herz gelegt, in Ephesus zu bleiben. Du solltest darauf achten, dass gewisse Personen nicht anfangen, eine völlig verdrehte Botschaft zu verbreiten. Manche beschäftigten sich plötzlich mit alten Mythen und endlosen Geschlechtsregistern, was sie nur in immer tiefere Grübeleien verstrickte, statt sie im Glauben entsprechend dem Heilsplan Gottes voranzubringen. Das Ziel allen Denkens und Lehrens ist aber nichts anderes als die Liebe, die aus einem reinen Herzen und einem guten Gewissen kommt. Gefragt ist ein ungeheuchelter Glaube, doch genau den findet man bei den Leuten nicht, die sich leerem Geschwätz und hohlen Gedankengebäuden zugewandt haben. Dabei behaupten einige sogar von sich, Gesetzeslehrer zu sein, obwohl sie nichts von dem verstanden haben, worüber sie reden, und vollmundig behaupten, dass es gesichertes Wissen sei. Das Gesetz ist nur dann gut, wenn man es so anwendet, wie es gemeint war. Dabei müssen wir daran festhalten, dass das Gesetz nicht für den gilt, der von Gott gerecht gesprochen wurde. Das Gesetz trifft in seiner ganzen Härte jedoch all die Menschen, die sich ihm bewusst widersetzen oder sich ihm nicht unterordnen wollen. Und die Liste dieser Personen ist lang: Gottesleugner, sündige, gottlose, verdorbene Menschen, Vatermörder, Muttermörder, Gewaltverbrecher, Unzüchtige, Männer, die mit Männern verkehren, Menschenhändler, Betrüger, Meineidige, um nur ein paar zu nennen. Dazu gehören noch andere, deren Leben der gesunden Botschaft widerspricht, die ich euch gelehrt habe. Gott hat mich damit betraut, euch etwas ganz anderes, unvergleichlich Herrlicheres vor Augen zu stellen.

Paulus weiß, dass er sein Apostelamt einzig der Gnade Gottes verdankt (1,12–17)

Ich danke meinem Herrn Jesus Christus von ganzem Herzen dafür, dass er mich aus meiner Schwäche herausgeholt hat und mich für vertrauenswürdig genug hielt, um mir seinen Dienst anzuvertrauen. Schließlich hatte ich ihn ja früher verspottet und verfolgt – es war ein großes Vergehen gegenüber Gott. Aber er hat mich überreich mit seinem Erbarmen beschenkt, vielleicht auch, weil ich in meinem Unglauben nicht wusste, was ich tat. Gott schenkte mir seine Gnade in überreichem Maß in meinem Herrn Jesus Christus und seiner Liebe.

Es gibt eine Botschaft, die unseren ganzen Glauben verdient und die wir tief in unser Herz aufnehmen sollten. Sie lautet: Jesus Christus ist in die Welt gekommen, um alle zu retten, die sich weit von Gott entfernt hatten. Und ich bin der Schlimmste von ihnen. Ich wurde offensichtlich deshalb mit so viel Erbarmen beschenkt, damit Jesus an mir zeigen konnte, wie unvorstellbar geduldig er mit uns fehlerhaften Menschen ist. So diene ich nun als Vorbild für alle, die zum Glauben an ihn kommen sollen, damit sie ewiges Leben haben. Daher möchte ich den König der Ewigkeiten, den unvergänglichen, unsichtbaren, einzigen Gott ehren und preisen bis in alle Ewigkeit. Amen.

Ganz offensichtlich: Gott selbst hat Timotheus in seinen Dienst berufen (1,18–20)

Timotheus, mein Sohn, eines möchte ich dir ans Herz legen: Halte an deinem Vertrauen auf Gott fest und bewahre dir ein reines Gewissen. Ich weiß, dass du einen wunderbaren Kampf führst, was ja nicht zuletzt in zahlreichen prophetischen Worten, die sich auf dich bezogen, angekündigt worden war. Es gibt einige, die in deinem Alter sind, die es lächerlich fanden, sich um ein Leben zu bemühen, das vor Gott Bestand hat; sie alle haben im Glauben Schiffbruch erlitten. Darunter auch Hymenäus und Alexander, die ich aus der Gemeinde ausgeschlossen habe, damit sie mit ihrem Lebenswandel und ihrer ständigen Lästerei der Gemeinde nicht noch mehr Schaden zufügen. Damit sie zur Besinnung kommen und ihr Verhalten ändern.

Wer eine Gemeinde leitet, tut es auf seinen Knien (2,1–7)

2 Ich möchte dich noch einmal an das erinnern, was in erster Linie eure Aufgabe als Gemeinde ist: zu beten. Ob Bitten, Fürbitten, Lob- oder Dankgebete – betet intensiv für alle Menschen, vor allem für die Regierenden und die Personen, die eine verantwortungsvolle Position in eurer Gesellschaft innehaben. Es geht darum, dass ihr ein ungestörtes, ruhiges Leben führen könnt, in dem eure Beziehung zu Gott zum Tragen kommen kann und Menschen eure Lebensart schätzen lernen können. Denn genau das wünscht sich Jesus Christus, unser Gott und Retter, von uns. Er will, dass alle Menschen gerettet werden und die Wahrheit für ihr Leben erkennen können. Es gibt nur einen Gott und nur einen Mittler zwischen Gott und den Menschen, und das ist der Mensch Jesus Christus, der für uns alle als Lösegeld gegeben wurde – als Zeugnis für alle Zeiten. Mein Auftrag ist es, als Apostel und Verkündiger der Frohen Botschaft wirklich so etwas wie ein Lehrer für alle Völker zu sein, um ihnen den Glauben und die Wahrheit über Gott zu bringen. Darum habe ich auch die Autorität, von euch einiges zu erwarten.

Gott lässt sich nicht durch Äußerlichkeiten beeindrucken (2,8–15)

So sollen die Männer, gleichgültig, an welchem Ort, ihre Hände zum Gebet erheben, allerdings nicht, wenn es in ihrem Herzen ganz anders aussieht und sie von Zorn oder Zweifel beherrscht sind. Von den Frauen erwarte ich, dass sie weniger Mühe darauf verwenden, sich nur äußerlich mit besonderen Frisuren, Gold, Perlen oder kostbarer Kleidung schön herzurichten, sondern dass sie sich mit einem gewinnenden Verhalten schmücken, einer lebendigen Beziehung zu Gott und einem Handeln, das dieser entspricht. Sie haben es nicht nötig, sich bewusst in den Vordergrund zu drängen, sondern können sich zurücknehmen und mehr in der Stille wirken.* Die Frau hat einen unersetzlichen Auftrag, darf sie doch Kindern das Leben schenken und diese von Anfang an mit Liebe und mit ihrem Glauben umgeben.

Was die Nervenbahnen für den Körper sind, sind die leitenden Dienste für die Gemeinde (3,1–13)

3 Gottes Wort ist zuverlässig, doch zuverlässig muss es auch weitergegeben werden. Wenn daher jemand ein Leitungsamt anstrebt, dann will er eine bedeutende Aufgabe übernehmen. Von einem solchen Mann wird einiges erwartet: Zunächst muss er unbescholten sein, nur einmal verheiratet, nüchtern, besonnen, von den Menschen geachtet, gastfreundlich, zum Lehren befähigt, frei von jeder Sucht und Unbeherrschtheit, nicht streitsüchtig, sondern zu jedermann freundlich, nicht geldgierig. Er muss seine Rolle als geistliches Haupt der Familie wahrnehmen, was man leicht am Verhalten

---

* In den nun folgenden Versen 13 und 14, die an dieser Stelle ausgelassen wurden, argumentiert Paulus ganz nach jüdischer Tradition, dass Adam als Erster erschaffen wurde und Eva es war, die sich täuschen lassen und deshalb diese Zurücksetzung „verdient" hat.

seiner Kinder erkennen kann. Denn wie soll jemand für die Gemeinde Gottes sorgen können, wenn er nicht einmal seine Vaterrolle richtig auszufüllen versteht? Es sollte auch kein Neubekehrter in dieses Amt gewählt werden, denn die Gefahr ist groß, dass er sehr schnell in die Falle des Widersachers tappt: den Stolz. Nicht zuletzt sollte man darauf achten, was die Leute außerhalb der Gemeinde von diesem Mann halten. Eine gezielte Kampagne von außen kann ihn nämlich menschlich und glaubensmäßig zu Fall bringen.

Ähnliches gilt auch für die Diakone. Auch sie müssen Männer sein, die allgemeine Achtung genießen, aufrichtig sind und kein ausschweifendes Leben führen. Auch sollten sie nicht hinter dem Geld her sein, haben sie doch bereits einen viel größeren Schatz gewonnen, indem ihnen das Geheimnis des Glaubens anvertraut und ihr Gewissen von aller Schuld befreit wurde. Natürlich sollen auch sie geprüft werden, bevor sie ihren Dienst beginnen, damit man nichts gegen sie vorbringen kann.

Ähnliches betrifft auch ihre Frauen. Sie sollen nicht weniger geachtet sein als ihre Männer. Wie steht es mit ihrer Wahrheitsliebe, ihrer Besonnenheit und ihrer Vertrauenswürdigkeit in allen Bereichen? Auch die Diakone sollen nur einmal verheiratet sein, ihre Kinder gut erzogen haben und ein wahres Haupt für ihre Familie sein. Denn es bleibt nicht aus, dass man aufmerksam auf sie und ihre Familie schaut. Versehen sie ihren Dienst gut, verleiht ihnen das nicht nur eine besondere Stellung innerhalb der Gemeinde, sondern auch ein wachsendes, frohes Vertrauen auf den Glauben an Jesus Christus.

Ein einfaches Glaubensbekenntnis – und doch schon angefochten (3,14–4,16)

All dies schreibe ich dir, obwohl ich hoffe, schon bald zu dir zu kommen. Sollte es aber noch etwas länger dauern, dann weißt du zumindest, was du den Geschwistern in der Gemeinde über den richtigen

Lebenswandel sagen sollst. Immerhin gehört diese Gemeinde dem lebendigen Gott und stellt in dieser Welt eine tragende Säule, ja eine Grundfeste der Wahrheit dar.

Wir sind uns alle einig, dass das Geheimnis, das wir in unserem Gott verehren, gewaltig ist: Gott selbst ist Mensch geworden, sein Geist hat seine Göttlichkeit bestätigt; er erschien den Engeln, wurde den Völkern verkündet, und in der ganzen Welt begannen die Menschen, ihren Glauben auf ihn zu setzen. Schließlich wurde der Mensch Jesus in die Herrlichkeit Gottes aufgenommen.

4 Aber der Heilige Geist warnt uns ausdrücklich davor, dass in späteren Zeiten einige vom Glauben abfallen werden. Meist fängt es damit an, dass sie auf fromme, aber falsche Lehren hereinfallen. Die einen wollen andere daran hindern, zu heiraten, andere machen Vorschriften, welche Speisen man essen darf und welche nicht, obwohl Gott sie doch alle den Glaubenden zum Verzehr gegeben hat, damit diese sie in einer dankbaren Haltung genießen können. Die Wahrheit ist, dass alles von Gott Geschaffene gut und nichts verwerflich ist, was mit Dankbarkeit genossen wird. Denn alles wird durch das Wort Gottes und das Gebet geheiligt. Doch woher kommen diese frommen Verdrehungen? Letztlich sind da Menschen den Einflüsterungen und irrigen Lehren der Dämonen erlegen.

Wenn du also deine Geschwister auf diese Gefahren aufmerksam machst, dann bist du wirklich ein zuverlässiger Diener Jesu Christi. Du zeigst damit, dass du dich in der Nachfolge Jesu mit den Worten des Glaubens und einer soliden Lehre ernährt hast. Bei dir können solche verdrehten Lehren und schwachsinnigen Geschichten nicht Fuß fassen. Wenn wir schon etwas einüben sollen, dann das Gespräch unseres Herzens mit Gott. Irgendwelche körperlichen Übungen bringen uns für unsere Beziehung zu Gott fast nichts. Doch unser tief empfundenes Gebet ist für alles von großem Nutzen. Außerdem ruht auf ihm die Verheißung nicht nur für das jetzige, sondern auch für das zukünftige Leben.

Das Wort Gottes verdient wirklich unser ganzes Vertrauen und ist es wert, in allem angenommen zu werden. Darum mühen wir uns ab und kämpfen, weil wir unsere ganze Hoffnung auf den lebendigen Gott gesetzt haben, der alle Menschen retten will, ganz besonders natürlich alle, die ihm schon ihr Vertrauen entgegenbringen.

Das ist die Lehre, die du ruhig mit Nachdruck vortragen kannst. Niemand soll dich geringschätzen, weil du noch so jung bist. Sei in allem, was du redest und wie du lebst, für die Glaubenden ein Vorbild. Sie sollen deinen Glauben, deine Liebe und deine Reinheit sehen. Bis ich zu euch komme, bitte ich dich, dafür zu sorgen, dass die Briefe und die Heiligen Schriften vorgelesen werden, dass die Geschwister ermutigt werden und genügend Lehre bekommen. Vernachlässige nicht die Gnadengabe, die dir durch die Handauflegung der Ältesten und ein prophetisches Wort verliehen wurde. Praktiziere diese Gnadengabe immer wieder, damit auch deutlich wird, welche Fortschritte du mit ihr machst. Achte auf dich selbst und auf das, was du anderen beibringst. Entferne dich nicht innerlich von denen, für die du da bist. Wenn du so lebst, wirst du nicht nur dich retten, sondern auch alle, die auf dich hören.

Eine Gemeinde hat in dieser Welt viele Aufgaben – somit auch ihr Leiter (5,1–25)

5 Fahre einen älteren Mann nicht schroff an, sondern sprich zu ihm eher wie mit deinem Vater, auch wenn es eine Ermahnung sein muss. Gegenüber jüngeren Männern verhalte dich wie gegenüber deinen eigenen Brüdern, gegenüber älteren Frauen wie gegenüber deiner eigenen Mutter, gegenüber den jüngeren wie gegenüber deinen Schwestern, wobei du hier eher auf etwas Zurückhaltung achten solltest.

Witwen, die ihren Witwenstand vor Gott angenommen haben, sollt ihr nicht nur mit Achtung begegnen, sondern ihr sollt auch für sie sorgen. Letzteres gilt jedoch nur für solche, die keine Kinder oder Enkel haben. Wenn eine Witwe allerdings Nachkommen hat, so sollen diese lernen, aus Dankbarkeit gegenüber ihren Vorfahren für sie zu sorgen. Sie dürfen sich da voll im Einklang mit Gottes Willen wissen.

Eine Witwe nun, die bewusst allein geblieben ist, hat ihre ganze Hoffnung auf Gott gesetzt und versieht einen wunderbaren Dienst des Gebetes und der Fürbitte, oft Tag und Nacht. Aber die Witwe, die sich um nichts kümmert und die es sich nur gut gehen lässt, ist bereits lebendig tot.

Das sind Richtlinien, die du vorbringen sollst, damit auch an diesem Punkt in der Gemeinde kein Grund zur Klage besteht. Sollte es tatsächlich jemanden unter euch geben, der sich nicht darum bemüht, seine Hausgenossen zu versorgen, dann hat er noch nicht begriffen, worum es beim Glauben geht, und ist letztlich schlimmer als ein Ungläubiger.

Eine Witwe kannst du nur dann zu diesem besonderen Witwenstand zählen, wenn sie älter als sechzig Jahre ist, nur einmal verheiratet war und einen guten Ruf hat. Dazu gehört, dass sie Kinder aufgezogen hat, gastfreundlich war und sich nicht zu schade war, in der Gemeinde auch einfache Dienste zu übernehmen. Es ist ein Ruhmesblatt für sie, wenn sie immer wieder Menschen in Not beigestanden und auch sonst Gutes getan hat, wo sie nur konnte.

Jüngere Witwen sollst du noch nicht in diesen besonderen Witwenstand erheben. Man kann noch nicht absehen, wohin sie sich entwickeln werden. Manche von ihnen wollen sich erst noch einmal austoben, was sich aber wohl kaum mit einem Leben mit Jesus vereinbaren lässt. Denn wie schnell schleicht sich dabei ein schlechter Lebensstil ein: Manche solcher Frauen haben mit einem Mal keine Lust mehr zu arbeiten, sie lassen sich von allem und jedem einladen, sind schrecklich neugierig und reden viel, in den seltensten Fällen etwas Wertvolles, meist sogar nur Oberflächliches.

Allen jüngeren Witwen lege ich daher ans Herz, doch zu heiraten, wenn sie das Alleinsein nicht aushalten, und wieder Aufgaben in ihrer Familie zu übernehmen, vielleicht sogar noch einmal Kinder zu bekommen. In ein geordnetes Leben kann der Widersacher nicht so schnell eindringen. Leider hat uns die Erfahrung gelehrt, dass Frauen ohne diesen Schutz oft zu regelrechten Nachfolgern Satans wurden.

Wenn eine Gläubige in ihrer Verwandtschaft Witwen hat, dann soll sie für diese sorgen, damit die Gemeinde damit nicht belastet wird und sich um die völlig alleinstehenden Witwen kümmern kann.

Achtet die Ältesten unter euch hoch, die ihren Dienst versehen, so gut sie können. Das gilt vor allem für diejenigen, die euch in Wort und Lehre unterweisen. Steht nicht in der Heiligen Schrift: „Du sollst dem Ochsen, der drischt, nicht das Maul verbinden!"* Und an anderer Stelle: „Der Arbeiter ist seinen Lohn wert."** Wenn jemand gegen einen Ältesten etwas vorbringt, weise es ab. Es sei denn, seine Kritik kann sich auf zwei, drei andere Zeugen berufen. Wer Schuld auf sich lädt, ohne es einzusehen und umzukehren, den sollst du vor der ganzen Gemeinde zurechtweisen. Das macht allen klar, wie sehr es uns um einen Lebensstil gehen muss, der sich mit dem Vorbild von Jesus vereinbaren lässt.

Timotheus, ich beschwöre dich vor Gott und Christus und den auserwählten Engeln, dass du dich bei allem, was du tust und lehrst, weder von Vorurteil noch von Sympathie bestimmen lässt. Lege nicht zu vorschnell jemandem die Hände auf, um ihm ein Amt zu übertragen. Halte dich frei von dem Einfluss, den das schuldhafte Verhalten anderer auf dich ausüben kann.

Ein persönlicher Rat: Trink nicht nur Wasser, sondern auch ein wenig Wein. Das tut deinem Magen gut und verhindert, dass du weiterhin so oft krank bist.

Die Schuld mancher Menschen ist offenkundig und geht ihnen ins Gericht voraus, anderen folgt sie nach. Genauso ist es auch mit dem Guten, das jemand tut. Einiges davon wird jedem bekannt sein, anderes wird verborgen sein und erst viel später erkannt werden.

---

* 5. Mose 25,4
** Lukas 10,7; Matthäus 10,10

So verschieden die Menschen in einer Gemeinde – so unterschiedlich der Umgang mit ihnen (6,1–21)

6 Wer in großer Abhängigkeit von einer Herrschaft seine Arbeit leistet, sollte trotzdem seinem Herrn alle nur mögliche Wertschätzung entgegenbringen, damit dieser nicht den geringsten Grund hat, das Christentum als lächerlich und nichtssagend abzutun. Wer dagegen einen gläubigen Herrn hat, soll sich nicht plötzlich aufspielen, weil beide ja in Christus Brüder sind, sondern ihm mit noch mehr Eifer dienen, weil beide an Jesus glauben und von ihm geliebt sind und sich deshalb auch gegenseitig nur das Beste tun wollen. Auch das ist etwas, das du der Gemeinde beibringen solltest.

Wenn jemand etwas anderes vertritt und sich nicht auf die gesunde Lehre unseres Herrn Jesus Christus und das, was einer lebendigen Beziehung zu ihm entspricht, einlässt, dann hast du es mit jemandem zu tun, der zu aufgeblasen ist, um etwas zu verstehen. Er hat eine krankhafte Neigung zu Streitfragen und Wortgefechten. Und aus all dem entsteht nichts Gutes: Neid, Streit, übles Gerede, bösartige Verdächtigungen. Mit solchen in ihrem Verstand durch und durch verdorbenen Menschen gibt es ständig Reibereien. Sie besitzen schon lange keine Wahrheit mehr und meinen, man könne mit Frömmigkeit auch noch Geschäfte machen.

Ja, man kann durchaus davon leben, wenn sich unsere Frömmigkeit mit Genügsamkeit verbindet. Wir haben in diese Welt nichts hineingebracht und werden aus ihr auch nichts mit hinausnehmen können. Wir sollten also damit zufrieden sein, dass wir etwas zum Essen und zum Anziehen haben. Wer dagegen reich werden will, läuft Gefahr, in eine der Schlingen zu geraten, die der Wunsch nach Besitz mit sich bringt. So unvernünftig und schädlich diese Versuchung ist, so sicher bringt sie einen Menschen zu Fall, ja sie bedeutet für ihn oft den Untergang. Denn die Geldgier ist eine Wurzel, aus der viel Böses erwächst. Einige haben wegen ihr den Glauben aufgegeben und sich damit selbst die größten Schmerzen zugefügt.

Du aber, Mann Gottes, lass die Finger davon! Wenn du an irgendetwas reich werden willst, dann an Gerechtigkeit, Frömmigkeit, Glauben, Liebe, Geduld und Sanftmut. Kämpfe den guten Kampf des Glaubens, ergreife das ewige Leben, zu dem dich Gott berufen hat und zu dem du dich vor so vielen Zeugen bekannt hast.

Ich gebe dir vor Gott, der alles ins Leben rief, und vor Jesus Christus, der vor Pontius Pilatus für die Wahrheit eingestanden ist, den Auftrag, die Botschaft von Jesus Christus bis zu seiner Wiederkunft unverfälscht und rein zu bewahren. Dann, zu dem Zeitpunkt, den er vorherbestimmt hat, wird sich der einzige, wunderbare Herrscher, der König aller Könige, der Herr aller Herren zeigen. Er allein ist unsterblich, er allein lebt in unzugänglichem Licht, und noch nie hat ihn ein Mensch gesehen, weil er ihn gar nicht sehen kann. Diesem einen Herrn sei Ehre und ewige Macht! Amen.

Sage denen, die in dieser Welt reich sind, dass sie sich nichts auf ihren Reichtum einbilden sollen und sich von ihrem Besitz schon gar nicht alles erhoffen sollen. Nichts ist unsicherer. Sie sollen lieber ihr ganzes Vertrauen auf Gott setzen, der uns immer noch genügend zukommen lässt, was wir genießen können. Sie können zudem besonders viel Gutes tun, freigebig sein und offen für die Menschen um sie herum. So werden sie reich an allem, was Gott gefällt, und legen sich damit einen guten Grundstock für die Zukunft, um einmal das wirkliche Leben ergreifen zu können.

Mein lieber Timotheus, bewahre, was dir anvertraut wurde, und geh dem leeren Geschwätz und den ewigen Streitereien mit Personen aus dem Weg, die von den geistigen Strömungen unserer Zeit hoffnungslos beeinflusst sind. Einige haben sich ja zu dieser Geistesrichtung bekannt und sind, was den Glauben anbelangt, prompt auf Abwege geraten.

Die Gnade unseres Herrn Jesus Christus sei mit euch allen!

Der Brief an die Hebräer

Das geschliffene Griechisch, die solide Kenntnis des Alten Testaments und anderer Schriften lässt als Autor jemanden vermuten, der ein gebildeter Judenchrist war. Dieser wiederum schrieb, wie die Adressatenangabe (an die Hebräer) zu Anfang schon sagt, für Christen, die aus dem Judentum stammten. Obwohl wir nur so wenig über den Autor und die Adressaten wissen, müssen wir diesem Brief eine ganz besondere Stellung einräumen. Er schenkt uns einen tiefen Einblick in das reiche geistliche Leben in der jungen Christengemeinde, vermittelt aber auch schon die erstaunliche Erkenntnis, dass es in der Christenheit gegen Ende des ersten Jahrhunderts so etwas wie Ermüdungserscheinungen gab. Das Wetterleuchten kommender Verfolgung prägt dabei entscheidende Passagen in diesem Brief. Seine Leser sollen gestärkt werden, auch in schwierigen und bedrohlichen Situationen zu Jesus Christus zu stehen.

In Jesus erfüllen sich alle Verheißungen Gottes (1,1–5)

1 In alter Zeit hat Gott oft und auf verschiedene Weise durch Propheten zu unseren Vorfahren gesprochen. Am Ende der Zeit sprach er jedoch durch seinen Sohn zu uns, den er als Erben des Alls eingesetzt hat. Durch ihn hat er all die Welten geschaffen, er ist der Abglanz der Herrlichkeit Gottes und trägt alle seine Charakterzüge. Er trägt das All durch sein machtvolles Wort, hat uns von unserer Schuld befreit und sich zur Rechten Gottes gesetzt.

Selbst die gewaltigsten Engel sind nicht mit Jesus vergleichbar (1,6–14)

Die Macht der Engel lässt sich in keiner Weise mit der seinen vergleichen, so wie auch der Name, den er geerbt hat, alle anderen Namen unendlich übertrifft. Zu welchem Engel hat Gott jemals gesagt: „Mein Sohn bist du, heute habe ich dich gezeugt“? Oder: „Ich werde sein Vater und er mein Sohn sein“? Und noch eine Stelle: Als er den Erstgeborenen auf der Welt einführt, gibt er ihm das Wort mit: „Vor ihm sollen sich alle Engel Gottes niederwerfen.“ Von den Engeln sagt er, dass er sie zu einem Lufthauch machen kann, und von den Geistern, die ihm dienen, dass sie zu einer Feuerflamme werden können. Was seinen Sohn betrifft, finden wir jedoch ganz andere Aussagen: „Dein Thron, o Gott, steht von Ewigkeit zu Ewigkeit und der Stab der Gerechtigkeit ist das Zepter deines Reiches. Du liebst die Gerechtigkeit und hasst es, wenn sich Menschen nicht um deinen Willen kümmern. Deswegen hat Gott dich wie keinen anderen mit dem Öl der Freude gesalbt.“ Und noch eine Stelle: „Du, Herr, hast ganz am Anfang die Erde geschaffen und auch der Himmel ist ein Werk deiner Hände. Doch all das wird einmal vergehen. Du aber bleibst. Himmel und Erde werden einmal wie ein altes Kleid verrotten, und du wirst sie wie einen Mantel zusammenrollen, wie ein Kleid, das man auswechselt. Du aber wirst ewig derselbe bleiben und immer und ewig leben.“

Oder zu welchem der Engel hat Gott jemals gesagt: „Setze dich an meine rechte Seite, bis ich dir deine Feinde als Schemel unter deine Füße gelegt habe!"?

Sind Engel nicht Geistwesen, die in einem heiligen Dienst stehen und ausgesandt wurden, um denen zu dienen, denen Gott Rettung schenken will?

Es gibt nur einen, der von sich sagen konnte, er sei der Weg zum Vater (2,1–18)

2 Aus diesem Grund ist es umso nötiger, dass wir auf das achten, was wir gehört haben, damit wir nicht am Ziel vorbeischießen. Denn wenn schon das Wort, das durch Engel vermittelt wurde, als unumstößlich gilt und der Ungehorsame ihm gegenüber mit gerechten Konsequenzen rechnen muss, um wie viel mehr müssen wir mit schlimmen Folgen rechnen, wenn wir achtlos an dem großen Heilsangebot vorübergehen, das der Herr uns gemacht hat? Was Jesus uns gebracht hat, wurde uns von Gott auf beeindruckende Weise seinem Willen entsprechend durch Zeichen, Wunder und verschiedene Machttaten, nicht zuletzt durch die Ausgießung seines Heiligen Geistes, bestätigt. Außerdem: Wem hat Gott die zukünftige Welt als Herrschaftsbereich anvertraut? Mit Sicherheit nicht den Engeln. Darüber finden wir sogar eine Aussage in den Psalmen: „Was ist der Mensch, dass du an ihn denkst, oder der Sohn des Menschen, dass du auf ihn achtest? Du hast ihn nur für kurze Zeit niedriger gemacht als die Engel, dann aber mit Herrlichkeit und Ehre gekrönt und ihm alles unter die Füße gelegt." Wenn Gott ihm alles untergeordnet hat, dann meint er auch wirklich „alles". Natürlich sehen wir jetzt noch nichts von dieser unumschränkten Herrschaft Jesu, denn er wurde ja für kurze Zeit niedriger gemacht als die Engel. Jesus musste Leid und Tod durchstehen, weil die Liebe Gottes zu jedem Menschen ihn diesen Weg gehen ließ. Doch genau darum wird er jetzt auch mit Ehre und Herrlichkeit gekrönt.

Gott, der alles erschaffen hat, wollte durch die Leiden seines Sohnes seinen Heilsplan vollenden. Nur so konnte Jesus wie ein Anführer unzählige Menschen zur Herrlichkeit Gottes führen. So stammen von einem alle ab: Jesus, der die Menschen vor Gott gerecht gemacht hat und auch alle die, die durch ihn erlöst wurden. Aus diesem Grund schämt er sich auch nicht, sie Schwestern und Brüder zu nennen. Auch dazu finden wir entsprechende Stellen in der Heiligen Schrift: „Ich will deinen Namen meinen Brüdern verkünden, inmitten der Gemeinde will ich dich preisen." Oder an anderer Stelle: „Ich werde mein ganzes Vertrauen auf ihn setzen." Und schließlich: „Siehe, ich und die Kinder, die Gott mir gegeben hat ..." Weil nun aber alle diese Kinder Geschöpfe aus Fleisch und Blut sind, wurde auch er ein Mensch aus Fleisch und Blut, mit allem, was das mit sich bringt. Dadurch konnte er durch seinen Tod den vernichtend schlagen, der die Macht über den Tod hat, und das ist Satan selbst. Nur so kann er alle befreien, die ein Leben lang durch die Angst vor dem Tod geknechtet wurden. Jesus hat sich also nicht irgendwelcher Engelwesen angenommen, sondern der leibhaftigen Nachkommen Abrahams. Darum musste er in allem seinen Geschwistern gleich werden, auch um aus seinem Verstehen heraus auf neue Weise barmherzig mit ihnen zu sein. So wurde er für Gott zu einem treuen Hohepriester, der die Schuld des Volkes auf sich nahm. Worin er auf die Probe gestellt wurde und worunter er gelitten hat, darin kann er auch denen helfen, die selbst mit Versuchungen zu kämpfen haben.

Man kann sie nicht einmal miteinander vergleichen: Mose und Jesus (3,1–6)

3 Daher haltet euch, meine Schwestern und Brüder, die ihr von Gott geliebt und zu einem Leben mit ihm berufen seid, immer wieder das Vorbild Jesu vor Augen. Lasst uns an dem Bekenntnis festhalten, dass er von Gott gesandt wurde und unser Hohepriester ist. Er war dem treu, der ihn als Haupt der Gemeinde eingesetzt hat, so wie

dieser vor langer Zeit auch Mose seinem ganzen Haus vorstehen ließ. Doch die Aufgabe, die Jesus übernommen hat, ist weitaus herrlicher als das Bewundernswerte, das Mose getan hat. Der Unterschied ist wie der zwischen dem, der ein Haus erbaut hat, und dem Haus selbst. Wem gebührt da wohl alle Ehre? Jedes Haus wird von irgendjemandem erbaut. Es gibt aber nur einen, der alles erschaffen hat, und das ist Gott. Mose hat ihm aufrichtig gedient und seinem ganzen Haus treu vorgestanden, sodass wir heute noch in den Heiligen Schriften darüber lesen. Doch Christus hat das Haus als Sohn übernommen; dieses Haus aber sind wir, solange wir ihm mit Zuversicht begegnen und mit Stolz an dem festhalten, worauf wir hoffen.

Wer nicht auf Jesus hört, kommt aus seiner Wüste nie heraus (3,7–19)

Versteht ihr nun, warum uns der Heilige Geist immer wieder ermutigen möchte? Er sagt: „Heute, wenn ihr seine Stimme hört, dann verschließt nicht eure Herzen wie eure Vorfahren damals, als sie in der Wüste so verbittert waren. Damals haben mich eure Vorfahren herausgefordert, obwohl sie doch erlebt hatten, dass ich vierzig Jahre lang für sie gesorgt hatte. Deshalb wurde ich wütend über dieses Volk und sagte mir: ‚Sie halten die Augen ihres Herzens geschlossen, damit sie meine Wege nicht erkennen können.' In meinem Zorn schwor ich mir, sie niemals in meine Ruhe (gemeint ist damit das beglückende ewige Leben in der Gegenwart Gottes) kommen zu lassen."

Passt auf, Schwestern und Brüder, dass ihr nicht ebenfalls die Augen eures Herzens verschließt und es in euch nur noch finster ist. Mangelndes Vertrauen führt dazu, dass ihr euch vom lebendigen Gott abwendet. Darum ermahnt euch gegenseitig jeden Tag, solange ihr noch Zeit dazu habt, euer Herz nicht zu verschließen und euch nicht durch eigene Schuld von Gott trennen zu lassen. Was ihr durch eure Beziehung zu Jesus von der Wirklichkeit Gottes bereits in eurem Leben umgesetzt habt, das solltet ihr euch bis zum Ende bewahren.

Wenn es an dieser Stelle heißt: „Verschließt eure Herzen nicht wie damals, als ihr in der Wüste so verbittert wart" – wer war da der Adressat dieser Ermahnung? Waren es nicht alle, die mit Mose aus Ägypten ausgezogen waren? Und wo waren die, die vierzig Jahre Gottes Zorn herausgefordert hatten? Lagen die Gebeine dieser Aufrührer nicht überall in der Wüste verstreut? Und wem hat er geschworen, ihn niemals in seine Ruhe kommen zu lassen, wenn nicht denen, die einfach nicht auf ihn hören wollten? Wir sehen also, warum sie nirgendwo ankamen: Sie alle hatten kein Vertrauen zu Gott.

Das Land der Ruhe (4,1–13)

4 Wir sollten also überaus sorgfältig darauf achten, dass keiner von uns zurückbleibt, wenn es um die Erfüllung der Verheißung geht, zu Gott in sein Land der Ruhe zu kommen. Denn auch wir haben wie unsere Vorfahren eine Frohe Botschaft empfangen. Damals hat es den Israeliten nichts genutzt, die Worte Gottes gehört zu haben, denn sie glaubten ihnen nicht. Doch wir, die wir unser Vertrauen auf Jesus gesetzt haben, können bei ihm Ruhe finden. Natürlich steht da noch immer das Wort: „In meinem Zorn habe ich mir geschworen, sie niemals in meine Ruhe kommen zu lassen." Bedeutet das, dass überhaupt niemand mehr zu Gott kommen kann? In der Schrift heißt es: „Gott ruhte am siebten Tag von allen seinen Werken." Alles hat Gott bei der Grundlegung der Welt geschaffen, doch am siebten Tag ruhte er. Und um diese Ruhe geht es. Von ihr wurden damals die Israeliten ausgeschlossen, die sich gegen Gott aufgelehnt hatten. Doch wenn es heißt, dass einige nicht in dieses Land der Ruhe kommen konnten, dann bedeutet das doch auch, dass es anderen möglich war. Schließlich haben damals ja alle die Verheißung erhalten, aber nicht alle haben sich als ungehorsam erwiesen. Doch Gott ist kein Gott der Vergangenheit, sondern des „Heute". Darum lässt er uns auch durch die Schrift sagen, wie wir eben schon gehört haben: „Heute, wenn ihr seine Stimme hört, verschließt nicht eure Herzen!"

Hätte Josua damals das ganze Volk zu Gott führen können, würde dieser keinen anderen Tag mehr erwähnen. Also dürfen wir immer noch auf die Sabbatruhe Gottes hoffen. Denn Gott selbst ist in diese Ruhe eingegangen, weil er sich von seinen Werken ausruhen wollte. Lasst uns also alles dafür tun, in diese Ruhe hineinzukommen; niemand soll durch Ungehorsam das Ziel verfehlen.

Denn das Wort Gottes ist lebendig und voller Kraft. Es schneidet wie ein zweischneidiges Schwert und durchdringt alles: Seele und Geist, Mark und Bein. Es macht deutlich, was in unseren Herzen vor sich geht, was wir denken und planen. Es gibt nichts, das vor ihm verborgen bleiben könnte. Alles liegt dem offen, vor dem wir einmal Rechenschaft ablegen müssen.

Ein bewegender Gedanke: Christus als unser – einziger – Hohepriester (4,14–5,10)

Wie gut ist es da, einen solchen Hohepriester zu haben, der die Himmel durchschritten hat, Jesus, den Sohn Gottes! Lasst uns an dem Bekenntnis zu ihm festhalten. Denn wir haben keinen Hohepriester, der nicht mit uns gelitten hätte und uns in unserer Schwachheit nicht verstehen könnte. Ja, er wurde – genau wie wir – in allem auf die Probe gestellt, hat aber alle Anfechtungen besiegt. Lasst uns also voller Vertrauen zu ihm gehen, der auf dem Thron der Gnade sitzt, und von ihm Barmherzigkeit und Gnade empfangen. Nichts kann uns jetzt mehr weiterhelfen, nur das!

5 Denn jeder Hohepriester ist trotz seiner hervorragenden Stellung nur ein Mensch, und doch ist er dazu eingesetzt, zwischen Gott und den Menschen zu vermitteln. So bringt er Gott Gaben und Opfer für die Sünden der Menschen dar, wobei er voller Verständnis ist für die Unwissenden und Irrenden, weiß er doch selbst nur zu gut, wie es um ihn steht. Weil er schwach ist und selbst immer wieder schuldig wird, muss er nicht nur für das Volk, sondern auch für seine

eigenen Sünden Opfer darbringen. Einen solchen Dienst, auch wenn er voller Würde ist, sucht sich niemand selbst aus, sondern dazu wird er wie Aaron berufen.

So hat sich auch Christus nicht selbst die Würde des Hohepriesters angemaßt. Er wurde dazu von dem berufen, der zu ihm gesagt hat: „Mein Sohn bist du, heute habe ich dich gezeugt." An einer anderen Stelle heißt es: „Du bist Priester wie Melchisedek und du wirst es in alle Ewigkeit bleiben."* Doch wie sah sein Priestersein aus? Als Jesus noch lebte, hat er in seinen Gebeten unter Tränen zu Gott geschrien, der allein ihn vor dem furchtbaren Tod erretten konnte, und er wurde wegen seiner Hingabe an den Vater erhört, wenn auch in einem anderen Sinn. Jesus musste im vertrauenden Gehorsam all die Leiden durchstehen, um für alle, die Gott gehorchen, zum Herrn und Erlöser zu werden, nachdem er seine Aufgabe vollendet hatte. Darum hat Gott ihn Hohepriester genannt, weil sein Dienst im Priester Melchisedek schon vorgebildet war.

Wenn Erwachsene immer noch Babybrei löffeln (5,11–6,12)

Eigentlich müsste ich darauf noch viel genauer eingehen, weil das alles sehr schwierig in Worte zu fassen ist und ihr schon gar nicht mehr richtig zuhören könnt. Eigentlich müsstet ihr schon längst selbst in der Lage sein, andere zu lehren. Stattdessen muss euch, was das Wort Gottes anbelangt, noch jemand die Grundbegriffe beibringen. Ihr braucht tatsächlich immer noch Milch anstelle von fester Nahrung. Kinder, die noch mit Milch gefüttert werden, können einfach noch nicht richtig reden und verstehen, darum nennt man sie unmündig. Wenn jedoch jemand erwachsen ist, dann nimmt er normalerweise feste Nahrung zu sich und kann zwischen Gut und Böse unterscheiden.

---

* Psalm 110,4

6 Darum wollen wir jetzt endgültig die „Lehren über Christus für Anfänger“ beiseite lassen. Wir wollen nicht schon wieder auf die Grundlagen unseres Glaubens zu sprechen kommen wie zum Beispiel die Umkehr von unserem bisherigen Leben, dass wir unser Vertrauen auf Gott setzen müssen, die Lehre von der Taufe und dem Gebet unter Auflegung der Hände. Auch Themen wie die Auferstehung von den Toten oder das ewige Gericht sind jetzt nicht dran. Wenn Gott will, werden wir zu einem späteren Zeitpunkt wieder darauf zu sprechen kommen. Jetzt wollen wir uns einer Lehre zuwenden, die euch als Erwachsene ernst nimmt.

Es geht um die Abwendung vom Glauben. Wir halten es für unmöglich, dass jemand, der einmal durch den Heiligen Geist erleuchtet wurde und etwas von dieser himmlischen Gabe geschmeckt hat, der die Kräfte der zukünftigen Welt in seinem Leben am Werk sah, noch einmal zur Umkehr gebracht werden kann, nachdem er sich von Gott losgesagt hatte. Eigentlich wäre das, als würde er sich über Jesus lustig machen und den Sohn Gottes noch einmal nur für sich persönlich kreuzigen.

Nehmt zum Beispiel den Ackerbau: Sobald genügend Regen fällt, kann sich eine Pflanze entfalten und dem, der sie gesät hat, den entsprechenden Nutzen bringen. So erhält der Bauer Anteil am Segen Gottes und dankt ihm dafür. Doch der gleiche Regen kann auch ganz andere Gewächse hervorbringen: Dornen und Disteln, die man zu nichts gebrauchen kann und die sich wie ein Fluch ausbreiten. Am Ende kann man mit ihnen nur ein Feuer machen. Was man ernten kann, hängt also davon ab, was man gesät hat.

Was euch betrifft, geliebte Schwestern und Brüder, bin ich allerdings davon überzeugt, dass bei euch mehr als nur Disteln gewachsen sind, auch wenn es eben etwas anders geklungen hat, und dass ihr alles besitzt, was ihr zu eurer Rettung benötigt. Denn Gott ist nicht ungerecht und vergisst all das Gute, das ihr getan habt und welche Fürsorge ihr in seinem Namen den Geschwistern im Glauben erwiesen habt, indem ihr ihnen gedient habt. Wir wünschen uns aber, dass jeder von euch eine ähnliche Hingabe an den Tag legt, damit sich am Ende eure Hoffnungen voll erfüllen und ihr in der Nachfolge Jesu nicht träge werdet. Ihr sollt dem Vorbild derjenigen immer mehr folgen, die durch ihren Glauben und ihre Geduld bereits Erben der Verheißungen wurden.

Was Gott verspricht, das hält er auch (6,13–20)

Gott hat ja Abraham eine Verheißung gegeben und ihm geschworen – bei sich selbst, denn er hat ja niemand mehr über sich: „Ja, ich möchte dich mit Segen überschütten und deine Nachkommenschaft so zahlreich machen wie Sand am Meer."* Abraham harrte geduldig aus und erlebte so die Erfüllung der Verheißung. Menschen brauchen immer ein höheres Wesen, das sie als Zeuge anführen können und das am Ende das Gesagte durch einen Eid bekräftigt. Darum wollte Gott auch in unmissverständlicher Weise den Erben seiner Verheißung klarmachen, dass seine Entscheidungen sich in alle Ewigkeit nicht verändern und immer gültig bleiben. Darum hat er sich mit einem Eid verbürgt, damit wir durch diese zwei zuverlässigen Tatsachen – seinen unabänderlichen Willen und sein Versprechen – Mut schöpfen. Weil Gott uns niemals täuschen kann, können wir Zuflucht bei ihm suchen und an der Hoffnung festhalten, die er uns geschenkt hat. Diese zuversichtliche Hoffnung ist wie ein sicherer Anker für unsere Seele, der sozusagen bereits im Allerheiligsten festgemacht ist, wohin Jesus uns vorausgegangen ist als der ewige Hohepriester nach dem Vorbild von Melchisedek.

---

* 1. Mose 22,16–17

Der Priester Melchisedek gibt eine erste Ahnung von dem einzigen Hohepriester: Jesus (7,1–10)

7 Denn dieser Melchisedek war selbst König von Salem (dem heutigen Jerusalem) und Priester des höchsten Gottes, der Abraham entgegenging und ihn segnete, nachdem dieser von einem siegreichen Feldzug gegen die Könige der umliegenden Reiche zurückgekehrt war. Damals schon gab Abraham ihm den Zehnten von allem. Wenn man nun den Namen „Melchisedek" übersetzt, bedeutet er „König der Gerechtigkeit". Aber auch der Name der Stadt, deren König er war, hat eine Bedeutung, sodass er gleichzeitig auch König des „Friedens" war. Nach allem, was wir von ihm wissen, hatte er weder Vater noch Mutter, damit also auch keinen Stammbaum, von ihm ist weder der Zeitpunkt seiner Geburt noch seines Todes bekannt. So scheint er Priester für alle Zeit gewesen zu sein. Hat er mit all dem nicht ein großartiges Bild für den Sohn Gottes abgegeben?!

Überlegt nur einmal, was das für ein Mann gewesen sein muss, wenn ihm unser Stammvater Abraham schon von der ersten Siegesbeute an den Zehnten gegeben hat! Ihr wisst, dass die Söhne von Levi, denen das Priesteramt im Volk Israel übertragen worden war, die Aufgabe hatten, vom gesamten Volk den gesetzlich vorgeschriebenen Zehnten einzufordern. Ihre eigenen Stammesgenossen mussten den Zehnten abliefern, obwohl Abraham ihr gemeinsamer Vater war. Ganz anders Melchisedek. Er stammte nicht von Abraham ab, erhob aber trotzdem von diesem den Zehnten. Und er segnete den, dem Gott die Verheißungen gegeben hatte. Damit hat Abraham anerkannt, dass Melchisedek über ihm steht, denn nur der Geringere lässt sich ohne Widerrede von einem Höheren segnen.

Trotz dieser offensichtlichen Unterordnung Abrahams unter Melchisedek war dieser doch nur ein sterblicher Mensch. Von Jesus, unserem Hohepriester, wird jedoch bezeugt, dass er lebt. Selbst Levi, der ja später den Zehnten für sich erheben konnte, hat sich diesem Melchisedek gebeugt, denn er ist als Nachkomme Abrahams Melchisedek sozusagen schon einmal begegnet.

Jesus ist Hohepriester nicht auf Grund irgendwelcher Priestertraditionen (7,11–19)

Wenn wir also durch das levitische Priestertum mit seinen zahllosen Vorschriften und Geboten die Möglichkeit gehabt hätten, auf ewig bei Gott sein zu dürfen, warum hätte Gott dann mit Melchisedek eine andere Art von Priestertum einsetzen sollen, die nichts mit der Ordnung Aarons zu tun hat? Schließlich verändern sich ja auch die Gesetze, wenn sich etwas in der Priesterordnung grundsätzlich ändert. Jesus gehörte offensichtlich dieser anderen Priesterordnung an, denn er gehörte zu einem Stamm, der nichts mit dem Dienst am Altar zu tun hatte. Wir alle wissen, dass Jesus zum Stamme Juda gehört und Mose diesen Stamm mit keinem Wort beauftragt hat, in irgendeiner Weise Priesterdienst zu leisten. Noch deutlicher wird der Unterschied zwischen Jesus, dem Hohepriester nach der Ordnung des Melchisedek, und denen, die durch menschliche Satzungen in diese Position kamen: Jesus wurde es dank der Kraft eines unzerstörbaren, ewigen Lebens und nicht durch ein Gesetz. Denn Gott hat ihm zugesichert: „Du bist Priester nach der Ordnung des Melchisedek für alle Ewigkeit."* Ihr seht also, dass das frühere Gesetz außer Kraft gesetzt wurde, weil es sich als kraft- und nutzlos erwiesen hat und niemanden wirklich in die Gemeinschaft mit Gott führen konnte. Gott hat uns in Jesus eine weitaus bessere Hoffnung geschenkt, durch die wir uns Gott nähern können!

Christus wurde durch einen Schwur Gottes selbst als Hohepriester eingesetzt (7,20–28)

Letztlich hat der alten Priesterkaste die mit einem Schwur besiegelte Zusicherung Gottes gefehlt und alle wurden ohne diese Priester. Doch welch ein Unterschied zur Einsetzung Jesu! In der Schrift selbst

* Psalm 110,4

können wir nachlesen: „Geschworen hat es der Herr und er wird es nicht bereuen: ‚Du bist Priester nach der Ordnung des Melchisedek für alle Ewigkeit.'"* Insofern verbürgt Jesus sich auch für einen neuen, besseren Bund. Von der Priesterschaft des Alten Bundes kann man zwar sagen, dass sie sehr zahlreich war, aber auch nur deswegen, weil der Tod sie daran gehindert hat, länger zu wirken. Sein Priestertum bleibt jedoch unverändert bestehen, weil es ihm für die Ewigkeit anvertraut wurde. Er kann somit jetzt und in ferner Zukunft alle Menschen retten und zu seinem Vater führen, weil sein Leben nie endet und er immer für sie eintreten kann.

Das ist der Hohepriester, den wir wirklich nötig gebraucht haben, der heilig und untadelig vor Gott steht und für uns eintritt und der nicht, wie jeder andere Hohepriester, jeden Tag erst einmal für seine eigenen Sünden Opfer darbringen muss. Erst danach opfert er auch für das Volk. Jesus hat das alles längst getan, als er sich selbst für unsere Schuld als Opfergabe darbrachte. Menschliche Gesetze können nur schwache Menschen als Hohepriester einsetzen, doch Jesus wurde durch ein mit einem Schwur bestätigtes Wort Gottes eingesetzt, das ihn in alle Ewigkeit zu dem machte, der er ist.

Als von Gott eingesetzter Hohepriester ist Jesus in einmaliger Weise unser Vermittler (8,1–13)

8 Fassen wir zusammen: Das Entscheidende ist, dass unser Hohepriester im Himmel zur Rechten der Majestät Gottes sitzt. Jetzt dient er unmittelbar im Heiligtum und an der Stätte der Wahrheit, die nicht von Menschen, sondern allein von Gott errichtet wurde. Denn jeder Hohepriester wird dafür eingesetzt, dass er Gott Gaben und Opfer darbringt. Darum ist es unumgänglich, dass er auch etwas hat, was er opfern kann. Wenn Jesus noch auf Erden wäre, könnte er überhaupt nicht Priester sein, weil es bereits andere gäbe, die nach

* Psalm 110,4

dem jüdischen Gesetz dazu berechtigt sind. Diese dienen allerdings nur dem schattenhaften Abbild der himmlischen Wirklichkeit. Selbst als Mose das Bundeszelt nach den Anweisungen Gottes errichtete, war das nur ein Abbild dessen, was Gott ihm auf dem Berg gezeigt hatte. Wie unvergleichlich anders ist da der Dienst, der Jesus übertragen wurde. Er durfte Mittler eines Bundes sein, der allein schon dadurch den alten Bund vergessen lässt, weil er mit größeren und herrlicheren Verheißungen verbunden ist.

Wäre an dem ersten Bund nichts auszusetzen gewesen, hätte es keines neuen Bundes bedurft. Aber Gott selbst hat angekündigt, dass er den Alten Bund durch etwas völlig Neues ablösen möchte. Durch den Propheten Jeremia kündigte er ihn an: „‚Siehe, es werden Tage kommen‘, spricht der Herr, ‚da werde ich mit dem Haus Israel und mit dem Haus Juda einen neuen Bund schließen. Diesen Bund wird man nicht mit dem vergleichen können, den ich mit ihren Vätern geschlossen habe an dem Tag, als ich sie bei der Hand nahm und aus Ägypten herausführte. Sie haben immer wieder diesen Bund gebrochen, bis ich mich nicht mehr um sie gekümmert habe.‘ Weiter sagte der Herr: ‚Das ist nun der Neue Bund, den ich mit dem Haus Israel einmal schließen werde: Ich werde mein Gesetz in ihr Denken hineinlegen und meine Gebote in ihr Herz schreiben. So werde ich ihnen wieder ihr Gott sein und sie werden mein Volk sein. Und keinem wird es mehr einfallen, seinen Nächsten zu belehren und seinem Bruder zu sagen: Erkenne den Herrn, weil alle mich kennen werden, vom Kleinen bis zum Großen. Das werde ich tun, weil ich gegenüber ihren Verfehlungen gnädig sein und ihnen nicht länger ihre Schuld vorrechnen möchte.‘“*

Wenn Gott also einen Neuen Bund schließen wollte, dann hat er damit den ersten für überholt erklärt. So steht dieser wie alles, was alt und schwach geworden ist, vor seinem nahen Ende.

---

* Jeremia 31,31–34

Wie war das noch mit dem Opfer im Alten Bund? (9,1–22)

9 Natürlich beinhaltete auch schon der erste Bund Vorschriften, wie man einen Gottesdienst feiert oder wie das Heiligtum Gottes hier auf der Erde aussehen soll. Man hatte zunächst einmal das Zelt aufgerichtet, in dem sich der große Leuchter und der Tisch befanden, auf dem die Schaubrote ausgelegt wurden. Dieser Bereich wurde bereits „heilig“ genannt. Erst hinter einem zweiten Vorhang kam man dann in das sogenannte „Allerheiligste“, ein Zelt, in dem ein goldener Räucheraltar und die Bundeslade standen. Diese war auf allen Seiten mit Gold überzogen, und in ihr befanden sich neben einem goldenen Krug, in dem das Manna aus der Wüste aufbewahrt wurde, noch der Stab Aarons, der wieder zu blühen begonnen hatte, und natürlich die Gesetzestafeln des Bundesschlusses vom Berg Sinai. Die Lade wurde mit einem sogenannten Sühnedeckel verschlossen, auf dem zwei herrliche Kerubim – in Gold gefasste Engelsfiguren – saßen. Ich will an dieser Stelle nicht noch mehr auf die Einzelheiten eingehen.

Nachdem das Bundeszelt so eingerichtet war, gingen die Priester Tag für Tag in das erste Zelt, um dort zu beten und verschiedene gottesdienstliche Handlungen vorzunehmen. Das Allerheiligste allerdings betrat nur der Hohepriester, und das auch nur einmal im Jahr, um dort für sich selbst und all die unbewussten Sünden des Volkes ein Sühneopfer zu bringen.

Solange das erste Zelt mit all seinen Satzungen und Kultvorschriften noch Bestand hatte, konnte der Heilige Geist nicht deutlich machen, dass es noch einen ganz anderen Zugang ins Allerheiligste, in die Nähe Gottes, gab. Denn das erste Zelt ist ein zutreffendes Symbol für die gegenwärtige Zeit, in der immer noch Gaben und Opfer dargebracht werden, die aber doch nicht die Kraft haben, den Menschen von seiner Schuld zu befreien. Alle Speise- und Getränkevorschriften, alle Waschungen und tausend andere Vorschriften dienen nur dem religiösen Ich. Sie sind in dem Augenblick überflüssig, in dem die Ordnung des Neuen Bundes in Kraft tritt.

Und das passierte, als Jesus Christus als neuer Hohepriester kam und uns den Zugang in ein weitaus größeres und vollkommeneres Zelt eröffnete, das nicht von Menschen gemacht, ja nicht einmal von dieser Welt ist. Er hat sich den Zugang zum Allerheiligsten nicht durch das Blut von Böcken und Kälbern verdient, sondern ein für alle Mal durch das Blut, das er selbst vergossen hat. Nur so konnte er uns für alle Zeiten erlösen. Denn wenn schon im Alten Bund das Blut von Böcken und Stieren und die Asche einer jungen Kuh diejenigen von ihren Sünden befreiten, die damit besprengt wurden, um wie viel mehr reinigt das Blut Christi, der vom Geist erfüllt sich selbst Gott als fehlerloses Opferlamm dargebracht hat, unser Gewissen von allem Unguten! Nur so werden wir dem lebendigen Gott mit befreitem Herzen dienen können.

Darum wurde er zum Mittler eines Neuen Bundes, da er durch seinen Tod ein für alle Mal die Übertretungen, die während des Alten Bundes geschehen sind, sühnt, die Menschen erlöst und sie so fähig macht, das verheißene Erbe anzutreten, das Gott ihnen geben will. Oder um es an einem anderen Beispiel zu erläutern: Wenn jemand möchte, dass ein Testament geöffnet wird, muss er nachweisen, dass der Verfasser des Testaments gestorben ist. Denn erst, wenn der Verfasser des Testaments gestorben ist, erhält das Dokument seine Rechtsgültigkeit. Umgekehrt ist es nahezu wertlos, solange der Schreiber des Testaments noch lebt. Daher kam auch der erste Bund nicht ohne Blut und Tod aus. Nachdem Mose dem ganzen Volk jedes Gebot mitgeteilt hatte, nahm er das Blut der Kälber und Böcke, vermischte es mit Wasser und wickelte scharlachrote Wolle um einen Ysopstengel. Damit besprengte er das Gesetzesbuch und das gesamte Volk, wobei er erklärte: „Dies ist das Blut des Bundes, den Gott euch angeboten hat." Er besprengte auch das Zelt und alle Geräte, die man für den Gottesdienst brauchte. Nach Auffassung des Gesetzes wird durch Blut fast alles gereinigt und ohne Blutvergießen ist keine Vergebung möglich.

Jesus, Hohepriester und Opfergabe in einem (9,23–28)

Es macht durchaus Sinn, dass die Abbilder der himmlischen Dinge durch dieses Mittel gereinigt werden. Doch für die himmlischen Dinge selbst reicht dieses Opferblut nicht aus. Denn Christus ist ja nicht in ein Allerheiligstes eingetreten, das Menschen errichtet haben und das nur ein schwaches Abbild des wahren Heiligtums ist, sondern er trat in den Himmel selbst ein, um vor dem Angesicht Gottes für uns einzutreten. Er muss sich auch nicht immer wieder als Opfer darbringen wie ein normaler Hohepriester, der Jahr für Jahr in das Allerheiligste eintritt, um sich und alle anderen mit fremdem Blut reinzuwaschen. Wenn es so wäre, dann hätte Jesus sich seit Grundlegung der Welt schon oft opfern müssen. Nun aber hat er am Ende der Zeiten durch sein Opfer auch der Sünde ein Ende gemacht. Und so, wie der Mensch nur einmal sterben muss und dann vor Gottes Gericht kommt, so hat sich auch Christus nur ein einziges Mal für uns geopfert, wobei er die Schuld der ganzen Welt auf sich genommen hat. Wenn er zum zweiten Mal kommen und denen erscheinen wird, die auf ihn warten, wird das Thema Schuld und Sühne keine Rolle mehr spielen.

Ein einziges Opfer besiegelt unser Schicksal bis in alle Ewigkeit (10,1–18)

10 Was uns wirklich durch Christus geschenkt wurde, erkennen wir daran, dass das Gesetz mit allen seinen Vorschriften nur ein Schatten dessen ist, was es darstellen will. Jahr für Jahr werden Opfer gefeiert, die doch den Einzelnen, der dabei ist, niemals wirklich in die Nähe seines Gottes bringen können. Das erklärt auch, warum man mit all diesen Riten aufgehört hat. Keiner von denen, die diese Gottesdienste feierten, wurde für immer von seiner Schuld befreit und fühlte sich nicht mehr schuldig. Sie wurden nur Jahr für Jahr

noch mehr an ihre Sünden erinnert. Irgendwann merkte auch der Letzte, dass das Blut von Stieren und Böcken nicht von Schuld befreien kann.

Darum kam Christus in die Welt und sprach: „Opfer und Opfergaben hast du nicht gewollt, doch du hast mir einen Leib geschenkt, das soll das Opfer sein; an Brand- und Sündopfern hast du kein Gefallen gehabt. Da habe ich gesagt: Siehe, ich komme, um so, wie über mich schon im Voraus geschrieben wurde, deinen Willen, o Gott, zu erfüllen."* Er hat also gesagt: Opfer und Opfergaben, Sündopfer und Brandopfer hast du nicht gewollt. Gott hatte also kein Gefallen an dem, was ihm gemäß der Vorschriften dargebracht wurde. Er geht dann weiter, indem er sagt: „Siehe, ich komme, deinen Willen zu tun." Hat er damit nicht das erste Opfer aufgehoben, um allein dem zweiten Opfer Geltung zu verschaffen? Diese Bereitschaft, sich selbst ganz und gar hinzugeben, hat uns ein für alle Mal gereinigt und mit Gott versöhnt.

Um es noch einmal zu sagen: Jeder Priester versieht Tag für Tag seinen Dienst und bringt Opfer dar, die den Menschen trotzdem niemals von seiner Schuld befreien können. Jesus aber hat sich für alle Sünden der Menschen als Opfer dargebracht und sitzt nun zur Rechten Gottes, um den Tag abzuwarten, an dem ihm alle seine Feinde als Schemel unter seine Füße gelegt werden. Denn er hat durch das eine Opfer ein für alle Mal denen Zugang zu Gott ermöglicht, die durch sein Blut geheiligt wurden. Doch der Heilige Geist möchte uns noch mehr zeigen. Erinnert euch an das prophetische Wort: „Dies ist der Bund, den ich in jenen Tagen mit ihnen schließen werde", spricht der Herr, „ich werde mein Gesetz in ihr Denken legen und meine Gebote in ihr Herz schreiben. Ich werde niemals mehr an ihre Sünden und ihre Gesetzlosigkeit denken."** Wo Gott aber Vergebung schenkt, müssen keine Opfer mehr für irgendwelche Sünden dargebracht werden.

---

* Psalm 40,7–9
** Jeremia 31,33–34

An dem festhalten, was Jesus für uns getan hat, koste es, was es wolle (10,19–31)

Also, meine lieben Schwestern und Brüder, damit habt ihr durch das Blut Jesu freien Zutritt ins Allerheiligste. Er hat uns einen neuen und lebendigen Weg eröffnet, der mitten durch den Vorhang hindurchführt. Der Vorhang vor dem Allerheiligsten ist aber niemand anders als Jesus selbst, der zugleich der neue Hohepriester im Haus Gottes ist. Darum lasst uns wirklich mit ehrlichem Herzen und voller Vertrauen und Zuversicht vor Gott treten. Unsere Herzen sind von allem befreit worden, was uns belastet hat, und selbst unser Körper wurde mit reinem Wasser rein gewaschen. Lasst uns ohne Abstriche an unserem Bekenntnis festhalten, das so voller Hoffnung ist, denn treu ist der, der uns die Verheißungen gegeben hat. Lasst uns aufeinander Acht geben und uns immer wieder gegenseitig zur Liebe und zu guten Taten anspornen. Bleibt den sonntäglichen Versammlungen nicht fern, wie es sich manche unter euch schon zur Gewohnheit gemacht haben, sondern weist euch ruhig auch gegenseitig zurecht, wenn es nötig ist. Das gilt umso mehr, je näher der Tag der Wiederkunft Christi kommt.

Wenn jemand sich vorsätzlich gegen Gott stellt, nachdem er die Wahrheit schon erkannt hat, dann gibt es kein Opfer mehr, das ihn von dieser Schuld befreien könnte. Das Gericht mit seinem alles verzehrenden Feuer ist alles, was ein solcher Feind Gottes dann noch zu erwarten hat. Früher wurde jemand, der sich gegen das Gesetz des Mose auflehnte, aufgrund von zwei, drei Zeugenaussagen hingerichtet. Glaubt ihr nicht, dass die Strafe für jemanden, der alles, was der Sohn Gottes für ihn getan und erlitten hat, mit Füßen tritt, noch weitaus schrecklicher ausfallen wird? Wie soll der gerechte Gott mit jemandem umgehen, der sich über das Blut Jesu lustig macht, durch das er unverdientermaßen ein Leben in der Herrlichkeit Gottes angeboten bekommen hat, oder der den Geist der Gnade für Schwachsinn hält? Wir kennen doch alle die Aussage Gottes: „Mein ist die Rache, ich werde vergelten.“ Oder an anderer Stelle heißt es: „Der Herr wird sein Volk richten."* Wie schrecklich wird es für Menschen sein, in die Hände dieses Gottes zu fallen, wenn sie seine Liebe so sehr verachten.

Glaube wird sich immer bewähren müssen – zu unserem Glück (10,32–39)

Erinnert euch doch an früher, als ihr zum Glauben gekommen seid und dann für Jesus viel zu erleiden hattet. Wie geduldig habt ihr da so manche Kämpfe durchgestanden, Beleidigungen und Verleumdungen ertragen und durch eure Not öffentlich bloßgestellt! Oder ihr habt die unterstützt, die solch schwere Zeiten durchgemacht haben. Denn ihr habt auch mit den Gefangenen gelitten, und ihr habt es mit Freuden hingenommen, wenn man euch allen persönlichen Besitz wegnahm. Damals hattet ihr erkannt, dass es noch einen weitaus wertvolleren Besitz gab, den man euch nicht nehmen konnte. Werft also eure frohe Zuversicht nicht einfach weg. Sie wird euch einmal einen großen Lohn bringen.

Was ihr jetzt wirklich braucht, ist Geduld. Haltet an eurem Glauben fest, damit ihr euer verheißenes Erbe in Empfang nehmen könnt. Denn es dauert wirklich nicht mehr lange, bis der kommen wird, auf den wir alle warten. Er wird sich nicht unbegründet Zeit lassen.

Heißt es nicht in seinem Wort: „Wen ich wegen seines Vertrauens angenommen habe, der wird leben. Wenn er aber feige zurückweicht, fällt es mir schwer, mich über ihn zu freuen."** Wir aber wollen keine Menschen sein, die feige zurückweichen und dadurch riskieren, auf ewig unsere Erlösung zu verlieren, sondern wir wollen an unserem Glauben festhalten, damit wir das ewige Leben gewinnen.

---

* 5. Mose 32,35–36
** Habakuk 2,3–4

Wir sind nicht die Ersten, die Gott von ganzem Herzen vertrauen (11,1–12,3)

11 Was ist aber nun Glaube? Ist es nicht das zuversichtliche Rechnen mit dem, was man erhofft, und ein festes Vertrauen auf das, was man nicht sieht? Hierfür finden wir in der Geschichte unserer Vorfahren eine ganze Reihe von Beispielen. Nur weil wir Glauben haben, können wir annehmen, dass Gott die ganze Welt allein durch sein Wort erschaffen hat, dass aus Unsichtbarem plötzlich Sichtbares wurde. Glaube muss es gewesen sein, der Abel Gott ein würdigeres Opfer darbringen ließ als Kain. Gott hat diesen Glauben, mit dem Abel ihm seine Gaben darbrachte, angenommen. Und obwohl Abel vor so langer Zeit umgebracht wurde, spricht uns heute noch seine Hingabe an.

Was hat Henoch vor dem Tod bewahrt und ihn verschwinden lassen, weil Gott ihn für eine gewisse Zeit zu sich geholt hat, wenn nicht sein Vertrauen?! Denn bevor er „entrückt“ wurde, hat Gott ihm bestätigt, wie sehr er sich über ihn freut. Eines muss uns klar sein: Ohne Glauben ist es unmöglich, Gott zu gefallen. Wer auf Gott zugeht, muss darauf vertrauen, dass es ihn gibt und dass er jeden, der nach ihm sucht, mit seiner Liebe belohnen wird.

Auch Noah musste Gott blindlings vertrauen, als der ihm den Auftrag gab, mitten auf dem trockenen Land die Arche zu bauen, um seine Familie zu retten. Er war gottesfürchtig und tat es und zeigte damit allen anderen, dass ihr eigener Unglaube sie zum Untergang verurteilte. Noah selbst erwarb sich durch sein Vertrauen das Erbe, von Gott angenommen zu sein.

Mit Abraham war es nicht anders. Nur weil er Gott, der ihm befohlen hatte, in ein neues Land zu ziehen, voller Vertrauen gehorchte, verließ er Ur, ohne zu wissen, wohin sein Weg ihn führen würde. Das Einzige, was er wusste, war, dass er nur so sein Erbteil erhalten würde. Allein sein Glaube schenkte ihm genügend Kraft, sich als Nomade in einem fremden Land in Zelten niederzulassen. Er musste genau wie Isaak und Jakob an der Verheißung festhalten, dass dies das ihnen versprochene Land war, denn eigentlich hatte er eine Stadt erwartet, die auf festen Fundamenten errichtet war, weil ihr Schöpfer und Baumeister Gott selbst war.

Doch noch erstaunlicher ist, dass Abraham niemals aufhörte, an die Treue Gottes zu glauben, auch als er und seine Frau Sara schon weit über das Alter hinaus waren, in dem man Kinder bekommen kann. Darum wurden ihm so zahlreiche Nachkommen geschenkt wie der Sand am Meer und die Sterne am Himmel, obwohl beide, wie gesagt, eigentlich kein Kind mehr hätten zeugen können.

Alle diese Menschen starben, ohne die Erfüllung der Verheißungen selbst miterlebt zu haben. Sie konnten sie nur aus der Ferne erahnen, sie voller Freude begrüßen und bekennen, dass sie nur Gäste und Fremdlinge auf dieser Erde waren. Was sie damit zum Ausdruck brachten, lässt sich am besten so beschreiben: Sie waren auf der Suche nach ihrem wahren Vaterland. Wenn sie nur an das Land gedacht hätten, in dem sie vorher gelebt haben, hätten sie ja jederzeit dorthin zurückkehren können. So aber haben sie nach einem besseren gesucht, das sie letztlich im Himmel gefunden haben. Darum hat Gott auch „keine Scheu", zu bekennen, dass er ihr Gott ist, und er wird ihnen ganz sicher eine wunderbare Stadt bereitet haben.

War es nicht der Glaube, der Abraham die schwere Prüfung durchstehen ließ, als er seinen einzigen Sohn Isaak Gott als Opfergabe darbringen sollte? Schließlich hatte Gott Abraham ja versprochen, dass er durch Isaak eine große Nachkommenschaft haben würde. Doch Abraham war von der Größe und Allmacht Gottes so überzeugt, dass er diesem zutraute, seinen Sohn auch wieder vom Tod zu erwecken. Und weil sein Vertrauen so groß war, erhielt er seinen Sohn von Gott zurück.

Isaak brauchte Glauben, um seine beiden Söhne Jakob und Esau mit Blick auf zukünftige Dinge zu segnen.

Als er schon im Sterben lag, veranlasste sein Glaube Jakob, die beiden Söhne Josefs zu segnen, und er betete Gott schwer auf seinen Stock gestützt an.

Auch Josef erhielt durch den Glauben die Kraft, schon an den

Auszug des Volkes Israel aus Ägypten zu glauben und anzuordnen, dass seine Gebeine mitgenommen werden.

Auch das Leben von Mose war von Anfang an vom Glauben getragen. Wie sonst hätten seine Eltern den Mut aufgebracht, ihn drei Monate lang im Haus zu verstecken? Sie sahen, dass er ein ungewöhnliches Kind war, und hatten keine Angst vor den Anordnungen des Königs. Mit diesem starken Glauben wuchs auch Mose auf. Er wollte auch nicht „Sohn der Tochter des Pharao" genannt werden, auch wenn ihm das viele Nachteile einbrachte. Er zog es stattdessen vor, mit seinem eigenen Volk zu leiden, statt sich im Palast des Pharao verwöhnen zu lassen. Hierin ist er Christus sehr ähnlich, der ja auch allen Reichtum hinter sich gelassen hat, um mit und für sein Volk zu leiden. Mose jedenfalls wusste, dass Gott ihn dafür belohnen würde. Darum verließ er im Vertrauen auf Gott Ägypten, ohne sich vor dem Zorn des Pharao zu fürchten. Er hielt an dem unsichtbaren Gott fest, als würde dieser ihm lebendig vor Augen stehen. Später teilte Gott ihm mit, wie er die Erstgeborenen seines Volkes vor dem Engel des Todes bewahren konnte, indem er die Hauspfosten mit Blut bestreichen ließ. Noch heute feiern wir in Erinnerung daran das Passahfest.

Was für ein Glaube gehörte dazu, unmittelbar vor den Ägyptern das Rote Meer zu durchschreiten! Kaum hatten sie das andere Ufer erreicht, wurden die Ägypter schon beim ersten Versuch, ihnen zu folgen, von den Wassermassen verschlungen.

Glaube spielte eine große Rolle, als die Israeliten sieben Tage lang um Jericho herumzogen, denn wieso sollten allein dadurch die Mauern der Stadt zusammenbrechen? Aber sie stürzten tatsächlich ein.

Rahab, die Hure, vertraute dem fremden Gott der Kundschafter und hielt diese bei sich versteckt. Das bewahrte sie und ihre Familie vor dem Untergang.

Welche Beispiele soll ich noch anführen? Mir fehlt einfach die Zeit, noch mehr über all die Glaubenshelden wie Gideon, Barak, Simson, Jiftach, David und Samuel und die Propheten zu erzählen. Sie alle haben Königreiche niedergerungen, für Gerechtigkeit gesorgt, von Gott Verheißungen erhalten. Sie verschlossen hungrigen Löwen das Maul, löschten gewaltige Feuer und entkamen immer wieder der scharfen Schneide des Schwertes. Sie waren schwach und wurden doch stark, wuchsen im Krieg über sich hinaus und brachten fremde Heere ins Wanken. Frauen bekamen ihre Liebsten zurück, die schon gestorben waren; andere ließen sich für ihren Glauben foltern und versuchten nicht, sich zu retten, indem sie ihren Glauben aufgaben. Sie wussten, dass ihnen die Auferstehung bevorstand. Andere machten mit öffentlicher Verspottung und Geißelung Bekanntschaft, wurden in Ketten und in Kerker gesteckt, wurden gesteinigt, zersägt, mit dem Schwert hingerichtet. Manche von ihnen zogen umher mit nichts am Leib außer einem Schaffell oder einer Ziegenhaut. Sie litten an allem Mangel, wurden überall verfolgt und gequält, kurzum: Die Welt hatte diese Menschen nicht verdient. Sie mussten sich meistens in öden Gegenden aufhalten, irrten durch das Gebirge und verkrochen sich in Höhlen und Erdspalten. Aber Gott liebte sie wegen ihrer Treue und ihres Glaubens. Doch sie bekamen trotzdem damals das verheißene Erbe noch nicht. Gott hatte einen besseren Plan: Erst jetzt sollen alle die Möglichkeit haben, in Christus vollendet zu werden, damit auch wir noch dabei sein können.

12 Darum sollten wir, die wir geradezu von einer Wolke von Glaubenszeugen umgeben sind, alles ablegen, was uns behindern könnte, vor allem auch die Sünde, die uns so leicht zu Fall bringen kann, und mit Ausdauer in dem vor uns liegenden Wettkampf laufen. Dabei sollten wir unsere Augen nicht von dem abwenden, der unseren Glauben in Bewegung setzt und vollendet, nämlich Jesus. Er selbst hat mit dem Blick auf die vor ihm liegende Freude das Kreuz ausgehalten und die Erniedrigung hingenommen und sitzt jetzt zur Rechten von Gottes Thron. Haltet euch immer wieder das Vorbild von Jesus vor Augen, der alles ertragen hat, was gottlose Menschen ihm angetan haben, damit ihr nicht müde werdet und den Mut sinken lasst.

Wie ein liebender Vater seine Kinder erzieht (12,4–29)

Ihr habt im Kampf gegen die Sünde noch nicht bis aufs Blut widerstanden! Und ihr habt die Ermahnung vergessen, die Gott euch als euren Kindern zuspricht: „Mein Sohn, fühle dich gesegnet, wenn Gott dich nicht so lässt, wie du bist. Er will dich zurechtweisen, damit du nicht müde wirst und aufgibst. Denn weil Gott dich liebt, muss er dich manchmal hart anfassen. Und manches muss dir, wenn du wirklich sein Kind sein willst, mit Strenge ausgetrieben werden."* Wenn Gott euch also in gewisser Weise „züchtigt", dann haltet es aus. Nur so erfahrt ihr auch, dass er sich wirklich wie ein Vater um euch als seine Töchter und Söhne kümmert. Wer nie gezüchtigt wurde, an dem scheint den Eltern entweder nichts zu liegen oder er ist überhaupt nicht das Kind dieses Vaters oder dieser Mutter. Wenn Kinder streng, aber mit Liebe erzogen wurden, werden sie nie die Achtung vor ihren Eltern verlieren. Grund genug, uns gern dem Vater aller Väter unterzuordnen, um ihn immer mehr zu achten und dadurch ewig zu leben. Eltern erziehen ihre Kinder nur für die kurze Zeit, in der sie auf dieser Welt leben. Gott jedoch möchte uns erziehen, damit wir einmal vollkommene Gemeinschaft mit ihm haben können.

Natürlich macht alles, was uns Schmerzen bereitet, zunächst einmal keine Freude. Im Gegenteil, wir fühlen uns eher dadurch niedergeschlagen und manchmal sogar verletzt. Doch später werden wir die Frucht göttlicher „Erziehungsmaßnahmen" genießen können, die sich in einem Leben zeigt, das von Gott gesegnet ist.

Darum richtet euch wieder auf, macht eure weichen Knie wieder fest und lasst eure Hände nicht länger schlaff herabhängen. Es wird Zeit, dass ihr einen neuen, geraden Weg einschlagt, damit nicht das Erlahmte endgültig gelähmt sein wird, sondern damit man euer Leben mit Gott wieder „gesund" nennen kann. Sorgt euch darum, dass ihr mit jedem in Frieden lebt und in der Liebe wachst, denn ohne sie könnt ihr nicht dem Herrn begegnen. Achtet darauf, dass niemand

---

* Sprüche 3,11–12

der Gnade Gottes den Rücken zukehrt und dass seine Bitterkeit wie eine giftige Pflanze alle anderen gefährdet, denn es gibt Menschen, die mit ihrer Schlechtigkeit und durch ihre Gier alles verderben können, wie es ja auch Esau getan hat, der für ein einziges Mittagessen sein Erstgeburtsrecht verkauft hat. Erinnert euch nur daran, was dann geschah: Als er dennoch versuchte, sich unter Tränen den Segen zu holen, hat ihn der sterbende Isaak nicht mehr segnen können. Es gab keine Möglichkeit mehr, das Ganze noch einmal rückgängig zu machen.

Begreift doch, wie groß der Unterschied zum Alten Bund ist: Jetzt müsst ihr euch nicht mehr einem unsichtbaren Gott nähern, der unnahbar hinter einer Wand aus Feuer, dunkelster Finsternis und Sturm herrscht wie damals am Berg Sinai. Damals verlangte das Gesetz so viel von den Israeliten, dass die Menschen baten, sein Wort nicht mehr hören zu müssen. Sie konnten einfach nicht mehr ertragen, was es ihnen auftrug. Selbst wenn ein Tier den Berg berührte, sollte es sofort gesteinigt werden. Was Moses damals auf dem Berg begegnet sein muss, war so groß und unfassbar, dass er selbst zugab: „Ich bin zutiefst erschrocken und zittere jetzt noch am ganzen Leib."*

Wie anders doch bei euch: Ihr könnt den Berg Zion einfach betreten und in die Stadt des lebendigen Gottes, das himmlische Jerusalem, hineingehen. Ihr seid von vielen Tausenden von Engeln umgeben und nehmt an einer Festversammlung der Gemeinschaft all derer Teil, deren Namen als „Erstgeborene" im Himmel verzeichnet sind. Ihr dürft vor Gott hintreten, der Richter über alle Menschen sein wird, vor ihn und alle, die schon in der Herrlichkeit bei ihm leben. Vor allem aber begegnet ihr Jesus, dem Mittler des Neuen Bundes, der euch alle durch sein Blut zu einer Opfergabe gemacht hat, die Gott unvergleichlich angenehmer ist als etwa das Opfer, das Abel gebracht hat.

Passt auf, dass ihr nicht wie die Israeliten damals Gott ablehnt, der in der heutigen Zeit durch Jesus zu euch gesprochen hat. Erinnert

---

* 5. Mose 9,19

euch daran, wie es denen ergangen ist, die damals den abgewiesen haben, der ihnen die göttlichen Weisungen brachte. Um wie viel schlimmer werden die bestraft werden, die den abweisen, der aus dem Himmel kam und uns mit seiner Botschaft erschütterte. Jetzt aber hat er verheißen: „Ich werde noch einmal alles erschüttern, dann aber nicht nur die Erde, sondern auch die Himmel!"* Wenn Jesus gesagt hat „noch einmal", dann bedeutet das auch, dass alles, was Gott erschaffen hat, noch einmal erschüttert wird. Doch vieles kann auch nicht mehr erschüttert werden. Dazu gehört unter anderem auch sein Reich, die neue Welt, die uns erwartet und die nie mehr ins Wanken gebracht werden kann. Darum haben wir allen Grund, dankbar zu sein. Zeigen wir Gott unsere Dankbarkeit, indem wir ihm gern, ohne Scheu und voller Ehrfurcht dienen. Denn Gottes Liebe ist wie ein verzehrendes Feuer.

Christen brauchen immer wieder Ermahnung, Ermunterung und Ermutigung (13,1–19)

13 Begegnet einander mit herzlicher Liebe. Vergesst nie, gastfreundlich zu sein, denn auf diese Weise haben manche unter euch schon Engel beherbergt, ohne es zu wissen. Denkt an die Gefangenen so, als würdet ihr selbst Fesseln tragen. Kümmert euch um die Menschen unter euch, die misshandelt wurden, als hättet ihr alles am eigenen Leib erfahren. Haltet die Ehe als ein kostbares Gut hoch und schützt sie durch eure Treue. Denn Gott wird mit Ehebrechern und Leuten, die in unerlaubten Beziehungen leben, hart ins Gericht gehen. Lasst andere durch euren Lebenswandel erfahren, dass ihr einem größeren Gott dient als dem Geld. Seid mit dem zufrieden, was ihr habt. Hat uns Gott nicht versprochen: „Niemals werde ich aufhören, mich um dich zu kümmern, und ich werde dich auch niemals

---

* Haggai 2,6

verlassen"*?! Gott hat uns immer wieder mit solchen Worten ermutigt, dass wir sagen können: „Der Herr steht mir zur Seite, was sollte mir noch Angst machen?! Was können Menschen mir antun?"**

Kümmert euch um die Leiter eurer Gemeinden, vor allem auch um die, die euch die Frohe Botschaft weitergeben. Allerdings solltet ihr ruhig auf ihren Lebenswandel achten und erst, wenn er wirklich ihrem Glauben entspricht, auch ihrem Vorbild nacheifern.

Jesus Christus bleibt immer derselbe, gestern und heute und in alle Ewigkeit. Lasst euch nicht durch neue, verdrehte und fremde Lehren in die Irre führen. Denn es ist wichtig, dass euer Herz durch die Gnade stark wird, nicht durch die Einhaltung irgendwelcher Speisevorschriften, die keinem, der sich nach ihnen richtet, irgendetwas bringen.

Wir dürfen Opferspeisen von einem Altar essen, dem sich zu nähern nicht einmal die Priester das Recht hatten, die im Zelt vor dem Allerheiligsten ihren Dienst taten. Die Tiere, deren Blut der Hohepriester ins Allerheiligste brachte, um das Sündopfer darzubringen, wurden außerhalb des Lagers verbrannt. Auch das ist ein Sinnbild dessen, was mit Jesus geschah: Damit er das ganze Volk durch sein eigenes Blut von seiner Schuld befreien konnte, wurde er außerhalb der Mauern Jerusalems umgebracht. Darum lasst uns vor die irdische, vergängliche Stadt zu ihm gehen und seine Erniedrigung mit ihm ertragen. Denn wir gehören nicht auf Dauer in diese Stadt, sondern wir sind unterwegs in die zukünftige, unvergängliche, die auf uns wartet. Darum sieht unser Opfer auch anders aus als alles, was Gott vorher dargebracht wurde. Wir wollen Gott zu jeder Zeit und in jeder Lebenslage Dank sagen, ihn loben und seinen Namen preisen. Darüber hinaus wollen wir nicht vergessen, das Gute, das wir empfangen haben, an andere weiterzugeben und unserer Gemeinschaft zu dienen. Das sind die eigentlichen „Opfer", über die Gott sich wirklich freut.

Gehorcht denen, die eure Gemeinden leiten, und ordnet euch ih-

---

* Josua 1,5
** Psalm 118,6

nen gern unter. Denn sie sind für euch verantwortlich und müssen einmal für ihren Dienst besondere Rechenschaft ablegen. Helft ihnen, damit sie mit Freude und nicht unter Seufzen und Stöhnen ihren Dienst tun. Letztlich kommt das auch euch wieder zugute.

Betet auch für uns! Wir sind zwar überzeugt, dass wir kein schlechtes Gewissen zu haben brauchen, weil wir uns sehr um einen Lebenswandel bemühen, der Gott gefällt, aber wir brauchen trotzdem Tag für Tag euer Gebet. Das lege ich euch deswegen so sehr ans Herz, weil ich hoffe, euch dann umso schneller wiedersehen zu können.

Letzte, ernste Worte und herzliche Grüße von „allen Christen in Italien" (13,20–25)

Ich bete dafür, dass der Gott des Friedens, der unseren Herrn und wunderbaren Hirten Jesus aus dem Tod herausgeführt hat, nachdem dieser den neuen, ewigen Bund mit seinem Blut besiegelt hatte, euch die Kraft gibt, das Gute zu tun. Nur so seid ihr fähig, seinen Willen zu erfüllen. Tut alles in der Kraft unseres Herrn Jesus Christus, den wir bis in alle Ewigkeit loben und ehren wollen. Amen.

Liebe Schwestern und Brüder, ich möchte euch noch einmal bitten, für meine Ermahnungen offen zu sein. Ich habe euch ja nur wenige Worte geschrieben. Ihr sollt auch wissen, dass unser Bruder Timotheus freigelassen wurde. Ich hoffe, schon bald gemeinsam mit ihm zu euch kommen zu können. Grüßt alle Leiter und alle Geschwister in euren Gemeinden. Es grüßen euch alle Christen hier aus Italien. Die Gnade unseres Herrn Jesus Christus sei mit euch allen!

Der Brief von Jakobus

Für Menschen, die ein Problem damit haben, dass alles oft sehr theoretisch ist, schrieb ein Mann diesen Brief, von dem wir nicht einmal genau wissen, wer er ist. So gibt es im Neuen Testament verschiedene Personen mit dem Namen Jakobus. Wahrscheinlich verweist der erste Vers des Briefes auf Jakobus den Herrenbruder, einen leiblichen Bruder von Jesus, der in den Evangelien mehrfach genannt wird und der nach dem Weggang von Petrus die Leitung der Jerusalemer Urgemeinde innehatte. Ob er selbst den Brief formuliert hat oder das einem Schüler überließ, wissen wir nicht; das Griechisch des Briefes ist sehr gut. Vielleicht richtet sich der Brief gegen in den Gemeinden falsch verstandene Parolen aus den Paulusbriefen. Jedenfalls betont er das praktische Christentum und ist daher eine wichtige Stimme aus dem frühchristlichen Chor verschiedener Theologien.

1 Jakobus, der Gott und dem Herrn Jesus Christus dient, grüßt die zwölf Stämme des neuen Volkes Gottes, die überall zerstreut leben.

Wer sich bewähren muss, wächst im Glauben (1,2–8)

Meine Schwestern und Brüder, versteht es als einen echten Anlass zur Freude, wenn ihr auf verschiedene Weise immer wieder herausgefordert werdet. Wenn euer Glaube auf seine Echtheit hin geprüft wird, wächst in euch die Fähigkeit, geduldig immer mehr zu ertragen. Erst die Geduld bringt alles, was ihr tut, in seine endgültige Form, damit ihr am Ende in allem vollendet seid und es euch an nichts mehr mangelt.

Sollte jemand von euch spüren, dass ihm Weisheit fehlt, dann soll er sie ganz einfach und ohne sich über den Mangel zu beschweren von Gott erbitten. Und Gott, der gern gibt, wird sie ihm schenken. Wenn der Betreffende darum bittet, dann soll er dies jedoch voller Vertrauen tun. Wenn er zweifelt, gleicht er einer Woge auf dem Meer, die je nach Wind in eine andere Richtung getrieben wird. Ein solcher Mensch soll nicht glauben, dass er irgendetwas von Gott erhält, solange er zwei Seelen in seiner Brust hat und sich nicht einmal sicher ist, ob sein Weg der richtige ist.

Wenn Arme reich und Reiche arm sind (1,9–12)

Meine Schwestern und Brüder, wenn einer von euch arm ist, soll er stolz darauf sein, durch Gott unendlich reich zu sein. Wenn jemand es zu Reichtum und Ansehen gebracht hat, soll er sich vor Augen halten, wie wenig dies in Wahrheit zählt, wenn er doch eines Tages wie das Gras verdorren und verschwinden wird. Eine Blume verdorrt durch die Hitze der Sonne und ihre Schönheit vergeht. Dies sollte dem Betreffenden immer wieder verdeutlichen, dass auch ihm trotz eines äußerlich erfolgreichen Lebens letztlich der gleiche Weg bestimmt ist.

Den Menschen kann man glücklich nennen, der gelernt hat, Bewährungsproben mit Geduld durchzustehen. Weil er sich bewährt hat, wird er den Siegeskranz des Lebens erhalten, den Gott all denen versprochen hat, die ihn lieben.

Gott versucht niemanden (1,13–18)

Wenn jemand auf die Probe gestellt oder versucht wird, soll er niemals sagen, er werde von Gott versucht, denn Gott kann weder selbst zum Bösen versucht werden noch stellt er auch nur ein einziges seiner Geschöpfe auf die Probe. Jeder trägt den Grund, warum er in Versuchung geführt wird, in sich selbst. Es sind seine selbstsüchtigen Begierden, die ihn ziehen und locken, bis sie schließlich die Oberhand gewonnen haben und den Menschen dazu bringen, gegen Gottes Willen zu handeln. Wenn ein solches Verhalten für einen Menschen mit der Zeit normal wird, trennt er sich von Gott und stirbt innerlich.

Lasst euch also nicht in die Irre führen, meine geliebten Schwestern und Brüder! Jede gute Gabe und jedes vollkommene Geschenk kommt von oben, von unserem Vater, der im ewigen Licht wohnt. Er ändert sich nicht, und kein Schatten fällt auf uns, weil seine Einstellung zu uns ständig wechseln würde. Nein, sein Wille steht fest, und aus seinem freien Willen heraus hat er uns durch sein Wort der Wahrheit, Jesus, neues Leben geschenkt. Unter allen seinen Geschöpfen stellen wir so etwas wie eine erste Frucht dar.

Für Gott von offensichtlich höchstem Interesse: unser ganz gewöhnliches Alltagsleben (1,19–27)

Meine geliebten Schwestern und Brüder, seid schnell bereit, zuzuhören, aber haltet euch zurück mit dem, was ihr jemandem sagen wollt, vor allem, wenn ihr euch über irgendetwas geärgert habt. Glaubt nicht, dass Gott euch annehmen kann, solange ihr Zorn und Bitterkeit in euch herumtragt. Deswegen legt ruhig jede Spur von Bosheit endgültig ab, erst recht, wenn sie ausufert, und nehmt stattdessen das Wort neu an, das in euch eingepflanzt wurde und allein die Kraft hat, euch zu retten.

Doch eines ist unumgänglich: Ihr müsst nach dem Wort handeln. Es reicht nicht, wenn ihr es nur gehört habt. Damit würdet ihr euch nur selbst betrügen. Ein Mann, der das Wort Gottes nur hört, aber nicht entsprechend handelt, gleicht jemandem, der sich im Spiegel anschaut, und sobald er weggegangen ist, wieder vergisst, wie er ausgesehen hat. Doch wenn jemand in das vollkommene Gesetz der Freiheit hineingeschaut hat und kein vergesslicher Leser war, sondern das Gesehene mit geduldiger Beharrlichkeit in die Tat umgesetzt hat, dessen Leben kann man glücklich nennen. Wenn jemand sich für einen wahren Gottesverehrer hält, aber nie gelernt hat, seine Zunge im Zaum zu halten, betrügt er sich selbst und sein ganzes frommes Getue ist umsonst. Eine Frömmigkeit, die unserem Gott und Vater wirklich Freude macht, sieht ganz anders aus: zum Beispiel Witwen und Waisen in ihrer Not beizustehen und sich von dem egoistischen Denken der Welt nicht verführen zu lassen.

„Lernt, die Menschen mit Gottes Augen zu sehen" (2,1–13)

2 Meine Schwestern und Brüder, wenn ihr an Jesus Christus, den Herrn der Herrlichkeit, glaubt, dürft ihr euch nicht mehr von Menschen beeindrucken lassen. Zum Beispiel kommt ein Mann in

eure Gemeindeversammlung, der vornehm gekleidet ist und an dessen goldenen Ringen man ablesen kann, dass er es zu etwas gebracht hat. Gleichzeitig kommt aber auch ein Armer in heruntergekommener Kleidung – wie werdet ihr euch verhalten? Werdet ihr nicht zu dem wohlhabenden Mann sagen: „Bitte sehr, nehmt doch hier vorne Platz!", und zu dem anderen Mann: „Du, lass die Sitze frei für die anderen Leute, du kannst dich ohne Weiteres hinten hinstellen." Wenn so etwas bei euch vorkommt, ist euer Leben dann nicht ein einziger Widerspruch? Was für böse Urteile habt ihr dann bereits in euren Herzen gefällt?! Hört mir gut zu, meine geliebten Schwestern und Brüder! Hat Gott nicht völlig anders gehandelt? Hat er nicht die Menschen, die in den Augen der Welt nichts wert sind, auserwählt, um sie durch den Glauben reich zu beschenken und sie zu Erben seines Reiches zu machen?! Schließlich hat er das all denen zugesagt, die ihn lieben. Wie aber könnt ihr dann einen Armen links liegen lassen? Habt ihr vergessen, dass es immer nur die Reichen sind, die euch Gewalt antun und euch bei jeder Gelegenheit vor Gericht zerren?! Sind sie es nicht, die sich über euch lustig machen und den guten Namen der Gemeinde in den Schmutz ziehen?

Doch ihr könnt sicher sein, dass ihr richtig handelt, wenn ihr das königliche Gesetz erfüllt, das uns die Schrift überliefert: „Du sollst deinen Nächsten lieben wie dich selbst."* Wenn ihr aber Menschen unterschiedlich behandelt – je nachdem, ob sie arm sind oder reich –, dann begeht ihr eine Sünde und müsst euch vor Gott verantworten, da ihr seine Gebote übertreten habt. Es ist dabei ganz egal, ob ihr alle anderen Gebote gehalten habt. Wer in einem Punkt Gottes Gesetz bricht, hat praktisch das gesamte Gesetz übertreten. Gott hat uns beispielsweise das Gebot gegeben: „Du sollst keinen Ehebruch begehen." Von ihm stammt aber auch: „Du sollst nicht morden!"** Wenn nun jemand zwar seinem Ehepartner treu ist, aber einen anderen umbringt, hat er dennoch das gesamte Gesetz übertreten.

---

* 3. Mose 19,18

** 2. Mose 20,13–14

Redet und handelt also wie Menschen, die sich einmal vor dem Gesetz verantworten sollen, das frei macht, denn die Barmherzigkeit wird über dieses Gericht triumphieren. Doch das Gericht wird unbarmherzig gegen die vorgehen, die selbst keine Barmherzigkeit gezeigt haben.

Erst durch tätige Liebe wird Glaube sichtbar (2,14–26)

Meine Schwestern und Brüder, was nutzt es jemandem, wenn er behauptet, er habe einen tiefen Glauben, sein Leben aber nichts davon widerspiegelt? Meint ihr, dass sein „tiefer Glaube" einen solchen Menschen retten kann? Stellt euch vor, es kommt jemand zu euch, der fast nichts zum Anziehen hat und noch dazu völlig ausgehungert ist, und ihr würdet ihn mit einem frommen Spruch abspeisen, etwa so: „Der Herr schenke euch seinen Frieden, wärmt und sättigt euch an seiner Liebe!" Wenn ihr ihm dann aber nicht das gebt, was er zum Leben braucht, was nutzt ihm das und was nutzt es euch?

Ein Glaube, der sich nicht in tätiger Liebe äußert, ist tot. Es gibt ihn einfach nicht.

Jeder von uns, der sich etwas auf seinen Glauben einbildet, aber in seinem Leben fast keine guten Werke vorzuweisen hat – muss er sich da nicht fragen lassen, wie er seinen Glauben rechtfertigt? Wenn es in seinem Leben nichts gibt, das er allein aus Liebe zu Gott und den Menschen getan hat? Jeder, der sein Leben für andere lebt, kann im Gegensatz dazu mit Leichtigkeit zeigen, dass er an Gott glaubt, dessen Herz für die Armen schlägt. Es ist großartig, wenn du glaubst, dass es nur einen einzigen Gott gibt, aber das allein reicht nicht aus. Denn auch die Dämonen glauben alles Mögliche über Gott – und zittern vor ihm.

Es wird also gut sein, o Mensch, dass dir klar wird: Ein Glaube, der nichts bewirkt, ist sinn- und nutzlos. Wurde Abraham nicht auch deswegen von Gott angenommen, weil er tatsächlich aufgrund seines Glaubens gehandelt hat, also zum Beispiel seinen Sohn auf den

Berg gebracht und sogar auf den Altar gelegt hat? Du siehst also, dass der Glaube immer mit unserem Handeln zusammenwirken muss, um seine volle Gestalt zu erhalten.

Auf diese Weise wurde auch der Glaube Abrahams vollkommen, vom dem es in der Heiligen Schrift heißt: „Abraham vertraute Gott, und das brachte ihm dessen Anerkennung ein. Ja, Gott selbst nannte ihn ‚Freund'." Ihr seht also, dass der Mensch vor Gott nur aufgrund seines ganzen Lebens – Glauben und Handeln – Anerkennung findet. Oder nehmt das Beispiel der Hure Rahab. Hatte sie viel Glauben? Wurde sie von Gott nicht deshalb angenommen, weil sie die israelitischen Kundschafter bei sich versteckte und ihnen dann die Flucht ermöglichte?

So wie der Leib ohne die Seele tot ist, so gibt es auch keinen Glauben ohne das entsprechende Handeln.

Wenn ein Mensch seiner Zunge das Zaumzeug anlegen kann, verdient er mehr als nur Bewunderung (3,1–12)

3 Meine Schwestern und Brüder, achtet darauf, dass es unter euch nicht zu viele gibt, die lehren wollen, denn Lehrer müssen ja mit einem strengeren Gericht rechnen. Und wir versagen immer wieder auf vielen Gebieten. Wenn bei jemandem aber das Leben mit dem übereinstimmt, was er redet, dann kann man ihn fast schon als vollkommen bezeichnen. Wenn er gelernt hat, seine Zunge im Zaum zu halten, dann gelingt ihm das auch gegenüber dem übrigen Körper. Eigentlich ist es wie bei Pferden: Wenn man einem Pferd die Trense ins Maul legt, um es gefügig zu machen, kann man damit das ganze große Tier lenken.

Oder denken wir nur an ein Schiff: Es ist riesig und wird von rauen Winden über das Meer getrieben, und doch wird es nur von einem ganz kleinen Ruder dorthin gelenkt, wohin der Steuermann es haben will. Genauso ist es mit unserer Zunge. Sie ist zwar nur ein kleines Organ, kann aber ungeheuer viel anrichten. Wir alle wissen, dass schon ein kleiner Funke genügt, um einen ganzen Wald in Brand zu setzen. Auch unsere Zunge kann ein solches Feuer entfachen! Von allen unseren Körperteilen kann unsere Zunge am meisten Unheil anrichten. Wir laden nicht nur uns schwere Schuld auf, sondern zerstören auch noch das Miteinander in unserem Umfeld. Fragt sich, woher die Zunge selbst ihr Feuer bekommt. Hinter dem Missbrauch der Gottesgabe, reden zu können, steckt niemand anderer als der Menschenverderber selbst. Die allermeisten Tiere lassen sich vom Menschen bändigen – selbst Vögel, Kriech- und Meerestiere –, doch kein Mensch kann die Zunge zähmen. Sie ist ein ungebändigtes Übel, das tödliches Gift verbreitet. Mit unserer Zunge preisen wir Gott, unseren Vater, und mit ihr ziehen wir gleichzeitig über Menschen her, obwohl doch jeder Mensch nach dem Ebenbild Gottes von ihm aus Liebe erschaffen wurde. Meine Schwestern und Brüder, es gibt nicht den geringsten Grund, sich so zu verhalten! Fließt etwa bei einer Quelle aus ein und derselben Öffnung gutes Trinkwasser und ungenießbares Schmutzwasser? Trägt etwa ein Feigenbaum auch Oliven oder ein Weinstock Feigen? Genauso ist es unmöglich, dass eine Salzwasserquelle Süßwasser hervorsprudeln lässt.

Echte Weisheit verändert das Leben eines Menschen von innen (3,13–18)

Gibt es jemanden unter euch, den man als weise und verständig bezeichnen könnte? Dann soll er das anhand seines guten Lebenswandels in aller Zurückhaltung unter Beweis stellen. Wenn jedoch einer innerlich voller Eifersucht, Bitterkeit oder Streitsucht ist, dann soll er sich nichts auf seine Weisheit einbilden; er belügt sich nur selbst. Seine „Weisheit" hat nichts mit der zu tun, die Gott verleiht, sondern sie ist nichts anderes als menschliche Schläue und vom Bösen inspirierte Gerissenheit. Denn sobald sich im Leben eines Menschen Eifersucht und Streitsucht finden lassen, ist es auch von Chaos und

Schlechtigkeit geprägt. Die Weisheit, die Gott schenkt, verändert das Leben eines Menschen: Es wird vor allem aufrichtig sein, lauter, friedliebend, freundlich, gehorsam, voll von Barmherzigkeit, vorurteilsfrei und ohne jede Heuchelei. Kurzum: Ein solches Leben wird viele gute Früchte bringen. Eine dieser Früchte ist die Gerechtigkeit, die Gott dort schenkt, wo jemand selbst Frieden stiftet.

Unser unerlöstes Herz – Quelle allen Unfriedens (4,1–12)

4 Woher kommen denn all die Kriege und Streitigkeiten unter den Menschen? Ist das alles nicht auf all die Leidenschaften und Begierden zurückzuführen, die die Menschen innerlich so zerrissen machen? Wir wollen etwas haben, bekommen es aber nicht; wir würden am liebsten jemanden vor Eifersucht umbringen, aber das Objekt unserer Eifersucht entzieht sich uns; wir kämpfen und kämpfen und bekommen doch nicht, was wir unbedingt haben wollen. Wisst ihr, warum das so ist? Weil wir entweder Gott überhaupt nicht darum bitten oder weil es bei dem, um was ihr bittet, nur um euch und um eure selbstsüchtigen Begierden geht.

Ihr seid ein treuloses Geschlecht, das einfach verdrängt hat: Wer sich gut mit der Welt stellen will, die Gott zuwider ist, der macht sich selbst zum Feind Gottes. Man kann nicht den Gott Mammon zum Freund haben wollen, ohne sich dabei selbst als jemand zu entlarven, der letztlich mit Gott nichts zu tun haben will. Glaubt mir, die Heilige Schrift meint es ernst, wenn sie sagt: „Gottes Geist, der in uns Wohnung genommen hat, sehnt sich voller Eifersucht nach ganzer Gemeinschaft mit uns." Könnt ihr euch eine größere Gnade vorstellen? Darum heißt es unmissverständlich: „Gott weist die von sich, die nicht wahrhaben wollen, wie arm und hilfsbedürftig sie in Wirklichkeit sind, und er schenkt denen seine ganze Gnade, die in Demut wissen, wie sehr sie von dieser Gnade abhängig sind." Habt also Freude daran, Gott gegenüber gehorsam zu sein. Im gleichen Moment verstärkt euren Widerstand gegen den Teufel und er wird vor euch fliehen. Wenn ihr die Nähe zu Gott sucht, dann wird auch er euch ganz nah sein.

Lasst euch eure Schuld von den Händen abwaschen, und seht zu, dass euer Herz von seiner Unentschlossenheit befreit wird. Ihr habt allen Grund, über euch zu jammern und so traurig zu sein, dass ihr weinen müsst. Euer oberflächliches Gelächter verwandle sich in Traurigkeit und eure falsche Freude an den falschen Dingen in Niedergeschlagenheit. Erkennt doch endlich, wer ihr vor Gott seid, dann wird er euch den Wert zeigen, den ihr in seinen Augen habt.

Schwestern und Brüder, redet nicht schlecht übereinander! Wenn jemand meint, sich über den anderen erheben und ihn beurteilen zu müssen, verstößt er gegen Gottes Gesetz. Er spielt sich selbst als Richter auf. Aber es gibt nur einen, der Gesetze erlassen kann und Richter ist: Jesus. Er allein kann retten und er allein kann verurteilen. Wer bist du also, dass du dir herausnimmst, deinen Nächsten beurteilen zu können?!

Das Schlimme am Reichtum: Er macht überheblich (4,13–5,6)

Oder was ist mit euch, die ihr überall damit angebt, dass ihr schon heute oder morgen in diese oder jene Stadt gehen, dort ein Jahr bleiben und gute Geschäfte machen werdet, obwohl ihr doch nicht einmal wisst, was der morgige Tag bringt und wie euer Leben dann aussehen wird?! Ihr seid doch bloß eine kleine Nebelschwade, die irgendwo mal auftaucht, um dann sofort wieder zu verschwinden! Warum könnt ihr nicht ehrlich sagen: „Wenn der Herr will, dann werden wir leben und dieses oder jenes unternehmen?" Warum müsst ihr immer so tun, als hättet ihr alles im Griff? Diese ganze Überheblichkeit ist ein Grundübel bei euch. Hier gilt vor allem: Wenn jemand um das Gute weiß, das Gott durch ihn tun will, es aber nicht tut, lädt er Schuld auf sich.

5 Los, ihr Reichen, fangt schon einmal an, über all die schlimmen Dinge zu jammern und zu klagen, die auf euch zukommen werden! Euer Reichtum verrottet und eure Kleider werden von Motten zerfressen. Euer Gold und euer Geld werden ihren Wert verlieren und dieser Verlust wird euch anklagen. Er wird euch innerlich wie ein Feuer verzehren. Denn ihr habt kurz vor dem Ende der Welt noch auf Kosten anderer Menschen Schätze zusammengerafft. Der Lohn, den ihr den Arbeitern vorenthalten habt, die eure Felder abgeerntet haben, schreit zum Himmel, und Gott, der Herr aller Heerscharen, hört sehr wohl die verzweifelten Rufe der Wehrlosen. Ihr habt es euch auf der Erde nach Herzenslust gutgehen lassen und habt euch noch am Schlachttag gemästet. Ihr habt den Unschuldigen verurteilt und getötet, ihn, der euch keinerlei Widerstand geleistet hat.

Ermahnungen eines Hirten, der voll Sorge auf die Zeichen der Zeit schaut (5,7–13)

Meine Schwestern und Brüder, harrt geduldig aus, bis der Herr wiederkommt. Stellt euch einen Bauern vor, der geduldig auf das Heranreifen seiner kostbaren Ernte wartet, der im Herbst dankbar ist für den Regen, der die Saat aufgehen lässt, und im Frühjahr für den Spätregen, damit die Frucht wachsen kann. Habt auch so viel Geduld wie er und ermutigt euch gegenseitig, weil die Ankunft des Herrn nicht mehr lange auf sich warten lässt. Liebe Schwestern und Brüder, beklagt euch nicht übereinander, damit ihr nicht an eurem eigenen Maßstab gemessen und verurteilt werdet. Versteht doch, dass die Ankunft unseres Richters schon unmittelbar bevorsteht. Die Propheten, die im Namen Gottes aufgetreten sind, können euch ein Vorbild in Sachen Geduld und Leidensbereitschaft sein. Dürfen sich die nicht glücklich schätzen, die in schweren Zeiten geduldig ausgeharrt haben? Ihr braucht ja nur an Hiob zu denken und daran, wie wunderbar ihn Gott am Ende belohnt hat. Unser Gott ist voller Erbarmen und Liebe.

Vor allem aber, meine Schwestern und Brüder, schwört nicht, weder beim Himmel noch bei irgendetwas auf der Erde, egal, um welche Art von Eid es sich handelt. Euer Ja sei ein Ja und euer Nein sei ein Nein. Nur so könnt ihr Gottes Gericht entgehen.

Wenn jemand von euch von einem Unglück getroffen wurde, suche er Trost und Hilfe im Gebet. Wenn jemand zuversichtlich ist und keinen Grund zur Sorge hat, drücke er seine Dankbarkeit Gott gegenüber durch Loblieder aus.

Gebet für Kranke (5,14–20)

Sollte jemand unter euch krank sein, dann bitte er die Ältesten der Gemeinde, dass sie mit ihm beten und ihn im Namen des Herrn mit Öl salben. Und das vertrauensvolle Gebet wird den Kranken wieder gesund machen, und der Herr wird dafür Sorge tragen, dass er wieder aufstehen kann. Falls er in irgendeiner Weise Schuld auf sich geladen hat, wird Gott ihm vergeben. Bekennt also einander eure Verfehlungen und betet füreinander, damit ihr geheilt werdet! Das Gebet eines Menschen, der mit Gott in enger Verbindung steht, kann unglaublich viel bewirken. Denkt nur an Elija, der ja eigentlich auch nur ein Mensch wie wir war, und auf dessen Gebet hin es drei Jahre und sechs Monate nicht mehr regnete. Und als er wieder betete, öffnete sich der Himmel, und es begann zu regnen und die Erde brachte wieder ihre Frucht hervor.

Meine Schwestern und Brüder, wenn einer von euch sich weit von der Wahrheit entfernt hat und ein anderer bringt ihn dazu, wieder zu Jesus zurückzukehren, dann soll der wissen, dass er einen Menschen vor dem ewigen Tod bewahrt und damit eine Menge Sünden seines eigenen Lebens ungeschehen gemacht hat.

Der erste Brief von Petrus

Dieser Brief wurde vielleicht aus Anlass einer Taufe geschrieben. Eine Taufe in unserer Zeit ist meist so etwas wie eine fröhliche Familienfeier. Im 1. Jahrhundert war sie dagegen ein öffentlicher Bekenntnisakt, der in eine Gemeinschaft mit dem Sterben und Leben Jesu hineinführte. In diesem Rahmen werden viele Fragen des Glaubens und der christlichen Praxis angesprochen. Da der Brief keinerlei Hinweise auf den Umgang des Autors mit dem irdischen Jesus zeigt, dürfte er im Namen und in der Autorität von Petrus geschrieben worden sein, vielleicht um unter dem Eindruck seines Todes in Rom sein Erbe zu festigen. Das entsprach verbreiteter antiker Praxis in den Schulen und Lehrstätten. Auch zum Verhalten der Christen in der Öffentlichkeit hat der Brief einiges zu sagen. Verfasst wurde dieses Lehrschreiben höchstwahrscheinlich in Rom (Deckname Babylon, siehe Kapitel 5, Vers 13) in den letzen Jahren des Apostels, also zwischen 64 und 67.

1 Petrus, ein Botschafter Jesu Christi, schreibt diesen Brief an alle Auserwählten Gottes, die wie Fremdlinge überall in Pontus, Galatien, Kappadozien, Asia und Bithynien verstreut leben müssen. Gott, unser Vater, hat euch dazu bestimmt, durch den Heiligen Geist Gehorsam zu lernen und durch das Blut Jesu von eurer Schuld befreit zu werden. Möge euch die Gnade und der Friede Gottes immer reichlicher zuteil werden!

Die Hoffnung der Christen – Jesus lieben, ohne ihn gesehen zu haben (1,3–12)

Gepriesen sei der Gott und Vater unseres Herrn Jesus Christus, der uns in seiner großen Barmherzigkeit ein neues Leben geschenkt hat. Er hat uns durch die Auferstehung Jesu von den Toten eine lebendige Hoffnung auf ein Erbe geschenkt, das für uns im Himmel aufbewahrt wird, und zwar in einem makellosen, unzerstörbaren und unvergänglichen Zustand. Bis dahin werdet ihr durch die Kraft Gottes bewahrt und habt durch euer Vertrauen auf Gott das Tor für eure Rettung weit aufgemacht. Das wird jetzt am Ende der Zeit ganz besonders deutlich. Ihr habt also allen Grund zu jubeln, auch wenn ihr jetzt noch manchmal durch verschiedene Anfechtungen niedergedrückt werdet. Doch nur so kann die Echtheit eures Glaubens gezeigt werden, wie auch die Echtheit von Gold durch ein Feuer erprobt wird. Es wird sich zeigen, dass er kostbarer als Gold ist, das doch einmal seinen Wert verliert. Die Ehre, ja die Herrlichkeit unseres Herrn Jesus Christus werdet ihr sehen, wenn er sich der ganzen Menschheit zeigen wird. Obwohl ihr ihn nicht gesehen habt, liebt ihr ihn und bringt ihm euer ganzes Vertrauen entgegen. Wie werdet ihr erst jubeln, weil ihr von unaussprechlicher Freude und Herrlichkeit erfüllt seid, wenn ihr am Ziel eures Glaubens, der endgültigen Erlösung, angekommen seid. Was haben nicht alle Propheten unternommen, gesucht und geforscht, um herauszubekommen, wann wohl der Zeitpunkt sein würde, an dem dieser Jesus kommen und durch Leiden zur Herrlichkeit gelangen würde. Die Gnade, die euch zuteil wurde, hatten sie bereits vorausgesehen, und auch der Weg Jesu war ihnen durch den Heiligen Geist offenbart worden. Dabei haben sie von Anfang an gewusst, dass all das ihnen nicht für sich selbst gezeigt wurde, sondern dass sie euch damit dienten, denen die Botschaft jetzt verkündet wurde. Euch hat man eine Frohe Botschaft gebracht, die euch durch den Heiligen Geist vom Himmel gesandt wurde. Und glaubt es ruhig: Selbst die Engel brennen darauf, all das mitzubekommen, was an euch geschieht.

Weil wir Gott lieben, sind wir bereit, uns von ihm verändern zu lassen (1,13–2,3)

Darum bringt euer Denken wieder in Ordnung, seid nüchtern und hofft auf die große Gnade, die euch begegnen wird, wenn Jesus Christus sich an seinem Tag der Menschheit offenbart. Seid die gehorsamen Kinder eures himmlischen Vaters und lasst euch nicht wieder von euren alten, früher mal aus Unwissenheit erzeugten bösen Neigungen einfangen, sondern folgt dem Vorbild dessen, der euch in eine ganz besondere Nähe zu Gott berufen hat. Versucht in allem wie er zu werden, denn was lest ihr in der Heiligen Schrift? „Heilig sollt ihr sein, weil auch ich heilig bin."* Solange ihr also auf dieser Erde wie in der Fremde seid, achtet voller Ehrfurcht darauf, wie ihr lebt. Wenn ihr also zu Gott, unserem Vater, betet, der uns alle entsprechend unserem Leben richten wird, ohne auf die Person zu achten, dann sollt ihr wissen, dass ihr nicht mit vergänglichen Dingen wie Gold oder Silber freigekauft wurdet. Nein, ihr wurdet durch das kostbare Blut des unschuldigen und makellosen Lammes Christi von eurem sinnlosen, von euren Vätern ererbten Leben befreit. Gott hatte diesen Weg schon vor Erschaffung der Welt gewählt, doch uns allen hat er ihn jetzt erst offenbart. So auch euch, die ihr euren Glauben darauf gesetzt habt,

---

* 3. Mose 19,2

dass Gott Jesus von den Toten auferweckt und mit Herrlichkeit beschenkt hat. So sind euer Vertrauen und eure Hoffnung gänzlich auf Gott ausgerichet.

Ihr habt die Wahrheit mit offenem Herzen angenommen. Das hat euch verändert, was ihr unschwer an der ungeheuchelten Liebe erkennt, die ihr einander entgegenbringt. Darum hört nicht auf, einander aufrichtig zu lieben. Ihr seid ja durch das lebendige und zuverlässige Wort Gottes – Jesus Christus – noch einmal zu einem neuen Leben geboren worden, das man in keiner Weise mit eurem früheren, sehr vergänglichen, vergleichen kann. Denn der Mensch ohne Gott ist wie Gras und seine ganze Herrlichkeit ist bestenfalls mit einer Blume vergleichbar. Doch Gras verdorrt nun mal, und selbst die schönste Blume verwelkt irgendwann, das Wort unseres Herrn aber bleibt bis in Ewigkeit gültig. Und das habt ihr angenommen, als euch die Frohe Botschaft verkündet wurde.

2 Als das geschah, bekamt ihr eine erste Ahnung von der Güte unseres Herrn. Und schon verlangtet ihr wie neugeborene Kinder nach einer völlig anderen, echten „geistigen Milch". Vorbei war es mit der alten Bosheit, dem falschen Getue, dem zerfressenden Neid und dem Verleumden anderer.

Ein Haus, in dem es sich leben lässt (2,4–10)

Ihr hattet nun ein Fundament für euer Leben gefunden, Jesus, den Eckstein, der von den Menschen zwar als unbrauchbar ausgemustert worden war, den Gott aber als kostbaren Stein zurückgeholt hat. So lasst euch selbst mit ihm zusammen als lebendige Steine zu einem geistlichen Haus zusammenfügen. In diesem Haus seid ihr gleichzeitig die auserwählte Priesterschaft, die Gott durch Jesus Christus geistliche Opfer darbringt, an denen Gott seine Freude hat. Das beschreibt bereits eine Stelle in der Heiligen Schrift: „Siehe, ich lege auf Zion einen Stein, der an der äußersten Ecke zu liegen kommt und den ich als besonders kostbar auserwählt habe. Wer auf ihn sein Vertrauen setzt, wird niemals zugrunde gehen."*

Das gilt für euch, die ihr an Jesus glaubt. Für alle anderen wird der Stein, den die Bauleute ausgemustert haben, zu einem Stein, an dem sie sich stoßen werden, und zu einem Stück Fels, das sie ärgern wird. Das geschieht freilich nur, weil sie dem Wort nicht gehorchen wollten.

Ihr aber seid ein von Gott auserwähltes Volk, eine königliche Priesterschaft, sein Eigentum, damit ihr einer gottlosen Welt verkündet, wie herrlich Gott an euch gehandelt hat, als er euch aus der Finsternis heraus in sein wunderbares Licht gerufen hat. Es ist noch gar nicht so lange her, da hattet ihr noch nichts mit Gott zu tun und wusstet nicht, wie gnädig er ist; jetzt aber seid ihr sein Volk und überreich mit Erbarmen beschenkt.

In dieser Welt, aber doch nicht wie sie (2,11–25)

Meine lieben Freunde, als sein Volk seid ihr Fremde und Gäste in dieser Welt. Darum möchte ich euch ans Herz legen, auch dementsprechend zu leben. Lasst die Gier nach Leben nicht die Oberhand gewinnen, sie kann das Gute in euren Herzen niederkämpfen. Lebt unter den Ungläubigen so, dass sie im Umgang mit euch merken, dass all das Schreckliche, das man euch andichtet, nur Verleumdung ist. Sie sollen durch eigene Beobachtung eures vorbildlichen Lebenswandels von der Wahrheit überzeugt werden. Es wäre doch wunderbar, wenn sie mit euch zusammen Gott am Tag der Wiederkunft Christi preisen könnten!

Weil ihr einen wirklichen Herrn habt, könnt ihr euch auch in die menschlichen Ordnungen einfügen. Der Kaiser ist auch für euch derjenige, der die oberste Gewalt hat. Er setzt Statthalter ein, damit Verbrecher bestraft werden. Doch Menschen, die gut gehandelt haben,

---

* Jesaja 28,16

werden belohnt. Denn Gott will, dass wir durch das Gute, das wir tun, die Ignoranz der unvernünftigen Menschen Lügen strafen. Man soll an uns erkennen können, dass wir unsere Freiheit nicht als Deckmantel für unsere Bosheit benutzen, sondern dass wir Menschen sind, die Gott dienen. Begegnet daher allen mit ehrlichem Respekt, angefangen beim Kaiser; eure Glaubensgeschwister aber liebt. Doch nur einer verdient ehrfürchtige Achtung: Gott.

Alle, die ihr euer Leben in großer Abhängigkeit von euren Herrschaften führen müsst, dient ihnen mit Respekt, egal, ob es gute und freundliche Menschen sind oder launische.

Denn es ist eine ganz besondere Gnade, wenn jemand leiden muss, oft ungerecht behandelt wird und doch alles aushält, weil er sich von Gott geliebt weiß. Wenn ihr etwas Böses getan habt und dafür bestraft werdet, ist das nicht unbedingt sehr ehrenhaft, auch wenn ihr die Bestrafung standhaft über euch ergehen lasst. Aber wenn ihr gut gehandelt habt und trotzdem leiden müsst und wenn ihr dabei noch geduldig ausharrt, dann ist das Gnade bei Gott. Denn ihr seid dazu berufen worden, den Spuren Jesu zu folgen, der euch in seinem Leiden ein Vorbild dafür hinterlassen hat, was es heißt, unschuldig bestraft zu werden. Obwohl er nicht das Geringste getan und in allem die Wahrheit gesagt hatte, wurde er verurteilt. Er wurde übel beschimpft und doch schwieg er zu allen Vorwürfen. Man folterte ihn und doch drohte er keinem. Er übergab alles dem, der einmal ein gerechtes Gericht halten wird. An seinem eigenen Leib hat er auf diese Weise unsere Schuld mit an das Kreuz genommen, damit wir, nachdem unsere Sünden mit ihm gestorben sind, frei für Gott leben können. Durch seine Striemen seid ihr geheilt! Ihr wart wie herumirrende Schafe, doch jetzt habt ihr euch dem Hirten zugewendet, der auch weiterhin eure Seelen leiten wird.

Ob in Ehe oder Gemeinschaft: Immer ist das Zusammenleben der Ernstfall des Glaubens (3,1–12)

3 Was für unser Verhalten in der Gesellschaft von Bedeutung ist, gilt auch ganz besonders für die Ehe. Oft kann ein Mann nicht durch Worte für den Glauben gewonnen werden, doch wenn er beobachtet, wie das Leben seiner Frau sich zum Guten hin verändert hat (wie sie seine Autorität innerhalb der Familie geradezu sucht und fördert), dann fällt ihm der Schritt zu Gott hin leichter. Dabei ist es wichtig, dass sich eine Frau nicht auf Äußerlichkeiten stützt, indem sie sich aufwendige Frisuren machen lässt, sich über und über mit goldenem Schmuck behängt und teure Kleider trägt. Sie sollte sich auf das verlassen, was auch in den Augen Gottes kostbar ist: Alles, was ihr Wesen wertvoll macht, Sanftheit, Liebe, Bescheidenheit ... Mit all dem haben sich die großen Frauen der Geschichte geschmückt, die ihre Hoffnung auf Gott setzten und sich ihren Männern unterordneten. Sara nannte Abraham sogar ihren Herrn. Ihr seid Töchter dieser Frauen, wenn ihr euch durch nichts einschüchtern lasst und nicht aufhört, Gutes zu tun.

Entsprechend gilt auch für euch Männer: Ihr seid herausgefordert, euren Frauen mit Liebe und Wertschätzung zu begegnen. Vergesst im alltäglichen Miteinander nie, dass sie als die körperlich Schwächeren auf euch angewiesen sind und dass sie genauso Miterben des von Gott verheißenen ewigen Lebens sind wie ihr. Wenn ihr eure Frauen nicht gut behandelt, könnt ihr auch euer Gebet vergessen, es ist wirkungslos!

Für euch alle aber gilt: Bemüht euch um Einigkeit, habt Mitgefühl für die Schwächeren, liebt eure Geschwister, seid nachsichtig und lernt, euch zurückzunehmen. Das bedeutet auch, dass ihr Böses nicht mit Bösem oder Beschimpfung nicht mit Beschimpfung vergelten sollt. Im Gegenteil: Segnet jeden, denn auch ihr seid berufen worden, einmal den ganzen Segen Gottes zu empfangen. Wenn einer von euch sein Leben liebt und noch viele gute Tage erleben möchte, der soll sich eher auf die Zunge beißen, als etwas Böses oder sogar Unwahres über jemand anderen weiterzuerzählen. Ein solcher Mensch wende sich entschlossen vom Bösen ab und bemühe sich darum, Gutes zu tun. Er suche überall nach Frieden, ja jage ihm förmlich nach. Denn die Augen des Herrn ruhen auf dem, der auf Gottes Versöhnungsangebot eingegangen ist, und seine Ohren hören auf seine Gebete. Wer jedoch nichts mit Gott zu tun haben will, der wird erleben, dass Gott sich gegen ihn wendet.

Nach dem Beispiel Jesu hinnehmen, was uns an Widerstand gegen den Glauben herausfordert (3,13–22)

Doch wer kann euch etwas Böses antun, wenn ihr von Herzen Gutes tut? Vielleicht müsst ihr wirklich leiden, weil man euch ungerecht behandelt. Dann dürft ihr euch glücklich schätzen. Lasst euch von niemandem Furcht einjagen oder verwirren, sondern spiegelt unseren Herrn Jesus Christus in euren Herzen wider. Seid jederzeit bereit, jedem, der es von euch erwartet, Rede und Antwort zu stehen, wenn er euch nach der Hoffnung fragt, die euch trägt. Begegnet ihnen auf ruhige, respektvolle Weise. Ihr braucht euch nicht zu verteidigen, weil ihr kein schlechtes Gewissen habt. Euer von Christus geprägter Lebenswandel bringt auf die Dauer alle die zum Schweigen, die euch üble Dinge nachgesagt und öffentlich beschimpft haben. Es ist doch allemal besser, Gutes zu tun und dadurch, wenn Gott es so fügt, leiden zu müssen, als Böses zu tun.

Hat Christus nicht für unser aller Schuld gelitten, er, der völlig unschuldig war, und das für uns, die wir viel Schuld auf uns geladen haben, damit er uns zu seinem Vater bringen kann? Als Mensch wurde er zwar getötet, doch sein Geist ließ sich nicht umbringen. So hat er auch in diesem Geist alle Verstorbenen besucht, die in der Unterwelt wie Gefangene lebten, und hat ihnen verkündet, dass auch ihnen die Erlösung offensteht. Und das waren unter anderem all die Menschen, die zur Zeit Noahs Gottes Geduld maßlos herausgefordert haben. Damals spotteten sie über die Arche, in die sich schließlich nur acht Menschen hineinbegaben und so vor der Sintflut gerettet wurden. Das ist auch ein wunderbares Bild für die Taufe. In ihr geht es ja nicht darum, sich den Schmutz vom Körper zu waschen, sondern durch den Tod und die Auferstehung Jesu ein von jeder Schuld befreites Gewissen zu bekommen. Wie gut zu wissen, dass er sich zur Rechten Gottes gesetzt hat, nachdem er in den Himmel aufgefahren ist, und sich alle Engel, Mächte und Gewalten unterworfen hat.

Wir verdanken Jesus ein neues Leben, neu in jeder Hinsicht (4,1–6)

4 Weil Jesus als Mensch gelitten und am Kreuz die Sünde vernichtet hat, schützt euch mit derselben Gesinnung, wie er sie hatte. Lasst euch nicht von allen möglichen Begierden hin- und hertreiben, solange ihr noch in dieser Welt lebt, sondern lasst euer Leben vom Willen Gottes bestimmen. Denn es ist schon schlimm genug, was ihr in eurem früheren Leben alles getrieben habt, als ihr Gott noch nicht kanntet. Damals waren Ausschweifungen, Trinkgelage, sexuelle Begierde und Trunksucht, Völlerei und götzendienerisches Anbeten von Bildern fast an der Tagesordnung! Jetzt sind alle eure alten Freunde sehr verunsichert, weil ihr mit einem Mal nicht mehr an ihrem zweifelhaften Lebenswandel teilhabt. Darum beschimpfen sie euch und versuchen, euch zu verleumden. Aber auch sie werden sich am Ende vor dem verantworten müssen, der schon bald die Lebenden und die Toten richten wird. Denn dazu wurde ja den bereits Verstorbenen die Frohe Botschaft verkündet: damit auch sie zur Rechenschaft gezogen werden, als wären sie noch Menschen aus Fleisch und Blut, obwohl sie schon Geistwesen sind wie alle in der Welt Gottes.

Wer weiterdenkt, bleibt wachsam. Das gilt für alle Zeiten (4,7–11)

Denkt daran: Das Ende steht unmittelbar bevor. Seid wachsam und nüchtern! Hört nicht auf zu beten. Vor allem aber erweist euch weiterhin gegenseitig Liebe, weil die Liebe eine Menge Sünden zudeckt. Seid von Herzen gastfreundlich, ohne euch über die zusätzliche Arbeit zu beklagen. Jeder diene den anderen mit der Begabung, die Gott ihm in seiner Gnade geschenkt hat. Erweist euch als Menschen, die mit dem, was Gott ihnen anvertraut hat, gut umzugehen verstehen. Wenn jemand vor der Gemeinde spricht, soll er immer damit rechnen, dass Gott durch ihn sprechen möchte. Wenn jemand den anderen dient, soll er es aus der Kraft heraus tun, die Gott ihm anbietet. In all dem soll Gott durch Jesus Christus verherrlicht werden. Ihm sei die Herrlichkeit und die Macht in alle Ewigkeit. Amen.

Petrus fasst zusammen, was ihn bewegt (4,12–19)

Liebe Geschwister, wundert euch nicht über die Härte der Prüfungen, die ihr erleben müsst. Sie sind nichts Ungewöhnliches und auch nichts völlig Unerwartetes. Freut euch vielmehr, dass ihr in hohem Maß mit Christus leidet. Umso größer wird auch euer Jubel sein, wenn seine Gnade und Liebe an euch offenbar wird. Wenn man euch beschimpft, weil ihr euch zu Jesus Christus bekennt, dann schätzt euch glücklich, weil der Geist der Herrlichkeit Gottes auf euch ruht.

Möge jedoch unter euch niemand leiden, weil er als Mörder, Dieb oder Verbrecher bestraft wird oder weil er sich in fremde Angelegenheiten einmischt. Für ein solches Leiden kann man sich nur schämen. Ihr braucht euch aber nicht zu schämen, wenn ihr bestraft werdet, weil ihr zu Christus gehört. Mit diesem Namen werdet ihr immer Gott verherrlichen! Denn jetzt ist die Zeit für das Gericht beim Hause Gottes. Was aber wird mit denen sein, die ihr Herz einfach nicht für die Frohe Botschaft öffnen wollten? Welches Ende werden sie nehmen? Wenn schon der Mensch, der nur anständig gelebt hat, sich seiner Zukunft bei Gott nicht gewiss sein kann, was wird dann erst mit denen geschehen, die sich gegen Gott gewandt und schwere Schuld auf sich geladen haben? Daher sollen auch die, die jetzt leiden müssen, weil sie zu Christus gehören, sich nichts darauf einbilden, sondern nach dem Willen Gottes, unseres Schöpfers, ihren Glauben dadurch unter Beweis stellen, dass sie Gutes tun.

Letzte Ermahnungen und Grüße (5,1–14)

5 Ihr Leiter der Gemeinden! Ich habe die gleiche Aufgabe wie ihr und bin noch dazu ein Zeuge der Leiden Christi. Gott wird auch mich an der Herrlichkeit, die an ihm offenbar werden soll, teilhaben lassen.

Aus diesem Grund möchte ich euch ans Herz legen, die Herde Gottes sorgfältig zu weiden – nicht weil man euch dazu gezwungen hat, sondern weil ihr es gern tut. Spielt euch nicht als Herren über eure Gemeinden auf, sondern seid ein Vorbild für eure Herde. Wenn sich unser erster Hirte aller Welt zeigen wird, werdet auch ihr den unvergänglichen Kranz der Herrlichkeit erhalten. Genauso möchte ich auch euch Jüngeren sagen: Ordnet euch gern den Leitern eurer Gemeinden unter. Begegnet einander mit ehrlicher Demut. Gott weist nämlich die Hochmütigen von sich, Demütige aber überhäuft er mit seiner Gnade.

Beugt euch also unter die gewaltige Hand Gottes, damit er euch erhöht, wenn es an der Zeit ist. Werft alle eure Sorgen auf ihn, denn er sorgt sich um euch. Seid nüchtern und wachsam, denn euer Widersacher, der Teufel, schleicht wie ein hungriger Löwe um euch herum und sucht nach jemandem, den er verschlingen könnte. Widersteht ihm standhaft durch euer Vertrauen auf Gott. Vergesst dabei nie, dass eure Glaubensgeschwister in aller Welt die gleichen Kämpfe auszustehen haben wie ihr. Aber der Gott, der euch Gnade schenkt und durch Jesus Christus zu seiner ewigen Herrlichkeit berufen hat, wird euch ans Ziel bringen. Er wird euch Kraft geben und innerlich stark machen, damit ihr diese kurze Zeit der Leiden besteht. Ihm gehört die Macht in Ewigkeit. Amen.

Ich habe euch meine Gedanken durch Silvanus, den treuen Bruder, aufschreiben lassen. Ich möchte euch dadurch ermutigen und euch bezeugen, dass Gott euch seine Gnade schenken will. Es grüßen euch die Gemeinde hier in Babylon*, die Gott ebenfalls erwählt hat, und Markus, den ich wie meinen Sohn liebe.

Grüßt einander mit herzlicher Umarmung! Friede sei mit euch allen, die ihr mit Jesus Christus verbunden seid!

---

* Es handelt sich um Rom, das im Spätjudentum gern (als Zentrum der verhassten Weltmacht der Römer) als „Babylon", die widergöttliche Stadt, bezeichnet wurde.

Der zweite Brief von Petrus

Dieser Brief gilt in der Forschung fast einmütig als das jüngste Dokument im Neuen Testament; oft wird er erst in das 2. Jahrhundert datiert. Auch er steht unter dem Namen von Petrus und behandelt Fragen und Probleme der Christen in schwierigen Zeiten. Viele Missverständnisse und irrige Lehren waren im Laufe der Jahre entstanden; der Brief will hier an die Botschaft der Apostel erinnern. Interessant auch, dass er nebenbei zeigt, wie schwer man sich in den Gemeinden mit dem Erbe der Paulusbriefe tat. In gewisser Hinsicht stellen die Briefe, die unter den Namen von Petrus, Jakobus, Johannes und Judas verfasst sind, ein Gegengewicht zu den Paulusbriefen dar. Erst sie alle zusammen zeigen das große Spektrum frühchristlicher Theologie angesichts der Lebensfragen, die Menschen hatten und haben.

1 Simon Petrus, Diener und Botschafter Jesu Christi, schreibt diesen Brief an alle, die wie wir durch die Liebe unseres Gottes und Retters Jesus Christus zum Glauben an ihn gelangt sind. Die Gnade und der Friede Gottes mögen euch immer reichlicher zuteil werden, je besser ihr Gott und unseren Herrn Jesus kennenlernt.

Gott beschenkt uns mit der Fähigkeit, so zu leben, dass er Freude an uns hat (1,3–14)

Gott hat uns in seiner Güte und Allmacht alles geschenkt, was wir zum Leben mit ihm brauchen. Er ließ uns erkennen, wer uns da berufen hat: er selbst in seiner Herrlichkeit und Kraft. Er ist es auch, der uns die kostbaren und großartigen Verheißungen geschenkt hat, durch die wir einmal an seinem göttlichen Wesen teilhaben dürfen. Daher haben wir uns entschieden von allem abgewandt, was in einer Welt voller Lebensgier nur ins Verderben führt.

Ihr habt in dieser Beziehung wirklich Eifer bewiesen und euer Glaube hat bereits eine Menge Gutes hervorgebracht. Da findet sich in eurem guten Verhalten eine tiefe Erkenntnis Christi; diese hat dazu geführt, dass ihr mehr Selbstbeherrschung erlangt habt, von der es wiederum nur ein kleiner Schritt ist zu einer Geduld, die alles erträgt und vieles erhofft. Geduld wiederum wirkt sich auf eure Beziehung zu Gott aus. Ihr wisst, dass er euch auch dann noch liebt, wenn eure Geduld durch Leiden auf eine harte Probe gestellt wird. Wer sich allerdings so geliebt weiß, der liebt auch seine Geschwister in der Gemeinde, ja er wird überhaupt in einen Menschen verwandelt, der durch und durch Liebe ist. Und so sind wir wieder am Anfang: Wenn alle diese guten Eigenschaften euer Leben prägen, wird es alles andere als wirkungslos und unfruchtbar sein. Es führt zu einer noch tieferen Erkenntnis unseres Herrn Jesus Christus. In wessen Leben diese Eigenschaften allerdings nicht anzutreffen sind, der ist blind für die Wirklichkeit und hat zudem vergessen, wie Gott ihn von der ganzen Schuld seines früheren Lebens befreit hat.

Darum, meine Schwestern und Brüder, bemüht euch mit Hingabe darum, eure Berufung und Erwählung bei Gott festzumachen. Wenn ihr das tut, werdet ihr niemals vom richtigen Weg abkommen, und euch werden die Türen zum Reich unseres Herrn und Erlösers Jesus Christus weit offen stehen.

Petrus empfindet sein Schreiben wie ein Testament (1,15–21)

Deswegen werde ich auch nicht aufhören, euch immer wieder an alle diese Dinge zu erinnern, obwohl ihr die Wahrheit schon zur Genüge kennt und in ihr gefestigt seid. Trotzdem halte ich es für richtig, euch immer wieder wachzurütteln, solange ich lebe, indem ich euch an diese Grundwahrheiten erinnere. Ich weiß allerdings, dass ich bald meine Zelte in dieser Welt abbrechen werde. Jedenfalls hat Christus mich das wissen lassen. Jetzt bemühe ich mich darum, dass ihr nach meinem Tod noch etwas in Händen haltet, das euch immer wieder das Wichtigste ins Gedächtnis ruft.

Denn ihr habt kein ausgeklügeltes Gedankengebäude übernommen, sondern konntet euch auf Augenzeugen der machtvollen Ankunft unseres Herrn Jesus Christus und seiner Hoheit verlassen. Gott selbst, unser Vater, hat uns die unglaubliche Ehre zuteil werden lassen, seine herrliche und erhabene Stimme zu hören, als er zu Jesus sagte: „Dies ist mein geliebter Sohn, meine ganze Freude."* Diese Stimme haben wir gehört, als wir mit ihm auf dem heiligen Berg waren. Sie kam direkt aus dem Himmel. Gibt es ein zuverlässigeres Wort als diese prophetische Zusage?! Ihr tut gut daran, euch daran festzuhalten, denn es ist wie ein Licht, das an einem finsteren Ort leuchtet. Wir brauchen solche Lichtpunkte, bis der Tag Jesu anbricht und er wie ein Morgenstern in euren Herzen aufgeht. Zuvor sollt ihr aber nicht vergessen, dass niemand eine Weissagung der Heiligen Schrift

---

* Matthäus 17,5

eigenmächtig auslegen darf, denn diese sind ja nicht zufällig jemandem eingefallen, sondern der Heilige Geist hat Menschen dazu bewegt, Gottes Gedanken für uns auszusprechen.

Die große Sorge der Männer der ersten Stunde: Irrlehren (2,1–3,7)

2 Es sind aber zu allen Zeiten im Volk Gottes falsche Propheten aufgetreten, und auch ihr werdet nicht vor Irrlehrern bewahrt bleiben, die sehr geschickt und fast unbemerkt ihre falschen, zerstörerischen Lehren einfließen lassen. Sie verleugnen Christus, den Herrn, obwohl er doch für sie ein so hohes Lösegeld bezahlt hat. Sie werden jedoch nicht lange wirken können, denn sie werden sich selbst ins Verderben stürzen. Vorher aber werden viele ihren lockeren Lebensstil nachahmen, weshalb wir Christen in der Öffentlichkeit einen schlechten Ruf bekommen. Hinter ihrem Versuch, durch ihre selbsterdachten Theorien eine eigene Anhängerschaft zu sammeln, steckt meistens nichts anderes als Geldgier. Sie werden ihre Anhänger gehörig ausbeuten. Doch das Urteil über sie wurde schon längst gefällt und ihr Untergang lässt nicht lange auf sich warten.

Denn wenn Gott schon die Engel, die sich gegen ihn aufgelehnt haben, nicht verschonte, sondern für die Zeit bis zum Gericht in die finsteren Höhlen der Hölle verbannte, so wird er ganz bestimmt nicht die verschonen, die sich wider besseres Wissen gegen ihn gestellt haben. Schließlich ist die Geschichte voll von Beispielen dafür: Denkt nur an die Sintflut, bei der Gott die Welt der Gottlosen nicht verschont, sondern nur Noah, der zu Gott stand, und sieben weitere Personen seiner Familie gerettet hat. Oder erinnert euch an die Städte Sodom und Gomorra, die er zum Untergang verurteilte und die buchstäblich in Schutt und Asche versanken. Wir sollten darin ein warnendes Beispiel sehen, wie es auch in Zukunft Menschen ergehen kann, die sich Gott widersetzen. Auch hat er einige gerettet, Lot und seine Familie, der von den gesetzlosen, völlig der Ausschweifung hingegebenen Einwohnern viel zu erleiden hatte. Tag für Tag musste er ihr schlimmes Verhalten mit ansehen, was diesen aufrechten Mann zutiefst quälte.

Doch der Herr rettet die, die ihn lieben, aus jeder Anfechtung. Wer aber Unrecht tut, den bewahrt er sich für den Tag des Gerichts auf. Dort werden sie ihre Bestrafung erhalten. Ebenso wird es denen ergehen, die in ihrer Lebensgier nur noch dem nachjagen, was ihnen Befriedigung verspricht, und die sich dabei nicht unter die liebevolle Herrschaft Gottes beugen wollen. Sie werden zunehmend frecher und überheblicher auftreten, ja, sie schrecken nicht einmal mehr davor zurück, über göttliche Dinge herzuziehen. Engel, die ihnen an Stärke und Macht haushoch überlegen sind, würden es nicht wagen, gegen Jesus auch nur ein lästerliches oder kritisches Wort zu sagen.

Doch diese Menschen verhalten sich wie Tiere ohne jegliche Vernunft, die nur geboren werden, um gefangen und geschlachtet zu werden. Sie ziehen über Dinge her, von denen sie überhaupt nichts verstehen, weil sie durch und durch verdorben sind. Sie werden für ihr verabscheuungswürdiges Leben mit dem Untergang bezahlen müssen. Doch ihr ganzes Vergnügen besteht darin, am helllichten Tag in Saus und Braus zu schwelgen und sich an Ausschweifungen zu beteiligen. Einige von ihnen kommen sogar zu euren gemeinsamen Mahlzeiten. Dabei haben sie nur Augen für Frauen, die vielleicht dazu bereit sind, ihnen zu Willen zu sein. Auch hat die Habgier alles andere aus ihrem Herzen vertrieben. Gottes Fluch wird sie treffen, die in die Irre gegangen sind und dem Weg von Bileam, Beors Sohn, gefolgt sind. Auch er liebte unrechtes Gut und wurde wegen seiner falschen Einstellung von seinem Lasttier zurechtgewiesen. Normalerweise können Tiere ja nicht reden, doch dieses sprach mit menschlicher Stimme und hinderte so den Propheten daran, in seinem Unverstand noch weiterzugehen.

Menschen, die sich nicht um Gottes Willen kümmern, sind wie Quellen, die kein Wasser mehr geben, wie Nebelwolken, die vom Sturmwind hin- und hergetrieben werden. Für sie ist die dunkelste Finsternis vorbereitet. Denn sie reden nur hochtrabende Worte, hinter denen sich nur das Verlangen verbirgt, mit dem alten, von Begierde getriebenen Leben weitermachen zu können. Damit stellen sie für alle, die gerade erst ihr Leben im Glauben begonnen haben, eine gefährliche Versuchung dar. Sie versprechen diesen Freiheit, sind aber selbst Sklaven des Verderbens geworden, weil sie besiegt und von Neuem abhängig wurden. Denn wenn jemand einem gottlosen und genusssüchtigen Leben entkommen ist, weil er Jesus als seinen Herrn und Erlöser kennengelernt hat, sich dann aber wieder in das alte Leben verstrickt und seinen Trieben unterliegt, ist er schlimmer dran als zuvor. Für ihn wäre es auf jeden Fall besser gewesen, wenn er den Weg der unverdienten Annahme durch Gott nicht kennengelernt hätte, als sich wieder von dem ihm anvertrauten Gesetz der Liebe abzukehren. Irgendwie erinnert das an das Sprichwort: „Ein Hund kehrt immer zu dem zurück, was er erbrochen hat." Oder das andere: „Das ist so, als würde sich ein frisch gebadetes Schwein wieder im Schlamm wälzen."

3 Meine geliebten Geschwister, das ist nun schon der zweite Brief, den ich euch geschrieben habe. Auch in diesem wollte ich euch an die Worte der Propheten erinnern und natürlich auch an das, was unser Herr und Erlöser Jesus durch eure Apostel an euch weitergegeben hat.

Euer Verstand soll so wach sein, dass ihr erkennen könnt, was für Menschen in diesen letzten Tagen unter euch auftreten werden: Es wird Personen geben, die sich über alles lustig machen, weil sie schon lange nicht mehr Jesus, sondern nur noch ihren eigenen Trieben folgen. Einer ihrer Hauptangriffspunkte ist: „Was ist denn nun mit der Verheißung seiner baldigen Ankunft? Unsere Glaubensväter sind bereits gestorben, und doch ist immer noch alles so, wie es seit Anbeginn der Schöpfung war." Menschen, die Gottes Wort infrage stellen, haben eines vergessen: Am Anfang war nicht nur die Erde voller Wasser, sondern auch der Himmel. Beide wurden allein durch das Wort Gottes auseinandergehalten. Als Gott dieses dann zurückzog, stürzte die Wasserflut auf die Erde und überschwemmte die damalige Welt, die dadurch zugrunde ging. Das ist ein Bild für den jetzigen Himmel und die jetzige Erde. Beide werden wiederum durch sein Wort auseinandergehalten. Doch diesmal wird es Feuer sein, das am Tag des Gerichts auf die Menschen herabfällt, die sich Gott entgegenstellen oder nichts mit ihm zu tun haben wollen.

Noch einmal ermahnt Petrus: Seid wachsam! (3,8–18)

Eines aber, geliebte Geschwister, muss euch klar sein: Bei Gott ist ein Tag wie tausend Jahre und tausend Jahre sind für ihn wie ein Tag. Unser Herr zögert nicht, seine Verheißung zu erfüllen – manche von euch meinen ja sogar, er hätte sich verspätet –, sondern er wartet voller Geduld, weil er nicht will, dass auch nur einer von uns verloren geht, sondern alle die Gelegenheit erhalten, zu ihm umzukehren.

Der Tag des Herrn wird völlig überraschend kommen, so wie ein Dieb in der Nacht. Sein Kommen wird von gewaltigen Ereignissen begleitet sein: Der Himmel wird unter unvorstellbarem Lärm zerbersten, alle Elemente werden sich durch ein gewaltiges Feuer einfach auflösen, und die Erde selbst (mit allem, was Menschen darauf geschaffen haben) wird es in dieser Form nicht mehr geben. Versteht ihr daher, warum ihr ein Leben führen sollt, das auf das Gute ausgerichtet ist und euch innig mit eurem Vater im Himmel verbindet?! Was sonst könnte mehr dazu beitragen, dass alle Menschen sich ihrem Erlöser zuwenden und der Tag seiner Ankunft nicht so lange auf sich warten lässt? Könnte euch irgendetwas besser durch diese Ereignisse hindurchgelangen lassen, wenn der Himmel in Brand gesetzt wird und die Elemente in der Glut des Feuers zusammenschmelzen und verzehrt werden? Sicher nicht. Und außerdem hat er uns einen neuen Himmel und eine neue Erde verheißen, in denen die Gerechtigkeit Gottes wohnen wird.

Meine geliebten Geschwister, ihr wisst ja um diese kommenden Ereignisse. Daher lebt so, dass ihr keine Angst zu haben braucht, plötzlich eurem Herrn gegenüberzustehen. Lasst im Gegenteil Frieden euer Herz erfüllen. Nehmt die Zeit bis zu diesem Tag als Zeichen für die Langmut unseres Herrn, die für viele Menschen noch die Rettung bedeuten kann. Nichts anderes hat euch auch unser geliebter Bruder Paulus geschrieben. In den meisten seiner Briefe kommt er auf dieses Thema zu sprechen. Nun, er wurde von Gott mit besonders viel Weisheit gesegnet. Vielleicht stolpert man deshalb in seinen Briefen über manches, das nicht einfach zu verstehen ist und das jemand, der sich nicht auskennt oder der im Glauben noch nicht gefestigt ist, völlig verkehrt auslegt – leider immer zu seinem eigenen Schaden.

Also, meine geliebten Geschwister, da ihr bereits im Voraus wisst, was auf euch zukommen wird, sollt ihr darauf achten, dass ihr euch nicht durch Menschen, die sich nicht um das Wort Gottes kümmern, in die Irre führen lasst und aus der festen Zuversicht eures Glaubens sozusagen herausfallt. Wachst immer mehr in ein Leben in der Gnade hinein. Lernt euren Herrn und Erlöser Jesus Christus immer besser kennen. Ihm sei die Ehre jetzt und alle Tage bis in Ewigkeit! Amen.

Der erste Brief von Johannes

Selbst wenn dieser bewegende Brief nicht von Johannes selbst, sondern von einem seiner Schüler oder Mitarbeiter verfasst worden sein sollte, so ist doch seine Nähe zur Frohen Botschaft nach Johannes unverkennbar. Vor allem fällt sein liebevoller Stil auf, mit dem die Leser bzw. Hörer angesprochen werden, auch dann, wenn es um den Umgang mit Irrlehren oder die Überwindung eines unchristlichen Lebensstils geht. Außerdem ist der 1. Johannesbrief ein wichtiges Zeugnis für den Glauben an Jesus als den Sohn Gottes, was die Gemeinden um die Jahrhundertwende wohl immer wieder nötig hatten.

Ein Wort, das lebendig macht (1,1–4)

1 Was von Anfang an geschehen ist, was wir gehört und mit unseren eigenen Augen gesehen und mit unseren Händen angefasst haben, das möchten wir euch verkündigen, damit ihr im Glauben mit uns verbunden seid. Alles, was wir euch zu sagen haben, handelt von dem, der das Leben selbst ist. Er hat sich uns gezeigt und wir dürfen ihn verkündigen. Wir können bezeugen, dass er das Leben ist, das seit Ewigkeit beim Vater war und sich erst jetzt offenbart hat. Mit Gott, unserem Vater, und seinem Sohn Jesus Christus sollt auch ihr Gemeinschaft haben. Wir schreiben euch diesen Brief, damit wir uns miteinander freuen können und unsere Freude vollkommen sei.

Leben im Licht Gottes (1,5–10)

Und das ist sie, die Botschaft, die wir von ihm gehört haben und an euch weitergeben wollen: Gott ist Licht und es gibt keine Spur von Finsternis in ihm. Wenn wir behaupten, wir hätten wirklich Gemeinschaft mit ihm, scheuen aber das Licht, dann belügen wir uns und andere und unser Leben ist von Unwahrheit geprägt. Wenn wir aber gern in seinem Licht leben, so wie er ganz von Licht umgeben ist, dann haben wir Gemeinschaft miteinander und das Blut seines Sohnes Jesus reinigt uns von unserer Schuld. Wenn einer von uns behauptet, er sei darauf nicht angewiesen, weil er sich keiner Schuld bewusst ist, dann belügt er sich selbst und hat den Sinn für die Wirklichkeit verloren. Wenn wir dagegen Gott gegenüber unsere Schuld eingestehen, was eines der Zeichen dafür ist, dass wir im Licht leben, dann ist Gott treu und gerecht und vergibt uns unsere Schuld, ja er beseitigt sogar noch die Spuren in unserem Leben, die unser falsches Verhalten hinterlassen hat. Wenn wir dagegen behaupten, wir hätten nichts Unrechtes getan, dann stellen wir ihn als Lügner hin. Deutlicher können wir nicht zeigen, dass wir keine Gemeinschaft mit ihm haben.

Christen soll man erkennen können (2,1–8)

2 Meine Kinder, ich schreibe euch dies, damit ihr nichts tut, was Gott missfällt. Sollte es einem von uns trotzdem passieren, dann dürfen wir die Gewissheit haben, dass beim Vater jemand ist, der uns hilft und für uns eintritt: Jesus Christus, der selbst ohne Schuld ist und darum nicht nur für unsere Sünden, sondern für die der ganzen Welt das Lösegeld bezahlt hat. Durch ihn sind wir mit Gott versöhnt.

Und dass wir Jesus wirklich kennen, erkennen wir daran, dass wir uns an das halten, was er uns aufgetragen hat. Wenn jemand behauptet, er hätte eine Beziehung zu Jesus, und schert sich doch nicht um das, was Jesus gesagt hat, dann ist er ein Lügner und sein Leben ein einziger Betrug. Wenn jemand sich aber fest an das hält, was Jesus gesagt hat, dann ist in ihm tatsächlich die Liebe Gottes bereits vollkommen. Daran erkennen wir, dass unsere Beziehung zu ihm innig und lebendig ist. Wer also behauptet, er würde in enger Verbindung mit Jesus stehen, der sollte so leben, wie Jesus gelebt hat.

Geliebte Geschwister, ich schreibe hier nicht über irgendwelche neuen Gebote, sondern über das eine, das euch von Anfang an vertraut ist: Es ist die Frohe Botschaft, die ihr bereits gehört habt. Andererseits ist das, was ich euch zu sagen habe, doch wiederum neu. Und es ist wahr, weil die Finsternis vergeht und das wahre Licht schon da ist.

Gefährlicher Selbstbetrug (2,9–17)

Wer nun behauptet, dass er in diesem Licht lebe, aber gleichzeitig seinen Bruder nicht ausstehen kann, der lebt eigentlich immer noch in tiefster Finsternis. Wer seinen Bruder liebt, der bleibt im Licht, und es gibt nichts, was an ihm auszusetzen wäre. Doch wer seinen Bruder verachtet oder sogar hasst, der steckt noch so tief in der Finsternis, dass er wie ein Blinder im Dunkeln umhertappt.

Meine Kinder, ich schreibe euch, weil euch im Namen Jesu eure Schuld vergeben wurde und ihr nun den Vater kennt. Ich schreibe euch, ihr Väter, weil ihr Christus kennt, der von Anfang an da gewesen ist. Ich schreibe euch, ihr jungen Männer, weil ihr durch das Wort, das in euch lebendig ist, stark seid und so das Böse besiegt habt.

Liebt nicht die Welt und das, was in ihr ist und Gott entgegensteht. Wenn jemand etwas liebt, das Gott verabscheut, dann liebt er den Vater nicht wirklich. Denn es gibt vieles in der Welt, das Gott zuwider ist: Habsucht, Sensationslust und Angeberei mit dem, was man besitzt oder kann. Diese Welt wird mit Sicherheit einmal untergehen. Doch wer sich um das bemüht, was Gott will und was ihm Freude macht, der wird in Ewigkeit leben.

Unsere Wachsamkeit gilt auch dem kommenden Antichrist (2,18–29)

Meine Kinder, das Ende der Zeit ist nah. Ihr wollt wissen, woran wir das erkennen? Nun, ihr habt gehört, dass das Ende der Zeit nah ist, wenn der Antichrist auftritt. Doch mittlerweile gibt es nicht nur einen, sondern gleich mehrere. Sie kommen zwar aus unseren Reihen, haben jedoch nie wirklich zu uns gehört. Wenn ihre Beziehung zu uns echt gewesen wäre, hätten sie sich niemals von uns getrennt. (Auf diese Weise zeigt sich aber, dass nicht jeder, der sich Christ nennt, auch wirklich einer ist.) Ihr dagegen seid durch die Handauflegung mit dem Heiligen Geist erfüllt worden und könnt darum auch diese Unterschiede erkennen. Ich schreibe euch dies nicht, weil ihr die Wahrheit nicht erkannt habt, sondern im Gegenteil, weil ihr sie kennt und genau wisst, dass sich Lüge und Wahrheit gegenseitig ausschließen.

Wer ist denn der Lügner, wenn nicht jemand, der abstreitet, dass Jesus der Messias ist? Und genau das ist der Antichrist: ein Mensch, der den Vater und den Sohn ablehnt. Wer nämlich den Sohn ablehnt, der will auch nichts mit dem Vater zu tun haben; wer sich dagegen zum Sohn bekennt, der bekommt durch ihn auch diese wunderbare Beziehung zum Vater. Achtet darauf, dass ihr alles, was ihr von Anfang an gehört habt, wie einen Schatz in euch bewahrt. Wenn das, was ihr gehört habt, in euch lebendig ist, dann stimmt auch eure Beziehung zum Vater und zum Sohn. Und dann steht euch auch die Verheißung zu, die er uns geschenkt hat: das ewige Leben.

Ich musste euch unbedingt etwas über die Leute schreiben, die versuchen, euch in die Irre zu führen. Dabei hättet ihr es überhaupt nicht nötig, von irgendjemandem belehrt zu werden, weil ihr mit der Kraft des Heiligen Geistes erfüllt seid, den Gott in euch hineingelegt hat. Er schenkt euch ein klares Verständnis von allem, und seine Worte sind zuverlässig, weil er niemals die Unwahrheit sagt. Verlasst euch also auch in Zukunft auf ihn.

Ja, meine Kinder, verlasst euch auf den Heiligen Geist, damit wir Jesus voller Vertrauen entgegengehen können, wenn er wiederkommt und sich der Menschheit offenbart. Bemüht euch darum, dass ihr keinen Grund habt, euch schämen zu müssen. Ihr wisst, dass Jesus durch und durch gerecht ist. Wenn jemand so lebt, dass sein Denken und Handeln mit dem Willen Gottes übereinstimmen, dann erkennt ihr daran, dass er durch Gott eine neue Schöpfung wurde.

Das unfassbare Geschenk: Wir sind Kinder dieses Vaters (3,1–15)

3 Könnt ihr eigentlich ermessen, wie groß die Liebe unseres Vaters ist, die er uns schenkt? Wir dürfen uns Kinder Gottes nennen! Und wir heißen ja nicht nur so, wir sind es tatsächlich! Darum ist es für Menschen, die Gott nicht kennen oder nicht kennen wollen, unmöglich, zu erkennen, dass wir seine Kinder sind. Meine geliebten Geschwister, wir sind zwar Kinder unseres himmlischen Vaters, aber ihr könnt euch nicht einmal vorstellen, was das eigentlich bedeutet. Eines wissen wir jedoch schon: Wenn Jesus sich der ganzen Mensch-

heit offenbaren wird, werden wir so sein wie er, denn dann werden wir ihn so sehen, wie er ist, in seiner ganzen Herrlichkeit. Wer seine Hoffnung darauf setzt, wird alles dafür tun, dass sein Leben immer mehr zu dem passt, dem er einmal begegnen wird.

Wer sich dagegen mit seinem Verhalten gegen Gott auflehnt, stellt sich damit außerhalb dessen, was Gott uns aufgetragen hat. Denn jeder Ungehorsam, jede Lieblosigkeit ist Schuld vor Gott. Ihr wisst ja, dass Jesus gekommen ist, um uns von unserer Schuld zu befreien, weil er nichts Böses erträgt. Jeder, der in einer innigen Beziehung zu ihm lebt, kann sich nicht mehr von ihm distanzieren und etwas Böses tun. Tut er es doch, dann zeigt es ihm nur allzu deutlich, dass er Jesus noch nicht wirklich begegnet ist und ihn noch nicht verstanden hat.

Meine Kinder, lasst euch von niemandem in die Irre führen! Wer gut handelt, ist gut, wie auch Jesus gut ist; wer dagegen bewusst Böses tut, gehorcht letztlich dem, dessen Existenz daraus besteht, Böses in diese Welt zu bringen: dem Teufel. Jesus aber ist auf diese Erde gekommen, um das ganze Machwerk des Teufels restlos zu zerstören. Jeder, der durch Gott ein neuer Mensch wurde, handelt nicht mehr lieblos oder böse, weil bereits etwas vom Wesen Gottes in ihm lebt. Ja, er kann es gar nicht mehr, weil er ein Kind Gottes wurde. Daran zeigt sich, ob jemand zur Familie Gottes gehört oder ob er ein Kind des Teufels ist: Jeder, der bewusst Böses tut und nicht bereit ist, seine Schwester oder seinen Bruder anzunehmen und zu lieben, ist niemals ein Kind Gottes.

Denn von Anfang an haben wir die Botschaft gehört, dass wir einander lieben sollen, weil wir von Gott unendlich geliebt sind. Unter uns kann und darf es keinen Kain mehr geben, der seinen Bruder regelrecht abgeschlachtet hat. Wenn wir uns fragen, warum er es getan hat, dann gibt es eine klare Antwort: Im Gegensatz zu seinem Bruder war vorher schon vieles von dem, was er tat, böse.

Liebe Schwestern und Brüder, wundert euch also nicht, wenn euch gottlose Menschen ebenfalls hassen! Wir dürfen wissen, dass wir bereits vom Tod gerettet wurden und ewiges Leben haben, denn wir lieben die Menschen um uns herum. Denn wer liebt, gegen den kann der Tod nichts ausrichten. Wer aber Menschen hasst, der ist für Gott wie jemand, der auch Menschen mordet, und ihr wisst, dass kein Menschenmörder ewiges Leben hat.

Liebe zu Gott ist immer auch sehr praktisch (3,16–24)

Wir haben daran erkannt, wie sehr Gott uns liebt, dass er sein Leben für uns eingesetzt hat. Sind wir es ihm dann nicht schuldig, dass wir auch unser Leben für unsere Geschwister einsetzen? Wenn ihr reichlich zum Leben habt und seht jemanden, der wirklich in Not ist, kümmert euch aber nicht im Geringsten um ihn: Glaubt ihr, dass Gott es bei euch aushält? Darum, meine Kinder, lasst uns nicht nur von Liebe zu anderen reden, sondern sie im Alltag auch wirklich in die Tat umsetzen!

Dann werden wir selbst merken, wie richtig und zuverlässig unser Glaube ist und unser Herz wird sich in Gottes Gegenwart beruhigen. Doch selbst wenn unser Herz uns anklagen würde, dürfen wir doch wissen, dass Gott barmherziger ist als unser Herz und er alles weiß. Geliebte Geschwister, wenn uns dagegen nicht einmal unser Gewissen verurteilt, dann dürfen wir wirklich frohes Zutrauen zu Gott haben. Worum wir ihn dann bitten, das empfangen wir von ihm, weil wir seine Gebote halten und so zu leben versuchen, dass er seine Freude daran hat.

Doch was sind seine Gebote? Gott verlangt von uns, dass wir unser ganzes Vertrauen auf den Namen seines Sohnes Jesus Christus setzen und einander so lieben sollen, wie er es uns aufgetragen hat. Wer diese seine Gebote hält, der bleibt mit Gott auf innige Weise verbunden, er in Gott und Gott in ihm. Woran wir erkennen, dass er in uns lebt? Natürlich an seinem Geist, den er uns gegeben hat.

Es gibt klare Erkennungsmerkmale für alles, was sich gegen Gott stellen will (4,1–6)

4 Geliebte Geschwister, schenkt nicht jedem euer Vertrauen, der behauptet, dass er von Gottes Geist erfüllt sei, sondern prüft erst, ob wirklich der Geist Gottes aus ihm spricht oder nicht, denn mittlerweile gibt es bereits eine Unmenge von falschen Propheten in dieser Welt. Woran erkennt man nun den Geist Gottes? Jeder Geist, der bekennt, dass Jesus als Mensch auf diese Welt gekommen ist, stammt von Gott. Umgekehrt könnt ihr sicher sein, dass jeder, der die Menschwerdung Gottes in Jesus ablehnt, von einem Geist inspiriert wird, der nichts mit Gott zu tun hat. Es ist der Geist des Antichristen, von dessen bevorstehender Ankunft ihr ja bereits gehört habt. Er kommt nicht erst, er ist bereits in dieser Welt!

Meine Kinder, vor ihm und seinen Anhängern braucht ihr keine Angst zu haben, denn ihr habt sie bereits besiegt. Ihr gehört zu Gott, und der, der in euch lebt, ist größer als alles, was sich in dieser Welt als mächtig aufspielt. Sie gehören zu dieser widergöttlichen Welt, darum können sie über nichts anderes reden als das, was die Welt ihnen anbietet. Aber es reicht aus, um bei vielen ein offenes Ohr zu finden.

Wir gehören dagegen zu Gott, und wer selbst Gott erkannt hat, der hört auch auf uns. Wer keine Beziehung zu Gott hat, wird alles ablehnen, was wir sagen. Daran könnt ihr den Geist der Wahrheit vom Geist des Irrtums unterscheiden.

Wir können lieben, weil wir unendlich geliebt sind (4,7–5,4)

Geliebte Geschwister, lasst uns einander lieben, weil die Liebe ein Geschenk Gottes ist und jeder, der ein Mensch voller Liebe ist, durch Gott zuvor eine neue Schöpfung wurde. Gott ist ihm nah und vertraut. Wer nicht liebt, kennt Gott einfach noch nicht, denn Gott ist

Liebe. Wie sehr Gott uns liebt, hat sich darin gezeigt, dass er seinen einzigen Sohn in die Welt gesandt hat, damit wir durch ihn das ewige Leben haben. Die Liebe besteht also nicht darin, dass wir Gott geliebt haben, sondern dass er uns zuerst geliebt und uns seinen Sohn gesandt hat, damit dieser durch seinen Tod die Schuld von uns nahm.

Meine geliebten Geschwister, wenn Gott uns so geliebt hat, dann müssen wir diese Liebe einfach aneinander weitergeben. Kein Mensch hat Gott jemals gesehen, aber es gibt ein sicheres Zeichen, an dem wir ihn erkennen können. Wenn wir einander lieben, dann erfahren wir, dass Gott in uns lebt und dass er es ist, der unsere Liebe der seinen immer ähnlicher macht. Ebenso erkennen wir am Wirken seines Geistes, den er uns geschenkt hat, dass wir mit ihm verbunden sind und er in uns lebt.

Wir haben es miterlebt und bezeugen es: Gott, unser Vater, hat seinen Sohn als Erlöser in die Welt gesandt. Wer also bekennt, dass Jesus der Sohn Gottes ist, in dem bleibt Gott und er bleibt mit Gott verbunden. Diese Liebe, die Gott zu uns hat, durften wir erkennen. Auf sie haben wir unser ganzes Vertrauen gesetzt.

Gott ist Liebe, und wer in der Liebe bleibt, der bleibt mit Gott so verbunden wie Gott mit ihm. Weil diese Liebe uns ganz erfüllt, können wir ihm am Tag des Gerichts voller Zuversicht und Freude begegnen, weil er uns ihm immer ähnlicher gemacht hat, als wir noch in dieser Welt lebten. Da gibt es nichts mehr, was wir fürchten müssten, denn wer liebt, bei dem hat Angst keinen Platz, sondern die vollkommene Liebe vertreibt die Angst. Wer sich immer noch vor einer möglichen Strafe fürchtet, in dem ist die liebevolle Beziehung zu Gott noch nicht stark genug ausgeprägt. Unsere Liebe ist immer nur eine Antwort, weil er uns zuerst geliebt hat. Wenn also jemand behauptet, er sei voller Liebe, hasst aber gleichzeitig einen anderen, dann belügt er sich und andere. Denn wenn jemand schon seinen Bruder nicht lieben kann, den er doch vor Augen hat, wie soll er dann Gott lieben können, den er nicht sieht?! Nein, Gottes Gebot ist eindeutig: Wer Gott lieben will, der muss auch seinen Mitmenschen lieben.

5 Gott hat eine neue Schöpfung aus uns gemacht. Das zeigt sich einerseits an unserem Glauben daran, dass Jesus der Messias ist. Andererseits zeigt es sich an unserem Handeln, das von der Liebe Gottes geprägt ist. Aus Liebe hat Gott uns dieses neue Leben geschenkt, darum können wir nicht anders, als ihm dafür mit unserer Liebe zu antworten. Ob wir das tun, zeigt sich daran, wie wichtig uns Gottes Wille ist und wie liebevoll unsere Beziehungen zu unseren Geschwistern im Glauben sind. Denn unsere Liebe zu Gott zeigt sich am deutlichsten daran, dass wir das tun, was er uns aufgetragen hat. Was er von uns erwartet, ist wirklich nicht zu schwer, denn wer ein Kind Gottes wurde, muss nicht mehr verbissen gegen die böse Welt kämpfen. Jesus hat die Welt bereits besiegt und wir haben durch unseren Glauben Anteil an seinem Sieg.

Gott selbst bezeugt uns, dass wir in Jesus das Leben haben (5,5–12)

Wer also besiegt „die Welt", wenn nicht der, der sein ganzes Vertrauen darauf setzt, dass Jesus der Sohn Gottes ist? Jesus hat ja zwei Taufen empfangen – nicht nur die Taufe im Wasser, sondern auch die Taufe mit seinem eigenen Blut. Der Geist der Wahrheit, der Heilige Geist, bezeugt uns, dass wir dadurch erlöst wurden. So sind es letztlich drei, die uns die Erlösungstat Jesu bezeugen: das Wasser, das Blut und der Heilige Geist. Alle drei bilden eine Einheit.

Wenn bei Menschen schon zwei Zeugen ausreichen, damit eine Aussage vor Gericht Gültigkeit hat, wie viel überzeugender ist hier das Zeugnis Gottes über seinen eigenen Sohn! Wer an den Sohn glaubt, spürt in seinem Innersten, dass Gott diesen Glauben bestätigt. Wer nicht glaubt, stellt Gott damit als Lügner hin, weil er dessen dreifaches Zeugnis, das er für seinen Sohn abgelegt hat, einfach nicht annimmt.

Was für ein Zeugnis hat uns Gott gegeben: Er hat uns durch seinen Sohn ewiges Leben geschenkt! Wer mit dem Sohn eine lebendige

Beziehung eingegangen ist, der hat das wahre, unzerstörbare Leben; wer mit dem Sohn Gottes nichts zu tun haben will, hat dieses Leben nicht.

Den Vater zu bitten ist das Privileg der Kinder (5,13–21)

Das musste ich euch schreiben, damit ihr, die ihr an den Sohn Gottes glaubt, euch sicher sein könnt, dass ihr ewiges Leben habt. Weil wir zu ihm gehören, können wir ihn voller Freude und Zuversicht um alles bitten, was seinem Willen entspricht. Er hört uns auf jeden Fall. Weil wir nun wissen, dass er uns hört, wenn wir mit unseren Anliegen zu ihm kommen, wissen wir auch, dass er auf seine Weise unsere Bitten erfüllen wird.

Wenn jemand mitbekommt, dass jemand ungut handelt, sollte er bei Gott für den Betreffenden eintreten, damit Gott diesem hilft, besser zu leben. Das gilt jedoch nicht für eine Schuld, die schwer ist, ja die den Tod nach sich zieht. Irgendwie ist jedes ungute Handeln Sünde, aber nicht jede Sünde führt zu einem Sterben der Beziehung zu Gott.*

Wir haben erfahren, dass jemand, der durch Gott eine neue Schöpfung wurde, sich nicht bewusst gegen Gott stellt und ihm ungehorsam sein will. Jesus selbst ist es, der ihn davor bewahrt, sodass der Widersacher keine Chance hat, ihn zu Fall zu bringen. Noch liegt die ganze Welt im Machtbereich des Bösen; ausgenommen sind alle, die sich unter die Herrschaft Gottes begeben haben. Wir wissen aber auch, dass der Sohn Gottes gekommen ist, um uns Gott so zu zeigen, wie er wirklich ist. Durch Jesus Christus dürfen wir seitdem in einer unvorstellbaren Nähe zu Gott leben.

---

* Von Anfang an herrschte unter den Christen die Überzeugung, dass es Sünden gibt, die keine ewige Verdammnis nach sich ziehen, aber eben auch solche, die in Zeit und Ewigkeit den Menschen von Gott trennen – wenn der betreffende Mensch nicht umkehrt.

Jesus Christus ist wahrhaft Gott und für uns das ewige Leben.
Meine Kinder, lasst niemanden neben Jesus auch nur annähernd die gleiche Verehrung zukommen!

Weihnachten in der Bundesliga oder: Leistung vs. Liebe

Ich arbeite seit 15 Jahren als „Ermutiger" in der Bundesliga. Ich mag den Begriff „Ermutiger" lieber als „Motivations-Trainer", denn motiviert sind die Jungs ja sowieso alle, aber oft mutlos! Bei meinen Coachings mit Fußball-Profis geht es immer um dieselben Fragen: „Wie kann ich dauerhaft die Leistung bringen, die von mir erwartet wird? Wie kann ich unter diesem hohen Erwartungsdruck Erfolg haben, ohne dabei meine Freude am Spiel und am Leben zu verlieren?"

Das Schöne an der Weihnachtszeit ist, dass wir diesen enormen Druck, den beispielsweise ein Fußball-Profi Tag für Tag aushalten muss, einfach einmal abgeben können. Weihnachten heißt für mich: „Bewusst Druck ablassen".

„Druck" und „Stress" sind meiner Meinung nach sowieso Ansichts-Sache. Ob unser Alltag sich einfach oder schwer anfühlt, hängt immer von unserer Grundeinstellung dem Leben gegenüber ab. Wenn man das Leben als furchtbar stressig empfindet, hat das häufig mit fehlender Dankbarkeit zu tun.

Es gibt zwei verschiedene Typen von Profifußballern, mit zwei ganz unterschiedlichen Lebensphilosophien: **Der eine definiert sein Sportler-Leben über die Leistungsgesellschaft, von der er nur geliebt wird, wenn er Tore schießt und perfekt funktioniert.** Das heißt dann aber im Umkehrschluss: Sobald du als Fußballprofi Fehler machst und versagst, sinkst du in der Gunst der Fans und Presse immer tiefer – und ganz unten wartet dann gar der Hass. Frag mal Kevin Kuranyi, wie sich das anfühlt, monatelang von den eigenen (!) Fans ausgepfiffen zu werden. „Kevin allein zu Haus!" Heute wären sie auf Schalke wohl froh, wenn sie ihn noch hätten.

Aber Kuranyi ist ein ganz gutes Beispiel für den zweiten Typen des Fußballprofis, dessen Lebensglück nicht von seiner Leistung abhängt, sondern von ganz anderen Werten. Kevin hat mir während seiner Schalker Zeit einmal erzählt, dass er unter diesen Pfiffen, unter dieser Ablehnung kaputtgegangen wäre, wenn er nicht ein hohes Selbstwertgefühl durch seinen

tiefen Glauben an Gott hätte. Selbst-Wert-Gefühl kontra Markt-Wert?!

Kevinito, falls unsere „Fußball-Bibel" auch nach Russland geliefert wird: „Nastrovje und frohe Weihnachten, alter Finne, schick mir mal 'ne Büchse Kaviar rüber!"

Was würdest du antworten auf die Frage: „Was macht dich im Leben wertvoll?"

Wie geht ein Fußballprofi damit um, wenn er von den Medien als „Fehleinkauf" abgestempelt wird? Dein Marktwert sinkt, die Fans mögen dich nicht mehr, du bist mitten in der Talphase deiner Karriere. Aber bist du deswegen auch weniger wertvoll?

Eigentlich Wahnsinn, wie schnell man im Leistungssport „aussortiert" wird, sobald man sich einen Fehler erlaubt. Mit dieser Angst zu versagen kommen viele nicht zurecht.

Ronald Reng schreibt in seiner Robert-Enke-Biografie, dass Enke immer wieder darunter litt, „wie sinnlos das alles ist". Leider ist die damals aufgeflammte Diskussion, wie man Leistungssportlern helfen kann, die unter diesem enormen Druck zerbrechen, viel zu früh verstummt.

In meiner Arbeit begegnen mir viele Fußballprofis, die sich scheuen, mit ihren Schwächen zu ihrem Trainer oder Manager zu gehen. Denen erzähle ich manchmal davon, mit welcher Denkweise einige ihrer Kollegen mit diesem Druck umgegangen sind. Fußballprofis wie Cacau, Bordon, Sandro Schwarz, Holtby, Zé Roberto, Kloppo, Marco Rose oder Frank Schäfer sind selbst in schwierigen Situationen ihrer Karriere auffallend selbstbewusst geblieben. **Sie sind nur deswegen selbstbewusste Typen, weil sie sich selbst BEWUSST sind, dass ihr Lebensglück nicht von ihrer Leistung allein abhängt, sondern von ihrem Wert, den sie als von Gott geliebter Mensch haben.**

Sie haben an einem Punkt ihrer Karriere für sich selbst erkannt: „Ich bin wertvoll, weil Gott mich auch ohne Leistung annimmt." Diese Glauben an einen „höheren Wert" entfernt die Scheuklappen und öffnet einen ganz neuen Horizont. Der tiefe Glaube an den Wert „Liebe" ist für sie zum tragfähigen Lebensfundament geworden, auf dem sie ihre sportlichen Ziele und Träume nicht mehr allein angehen müssen.

„You'll never walk alone!" Genau das ist die Message von Weihnachten. Das ist der Grund, warum Jesus auf die Welt kam: um uns auf unserem Weg zu begleiten. Genau deswegen richten wir im christlichen Abendland auch immer noch unsere Zeitrechnung nach diesem Gottes-Menschen, der alles verändert hat: „2014 nach Jesus Christus".

Wer einmal tief im Herzen erkannt hat, was die Weihnachts-Botschaft der bedingungslosen Liebe Gottes für seinen ganz persönlichen Wert im Leben bedeutet, der ist nicht mehr abhängig von der Anerkennung anderer.

Weihnachten bedeutet: „Gott ist da!" Seine Nähe inspiriert uns dazu, Begriffe wie Nächstenliebe und Demut selbst in unserer Ego-Gesellschaft und im Haifischbecken Bundesliga mit Leben zu füllen.

Wow, was für eine Option, dem Dauerdruck in unserem Kopf endlich etwas Befreiendes entgegensetzen zu können!

Deswegen wird das Buch der Bücher ja nicht nur in der Weihnachtszeit „Die gute Nachricht" genannt. Ein Beispiel gefällig? „Wohl den Menschen, die Gott für ihre Stärke halten und ihn im Herzen haben, sie gehen von einer Kraft zur andern!" (Psalm 84,6). Oder mein absoluter Lieblingsvers von meinem Namensvetter König David: „Die auf Gott sehen, werden strahlen vor Freude!" (Psalm 34,6).

Eine sehr befreiende „gute Nachricht" für Profis und Fans der Bundesliga: Gott liebt Gewinner und Verlierer! Ein echter Grund zur Freude. „You'll never walk alone – never forget!"

Christen haben 365 Tage im Jahr Grund, Weihnachten zu feiern!

LESETIPP

→ **Römer 5,1–11 „Frieden mit Gott"**

Radamel Falcao (rechts) schießt den FC Porto zum Euro-Champion

Didier Ya Konan – ein Knipser vor dem Herrn

Der Quotenkönig und die Kuh

Was für ein Typ! Gleich bei unserem ersten Gespräch wird mir klar: Dieser Fußballprofi ist echt anders. Darf ich vorstellen: Didier Ya Konan, der Mann mit den außergewöhnlichen „Werten“.

Nur 70 Quadratmeter misst seine Wohnung in Hannover-Bodfeld – ungewöhnlich klein für einen Fußballprofi. Jens Lehmanns Ankleidezimmer beim VfB war mit Sicherheit größer. Aber trotzdem sind ständig Gäste aus der Heimat zu Besuch, wie Didiers Jugendfreund Adamar, der inzwischen in Paris Karriere als Comedian gemacht hat.

„Was 'n Pfund!“, staunt selbst Kollege Pinto

Im Garten in seiner Heimatstadt Abidjan hat er des Öfteren mal eine für ivorische Verhältnisse sehr wertvolle Kuh rumstehen. Diese Kuh Elsa wird dann noch vor Ort geschlachtet, wenn Didier für seine Geburtstagsparty spontan mal wieder das halbe Dorf einlädt. Natürlich gibt es sein Lieblingsgericht, Schmortopf mit Hähnchen und frischem Rind in Palmsauce. Fußballer-Schnickschnack und andere Status-Symbole sind dem bescheidenen Ivorer fremd.

Außergewöhnlich sind vor allem Ya Konans fußballerische Werte für Hannover 96, die Trainer Slomka regelmäßig leuchtende Augen bescheren. Denn Ya Konans Erfolgsquote ist erschreckend gut: Ohne ihn holten die Niedersachsen eineinhalb Jahre lang keinen einzigen Punkt! In Hannovers Rekord-Saison 2010/2011 dagegen in 25 Spielen mit Ya Konan 33 Punkte – 9 Spiele ohne ihn: NULL Punkte!

Ya Konan ist ein Doppelknipser vor dem Herrn – wenn er schon trifft, dann am liebsten gleich zweifach. Beim 4:2 gegen Schalke, in der dunklen 96-Phase des Enke-Dramas, wurde sein Doppelpack noch unter der Kategorie „Tore gegen den Abstieg“ verbucht.

Seine beiden Treffer zum 1:0 und 2:0 gegen Köln jedoch, eine Saison und

NAN STRIKER STÜRMER NEVER GIVE UP BROTHER YA KONAN DIDIER HANNOVER 9696969
IT UP DIDIER YA KONAAAN YA KONAN AUS KANAAN ELFENBEINKÜSTE ELEFANTEN COT
AGUE HANNOVER 96 HERO OF NIEDERSACHSEN DIDIER YA KONAN STRIKER STÜRMER NE
96 ELFENBEINKÜSTE DIDIER YA KONAN BABY GIVE IT UP GIVE IT UP
ERE COMES YA KONAN DER KNIPSER VOR DEM HERRN EURO LEAG
HANNOVER 96969696969 ROSENBORG TRONDHEIM HANNOVE
E ELEFANTEN COTE DI VOIRE ELEPHANTS WHO IS DROGBA
RIKER STÜRMER NEVER GIVE UP BROTHER YA KONAN DI

wenige Monate später, bringen Hannover einem schier unglaublichen Ziel wieder ein Stückchen näher: „Euro League" oder gar „Champions League" lauten plötzlich die neuen Träume der „Roten" in Niedersachsen!

Ya Konan, der Ermutiger

Für alle Liebhaber des kleinen HSV in Hannover ist Didier Ya Konan längst ein echter Held. Beinahe im Alleingang hat er die 96er aus der Krise geschossen – eigentlich der perfekte Stoff für ein Fußballmärchen Marke „Phoenix aus der Asche", wenn man sich an die düsteren Tage nach Robert Enkes Selbstmord zurückerinnert:

Hannover 96 war am Boden zerstört; ein Wunder, dass man im Mai 2010 nach einer grausamen Niederlagen-Serie noch den Abstieg vermeiden konnte. Nur ein gemeinsamer Kraftakt der 96er am Ende der Saison konnte den Supergau abwenden, hatte man doch vor dem Enke-Drama noch ganz gut im Mittelfeld der Tabelle gestanden. Nach dem Schock arbeitete man nun mit Seelsorgern im Team, die bei den völlig verunsicherten Spielern jede Menge zu tun hatten.

FACT SHEET

Didier Ya Konan

- *22. Mai 1984
- Verheiratet mit Edwige
- Nationalspieler Elfenbeinküste
- ASEC Mimosas
- Rosenborg Trondheim
- Hannover 96
- Euro League Teilnehmer 2012+2013
- Africa-Cup-Finalist 2012 vs Sambia

Aber auch Ya Konan bringt in dieser schwierigsten Phase der Vereinsgeschichte seinen Glauben und seine Qualitäten als Ermutiger mit ein: „Ich habe viel mit meinen Mitspielern über den Trost gesprochen, den wir in Gottes Liebe finden können. Mit meiner Frau Edwige habe ich in diesen traurigen Tagen sehr viel für meine Mitspieler gebetet, dass sie es gut verkraften. Gerade in dieser erdrückenden Zeit haben wir gezeigt, was für einen guten Team-Spirit wir hier haben. Wir arbeiten zusammen, wir leben zusammen, und wir denken auch zusammen nach über die Dinge. Das Geheimnis unseres Erfolges mit Hannover 96 jedoch ist unsere gegenseitige Hingabe. Dass wir einander helfen, das ist unsere Stärke!"

Beim Trauer-Gottesdienst für Robert Enke hatten viele Mitspieler Tränen in den Augen. Fußballprofis sieht man selten in der Kirche sitzen, aber an diesem Abend, an dem Zusammenhalt

Ya Konan in der WM-Quali für die Elefanten

gefragt war, waren sie alle nach Hannover gekommen, Löw, Bierhoff, Ballack und Co. Sie hören den Trost spendenden Satz der Bischöfin Käßmann: „Wir können niemals tiefer fallen als in Gottes Hand!" Und Millionen trauriger Fußballfans vor dem Fernseher hören mit. Auch einige Tage später, am Sonntagmorgen, als DFB-Chef Zwanziger in der 96-Arena bei seiner Traueransprache über das spricht, was im Leben wirklich wichtig ist: „Fußball ist nicht alles!"

One-Way-Ticket Abidjan-Deutschland

Fußball ist für Didier Ya Konan vor allem ein Mittel zum Überleben: „Wenn du in einem Drittweltland aufwächst, dann träumst du natürlich davon, bei einem großen Klub zu spielen, um dem ganzen Leid zu entfliehen und für deine Familie sorgen zu können. Zidane war als Kind immer mein Vorbild und natürlich Manchester United. Ich habe als Kind jeden Tag Fußball gespielt und für meinen großen Traum alle möglichen Tricks ausprobiert."

Wenn man mit Didier Ya Konan spricht, fällt einem auf, wie wichtig ihm immer wieder Begriffe wie Disziplin, mentale Stärke und Einstellung sind. „Gott hat mein Denken stark gemacht, was heute im Profifußball extrem wichtig ist. Durch das Wissen, dass er an meiner Seite ist, bin ich stark im Kopf – anstatt an mir zu zweifeln und zu grübeln, habe ich durch den Glau-

ben auch mental alle Freiheiten, alles erreichen zu können."

Als ich ihn nach seinem Erfolgsgeheimnis frage, habe ich das Gefühl, dass ich hier sein Lieblingsthema getroffen habe: „Als Allererstes glaube ich an einen liebenden Gott und habe tiefes Vertrauen zu ihm – immer! Zweitens habe ich gelernt, dass man bei Gott auch träumen darf, zum Beispiel eines Tages bei einem ganz großen Klub zu spielen, und dafür habe ich Geduld. Und drittens ist mir das Wichtigste in allem, was ich tue, Gott die Ehre zu geben und ihm dankbar zu sein, und dafür arbeite ich wirklich hart!"

Bibelfest und treffsicher

Woher nimmt er nur diesen unerschütterlichen Glauben, frage ich ihn. Und was würde er einem jungen Menschen empfehlen, der sich auf die Suche nach Gott macht?

„Ich würde ihm empfehlen, viel mit Gott zu sprechen und seinen Charakter durch die Bibel besser kennenzulernen. Zum Beispiel durch die Geschichte von Jesus, als er seinen Freund Lazarus von den Toten auferweckt hat. Das zeigt, wie sehr Jesus aus Liebe gehandelt hat und was für Gott auch heute noch alles möglich ist. Diese Geschichte von Jesus hat auch mein Glaubensleben sehr inspiriert. In der Bibel habe ich gelernt, dass ich mit Gott überall reden kann, weil sein heiliger Geist keine Grenzen kennt und jeden Tag bei uns ist, um uns dabei zu helfen, in schwierigen Situationen die richtige Lösung zu finden. Die Bibel sagt: ‚Wer an Gott glaubt, der wird seine Herrlichkeit sehen!' Das ist der Grund meiner täglichen Freude!"

Freude empfindet auch Ya Konans Trainer, sonst eher sparsam mit öffentlichen Lobhudeleien, wenn er ungeniert über seinen Top-Stürmer schwärmt wie ein Fan: „Schnelligkeit, Dynamik, Spritzigkeit, Spielwitz, Spielfreude – das ist Didier, und all das verkörpert er auch als Typ", sagt Mirko Slomka über ihn.

„Trainer, was hab ich dir gesagt, du kannst mich immer bringen!"

Letzte BVB-Niederlage 2012 durch Ya Konans Tor

Ya Konan, der Träumer

Von halb Europa gejagt und begehrt, kann man schon mal ins Träumen geraten: „Ich mache mir keine großen Gedanken über meine Zukunft, das regelt Gott schon für mich, ich hab da ein sehr großes Gottvertrauen. Klar kann man träumen, und das ist auch wichtig, aber für mich ist noch wichtiger, dort, wo einem die Menschen vertrauen, gute Arbeit abzuliefern und immer alles für sie zu geben, so wie Jesus es uns vorgelebt hat."

Didier Ya Konan ist, was seine Träume und Ziele betrifft, der pragmatische Typ – vielleicht ähnlich positiv verrückt wie Josef, der Träumer aus dem Alten Testament.

„Ein Projekt nach dem andern", sagt er und springt wild jubelnd wie ein kleiner Junge über den spanischen Rasen, als man in der ersten Runde gleich mal den Top-Favoriten FC Sevilla weggebügelt hat!

Also: Achtung, lieber Jogi, sobald der sympathische Ivorer-Prophet das erste Mal das Wort „Weltmeister" in den Mund nimmt, sollten wir die Didier-Zwillinge Drogba und Ya Konan vielleicht doch mal von unseren Scouts in Abidjan beobachten lassen. Aber haben wir da überhaupt welche?

„Hier geht's zum Licht, Schlaudi!"

YA KONANS

und keinen Schritt im Leben vorankommen. Der eine lebt seine Träume und versucht, aktiv seine Sehnsüchte zu stillen, sein Potenzial zu entfalten – der andere hat einen schlafenden Riesen in sich und weiß leider (noch) gar nicht, wozu er berufen ist und wer er eigentlich sein sollte. Für mich ist es ein absolutes Privileg, als Inspirations-Coach solche Menschen „wachküssen" zu dürfen und zu sehen, wie sie plötzlich aufblühen, wenn sie ihre wahre Identität erkannt haben und das tun, wozu sie berufen wurden und was ihnen in die Wiege gelegt wurde.

Gott suchen bringt Leben

Im Alten Testament sagt uns Gott: **„Suchet mich in der Stille, so werdet ihr leben!"** (Amos 5,4).

Doch was ist eigentlich „Leben"? Was würde man einem Jugendlichen auf diese Frage antworten? Glücklich und zufrieden zu sein, sich und andere zu lieben. Leider wird das an unseren Schulen nicht gelehrt! Ich spreche gerade viel mit Lehrern, und es wird – was schon lange Zeit ist – an manchen Schulen darüber diskutiert, das Schulfach „Glück" einzuführen. Um schon jungen Menschen die Zusammenhänge ihres Lebens – zwischen Job und Beziehung, zwischen Familie und Glauben, zwischen Stress und Leichtigkeit – näherzubringen.

Menschen, die gelernt haben, die Zusammenhänge ihres Lebens zu erkennen und die Existenz eines liebenden Gottes mit einzuberechnen, sind gnädiger mit sich selbst und mit dem Erreichen ihrer Ziele, was oft zu einer souveränen, entspannten Lebenseinstellung – oft gut zu beobachten bei Meister Kloppo – und zu einer außergewöhnlichen Dankbarkeit führt.

„Seid dankbar in allen Dingen; denn das ist der Wille Gottes in Christus Jesus an euch" (1. Thessalonicher 5,18).

Das ist ungewöhnlich, weil diese Menschen etwas praktizieren, das keiner macht: Sie danken Gott selbst für Krisen, fürs Scheitern, für ihr Versagen, weil sie irgendwo im letzten Eckchen ihres Herzens ahnen, dass Gott größer und liebevoller und souveräner ist als die vermeintlich aussichtslosen Umstände.

Auch die Lichtgestalt sucht …

„Wir wissen aber, dass denen, die Gott lieben alle Krisen, alles Scheitern zum Besten dienen müssen!“ (nach Römer 8,28).

Wer so ein großes Gottvertrauen hat, der kann auch mit Fehlern und Niederlagen besser umgehen, weil er weiß, dass ihm die Situation letztendlich dabei helfen wird, seine Persönlichkeit zu entwickeln – jedoch nur, wenn er sie annimmt. Im Flur meiner Wohnung hängt ein Spruch, der mich immer wieder neu daran erinnern soll, wie gut auch schwere Zeiten für mich sein können, wenn es darum geht zu wachsen: „Character is built during the hard times of waiting!“ In den Geschichten von Cacau, Ya Konan und Holtby kann man lesen, dass schwierige Herausforderungen in ihrem Leben sogar erst die Voraussetzung für möglichen Erfolg waren. Man kann daher von ihnen lernen, warum vor dem Durchbruch oft der Zerbruch steht.

Zerbruch führt also oft zu Gott. Kann man jemandem eine Krise wünschen, damit er Gott findet? Nein, aber man kann in der Krise zeigen, dass man mehr zu sagen hat als vermeintliche Freunde, die plötzlich verschwinden oder allerhöchstens ein „Wird schon wieder“ herauspressen können.

Apropos pressen, da bin ich doch schon wieder beim BVB, dem alten Pressingmonster. Trainer Jürgen Klopp weiß, was Scheitern bedeutet, das hat er auf äußerst bittere Art als Trainer von Mainz 05 mehrmals erleben müssen – nein, falsch, erleben dürfen muss es heißen. Beispielsweise dieses bittere Last-Minute-Scheitern 2003, bei dem nur ein Tor zum Aufstieg fehlte – daraus hat Kloppo sicher sehr viele Lehren gezogen, die ihm später als Meistertrainer des BVB dienten. Bayerns Scheitern im „Finale dohoam“ gegen Chelsea stachelte Thomas Müller an, in derselben Frust-Nacht noch eine Ermutigungs-SMS an alle Bayern-Spieler zu schicken, in der er mit leidenschaftlichen Worten zu einer Trotzreaktion aufrief: „Männer, jetzt gewinnen wir den Henkel-Pott erst recht.“ So viel Entschlossenheit statt Bitterkeit wird belohnt. Gesagt, getan: Alaba & Co. holten den Pott nach München.

Trotz Krisen dankbar zu sein ist ein Erfolgsgeheimnis im Leben wie im Fußball. Das ist etwas, das jeder aufstrebende U15-Kicker genauso verstehen müsste wie die Viererkette, die Raute, das Gegenpressing und Anlaufen. So müsste man schon in der Jugend auch einen dankbaren Umgang mit Krisen lernen: „Dankbarkeit“ ist ein geheimnisvoller Schlüssel zu einem erfolgreichen Leben, den leider nur wenige Menschen verstehen. Nicht die Menschen sind dankbar, die glücklich sind, nein, die Menschen sind glücklich, die dankbar sind!

„Unser Leben macht nur dann Sinn, wenn es unser höchstes Ziel ist, Jesus zu dienen.“

NEYMAR

Gottes Liebe vs. Fan-Liebe

David Alaba, Cacau, Jürgen Klopp – die Hauptdarsteller dieser Fußball-Bibel stehen zu ihrem Glauben, weil sie von diesem „lieben Gott“ begeistert sind, der immer für sie da ist. Wie kommt man zu so einem starken Glauben? Wie schafft man es, so intensiv zu Gott zu finden? Geschweige denn Gott zu lieben von ganzem Herzen, wie es das 1. Gebot empfiehlt: „Du sollst den Herrn, deinen Gott, lieben von ganzem Herzen!“

Ich habe in meiner Arbeit als Journalist viele Menschen kennengelernt, die die Bibel noch nie in ihrem Leben gelesen haben. Für sie ist die Bibel ein Buch mit sieben Siegeln. Nichts ist so sehr mit Vorurteilen und falschen Vorstellungen belastet wie das Wort Gottes und die Vorstellung vom „lieben Gott“. Ich möchte in dieser göttlichen Fußball-Lektüre mit einigen Vorurteilen aufräumen – vor allem mit dem Missverständnis in Bezug auf „Gottes Liebe“.

David Luiz, Dante u. a. Brasi-Brüder

Im griechischen Urtext der Bibel werden verschiedene Worte benutzt, die im Deutschen mit „Liebe“ übersetzt werden: „eros“ und „philadelphia“, aber auch „agape“. „Philadelphia“ ist die brüderliche Liebe, deswegen nennen sich meine besten Fußball-Buddys Marco Rose und Sandro Schwarz (beide inzwischen Jugend-Trainer) auch nur „Bruder“. „Eros“ ist die Liebe, die Attraktivität meint, eine Liebe, die man sich quasi verdient hat, weil man auf andere anziehend wirkt. Ich tue etwas, um Zuneigung und Anerkennung zu bekommen. Schon Kinder fangen früh damit an, weil wir alle auf die Welt kommen und geliebt werden wollen – wir sehnen uns nach Anerkennung, danach, gesehen und geliebt zu werden. Ein Mann liebt die Schönheit seiner bezaubernden Frau und schwärmt von ihr: „Sie ist so liebenswürdig!“ Wunderschön und deswegen erst würdig, geliebt zu werden. Würde er sie auch liebens-„würdig“ finden, wenn ihr Gesicht nach einem Brandunfall furchtbar entstellt wäre? Männer erscheinen attraktiv und liebenswert, wenn sie Erfolg haben – sie tun alles, um sich so Liebe und Anerkennung zu verdienen. Es ist ein ständiger Kampf und oft auch Krampf, nur um endlich geliebt zu werden – vor allem im Fußball. Die Liebe der oft gnadenlosen Fans verdient sich der Stürmer nur durch möglichst viele Tore.

Aubameyang macht den Adler

„Was ist mein Markt-Wert?", wäre die Fußball-Version dieser Frage. Kicker-Prädikat „Wertvoll" bedeutet: von den Fans geliebt, weil er erfolgreich trifft. Prädikat „Fehleinkauf" heißt: wertlos, von den eigenen Fans ausgepfiffen, von der BILD als Depp der Nation abgestempelt, wenn er aus fünf Metern das Kunststück fertigbringt, den Ball übers leere Tor zu schießen. In unserer Welt müssen wir uns Liebe verdienen. Erst wenn wir in den Augen unserer kritischen Beobachter wert-voll erscheinen, sind wir liebens-wert. Was ist aber mit den anderen 80 Prozent der Fußballer und mit den Menschen, die nicht erfolgreich sind? Die nicht Glück hatten im Leben? Sind Sie wert-los? Nicht würdig, geliebt zu werden – nicht liebens-würdig?

Gottes Liebe ist anders als das, was die Menschen unter „Liebe" verstehen. Gottes Name, sein Charakter, sein ganzes Wesen ist Liebe. Er kann gar nicht anders als lieben, sonst müsste er sich verstellen – in 1. Johannes, Kapitel 4, Vers 16 wird deutlich, dass Gott nicht Liebe hat, nein, Gott ist Liebe! Und deswegen muss ich mich nicht erst durch Leistung oder Aussehen als würdig erweisen, um geliebt zu werden, nein, Gott liebt mich einfach so, bedingungslos, und das macht mich würdig. Meine Würde finde ich bei Gott. Ich bin für ihn „liebens-wert" – in seinen Augen wertvoll, und das nur aus dem Grund, weil es mich gibt. Ein Vater liebt sein Kind ja auch nicht für seinen Erfolg oder sein Aussehen, nein, er liebt es einfach nur aus der Tatsache heraus, dass es sein Kind ist. Die Schlüsselfrage unserer Zeit – „Was macht mich wertvoll?" – können wir nur dann befriedigend beantworten, wenn wir Gottes Liebe – „agape"-Liebe ohne Bedingungen – tief in unserem Herzen verstanden haben. Das erst befreit uns völlig von allem Leistungsstress und unserer Sucht nach Anerkennung. Vor Gott bin ich vollkommen wertvoll und in Ordnung und geliebt – so wie ich bin!

„Gottes Liebe wirklich zu verstehen ist bahnbrechend – es verändert das ganze Leben."

Ich werde oft von Fußballern gefragt: „Was ist eigentlich Christsein genau? Was erwartet Gott von mir, wie muss ich leben, um Christ zu sein?" Für mich ist ein Christ ein Mensch, der Gottes

Liebe im Tiefsten seines Herzens verstanden hat – die keine „eros"-, sondern eine „agape"-Liebe ist. Die bedingungslose Liebe Gottes zu mir! Wenn man Gottes Liebe als „eros"-Liebe versteht, würde das bedeuten: Gott mag mich, weil ich viel bete, weil ich viel Bibel lese – deswegen findet er mich liebenswürdig. Falsch! Das ist Leistungsdenken und hat mit Gottes Wesen ebenso viel zu tun wie Schalke mit dem BVB. Denn das Bahnbrechende an Gottes Liebe ist genau das Gegenteil – „agape": Er liebt mich einfach so – ohne dass ich etwas dafür tun muss – so wie ich bin. Zu schön, um wahr zu sein? Wenn es wirklich so wäre, was würde das bedeuten? Was wäre die Konsequenz, wenn Gott uns wirklich so lieben würde, wie wir sind, ohne Bedingung, ohne Kleingedrucktes, ohne Leistung – einfach nur weil er begeistert ist von uns? Im Alten Testament im Buch Zefanja, Kapitel 3, Vers 17 steht für mich die deutlichste Erklärung dazu, wie Gott über uns denkt: **„Er wird sich über dich freuen und dir freundlich sein, er wird dir vergeben in seiner Liebe und wird über dich mit Jauchzen fröhlich sein."** Wenn ich diesen Vers lese, stelle ich mir immer vor, wie Gott jodelt – oder wie sonst soll man sich bitte vorstellen, dass Gott sich über mich mit Jauchzen freut?! Ein Freund hat mir kürzlich gestanden, dass er nicht genau weiß, ob es Gott gibt. Mal glaubt er es, mal glaubt er es nicht – das wechselt von Monat zu Monat, aber immerhin sucht er Gott.

Und ich glaube, wenn jemand Gott mit ehrlichem Herzen sucht, dann wird er ihn auch finden. Dabei kommt es Gott auf die innere Einstellung an, denn mit dem Kopf hat noch niemand zu Gott gefunden – man kann ihn nicht erklären, geschweige denn beweisen.

Jedoch haben Menschen, die zu Gott gefunden haben, eines gemeinsam: Es hat klick gemacht, nicht im Kopf, sondern in ihren Herzen! **Jesus sagte: „Wenn ihr nicht wie die Kinder werdet, könnt ihr das Reich Gottes nicht sehen!"** Kindern fällt es ganz leicht zu glauben. Sie sind noch so rein und unverkopft, dass sie sich direkt umdrehen würden, wenn man ihnen sagen würde: „Guck mal, da steht ein Dinosaurier." Das heißt nicht, dass Kinder dumm sind, das bedeutet nur, dass sie Dinge für möglich halten. Als Fan von Mainz 05 war ich vor einigen Jahren auch so naiv zu glauben, wir würden die Bayern schlagen – und in den Jahren 2009, 2010 und 2011 haben wir sie jeweils ein Mal geschlagen, das Unmögliche möglich gemacht. Das ist sicher ein Verdienst von Trainer Thomas Tuchel, der es geschafft hat, in den Herzen der Spieler einen „Glauben" an das Unfassbare zu wecken. Er hat die Sehnsucht der Spieler angesprochen, nicht ihren Intellekt, nur so konnte er einen kleinen Samen in ihre Herzen säen, der dann zum Glauben emporgewachsen ist. Alles beginnt mit dem Hören – der Glaube kommt vom Hören oder wie Paulus in Römer 10, Vers 14 sagt: „Wie können sie an Gott glauben, wenn sie nicht von ihm gehört haben!?"

Die Spieler, die hier zu Wort kommen, bezeichnen sich als Christen, ich würde sie allesamt als echte Herzenstypen bezeichnen. Nicht nur, weil ihnen die Arroganz fehlt und sie trotz des Starrummels unfassbar freundlich und sympathisch geblieben sind, nein, sie sind für mich ungewöhnliche Herzens-typen, weil sie nicht in ihren Köpfen, sondern in ihren Herzen verstanden haben, wie sehr sie von Gott geliebt sind.

Mario Götze – Bayern München / Deutschland

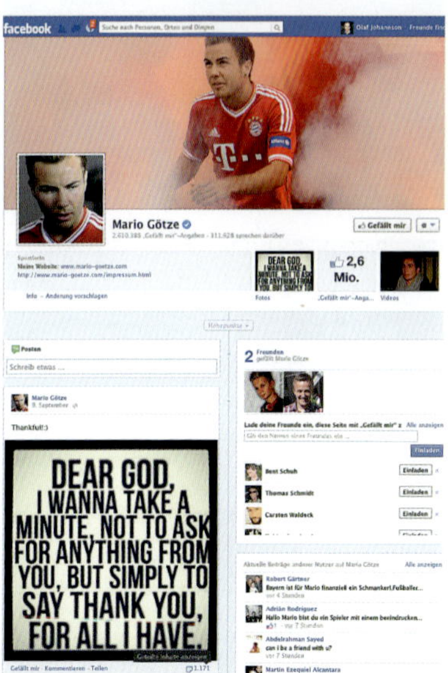

Robert Lewandowski FC Bayern / Polen

Ich bin katholisch und ich schäme mich nicht wegen meines Glaubens an Jesus! Ich weiß, dass Gott mir immer zuschaut. Aktuell geht in der Welt alles sehr schnell, gelegentlich vergessen wir unsere Werte und das, was wirklich wichtig ist. Aber der Glaube hilft mir nicht nur im Bereich des Fußballs, sondern auch außerhalb: dass ich ein guter Mensch sein möchte und so wenige Fehler wie möglich begehen will.

David Luiz – Paris Saint Germain / Brasilien

Mein Glaube an Jesus gibt mir Kraft, immer wieder rauszugehen aufs Feld, um mein Bestes zu geben, aber auch um andere zu begeistern – dafür ist Gott meine Inspiration. Das echte Leben ist für mich in der Beziehung zu Jesus Christus zu finden, ich glaube, dass alles im Leben sowieso Gott gehört und er einen klaren Weg für uns hat, wenn wir uns mit ihm beschäftigen. Kaka vom AC Mailand hat mich oft mit seinem Lebensstil als Christ beeindruckt. Ich denke, dass Menschen unser Leben genau anschauen, und so versuche ich, auch andere zu inspirieren durch die Art und Weise, wie ich lebe und was ich von mir gebe. Ich glaube beispielsweise, dass Gott alles über mein Leben weiß – und so kann ich entspannt bleiben, wenn mich der Coach auf die Bank setzt, weil ich eben glauben kann, dass es wohl das Beste für mich ist. Das heißt nicht, dass ich nicht ehrgeizig bin, aber mein Vertrauen auf Gott ist größer. Manche laufen mit so einem traurigen Gesicht durch die Gegend, aber Gott hat uns nicht nur zum Essen Zähne gegeben, sondern auch zum Lachen. Und ich als Christ habe Riesengrund zu lachen, weil ich ihn kennen darf, Gott den Retter, der die einzige konstante Wahrheit im Leben ist.

Anthony Ujah – 1. FC Köln / Nigeria

Gott bedeutet mir alles im Leben. Ich habe nie in einer Jugend-Akademie Fußball spielen gelernt, um etwas Besonderes zu können – nein, Gott hat mich quasi kickend von der Straße geholt, um in Köln vor 50.000 fantastischen Fans Fußball spielen zu können. Aber ich darf auch für Nigeria spielen – in einem Land mit 160 Millionen Einwohnern habe ich das Privileg, unter den besten 11 stehen zu dürfen – aber nicht nur, um die Nationalmannschaft zu verstärken, nein, Gott benutzt mich auch als Instrument, um den Armen in Afrika zu helfen. Ich tue alles, um Kindern in meiner Heimat eine Schule zu ermöglichen, damit sie einen Abschluss machen und eines Tages ein besseres Leben führen können. Und das alles kann ich nur deswegen für andere tun, weil Gott seinen Segen auf mich gelegt hat – und den versuche ich mit anderen zu teilen.

Daniel Didavi – VfB Stuttgart

Ich glaube an Gott, weil ich weiß, dass Gott immer für einen da ist. Ob in guten oder in schweren Zeiten, er gibt mir immer Kraft durchzuhalten.

Durch die Bibel – vor allem das Leben Jesu – habe ich einiges an Inspiration für mein eigenes Leben gefunden: Dort lese ich immer wieder über Themen, die mir sehr wichtig sind: Nächstenliebe zu üben, keine Vorurteile zu haben, Durchhaltevermögen, Vergebung und der Glaube an meine eigene Stärke.

Der 13. Juli, die 113. Minute – Momentum Furioso!

adidas
19

Elkin Soto
1. FSV Mainz 05 / Kolumbien

Ich glaube an Gott, weil er uns Menschen Hoffnung gibt! Ich spüre jeden Tag, wie er mir Kraft gibt – in schlechten Zeiten ist er meine Hilfe und für die guten Zeiten und für mein Talent danke ich ihm. Ich bete regelmäßig für meine Frau und meine Töchter, meine Eltern und meine Brüder, damit Gott ihnen Gesundheit schenkt. Ich bete auch für Frieden für Kolumbien und Hilfe für die Entführten. Meine Töchter sind für mich das größte Geschenk Gottes, die reinste Freude und Liebe, das größte Glück, das man sich vorstellen kann. Ihre Eltern zu sein ist für uns eine sehr schöne Erfahrung, zu sehen, wie Sie jeden Tag lernen und neuen Situationen begegnen.

Im Fußball ist Gott immer für mich da, meine Inspiration für mein Spiel, aber auch meine ständige Unterstützung in schwierigen Zeiten, zum Beispiel 2007, als ich zwei schwere Knie-Verletzungen erleiden musste. Da hat Gott mich getröstet und mich gestärkt, wieder neu anzugreifen. Ich danke Gott, dass ich mein Talent in Deutschland zeigen darf – in jedem Training und in jedem Spiel für Mainz 05 gebe ich alles und versuche meinen Gegenspielern positiv zu begegnen, um dadurch auch Gottes Art und Weise zu präsentieren. Ich glaube, dass Gott Liebe für alle Menschen hat, und ich denke, wenn Menschen sich das bewusst machen, dann wächst in ihnen auch Glaube und Hoffnung.

Mein großes Vertrauen auf Gott kommt daher, dass ich erfahren habe, dass er für mich da ist, und mich trotz meiner Fehler in meinem Leben immer unterstützt hat. Ich weiß, dass alles gut sein wird, wenn ich an Gott festhalte. Er begleitet jeden meiner Schritte, das zu wissen tut so gut und stärkt mein Vertrauen.

Jakub „Kuba“ Blaszczykowski – BVB/ Polen

Jakub Blaszykowski musste als Kind mit ansehen, wie sein Vater die Mutter erstach. Das Kind wuchs bei seiner Großmutter auf. Heute ist er ein polnischer und Dortmunder Fußball-Superstar.

Über seinen inzwischen verstorbenen Vater, den Mörder der Mutter, sagt er: „Ich versuche zu vergeben so wie es Jesus getan hat. Ich verstehe, dass Glaube vielleicht für manche als Privatsache gilt, für mich ist Glaube aber sehr wichtig. Ich denke, dass jeder in schweren Zeiten, wenn es Probleme gibt und der Arzt oder anderes nicht mehr helfen kann, glauben möchte. Das sind Momente, wenn man Jesus und Gott um Gesundheit bittet ...

Ich persönlich glaube und bin überzeugt davon, dass Christus im Alltag hilft. Auf gewisse Weise versuche ich andere Menschen davon zu überzeugen, nicht zu vergessen, was das Wichtigste ist, nämlich der Glaube und das Gebet ...

Am Wichtigsten ist für mich das tägliche Abendmahl und das Lesen in der Bibel. Manchmal habe ich keine Lust darauf, was menschlich gesehen normal ist. Das Gebet gibt mir jedoch Kraft und ich versuche, immer dranzubleiben. Ich weiß: Weder Prestige noch Geld machen so glücklich wie ein Leben mit Gott. Ich fühle mich dazu verpflichtet, mich zu Christus zu bekennen. In der Öffentlichkeit versuche ich, für ihn einzustehen. Aus Briefen, die ich bekomme, weiß ich, dass die Menschen das akzeptieren. Ich bin ein normaler Mensch und meine Hauptaufgabe ist es, Christus zu bekennen. Gott kümmert sich um jeden Menschen und gibt jedem individuelle Talente. Unsere Aufgabe ist es, sie nicht zu vertun, sondern zu nutzen und so Christus zu bezeugen ...

Radamel Falcao – Manchester United/Kolumbien

Ich bin mir bewusst, als Fußballstar großen Einfluss auf Leute, vor allem die Jugend zu haben, und sehe es daher als große Möglichkeit, einen Lebensstil zu zeigen, der durch Christus geprägt ist. Als ich nach Buenos Aires ging und die harten Probetrainings absolvieren musste, mit vielen Konkurrenten, da wurde ich getestet. Aber ich habe mich dabei immer auf ihn verlassen und es war manchmal wie von Gottes Hand gesteuert – obwohl es extrem viele Talente gab, wollten sie am Ende nur mich haben. Das sind Sachen, die Gott für uns macht, wenn wir ihm vertrauen. Mein Weg mit Gott war manchmal unglaublich. Aber ich hatte auch sehr schlechte Zeiten. Als ich nach Argentinien kam, hatte ich keine Freunde. Ich wurde als Ausländer gehänselt und oft ausgegrenzt. Aber ich habe nie zurückgeschlagen und war nie rachsüchtig. Dadurch konnten die anderen erkennen, dass Gott mit mir war. Ich blieb stark in meinem Glauben und das wurde mein außergewöhnlichstes Merkmal.

Auch als ich zwei Operationen an den Augen haben musste, weil ich plötzlich nicht mehr sehen konnte. Und die Prognosen waren sehr schlecht für mich. Das waren Momente, in denen ich meine Fußball-Karriere fast verloren hatte, aber ich vertraute weiter auf Gott, und er schenkte mir ein Wort aus Jesaja 49,23: *Könige werden deine Kinder pflegen und Fürstinnen ihre Ammen sein. Mit dem Gesicht zur Erde werfen sie sich nieder vor dir und lecken dir den Staub von den Füßen. Dann wirst du erkennen, dass ich der Herr bin und dass keiner beschämt wird, der auf mich hofft.* Diese schweren Zeiten – lange vor meinen Triumphen – erinnern mich auch heute immer wieder daran, dass es nicht mein eigener Erfolg ist, sondern vor allem Gottes Hilfe für mich. Alles, was ich bin und habe, hat Gott mir gegeben. Ich wünsche mir, durch den Sport anderen zu erzählen, dass es einen Gott gibt, der alle Menschen liebt. Aber man muss nicht auf der Kanzel stehen, um Leute mit Gottes Liebe zu erreichen, ein ehrlicher Jesus-Lebensstil kann viel mehr Leute beeinflussen.

Edinson Cavani – Paris St. Germain / Uruguay

Meine Freundin und ich haben vor einigen Jahren angefangen, zusammen die Bibel zu lesen – ich muss sagen, dadurch habe ich eigentlich zum ersten Mal in meinem Leben Gott so richtig im Herzen kennengelernt und ihn in verschiedenen Situationen erfahren. Aber auch in meinem Berufsleben spielt Gott inzwischen eine große Rolle: Im Fußball wird man oft mit Versuchungen konfrontiert, und ich spürte durch das Bibellesen, dass Gott mir immer vertrauter wurde und mich immer mehr lenkte und beschützte vor schlechten Entscheidungen. Es ist so schön zu wissen, dass es einen Gott gibt, der uns „Erfolg" verspricht. Keiner sagt, dass es mit Gott einfacher wird, aber den Weg mit Gott zusammen zu gehen macht einem Freude und bedeutet am Ende sowieso, dass man ein Sieger ist. Meine Gabe und mein Talent, Fußball auf diesem Niveau spielen zu dürfen, hat mir Gott geschenkt – ich weiß sicher, ohne Gott gäbe es keinen Edinson Cavani – Gott ist der Einzige, der für mich das Unmögliche möglich gemacht hat – dafür danke ich ihm von Herzen.

Jose Pierre Vunguidica SV – Wehen Wiesbaden / Angola

Als ich mit 19 zum ersten Mal als Jüngster zur Nationalmannschaft von Angola eingeladen wurde, da hatte ich Bammel, was mich da mit diesen ganzen Stars erwarten würde – schließlich spielten wir gegen Drogba und die besten afrikanischen Spieler der Welt – aber mein Pastor meinte ganz souverän: „Hab Glauben, Jo, vertrau auf Gott, so wie du es immer getan hast – denn dir kann gar nichts passieren, weil du Gottes Zusage hast: Was auch immer kommen mag, ich bin bei dir!" Immer wenn ich dann anfing, zu Gott zu beten, dann spürte ich plötzlich, wie Gott mir meine Angst wegnahm.

Egal, wie es mir im Leben ging, aus meinen Krisen kam ich immer gestärkt heraus, dafür sorgte stets Gott. Zu Jesus hatte ich schon immer eine sehr spezielle Beziehung – selbst wenn es sportlich nicht gut lief für mich, wusste ich, dass es eben dafür gut war, Gottes Nähe noch mehr zu suchen – und ich erlebe, wie Gott es jetzt belohnt, was er uns ja in Matthäus 7,7 versprochen hat: „Bittet, so wird euch gegeben, sucht mich, so werdet ihr Leben finden!"

Sven Schipplock – Totgesagte leben länger

Hoffenheim ist tot! Die Leichenbestatter reiben sich in manchen Sportredaktionen schon die Hände, als die TSG 1899 im Mai 2013 ihr letztes und wichtigstes Heimspiel der Saison sang- und klanglos mit 1:4 gegen den HSV verliert. Warum tot? Weil das bedeutet, dass man am allerletzten Spieltag bei der (zweit-)besten Mannschaft der Welt gewinnen muss, um nicht in die 2. Liga abzusteigen! Unmöglich! Jürgen Klopps Truppe will vor 80.000 Zuschauern ihre Generalprobe fürs Champions-League-Finale in Bestbesetzung durchziehen, da kommt die Schießbude Hoffenheim genau recht. Selbst in den Augen unverwüstlicher Optimisten, die schon viel erlebt haben im Fußball, ist das ein aussichtsloses Himmelfahrtskommando! Einen Auswärtssieg der Hoffenheimer würden die Buchmacher gefühlt auszahlen mit: Setze deinen alten Golf II, gewinne dafür einen Maserati. Und selbst Edelfan Franzi van Almsick betont öffentlich, dass man in Dortmund keine Chance hätte, sie den Kraichgauern aber auch in der 2. Liga wohlgesonnen sei.

Sven Glückspilz oder Lucky Luke

Tja, da haben die Experten ihre Rechnung ohne diesen „Herrn Retter Schipplock“ gemacht. Einer der jungen Wilden, unbekannt und unterschätzt wie einst der kleine David in seinem Kampf gegen Goliath. Doch die Erfolgsstory des blonden Schwaben beginnt bereits zwei Wochen vorher: Schon am 4. Mai in Bremen wird der ehemalige VfB-Stürmer erst 24 Minuten vor Schluss eingewechselt, um die TSG davor zu bewahren, bereits an diesem Tag als sicherer Absteiger festzustehen. Beim Warmmachen schaut Schipplock fasziniert auf die völlig aufgedrehten Bremer Fans – und dann auf die Stadion-

ER AUF GEHTS SCHIPPINHO ATTACKÄÄÄÄ SVEN SCHIPPLOCK TSG HOFFENHEIM 1899 SCH
IPPO DER GROSSE BLONDE ZIEHT SCHNELLER ALS SEIN SCHATTEN SCHIPPLOCK HARDRO
CK EIN SCHWABENPFEIL DER TRIFFT JEDER SCHUSS EIN TREFFER AUF GEHTS SCHIPPINHO
BUDEN IN EINEM SPIEL SVEN SCHIPPLOCK SCHIPPINHO SCHIPPO DER
NIS STRIKER SCHÜTZE GOLDENES TOR DURCH SCHIPPLOCK EIN
EIM 1899 SCHIPPLOCK ACHTZEHN 99 BERUF STÜRMER 5 BUD
CK HARDROCK SVEN GLÜCKSPILZ HOFFES HOFFNUNG ST
HIPPINHO ATTACKÄÄÄÄ SVEN SCHIPPLOCK TSG HOFFEN

uhr, in dem Wissen, dass Hoffenheim in 25 Minuten abgestiegen sein wird, wenn nicht noch irgendwo zwei Tore herkommen.

„So eine Euphorie hatte ich bis zu diesem Tag noch nie in einem Stadion erlebt. Die Bremer Fans waren so laut, dass wir Auswechselspieler unser eigenes Wort kaum verstehen konnten. Wir waren alle völlig aufgewühlt, beinahe ohnmächtig angesichts dieser Mammut-Aufgabe! Und ich wusste, wenn ich jetzt reinkomme, müsste ich schon mindestens zwei Tore machen, damit wir wenigsten einen letzten Strohhalm in der Hand hätten! Fast unmöglich!"

Trainer Gisdol bringt Sven Schipplock, doch die Zeit rennt den Hoffenheimern davon. Die Bremer wissen, dass sie das 2:0 vor diesen entschlossenen Fans nicht mehr hergeben werden, und spielen geschickt auf Zeit.

Die 85. Minute: Die Blicke der mitgereisten Hoffenheim-Fans sind leer – man schaut mit betrübtem Gesicht hoch zur Anzeigentafel – 0:2 –, in fünf Minuten ist man sicher abgestiegen! Was soll jetzt noch passieren? 300 Sekunden vor Schluss braucht man zwei Tore! Doch just in diesem Moment, als schon die ersten Hoffenheim-Fans auf dem Stadionparkplatz in ihr Auto

FACT SHEET

SVEN SCHIPPLOCK

*8. November 1988 Reutlingen

SSV Reutlingen

VfB Stuttgart

TSG 1899 Hoffenheim

Stürmer: Jeder Schuss ein Treffer

steigen, genau jetzt sollte die Geburtsstunde eines neuen deutschen Hoffnungsstürmers kommen: Innerhalb von fünf Minuten gelingt Schipplock Unfassbares. In der 85. macht er den Anschlusstreffer und in allerletzter Sekunde das umjubelte 2:2! Und Hoffenheim hofft!

Jedoch nur eine Woche lang, denn nach der überraschend klaren 1:4-Niederlage gegen den HSV ist allen Beteiligten klar: Jetzt hilft nur noch ein Sieg in Dortmund am letzten Spieltag, um sich wenigstens in die Relegation zu retten!

Es ist der 18. Mai 2013 – alle Hoffenheimer werden dieses Datum künftig immer als „Tag des Fußballwunders" feiern. Dortmund führt schon recht schnell mit 1:0, und bei dem Tempo, das der BVB an den Tag legt, ist es nur eine Frage der Zeit, bis das 2:0 und das 3:0 folgen werden. Der BVB hat Chancen in Hülle und Fülle – doch die werden vergeben! Svens These, als wir am Abend vor dem Spiel telefonierten: „Wenn wir in der 70. Minute nur 0:1 zurückliegen, könnten wir eine Chance haben, weil sie dann zwei Gänge zurückschalten, damit sich niemand vor dem Champions-League-Finale eine Woche später verletzt!" Klingt gut, diese Strohhalm-These, doch wer bitte soll gegen eine der besten Abwehrreihen der Welt zwei Tore schießen?

Nach 58 Minuten wird Schipplock für Patrick Ochs eingewechselt und läuft sich fortan von Hummels und Subotic begleitet die Lunge aus dem Leib. Nur noch 14 Minuten Zeit für das Unmögliche. Auch wenn der BVB nicht mehr Vollgas gibt, verlaufen sich die Hoffenheimer eins ums andere Mal in der dichten Abwehrreihe.

In der 76. Minute hilft Mats Hummels freundschaftlich mit, als er ungestüm Volland im Strafraum umrennt. Elfmeter! Salihovic knallt das Ding ohne nachzudenken in den Winkel.

„In dem Moment, als wir den Ball auf den Anstoßkreis legten, dachte ich: Unsere Rechnung kann tatsächlich aufgehen!" Doch die Minuten danach zeigen, dass der BVB Herr im Haus ist. Noch einmal würde er sich nicht die Blöße geben – ganz im Gegenteil, plötzlich gibt es wieder Chancen für Dortmund. Es geht hin und her und die Stadionuhr tickt grausam den Todestakt herunter Richtung 2. Liga.

Es jetzt nur noch acht Minuten, als Sven nach einem weiteren verlorenen Sprintduell gegen Schmelzer hoch auf

Weidenfeller fällt Schipplock – der Elfmeter zum Klassenerhalt

die Stadionuhr schielt und sich sagt: „So langsam müssen wir mal was machen, sonst war's das! Du weißt als Stürmer, dass du in solchen Spielen oft nur diese eine Möglichkeit bekommst, und wenn du da nicht hundertprozentig konzentriert bist und an deine Intuition glaubst, ist es vorbei!"

Der Knipser mit eingebauter Torgarantie

Dieses Stürmer-Momentum ereignet sich in der 82. Minute. Als Firmino 25 Meter vor dem Tor an den Ball kommt, rast Schipplock auf Verdacht blind in den Strafraum – „jetzt oder nie". Der Brasilianer kennt Svens ansatzlose Sprints und bedient ihn eine Zehntelsekunde später mit einem seiner Zuckerpässe, sodass Schipplock plötzlich allein vor Weidenfeller steht, ihn umkurvt und …

… dermaßen von den Beinen geschrubbt wird, dass Schiri Drees nur auf den Punkt zeigen kann. Schock für den BVB und Rot für Weidenfeller!

Der Rest ist große Bundesliga-Geschichte: Großkreutz muss ins Tor – Salihovic schießt den Ball hoch in die Mitte zum 2:1 und die toten Hoffenheimer scheinen zur Überraschung aller wieder am Leben zu sein. Doch das eigentliche Drama folgt in der Nachspielzeit: 90+3. Nach einer Ecke kullert der Ball von Schmelzer durch die Hoffenheimer Abwehr-Beine hindurch zum 2:2! Schiedsrichter Drees zeigt sofort auf den Anstoßkreis. Tor für den BVB in allerletzter Sekunde! Das war's für Hoffenheim – trotz unfassbarer Aufholjagd abgestiegen, weil Drees in wenigen Sekunden abpfeifen wird.

„In diesem Moment bin ich einfach wie vom Blitz getroffen zu Boden gesackt und auf den Rücken gefallen. Gefühlte zwei Minuten lag ich nur da, hörte den grellen Jubel der BVB-Fans, schaute hoch in den Himmel und sagte zu Gott: ‚Was soll das eigentlich alles? Das macht doch alles keinen Sinn! Meine beiden Rettungstore in Bremen, jetzt das Spiel hier gedreht, und dann das? Die brauchen das Tor doch gar nicht – was soll das, lieber Gott?' Es kam mir wie eine Ewigkeit vor, wie ich so dalag und einfach nicht mehr aufstehen wollte. Ich hätte heulen können – wenn nicht … Plötzlich spürte ich, dass irgendetwas passiert sein musste. Jetzt drehte ich mich erstmals um und traute meinen Augen kaum: 70 Meter von mir entfernt wurde plötzlich beim Linienrichter heftigst diskutiert und die Schwarzgelben sahen alles andere als glücklich aus. ‚Nein, nein, nein, sag, dass es nicht wahr ist!', schoss mir durch den Kopf. ‚Der wird doch das Tor nicht zurücknehmen!?‘ Doch genau so kam es: Drees annullierte den Treffer und pfiff kurz darauf das Spiel ab! WIR WAREN WIEDER AM LEBEN! Fünf Tage später beim Relegationsspiel gegen Kaiserslautern durfte ich das Wunder von Hoffenheim abrunden, als mir unser Coach Gisdol bei meiner Einwechslung mit auf den Weg gab: ‚Sven, du musst jetzt unser Team aufrütteln. Mach einfach das 3:1!‘ – ‚Aye, aye, Sir!‘ Gesagt, getan, ich kam rein und knipste 60 Sekunden später zum vorentscheidenden 3:1 für uns ein. Was für ein unfassbares Gefühl. Und als dann einige Tage später unser Auswärtssieg im Rückspiel feststand, da wusste ich: Wir hatten mit unserem Fußballwunder ein Stück allerfeinster Bundesliga-Geschichte geschrieben! Und auch wenn ich so ein Drama nicht jedes Jahr brauche, muss ich Gott doch für all diese Spannung danken, denn im Gegensatz zu Teams, die zwischen Platz 7 und 14 emotionslos um die goldene Ananas kickten, durften wir uns fast wie Meister fühlen: meine Hoffe-Jungs und ich – die Nichtabstiegs-Meister!“

1899–Trainer Gisdol weiß ganz genau, was er an seinem Schippo hat. Trocken kommentierte er nach dem 3:1 gegen Kaiserslautern eine weitere Rettungsaktion seines blonden Stürmers mit den Worten: „Der schießt ja eh immer sein Tor!“

Wie auch beim berühmten Phantom-Tor von Stephan Kießling, als Schipplocks Tor zum Anschluss die Diskussion zur Neuansetzung des Spiels anheizte. Der große Blonde mit

Mit Volland und Trainer Gisdol als Jubelpyramide

den schwarzen Schuhen knipst und knipst und knipst. Vielleicht wächst da still und leise auch ein Mann für unseren Bundes-Jogi heran: WM-Halbfinale 2014 gegen Holland. Deutschland liegt 0:2 zurück und Jogi Löw bringt 25 Minuten vor Schluss diesen unberechenbaren Sven Schipplock … BÄÄÄMM!!

Think big, Blondie – bei dir geht sicher noch mehr, denn schließlich hast du den Kraichgauern beigebracht: „Mit Schipplock kann man ja immer mal auf Großes hoffen in Hoffenheim!"

....

Sven, was für eine kuriose Saison 2014 – immer, wenn Hoffenheim spielt, fallen entweder gefühlte 10 Tore pro Spiel oder sogar Tore, die gar keine sind – wie hast du das Phantomtor von Kießling erlebt?

Was für eine kuriose Situation. Ich stehe an der Außenlinie und soll eingewechselt werden und sehe, wie der Kopfball von Kießling am Tor vorbeifliegt ans Außennetz. Auf einmal liegt der Ball im Netz – das war ganz komisch, keiner freute sich richtig, aber es hat sich auch keiner aufgeregt. Irgendwie passt das zu unserer kuriosen Saison.

Deutsche Mittelstürmer sind rar – Klose geht bald in Rente, schielst du in Richtung EM 2016 – ist das ein Ziel für dich? Dein Kollege Volland hat vorgemacht, wie man auf schnellstem Wege zu Jogi kommt.

Im Fußball ist alles möglich, mit Gott sowieso. Wenn ich an Gott denke, dann habe ich sofort ein gutes Gefühl im Herzen, weil ich ihn als barmherzig, treu und liebevoll erlebe. Die Bundesliga ist ein hartes Geschäft, bei dem man einen guten Rückhalt braucht, und ich weiß, dass ich in jeder Lebenssituation zu Gott kommen kann. Egal, wann und wo und wie es mir geht, er ist immer für mich da. Ihm allein habe ich dieses wunderschöne Leben zu verdanken. Wer weiß, wo das noch alles hinführt.

Sven, wie kommt man denn zu einem solchen festen Glauben?

Schon in meiner Kindheit waren diese beiden Themen für mich wichtig: Fußball und der Glaube. Mein Vater hat mich schon mit drei Jahren mit zum Kicken genommen und mit mir trainiert. Meine Mutter singt bis heute im Kirchenchor. Und so bin ich durch meine Eltern von klein auf mit dem Glauben und dem Sportplatz aufgewachsen, bin bis hier und heute mit Gott diesen Weg gegangen.

Und sicher warst du als Schwabe VfB-Fan, gell?

Neee, meine Lieblingsmannschaft war schon immer der FC Bayern, das war gar nicht so einfach im tiefsten Schwabenland. Und natürlich hatte ich da schon ein Trikot von Jürgen Klinsmann, der ja für den VfB und auch für meine Bayern gespielt hat.

Und deine biblischen Helden?

Die Geschichte von David gegen Goliath hat mich schon immer beeindruckt. Diese Message hat mir gezeigt: Egal ob du der Kleine, Schwächere, Unterlegene bist, mit Gottes Kraft kannst du alle Hürden schaffen und deine Ziele erreichen. Und so war es auch schon

Hacke-Spitze-eins-zwei-drei gegen Höwedes

in meiner Kindheit immer mein Traum, Fußball zu meinem Beruf zu machen.

Eine ganz schön große Hürde für einen Jugendlichen, ernsthaft Fußballprofi werden zu wollen!

Ja, das stimmt. Ich habe früher zwar auch ganz gut Tennis und Tischtennis gespielt, aber richtig interessiert habe ich mich nur für den Fußball. Auch, als ich älter wurde, habe ich mich nicht großartig mit anderen Berufen beschäftigt, weil es immer mein klarer Traum war, Fußball zu meinem Beruf zu machen.

Und Xavier Naidoo würde jetzt sicher singen: „Dieser Weg wird kein leichter sein!"

Da sagst du was! Schon als Kind musste ich früh und oft auch schmerzlich lernen, wie entscheidend Disziplin und Ehrgeiz auf dem Weg zum Fußballprofi sind. Wer große Ziele hat, der muss auch Großes leisten. Und vor allem braucht man eine dicke Portion Demut und muss aufpassen, dass man bei Erfolgen nicht übermütig wird. Da muss ich immer an dieses Jugend-Turnier in Altenburg denken, bei dem ich mit meinen Jungs vom FC Engstingen bis ins Finale kam. Und da treffen wir prompt auf den FC Rommelsbach, genau den Gegner, gegen den wir in der Vorrunde haushoch verloren hatten. Und genau aus diesem Grund haben die Spieler von Rommelsbach sich schon vor dem Spiel Goldsträhnen in die Haare gemacht, weil sie sich als sichere Sieger gefühlt haben. Wir gewannen dieses Finale 1:0. Unvergesslich! (Er lacht dabei) Klar ist das bedeutungslos, so ein Mini-Jugend-Turnier, aber gleichzeitig auch von höchster Bedeutung für die Beteiligten, weil es sie sehr viel über Hochmut und Demut gelehrt hat.

Wie schaffst du es, den Glauben an Gott und den Fußball unter einen Hut zu bringen?

Der Glaube spielt auch in meinem Profi-Alltag mit all seinen Herausforderungen eine große Rolle. Ich bete jeden Tag ganz bewusst zu Gott und bitte ihn darum, bei mir zu sein, um mir Kraft für alle Aufgaben und Gesundheit zu geben.

Wie sprichst du denn mit Gott?

Ich rede mit Gott ganz normal, wie mit einem Freund. Egal, wo ich bin oder wie es mir geht – ich rede mit ihm über alles.

Sorry, wenn ich das so sage, aber es gibt nicht viele Fußballprofis, denen der Glaube an Gott überhaupt etwas sagt – warum bedeutet dir das so viel?

Seit ich gemerkt habe, dass Gott einen konkreten Plan für mich hat und mich auf diesem Weg begleitet und immer für mich da ist, seitdem möchte ich Jesus als Freund nicht mehr missen. Durch ihn habe ich gelernt, das Leben und jeden einzelnen Tag viel mehr zu genießen. Ich lasse mich nicht mehr von Kleinigkeiten ablenken und habe

Volland, nicht zugucken, sondern zum Doppelpass anbieten ☺

auch kapiert, wie wichtig Stille ist – gerade im lärmenden Profisport, wo es oftmals richtig scheppert.

Hast du nie Angst gehabt, es nicht zu packen, einfach nicht gut genug zu sein für diese Ansprüche, die an einen Profi gestellt werden?

Doch, klar, die Angst, nicht gut genug zu sein, oder die Angst zu versagen begleiten doch uns Menschen alle, nicht nur im Fußball. Aber seit ich Gott mit auf meinem Weg weiß, spüre ich auch täglich, dass er mir die Kraft und die Sicherheit gibt, die ich brauche, um zu bestehen. Und bei Gott weiß ich: wenn ich mein Bestes gebe, ist das Beste auch gut genug für ihn.

Ich glaube, viele Menschen können heutzutage nicht mehr an Gott glauben, weil das schon an ihrem verkorksten Gottesbild scheitert. Wie würdest du Gott beschreiben?

Treu, barmherzig, liebevoll, hilfsbereit, vollkommen. Die Kraft und die Liebe, die er mir und meiner Familie täglich gibt, verändern einen und machen einen in einer Welt, in der die Menschen viel jammern, dankbarer und fröhlicher. Die Gewissheit, dass Gott etwas mit mir vorhat und mich auf diesem Weg immer begleitet, gibt mir ein Gefühl von Geborgenheit und Frieden. Gott ist voller Liebe und Kraft. Ein Leben ohne ihn ist für mich längst unvorstellbar. Ich glaube, dass Gott jeden Menschen, der ihn ernsthaft sucht, hört und ihm antwortet und ihn mit offenen Armen empfängt.

Gibt es etwas, das der Glaube an dir verändert hat?

Ja, meine Einstellung, meine Gewohnheiten und meine Sichtweisen haben sich zum Positiven verändert. Ohne Jesus wäre ich nicht da, wo ich heute in meinem Leben bin.

Und dein ganz persönlicher Plan oder Traum?

Deutschland Europameister 2016 mit Sven Schipplock (das kommt wie aus der Pistole geschossen mit einem Grinsen übers ganze Gesicht)!

Wenn du eines Tages vor Gott stehst, am Tor zum Himmel – mit Toren kennst du dich ja aus –, welche Frage wirst du ihm als Allererstes stellen?

Ich glaube, ich würde ihm gar keine Frage stellen, sondern ihm für alles danken!

„Svens Dreamteam als Schwaben-Bambino, links neben dem Coach"

TOP 3 FILME

1 Hangover
2 Forrest Gump
3 Gladiator

TOP 3 BÜCHER

1 Die Bibel
2 „Fußball Gott"
3 „Ich" von Oliver Kahn

TOP 3 MUSIK

1 Xavier Naidoo
2 Black Eyed Peas
3 Shakira

TOP 3 SCHAUSPIELER

1 Will Smith
2 Tom Hanks
3 Adam Sandler

TOP 3 ESSEN

1 Penne mit Lachs
2 Pizza Hawaii
3 Selbstgemachter Kartoffelsalat

TOP 3 FUSSBALLER

1 Leo Messi
2 Cristiano Ronaldo
3 Arjen Robben

TOP 3 LEGENDÄRE SPIELE

1 Champions League-Finale 1999 ManU gegen Bayern 2:1
2 2012 BVB gegen Hoffenheim 1:2
3 Champions League-Finale AC Mailand gegen Liverpool 3:3

TOP 3 LEBENSMOTTO

1 Träume nicht dein Leben, sondern lebe deinen Traum.
2 Es gibt Tage, da gewinnen wir, und es gibt Tage, da verlieren die anderen.
3 Wer glaubt, etwas zu sein, hat aufgehört, etwas zu werden.

TOP 3 TORE

1 St. Pauli gegen VfB Stuttgart – mein erstes Bundesliga-Tor
2 Doppelpack in Bremen zum Klassenerhalt
3 Champions League-Finale 2002 Zinedine Zidane 2:1

SVENS
Dreamteam

Adam Matuschyk – 1. FC Köln/Polen

Ich vertraue Gott, weil ich davon überzeugt bin, dass der Glaube uns den nötigen Halt gibt – gerade in schlechten und herausfordernden Zeiten. Es ist Gott, der mir Hoffnung und Kraft gibt für all die Aufgaben, die ich bewältigen möchte. Ich bete jeden Abend für das Gute und vor allem, dass meine Familie gesund bleibt. Außerdem finde ich es immer wieder wichtig, Gott in meinen Gebeten zu danken – für das, was wir haben und dafür, dass ich so ein privilegiertes Leben führen darf.

Ein Tattoo-Rücken kann entzücken – **Naldos** *Bekenntnis (VfL Wolfsburg)*

Andreas Ivanschitz – UD Levante / Österreich

Ich wurde schon sehr früh gläubig erzogen, mit meinen Eltern und meinen zwei Brüdern bin ich jede Woche in die Kirche gegangen. Aber auch Jahre danach gibt es mir eine Sicherheit, sodass ich mich heute noch mit dem Glauben an Gott identifizieren kann. Mit meinen Kindern spreche ich abends immer ein Gebet. Es ist mir und meiner Frau wichtig, bei den Kleinen ein Bewusstsein dafür hervorzurufen, dass es da einen Gott gibt, der auf sie aufpasst.

Aber auch in meinem Job gibt mir mein Glaube immer wieder ein gutes Gefühl und eine gewisse Orientierung, das Richtige zu tun. Grundsätzlich habe ich ein sehr positives Gottesbild von einem liebenden Gott. Deswegen fühle ich mich, wenn ich bete, von Gott beschützt. Oft genug habe ich ihn um Hilfe gebeten – ob in Durststrecken, Verletzungen oder Niederlagen: Gott war immer für mich da.

90:00
BRAZIL
V
GERMANY
1 - 7
90' OSCAR
11' MUELLER
23' KLOSE
24' 26' KROOS
29' KHEDIRA
69' 79' SCHUERRLE

Ich danke dem kolumbianischen Volk und unseren Cafeteros für eine fantastische WM, aber vor allem möchte ich Jesus Christus danken, weil ihm alle Ehre gebührt.

JAMES RODRIGUEZ
TORSCHÜTZENKÖNIG DER WM 2014

Marco Russ – Eintracht Frankfurt

Für mich ist Gott derjenige, der Leben schenkt. Deswegen trage ich auch ein Tattoo mit einem Gebet für unsere Kinder Moses und Vida. Viele Menschen glauben heutzutage nicht mehr an Gott, aber für mich ist das sicher, dass Gott in guten und auch in schlechten Zeiten an meiner Seite ist. Es gab am Anfang meiner Profikarriere Zeiten, in denen ich an den Glauben herangeführt wurde. Als es nicht gut lief, habe ich begonnen, zu beten und über Gott nachzudenken – doch von Jahr zu Jahr ist mein Glaube gewachsen, sodass ich heute fest daran glaube, dass unser ganzer Weg vorgegeben ist und Gott mein Leben in die richtigen Bahnen lenkt, weil ich im Herzen an ihn glaube. Wer weiß, wo ich heute wäre, wenn ich nicht irgendwann angefangen hätte, Gott zu vertrauen.

Reinhold Yabo – KSC / U19-Europameister

Glauben ist für mich mehr, als einige heilige Handlungen zu vollziehen, oder gar jeden Sonntag brav in die Gemeinde zu gehen. Der Glaube an Jesus bedeutet für mich in einer aktiven, sehr persönlichen und hingegebenen Beziehung zu ihm zu leben. Ich bin Gott dankbar, dass ich ihn in meinem Leben schon oft erleben durfte. Schon alleine meine Fußballer-Geschichte, von klein an bis hin zur Annäherung an meinen beruflichen Traum, ist ein kleines Zeugnis, in dem ich Gottes Eingreifen spürbar erfahren konnte. Das ist das wunderbare am Christsein: Gott, der Schöpfer, ist nicht weit weg, sondern naht sich zu uns hin – und du kannst es erleben. Ich weiß, dass mein Leben bei Christus in den besten Händen ist und ein besseres „Vitamin C" gibt es nicht. Und dies alles aufgrund seiner grandiosen und spürbaren Liebe gegenüber jedem Menschen. Ich glaube, dass Gott sich nichts mehr wünscht, als dass alle Menschen eines Tages in seiner großen „Gottesfamilie" zusammen sind.

Am Ende des Lebens: Die Nachspielzeit

„GOTT“ ist wie BVB gegen Malaga – da geht plötzlich noch was …

Niemals werde ich diese fünf Fußballminuten meines Lebens vergessen – Champions-League-Viertelfinale BVB vs. Malaga. Die Spanier führen überraschend 2:1 in Dortmund, und während ich nervös an meinen Fingernägeln kaue, zeigt der vierte Mann gnadenlos an: „4 Minuten Nachspielzeit.“ In diesem Moment weiß eigentlich jeder Mensch mit ein bisschen Fußballverstand: „Das war's – Kloppos BVB liegt im Sarg – Game over!“ Dortmund reicht kein Tor in der Nachspielzeit, wie in manchen Fußballwundern besungen, nein, die Schwarzgelben müssen gegen eine der besten Mannschaften Spaniens noch zwei (!) Tore schießen. Unmöglich!

Die Zuschauer verlassen in Strömen das Stadion, weil auch sie den Glauben an das Megawunder verständlicherweise nicht haben. Ich selbst sitze mit meinem Buddy Marcus Mann (SV Wehen) in einer Fußballkneipe. Vor einigen Minuten hat er mir zuflüstert: „Eins machen sie noch. Wahrscheinlich 90+1!“

„Ja, tippe ich auch“, habe ich zurückgeflüstert, „aber das reicht ja leider nicht!“ Komisches Phänomen, wieso man in solch nervenzerreißender Spannung plötzlich anfängt zu flüstern, als ob das helfen würde.

Just in dem Moment, als ich dem Kellner winke, dass ich zahlen will, gleicht Reus zum 2:2 aus. Ein Blick auf die Uhr verrät mir: Es ist tatsächlich 90+1. Dennoch kein Jubel an unserem Tisch. „Hatten wir doch gesagt.“ Unsere Gesichter, wie die der meisten BVB-Spieler beim Torjubel, eher versteinert – selten war ein Tor so wertlos wie an diesem Tag.

Wer dieses Fußballwunder nicht erlebt hat, sollte sein Trikot oder seine Panini-Sammlung verbrennen oder sich einfach grün ärgern. Denn aller „Fußball-weißt-du-noch-Trash-Talk“ der letzten Jahrzehnte ist wertlos, wenn man hier nicht dabei gewesen ist und gesehen hat, wie Felipe Santana in der allerletzten Minute, nein, Sekunde der Nachspielzeit den 3:2-Siegtreffer reinstochert, flippert, was auch immer. Hauptsache drin, das Ding.

Ich springe auf, renne wie Usain Bolt durch die ganze Kneipe, springe von Tisch zu Tisch, Bierdeckel fliegen, Gläser kippen um … Ganz egal, alles flippt aus und liegt sich in den Armen, obwohl man sich nicht kennt, aber diese Momente verbinden eben, wie es nur der Fußball vermag.

In vier Minuten Nachspielzeit zwei Tore schießen, um ins Champions-League-Halbfinale gegen Real Madrid zu kommen – warum ich in einer Fußball-Bibel daran erinnere? Weil man Glauben am besten damit erklären kann, wenn etwas Un-glaubliches passiert ist. Das ist für mich die schönste Bildsprache, um im Fußball über das Wesen Gottes zu sprechen. Denn genau so ist Gott für mich: unberechenbar gut. Voller Überraschungen. Erlösend wie das 3:2! Der Erfinder der Gnadenzeit. Der Auslöser überschäumender Freude. Wundervoll, dieser Gott, im wahrsten Sinne des Wortes, denn er ist bis heute immer noch im Wunder-Business aktiv – auch wenn es nur wenige sehen können.

Jürgen Klopp konnte es sehen: Im Interview, direkt nach diesem Wahnsinn, sagte er auf völlig selbstverständliche Weise: „Gott wollte, dass wir hier heute weiterkommen!“

Übrigens, wenige Tage später ist die Dramatik ähnlich groß, als der BVB bei Real Madrid fünf ewig lange Nachspielzeitminuten zittern muss, um ins Champions-League-Finale einzuziehen. Auch da kommentiert Kloppo entschlossen: „Gott wollte, dass wir ins Finale kommen!“

Ein Freund von mir sagt immer: „Gottes Hilfe kommt spätestens rechtzeitig!“

Nun, im Finale von Wembley gegen das Überteam aus Bayern hat es am Ende nicht zum Sieg gereicht, aber die Jungs um Jürgen Klopp erwiesen sich als großartige Zweite – von Verlierern kann man nach so einer wundervollen Geschichte wirklich nicht sprechen. Man haderte nicht mit dem Schicksal, erst gar nicht mit dem Fußballgott, wie es Rudi Assauer einst tat, als er öffentlich erklärte, er würde jetzt nicht mehr an Gott glauben, weil es ungerecht wäre, dass Schalke 2001 nicht Meister geworden sei. Kloppo ist da anders. Nur dann an Gott glauben, wenn es gut läuft, das ist nicht sein Ding. Im Glauben wie auch in seiner Beziehung zu seinen Spielern ist er treu! Und er ist natürlich auch nicht blind und sieht in der Nacht von London einen David Alaba (siehe Buch-Cover), der mit Jesus-Shirt und Henkel-Cup durch die Nacht tanzt.

Jedoch drinnen, im Allerheiligtum von Wembley, da ist es mucksmäuschenstill in der Kabine des BVB. Nur wenige Wochen zuvor das andere Extrem: Da fegte ein Orkan durch die Umkleidekabine, da feierten Reus, Hummels, Lewandowski, Kehl in Unterhosen die Party ihres Lebens, als erst Malaga und dann Madrid eliminiert wurden.

Doch nun schauen sie fast alle zu Boden. Ab und zu fliegt eine Wasserflasche durch die Gegend, gefolgt von einem leisen Fluch, aber ansonsten herrscht Schweigen. Sebastian Kehl beschrieb die Stimmung damals als grausam.

Für mich ist das die Ruhe vor dem Sturm! Denn ich glaube, da geht noch was beim BVB – jetzt wissen sie ja, wie man in ein Champions-League-Finale kommt. Und wer Kloppo kennt, der weiß, dass er als personifizierte BVB-Leidenschaft mit dem Olympischen Motto „Dabei sein ist alles" herzlich wenig anfangen kann. Und die „Nach-Spiel-Zeit" bis zum nächsten Finale werden sie in Dortmund nutzen, um sich nach Robbens „Sudden Death" in der 89. Minuten zu erholen und quicklebendig erneut anzutreten. Tod und Leben liegen nicht nur im Fußball so eng beieinander.

Ein Pfarrer-Freund von mir ist wenige Tage, nachdem ich mit ihm auf einer christlichen Freizeit zusammen war, mit 47 Jahren beim Paragliding tödlich verunglückt. Nur kurz darauf starb ein weiterer guter Bekannter – der Trainer Wolfgang Frank. Ich traf mich öfter mit ihm, weil wir uns als Vortragsredner

im Sport austauschen und inspirieren wollten. Oft hörte ich ihm stundenlang mit großen Augen zu und schrieb sogar mit, wenn er seine Fußballphilosophien auspackte, schließlich hatte der frühere Mainz-05-Trainer die Viererkette im deutschen Fußball erfunden. Wenige Monate bevor er an einem Gehirntumor starb, saßen wir noch in der Coface-Arena zusammen, und er analysierte quasi exklusiv für mich die 90 Minuten. Was für ein Privileg, ihn vor seinem viel zu frühen Tod mit 62 Jahren kennengelernt zu haben. Der Tod ist gnadenlos, er ist kein Gentleman, denn er kommt unangemeldet, und so wissen wir nie, wann es vorbei ist.

„Was du auf deinem Sterbebett wünschst, getan zu haben, das tue jetzt!" Erasmus von Rotterdam

Jedoch sagt die Bibel, dass der Tod in einer Sache doch „nützlich" ist: Er hilft uns, bewusster zu leben und dankbarer. Zumindest so verstehe ich Psalm 90, Vers 12: „Lehre uns bedenken, dass wir sterben müssen, auf dass wir klug werden."

Wenn es um die „Nachspielzeit" in unserem Leben geht, müssen wir lernen umzudenken: In der Ewigkeit im Himmel mit Gott zu leben, endlich ein Leben ohne Leid, ohne Schmerzen, ohne Trauer (Offenbarung 3,20) – wenn es um diese ewige Party geht, dann kann es nur lauten: „Dabei sein ist alles!"

Ich zumindest möchte unbedingt dabei sein, wenn das passiert, was die Bibel als „das eigentliche Leben" beschreibt. Das, was Tausende von Jahren nicht möglich war, das lang Erwartete tritt ein: Endlich zeigt sich Gott den Menschen, um ihnen nah zu sein – so wie er es sich eigentlich ursprünglich ausgedacht hatte, wenn da nicht die rote Karte für Adam und Eva gewesen wäre, mitsamt den Folgen in Form einer gefallenen, kaputten Welt voller Leid und Krieg und Not.

Gibt es einen VIP-Zugang zu dieser Party? Einen Türsteher wie bei Kaya Yanar: „Ey, du kommst hier net rein!" Ich weiß es nicht. Ich weiß nur, dass Johannes 3, Vers 16 nicht umsonst zum bekanntesten aller Bibelverse geworden ist: „Denn also hat Gott die Welt geliebt, dass er seinen eingeborenen Sohn gab, damit alle, die an ihn glauben, nicht verloren werden, sondern das ewige Leben haben." Wer in der Nachspielzeit mit dabei sein will, soll bekennen, dass er daran glaubt, dass Jesus Gottes Sohn ist, und ihm von Herzen nachfolgen. Das ist Gottes Garantie dafür, dass du ihn eines Tages nach deinem Tod erleben wirst – als liebenden Vater, wie Jesus ihn im Gleichnis vom verlorenen Sohn beschreibt. Als freundlichen und liebevollen Gott, der dir alle Geheimnisse und alle Herrlichkeit dieser neuen ewigen Welt zeigen möchte. Wie viel ist in der Weltliteratur über den Himmel geschrieben worden. Shakespeare, Goethe, Nietzsche und alle anderen Genialen haben versucht, sich vorzustellen, wie denn diese Nachspielzeit aussehen wird. Am schönsten hat es David in seinen Psalmen formuliert: „Wenn ich nur dich habe, so frage ich nichts nach Himmel und Erde" (Psalm 73,25). König David hat seinen Gott so sehr geliebt, dass er die ständige Verbindung zu ihm gesucht hat. Diese unbeschreibliche Nähe zu Gott war für David der Himmel auf Erden und Inspiration für viele seiner Psalmen.

In einem uralten David-Musical, das ich oft in meiner Jugend gehört habe, singt er am Ende seines langen, erfüllten und spannenden Lebens: „Es stirbt sich leichter, wenn man weiß, wohin die Reise geht!"

Legendär gegen Malaga – es gibt ein Leben nach der Nachspielzeit ...